LA FRANCE ET SON PAIN

Steven L. Kaplan

LA FRANCE ET SON PAIN

Histoire d'une passion

Entretiens avec Jean-Philippe de Tonnac

Albin Michel

Introduction

À la recherche du pain total

Vous êtes devenu, de publication en publication, l'historien des subsistances au XVIIIe *siècle en France, et même une sorte de Monsieur pain, à la fois érudit, boulanger, « tasteur », expert, personnalité incontournable de ce qu'on appelle en France la « filière ». Mais comment comprendre que ce qui ne suscitait pas vraiment la curiosité des universitaires et intellectuels français se soit donné ainsi à l'étudiant américain que vous étiez ? Est-ce que vos origines polonaises peuvent expliquer cet intérêt pour un objet à ce point délaissé ?*

Je dirais que ces origines sont d'abord juives. Je viens d'un pays où le pain ne structurait pas la vie quotidienne, ne participait pas de nos rituels. Je parle bien entendu de la société américaine. Dans ma famille, nous mangions la *hallah*, le jour de shabbat, un pain tressé que l'on trouve dans les boulangeries casher. Ce pain qui véhiculait une sacralité spécifique et rituelle qui, en tant que petit-fils de rabbin, ne pouvait m'échapper tout à fait, n'était pas pour moi particulièrement appétissant. Et en dehors de ce jour, le pain n'existait pas. J'avais découvert le pain comme objet sensuel en France, à une époque où j'étais encore bien loin d'imaginer que j'en ferais le sujet de mes investigations obstinées, ni même que je vivrais dans un pays dont il semblait résumer à lui tout seul l'exigence identitaire. Je suis donc revenu vers le pain une fois décidé que je serais historien, historien de la France et historien de la Révolution française, marqué alors par une certaine conception totalisante du métier héritée de l'École des Annales. J'avais lu Marc Bloch, Lucien Febvre, plus tard Fernand Braudel, et je savais que je voulais faire quelque chose que les historiens américains ne faisaient pas. En même temps, je n'entendais pas accepter la condescendance d'historiens français comme Albert Soboul ou Madeleine Rebérioux, qui considéraient que le travail d'un étudiant anglo-saxon était entaché par cette incapacité à comprendre en profondeur les spécificités de la société française. Cet ethnocentrisme est pour moi profondément révoltant. Je me disais alors qu'avant d'être anglo-saxon, j'étais juif, et que ces critiques ne me concernaient pas. Si je faisais de l'histoire, je voulais jouer dans la cour des grands. Je me disais que la problématique que je choisirais devait me permettre d'être historien à part entière. Cette question était pour moi cruciale. J'ai toujours été stimulé par l'esprit de compétition. J'étais donc prêt à payer le prix fort pour que les Français me disent, un jour, à la lecture de mes travaux, « vous êtes des nôtres ». C'est le défi que se lance tout *outsider* qui cherche à se faire accepter dans le monde fermé d'une loge maçonnique.

Le choix du pain était donc bien la garantie de vous emparer du cœur de la culture française, et partant, une fois les résistances brisées, de vous faire adouber ?

Le choix du pain était un pari, pas du tout une garantie. Il fallait montrer que j'étais capable de le problématiser de façon imaginative, originale, convaincante. Le risque avec le pain, chose viscérale pour moi, était de sacrifier l'avantage du regard distancié dont parle Fustel de Coulanges, distanciation que je me devais de m'imposer, mais qui était déjà en quelque sorte consubstantielle à mon statut d'étranger, une sorte de prime de départ. J'avais l'envie, l'impatience de m'approprier mon objet, sans vergogne, presque sans précaution. Le danger, c'était d'oublier qu'il faut pratiquer la *safe science* comme le *safe sex*.

Nous allons voir quelles difficultés vous avez dû affronter pour parvenir à vos fins. Mais d'abord, comment avez-vous surmonté le handicap de la langue ? Vous ne parliez pas le français lors de votre premier séjour ?

Je savais que pour être pris au sérieux, pour pouvoir maîtriser mon XVIIIe siècle, et plus tard mon XXe siècle, il fallait que je possède non seulement la langue française, mais également, je dirais, la société qui m'avait accueilli. Il me fallait être plus français que français.

Je devais pouvoir immédiatement associer « avions renifleurs » avec V. Giscard d'Estaing, monsieur Afrique avec Jacques Foccart, « Ça plane pour moi » avec Plastic Bertrand, etc. Je devais maîtriser les histoires de fesses, lire *Minute* aussi bien que *Le Nouvel Obs*, suivre Michel Drucker ou Jacques Martin à la télévision, écouter *Les Grosses Têtes* aussi bien que les *Papous dans la tête* à la radio, et ainsi de suite, en bref m'imbiber comme une éponge de tout ce qu'une société produit de signifiants et de signifiés susceptibles de la caractériser.

Vous êtes devenu français !

Bien sûr que non. Quoique... Passons sur le problème d'une définition rigoureuse ou simplement utile de ce que c'est qu'être français. Insensiblement, en écoutant la France, si je puis dire, en la respirant, en la parcourant, j'avais l'impression de m'approcher d'elle. Sans doute, quelque part, ma conception était-elle essentialiste : j'incorpore cette essence, bref je m'assimile. En même temps, depuis le début, j'ai toujours été un francophile critique. Si je prenais la France comme « un bloc », c'était avec un droit d'inventaire. Un bon ami, c'est celui qui te dit que ta braguette est ouverte. Donc, mon pacte avec la France me permettait de, m'obligeait même à dire quand je n'étais pas d'accord – avec une ligne politique, un mouvement social, un sondage d'opinion, le choix d'un Goncourt, l'administration, l'architecture d'un bâtiment, le rire raciste, le philosémitisme, le sélectionneur de l'équipe de France de football, le merlot. La France n'avait pas besoin d'un béni-oui-oui, me suis-je dit. Mais dans francophile critique, il ne faut pas oublier francophile. Je n'ai jamais manqué de parler de ce que j'adore dans ce pays : la conversation, l'ironie, la guerre (non violente) contre la malbouffe, l'Irouléguy, l'art roman, l'étonnante diversité des paysages, Emmanuelle Béart, la mer de Glace, Chaïm Soutine, la radio, le Top 14, etc.

Donc, une distanciation que je me suis imposée comme une sorte d'hygiène, mais une forte tentation fusionnelle à tout moment. Au point que j'oubliais parfois, inconsciemment, que je n'étais pas français – une faute de discipline cognitive qui me rendait vulnérable et pour laquelle je payais parfois un fort prix psychologique.

Mais au début de votre trajectoire vous n'occupiez pas encore cette position dedans-dehors : vous étiez tout à fait dehors.

On doit gagner ses chevrons d'*insider*. C'est vrai, forcément, je commence comme un parfait *outsider* (ce qui m'a probablement permis de voir l'intérêt d'un thème comme le pain quand mes collègues français ne le voyaient pas). Mon tout premier pas vers cette conquête remonte au choix de mon sujet – ce que j'appelle toujours ma problématique – de thèse. Lorsque j'ai rédigé ce que nous baptisons aux États-Unis un « prospectus » pour ma thèse, plus qu'un plan, une façon d'indiquer ce que sera votre recherche, j'ai pondu un document de 120 pages, autrement dit bien au-delà des 20 pages réglementaires, et engageant mes trente-cinq prochaines années de travail. J'avais écrit ce document pratiquement d'un trait. Je me souviens que j'étais dans une espèce de transe, qui m'empêcha de m'interrompre avant d'en avoir terminé. Une vraie folie des grandeurs, à n'en pas douter, une mégalomanie de jeunesse, qui prétendait historiciser toute la filière blé-farine-pain, faire une histoire au carrefour du matériel et du symbolique, une histoire du profane et du sacré, du politique et du social, de l'injustice et de la justice, de l'État et du consommateur, des forces sociales antagonistes qui deviennent, dans la construction de l'ordre social au quotidien, des alliées, etc. Et lorsque j'ai terminé ma thèse, là encore, elle débordait du cadre autorisé : 1 400 pages au lieu des 300 attendues. J'entrais décidément et résolument dans la démesure.

Vous n'avez d'ailleurs publié depuis que des livres-bible qui demandent aux lecteurs un fort engagement. Je pense particulièrement au dernier-né, Le Pain maudit*, consacré au drame de Pont-Saint-Esprit, celui du pain d'après-guerre qui tue et qui rend fou. Nous sommes encore à près de 1 100 pages. La tendance ne s'infléchit donc pas.*

Sans doute pourrais-je faire des livres moins longs. Mais je revendique à la fois un enracinement profond dans la logique de l'« histoire problème » inspirée par Bloch, Febvre et l'École des Annales, et la primauté de l'administration de la preuve. Parce que je suis considéré désormais comme un expert de la panification, il me suffirait de dire quelque chose pour que cela soit vrai ? Je ne le crois pas. Cette pratique facile qui consiste pour un historien reconnu à se passer de toute documentation, simplement parce qu'il est ce qu'il prétend être, m'exaspère. Le lecteur doit avoir envers moi les mêmes exigences de preuve, aujourd'hui comme hier. Sans prétendre boxer dans sa catégorie, je vous rappelle que Claude Lévi-Strauss, en même temps qu'il donne une vision globale, totalisante d'une société qu'il a patiemment étudiée, nous offre mille détails cocasses qui, replacés dans cet ensemble, vont faire sens, éclairer d'une manière toujours singulière, comme celui du guépard qui lorsqu'il rit, nous dit-il, se couvre la bouche avec la patte. C'est pour moi toute la beauté de ce travail que de pouvoir articuler le structural et le particulier.

Revenons à ce « prospectus ». Qu'y annonciez-vous donc de si déterminant ?

Un plan de vie. Si on veut être cynique, un plan de carrière. J'avais compris que pour pouvoir parler du pain, je devais parler de la farine, et pour parler de celle-ci, je devais connaître le blé. J'ai donc publié sur le commerce des grains, sur la meunerie et les moulins, sur la mouture, sur les boulangers comme groupe social, sur la boulangerie comme pratique technique. Je veux dire par là que, parlant des subsistances en France au XVIIIe, il n'était pas possible d'emprunter des raccourcis.

À partir de quel moment vos collègues français commencent-ils à vous prendre au sérieux ?

Si j'avais une inquiétude au sujet de mon engagement dans la voie française, elle concernait l'attitude de la corporation à l'égard de l'Autre. Il y avait comme un vent protectionniste dans les comptes rendus des livres des étrangers. Ce n'était même pas une réaction nationaliste et outragée contre une découverte extrêmement gênante pour l'image de soi (type première réception du travail de Robert Paxton sur Vichy). Il s'agissait d'une attitude plus diffuse, un tropisme de possessivité. Défendant leur territoire, de nombreux historiens français n'aimaient pas la concurrence, ou plutôt l'empiètement étranger. Je ne parle pas d'une règle générale, peut-être même pas majoritaire, mais tous les Américains ressentaient une ambivalence, sinon une petite allergie de la part de leurs collègues dans les années 1960. Comme tout le reste, semble-t-il, cela se mettait à changer après 1968. Il s'agissait en partie d'une mutation générationnelle : les « jeunes » – en France cela intégrait jusqu'à la cinquantaine – s'avéraient plus ouverts, plus curieux, plus disposés à apprendre une langue étrangère. Emmanuel Le Roy Ladurie et François Furet commençaient à passer de longs séjours aux États-Unis. La VIe section de l'École Pratique des Hautes Études, officine braudélienne/Annaliste, future École des Hautes Études en Sciences Sociales, sans être précisément de conception cosmopolite, était certainement plus accueillante que d'autres institutions proprement universitaires.

Personnellement, comme étudiant, j'ai été très bien reçu. Disons que l'on a commencé à me prendre au sérieux, de façon impersonnelle et scientifique, à partir du moment où mes livres ont paru en français. À l'époque, j'écrivais en anglais (plutôt en américain) et je considérais, comme la vaste majorité d'Américains pratiquant une histoire étrangère, que mon premier « marché » intellectuel était (anglo-)américain. On n'avait pas l'impression que les Français nous lisaient beaucoup ou nous scrutaient attentivement. Le système universitaire d'évaluation, de récompense et de promotion était anglo-américain. Jadis, on demandait très rarement à un savant français d'apprécier un dossier ou même d'écrire une lettre de référence (et en France on n'aurait jamais imaginé l'utilité, ou même eu la correction de demander à un Américain de dresser le bilan critique d'un candidat français à un poste français) ; aujourd'hui ce sont des pratiques courantes, des deux côtés de l'Atlantique.

Si j'ai percé en France, c'est grâce à la traduction de mes travaux. Je ne sous-estime pas ce que je dois à des amis, le plus beau cadeau que la France m'ait donné. Mais quand j'ai démarré, il n'y avait pas encore de vrais réseaux, même si des chapelles en faisaient fonction. Pour émerger et obtenir une certaine reconnaissance, rien ne valait la traduction. Vive la traduction ! Merci à la regrettée Hélène Bourgeois des éditions Perrin, et surtout à Claude Durand de chez Fayard qui n'a jamais hésité à publier de gros livres. J'ai eu une chance folle. Je n'ai jamais eu à solliciter une traduction ; grâce, sans doute, à l'intervention d'amis, en l'occurrence extrêmement discrète, car je n'étais pas du tout au courant, on est venu me chercher. Sans cette volonté de payer des traductions, coûteuses et parfois lourdes à gérer, presque toujours subventionnées, mais pas entièrement, par des fonds publics (je bénis les contribuables !), je n'aurais pas existé en France, dans le microcosme ou ailleurs, ou d'une manière tout autre. La traduction est un art merveilleux et difficile, mais il est rare d'avoir une entente parfaite avec son traducteur, il faut toujours revoir et retravailler, même une très bonne traduction. Depuis dix ans, je coûte bien moins cher à mon éditeur, car j'écris directement en français, pour le meilleur et le pire. (Je n'aurais jamais eu le culot de le tenter si je n'avais pas une formidablement talentueuse agrégée-maison derrière moi !)

Être pris au sérieux en France, c'est être invité. Grâce au bouche-à-oreille, à des copains et aux traductions, j'ai assez tôt commencé à prendre la parole dans des séminaires un peu partout en France Assez jeune, j'ai passé une année comme directeur d'études associé à la IVe section de l'EPHE (aux antipodes du monde des *Annales*), j'ai effectué de nombreux « mois » comme chercheur et intervenant à la VIe section, puis à l'EHESS et à la Maison des sciences de l'homme. J'ai eu le plaisir d'être conférencier au Collège de France. Tout ceci n'aurait pas été possible sans la politique intelligente de congés sabbatiques menée par les universités américaines : à Cornell je partais pour la France tous les trois ans à peu près, sans compter les étés, et même la pause hivernale entre semestres. J'étais dans la phase intense de la formation du capital, culturel et social. Par ailleurs, je n'étais pas perçu simplement comme historien du pain. J'étais un moderniste de bon niveau, je faisais de l'histoire sociale, mais aussi politique, économique, culturelle : ainsi j'étais présent aussi bien dans les débats sur les Lumières que sur la transition du féodalisme au capitalisme, le capitalisme selon Braudel, l'exégèse du contrat social de Rousseau, la Révolution française, etc. Je m'intéressais à tout... Aujourd'hui, la République des Lettres, notamment historienne, est-elle pleinement égalitaire et apaisée en ce qui concerne les relations entre Français et étrangers, notamment américains ? Apaisée, sans aucun doute. *Grosso modo*, les relations sont excellentes entre les historiens français et les mille et quelques centaines d'historiens américains de la France (chiffre probablement sous-estimé). Égalitaire ? Notion difficile à concrétiser dans toutes ses inflexions possibles. Notre République, comme toutes les autres, demeure hiérarchique. Puisque, depuis un certain temps, je me trouve plus souvent en France qu'aux États-Unis, je suis frappé par un autre aspect de ma francisation ; ou, pour exprimer cette idée autrement, par l'écart très significatif dans certains domaines entre la façon de penser et de faire l'histoire française en France et aux États-Unis. On partage beaucoup d'une rive de l'Atlantique à l'autre, mais pas tout : souvent on n'a pas les mêmes présupposés, les mêmes priorités, la même conscience épistémologique, les mêmes préoccupations sociales et politiques, la même perspective sur les sources (ni le même accès). Il serait intéressant d'entreprendre une étude comparée de l'histoire française pratiquée par les Français et l'histoire française pratiquée par des Américains (et d'autres personnes hors Hexagone), en tenant compte de l'âge, du sexe, des origines sociales, de la formation, de la spécialisation, etc.

N'y a-t-il pas un peu d'outrecuidance de votre part à vouloir prouver que le pain se situait sous l'Ancien Régime à la croisée de tous les chemins ? Même si on perçoit son importance dans l'histoire d'un peuple qui ne s'est nourri longtemps que de pain.

Je ne crois pas que mes recherches aient contribué à dire plus que ce qu'était et ce qu'est le pain pour les Français. Il est au croisement de tous les chemins. D'un point de vue psychologique, socioculturel, politique et économique, le pain était l'une des « structures structurantes » les plus puissantes qui gouvernaient la vie privée et publique de la France d'Ancien Régime. La France n'était pas simplement « panivore », suivant le pittoresque idiome de l'époque ; le pain l'obsédait. Le pain était son principal moyen de subsistance (tout comme les grains étaient sa source primordiale de richesses et le plus fort régulateur de l'emploi), le vecteur par excellence du sacré en même temps que le trope le plus réconfortant. Jacques Necker, ministre, philosophe, banquier et spéculateur des grains à ses heures, affirmait que « la subsistance des peuples » est « l'objet le plus essentiel » dont l'administration centrale doit s'occuper. Il aurait pu rajouter que l'État moderne se crée grâce à son aptitude à s'approprier un surplus de grains à travers la fiscalité, seul moyen de s'emparer du monopole de la violence et de la justice et de se doter d'une espèce de bureaucratie.

L'approvisionnement est le souci majeur de l'État dont la stabilité dépend de sa capacité d'éviter ou d'atténuer l'impact des crises. Mais le pain n'est pas que l'histoire politique d'en haut, l'inventaire de la prévention et de la gestion des grands accidents. Si l'on s'adonne avec sérieux au métier d'historien, le cours ordinaire des choses, avec sa routine et ses fastidieuses ornières, est plus important encore. Bien que les banalités soient, paradoxalement, plus difficiles à saisir, nous devons les retrouver, si nous voulons dégager le sens du reste, c'est-à-dire la partie privilégiée. Les demandes journalières et incessantes de pain définissent le modèle de la vie quotidienne à Paris de manière aussi éloquente et subtile que le protocole élaboré de Versailles régit la vie sociale dans la cage dorée du palais. Loin d'exprimer une hiérarchie escarpée de strates rigoureusement discrètes et isolées, ce tropisme des subsistances, cet habitus collectif forgèrent d'étranges liens de dépendance mutuelle, alors même qu'ils renforçaient les clivages au sein de l'édifice social. Nantis et démunis, gouvernants et gouvernés partageaient les mêmes angoisses. Rappelant à chacun ce que la vie en société – la civilisation – pouvait encore receler de primitif, la dépendance à l'égard du pain soulignait la précarité des arrangements sociaux, leur fragilité ; elle mettait en relief les limites du savoir et du pouvoir sociaux. Le besoin du pain aboutit à l'élaboration des normes et des règles qui n'eussent pas été brutalement réductibles à un calcul de rationalité économique ni mécaniquement applicables en toutes circonstances. En définitive, le système de régulation semble moins résider dans les principes avoués par les statuts que dans la logique de la pratique qui s'est affirmée au fil du temps.

Autrement dit, on construisait l'ordre quotidien. Son objectif, diffus quoique mobilisateur, était d'entretenir la vie et l'équilibre relatif de la métropole tentaculaire et bariolée, de diminuer les coûts de perturbation et de dysfonctionnement. Pour une part affaire de réinvention ou d'improvisation au jour le jour, l'ordre quotidien était en même temps le produit durable d'un consensus inexprimé, qui se cristallisait en certains points nodaux – spatiaux et institutionnels – à travers la ville : corporations, marchés, églises et couvents, tavernes, voisinages, sans oublier les hôtels très accessibles des commissaires de police (deux ou trois par quartier) et les hôtels bien plus lointains quoique plus nombreux des riches et des puissants. S'il n'allait pas sans incitations et sanctions importantes destinées à favoriser la tranquillité collective, cet ordre n'était pas pour autant qu'un simple appareil de contrôle social. Il n'était pas davantage une charte idyllique de collaboration sociale. Loin d'être codifié ou formalisé dans une grammaire légale, il évoluait sans cesse dans le vernaculaire et la coutume. Il n'excluait ni les conflits ni les désordres en maints domaines, mais faisait de l'approvisionnement une affaire non partisane : sans doute pouvait-on débattre des moyens, jamais des fins. De l'aveu commun, lorsque l'ordre quotidien s'effondrait, que Paris n'était plus capable de se gouverner, que ses mécanismes de régulation se grippaient, tout le monde en souffrait. À des degrés d'importance et d'urgence divers, tous les Parisiens étaient des consommateurs de pain. Et, moyennant de semblables variations, tous ces consommateurs – comme tous les Français des villes et des campagnes – étaient producteurs de paix ou de turbulence sociale.

On trouve ainsi le pain sur son chemin quand on étudie l'histoire urbaine et l'histoire rurale, les relations entre villes prédatrices (mais aussi redistributrices) et campagnes spoliées (mais aussi bénéficiaires), le menu peuple et le monde du travail, les systèmes de communication et de transport, la révolte et la répression, les représentations et les institutions, la culture populaire et la culture dominante, les spécificités des rôles féminins et masculins, le marché et le cabaret, le sacré et le profane, l'économie morale et le capitalisme, les hautes finances et la mendicité, les idées et l'action. J'ai pu démontrer, par exemple, combien les Lumières, perçues comme une seule famille idéologiquement unifiée, étaient en réalité divisées sur toute la problématique de la modernité. C'est par le prisme des disettes et des famines à répétition que Diderot prend le parti de se démarquer des physiocrates qui anticipent le modèle néoclassique de la « main invisible ». C'est encore à travers mon travail sur le pain que j'ai pu montrer que les parlementaires, présentés comme unanimes contre la monarchie, ne partageaient pas, loin s'en faut, les mêmes positions.

Je me défends d'avoir pratiqué ni un déterminisme, ni un réductionnisme panaire. Mon idée n'était pas de tout réduire au pain, ni de prétendre que je m'étais emparé du sujet le plus important. Mais dans les débats, j'étais en mesure de montrer le poids considérable qu'exerçait sur telle ou telle situation la filière blé-farine-pain. Je crois que j'ai ainsi démontré que dans cette société qui était, comme disent les anthropologues, liminalement située entre un monde traditionnel et un monde prométhéen sur le point de se libérer de ses chaînes, le pain était le médiateur absolument crucial. Travailler sur le pain ne signifie donc pas que l'on soit lobotomisé ou que l'on veuille éviter des configurations historiques extrêmement complexes. J'ai commencé à une époque où l'histoire sociale était hégémonique. Le social primait tout, et peu nombreux étaient ceux qui avaient l'autorité de contester de tels présupposés. Puis se sont amorcés son déclin et son rejet par ceux qui considéraient l'histoire sociale comme réductrice, marxisante, naïve, épistémologiquement infondée. Je me trouve donc souvent sur la défensive pour justifier le choix d'une histoire sociale, dont je reconnais qu'elle a refusé trop longtemps de se remettre en question. Tout en militant pour une approche sociale bien plus attentive et perméable aux champs culturels (notamment discursifs et symboliques), je ne peux pas souscrire à l'idée qu'il n'y a pas de « réalité » extralinguistique et que « tout est texte ». Je m'intéresse ainsi vivement à l'épistémologie, à la théorie, aux échanges interdisciplinaires, et suis très marqué par certains courants de l'anthropologie et de la sociologie. Au-delà des débats universitaires, je tente d'expliquer aussi au grand public, à travers mes ouvrages, que le pain est un des grands protagonistes de l'histoire et qu'il s'inscrit au cœur du patrimoine culturel de la France. Et je m'adresse encore aux acteurs de la filière blé-farine-pain pour leur rappeler le rôle que celle-ci a joué dans le passé et qu'ils ont trop tendance à ignorer, ou à minorer, pour des raisons sur lesquelles nous reviendrons.

J'ai l'impression que vous vous entendriez fort bien avec des boulangers morts du XVIII*e*. *Comment cela se passe avec ceux, bien vivants, d'aujourd'hui ?*

Je dirais que l'une des grandes joies de ma vie de chercheur et de ma vie tout court a été l'accueil que m'ont réservé les professionnels. Parce que je les ai toujours pris comme ils étaient, ils m'ont accepté pour ce que j'étais. Je me suis enrichi à leur contact et je crois qu'ils ont redécouvert quelque chose de leur histoire à travers mes ouvrages. Peut-être se sont-ils rendu compte qu'ils jouent un rôle dans la société, qui ne se limite pas à l'arène strictement commerciale. Comment m'y suis-je pris ? Je ne me suis pas présenté comme un Américain donnant des leçons et spécialement au lendemain de la guerre d'Irak. J'ai plutôt manié l'humour et l'autodérision, en cherchant à montrer à ces boulangers que j'avais passé trente-cinq ans de ma vie à étudier leur univers, à mettre la main à la pâte, à comprendre leurs inquiétudes et leurs espoirs, et que je les estimais sincèrement. Je n'avais jamais imaginé que je me retrouverais un jour à côtoyer les héros de mes histoires. Je les avais approchés au XVIIIe siècle, mais ils étaient devenus maintenant des relations et dans certains cas des amis. C'est un peu l'histoire d'*Alice au pays des merveilles*. J'ai fini par traverser le miroir pour devenir l'un des acteurs de cette filière objet de mes propres études.

1.

Extase au jardin du Luxembourg

Vous êtes né à Brooklyn, USA, dans une famille d'immigrés juifs polonais : difficile de trouver l'origine de votre passion pour la France et son pain à une table familiale où le schmalz prime sur la sauce béarnaise.

Mon grand-père maternel connaissait six langues, mais pas un mot de français. Sa culture était profondément yiddish. Avant d'émigrer, il préparait le rabbinat, mais il travaillait avec ses mains pour un marchand qui approvisionnait le *shtetl* en bois. Il ne se voyait pas du tout comme un intellectuel. Mon grand-père paternel, menuisier, lisait encore moins. Sans doute le pain les intéressait-il à plusieurs titres : le pain est au cœur de la vie liturgique et collective des Juifs. C'est l'emblème même de la vie. On rompt le pain en récitant la prière de remerciement à Dieu, qui met l'accent sur le partage de la nourriture et de la bénédiction divine. Le pain construisait la communauté, profane et sacrée. Mes deux grands-pères – le premier natif d'un village près de Mlava dans le nord de la Pologne, le second d'un bled pas loin de Bialystok dans un territoire longuement occupé par les Russes – avaient du mal à gagner leur pain chez eux. Encore plus intolérable était le sentiment d'insécurité. Un oncle et le frère aîné de mon grand-père Kaplan avaient été tués dans des pogromes. Une violence moins organique frappait de façon récurrente le village de mon grand-père Klein. Dans la peur, la peine, la colère et la privation, tous les deux sont partis au moment de la Grande Guerre, avec leurs enfants, pour l'Amérique. Passage presque obligé à l'époque, les deux familles s'installent d'abord dans le Lower East Side, un quartier encore très européen où s'entassaient les immigrés, avant de s'établir, les Kaplan, au nord de Manhattan dans le Bronx, et les Klein, au sud-est, à Brooklyn.

Vos grands-parents vous ont marqué ?

Inégalement. Mon grand-père Morris Kaplan était un homme mou, peu expansif, dominé par une seconde femme, belle-mère de mon père, qui préférait ouvertement les quatre rejetons de ce deuxième lit Kaplan aux trois du premier. Mon père vendit des journaux dès l'âge de sept ans et passait autant de temps chez la famille d'un de ses copains, futur instituteur, que chez lui. Bien plus tard, il nous amenait pour des visites rituelles deux fois par mois dans le Bronx. Pour y aller en voiture depuis le Queens, où ma famille s'était installée en 1950, il fallait traverser un très grand pont, véritable aventure pour moi. Je me souviens des pancartes – nous étions aux beaux temps de la guerre froide – affichées tous les cent mètres, que je ne comprenais pas et qui faisaient rire mes parents : « In Case of Air Raid, Drive off Bridge », ce qui veut littéralement dire en cas d'attaque aérienne, conduisez hors du pont. Je me suis toujours demandé quel service de « com » était chargé de rédiger ces injonctions, qu'on trouvait un peu partout à l'époque où l'on se préparait pour une attaque nucléaire quasiment tous les jours à l'école. Lors de nos visites, toujours tendues, mon père donnait de l'argent au sien, comme quand il était tout petit, et Morris nous donnait de délicieux gâteaux de miel au chocolat qu'il confectionnait lui-même. Bien avant de devenir pour des Français métaphore des excès pathologiques américains, le Bronx était pour moi, comme pour mon père, le lieu d'une pénurie affective.

Mais il y a aussi un pont de Brooklyn, sûrement mieux connu que celui qui vous amenait du Queens dans le Bronx.

Quelqu'un a essayé de vous vendre le pont de Brooklyn ? Woody Allen, peut-être ? C'est une vieille blague. Dans l'imaginaire français, Brooklyn résonne mieux que Bronx-Barbès ou Bronx-Bangladesh. Bronx, c'est la pépinière de toutes les dérives sociales, Brooklyn, c'est là où le grand poète Walt Whitman a élu domicile. L'histoire sociale vous donnerait une appréciation plus juste d'un Brooklyn très Bronx (vous pourriez aussi lire le magnifique roman de Hubert Selby, *Last exit to Brooklyn*). Petit, je n'avais aucune perspective sociologique ou culturelle sur la question. Quand vous étiez gamin à New York dans les années 1950, vous étiez défini par deux pôles d'appartenance, votre religion et votre équipe de base-ball. J'aimais les Yankees, dits les « Bronx bombers », ennemis mortels des Brooklyn Dodgers. Pourtant, mon cœur était à Brooklyn, où habitaient mes grands-parents maternels, où j'ai vu le jour, où j'ai été brièvement scolarisé. Après notre départ pour le Queens, vaste faubourg à côté, peu peuplé, théoriquement grande étape de mobilité sociale, je retournais à Brooklyn une fois par semaine voir mes grands-parents, jusqu'à la mort de ma grand-mère en 1956.

J'adorais Harry et Manya Klein. Ma grand-mère était douce et un peu ronde ; j'étais son *bubele* – son « petit chéri ». C'est elle qui m'a initié à l'enchantement de la cuisine. Cela commençait au marché, où elle goûtait les légumes avant de les acheter. Elle choisissait son poulet vivant, supervisait son exécution casher, le plumait et le vidait elle-même à la maison. Pour faire le *gefilte fish*, sorte de quenelle farcie, elle prenait des carpes vivantes, les nourrissait quelques jours dans la baignoire, les mettait à mort avec un geste remarquablement subtil. « Bubbe », comme j'appelais ma grand-mère, me laissait manier le hachoir pour faire le chou farci, qu'elle assaisonnait avec des raisins et des noix – rétrospectivement le goût me semble presque séfarade. Elle ne faisait pas la *hallah* – le pain tressé du shabbat – chez elle, mais elle sortait de son four un *pletslekh*, galette plate de pain extrêmement croustillante, relevée d'oignons et de graines de pavot. Bubbe m'a appris à goûter, pas seulement en fin de cuisson, mais à chaque étape de l'opération. Plus que les consignes de la recette ou les mesures précises, le goût cumulatif guidait sa démarche. Ma première formation organoleptique a eu lieu dans sa cuisine. La première tâche qu'elle m'a laissé accomplir tout seul, ce fut la fabrication des *kneydlekh*, des boulettes à base de farine de *matse*. Les mains légèrement mouillées de *smolts* – délice gras pour un gamin, sensuel et ludique –, je façonnais des boules que je plongeais dans un bouillon bouillant.

Pour ma Bubbe, l'astuce était souvent dans l'usage d'un bouillon de poulet, remède juif classique à tous les maux. Pour rendre somptueux des *kreplekh*, espèce de raviolis triangulaires farcis de fromage ou de viande, il fallait les mettre dans un bouillon, pas dans de l'eau bouillante. Le premier plat complexe que j'ai été autorisé à réaliser était le *kashe yarnishkes*, mets populaire, élémentaire, peu cher : un mélange de graines de sarrasin grillées – le sarrasin est une pseudo-céréale sans gluten, mais avec un exquis goût de noisette – et de pâtes maison en forme de nœud papillon. Le tour de ma grand-mère : bien caraméliser les oignons pour une note délicatement sucrée et substituer des blancs d'œufs aux œufs entiers pour donner une texture un peu soyeuse.

C'est un lieu commun des sciences sociales : les habitudes alimentaires sont les pratiques les plus difficiles à modifier, et les immigrés y tiennent fermement. Vers 1900, les assistantes sociales à Boston, chargées d'américaniser la population étrangère plus ou moins récemment arrivée, exhortaient les Italiens à abandonner l'usage de l'ail, plante peu patriotique qui empestait l'haleine et dressait une barrière entre les mangeurs du Mezzogiorno et les prétendus autochtones. La cuisine demeure porteuse de messages très forts, tant politiques que sociaux et émotionnels. Chez les Klein, la cuisine n'était pas là pour alimenter la nostalgie du vieux monde. Au contraire : elle revendiquait une identité juive en quelque sorte portable, non enracinée dans tel ou tel pays ou société, une sorte d'espace culturel extraterritorial. Mais cette cuisine traditionnelle ne trahit aucun sens de perte, aucun attachement au monde oppressif dont on s'est évadé. Les portions excessivement copieuses que Bubbe mettait dans nos assiettes soulignaient la distance incalculable entre les vaches maigres chroniques de l'Europe de l'Est et l'abondance exubérante des États-Unis, où même les gens très modestes pouvaient manger trois fois par jour à leur faim. Les Klein étaient pratiquants ; mais au quotidien, sans être des « assimilationnistes », loin s'en faut, ils se voyaient comme Américains juifs plutôt que comme des Juifs américains. *Only in America*, « seulement en Amérique », telle était la formule de mon grand-père et de tant d'immigrés juifs : était-il alors pensable de s'imaginer comme faisant partie du tissu social sans renoncer à sa judaïté et sans avoir à faire face à un violent antisémitisme ambiant ? La doctrine de la famille Klein – plutôt sa loi d'airain – c'était « nous sommes des Américains à part entière ».

Et cette Bubbe, si manifestement présente, laissait-elle une place pour votre grand-père ?

C'était une femme très charnelle, assez grande et forte ; lui était tout petit et sec, encore plus que son nom ne l'indique (*klein* = petit). Mais il avait du caractère et de la volonté. C'est lui qui était porteur de la vision de l'avenir. Il n'était point autoritaire, il discutait tout avec son épouse mais, en fin de compte, c'était lui qui tranchait. Son parcours après Ellis Island a une allure très américaine. Pas question de poursuivre des études rabbiniques : il fallait nourrir la famille. Ma grand-mère se retrouve avec ses sœurs et ses cousines dans les *schmates*, la confection des fripes. Mon grand-père se fait d'abord balayeur de rues, puis tailleur dans une boutique de retouches, avant de rejoindre finalement son épouse derrière une machine à coudre. Après la Seconde Guerre mondiale, le couple investit ses maigres économies dans une petite épicerie, spécialisée dans le sucré, dite *candy-store*, qui lui permettait tout juste de vivre. Après, mon grand-père fait plusieurs années comme troglodyte, tenant un kiosque de journaux et de snacks sur un sombre quai de métro. Volé et sérieusement tabassé, il reprend un *candy-store* près d'un hôpital, avec une grande affluence les dimanches. J'y allais souvent avec mon père pour les aider. Il a travaillé jusqu'à l'âge de soixante-dix ans et s'est arrêté quand sa femme est tombée gravement malade. Ils viennent alors vivre chez nous, dans le garage converti en un studio totalement autonome, avec douche et coin cuisine. Ils mangent casher, ne partagent pas notre table. Quand ma grand-mère meurt, Klein – on l'appelait par son nom – continue de faire ses repas et de prendre sa vie en charge. Il retrouve le Talmud, objet d'étude quotidienne ; il va à la synagogue deux fois par jour ; il s'occupe de notre teckel, son fidèle compagnon, dont ma mère ne cesse de nier les origines allemandes ; il lit, comme toujours, le journal yiddish *Forward*, dont l'inspiration syndicaliste et socialiste réveille chez lui des idées bundistes qui l'avaient à la fois fasciné et inquiété chez son épouse, plus engagée politiquement.

Grand-père Klein ne maîtrisait pas parfaitement l'américain ; il avait un fort accent du *shtetl* et un vocabulaire relativement restreint. Mais c'est la seule langue qu'il acceptait d'utiliser en public, et devant moi. Le yiddish, qu'il parlait à la maison, avec son épouse et ses nombreux frères et sœurs, ses filles, sa sœur et son frère, il refusa de me l'apprendre. Question de principe, sans doute aussi de stratégie, même si le mot me semble aujourd'hui sans adéquation avec la complexité du projet d'enracinement et d'ascension. Ce n'était pas le langage de l'avenir, du progrès, de l'intégration sociale. J'ai capté le minimum nécessaire pour décrypter les échanges censés être confidentiels ; mais, quand j'étais tout jeune, je n'ai pas pris la mesure de cette énorme perte.

Votre grand-père, féru d'études talmudiques, vous a-t-il poussé vers la lecture des textes sacrés, vers la religion ?

Rigoureux dans sa pratique personnelle, il n'avait aucun problème à prier dans une synagogue de tendance libérale dans le Queens, après avoir quitté un Brooklyn plus orthodoxe (mais pas encore hassidique, loin s'en faut). Il ne m'a jamais fait la morale, il ne m'a jamais enjoint à prier. À travers des paraboles et des contes du *shtetl*, type Singer ou Aleichem, ou, dans un autre registre, Leo Perutz, Klein voulait que je comprenne qu'il n'était pas utile d'être imbécile, prétentieux ou mesquin. Il me parlait plus de valeurs éthiques et terrestres que de notions théologiques : l'honnêteté, l'équité, la générosité, l'humour. Toujours est-il qu'il était content de me voir à la synagogue. Quant à mon éducation juive formelle, il laissait toutes les décisions à mes parents, tout en sachant que mon père était athée. Ce dernier n'a jamais abordé avec moi une conversation touchant le domaine religieux ou spirituel. Sans aucune objection de mon père, ma mère a insisté pour que j'apprenne l'hébreu, comme tous les autres gamins de notre quartier. Trois fois par semaine, j'allais à l'école hébraïque, rattachée à la synagogue de notre quartier, après l'école publique. C'était pour m'initier aux pratiques du culte et plus largement au judaïsme, son histoire et sa culture ; et surtout commencer à préparer la bar-mitsva. Je n'y ai jamais vraiment appris l'hébreu. Je le lisais sans comprendre la grande majorité des mots. Mon professeur, pendant plusieurs années un jeune rabbin en fin d'études qui s'appelait Chaim Potok, plus tard romancier célèbre, me notait strictement en fonction de la vitesse avec laquelle je lisais à haute voix. Je n'ai pas beaucoup pratiqué la synagogue depuis ma bar-mitsva ; je sais toujours chanter et lire les prières, sans savoir ce qu'elles signifient très précisément.

L'autre versant de cette éducation juive relevait de l'histoire, celle du peuple juif à travers la Bible et d'autres textes sacrés et profanes, et celle du peuple juif américain. Cette dernière étude visait à renforcer notre estime de soi collective, à nous montrer que nous n'étions pas des inconnus dans le nouveau monde. D'où un texte rapportant les inestimables contributions des Juifs « au triomphe américain » : Haym Salomon, « financier de la Révolution américaine » de 1776 ; Uriah P. Levy, héros de la marine du début du XIXe, un Dreyfus manqué ; Lipman « Lip » Pike, premier joueur de base-ball américain ; et sans doute Superman, vrai supermensch, héros de la bande dessinée créée juste après la grande dépression par deux jeunes Juifs, Jerry Seigel et Joe Shuster. Les histoires bibliques me fascinaient, mais à ce moment-là je m'intéressais vivement aux Juifs plus proches de nous, dont la prouesse était physique et, par là, morale. J'exclus, par discrétion mais pas totalement par conviction, les grands criminels presque folkloriques, malins et souvent brutaux, tels Dutch Schulz, Meyer Lansky et Bugsy Siegel. Je pense aux personnalités légitimes, dignes de l'admiration des jeunes : Sid Luckman dans le football américain, Max Baer dans la boxe (j'aurais pu mentionner « Kid » Kaplan, champion du monde poids plume dans les années 1920), Dolph Schayes dans le basket, Sandy Koufax dans le base-ball (dans le premier match du World Series de 1965, il a refusé de jouer parce que cela tombait le jour de Kippour). Je m'identifiais volontiers avec des sportifs que j'imaginais capables de cogner si nécessaire.

Votre père vous a entraîné à vous défendre ?

Oui et non. Il m'a offert une paire de gants de boxe et a pendu pour moi, dans notre sous-sol, un set de *heavy bag* et *speed bag*, de la marque prestigieuse Everlast. Un de ses frères, mon oncle Lou, un postier et un dur à cuire, venait me donner des leçons. J'ai appris, je savais bouger et boxer, mais je ne suis jamais monté sur un vrai ring. Le vrai ring, disait mon père, c'est la vie quotidienne. Si on me tapait, même un grand, il ne voulait pas que je vienne chialer à la maison. Il fallait que je règle mon affaire tout seul, d'une manière ou d'une autre, à condition que je le fasse en dehors des heures et à l'extérieur de l'espace de l'école. Je n'étais ni belliqueux ni particulièrement bagarreur. Mais, comme vous dites en français, quand on me cherchait, on me trouvait.

Sauf en ce qui concerne l'affrontement gladiatorial dans une salle d'audience, le sport n'était pas un centre d'intérêt pour mon père, homme cérébral, passionné, souvent colérique, mais de nature sédentaire. J'en faisais beaucoup de mon propre chef, dans le cadre du centre social juif de la synagogue (le basket), des scouts (l'athlétisme, la natation) ou dans la rue, où la circulation dans le Queens de mon enfance n'était jamais dense (base-ball à balle de tennis et batte de manche à balai ; hockey sur patins à roulettes ; et une version allégée de football américain, sans protection, où le toucher à la main remplaçait le plaquage violent, trop risqué sur le macadam). À part les jeux de la rue, où je me débrouillais pas mal, le basket était mon terrain de prédilection. Ni grand ni particulièrement fort, j'étais pourtant rapide, je bougeais bien sans la balle, j'avais un bon tir en extension, et je pénétrais agressivement vers le panier.

Meneur de jeu, j'étais un des piliers de l'équipe de ma synagogue dans la ligue juive. La plupart des activités après l'école – et une grande part des activités dites aujourd'hui associatives – avaient lieu sous l'égide du centre socioconfessionnel du quartier, communautarisme consubstantiel au modèle américain d'intégration d'après-guerre, à la fois choisi et subi. Je reviens au dribble : le but de notre équipe était d'aller au tournoi contre les meilleurs de la ligue catholique (jusqu'à mon arrivée à Princeton à l'âge de seize ans, je ne savais pas ce qu'était un WASP). Le catholique, bien plus que le Noir, c'était notre Autre en basket dans les années 1950 (n'oublions pas qu'il n'y a aucun joueur africain-américain dans la NBA avant 1950). La salle de basket « église » était généralement plus belle et plus grande que la nôtre, et leur « coach » en col ecclésiastique nous impressionnait. Très hospitalières après nos matchs, les équipes catholiques jouaient dur, avaient toujours un « boucher » et nous apprenaient le *trash talk*, le parler poubelle local (nos adversaires les plus teigneux nous traitaient de tapettes et de déicides ; à ce moment de ma vie, j'étais plus sensible à la première injure qu'à la seconde).

Je n'étais pas sectaire dans mon style de jeu : j'observais attentivement et je m'appropriais, quand je le pouvais, les gestes gagnants de l'Autre. Dès les quarts de finale de 1958, cette volonté d'émulation allait me valoir une verte réprimande de la part de mon coach, un fougueux jeune rabbin, qui désirait la victoire, mais pas à n'importe quel prix. Dans un match très serré, j'ai loupé huit lancers francs consécutifs qui m'avaient été accordés après des percées en dribble, ma spécialité. Or, je me targuais de ne jamais les manquer, peu ou prou, car Max Zaslofsky, mon héros (fils d'immigrés russes, élevé à Brooklyn, un des rares Juifs dans le NBA), avait un pourcentage de réussite de 80 %, et je répétais le geste des dizaines de fois tous les jours. J'avais vu que le type qui me marquait, formidable distributeur, se signait avant de tenter ses lancers francs et qu'il les réussissait tous. Un brin gêné, car je sentais bien le parfum de transgression blasphématoire, mais déterminé à sortir de mon impasse, dès la fois suivante où je suis allé à la ligne grâce à l'arbitre, sans regarder ni mon banc ni nos supporters, je me suis vite signé, et la balle a enfilé le panier swish ! J'en ai marqué huit autres d'affilée, et nous avons remporté le match. Dans les vestiaires, le coach-rabbin m'a pris à partie, m'a notifié qu'il avait tout vu et m'a dit que j'étais la honte de la communauté. J'ai été consigné sur la touche pour les autres rencontres du tournoi.

Ce ne fut pas la fin de ma « carrière ». J'ai joué à Princeton, dans des matchs improvisés, à midi ou en fin de journée, dehors ou dedans, avec des joueurs majoritairement moyens comme moi, tous épris du jeu. Je continuais de fréquenter le « parquet » à Yale comme doctorant, d'une manière informelle à midi, mais aussi comme membre de l'équipe du département d'histoire, des gaillards assez combatifs, écrasés, hélas, dans les finales de la ligue de troisième cycle, par l'équipe de la faculté de théologie, preuve irréfutable aux États-Unis que la formation la plus proche de Dieu l'emportait. À Cornell, où j'allais devenir professeur en 1970, pendant près de deux décennies, je me suis rendu quasiment tous les jours au gymnase à midi pour un match impromptu, et j'ai découvert la YMCA (berceau historique du basket, d'abord aux États-Unis, puis en France) où j'ai monté une équipe qui jouait le soir une fois par semaine, notamment contre une escouade ouvrière locale qui nous brutalisait et me rappelait à chaque affrontement que la lutte des classes n'avait pas complètement disparu au pays du rêve américain et que la YMCA témoignait d'une tolérance inattendue pour la violence.

Les seuls moments où j'avais le sentiment – fugitif – que j'étais plutôt un bon joueur, en termes strictement relatifs, avaient lieu lors de mes séjours en France dans les années 1960 et 1970 (le paysage a totalement changé depuis quinze ans, *soft-power* américain et effet Tony Parker conjugués : vous n'avez qu'à regarder les matchs sous le métro aérien à Glacière pour constater que les jeunes sont quasiment des sosies de ceux qui jouent dans les *playgrounds* de Détroit, Washington, ou Harlem). En 1967 je me suis alors trouvé devant un jeu figé et ennuyeux : que ce soit sur le terrain du Luxembourg, celui du lycée Charlemagne ou au gymnase Buffon, on ne trouvait pas un niveau de jeu bien exaltant. Pendant presque deux ans, deux fois par semaine, je louais pour 50 francs la soirée, douches comprises, le terrain de basket assez glauque situé dans le sous-sol de l'eglise américaine du Quai d'Orsay : on revient souvent au sacré dans le basket. Mais où trouver des joueurs ? J'ai sympathisé avec un jeune conservateur de la belle Bibliothèque historique de la Ville de Paris, plus tard son directeur, Jean Dérens. Le rugby était son sport, mais il était grand et athlétique. Grâce à lui, j'ai pu recruter une bande de ses anciens condisciples de l'École nationale des chartes, l'institution vénérable qui formait les archivistes et bibliothécaires de la République. Quand j'en parle aujourd'hui, les gens hallucinent « grave » : comment imaginer ces érudits, plus réputés pour leur maîtrise des vieux papiers que pour leurs muscles, vêtus en short et courant sur un terrain de sport ?

Des noms ! Des noms !

La fine fleur du monde chartiste : avec Dérens, Alain Erlande-Brandebourg, Michel Melot, François Avril, Bertrand Jestaz, et *tutti quanti*. On jouait mal, mais on s'amusait beaucoup, d'abord sur le terrain, puis au bistro. Et sans l'avoir prémédité, je me suis constitué là mon premier réseau, sans doute le plus important. Grâce à ses ramifications, tant en province qu'à Paris, j'ai eu un accès privilégié à toutes les archives et bibliothèques de France et de Navarre. J'étais royalement reçu, conseillé, choyé. Je dois même avouer que, contre toutes les règles, j'ai pu sortir des cartons entiers pour les consulter à l'hôtel pendant le week-end. Comme quoi, les voies du sport sont impénétrables...

Votre père ne semble pas vous avoir accompagné dans votre vie sportive. Pour autant, cet intellectuel ne vous a-t-il pas transmis des valeurs souvent associées au sport ?

C'est surtout une forme de combativité qu'il m'a apprise par son exemple. Mon père en a beaucoup bavé dans la vie, mais il a toujours résisté. Son enfance triste et difficile avait laissé des cicatrices émotionnelles. Il prenait son rôle de père au sérieux, il s'occupait bien de nous, mais il ne savait pas manifester son affection. Il était plus didactique que chaleureux. Il a galéré pour payer tout seul son éducation à la fac, travaillant en même temps dans un journal et dans un bar, vivant chez des copains. C'était juste au lendemain de la Grande Dépression. Il s'est trouvé tout naturellement dans une université publique, sélective, à l'époque assez prestigieuse, CCNY – City University of New York, dite « l'Harvard du prolétariat ». S'y trouvaient les étudiants les plus pauvres des États-Unis, 80 % juifs, la plupart de l'Europe de l'Est, porteurs d'une culture ouvrière (socialiste et/ou syndicaliste), rêveurs des lendemains qui chantent. La synagogue de mon père était la cafétéria de Shephard Hall, où il participait entre cours et petits boulots aux débats farouches entre divers courants socialistes, dont la ligne de clivage était l'appréciation qu'on portait sur l'expérience de l'URSS.

Après avoir obtenu son diplôme de licence en sciences politiques, mon père a intégré la faculté de droit de Brooklyn. Il a tenu à peine six mois : le coût de ses cours, ses livres, son logement, etc., devient prohibitif, d'autant plus que son père, qui ne travaille pas, pour de prétendues raisons de santé, fait pression sur lui afin qu'il verse de l'argent pour faire vivre sa famille. Il emprunte alors la voie peu royale, entrant comme clerc salarié dans un cabinet d'avocats pour apprendre le métier sur le tas. Selon le règlement de l'époque, on peut se porter candidat libre pour le barreau après avoir exercé cette occupation théoriquement pendant cinq ans. Après un peu moins de quatre ans, appuyé par un magistrat influent, il se présente, réussit l'examen du premier coup et persuade le comité de surveillance de l'admettre. Nommé avocat vers 1937-1938, il travaillera toujours chez d'autres avocats et n'aura jamais sa propre clientèle. Malgré les sollicitations de ma mère, qui lui reprochait toujours de ne pas se soucier suffisamment des besoins de la famille, mon père s'investissait dans la politique, côtoyant les syndicalistes qui s'éloignaient d'un PS national aussi divisé que celui de Martine Aubry et fondaient l'American Labor Party – le parti du travail américain en 1936. C'était une organisation assez éclectique, pénétrée par pas mal de communistes, malgré leur interdiction statutaire. Ses ennemis l'appelaient une succursale du PC américain. Mais sa ligne était profondément New Deal social-démocrate, appuyant Roosevelt et des candidats républicains (type Fiorello LaGuardia) et démocrates (type Herbert Lehman) jugés « progressistes ».

Vous êtes né pendant la guerre ?

J'ai été conçu en 1942, juste avant le départ de mon père pour le service militaire. Considéré comme un « risque sécuritaire » en raison de son engagement politique, il a été rejeté par l'armée quand il s'est porté volontaire pour combattre Hitler en Europe. Il a entamé un procès contre le département de l'Armée au ministère de la Défense. Il a eu gain de cause, sans pourtant obtenir ce qu'il souhaitait. Jugé apte à servir sous le drapeau américain, il a été admis dans la marine, la seule branche qu'il ne voulait pas (il ne savait pas nager et souffrait du mal de mer sur le ferry entre Manhattan et Staten Island) et écarté du théâtre européen où il désirait tant se battre. Il a passé trois ans dans la marine, presque deux ans en mer sur un destroyer comme sous-off, l'équivalent français, je crois, de premier maître. Il prétendait avoir tenu le coup grâce au whisky, qu'il faisait entrer dans le bâtiment en quantité importante chaque fois qu'il retrouvait *terra firma*. D'abord dans l'entraînement, puis à bord, il découvre une autre Amérique, la partie majoritaire, l'Amérique profonde, des jeunes du delta du Mississippi, des montagnes d'Arkansas, des grandes plaines du Kansas et du Nebraska, pour lesquels il était un extraterrestre culturel : new-yorkais, juif (mais sans cornes apparentes), avocat de gauche, etc. Ayant en moyenne plus de dix ans de plus que les simples marins, il devient conseiller (plus dans les arts de la vie que dans ceux de la guerre, si j'ai bien compris), confesseur, écrivain public. Leur destroyer est entré en combat assez souvent ; mais, pendant ces années de guerre, mon père a beaucoup plus appris sur son propre pays que sur l'ennemi.

J'imagine que votre père regagne Brooklin après la guerre. Comment le retrouvez-vous ?

On l'accueille, je crois, sur le *battleship* « Missouri », où la cérémonie de reddition du Japon avait eu lieu, dans le port de New York en octobre. Selon la légende familiale, quand il m'a pris dans ses bras, je suis censé avoir fait pipi sur sa belle tenue de cérémonie. Il sort de la marine rapidement, réintègre l'ALP, mais n'y reste pas. Ma mère le pousse à faire une carrière d'avocat. Il est bien trop marqué à gauche pour se faire embaucher dans un des grands cabinets qui acceptaient des Juifs. Il n'a pas de réseau personnel lui permettant de s'installer. Dans un premier temps, il se loue au cas par cas : il avait une belle plume et était excellent rédacteur. Mais il était surtout un plaideur éloquent, particulièrement efficace devant des jurys populaires. Sans aucune sécurité, il gagne tant bien que mal sa vie comme ça, et grâce à de petites affaires que lui passe le cabinet où il avait été clerc.

Nous vivions dans le petit appartement de mes grands-parents, où ma mère s'était installée pendant la guerre, tous les trois dans une même chambre. Situation intenable. En 1949, grâce à la législation dite « GI Bill », sorte de plan Marshall pour les anciens combattants, mon père obtient une hypothèque garantie et à intérêt modéré, et nous déménageons dans une maison particulière de 150 m^2 attenante aux maisons voisines : trois chambres, salon-salle à manger, sur deux étages, avec petit jardin. Ma mère était comblée. Pour mon père, c'était une heure et quart de navette matin et soir. Sauf pour le métro à une demi-heure par bus, le Queens était encore la campagne, tout au début de la colonisation qui en fera un dense faubourg-dortoir pour Manhattan. Je prenais des œufs frais dans une ferme à côté. On livrait le lait et l'innommable pain de mie tranché sous cellophane par petite camionnette tous les matins. Formée comme artiste commerciale, rêvant de devenir artiste peintre comme sa sœur aînée, grande voyageuse, ma mère avait travaillé pendant des années pour Columbia Pictures. Désormais, jusqu'à la mort de mon père, elle restera à la maison, s'occupant de moi et de ma sœur, née fin 1950. Ma mère jouera un rôle important dans l'établissement d'Israel Center of Hillcrest Manor, nom de baptême un peu enflé donné à la nouvelle synagogue et au centre social juif. Mon père l'aidait, mais à une certaine distance. Athée et laïque affirmé, il n'a jamais mis les pieds dans la synagogue proprement dite sauf à l'occasion de ma bar-mitsva. Mon père s'est surtout occupé de mon éducation civique et politique. Il militait pour la déségrégation des écoles ; il participait avec les avocats de la NAACP, la principale organisation des Africains-Américains à l'époque, à préparer des dossiers juridiques ; il m'amenait à des réunions de soutien pour Rosa Parks, « mère » du mouvement des droits civiques, qui avait refusé de céder son siège à un passager blanc, déclenchant le grand boycott des bus de Montgomery (Alabama). J'ai assisté avec lui à des cérémonies de naturalisation des immigrés, par lesquelles ils devenaient citoyens américains et prononçaient le serment d'allégeance à la constitution, autre voie d'accès à l'égalité théorique des droits. J'ai écouté mon père plaider en faveur de locataires en voie d'expulsion par des propriétaires cupides. Dans un tout autre registre, mon père voulait que je saisisse les limites aussi bien que les promesses de la démocratie américaine. Il me promenait dans des hôtels et des countrys-clubs du vieux Long Island, pays WASP, pour que j'entende de mes propres oreilles que des clients ou des membres juifs n'étaient pas les bienvenus. Enfin, l'éducation se poursuivait littéralement chez nous. C'est ce qu'on a appelé plus tard « la deuxième peur rouge », la chasse aux sorcières du maccarthysme. Étant donné le passé de mon père, il ne semble pas surprenant rétrospectivement que nous ayons eu des visites du FBI. Des agents frappaient à la porte non pas à 9 heures, mais à l'aube ou tard le soir, juste pour dire qu'ils étaient là et qu'ils nous surveillaient. À plusieurs reprises, ils ont emmené mon père pour l'interroger. C'était très déstabilisant pour ma mère. Mon père en avait vu bien d'autres depuis les années 1930. Face aux agents fédéraux, sa posture était d'un détachement ironique ; le soir, il leur donnait à boire (le FBI boit du whisky de seigle – *rye* –, m'expliquait mon père). Mais il me décortiquait avec un grand sérieux le sens de cette inquisition et ses implications pour la société américaine.

Les Français qui s'intéressent aux États-Unis connaissent bien le règne de terreur maccarthyste que vous décrivez, mais seront sans doute surpris par l'accent que vous mettez sur l'antisémitisme, manifeste et larvé.

Il y a une scène dans le récent film satirique – désolant *reality show* – du comique anglais Sacha Baron Cohen, lui-même Juif pratiquant, où Borat, Kazakh antisémite caricatural, entonne une chanson dans un bar/boîte country & western dans l'Arizona qui est une sorte d'incitation au pogrome : « Jetez le Juif dans le puits, prenez-le par ses cornes, libérez notre pays, etc. » Or, l'auditoire se joint à Borat pour honnir le Juif avec un emballement et une fougue déconcertants. Signe d'un antisémitisme populaire dans l'Amérique profonde ? Probablement pas, même si l'incident mérite une analyse plus fine. Les organisations juives nous disent que l'antisémitisme aux États-Unis à l'heure actuelle n'a jamais été si marginal. Tant mieux, si c'est vrai. Ce n'était certainement pas le cas quand j'étais jeune.

Les Américains, depuis la colonisation, sont un peuple de paradoxe et de contradiction : démocrates esclavagistes, religieux parfois fervents, mais constitutionnellement laïques, offrant un refuge aux immigrés persécutés ou exclus et en même temps anticatholiques et antisémites. Presque 2 000 000 de Juifs s'implantent aux États-Unis entre 1900 et 1924. Beaucoup sont tentés par le pari, l'exhortation d'Israël Zangwill d'embrasser le *melting-pot*, titre d'une pièce qu'il écrit au début du siècle. Sorte d'abbé Grégoire, cet écrivain anglo-juif pousse les Juifs à renoncer à leur identité religieuse et historico-culturelle en échange d'une vraie intégration. Mais la montée d'un antisémitisme virulent, aggravé par la Grande Dépression, en incite bien d'autres à affirmer leur engagement solidaire et communautaire plutôt dans un esprit défensif. C'est l'époque du discours violemment anti-Juif d'Henry Ford, qui finance la diffusion massive des *Protocoles des sages de Sion* et interdit aux médecins juifs de soigner des malades dans l'hôpital qui porte son nom. Les Juifs se voient interdits d'écoles privées, de colonies de vacances, de centres de loisirs, et limités d'accès à bien des universités. Mon père me montrait des petites annonces invitant les Juifs à s'abstenir de postuler pour toutes sortes d'emploi. Le refus du gouvernement Roosevelt pendant la guerre d'accueillir des réfugiés juifs désespérés, cherchant à quitter l'Europe, n'a rien arrangé.

Comment expliquer votre décision de postuler à Princeton, certes parmi les institutions les plus prestigieuses du monde, mais université WASP s'il en fut, sudiste, conservatrice, peut-être même antisémite ?

C'est paradoxal, sans doute, mais ni simple ni linéaire. Je sortais d'un lycée où quasiment tout le monde allait en fac. Une grosse partie de mes condisciples venait de familles aisées, et ils partaient pour des universités loin de la maison. C'est une pratique américaine très largement répandue, un rite de passage anxiogène, parfois émancipateur, le début d'un *Bildungsroman*, une vraie rupture : on quitte le nid familial après le lycée, et on n'y revient que pour les vacances. On part à condition d'avoir des moyens ou une bourse conséquente et beaucoup de volonté. Puisque mon père avait des revenus modestes et totalement incertains, sans aucune épargne, je comptais, *a priori*, rester à la maison et m'inscrire à Queens College, notre CCNY local, une excellente université publique, à l'époque très sélective et gratuite. Mais justement parce que mon père pouvait prouver, au prix d'une certaine humiliation, qu'il n'avait pas les ressources pour financer mon éducation – il fallait soumettre des copies certifiées des déclarations de revenus au fisc – et parce que j'avais de bonnes notes au lycée et à l'examen national, j'étais un candidat tout à fait plausible pour une bourse. Queens College, c'était une bonne position de repli, mais j'ai tenté ma chance dans quatre autres facs d'excellent niveau, dont Brandeis (université juive dans le Massachusetts, terrain rassurant) et Princeton, pari sans doute un peu fou. À ma grande surprise, j'ai été admis partout, avec des bourses, la plus importante offerte par Princeton. Mes parents étaient à la fois fiers et ambivalents. L'inquiétude se lisait sur le visage de ma mère : elle se demandait si j'allais tenir le coup ; je n'avais que seize ans. Pour mon père, Princeton incarnait tout ce qu'il détestait : le monde des héritiers et des élites forgées par l'argent et la naissance ; et en même temps, c'était quelque part une formidable revanche sur le destin.

Je vous le précise tout de suite : j'ai passé quatre années merveilleuses à Princeton, j'ai reçu une éducation exceptionnelle, j'ai lié les amitiés qui comptent le plus dans ma vie, je fais un don (modeste) à l'université tous les ans, j'y retourne tous les cinq ans rejoindre ma promotion et toutes les autres dans un long week-end de retrouvailles festives et affectives, dont le point d'orgue est le grand défilé annuel, dans lequel les plus vieux passent devant la jeune promotion sortante, qui intègre la grande famille des anciens, en les saluant de leurs acclamations et en chantant « Old Nassau », hymne de l'université. Cela dit, qu'est-ce que j'ai été secoué en arrivant ! Je découvrais un monde qui m'était totalement étranger : des bâtiments du XVIIIe siècle, ce qui pour nous est très ancien ; des jeunes hommes – à l'époque, Princeton, comme Yale et Harvard, était exclusivement masculin – avec des têtes différentes de la mienne, habillés autrement, sortant pour la moitié d'écoles privées, chics et chères, venant des quatre coins des États-Unis (et du monde). Et mon premier contact fut assez rude. Les chambres des dortoirs étaient parfaitement vides ; il fallait apporter ou racheter ses meubles (les plus riches les commandaient au Roche et Bobois du coin). Il y avait une sorte de marché où les étudiants revendaient leurs affaires aux nouveaux arrivants. La règle, c'était de marchander. J'avais repéré un « package » (lit, bureau, chaise, commode), j'ai fait une offre, et j'entendis un « so you're trying to Jew-down the price », au lieu de dire « push down » le prix : est-il besoin de vous expliquer l'insultant jeu de mots ? Je lui ai cassé la figure : ce fut mon initiation à Princeton. Je vous rappelle, par ailleurs, qu'il y avait à Princeton, comme dans toute l'Ivy League, même si c'était à dose variable, un *numerus clausus* sur les Juifs. Sur une promotion de 800, on était aux alentours de 30 ou 40 Juifs déclarés (il fallait indiquer sa religion sur le dossier de candidature) ; il y en avait bien d'autres, ceux que nous nommions entre nous les « Juifs blancs », noms changés, parfois convertis. Pendant les deux premières années, tous les étudiants devaient aller, au moins une semaine sur deux, à l'office de leur choix et le prouver en apportant un billet tamponné. Nous, les Juifs « officiels », étions accueillis tout au début de l'année par un rabbin tellement rébarbatif que je préférais encore m'installer au dernier rang de la chapelle universitaire presbytérienne en lisant un policier plutôt que d'aller écouter ses prêches. Aujourd'hui, cette règle n'existe plus ; mes enfants, sortis de Princeton en 1991 et 1995, n'ont été soumis à aucune obligation religieuse. Pour autant, n'oublions pas que la devise de Princeton demeure *Dei sub numine viget*, « sous le pouvoir de Dieu, Princeton prospère ». Ce n'est peut-être pas le moment de parler du poids énorme du religieux dans la vie publique américaine, une des grandes sources de l'incompréhension des États-Unis qui se manifeste trop souvent chez les intellectuels français.

Votre bourse permettait-elle de couvrir les énormes frais d'inscription, le dortoir, les repas et vos besoins personnels ?

Non. C'était une bourse généreuse, mais insuffisante. Elle réglait l'essentiel des droits d'inscription. Mon père m'envoyait ce qu'il pouvait pour mes frais personnels : vêtements, sorties, livres, etc.

Je travaillais à l'université : cela faisait partie du « package », qui comportait des prêts, à taux d'intérêt extrêmement bas (et qui seraient « pardonnés » – c'était le terme officiel pour annulés – si j'entrais dans l'enseignement), et un boulot. Je travaillais comme serveur dans les réfectoires néogothiques où mangeaient obligatoirement tous les étudiants de première et deuxième années. C'était d'immenses salles, très hautes de plafond, tout en boiseries, assez sombres, cérémonieuses, avec sur les murs les grands portraits officiels des présidents et professeurs principalement du XVIIIe siècle. Une longue allée séparait des rangées de tables de dix. Chaque serveur se chargeait de quatre tables, soit quarante personnes, qui lui rapportaient 10 cents par tête. Je faisais entre cinq et dix repas par semaine, selon mes disponibilités. Quand je servais, j'avais l'impression de vivre la lutte des classes : nous, les serveurs, tous boursiers, donc d'origine plutôt modeste ; eux, les mangeurs, privilégiés. Mais quand mon tour venait d'être servi, je ne détestais pas.

Je devais également travailler l'été : c'était stipulé dans le contrat de bourse. Mon expérience acquise de serveur m'a donné le *chutzpah* – le culot en yiddish – de briguer une place de garçon de restaurant dans un des nombreux hôtels créés dans un canton extrêmement rural, à deux heures au nord de Manhattan, pour accueillir en vacances les familles juives, pas seulement cossues, qui étaient « interdites de séjour » dans les établissements, comme ceux de Long Island, à côté de New York. Ces lieux de villégiature, situés dans les Montagnes Catskills, constituaient à tel point une communauté qu'on les appelait les « Alpes juives », ou les « Sour-cream Sierras » (nom forgé à partir de la crème aigre qui assaisonne tant de plats juifs), ou encore le « Borscht belt », la ceinture du bortsch, par référence à la soupe russo-polonaise. Ce fut la grande pépinière de l'humour juif new-yorkais : tous les grands comiques, de Jerry Lewis à Woody Allen, de Danny Kaye à Mel Brooks y sont passés. Exemple classique de ce genre de blague : « Vous connaissez la différence entre un rottweiler et une mère juive ? Le rottweiler vous lâche parfois. »

Votre expérience des Alpes juives vous aura permis à l'évidence d'enrichir votre réperetoire de blagues, mais comment l'avez-vous vécue ?

J'y ai passé trois étés. Ce fut une espèce de feuilleton, de soap-opéra, mon éducation sentimentale sur un mode burlesque. La première année, je n'avais que dix-sept ans, peu d'expérience de la vie : j'ai été impressionné, voire un peu ébranlé par ce que j'ai vu et vécu. D'abord, le comportement des gens, souvent peu discrets, assis à des tables de huit personnes, très fréquemment avec des clients qu'ils ne connaissaient pas, réglant leurs comptes conjugaux ou familiaux devant tout le monde, prenant le personnel à témoin, parlant d'une voix stridente, avalant des quantités pantagruéliques de nourriture, gloutonnerie de traumatisme pour les uns, surtout les vieux (le souvenir lancinant de la pénurie), goinfrerie à la fois symbolique et en quelque sorte comptable pour les autres (affirmation de l'abondance de leur pays de cocagne, tentation irrésistible de profiter du forfait de la pension qui permettait de manger tant qu'on souhaitait). Nous étions payés 12,50 $ la semaine, taux légal pour ce genre de travail. Le gros de notre revenu provenait des pourboires, offerts non pas à chaque repas, mais au bout d'un week-end, plus communément d'une semaine entière, soit une vingtaine de services. Pour s'assurer la faveur des clients, il fallait leur faire la cour tous les jours jusqu'à leur départ. La sollicitude à table, le sourire, le troisième dessert ne suffisaient pas. La direction nous enjoignait de nous occuper des clients après les repas, entre les repas, en particulier le soir. En l'occurrence, il s'agissait plutôt des clientes, laissées en vacances avec les mômes pendant la semaine, tandis que les hommes reprenaient leur boulot à New York, pour rejoindre leur famille le vendredi soir. Même les plus robustes et virils des serveurs étaient épuisés le soir, après avoir bossé toute la journée, à partir de 6 heures 30 pour le petit-déjeuner proposé jusqu'à 11h, puis rebelote pour le déjeuner de 13 heures à 16 heures, suivi par une petite pause avant de regagner l'énorme salle à manger pour servir le dîner, entre 18 heures et 21 heures, le temps de tout nettoyer et mettre les choses en ordre pour le lendemain matin – et cette cadence 7 jours sur 7. Aux femmes en manque de caresses ou d'attention, ou simplement en mal d'aventures, nous n'avions pas de quoi donner, certainement pas tous les soirs : nous essayions de les diriger vers les grooms qui travaillaient de façon intermittente et étaient plus disponibles. Pire encore, car plus exigeantes, plus difficiles à satisfaire, étaient les femmes malheureuses, qui cherchaient surtout à parler, à se confier.

Cette première année, à Swan Lake, j'étais assez terrifié. Je ne savais comment faire ; j'avais tout à apprendre. Je suis retourné encore deux étés dans les Catskills, dans un hôtel à South Fallsburg, dans des circonstances à la fois psychologiques et professionnelles bien plus favorables. Je suis monté en grade d'aide-garçon à serveur à part entière, je connaissais la chanson, j'avais pris confiance en moi. J'organisais les garçons et les aides pour respecter les conventions entre nous (notamment le respect de la queue dans la cuisine, enjeu énorme) et vis-à-vis de la direction, par exemple quand elle nous imposait trop de corvées, notamment nocturnes. Avec la complicité du bureau de réception et des grooms, j'ai monté également un système d'avertissement, puis de représailles quand les clients tentaient de partir sans nous laisser de pourboire pour la semaine (crevaison de pneus, ou pire, car ne pas nous rémunérer de notre service, quasiment notre seul revenu, c'était du vol).

Bons souvenirs, disiez-vous. Oui, sans doute, surtout un formidable apprentissage, non pas au métier, mais comme dirait Émile, à la vie. Au-delà des problèmes inhérents aux pratiques courantes des Alpes juives, le travail à Swan Lake fut une initiation particulièrement pénible, en raison de l'attitude désagréable, voire franchement hostile, du patron, Jack L., ancien avocat converti au business. J'avais été embauché pour travailler dans la salle à manger. Il m'imposait un tas de tâches supplémentaires, notamment la collecte des ordures à 5 heures 30 le matin et autres tâches symboliquement dégradantes. Il m'appelait « Princeton » sur un ton de dédain et ne perdait pas une occasion de m'humilier devant les copains et les clients (ces derniers compatissaient ; cela me valait des pourboires légèrement plus importants). Je suis persuadé qu'il me tourmentait pour venger son fils, mauviette d'héritier, qui traînait derrière papa et avait été refusé à Princeton quelques années auparavant. Le personnel de la salle à manger était entièrement composé d'étudiants en vacances, l'hôtel fonctionnant essentiellement l'été. Si la bouffe était correcte – le chef, un Noir appelé Rudy, luttait avec le boss pour nous servir des repas décents –, les conditions d'hébergement étaient en contravention de toutes les règles élémentaires d'hygiène et du droit du travail. Nous dormions tous dans des lits superposés dans « le sous-marin », un espace énorme sous le théâtre/boîte de nuit, sans porte, ouvert sur le lac, toujours excessivement humide et, quand il faisait chaud, suffocant, pour ne pas parler du bruit infernal au-dessus de nos têtes jusqu'à 2 heures du matin. Nos vêtements, perpétuellement moites, restaient dans notre malle, sous le lit. Une paire de draps et deux serviettes pour la saison (dix semaines), une douche et un seul WC sans siège pour 40 personnes, quelques lampes pendant à des fils du plafond pour tout éclairage. Les après-midis, quand les clients manquaient de partenaires pour jouer au base-ball, Jack nous réveillait à l'heure de notre courte sieste pour boucher les trous. Deux semaines avant la fin de la saison, je jouais ainsi sur commande (mais aussi par plaisir, je l'avoue), et j'ai essuyé un choc terrible (brève perte de conscience, commotion cérébrale, dix points de suture) quand un client portant un masque de protection en métal (nécessité par sa position dans le jeu) m'est rentré dedans à toute vitesse. De retour du tout petit hôpital de Liberty, New York, j'avais la nausée, le vertige et je pouvais à peine bouger. Jack arrive, tonitruant : « Pas de parasites ici, Princeton ; si tu n'es pas à la salle à manger pour servir le dîner, tu es limogé. » Ma copine estivale, monitrice de la colonie des gamins, téléphone de ma part à mon père pour lui raconter ce qui s'est passé. Il appelle aussitôt Jack, le menaçant d'un recours en référé immédiat s'il me renvoyait, car je m'étais blessé dans une activité imposée par la direction, autrement dit j'avais subi un accident du travail. Mon père arrive le lendemain pour me rendre visite. Il est profondément choqué par nos conditions de vie et de travail. Il s'assure que ma santé n'est pas menacée et m'exhorte à tenir bon jusqu'à la fête nationale du travail, début septembre, fin de la saison. Le matin de notre départ, un car d'inspecteurs du travail et de l'hygiène arrive à l'hôtel à 6 heures du matin pour une visite impromptue et minutieuse. C'est mon père, grâce à ses contacts politiques et syndicaux, qui a préparé la surprise pour Jack, notre tyran, qui est verbalisé pour des centaines d'infractions qui vont se traduire par des amendes de plusieurs dizaines de milliers de dollars. Aussi étonnés que le patron, nous avons applaudi les inspecteurs avant de déguerpir.

Vient maintenant l'événement marquant de votre jeunesse : la perte de votre père. Comment y avez-vous fait face ?.

Je l'ai apprise mi-octobre au milieu de la nuit à Princeton. Je n'avais pas les moyens d'avoir un téléphone dans ma chambre ; ma mère a pu joindre un de mes amis qui m'a réveillé. J'ai pris le premier train pour la maison.

Après un été mouvementé, j'avais eu plaisir à retrouver mon université. Malgré diverses frictions, je m'y sentais bien, et je m'y étais fait ma place. Mon père m'avait beaucoup soutenu et aidé à m'intégrer. Il m'écrivait toutes les semaines des lettres magnifiques : je les vois encore, avec cette élégante écriture qui était la sienne. Il me parlait beaucoup de moi évidemment, mais en même temps, pour la première fois, il levait un peu le voile sur lui. C'était un homme assez secret, peu expansif, qui jusque-là avait gardé une certaine distance. Mon éloignement a sans doute été l'occasion d'un rapprochement entre nous qui commençait à prendre de la consistance. Pour la première fois, il me parlait d'homme à homme, en quelque sorte. Et soudain, sa mort a interrompu ce dialogue. J'ai toujours gardé ce sentiment très fort et bouleversant qu'il est mort au moment même où nous étions en train d'instaurer cet échange père-fils si difficile et si nécessaire.

J'étais atterré ; ma mère était effondrée ; ma petite sœur perdue. Je croyais que j'allais être obligé d'abandonner Princeton, pour des raisons financières d'abord, et surtout psychologiques : j'avais le sentiment que je devais prendre en charge ma mère et ma sœur, d'une manière ou d'une autre, et moi-même, je ne savais plus si j'avais le courage de continuer. C'est là que Princeton a été extraordinaire. Sous la pression de ma mère, j'étais revenu à Princeton, mais totalement désemparé et incapable de travailler. Au spectacle de mon désarroi, mon mentor, un grand francophile et spécialiste renommé de l'histoire des sciences, Charles Gillispie, m'a pris sous son aile. Il est allé voir le doyen, qui a téléphoné à ma mère pour exprimer les condoléances de l'université et pour lui dire que Princeton allait augmenter ma bourse pour que je puisse poursuivre mes études. Pendant toute l'année universitaire, Gillispie m'a suivi, invité à dîner chez lui, fait parler. Je ne sais pas ce que je serais devenu sans lui.

Est-ce cet historien francophile qui vous a fait découvrir la France ?

Pour des raisons tant thérapeutiques qu'intellectuelles, Charles Gillispie me poussait à passer quatre mois d'un été prolongé en France. Il croyait qu'un séjour de découverte me changerait les idées ; mais il partait aussi de la conviction qu'un jeune homme devait passer par un apprentissage de la culture française pour parfaire son éducation.

Extrêmement cultivé, ancré dans le siècle des Lumières, Gillispie portait les signes extérieurs de sa francophilie : béret et Citroën DS, un des rares exemplaires aux États-Unis. Grâce à son appui, Princeton m'a fourni un billet pour Paris et une subvention pour une chambre d'étudiant. Dans le cadre d'un programme pour placer les étudiants à l'étranger pour des stages, j'ai obtenu la garantie écrite d'un poste (payé modestement, mais payé !) par l'intermédiaire du Conseil national du patronat français, l'ancêtre du MEDEF, où siégeait un ancien de Princeton. Partir vers les vraies Alpes plutôt que les Alpes juives : j'en étais enchanté. J'avais lu un certain nombre de grands textes français en traduction, mais je connaissais mal la langue, et la société française contemporaine demeurait pour moi parfaitement exotique.

Quelles ont été, à son arrivée en France, les premières impressions de ce jeune homme de dix-neuf ans ?

D'Orly, j'arrive place Saint-Sulpice, où des amis du Pr Gillispie m'avaient prêté une chambre de bonne pour une semaine, le temps de trouver un logement. L'église monumentale m'émerveille. C'était à la fois une présence forte, d'une historicité difficile à trouver dans le Nouveau Monde, et le vague souvenir d'une référence dans *Manon Lescaut*, que j'avais lu en première année. Bien plus tard, je revis ce premier moment à travers le texte génial de Pérec, *Tentative d'épuisement d'un lieu parisien*, qui recense pigeons, bus, camions, livraisons de pommes de terre, touristes, couleurs, arbres, diverses actions et trajectoires, le temps qu'il fait. Je crois même qu'il note une baguette, sans la décrire. Déjà, je suis attiré par les statues des quatre grands prédicateurs, dont Bossuet et Fénelon, que je reconnaissais comme deux des grandes voix théologiques et politiques du monde de Louis XIV. L'histoire ! En chair et en os ! L'histoire partout, au-delà du parvis, incarnée par les immeubles XVIIe-XIXe, par l'aménagement des rues. En regardant autour de moi, j'imagine volontiers que cet enchevêtrement d'habitations raconte toutes les strates du passé de la France. Comme si je sortais d'une machine à explorer le temps. Sans éprouver en quoi que ce soit un sentiment de retrouvailles, j'étais quelque part ému de me trouver dans cette Europe, dont mes parents, encore enfants, avaient été chassés.

Je dépose mon sac à dos et ma valise dans la chambre du 6ᵉ étage, je ressors *illico*, trop excité pour dormir, impatient de me promener, de voir. Je flâne. Poussé par la faim, je rentre par hasard dans une boulangerie de quartier, d'aspect dépouillé, rue du Cherche-Midi. Signe du destin ? Je n'apprends que bien plus tard que c'est la boutique de Pierre Poilâne, fondateur de la dynastie de la miche, pas encore célèbre, qui allait par la suite m'ouvrir son fournil. C'est donc là que je fais mon premier achat de pain en France. Parmi un éventail typiquement parisien – la boulangerie n'est pas encore spécialisée –, je choisis un pain trapu et intensément doré, d'allure quelque peu pugnace, qu'on appelle un bâtard. Je marche, cherchant un endroit où m'installer, mon pain à la main, respirant par ses craquements sous ma caresse. J'entre dans le jardin de Luxembourg où, quelques années plus tard, j'irai courir tous les matins. Je suis ébloui par la vue, au fond, du Palais et l'élégant bassin, par le parfum des fleurs, la grille dont les pointes sont recouvertes de feuille d'or, les fourrés luxuriants entrecoupés de toutes sortes de statuaire, la mosaïque de nature et de culture. À la différence de certains Américains qui dénigrent Notre-Dame (« ce n'est rien à côté de la cathédrale de Saint-Patrick »), je me dis que Central Park perd de sa superbe en comparaison avec ce lieu féerique. Je croise la statue de la liberté de Bartholdi, toujours un symbole émouvant, puis un terrain de basket, enfin l'étonnante variété d'arbres : marronniers et tilleuls, bien sûr, mais aussi orangers et palmiers-dattiers. Je m'arrête devant l'imposante fontaine Médicis. Qu'un jeune homme arrivant d'Ithaca – la petite ville où se trouve Cornell porte le nom de l'île d'Ulysse – rencontre un cyclope, l'effarant Polyphème, figure colossale dans la niche centrale de la fontaine, quoi de plus naturel ! J'avise un siège et je m'y installe. Un bruit de sifflet retentit. Une gardienne approche et me réclame 10 ou 20 centimes pour le fauteuil. Avant d'entamer le premier bâtard de ma vie, je me dis que la France est vraiment une société de classes, s'il faut payer pour s'asseoir.

Ce jardin romantique vous fait oublier votre pain ?

Pas du tout. Les conditions de ma dégustation inaugurale sont enfin réunies. Alors je romps mon bâtard et, avec empressement, porte un premier morceau à mes lèvres. Quarante-six ans plus tard, je peux encore ressentir les parfums et les saveurs : inscription proustienne profonde et inaltérable. Ma bouche se remplit d'une douceur délicieuse, mes papilles se réveillent, je sais que quelque chose d'important, voire d'essentiel est en train de m'arriver ; ma première aventure française, moment épiphanique. Les mots me manquent pour dire ce que j'éprouve. J'ai le souvenir d'un pain voluptueux, doté d'une mie pulpeuse et d'une croûte mince et crépitante. L'arôme met en symbiose le grillé et le caramélisé, le goût donne l'impression de noisette doucement beurrée, entre salé et sucré, persistant bien après une mâche allègre. Bien sûr, je ne l'ai pas compris sur le moment, mais cela devait être le début d'un long apprentissage sensoriel et d'une liaison incessante avec le pain, sensuelle et cérébrale. L'envoûtement s'allie à la curiosité. Quasiment chaque jour, à partir de là, je me rends dans une boulangerie, parfois plusieurs, pour essayer une demi-baguette ou un autre pain, pour comparer avec mon bâtard de référence, pour articuler, puis décortiquer mes perceptions et mes appréciations. Après cette extase au jardin du Luxembourg, cette première étreinte amoureuse, ces sensations si fortes et si subtiles, la quête s'avère quelque peu décevante. Sans perdre mon enthousiasme, je comprends vite que Poilâne père avait mis la barre très haut, même dans le domaine du pain blanc qu'il reniera assez rapidement.

Après la découverte du pain chez Poilâne et cette mémorable expérience au jardin du Luxembourg, vous travaillez un temps pour les vins du Postillon. Quel souvenir en gardez-vous ?

Curieux sort pour un Juif de Brooklyn : un été eucharistique ! Après le pain, dès le lendemain, je commence à m'occuper du vin. Je me rends à mon boulot à l'usine des Vins de Postillon, située en pleine ceinture rouge, à Ivry-sur-Seine, municipalité communiste. On y produisait un gros rouge de style californien, cocktail de cépages algériens et languedociens, qui, selon la publicité de la maison, était censé être le vin préféré de « neuf Parisiens sur dix », preuve que les Trente Glorieuses n'ont pas encore modernisé (ou « hédonisé ») le goût populaire. J'avais écouté les fulminations anticapitalistes de cet homme de gauche qu'était mon père, j'avais un peu lu Marx et des bribes de Weber, mais c'est là que j'ai découvert la réalité viscérale des classes sociales. D'emblée, je suis témoin de la violence des affrontements entre direction et ouvriers, de la subversion de la chaîne de remplissage, de plusieurs accidents du travail. Le PCF n'est pas la force la plus radicale dans l'usine : c'est un prêtre-ouvrier que je rencontre au moment même où je lisais le saisissant roman de Gilbert Cesbron sur ces ecclésiastiques militants, *Les Saints vont en enfer*. Au début, je suis abasourdi par la virulence de l'animosité contre les États-Unis, cette inimitié dont j'ai compris plus tard le caractère formel et ritualisé. Je suis passé à tabac par une poignée de jeunes cégétistes qui n'aiment pas ma « sale tronche d'amerloque », les mêmes qui m'inviteront par la suite à de multiples événements politiques et sociaux du parti et du syndicat. Ils me questionnent sur le traitement des Noirs aux États-Unis et sur la guerre froide. Ils me demandent si le rêve américain n'est que fausse conscience ou mystification. Je leur demande à mon tour pourquoi ils croient si obstinément qu'ils ne peuvent sortir de leur condition subalterne. Ces échanges me séduisent et me marquent. Maintenant que le Front national se targue d'être le parti majoritaire dans la classe ouvrière, il est facile d'oublier le poids énorme qu'exerçait le PCF, tant culturellement que politiquement, dans les années 1950 et 1960, et l'empreinte importante qu'a laissée la France ouvrière sur le paysage (post-) moderne.

Je travaille dans quasiment tous les services : remplissage, nettoyage des cuves, chargement, stockage, ripeur/assistant d'un chauffeur-livreur. Métier oblige, il a fallu que je passe l'épreuve du vin. Tout le monde a son seau d'eau froide avec une ou plusieurs bouteilles dedans. On boit beaucoup au travail (la direction le déplore et l'interdit officiellement, proposant de l'eau sucrée dans des machines à chaque étage, mais je me demande si elle ne voyait pas cyniquement la consommation du vin comme un moyen de contrôle social). Je n'en avais pas l'habitude. Respirer l'air de l'usine lourdement chargé d'alcool suffisait à me saouler.

Mais votre initiation à l'exception française ne se borne pas à cet « été eucharistique »... Comment faites-vous l'apprentissage de la société parisienne ?

Je drague, ou j'essaie de draguer. Un copain canadien de Princeton bien plus sophistiqué que moi obtient l'usage gratuit pendant trois mois d'un immense appartement, rue Jacob, appartenant à une espèce de comtesse qu'il avait rencontrée à l'opéra et qui quittait Paris durant cette période. Au cœur du Quartier latin, le soir nous écoutons du jazz dans les clubs de Saint-Germain-des-Prés, je découvre les chansons de Boris Vian, je me déclare existentialiste. Le matin, je pars avec mon bleu de travail pour être ouvrier. C'était enivrant dans l'usine et hors de l'usine. Un vieil ami de lycée me rend sensible à cet autre aspect de la vie française pendant l'été de 1962 : le dernier acte du drame algérien. Lui, c'est un Français dont le père avait passé des années au bureau new-yorkais de l'Agence France-Presse. Le rêve de gamin de ce gaulliste passionné était de devenir parachutiste. Pendant mon séjour, il était en fin de parcours de son service militaire dans cette branche musclée. Ses copains sont tous des intransigeants de l'Algérie française ; il me montre le siège d'un groupe de durs, sympathisants OAS, dans les sous-sols d'un café de la rue Cujas, et je ramasse de la propagande qui me fait froid dans le dos. Je lui dis gentiment « non, merci », quand il propose de constituer un service d'ordre avec quelques paras pour la grande soirée que nous allons donner rue Jacob pour fêter le 4 juillet, journée de l'Indépendance américaine.

Le retour à Princeton est difficile ?

Le Pr Gillispie avait parfaitement raison. La France m'a changé les idées, m'a requinqué, m'a fasciné. Ce fut un séjour tonique, édifiant, *fun*, comme vous dites en français. Mais j'avais envie d'attaquer ma dernière année et je savais qu'il fallait que je pense sérieusement à mon avenir, le mien et, *a fortiori*, celui de ma famille. La France me manque, je m'inscris à un cours de littérature française, à un autre sur la Révolution française. Dans le même temps, je suis déjà engagé comme « majeur » en histoire américaine et je ne change pas ma direction. En y songeant aujourd'hui, cette décision me semble un peu biscornue. À l'époque pourtant, elle avait une logique assez puissante. Si la France venait de prendre possession de mon imaginaire, l'Amérique restait tout de même ma préoccupation, oserais-je dire, existentielle. Du *shtetl* de Pologne au quasi-ghetto de Brooklyn, de l'école publique à l'école hébraïque, mon interrogation essentielle portait sur mon « américanité ». Elle avait acquis une acuité supplémentaire, voire urgente, quand j'étais arrivé à Princeton, la faculté de James Madison et Woodrow Wilson, de Scott Fitzgerald et Jimmy Stewart. Avant de penser à un rapport avec une autre culture, en l'occurrence celle de la France, il fallait que je règle ma relation avec la mienne, c'est-à-dire celle que je ne croyais pas encore entièrement posséder. Sous la houlette d'un professeur charismatique, John William Ward, spécialiste « d'études américaines », à cheval entre littérature et histoire, j'ai fait ma thèse de sortie sur l'Amérique qui affirme son identité et sa performance dans la deuxième moitié du XIXe siècle, occasion pour moi d'affirmer mon enracinement américain. Enfin, je me prépare à l'examen national pour ceux qui briguaient une place dans une faculté de droit. Si je pouvais me faire admettre et obtenir une bourse, ma ferme intention était de m'inscrire à Harvard ou à Yale, les meilleures écoles américaines en la matière. Fortement encouragé par ma mère, je devais faire ce que mon père n'avait pu ni voulu faire, m'insinuer dans le monde des grosses firmes d'avocats d'affaires, itinéraire de prestige et de rémunération importante. (Ce souvenir me fait penser à cette blague classique. Une amie demande à une mère juive : « Comment vont tes fils ? – Eh bien, le premier va très bien, il est avocat ; le second, il vient de se marier. »)

Tout en rédigeant soigneusement mes dossiers pour les facs de droit, aiguillonné par mes professeurs, notamment Ch. Gillispie, j'ai candidaté pour plusieurs bourses à l'étranger, dont une pour deux ans à Cambridge et une autre pour un an en France. J'ai eu la formidable chance de voir tout aboutir. Ma mère voulait à tout prix que j'aille – le plus vite possible – à Cambridge, non la ville universitaire anglaise, mais celle du Massachusetts où se trouvait la fac de droit d'Harvard, garantie de mon succès. Ma mère m'avait tant donné et elle avait tant galéré, je ne voulais pas la décevoir. J'ai décidé de négocier un compromis. Si je pouvais obtenir un report (écrit !) de mon admission à Harvard (ou même à Yale, ma mère n'était pas si sectaire que ça !), je partirais en Europe, mais pas plus d'un an. Tout s'était arrangé. Les deux facs voulaient bien me retenir une place pour l'année suivante ; et la bourse Fulbright – douze mois – me permettait de retrouver la France pendant l'année 1963-1964.

Ce deuxième séjour va-t-il confirmer vos affinités avec la culture française ?

À Paris, où je me sens presque chez moi, je retrouve mes amis, mes escapades boulangères, et même mes copains du Postillon, pendant le mois d'orientation organisé par la commission Fulbright. Puis, l'exil brutal. Je savais qu'il était impossible d'obtenir de rester à Paris. J'avais donc demandé Bordeaux pour une étude sur la résistance à l'hégémonie parisienne pendant la Révolution française. Ils m'ont donné Poitiers. Fichtre ! J'ai atterri dans une ville bourgeoise très fermée où je me suis senti très seul. J'ai loué une petite chambre au troisième étage d'une maison cossue près de la superbe cathédrale. Mon propriétaire, un riche rentier irascible, m'offrait des latrines au fond du jardin et, pour la douche, il me conseillait de me rendre au stade municipal. Il n'a jamais su qu'une jeune bonne subversive me laissait utiliser sa salle de bain quand il n'était pas là. J'ai reçu la visite d'une délégation du Temple protestant ; pour elle, un Américain était forcément protestant. Par courtoisie, je me suis rendu une fois au Temple, à l'occasion d'un récital, hilarant pour moi, de « Negro Spirituals », chantés par trois Blancs qui s'étaient curieusement maquillé le visage en noir. Il y avait, en fait, un vrai problème noir à Poitiers, double même. D'une part, un mouvement d'étudiants de droite, type Occident, harcelait impitoyablement les étudiants noirs, de la fac de droit essentiellement. D'autre part, j'ai rencontré des soldats noirs de la base américaine – De Gaulle n'a pas encore expulsé ses alliés d'outre-Atlantique – qui se plaignaient de ne pas avoir accès à certains bars de la ville.

Mais Poitiers n'est pas un mauvais souvenir. J'ai découvert l'art roman, dont la beauté m'émeut toujours. J'ai suivi d'excellents cours d'histoire et de littérature à la vieille fac de l'Hôtel Fumé (ici on est dans le gothique flamboyant). Mais j'ai surtout fréquenté les archives départementales, alors dans le centre-ville, une petite salle de lecture où, à mon grand étonnement, on avait le droit de fumer tout en brassant des bulles papales. Ce fut mon initiation à la recherche dans les documents de première main. Je travaillais sur les clubs populaires pendant la Révolution. Quelle disparité entre la ville immuable et endormie que je côtoyais tous les jours et l'agitation violente de la période révolutionnaire !

Dans quel état d'esprit êtes-vous rentré au pays ?

En faisant souffler un vent révolutionnaire dans ma famille et dans ma vie. Ce fut l'année de toutes les ruptures. Et j'ai bien malgré moi bouleversé ma pauvre mère. Dirais-je que je lui ai ramené la peste et le choléra : une bru goy, encore pire, une baptiste du Sud, et la décision de renoncer à devenir le grand avocat dont elle rêvait.

2.

De Paris-Texas à Paris-France

Revenons à vos commencements. Quand vous arrivez à Yale, malgré votre fascination pour la France, vous n'avez pas d'emblée l'intention d'étudier l'histoire française ?

À Princeton, je lisais (en traduction) Molière et Voltaire, Proust et Bernanos, Gide et Mauriac, parce que la France me plaisait (d'abord comme idée-force avant même que je n'y mette le pied) et parce que je comprenais, sous l'influence de Charles C. Gillispie, qu'il me fallait passer par la culture française pour devenir un « honnête homme ». Mon intérêt pour l'histoire reste pourtant, à ce moment-là, centré sur mon pays. J'étudie l'Amérique coloniale, Jefferson-Jackson, la Guerre civile, l'immigration, le New Deal. J'ai consacré ma thèse de sortie, en quatrième année, à un sujet (je ne pensais pas encore en termes d'histoire-problème) d'histoire culturelle. La thèse traitait la genèse et l'organisation de l'Exposition universelle de 1876 à Philadelphie à l'occasion du centenaire de la naissance des États-Unis.

En arrivant à Yale en 1964, je m'oriente sans équivoque vers l'histoire, mais toujours l'histoire américaine. Non sans un moment un peu traumatisant. Un des grands professeurs de la fac – plus « WASP » que lui tu meurs – m'a fait comprendre que je n'étais pas suffisamment américain pour étudier l'histoire américaine, appréciation d'autant plus cocasse si l'on songe que, bien plus tard, certains dans l'Hexagone me reprocheront de ne pas être assez français pour pouvoir parler de la France. Heureusement tout le monde à Yale ne partageait pas son point de vue. Je me mets sous la tutelle d'un historien encore plus distingué et sans aucune obsession de pedigree, un sudiste, C. Vann Woodward, et charmé par ce savant doux et réfléchi, j'ai failli partir pour Paris (mais Paris, Texas) pour faire ma thèse sur l'histoire d'un chemin de fer, qui pesait tant sur l'histoire politique qu'économique de la deuxième moitié du XIXe siècle. Mais l'autre Paris resurgissait sur mon radar psychologique. J'avais la nostalgie de la France. D'« honnête homme » encore superficiel, j'allais devenir historien de la France. Désormais je parlais de m'intéresser au pain en France, d'en faire une histoire totale, et mes professeurs me prenaient véritablement pour un fou. Ce projet prétentieux, voire délirant, à leurs yeux, s'accordait finalement assez bien avec la représentation qu'ils avaient d'une France arrogante et sans aucun sens de la mesure. C'est ici que se situe la rédaction de mon « prospectus » fleuve, dont je vous ai déjà parlé.

Soit, mais pourquoi le XVIIIe siècle ? Vous auriez pu démarrer un siècle plus tôt, un siècle plus tard. La France n'en avait véritablement jamais fini de manger et de penser son pain noir et son pain blanc, non ?

Je me suis intéressé à l'Ancien Régime, mais avec un double but : d'abord éviter une approche téléologique (subordonnant tout à l'explication de l'inéluctable Révolution) ; puis décentrer cette fameuse ligne Maginot qu'était la Révolution, refusant l'idée d'une rupture radicale entre la France de Louis XVI et celle de Louis-Philippe. Ainsi ma période s'étalait-elle en réalité du début du XVIe jusqu'en plein XIXe siècle, moment où la meule rencontre le cylindre, où l'eau est remplacée par la vapeur et plus tard par d'autres formes d'énergie.

Comment comprendre qu'on vous ait attendu pour expliquer le rôle du pain comme ferment dans l'histoire du XVIIIe siècle ? Pourquoi vous ? Les universitaires français n'avaient donc pas flairé ce lièvre d'une manière ou d'une autre ?

J'ai dit que mon ambition était, à la suite des Bloch, Febvre, Braudel, de pratiquer une espèce d'« histoire totale ». Le pain m'offrait l'occasion d'être à la fois un peu sociologue, anthropologue, économiste, psychologue, théologien, voire juriste tout en étant historien. Le projet m'est apparu formidablement séduisant ; je me suis imaginé aussitôt que j'allais me retrouver place de la Concorde un vendredi soir, c'est-à-dire sur un territoire passablement embouteillé. Je dois avouer que j'ambitionnais de découvrir un terrain vierge, si cette notion n'est pas ridicule. J'ai donc passé dans la bibliothèque de l'université de Yale, l'une des plus riches au monde, deux mois et demi fébriles à éplucher tout ce qui avait été écrit directement ou indirectement sur le pain en France. Ma surprise a été de découvrir en réalité très peu de choses. Des études locales très limitées : le pain en 1793 dans la Meurthe-et-Moselle ou alors le pain durant le grand hiver de 1709 dans le Poitou. Des fragments. Rien qui ressemble de près ou de loin à l'idée que je me faisais d'une étude sur le pain en France. Comment ce sujet avait-il échappé au regard érudit, scientifique, historique ? On trouvait bien évidemment de nombreuses références éparpillées ici ou là. Vous ouvriez Michelet pour tomber sur la « Marseillaise des grains », formule magnifique. Je pourrais citer bien d'autres exemples. Les auteurs semblaient redécouvrir le pain à chaque fois que le pain manquait et que le peuple criait famine. Mais cela ne durait jamais qu'un instant. Donc, si le pain intéresse l'historien, ce n'est que dans les moments dramatiques, et forcément de manière superficielle. Classé objet de crise, le pain est invoqué mécaniquement comme preuve de la gravité du moment, sorte de marqueur emblématique, mais rien de plus. Tout le travail en amont pour montrer comment le pain structure la vie de tous les jours restait à faire. Ce qui m'a frappé tout de suite, c'est que suivre la démarche conventionnelle débouchait sur un double échec. Faute de reconstituer et analyser l'emprise du pain au jour le jour sur la vie sociale, politique, économique et psychologique, on ne se donnait pas les moyens de comprendre la vraie signification du « pain de crise ». Mais surtout on réduisait l'intérêt du pain à la seule dimension de crise. Or, le pain n'est pas un objet d'exception : c'est tout le contraire. L'intérêt du pain part précisément de sa banalité habituelle, régulière, organisée – de sa normalité normative.

Cette sorte d'évacuation du pain est pourtant surprenante.

La quasi-absence de la question du pain relève en partie justement de sa banalité. Sans être exclusivement le dépôt de pathologies individuelles et collectives, les archives publiques ont tendance à enregistrer les dysfonctionnements, les fautes, les affrontements, les manquements, et les calamités plus souvent que les régularités, les pratiques ordinaires, la partie plutôt tranquille du long fleuve de la vie sociale.

Dès le début, encore loin de l'Hexagone, je me suis interrogé sur la faisabilité d'un projet de recherche sur le pain : le silence des historiens ne signifiait-il pas le silence des archives ? Peut-être le problème était-il une absence de traces et de témoignages, et, si tel était le cas, j'allais, une fois arrivé en France, me casser les dents. J'allais disposer d'un temps très limité pour chercher ces vestiges qui peut-être n'existaient pas. Une fois sur place, j'ai pris la (dé-)mesure de la difficulté : censé être partout, le pain quotidien n'était nulle part. Ou plutôt il fallait le pister, le traquer, trouver l'aiguille dans une meule de foin. Je devais manier des centaines de documents dans les papiers des commissaires de police ou des notaires pour dénicher un seul boulanger... ou meunier ou marchand de grains. Dans l'idiome de l'efficience d'aujourd'hui, on déclarerait cette echerche comme non rentable.

Mais, à force d'obstination et de naïveté, cette recherche, vous l'avez faite ; vous avez prouvé que les matériaux existent. Donc – je reviens à cette question – comment expliquer à vos lecteurs que la France n'ait pas accouché, en dehors des travaux des savants du XVIIIe *siècle, de quelques études d'envergure sur le pain ?*

On peut répondre, je l'ai dit, que le pain est trop banal pour mériter cette attention. L'explication, pour satisfaisante qu'elle paraisse, n'est que partiellement recevable. Peut-être est-il difficile de prendre la mesure de ce qu'est le pain et du rôle qu'il a pu jouer dans la genèse de la société française. Rappelons tout de même que jusqu'aux *Annales*, l'histoire privilégiait les sujets nobles, les événements marquants de l'histoire, les grandes figures. On n'imaginait pas un seul instant le pain comme grand protagoniste de l'histoire de France. C'est à partir de Marc Bloch et Lucien Febvre, dans les années vingt, que se dessine une ouverture vers le social et vers l'économique. Ils auraient dû lancer alors un jeune chercheur sur le pain, dans une perspective d'histoire totale. Nous avons des travaux sur les grains, le monde agricole, les questions de productivité, autrement dit l'un des trois éléments de la filière blé-farine-pain, et pas davantage. C'est pour moi une aberration.

Alors comment répondre ? Sujet trop ringard ? Trop folklorique ? Trop musée ? Je crois que personne n'a vraiment pensé le pain comme un « fait social total », comme disait l'anthropologue Marcel Mauss. Mieux : comme un fait social, culturel et politique total. On ne l'a pas pensé sémiologiquement et métaphoriquement parlant. On n'a pas tiré l'enseignement du retour du Roi boulanger à Paris au début de la Révolution, du complot de famine, pas non plus de ces épisodes qui ont vu des foules réclamer « Liberté et pain » ou revendiquer un « pain de l'égalité ». Mais si on faisait l'inventaire des grands sujets manqués, il faudrait nécessairement faire un sort au pain. Je ne dis pas « grand sujet » pour me flatter, grand sujet ne voulant pas dire forcément grand historien. Je dis grand sujet à présent que tout le monde s'accorde pour reconnaître dans le pain une problématique d'intérêt majeur, une fois que j'ai articulé entre elles toutes les manières dont le pain scande l'histoire, précisé sa centralité dans l'organisation de la vie sociale, dans la construction de l'ordre quotidien.

Mais pourquoi vous ? Pardonnez-moi d'insister. Le sujet vous attendait-il ? Avait-il refusé de se donner à quiconque comme pour mieux vous attendre ?

J'ai peut-être eu simplement la chance de découvrir une lacune. Mon ambition n'était pas de la combler, mais de problématiser le pain. C'était la leçon que j'avais tirée de Bloch et de Febvre. Le défi n'était donc pas de m'emparer d'un sujet délaissé, mais de le traiter d'une certaine manière qui en révélerait l'intérêt. Il s'agissait dans un premier temps de refuser de coder le pain comme un objet purement économique, mais de le voir comme à la fois matériel et culturel, lui donner cette grande respiration, révéler son autorité et lui restituer la place qui était la sienne, autrement dit une place absolument centrale dans la société française. On ne peut pas penser le politique et le social sans se référer au pain au XVIIIe, et même au XIXe et au XXe siècle.

Mais, suivant votre propre profession de foi épistémologique, vous n'êtes pas « pain-déterministe » ?

Du tout. Au lieu de Toinette criant « C'est le poumon ! C'est le poumon ! » dans *Le Malade imaginaire*, vous vous figurez Kaplan tonnant : « C'est le pain ! C'est le pain ! » Pas de causalité unique, pas de raccourcis ou d'amalgames, pas de réductionnisme. Pas de mécanisme hydraulique (démarche nomothétique primitive), du type « quand le prix du pain monte, le petit peuple se révolte ». Il y a toujours de multiples variables, et leur jeu est compliqué, nuancé. Que le prix du pain ait atteint son apogée séculaire le 14 juillet 1789 n'explique pas la Révolution française, ni même la prise de la Bastille. Il y a des turbulences sociales qui n'ont rien à voir avec le pain. Par exemple, Mai 68, qui, soit dit en passant, a failli couler mon projet doctoral. Je me souviens que ma première réaction a été de trouver que le moment était bien mal choisi pour faire la révolution, puisqu'il correspondait à celui de ma recherche et que celle-ci était minutée. En même temps, je trouvais le spectacle des rues excitant, voire fascinant. Mais je devais poursuivre mes travaux coûte que coûte. Je continuais à fréquenter les Archives de la Seine, peut-être la seule institution scientifique parisienne à rester ouverte, tenues par un personnel conservateur, c'est un euphémisme. J'y dépouillais le fonds des faillites des boulangers et des marchands de grains. J'étais aidé par mon épouse. Il y avait là un troisième larron qui travaillait sur Michelet et qui s'appelait aussi Kaplan. Nous annonçons alors, par voie d'affiche suspendue aux fenêtres du bâtiment : « Les Archives sont occupées par les Kaplan. » J'ai acheté à la Samaritaine le dernier vélo juste avant la grève générale. Je pouvais donc monter de la porte Dorée, où nous habitions, aux Archives de la Seine et démarrer mes recherches dès 9 heures. À midi, je disposais de deux heures pour faire un tour du côté des barricades, j'allais à l'Odéon voir les « Katangais », j'assistais à quelques assemblées générales ; mais, dès 14 h 30, j'étais de retour aux Archives. Ah, souvenirs, souvenirs...

Donc, vous survivez à Mai 68, vous rentrez aux États-Unis et vous vous attaquez à la thèse.

Je passe un an à mettre mes fiches en ordre. N'oublions pas que nous nous trouvons à l'ère pré-informatique. Je dispose de milliers de fiches rapportées de mon séjour à Paris, rangées dans plusieurs malles transportées sur le paquebot *France*. Je commence à saisir la démesure de mon projet. Je dispose de matériaux considérables, mais je ne sais absolument pas par quel bout prendre la bête. Au terme d'un an, piétinant toujours au milieu de mon chantier, je suis nommé comme « assistant professor » à l'université de Cornell avec l'engagement d'achever ma thèse dans les trois ans. Je n'ai toujours pas terminé le simple classement de mes fiches.

Que représente Cornell parmi les grandes universités américaines ?

Il faut imaginer la BNF en Dordogne. Fondée par un ex-quaker, d'abord charpentier, puis inventeur d'un nouveau type de charrue, qui a fini par faire une énorme fortune avec une invention encore plus porteuse, le télégraphe, Cornell University est située « loin des Babylones », dans le centre de l'État de New York. Elle est perchée sur une colline au-dessus d'un lac de 60 km de longueur, entourée de fermes, de forêts et d'un important vignoble qui produit des rouges souvent épouvantables (un « Maréchal Foch primeur » au goût de renard mouillé) et d'honnêtes blancs à cépages hybrides. Cornell est l'une des plus prestigieuses universités américaines, disposant de l'une des plus riches bibliothèques au monde, avec un prodigieux fonds français ; Cornell, c'est plusieurs prix Nobel, des fermes-modèles et un cyclotron nucléaire dissimulé sous des centaines de mètres carrés de terrains sportifs, un département des sciences des volailles à plusieurs centaines de mètres du département de philosophie, une grande salle de concert et plusieurs immenses gymnases, et la collection de papillons de Vladimir Nabokov. L'université a été conçue par ses fondateurs au XIXe siècle pour offrir de l'instruction dans un contexte laïque à toute personne nonobstant sexe ou race et dans n'importe quel domaine. Perdue au milieu de la nature foisonnante, loin des distractions mondaines des grandes villes, l'université ne propose pas d'autres échappatoires, tant aux professeurs qu'aux étudiants, que de travailler.

Vous finissez donc votre thèse ?

Je vous fais grâce du récit des aléas de cette longue aventure. J'ai fini par rédiger une grosse thèse de 1 400 pages au lieu des 400 traditionnelles, mes professeurs à Yale me reprochant d'avoir perdu, au contact des Français, tout sens du réalisme et de la mesure. Elle a été assez rapidement éditée sous le titre *Bread, Politics and Political Economy*, titre plus ambitieux que le titre français, *Le Roi, le peuple et le pain.* Cette mauvaise et partielle traduction est d'ailleurs un de mes plus grands regrets. Car c'est un livre que je crois important parce qu'il remet fondamentalement en question les interprétations dominantes du siècle des Lumières, sur le plan politique et sur le plan philosophique. Toutefois, il a été bien reçu en France dans la presse généraliste et dans les revues scientifiques.

Mais l'aventure ne s'arrête pas là. Vous n'êtes pas seulement un historien qui s'est consacré à une histoire totale du pain. Vous êtes aussi devenu un expert que les boulangers et les meuniers consultent, un maillon incontournable de la filière.

Soyons clairs : je ne suis pas Monsieur Pain. Aux États-Unis, je suis perçu comme un historien de la France moderne et contemporaine. Je dis aussi que je fais de l'histoire de l'alimentation et du monde du travail. Proudhon disait que les deux mamelles de la France étaient les subsistances et le travail. Il esquissait ainsi, sans le savoir, ce qui allait devenir le noyau de l'histoire sociale. Mais le saut qui me fait passer de ma recherche sur les « structures structurantes » de l'Ancien Régime au fournil et à ses acteurs de nos jours n'était pas anticipé, pas prévu au programme. En m'aventurant dans les fournils, je découvre un monde bigarré, lointain à la fois renfermé sur lui-même et ouvert à sa manière, orgueilleux et généreux, méfiant et accueillant, sociable et sauvage, anxieux et résolu, patient et pressé, très « genré » *(gendered)* et compartimenté (les femmes à la boutique, les hommes au fournil), un monde du travail et du théâtre, double laboratoire fascinant pour l'historien.

Le mouvement de va-et-vient, qui me fait aller du XVIIIe à cette France où je vis désormais, puis de celle-là à l'Ancien Régime, devait nécessairement me faire aller d'une approche théorique de la corporation des boulangers sujets du roi à ce monde méconnu des fournils parisiens pour lesquels j'avais toujours, depuis mes premiers séjours en France, manifesté de l'intérêt et de l'appétit. Même sans pénétrer dans les fournils, je dois préciser que j'avais commencé très naturellement, à partir de mes premiers séjours en France, à visiter les boulangeries et très vite à établir des fiches à propos de chacune d'elles. Je ne disposais pas encore d'une grille d'évaluation bien développée, mais même si mes connaissances étaient encore rudimentaires, je voulais disposer d'un fichier me permettant de me familiariser progressivement avec ce monde contemporain du pain.

Toujours votre passion des fiches...

En quelque sorte. Et au gré de mes excursions, de quartier en quartier, et année après année, je me suis rendu compte que le pain était de plus en plus mauvais. Je suis intrigué parce que la chose est manifeste, mais personne n'en parle. C'était comme un secret compromettant, un linge sale qu'on refusait désormais de laver en public. Comment était-on passé du « meilleur pain du monde » au XVIIIe siècle à cette baguette insipide et improbable ? Sans doute cela méritait quelques explications dont je ne disposais pas encore. On commençait à en parler dans la presse professionnelle technique, dès la fin des années 1960, mais assez discrètement. Je n'avais alors ni la légitimité ni le culot d'évoquer la question. L'Américain savait se taire...

À cela est venue s'ajouter ma fréquentation des professionnels. Je les avais approchés à l'époque où je m'étais décidé à apprendre le métier. Je ne connaissais personne. Pierre Poilâne m'a très chaleureusement accueilli. Je le voyais de temps à temps, dans le fournil ou Au Sauvignon. J'ai fait des stages grâce à un cadre commercial des Grands Moulins de Paris dans deux boulangeries où j'étais très focalisé sur les techniques de panification (apprentissage raccourci mais palpitant !). Il faut dire qu'on parlait peu, sauf à me montrer, rectifier un geste ou une attitude corporelle, signaler un piège. Je n'étais pas là pour causer de la guerre au Vietnam ou de la politique de Georges Pompidou ou même d'Eddy Merckx. Un jeune bosse, il ne bavarde pas, surtout quand son projet est de comprendre à la fois comment faire le pain et comment le pain se fait par rapport aux grands textes du Dr Malouin et de Parmentier, dans quelle ambiance, à quelles cadences. Comment juge-t-on la pâte ? Est-ce que l'on manie la pelle comme jadis ? Est-ce que l'on commente le pain à la sortie ou pas ? C'est le début d'une relation très forte, autant affective qu'intellectuelle, qui m'a profondément marqué et qui continue de m'enrichir. Dans les premiers temps, je dois avouer que dans l'insolence de la jeunesse, je me permettais quelques provocations : je faisais valoir les droits historiques du consommateur garantis par l'arrêté préfectoral obligatoirement affiché dans chaque boulangerie. Je m'amusais en particulier à demander la pesée du pain que j'achetais. Je voulais vérifier si la boulangerie du XXe siècle continuait la pratique du « poids léger » fréquemment sanctionnée par la police du XVIIIe siècle. Mon geste n'était guère apprécié, et je me suis souvent fait jeter hors de la boutique. Aujourd'hui, je suis reçu comme le « vieux sage ».

3.

Un geyser aromatique : des archives au fournil

J'ai envie de vous poser une question toute bête pour les initiés, mais énigmatique pour les profanes : comment travaille-t-on aux archives ?

Tout au début, avec une très grande angoisse, surtout quand on est étranger. L'espace même était intimidant, d'autant plus que dans le temps il s'agissait souvent de salles de taille modeste, presque intimes, toujours sombres, parfois franchement sépulcrales. (J'ai le souvenir d'avoir été reçu par un directeur ou conservateur en chef en pantoufles : il arrivait de son appartement de fonction, adjacent à son bureau). J'avais parfois l'impression de faire irruption chez un particulier, ou dans un bureau, type ronds-de-cuir de Courteline, ou dans un grand cabinet de notaires. Même si la salle était de caractère nettement institutionnel et plutôt public, rappelant une bibliothèque avec des étagères de bois, fixées aux murs, chargées de livres, le bureau du président de salle, quelquefois un peu surélevé pour lui donner une sorte d'autorité, je me sentais mal à l'aise, je ne connaissais pas les codes, les autres lecteurs me paraissaient trop à leur aise, trop confortablement installés, un peu comme les habitués dans un café inconnu dans lequel, de passage, on pénètre à ses risques et périls.

Je pense tout d'abord aux archives départementales, mais également aux petits dépôts parisiens (par exemple, les anciennes Archives de Paris dans un hôtel particulier quai Henri-IV). Même les Archives nationales à l'époque de ma thèse, c'était une salle de taille moyenne dans l'hôtel Soubise, rue des Francs-Bourgeois, une soixantaine de places, peu ou prou. Pour accueillir tout le monde, les gens travaillant sur la période avant la Révolution étaient expulsés à la salle dite Clisson, encore plus exiguë et franchement moche, mal éclairée et équipée de chaises particulièrement antiergonomiques. Son seul intérêt (pas négligeable, car il ouvrait la possibilité de contourner la limitation sur le nombre de documents qu'on avait le droit de consulter dans une séance) était un système de distribution de documents en quasi-self-service, depuis une toute petite remise derrière. J'étais jaloux des contemporanéistes : non content de travailler sur des documents faciles à lire, voire dactylographiés, ils avaient en prime la plus belle salle.

Aujourd'hui, depuis deux décennies, on ne va plus aux AN en rentrant par la cour d'honneur magnifique de l'Hôtel Soubise, là où les Guise ont préparé le massacre de la Saint-Barthélemy. On va tous, dans la promiscuité totale, rue des Quatre-Fils, au centre d'accueil et de recherche des Archives nationales (CARAN). Davantage de places, aménagées pour l'utilisation des ordinateurs, une lumière généreuse, des toilettes correctes, mais dans un immeuble moderne sans caractère, qui ne fait nullement fantasmer sur les guerres de religion (plutôt sur les guerres des syndicats, qui rendent la vie du lecteur misérable). Les demandes de documents sont désormais informatisées (ah, les fiches vertes de jadis, qu'on lançait dans un panier !), et on a droit à cinq communications par jour, ce qui est ridiculement parcimonieux, surtout si vous travaillez plus ou moins à l'aveugle, visant non pas un document en particulier que vous prendrez des heures à dépouiller, mais la trace fugitive d'un pauvre bougre de boulanger ou de meunier, tâche exigeant le brassage de centaines, voire de milliers de feuilles dans une seule journée pour rendre la séance un tant soit peu rentable. Le premier mot qu'on apprend au CARAN, c'est « dérogation », mais il faut avoir un charme fou, un bagout exceptionnel, ou être très imaginatif pour l'obtenir, le plus communément dans le registre de la pitié et/ou la tragédie (type : « Je regagne mon pays en fin de semaine pour retrouver ma mère mourante, donc donnez-moi un contingent supplémentaire » ; ou « Je serai opéré la semaine prochaine », etc.).

En 1967, dans la salle Soubise, on avait droit à douze communications par jour, déjà un geste de largesse, ou plutôt de bon sens. Un petit pourboire suffisait à apaiser un magasinier récalcitrant. C'étaient des braves gens, souvent des « protégés » d'une administration ou d'un ministère, promis à un boulot pas trop dur en échange de services rendus – selon le bruit, sans doute apocryphe, à la police, dans les colonies et autres endroits délicats. Ils piquaient des colères, mais ils étaient *grosso modo* serviables. On pouvait négocier avec eux, mais il fallait montrer sa reconnaissance, notamment quand ils acceptaient de photocopier des documents normalement interdits ou de vous en compter dix au lieu de treize (le coût, 1 franc la page, était écrasant pour les doctorants étrangers qui en faisaient des tonnes).

La salle de Soubise était présidée pendant des années principalement par deux personnes remarquables qui sont devenues de proches amis, Odile Krakovitch et Yves-Marie Bercé. Née Dresch, fille d'un géographe de la Sorbonne, marxiste très engagé, Odile lisait *L'Humanité* avec une certaine ostentation et tenait lecteurs et magasiniers avec une main de fer. Elle voulait bien aider au déchiffrage paléographique si l'on ne l'emmerdait pas trop (elle décourageait la dépendance, la régression vers l'enfance qui s'emparait parfois du jeune chercheur). Mon épouse et elle, enceintes au même moment, ont sympathisé, rapprochement qui n'a pas nui à mes affaires. Yves-Marie, lui, lisait *Le Figaro*, avait une manière à la fois ferme et conciliante avec les employés et s'intéressait volontiers à ce que faisaient les chercheurs. Tous les deux n'hésitaient pas à aller eux-mêmes chercher des cartons dans la réserve, en cas d'erreur ou d'injustice, acte qui serait très mal vu tant par les syndicats que par la direction à l'heure actuelle. Le CARAN est beaucoup plus bureaucratique que l'institution à laquelle il a succédé. Il est doté d'un personnel plus nombreux ; la présidence en salle – poste qui n'est plus nécessairement occupé par un chercheur –, soumise à une rotation dans la journée plus fréquente, s'en tient, sauf exception, au strict minimum ; plus technique qu'intellectuelle, si je puis dire, elle rend service, sans plus. Le CARAN se nourrit d'une autre culture, plus terne et prosaïque. Il me laisse le souvenir de grèves totales ou perlées, d'attentes interminables, d'erreurs dans les documents livrés, et autres expressions du « mouvement social » et de l'indifférence qui s'emparèrent des Archives depuis la fin du long règne du couple Favier.

Le président de salle était un rouage capital pour le chercheur dans toutes les archives et bibliothèques. Si je n'arrivais pas à nouer des relations amicales, j'essayais de comprendre leur mode d'emploi : comment les approcher, fallait-il se montrer courtisan, ou simplement courtois. Toujours pressé, parfois réellement anxieux, j'avais une attitude parfaitement instrumentalisante. Il fallait connaître le planning horaire de chaque dépôt pour ne pas y arriver quand la mauvaise personne tenait la salle. Je circulais à vélo : cela voulait dire que je n'hésitais pas à changer d'institution plusieurs fois dans la journée pour profiter de la présidence de quelqu'un disposé à m'aider pour un problème vital. Au minutier central, une toute petite salle des Archives nationales, rue Vieille-du-Temple, le même homme, sérieusement handicapé, était presque toujours là, et il se montrait d'une extrême obligeance. Aux Archives de Paris, il n'y avait jamais d'archiviste au bureau, mais la personne chargée de l'accueil jouait un rôle logistique décisif, il était donc préférable de s'y rendre quand Monsieur J. de B. était là. La présidence la plus haute en couleur était logée à l'Arsenal, une succursale de la Bibliothèque nationale, une bibliothèque connue pour son fonds sur le théâtre, mais qui hébergeait les archives de la Bastille, touchant à un pan d'activités de la police, entre autres papiers de l'Ancien Régime. Une femme aux cheveux châtains, sans âge, très maquillée, couverte de bijoux, plutôt péremptoire, tenait la salle, lisant souvent des magazines, quelques heures le matin et encore pendant deux heures l'après-midi. Très habillée, jusqu'à des gants, longs ou courts, et des talons hauts qui claquaient fort les rares fois où elle se déplaçait. Entre les deux séances du même jour, elle changeait complètement de tenue. Elle pouvait tenir une semaine entière – cinq jours de service – sans porter les mêmes habits et accessoires.

Madame la présidente me fascinait, parce que je savais qu'elle avait une histoire, même si je ne l'ai jamais découverte. Manifestement, elle ne m'aimait pas ; je sentais chez elle un brin de mépris. Sur les archives de la Bastille, elle était nulle. Normal, puisque le théâtre était son truc. Donc, quand je lui posais une question, invariablement elle m'invitait à consulter l'inventaire pertinent. On était en pleine crise pétrolière ; ce fut l'occasion de la première grande campagne de conservation énergétique. En plein hiver, alors que temps était maussade, morne, on ne mettait quasiment jamais les lumières dans la salle de lecture, malgré le manque d'éclairage naturel. Or, je travaillais sur des manuscrits extrêmement difficiles à lire. Je me souviens précisément du texte, car il était au cœur d'un petit livre que j'ai écrit, *Le Complot de famine : histoire d'une rumeur au* XVIII*e siècle*. Il s'agissait d'une longue, tortueuse, fébrile dénonciation d'une prétendue conspiration impliquant des grands commis, des ministres, des financiers, des courtisanes, et éventuellement le roi lui-même. Elle avait été écrite pendant son interminable incarcération par Le Prévôt de

Beaumont, un fonctionnaire attaché à l'Église, embastillé vers la fin de 1768 et libéré seulement le 14 juillet 1789. Sa main était convulsive, tremblotante, secrète. J'avais un mal fou à déchiffrer. Il me fallait un max de lumière. Si je parvenais à faire allumer, dès que Mme la présidente arrivait, elle éteignait. De simplement frustré, je suis devenu insensiblement furieux. C'était de la mauvaise volonté manifeste, du sabotage travesti en civisme. Un jour, je suis arrivé portant un casque de mineur de fond avec sa lampe attachée. J'ouvre mon carton, je sors mon document, j'allume. Madame arrive, toute en jaune (je regrettais de n'avoir pas pensé au canari du mineur). Elle fonce sur moi, me rend ma carte d'entrée et m'expulse pour la journée. Ce n'est sûrement pas un hasard si la Bibliothèque de l'Arsenal se trouve en face des derniers vestiges de la Bastille.

La France reste un pays d'Ancien Régime ; c'est ce que vous laissez entendre : passe-droit et piston...

Rassurez-vous : il n'y a pas que la France ; loin s'en faut. Dans le cas de la recherche, énormément de gens se débrouillent tout seuls, dans l'anonymat et dans la persévérance démocratiques. Dans mon cas, j'ai beaucoup profité de copains, de réseaux et de chance, et il est certain que je n'aurais jamais pu faire ce que j'ai fait sans ces coups de pouce réitérés. J'ai déjà raconté mon histoire improbable d'équipe de basket-ball de chartistes. Grâce à ce noyau d'amis, je ne me suis jamais trouvé en rade en province, dans une archive ou une bibliothèque. J'avais toujours un mot d'introduction, épistolaire ou téléphonique. Quand j'ai compris que j'avais besoin d'un poids super lourd pour surmonter un obstacle à l'accès à des papiers cruciaux pour mon *Pain maudit*, mon beau-frère par alliance, le regretté Guy Braibant, conseiller d'État, auteur en particulier d'un rapport important sur l'avenir des archives, mais surtout fils d'un directeur des Archives de France qui avait profondément marqué la maison, m'a présenté, à l'occasion d'un dîner en ville, à l'actuelle directrice des Archives, une femme fort sympathique, à laquelle j'ai laissé un placet plus ou moins pathétique. Mais rassurez-vous : je suis tombé sur pas mal de gens qui se fichaient complètement de mes appuis et de mon carnet d'adresses et m'envoyaient paître ; et sur d'autres, que je ne connaissais pas avant et dont je me suis approché sans aucun intermédiaire – je pense avec une réelle émotion, par exemple, à Françoise Adnès des Archives nationales – qui m'ont prodigué une assistance précieuse.

Des parrains, spécialistes, divers professionnels du métier « archivistique » vous ouvrent des portes, vous orientent, vous rassurent. Puis, après ?

Après, il faut bosser. Vous avez préparé aussi bien que possible, mais vous savez d'avance que toutes sortes d'accidents vont jalonner et modifier le parcours prévu : des descriptions d'inventaires qui vous induisent en erreur, des cartons égarés, des trouvailles totalement inespérées, un savoir lentement accumulé qui vous oblige à changer de cap ou à abandonner certains présupposés, un rendement trop bas pour justifier la poursuite d'une voie donnée, etc. Dans mon cas, une fois lancé, je me sentais tout seul, et c'était un sentiment à la fois effrayant et exaltant. « La solitude ne m'est pas donnée, disait Jean Genet, je la gagne. » Eh bien, la solitude, c'est une certaine autonomie, c'est un défi moral, c'est une histoire entre soi et soi : vous vous définissez, vous délimitez vos contours, vous intensifiez votre regard, et tout doucement, pour reprendre la formule de Genet, vous « sortez de la confusion ».

La confusion, elle est à la fois en vous et autour de vous. Vous vous en sortirez en faisant de l'épistémologie, dans un premier temps, comme Monsieur Jourdain, sans le savoir. Avant de rentrer dans le vif de votre sujet, vous poserez les bonnes questions : qu'est-ce que les archives me permettent de faire, d'atteindre, de connaître ? Mais pas tout de suite. Les précautions doctes, scientifiques, vous les connaissez toutes, mais pour le moment vous vous laissez aller. Le premier contact avec le vieux papier, le premier toucher, vous vous emportez. C'est sensuel, c'est viscéral. Vous humez, vous caressez. C'est un modeste mais émouvant dépucelage. Quelle horreur aujourd'hui, comme c'est trop souvent le cas, de vous initier par l'intermédiaire du microfilm ou en ligne. Ça doit être un peu comme l'insémination artificielle pour la vache : vous êtes privé du plaisir physique et psychique, de cette intimité avec autrefois. Vous me direz que le fromage a le même goût. Sans doute ; mais je ne suis pas entièrement convaincu qu'une vache contente ne donne pas un meilleur lait. Et puis, la fin ne justifie pas toujours les moyens.

Revenons à ce premier dépouillement. Vous subodorez une très grande force dans tel ou tel document, un peu comme l'ogre de Marc Bloch qui flaire la chair fraîche ; les archives vont vous habiliter à dire certaines choses. Mais elles vous imposent une lourde responsabilité, intellectuelle et déontologique : n'allez pas trop vite, mettez-vous constamment en question, interrogez les documents impitoyablement tout en engageant un dialogue avec eux. Vous avez peur et en même temps vous êtes gonflé à bloc pour ce premier voyage sérieux. En tâtant ces vieux papiers, vous accédez au passé – de première main, pour la première fois. Plus tard, vos scrupules scientifiques vous obligeront à nier d'avoir éprouvé ce sentiment, cet élan, car cette posture spontanée et enthousiaste manque de sophistication. Mais la dimension franchement passionnante est justement là : l'idée d'avoir touché le vrai, le réel, plus ou moins en direct, presque sans médiation. C'est ça le premier frisson de l'archive. On cède à la sirène positiviste, malgré tous les vaccins. Et pourquoi pas, au moins cette fois-ci (rappelons pour mémoire que la stigmatisation du positivisme, ou plutôt sa caricature, est bien souvent un passage obligé, un rite de reconnaissance quasi maçonnique). En 1970, je ne posais pas (encore) la question de la « référentialité » qui allait devenir l'oriflamme du courant postmoderne : je supposais qu'il y avait un « réel » en dehors du langage, que derrière le signifiant on trouvait inexorablement un signifié incarné. Par ailleurs, dans notre vie en dehors de la recherche scientifique, nous savons que « la vérité » en ce qui concerne le passé est un critère pour énormément de gens, tant les intellos que les autres. C'est un *benchmark* pour quasiment tout le monde, sauf pour la gent historienne, ou au moins son aile avancée (la vérité n'existe pas ; c'est une construction sociale, etc.). Combien de fois n'ai-je pas entendu un romancier, passant à France Culture ou chez Taddeï ou Giesbert à la télévision, prétendre que le mérite de son œuvre réside particulièrement dans sa capacité à restituer la vérité historique, à le faire mieux qu'un historien, d'ailleurs, grâce à la force de son imagination et la vigueur ou la justesse de ses mots. Dans la fiction, ni états d'âme ni scrupules. Seuls les historiens (ou plutôt cette frange à laquelle je faisais allusion) dont le rôle social canonique a été de trouver cette vérité du passé sont pris aujourd'hui par le doute sur cette mission.

Vous faites parler les documents ?

Oui, mais pas comme on fait parler les prisonniers à Guantanamo. Je veux dire qu'il faut faire attention avec ce genre de formule, que des cyniques ou des révisionnistes de tout poil peuvent détourner pour suggérer que l'on peut faire dire n'importe quoi aux archives. C'est une idée fausse, fondée sur et inspirée par un relativisme opportuniste, irresponsable, dangereux. Je viens d'évoquer l'émotion de la première découverte, le premier départ en voyage dans les archives ; je crois qu'il faut tout faire pour garder à jamais le souvenir de cet instant voluptueux, charnel (presque comme la dégustation d'un grand pain), et ce sens de l'aventure et du dépaysement. Mais soyons clairs : le travail de l'historien aux archives, comme sur d'autres sources, doit être exigeant et rigoureux. Il a une boîte à outils contenant certains instruments (disons) réglementaires, dont tous les praticiens disposent, et puis des ustensiles critiques qu'il a forgés lui-même. Il les déploie, à sa façon, chaque historien (idéalement) imprimant sa démarche avec sa propre marque. L'historien talentueux s'octroie un espace important pour donner expression à son imagination, à sa créativité, à sa puissance herméneutique (pas tout à fait comparable à la puissance d'écrasement d'un meunier, quoique...) – mais, selon moi, toujours dans le respect de certaines règles de base. Tous les documents ne se valent pas. Toutes les lectures ne se valent pas. On ne prend pas les témoins au mot, sans vérifier autant que faire se peut. On refuse des rapprochements infondés ou des analogies téméraires. On applique un protocole critique, toute une batterie de questionnements pour déterminer la solidité, la qualité, l'intérêt, le poids, la portée et le sens d'un document.

Le rôle de l'historien ne se cantonne pas à la relation ou à la description d'événements ou de cas, même si la mise en place d'une chronologie fiable, l'établissement d'un récit, ou le portrait et la morphologie des agents ou des institutions sont tous autant de tâches importantes. L'historien cherche à analyser, à expliquer et à comprendre. Pour ce faire, il va tenter de déconstruire et de reconstruire, de décrypter et d'interpréter. Chaque étape dans le processus, chaque procédé méthodologique dépend du précédent : c'est astreignant, comme la panification sur levain dans laquelle chaque fournée dépend intimement de celle d'avant. Pour l'historien, tout remonte au dépouillement d'archives, comme pour le boulanger tout remonte à la mère, au levain-matrice.

Je défends un dépouillement intelligent, critique, différenciant, créatif, fécond. Le dépouillement ne devrait jamais être un acte mécanique. Ceux qui viennent aux archives pour récolter les faits tout faits, comme on cueille des fleurs, qui recopient sans réflexion des mots ou des chiffres sans se poser de questions sur leur genèse, en un mot, ceux qui dépouillent de façon bêtifiante donnent mauvaise presse aux chercheurs sérieux et flattent l'outrecuidance des historiens (principalement des spécialistes des idées) qui prétendent que le travail aux archives relève d'une activité intellectuellement inférieure à celle consacrée à l'étude de grands textes canoniques.

Le lien entre l'acte de dépouillement et la réflexivité qu'il exige est, pour moi, bien illustré dans la pratique de l'application de la preuve. On n'a pas le droit d'affirmer tel ou tel « argument », tel ou tel « fait » : il faut en faire la démonstration. Dans mon travail, je m'efforce incessamment de recouper, confirmer, corroborer, étayer. Un témoignage unique, quel que soit son statut, ne fait pas l'affaire, pas plus que son statut à lui ne peut donner à l'historien reconnu la permission de se dispenser d'apporter la preuve suffisante. Prenons l'exemple de la hantise des complots de famine que j'ai étudiée voilà un quart de siècle. Je trouve dans les archives tenues à l'Arsenal ce texte fébrile, décousu, mais passionnant, auquel je viens de faire allusion, d'un prisonnier de la Bastille, Le Prévôt de Beaumont, dénonçant une affreuse conspiration contre le peuple et le royaume, visant à créer une famine artificielle et profiter des hauts prix résultants. Texte puissant, incandescent, mais il ne suffit pas, ni pour démontrer l'existence d'un complot ni pour démontrer l'existence d'une croyance dans le complot répandue, profonde et durable. Je trouve un étonnant écho de cette idée de complot, avec la suggestion effrontée et oblique que Louis XV est sans doute impliqué, dans les délibérations dites du Conseil secret du Parlement de Rouen, dans les Archives départementales de la Seine-Maritime. Ça ne suffit pas non plus. Tous les deux font référence au cas de 1763-1770, lié à la libéralisation du commerce des grains et des farines, réforme fustigée comme une couverture pour « un pacte de famine », et les deux témoignages ont des racines normandes.

Il faut chercher – nenni ! il faut trouver – d'autres cas, ailleurs, à travers tout le XVIIIe siècle, dans toute leur épaisseur – des cas esquissant une sorte de « modèle » (en anglais *pattern*) d'événements, de pratiques, d'attitudes, de comportements, de représentations, de discours fortement similaires : le banquier protestant, de préférence genevois ; la maîtresse d'un prince ou d'un homme de la cour influent (histoires de « concubinage scandaleux ») ; un fermier-général ou autre financier ; un ministre ou grand commis proche du Contrôle général ; des « compagnies » pratiquant des « monopoles » ; la présence d'un lobby de munitionnaires, ou fournisseurs de l'armée ; des mesures de police interdisant l'accès au marché métropolitain (ou central) aux blatiers, laboureurs et autres petits fournisseurs, malgré la pénurie et la grande cherté ; des manœuvres à propos des échanges sur les marchés ; des bruits d'échanges illicites dans les auberges ou dans les fermes ; le mouvement nocturne des grains, voire l'exportation à l'étranger ; le stockage clandestin des grains et des farines ; le jet de grains dans la rivière ; des propos incendiaires prêtés à des autorités publiques (je pense au lieutenant de police de Paris, d'Ombreval, mis en présence à la Halle en 1725 d'une mère gémissant de ne pouvoir nourrir son enfant à cause de l'extrême cherté de prix, qui conseille de lui donner « des trognons de choux » – réponse moins poétique que celle attribuée, bien plus tard, à Marie-Antoinette, mais guère moins scandaleuse et provocatrice) ; la structure et la rhétorique des rumeurs, puis leurs moyens et circuits de diffusion ; des chansons imprécatoires et diffamatoires et des libelles aux thèmes identiques (« le manège sur les grains ») ; les « mauvais discours » prononcés contre le roi ou le ministère en paroles « live » dans des cabarets ou sur des placards affichés sur les murs ; la vraisemblance surprenante et récurrente, voire le bien-fondé de nombre des accusations et rumeurs qui paraissent, au premier abord, forcément extravagantes, expressions d'une appréhension paranoïaque du monde. Quand je les ai trouvés, ces multiples cas semblables, ces leitmotivs itératifs, ce *pattern* portant la marque indubitable de la croyance dans le complot, j'ai alors, mais alors seulement, crié victoire, j'avais apporté la preuve, lourde, massive, irréfutable. Cela voulait dire le dépouillement de la correspondance administrative dans les archives départementales de la Seine-et-Oise, de la Seine-et-Marne, de la Somme, de la Gironde, de l'Orne, de la Marne, de l'Ille-et-Vilaine, de la Seine (et de la Ville de Paris) et de beaucoup d'autres ; à quoi il faut ajouter le même type de documents dans l'énorme collection Joly de Fleury et les procès-verbaux des assemblées de police dans les manuscrits dits français du cabinet des manuscrits de la Bibliothèque nationale ; la correspondance du contrôleur-général et des intendants du commerce, les papiers de la police, et les délibérations du parlement de Paris dans les Archives nationales ; les gazetins et les rapports de police à l'Arsenal et à la Bibliothèque historique de la Ville de Paris ; les délibérations de l'Hôtel-Dieu dans les Archives de l'Assistance publique, etc. C'est du boulot ; pour y aller, à la fois avec ténacité et sérénité, il faut le goût de l'enquête, l'obsession de la trace et le souci du détail (plus une capacité constante de distinguer la forêt des arbres), et un certain appétit pour la pensée contre-factuelle (dite « l'uchronie », qui consiste à se demander ce qui se serait passé si l'histoire avait été différente de ce qu'elle fut). Avant tout, il faut croire au pouvoir de la preuve, à son caractère primordial, indispensable. J'ajoute que cela ne gâche rien si vous aimez le travail aux archives, car il faut y passer beaucoup de temps.

Mais vous êtes allé en tournée un peu partout en France, à la recherche du prétendu complot de famine ?

Pas tout à fait. Le petit livre sur le complot de famine était une sorte de produit dérivé ; ces recherches-là étaient les conséquences indirectes d'un projet plus vaste qui concernait les subsistances. Travailler directement sur le complot, c'eût été se mettre en quête d'une aiguille dans une meule de foin. C'est tout le problème de la recherche dans les archives. Comment s'y prendre ? L'approche la moins risquée (mais c'est dommage de faire l'économie du risque) du point de vue de la rentabilité à court terme (mais attention aux effets pervers !), c'est de cibler un fonds. On identifie un fonds intéressant, peu ou pas travaillé (récemment acquis ou inventorié, ou simplement négligé ou précédemment mal exploité), et on y va. C'est commode. Théoriquement, tout ou presque, est là. Un fonds consacré à la construction du chemin de fer de Paris à Orléans ? Alors, mon sujet est l'histoire de ce chemin de fer. Un fonds sur la vie d'un sénateur et notable provincial. Alors, je fais une petite biographie. Un fonds sur le lycée Carnot de Versailles ? Donc mon sujet est... Pas d'angoisse, pas d'incertitude, pas de dispersion ou de perte de temps. Mais pas de questions ou de questionnements préalables non plus. On est guidé par un sujet, non pas par une problématique. On commence avec des documents ; après, en cours de route, on pose forcément des questions, mais il y a dans cette méthodologie (ou plutôt non-méthodologie) la forte tentation de se cantonner à un récit ou à une récapitulation des informations. Ça donne souvent un travail assez plat, qui n'exploite pas toutes les possibilités des documents et qui ne valorise pas le chercheur. On peut suivre ce chemin sciemment, parce qu'on aspire simplement à faire un travail, mettons, de base, un exercice simple, qui sera certainement utile même s'il ne suscite pas le débat. Si on est étudiant, le directeur de thèse ou de mémoire (type « DES » ou maîtrise hier, aujourd'hui master) un peu prédateur, un peu cynique ou un peu paresseux « donne » le genre de « sujet » qui sert ses intérêts, d'une manière ou d'une autre (dépouillements mécaniques des contrats de mariage ou d'inventaires après décès) ; ou un directeur plutôt entrepreneurial, mais avec des scrupules pédagogiques, propose la participation à une enquête collective (le quartier de..., la section de..., le commissaire de police de..., un type de criminalité..., la bibliothèque de..., etc.) qui incite à la réflexion et ne s'arrête pas fondamentalement à la collecte.

Aux antipodes, vous trouvez le chercheur qui sait sur quoi il souhaite travailler – l'émergence d'une « conscience bourgeoise », le rôle des femmes chez les jansénistes, les causes des mutineries pendant la Première Guerre mondiale, le fonctionnement du marché dans la confection, les relations entre Juifs et paysans en Alsace –, mais il ne sait rien, ou fort peu, au début, des sources d'archives pertinentes. C'était plutôt mon cas. Là-dessus, il n'y a pas trente manières de faire : il faut forer en profondeur les travaux, surtout les notes et la bibliographie des chercheurs qui ont écrit sur des questions voisines, il faut consulter les spécialistes les plus proches de votre domaine d'investigation, il faut parler à des archivistes et, principalement, il faut identifier et examiner les inventaires d'archives, publiés, manuscrits, en cours, etc. Quand on parvient à dépister plusieurs fonds, ou bouts de fonds, il faut se pencher sur leur origine : tâcher de faire leur histoire, de déterminer d'où viennent les documents, quand et comment ils sont entrés aux archives, etc. Le présupposé de départ : il n'y a pas de documents de conception immaculée, si je puis dire. On appelle cette enquête préliminaire l'étude du « producteur » des documents en question. C'est une étape absolument cruciale, condition préalable à une conduite réussie de la recherche. Le producteur pèse de façon ontologique mais aussi technique sur les recherches que nous allons entreprendre, car les directions des archives sont tenues, en principe, de respecter l'intégrité du fonds tel qu'il arrive, notamment l'organisation et l'ordre des documents. Comment ces écrits acquièrent-ils le statut de document ? (Si l'on veut prendre sa pleine envolée épistémologique : que signifie le statut de document ?) L'examen du producteur nous aide à évaluer la pertinence, la fiabilité, et même le sens de ces documents. Comprendre le producteur/la production, c'est nous indiquer les questions que nous pouvons légitimement leur poser et la valeur éventuelle des réponses. Imaginons une panoplie de documents statistiques sur l'emploi, le salaire, les conditions de production dans « l'industrie » (sens large) du XIXe siècle. Si nous savons que le producteur, une grande administration de l'État, voulait démontrer certaines tendances à des fins politiques et idéologiques, nous devons nous méfier à la fois des questions posées et des réponses données (et « ordonnées »), ou plutôt nous devons les « lire » de manière critique et nuancée, non pas comme une ethnographie d'une partie du monde du travail au début du Second Empire. Si le producteur est le cabinet de Turgot, je dois réagir avec un certain scepticisme à propos de son analyse des causes de la guerre des farines. Si le producteur est le parlement de Toulouse ou si c'est Voltaire, je dois être sur mes gardes en dépouillant la présentation que forge chacun de ce terrible fait divers que fut l'affaire Calas. Si le producteur est la police de Paris, je dois faire attention à leur manière d'interroger les témoins, aux formules qui reviennent constamment sous la plume du greffier, à la pression exercée sur le discours des uns et des autres (tant plaignants qu'accusés), à la fréquence et l'ancrage sociogéographique des plaintes. Par l'aridité même et le nombre colossal d'enregistrements, le contrôle des actes (3 000 bureaux institués vers la fin du règne de Louis XIV pour inscrire la trace de toutes les transactions importantes – contrat de mariage, d'apprentissage, de vente, etc.) paraît, en quelque sorte, être un producteur plus ou moins « neutre », baromètre de l'activité économique et sociale du pays. Mais ces observatoires sont créés par une administration fiscale qui s'efforce de compléter la taxation des revenus par une taxation de la richesse. Même si notre but est de reconstruire une partie de l'expérience de reproduction sociale ou de repérer l'existence de certains marchés, à la base d'échantillons, de données quantitatives apparemment peu contestables, il ne faut pas perdre de vue les conditions de production de ces documents. Pour traiter certaines questions – mettons la description d'un soulèvement populaire ou d'une grève ou d'un mouvement social violent ou d'une réunion politique ou d'un banquet, aristocratique ou républicain – il vaut mieux tenter de travailler sur plusieurs producteurs plus ou moins indépendants, dans l'espoir de confronter les différents angles de regard, de représentation. Le chercheur aux archives est ravi de découvrir une riche mine d'informations, mais il se doit de refréner son enthousiasme, de ne pas se laisser orienter par le producteur, de garder sa liberté tout en s'appropriant les informations, en les optimisant, mais selon un protocole rigoureux et critique. Je n'ai pas abordé l'autre versant de cette démarche, encore plus exigeant, plus dur à réaliser : l'analyse – l'autoanalyse plutôt – de l'autre producteur, du « producteur » qu'est le chercheur lui-même. Il devrait faire un travail approfondi de ses propres présupposés, des facteurs qui conditionnent sa manière de voir et de lire le monde. Comment le faire ? Dans sa tête ? Grand risque d'être partial ou partiel, sans parler du refoulement. Par écrit ? On peut être heurté dans sa pudeur, gêné par un mode qui frise le confessionnel, se sentir incapable de pratiquer l'exercice tout seul.

Vous évoquez ici une manière de confesseur ou de psy qui aide le chercheur à supporter la charge et la responsabilité de sa recherche ?

On a tous besoin d'un psy à un moment ou un autre. Un bon directeur de thèse peut en faire fonction, dans les limites des questions d'épistémologie, de réflexivité, d'engagement personnel. Parfois, on arrive à déballer une partie de ces questions épineuses en discutant avec des collègues ou des amis. Souvent, on ne les aborde pas du tout. Cette réticence ou ce manque de conscience me semble, à terme, appauvrissant, voire handicapant. Mais le chercheur a besoin de beaucoup de choses pour bien travailler. Il a besoin d'argent pour vivre correctement, pour voyager, pour se libérer des contraintes ordinaires, justement pour pouvoir exploiter les archives, pour reproduire ses documents. Aujourd'hui, évidemment, un ordinateur portable est presque une nécessité, souvent aussi un appareil photographique.

Toutes ces questions matérielles influent sur les choix, pas seulement logistiques ou techniques, mais pleinement intellectuels et stratégiques, que doit faire le chercheur, notamment, mais pas exclusivement, au début de sa carrière. Par rapport aux pratiques matérielles de dépouillement d'aujourd'hui, je vivais – et je vis toujours, par habitude – dans la préhistoire. Je travaillais – je travaille encore – sur des sortes de bristols, des fiches. J'écris à la main, avec un code compliqué de couleurs différentes, dont je varie, puis oublie la signification. Je mets une seule idée ou thème ou « fait » ou point de vue sur une fiche. En haut : une sorte de manchette de journal, de gros titre qui résume (façon *Le Monde* plutôt que *Libé*) succinctement et fidèlement le contenu qui va suivre. Deuxième ligne, à gauche, la source exacte, par exemple, lettre de Robert, marguillier de la paroisse de Saint-Hippolyte, au commissaire Delavergée, 12/12/61, AN (ce sont les Archives nationales), Y 10365. Entrée impérative, car la source, quel que soit son intérêt intrinsèque, devient inutilisable sans la référence précise. Puis, sur la partie centrale de la fiche, je mets le détail : citation, paraphrase ou sommaire, description, chiffres. Si nécessaire, j'écris au dos, et sur plusieurs fiches. Je produisais énormément de fiches. J'alarmais mon épouse. Je faisais rire mes camarades. Je m'inquiétais de leur sécurité, de leur survie, car ma carrière, ma vie était en jeu : si je les perdais, c'était fini : pas possible de reproduire, de refaire, ni psychologiquement ni matériellement. Au début, par peur de l'incendie, je les mettais dans le frigo. Mais, à l'époque, les frigos en France étaient généralement assez petits ; très vite je n'avais plus de place, et les fiches puaient légèrement le camembert. Puis, j'achetai des boîtes métalliques, mais elles étaient incroyablement chères, assez petites, difficiles à manier. Après plus de deux ans de recherches en France, je rentrai aux États-Unis, avec femme, bébé de deux mois – imaginez déjà l'encombrement – et deux immenses malles en métal que j'avais trouvées au sous-sol du BHV. Deux amis m'ont aidé à les mettre dans le couloir du train pour Le Havre, d'où on devait prendre le paquebot pour mon pays lointain. J'ai laissé femme et bébé dans le compartiment en seconde. Je me suis assis sur une de mes malles et je n'ai pas bougé jusqu'à l'arrivée. Le transfert du train au bateau a été épique. J'ai fait mettre les malles dans notre cabine exiguë, près de la cale. On avait du mal à rentrer. Ma femme était furieuse ; il a fallu que je donne des espèces sonnantes et trébuchantes au personnel pour qu'il ne dénonce pas un obstacle à une éventuelle évacuation pouvant mettre des vies en péril (sur une échelle fort modeste, c'est ce qu'on appelait bien plus tard en France la fluidification des rapports sociaux). Enfin, je revenais à la cabine une fois toutes les heures pendant la journée, officiellement pour vérifier le bien-être de mon fils, le changer ou le nourrir ; mais, en vérité, je dois l'avouer, tout autant pour m'assurer que mes fiches ne s'étaient pas volatilisées.

Si contraignant soit-il, ce travail dans les archives vous a-t-il manqué à votre retour aux États-Unis ?

Oui, les archives comme le fournil. Tous deux sont des lieux de fermentation. À côté de la fermentation panaire, étape décisive dans la fabrication, il y a la fermentation des esprits. D'Alembert les rapproche en quelque sorte quand il demande à Voltaire, si je me souviens bien, s'il avait lu un ouvrage intitulé *Dialogues sur le commerce des blés* : « Il excite ici une grande fermentation. » Au début de la Révolution, Michelet évoque « l'immense fermentation de Paris ». Cette agitation fiévreuse de l'esprit qu'est la fermentation métaphorique, elle est autant individuelle que collective, et je l'ai vécue dans les archives, après de belles et surprenantes découvertes ou des réflexions et des analyses qui me semblaient très prometteuses. Ce bouillonnement de l'esprit, on le ressent aussi dans le corps, et il rappelle la force charnelle de la fermentation de la pâte qui semble faire trépider la cuve.

Comme la fermentation au fournil, la fermentation aux archives est un véritable geyser aromatique. Car elle engendre des odeurs de part et d'autre. Il faut avoir du nez, quand on est chercheur aux archives, tout comme il en faut quand on est boulanger. On sue aux archives, même si c'est moins abondamment que dans le fournil. C'est une sudation d'application, d'engagement, d'anxiété, d'attente, parfois de négligence personnelle, tellement on est absorbé par le travail. Mais quand je pense aux arômes des archives, ce sont surtout les documents qui surgissent devant moi. Tout dépend, bien sûr, du type de papier, de la date d'origine, de l'état de conditionnement et de conservation. Et puis, il y a la dimension olfactive induite par la mémoire historique, par l'imaginaire historique, par le trajet aller-retour dans le passé, presque un *trip* dans le sens de la génération LSD. Car l'historien dépouillant les papiers concernant les massacres des guerres de Religion ne peut s'empêcher de sentir l'odeur du sang, de la mort, peut-être aussi du fanatisme et de la couardise ou de la trahison. Certains collègues éprouvent les mêmes sensations olfactives fortes ou désagréables en manipulant les papiers des massacres de septembre 1792 ou de la semaine sanglante de la Commune en 1871. L'odeur du sexe est presque palpable dans la correspondance des Choiseulistes qui s'opposent violemment à la montée en puissance – est-ce bien l'image idoine ? – de Mme du Barry. Comment rester indifférent à l'odeur de l'argent dans les papiers de la chambre de justice qui fait dégorger aux financiers leurs gains « sordides » à l'époque de Fouquet ou juste avant et après l'avènement du « système » de John Law. Les papiers de la Salpétrière, lieu de renfermement des femmes au sein de l'Hôpital général, suintent la promiscuité, la misère, le désespoir. Et quand on dépouille des registres paroissiaux, notamment les actes de sépulture, on a le sentiment de sentir littéralement, physiquement la tristesse résignée des parents quand il s'agit des nouveau-nés ou des bébés. Pour détecter ces odeurs « historiques », il faut une certaine volonté et une sorte de suspension consentie de l'incrédulité. Mais pour humer la palette ample des odeurs dégagées directement par le vieux papier, il faut un minimum de sensibilité olfactive. Car les chimistes nous disent que ces documents peuvent contenir plusieurs centaines de composés organiques volatils, tout comme le pain. On connaît tous le moisi, très présent aux archives. Cherchez l'odeur d'herbe, assez commune, avec une forte dose d'acidité et un soupçon de vanille. Devrais-je développer une grille des senteurs des documents d'archives ? Je laisserai cela à Robert Parker quand il se lassera de l'odeur de merlot boisé.

Tout de même, le passage d'un geyser aromatique à l'autre n'est pas évident. Un jour vous passez des archives au fournil. Ce n'est pas le lot commun des historiens de faire « du terrain » en dehors de leurs vieux papiers. Comment expliquez-vous cette traversée ?

Nous disposions à cette époque de travaux sur l'agriculture, sur le monde paysan, sur les semailles et les moissons, même si l'on connaissait mal la manière précise de travailler dans les champs. En revanche, quasiment aucune étude à partir du moment où la récolte est terminée.

Silence total sur cette longue séquence de l'histoire des subsistances et des approvisionnements qui va du vannage peint par Courbet, jusqu'à ce moment presque liturgique où l'on rompt le pain. Autrement dit, on connaît mal le commerce des grains (notamment, son personnel et ses méthodes), et presque pas du tout la meunerie et la boulangerie. Au-delà de ma thèse, pour combler cette lacune juste dans le contexte parisien, il m'a fallu quelques décennies et deux gros livres. Je ne voulais pas me contenter d'un regard à vol d'oiseau, d'une extrapolation des textes normatifs ou réformateurs. Il fallait que je reconstruise les structures élémentaires du commerce des grains et des farines et de la meunerie, mais autant à la base des pratiques des hommes qu'en m'appuyant sur des séries de dîmes (clé pour les estimations de la production, à côté des appréciations impressionnistes des intendants), de péages ou autres indices fiscaux, de prix (souvent lacunaires et/ou corrompus d'une manière ou d'une autre), etc. À partir de ces textes que je considère partiaux, orientés, engendrés tant par l'administration publique (ce que j'appelle la police dans ce domaine) que par les Lumières économiques, on peut se faire une idée très générale des relations, des échanges, des institutions, des grippages, etc. Mais ils se situent sur un plan plutôt idéal-type, dans les deux cas, ils manient une sorte de métadiscours dit par un narrateur omniscient, et ils parlent peu des pratiques et des acteurs réels.

L'approche discursive, à part les renseignements qu'elle apporte (et les différentes « lectures » susceptibles d'être faites), peut être très entraînante. Faute de sources de première main pertinentes, j'avoue que ce sont deux romans américains, situés à la fin du XIXe siècle, jamais traduits en français, qui m'ont donné mon premier sens fort, viscéral du monde du commerce des grains, malgré l'anachronisme béant et la licence dont s'empare la fiction (un peu comme *La Terre* de Zola m'a permis de mieux saisir certains arguments de Tocqueville, de Marc Bloch, de Georges Lefebvre et d'Emmanuel Le Roy Ladurie concernant la relation entre les paysans et la propriété). Écrit par un journaliste américain, Frank Norris, grand admirateur de Zola, *L'Épopée du blé* est, selon moi, l'illustration la plus saisissante de la puissance inouïe du blé, de sa capacité potentielle de chambarder non la société ancienne, structurellement inerte et vulnérable, mais la société moderne, entreprenante, énergique. Norris a publié les deux premiers tomes de cette saga, projetée comme une trilogie. *La Pieuvre :*

une histoire californienne (1901) raconte la culture du blé dans les deux sens du mot, centrant le récit sur le conflit âpre entre les fermiers (le mot paysan est péjoratif aux États-Unis) et une compagnie de chemins de fer musclée et corrompue. Dans l'esprit « naturaliste », infléchi par un certain lyrisme, l'auteur met l'accent sur le contrôle exercé par « les forces » prodigieuses et ambiguës que sont le blé et le capitalisme sur les individus. Malgré sa sympathie pour les agriculteurs dans leur lutte épique, le romancier évite le manichéisme : de part et d'autre, les protagonistes sont complexes et quelquefois imprévisibles, émanations de ce monde états-unien sauvagement capitaliste et libéral, contre lequel, par exemple, Jean Jaurès réagit en 1887 en proposant un système dirigiste d'importation et d'exportation des blés, visant à atténuer les effets malsains et désorganisateurs de la spéculation modèle américain.

Justement, le tome deux, *The Pit* (très approximativement traduit comme *Le Gouffre : une histoire de Chicago*, 1903), examine le fonctionnement et le dysfonctionnement des marchés des céréales à partir de la bourse des matières premières et des marchandises de Chicago, dont les *traders* se mettent dans « le gouffre » (en français est plutôt « la corbeille »), le site des échanges. L'inspiration directe du récit est un des grands spéculateurs américains de la fin du XIXe siècle, Joseph Leiter, un *trader* face auquel tous les Jérôme Kerviels de nos banques paraissent comme les agents dérisoires d'un capitalisme financier sordide mais sans intérêt. Leiter n'a rien tenté de moins que de prendre le contrôle de tout le blé disponible sur tous les marchés du monde occidental, ce qui a provoqué de violentes émeutes de la faim en Europe, notamment en Italie, en 1898. Frank Norris décrit le blé en termes presque anthropomorphiques comme « ce puissant force-monde, nourricier des Nations », mais indifférent au sort des individus, force « gigantesque, irrésistible, [qui] avance implacablement ». Plus fort que l'homme qui ne parvient pas à le dompter, malgré toutes ses astuces, ses manœuvres, et ses mensonges, le blé comme force quasi surnaturelle l'emporte, en enrichissant, enivrant, puis spoliant les uns, et en angoissant, affamant, soulageant enfin les autres. *The Pit* est l'histoire de l'accaparement, de ses crimes antisociaux dénoncés depuis toujours, du monopole sur une échelle planétaire sans précédent, une entreprise habile et démente qui montre l'absurdité de la main invisible en l'absence d'un cadre de régulation publique et d'une conception éthique partagée. Norris n'a pas eu le temps de rédiger le dernier volume de sa trilogie, où il passe de la production et de la distribution à la consommation, problématique à la fois complémentaire et antinomique. Intitulé *Le Loup*, ce roman devait évoquer les affres de la famine dans un village ou une région probablement européens. À la suite de cette lecture, j'ai fait un pèlerinage au Chicago Board of Trade, situé dans un gratte-ciel Art Déco, surmonté d'une statue de presque dix mètres représentant Cérès, déesse de l'agriculture et des récoltes. J'ai été fasciné par la bourse à la criée, où les *traders*, dans *le pit* ou la corbeille, achetaient et vendaient divers titres et contrats à terme grâce à des codes particuliers, un langage de signes. Rien à voir avec les gros marchands que j'appelais les barons de la rue de la Mortellerie, située à deux pas de la Grève, qui s'occupaient de l'approvisionnement de Paris par eau au XVIIIe siècle. Mais je sentais, dans mes tripes, les enjeux de ces échanges, et je projetais ce *feeling* sur mon travail d'historien social de l'Ancien Régime, *feeling* qui, je crois, m'a permis de mieux pénétrer dans les esprits des marchands, mieux évoquer leur rôle social, leurs ambitions, leur résistance à la régulation et leurs négociations avec le pouvoir. Pour un instant, cette expérience, liée à mes années d'archives, m'a fait fantasmer sur un changement de carrière : rentrer comme *trader* ou conseiller chez Continental, Cargill, ou Louis-Dreyfus, les géants du commerce mondial des grains, en arguant que mon intime familiarité avec le métier à travers les âges me permettrait d'apporter une contribution décisive à l'entreprise.

Pour la boulangerie, vous n'aviez pas les mêmes problèmes d'accès au « passé-présent » que pour la meunerie et le commerce des grains. Racontez-nous donc cette entrée en fournil.

Aux Archives nationales, j'avais sympathisé avec une brillante historienne, Érica-Marie Benabou, qui nous a quittés très prématurément. Elle faisait partie de la bande de Pierre Goubert, professeur d'histoire moderne à Nanterre, puis à Paris-I, dont je fréquentais le séminaire. Elle travaillait sur la prostitution, pour une large part dans les mêmes archives de police que moi. On échangeait des références aux boulangers (ou aux meuniers, aux marchands de grains) contre celles qui touchaient aux putes, échange fructueux, amitié chaleureuse. Quand j'ai décidé de tenter de travailler chez les boulangers pour mieux sentir mes protagonistes, je taquinais Marie : « Faut pas rester sur une relation livresque ou même archivistique avec ton sujet. Tu devrais faire un tour du côté des prostituées de la rue Saint-Denis, pour pratiquer l'observation participante au nom de la science. »

Il est vrai que ce n'est pas tout à fait courant de jouer le rôle des acteurs que vous étudiez, quand l'objet de votre étude se situe il y a plus de deux cents ans. Pas très utile pour un chercheur étudiant la police à l'époque des Lumières de se pointer quai des Orfèvres, ou pour un autre travaillant sur l'armée de Napoléon de passer par les paras ou même Saint-Cyr, ou encore pour un troisième consacrant sa thèse à l'expérience bancaire de John Law de faire un stage à la Société générale (quoique...). Eh bien, dans le cas de la boulangerie, c'est sensiblement différent. Malgré les dérives de la mécanisation, parfois semi-industrielle, au début des prétendues Trente Glorieuses, c'est un métier qui a fort peu évolué depuis le XVIIIe siècle. Je le savais ou je le sentais d'après des documents d'archives, des lectures approfondies, d'abord dans les textes des Lumières économiques (théoriciens comme le Dr Malouin et Parmentier, observateurs tels Béguillet, praticiens comme les meuniers-boulangers Malisset et Bucquet, le boulanger Bricoteau), puis dans les manuels, qui deviennent assez courants à partir de la Restauration (le « Roret » est un des premiers et s'impose comme un presque-modèle) et qui paraissent sporadiquement jusqu'à nos jours (je lisais ces manuels à la bibliothèque du Conservatoire des arts et métiers, la seule ouverte le dimanche – prime aux stakhanovistes !). Je retrouvais, *grosso modo*, les mêmes gestes, souvent les mêmes instruments, les mêmes rythmes, essentiellement les mêmes méthodes de production (panification) et de reproduction (apprentissage, recrutement), les mêmes divisions du travail, les mêmes doléances, les mêmes frictions, les mêmes chansons ouvrières, etc. Je grossis sans doute les traits de ressemblance ou de continuité, mais ce qu'on appelle doctement les « permanences anthropologiques » me semblaient frappantes. Je me suis donc dit qu'en allant en fournil, je ne serais pas simplement dans le souvenir pieux ou le geste théâtral, mais dans le prolongement de la panification, dans la durée vécue du métier. Le noyau de l'activité journalière devait être assez proche de ce que j'étudiais aux archives. J'avais, après plus d'un an de recherches, acquis un certain capital de connaissance, ce qui me permettrait d'observer *de visu* les changements et de faire les ajustements nécessaires, car il ne faut pas croire que la boulangerie ait été immobile pendant tout ce temps, loin s'en faut. « Mettre la main à la pâte » : ce cliché constituait ma profession de foi. D'abord, intellectuel incapable de planter un clou, mais historien du travail des artisans, j'étais tenté par cette occasion de voir si je pouvais apprendre à faire quelque chose de mes mains. Mais, plus fondamentalement, j'en avais assez d'imaginer le fournil à travers des textes. J'avais envie, j'avais besoin de vivre l'expérience : le travail de nuit, la chaleur, la pression, les conditions du travail dans des lieux exigus et parfois étouffants. Je voulais comprendre les réflexes des boulangers, leur façon de s'organiser, de se routiniser. Je voulais sentir la farine dans mes narines, dans mes poumons. Mettre la main à la pâte, c'était aussi une quête de sensualité : connaître la pâte, la lisser, la caresser, l'écouter. Je souhaitais voir si les formes de sociabilité persistaient. Enfin, ou peut-être avant tout, il me fallait me familiariser avec les étapes de la panification dans le feu du combat, en vrai, pas sur un diagramme écrit. Je devais prendre la mesure des disparités inéluctables, parfois surprenantes entre les descriptions normatives et les pratiques sur le tas. C'était la possibilité de corriger les suppositions sur lesquelles je me basais en extrapolant des encyclopédies et des manuels à la vie concrète du fournil. Il fallait que je sache réellement de quoi je parlais : une approche essayiste ou journalistique – certes honorables – ne me convenait pas. Je tenais à être crédible, d'abord à mes propres yeux, mais aussi à ceux des gens de la filière : je voulais être pris au sérieux comme interlocuteur, éventuellement comme observateur ou commentateur. Il fallait également que je sois crédible pour mes lecteurs, pour mieux les séduire. La question de l'écriture a toujours été essentielle pour moi. Être historien ne se ramène pas au dépouillement des archives, pour essentiel et nécessaire qu'il soit. Pour transformer le récit en rencontre, pour faire entendre la voix du passé, il faut savoir la rendre sensible au lecteur, sans rien sacrifier de la rigueur scientifique. C'est le pari. En l'occurrence, tant dans le fournil que dans la boutique, il fallait convaincre que je disais vrai et précis, mais dans le même temps je devais rendre intéressant, vivant, le passage dans la boulangerie. L'aridité est consubstantielle à la description technique : difficile d'y échapper entièrement en parlant ici de panification, là de mouture. Mais je voulais humaniser, être évocateur, faire sentir le vécu, les couleurs, et pourquoi pas les arômes. Je rêvais de faire entendre la musique de la nuit : le gémissement du pétrisseur au XVIIIe siècle, le ronflement des premiers pétrins mécaniques à l'aube du XXe siècle, la radio au début du XXIe, le claquement de la pâte et la chanson du pain à la sortie du four, entamant le ressuage, tous ces bruits qui scandent toute l'histoire de la boulangerie. Je n'avais ni le talent ni la latitude – n'en déplaise aux postmodernes, Histoire et Littérature restent deux entreprises fondamentalement différentes – de marcher sur les traces du *Ventre de Paris* ou de *L'Épopée du blé.* Je désirais toutefois arriver à exprimer l'épaisseur charnelle et la force émotionnelle de l'aventure du pain.

Comment avez-vous trouvé le sésame pour entrer en boulangerie ?

Je regarde alors quelles sont mes possibilités concrètes de mettre la main à la pâte. Je comprends qu'obtenir d'un boulanger le droit de venir apprendre sur le tas le métier n'est guère réalisable, parce que ces gens sont sous une pression permanente et ne disposent pas vraiment de temps pour former qui que ce soit, fût-ce un historien américain en herbe. Même passer une nuit avec un boulanger, si je puis dire, ce qu'on me proposait volontiers, n'est guère différent d'aller voir Raimu dans *La Femme du boulanger.* Il me fallait sortir du voyeurisme et transpirer. Par mes relations, j'ai réussi, à la fin de Mai 68 à me faire admettre, disons informellement, à l'École des Grands Moulins de Paris, qui était sans doute à l'époque le meilleur enseignement dispensé en France.

La formation était longue, enfin longue au regard de mon impatience à poursuivre mon travail de dépouillement des sources. Je m'angoissais donc. Les formateurs ont été gentils et compréhensifs. Ils ont reconnu que je m'y connaissais pour tout ce qui concernait la partie « théorique » de l'enseignement : la « science » de la panification sous toutes ses coutures. Pour la partie pratique, c'était une autre affaire... J'espérais pouvoir me présenter au CAP comme auditeur libre après six semaines de scolarité intensive accélérée et des stages. Pour diverses raisons, ce projet de diplôme a échoué. Néanmoins, j'ai beaucoup bossé ; j'ai été très chaleureusement accueilli par les jeunes (à vingt-cinq ans j'étais le doyen ; aujourd'hui, plusieurs écoles proposent des enseignements très sérieux et rigoureux pour des adultes saisis d'une vocation boulangère à trente, quarante, voire cinquante ans). Le niveau des élèves était fort inégal, du point de vue intellectuel et de la motivation. Difficile de mesurer l'impact, du fait que l'enseignement que dispensaient les Grands Moulins était payant et s'adressait prioritairement aux enfants de leurs clients. Certains jeunes, fils de boulanger, avaient été élevés dans des fournils, et cela se reconnaissait à leur adresse. Lorsqu'on discutait la fermentation, je me débrouillais. En revanche, je n'avais aucune dextérité manuelle. Malgré tout, j'ai fini par sentir que j'avais fait suffisamment de progrès pour pouvoir prétendre travailler dans un fournil, sans trop encombrer par ma présence. (J'ajoute, pour information, que manier le coup de lame n'est pas comme apprendre à faire du vélo : je parvenais jadis très bien à « scarifier » – l'incision de la « signature » du boulanger dans le pâton juste avant l'enfournement. Aujourd'hui, je risque de rater la moitié de la fournée avant de mettre l'incision d'une main légère et confiante.)

Comment avez-vous vécu cette expérience de faire ce que les héros de vos histoires faisaient, dans l'exiguïté et l'obscurité de leur fournil ?

C'était très émouvant pour moi. C'est la force primordiale de la panification qui m'impressionne. Quoi de plus basique que de l'eau, de la farine, un agent de fermentation, et du sel ? Il faut certes les cuire après les avoir apprêtés, mais ces ingrédients correspondent aux quatre éléments de l'analyse poétique et psychanalytique de Gaston Bachelard : l'eau, la terre, l'air et le feu, inspirés des Anciens et des alchimistes. Le fruit du mélange des quatre ingrédients du boulanger est la pâte, chose vivante. Avant d'avoir travaillé, regardé, dialogué avec la pâte, je n'avais pas compris qu'elle était réellement chose vivante. Il a fallu que je sente pour la première fois la pâte charnue et chaude sous mes doigts, que je la voie pousser sous mes yeux, que je perçoive la vulnérabilité de cette chose embryonnaire. À partir de là, j'ai cru saisir le sens intime de la panification, cette création, renouvelée chaque jour, de la vie panaire. En ensemençant, le boulanger donne la vie ; dans le temps, on disait qu'il montait sa pâte. Puis, sa pâte va gonfler : le pointage, ou la première fermentation, est en quelque sorte le début de la période de gestation. On met les pâtons sur « des couches ». On les introduit, sur une longue pelle, dans un four dont la forme peut rappeler celle de l'utérus. Plus tard, mon ami, le très regretté Lionel Poilâne, me dit qu'il avait baptisé cette opération « le forniquage ». Nourri à l'érotisme panaire des artistes germanopratins qui payaient leur pain parfois avec des dessins ou des tableaux cocasses et gentiment cochons, L. Poilâne rappelait que la baguette phallique et la miche féminine incarnent à leur manière la vie. J'insiste sur l'image sexuelle comme leitmotiv de la panification, non pas pour titiller, mais pour mettre l'accent sur cette gageure qu'est la tâche quotidienne du boulanger : donner vie à la pâte, sachant qu'elle est extrêmement sensible à l'environnement (humidité, température, jadis certains boulangers disaient même les bruits du fournil et les effluves de la rue), que cette vie-là est difficile à dompter et presque impossible à reproduire à l'identique tous les jours.

Chaque fois que je me rendais au fournil, me vantais-je, j'allais créer la vie. La réflexion de Bachelard sur la pâte, à travers les deux catégories de l'imaginaire et du désir, m'a beaucoup marqué, mais j'avoue que l'expérience dans le pétrin a été encore plus forte. J'ai déjà évoqué la sensualité que j'éprouvais aux archives en dépouillant les documents, en les touchant, les reniflant. Je pouvais ainsi prétendre que mon travail sur la thèse, l'ultime confection intellectuelle, passait par une certaine liaison sensuelle. Mais c'est sans doute Marguerite Yourcenar, dans *Les Yeux ouverts*, qui a pointé la bonne association entre la panification et le travail de l'écrivain : l'intuition voluptueuse que les étapes de l'écriture ressemblent intimement à celles de la panification. Vous travaillez, vous rédigez. Finalement, vous sentez, dit-elle, que la fermentation a commencé à faire son travail : « La pâte est vivante. »

C'était grisant, ces premières expériences avec la pâte. Non seulement j'allais mieux comprendre mes boulangers de l'Ancien Régime, osais-je me dire, mais j'allais écrire autrement. Mais je reviens à votre question précise. Comment ai-je pu m'insinuer en fournil ? Vers la fin de ma période raccourcie de scolarité, j'ai rencontré un ancien formateur, devenu commercial, deux métiers qui lui avaient permis d'établir un solide carnet d'adresses de boulangers. Passionné par l'histoire, amateur de jazz, parrain du fils d'un para américain qu'il avait caché et soigné six mois avant la Libération, ce monsieur m'a pris en charge. Il m'a placé en stage avec deux de ses copains boulangers, un mois chez chacun, l'un rue de la Roquette, l'autre rue Saint-Jacques. Il y a un certain temps que les deux boutiques n'existent plus.

Votre expérience du fournil confirme-t-elle votre approche savante du sujet ?

J'habite à l'époque le Collège franco-britannique de la Cité universitaire. J'ai un petit vélo pliant, avec lequel je gagne, dès 2 heures du matin, mon fournil de la rue de la Roquette, pour travailler et suer. Il a fallu un certain temps, bien entendu, avant qu'on ne me laisse donner le coup de lame, puis enfourner. À mesure qu'on me donne des responsabilités, je découvre à la fois la difficulté du métier et mes propres infirmités. C'était du travail en direct. À l'époque, je ne me rendais pas compte qu'on utilisait la méthode du pétrissage intensifié/pain blanc. Pour moi, on fabriquait du pain, et c'était de la magie. Mais je me souviens très bien des pastilles d'acide ascorbique. Le chef me disait communément, en fonction des conditions et des rythmes de la journée, d'en mettre « encore une ». On salait sans mesurer. On maniait rarement le thermomètre. Les deux hommes en fournil paraissaient savoir tout faire par instinct, par habitude, avec une vraie précision – c'était mon appréciation, disons, innocente, enthousiaste. Je surveillais le pétrin, j'apprenais à lire la pâte. Puis, j'y mettais la main : je divisais, je pesais, je boulais, je tournais. J'avais du mal à bien plier, à achever le façonnage. Je me souviens que j'étais dans une sorte de transe permanente parce que, pour moi qui revivais ce que j'avais lu dans mes rapports de police, dans mes vieux livres, tous les gestes étaient fascinants, et je m'imaginais vraiment participer à une expérience de voyage dans le temps.

Pour rien au monde je n'aurais souhaité qu'elle prît fin. Pourtant vers 8 heures 20 du matin, il fallait que je me lave sommairement, dans un des bacs où l'on pointait la pâte, et que je me change, avant de quitter la boulangerie. Oui, bien sûr, je mettais une baguette dans mon sac pour plus tard. Je reprenais mon vélo et filais aux Archives nationales, à l'Arsenal, aux Archives de la Seine ou à la Bibliothèque nationale. Un élan incroyable me portait du fournil à ces lieux du savoir, sauf que vers 3 heures de l'après midi, je basculais dans un demi-sommeil. Je quittais alors la table d'étude pour aller chercher un banc dans un jardin pour m'allonger. Vingt minutes de sommeil de récupération, petit casse-croûte d'un bout de fromage et du quart d'un de mes propres pains (comme tous les boulangers du monde, j'ai dû dire en le mangeant : « il est bon, parce que je l'ai fait »). Ce fut une des périodes de ma vie les plus excitantes. Il n'existait aucune rupture entre le fournil et la recherche, et plus j'avançais dans mon apprentissage du métier et plus je comprenais ce que je dépouillais.

Quand vous parlez de la pâte comme « chose vivante », vous faites référence à la fermentation, n'est-ce pas ?

Bien entendu. C'est le noyau central de la panification. À l'époque de mes stages, on n'en parlait pas beaucoup. Je ne peux pas prétendre que je m'affrontais aux mystères de la fermentation. Rue Saint-Jacques, j'étais sous la tutelle d'un ouvrier qui avait la tête et la barbe de Robert Hue et qui, en plus, était communiste – assez rare en fournil – et adorait le rock (toute la nuit, il chantonnait sa version de *Rock around the Clock*, hymne on ne peut plus idoine dans une boulangerie). Il avait travaillé sur levain pendant la Seconde Guerre mondiale et il m'expliquait son intérêt. Mais nos discussions là-dessus restaient purement théoriques. Aujourd'hui, les meilleurs boulangers « théorisent » la panification, si j'ose dire, à travers la fermentation, dont la maîtrise est leur objectif, leur obsession.

La racine grecque du mot « fermentation » renvoie au verbe « bouillir ». Faire fermenter c'est, d'une certaine manière, faire bouillir et faire pourrir. Cela me fait penser, dans un autre contexte, au triangle culinaire de Lévi-Strauss où il associe viande bouillie et viande putréfiée. Mais là, vous avez l'équivalent d'une ébullition mystérieuse productrice d'écume ou de mousse, qui s'accompagne même d'une sorte de sifflement. Voilà une opération tout à fait sensuelle qui évoque aussi une activité volcanique souterraine d'où s'échappent par moments des manifestations impénétrables. Que se passe-t-il au juste dans ce processus ? Si Louis Pasteur a découvert les micro-organismes qui provoquent les fermentations au milieu du XIXe siècle, la fermentation panaire est connue surtout allégoriquement à travers l'histoire des anciens Égyptiens et/ou des Hébreux qui ont trouvé fortuitement qu'un bout de pâte oublié dans un récipient avait donné un pain léger d'un goût agréable. La pâte qui reste à l'air se transforme, gonflant et aigrissant un peu, comme le lait que l'on laisse vieillir qui prend un goût sur ou le jus du raisin écrasé, à la fois acide et sucré. Cela s'appelle la fermentation. Elle engendre de nombreux produits alimentaires : certains fromages, le yaourt, le vin, la bière, le cidre, le vinaigre. Définition générale : une transformation que subissent les corps organiques soumis dans certaines conditions à l'action de substances appelées enzymes (ou diastases). Provenant très fréquemment d'organismes vivants, tels la caséine du lait, le sucre du raisin et l'amidon de la farine, ces corps organiques contiennent tous du carbone qui, au cours de la fermentation, se mêle à l'oxygène pour former du gaz carbonique, facteur particulièrement crucial dans la fermentation panaire. La pâte des Hébreux a commencé à fermenter parce que la farine contient un enzyme – un catalyseur biochimique d'origine protéique – appelé l'amylase, qui agit sur l'amidon contenu dans la farine et la métamorphose en un sucre dit maltose. Dans la panification que nous connaissons, ce sont surtout les granules d'amidon abîmés à la mouture (environ 5 %) – susceptibles d'une décomposition rapide – qui seront ainsi convertis. La fermentation – dite alcoolique – qui a lieu dans le fournil consiste en la dégradation du maltose et de divers sucres naturellement présents dans la farine en gaz carbonique, en alcool (qui se dissipera) et en autres composés importants pour le goût et les parfums du pain. L'action des micro-organismes dits levures – une espèce de ferment – peut accélérer cette transformation naturelle, qui s'avère assez lente : soit des levures « sauvages », bactéries lactiques et levures ambiantes (qui se trouvent dans l'air, le sol, le grain, la farine), soit des levures élaborées, champignons microscopiques unicellulaires, à la base de la bière (mode XVIIIe siècle), des grains (XIXe siècle) ou de la mélasse de betterave (XXe siècle). Les sucres préexistants dans la farine (à peine 1 % à 2 % de son poids) sont transformés par les enzymes contenus dans les levures, notamment la zymase, qui dégradent rapidement tous les sucres simples en attendant la transformation de l'amidon en sucres simples, enchaînement assez complexe déclenché au début par les amylases, activé par le contact de l'eau dans le pétrin. La nature de la farine (de pouvoir enzymatique ou diastasique fort variable), la température de l'eau et de l'air, la quantité d'eau, et la durée de la fermentation conditionnent le travail des amylases. Les ferments – les levures – ne peuvent engendrer le gaz carbonique qui lève la pâte qu'en se nourrissant de sucres simples, par exemple le glucose, produits par ces décompositions multiples. Au cours de la fermentation, la pâte gonfle (« pousse », « lève ») et se développe. Avec le pétrissage qui la précède et la cuisson qui la parachève, la fermentation la dote d'une structure physique propre, fruit du dégagement du gaz carbonique, sous la forme d'une mie souple et alvéolée entourée de croûte. Lors du pétrissage, le gaz carbonique cherche à s'échapper, mais il est retenu par le gluten, une matière élastique appartenant à la famille des protéines et représentant 8 % à 12 % de la farine panifiable courante. Le boulanger averti cherche à se procurer une farine ayant un bon gluten, possédant un pouvoir de rétention gazeuse élevé. Mais au cours de la fermentation, les qualités physico-chimiques de la pâte évoluent. Le réseau glutineux constitué pendant le pétrissage subit des modifications. Le boulanger s'efforce de trouver le bon équilibre entre l'extensibilité de la pâte (sa capacité d'emmagasiner et de retenir le gaz carbonique), qui va en diminuant, et sa ténacité (la résistance à la déformation, qui évite que la pâte ne se déchire sous la poussée gazeuse), qui augmente. Il cherche à entretenir et de la souplesse et du corps, autrement dit « une bonne tenue » de la pâte et « une bonne tolérance », une pâte capable de supporter tous les aléas et toutes les manipulations (tant par des machines que par des mains) de ce processus extrêmement délicat, plein d'écueils. Il veut mener à bien la fermentation pour qu'elle produise un volume de gaz carbonique idoine à une forte poussée gazeuse en début de cuisson. À la cuisson, le gluten se coagule, emprisonnant l'air et le gaz carbonique, tandis que les grains d'amidon gonflent, éclatent et durcissent, formant un empois (la mie). En levant en même temps qu'elle se forme en solide, la pâte transmuée en pain gardera définitivement la structure alvéolée – marquée par des cavités inégales gravées dans la mie, lieux de mémoire de la fermentation – que lui donna la poussée de gaz carbonique. Beau – bien développé et bien cuit – le pain devrait aussi se targuer d'être bon ; car, bien conduite, la fermentation génère des acides organiques qui inscrivent des arômes dans la pâte, enrichissant son goût, déterminant même sa « flaveur » (ensemble des sensations olfactives et gustatives).

Décrite techniquement, comme je viens de le faire, la fermentation perd soudain de son caractère bouillant, de sa poésie. C'est pourtant une authentique *poieisis* qui réconcilie la pensée avec la matière. C'est l'étape lyrique, magique, où l'on imagine très bien les sorcières de *Macbeth* prononcer le terrible « Double, double, toil and trouble ; Fire burn, and caldron bubble. » C'est à cet instant précis que le boulanger s'apparente le plus au meunier du folklore, doté de ces pouvoirs surnaturels néfastes ou bienfaiteurs, c'est selon. Mais c'est une alchimie qui se produit, d'une certaine manière à son insu, et seulement une fois l'ensemencement réalisé. Rien de mécanique dans cette opération, et le bon boulanger est toujours persuadé, et à juste raison, qu'il y met aussi quelque chose de lui. Il donne quelque chose de son corps, il s'incorpore au corps de la pâte et, en fabriquant son pain, il se fabrique lui-même. Il y a symbiose, échange, synergie intime. Parmentier disait déjà au XVIIIe siècle que la fermentation était « l'âme de la fabrication du pain ». De nos jours, les boulangers sérieux maintiennent que c'est la source de tous les arômes et de toutes les saveurs.

Vous avez parlé, à plusieurs reprises, de divers agents de fermentation.

Disons qu'il y a plusieurs manières de conduire la fermentation. Le choix que fait le boulanger détermine son « diagramme », qui est, *stricto sensu*, sa recette de panification, mais plus largement son organisation du travail. Relativement récente, la méthode la plus commu nément utilisée aujourd'hui s'appelle le *direct*. C'est la plus simple des techniques de fermentation, sans préparation préalable. Le boulanger ensemence la pâte *directement* par une dose convenable de levure industrielle (dite boulangère), 1 % à 3 % du poids de la farine. Le trait saillant du travail en direct à la levure réside dans l'indépendance des fournées les unes vis-à-vis des autres, et dans la souplesse qu'elle entraîne sur le plan de l'organisation des tâches en fournil. Associé à la modernisation de la boulangerie, le direct est défini implicitement par opposition au travail canonique de la panification, la seule façon légitime aux yeux d'un Parmentier, le travail sur levain, où justement la fabrication de chaque fournée dépend intimement de la fournée précédente. Livre récent, l'excellent manuel du métier de l'Institut national de la Boulangerie-Pâtisserie présente la fermentation au levain comme la méthode noble et traditionnelle, déployée depuis des siècles par les boulangers. Dans l'optique pragmatique de cet ouvrage pédagogique, elle semble hors de portée de la vaste majorité des praticiens, ainsi profondément coupés de leur héritage, car c'est une méthode contraignante qui demande au boulanger un grand savoir-faire et une attention extrême.

Le levain est une pâte qui n'exige pas l'injection de levure boulangère pour lancer la fermentation. Elle se fait à partir des levures sauvages et des bactéries présentes dans les matières premières utilisées ou dans l'air ambiant du fournil. Le levain est perpétué par des « rafraîchissements » (ou enrichissements) systématiques et successifs assurant la sélection et la reproduction de la flore, essentiellement constituée par une association symbiotique de ses bactéries acidifiantes (lactiques et acétiques) et de ses propres levures. La levée de la pâte est plus faible que celle d'une pâte à la levure boulangère, et elle est aussi plus lente (deux raisons pour la désaffection de bien des boulangers pour cette technique). Elle donne un pain d'une texture sensiblement plus dense dont la mie, de couleur crème, est plus irrégulière, souple et élastique que celle du pain produit sur levure. Sa croûte est plus épaisse. Il se conserve nettement mieux. Il revendique une meilleure valeur nutritionnelle, entre autres raisons parce qu'il est plus riche en vitamines et en certains enzymes, sous-produits de la fermentation lactique, et il contient moins d'acide phytique, qui bloque l'absorption des minéraux, notamment le calcium.

Cette fermentation acide complexe, acétique et lactique, ouvre la voie au développement d'une grande palette d'arômes. Le goût du pain au levain est plus fort, agreste, légèrement acidulé, mais d'une saveur agréable, trahissant parfois en arrière-goût, selon la technique du boulanger, le fruit qui a donné naissance au levain. Le pain au levain était le seul à posséder une saveur d' « assaisonnement », d'après Paul-Jacques Malouin, le premier au siècle des Lumières à regarder le pain en philosophe-scientifique. Mais aujourd'hui encore, on connaît mal l'impact des bactéries dans la fermentation au levain, sur l'éclosion des propriétés gustatives et olfactives.

Aujourd'hui le boulanger qui souhaite s'embarquer dans la fabrication du pain au levain doit faire un « levain chef », un morceau de pâte mélangé d'eau et de farine, dans laquelle la fermentation démarre à partir des germes de la farine ou du fournil (le praticien peut aussi partir de fruits, tels raisins ou pommes, qu'il laisse macérer dans l'eau pendant plusieurs jours). Puis, il renouvelle cette matrice sur plusieurs jours, pétrissant chaque fois une fraction de son levain avec de l'eau et de la farine. Le boulanger n'a recours à ce procédé que lorsqu'il est obligé de constituer un levain nouveau, la conservation des levains étant très délicate. Dans la pratique, le « chef » est prélevé sur une fournée précédente qui elle-même a été ensemencée de la même manière et ainsi de suite. Il n'est quasiment jamais rafraîchi trois fois comme jadis, travail trop onéreux et long. Au-delà du boulet du travail lui-même, la méthode sur levain impose une contrainte excessivement lourde : rendant toutes les fournées dépendantes les unes des autres, elle fait inéluctablement reporter les défauts d'une fournée sur l'autre.

Parmentier aurait-il trouvé fâcheux l'abandon de la fermentation sur levain ?

En suivant Parmentier, on est tenté de conclure que l'histoire de la boulangerie française depuis la fin du XVIIIe siècle n'est qu'une longue apostasie tranquille. Pour ce savant du fournil, hors du levain, pas de salut : la blancheur, la légèreté et le volume de la miche « dépendaient absolument » du levain – à peu près à l'opposé de la doctrine moderniste. Ce n'était pas la perspective purement théorique d'un usurpateur du métier. Dans des documents de police aux Archives nationales, je suis tombé sur plusieurs témoignages de boulangers se plaignant de compagnons qui avaient gâté le levain, qui, selon leur expression était « le principe de tout le pain ». Le levain chef que le boulanger prélevait sur la précédente pétrissée était « le fondement de tout le travail » (la pétrissée étant la quantité de pâte obtenue lors d'une opération de pétrissage). Il était normalement stocké dans un récipient spécialement destiné à le protéger de l'air, du soleil, des odeurs et des vicissitudes de la température. De toutes les phases de la panification, pour Parmentier, la préparation des levains exigeait le plus d'attention, le plus d'intelligence et le plus d'expérience. Habituellement, les boulangers de Paris de cette époque rafraîchissaient trois ou quatre fois leur chef au cours du processus de pétrissage. L'opération passait par l'incorporation de l'eau et de la farine au levain, multipliant ainsi les ferments, développant l'acidité et imprimant de la force au mélange. Le levain chef demandait de douze à quinze heures pour mûrir. Le « levain de première » qui suivait, prenant six à sept heures avant d'être ajouté au « levain de seconde », qui exigeait quatre ou cinq heures, même s'il est douteux, déjà en plein XVIIIe siècle, que la plupart des boulangers aient trouvé le temps de respecter des normes aussi draconiennes. Le « toutpoint », ou dernier levain, réclamait rarement plus d'une heure. Le principal inconvénient de la fermentation sur levain était qu'il demandait un temps exorbitant. Farouche partisan de cette méthode, Parmentier n'en déplorait pas moins « l'esclavage pénible » qu'elle imposait aux boulangers, auxquels elle ne permettait jamais plus de trois heures de repos consécutives. Il envisageait un procédé fondé sur un seul lot de levain, mais il n'élabora jamais de technique convaincante.

Les boulangers de l'époque ne cherchaient-ils pas des moyens justement pour échapper à cet esclavage du levain ?

La seule solution alternative était le recours à la levure de bière. Largement pratiquée par les boulangers parisiens – l'idée qu'il fallut attendre l'arrivée des viennois au XIXe siècle est fausse –, cette méthode les séduisait parce qu'elle hâtait la fermentation et rendait la pâte bien plus facile à travailler. La levure de bière épargnait au boulanger la nécessité de « monter » la pâte dans le pétrin. Puisque la pâte poussait plus vite avec beaucoup moins d'effort grâce à la levure de bière (comparée à « un combustible à feu »), les artisans pensaient pouvoir augmenter leur productivité d'un tiers.

En raison d'une cause célèbre des années 1660, la levure de bière n'était pas en odeur de sainteté encore cent ans plus tard. L'affaire s'avérait compliquée parce que l'ordre moral et le savoir scientifique se trouvaient intimement mêlés, un jumelage que même les Lumières n'ont pas su systématiquement mettre en question, loin s'en faut. À l'époque de Louis XIV, comme pendant le règne de son successeur, les savants s'associaient aux moralistes et aux autorités publiques pour condamner les goûts extravagants des consommateurs de la capitale, tant les grands que les petits (même si le vrai souci était la corruption de ces derniers par leurs supérieurs). Or, la grande mode dans le beau monde de l'après-Fronde était le pain mollet, pain de « fantaisie » tendre, délicat, aérien. Souvent fait avec du lait, lequel rendait la pâte lourde et l'empêchait de lever, le pain mollet surmonta ce handicap pondéral et acquit sa légendaire légèreté par la substitution de la levure de bière au levain traditionnel. Les critiques déploraient l'introduction de la « volupté » dans les usages jusqu'alors sains, qui risquait d'entraîner une escalade de raffinement dont il résulterait un ruineux gaspillage de ressources, une dangereuse « confusion » des priorités et des rangs, et une périlleuse dégénérescence morale. En fait, la mode du mollet paraissait contaminer toute la boulangerie ; car, au-delà de la confection des produits de « fantaisie », les boulangers commençaient à radoucir et alléger toutes leurs pâtes et ainsi tous leurs pains avec de la levure.

Dans un premier temps, la faculté de médecine, à la demande du lieutenant de police de Paris, décida à une large majorité d'interdire la levure de bière, jugée délétère pour la santé. Mais à la suite d'un procès entre boulangers et cabaretiers, le Parlement de Paris sollicita peu après l'avis de six médecins et six notables, dont la majorité (courte) se prononça pour un usage prudent de la levure. Le débat se révéla assez virulent. Fameux médecin et épistolier, Gui Patin dénonça la complicité de la paresse (les boulangers) et de la dissipation (les consommateurs) mettant en péril la santé publique, car la levure, produit pourri, voire toxique, altérait l'état nerveux, provoquait des problèmes urologiques, etc. Citant son usage dans l'Antiquité, les partisans de la levure esquissèrent déjà l'attaque contre le levain qui atteignit son paroxysme après la Première Guerre mondiale : la levure était structurellement analogue au levain, mais plus intelligente et vigoureuse. Grossier, pesant, et fomentateur d'aigreur, le levain fermentait lentement, faiblement, et imparfaitement, d'après les mollétistes, engendrant un pain médiocre. Une espèce de camp de troisième voie argumenta pour une stricte vigilance devant garantir la pureté des levures mises en commerce (position entérinée par un arrêt du Parlement qui clôt l'affaire sur le plan judiciaire) et pour une pratique précautionneuse dans la panification (l'injection d'une très petite dose de ce catalyseur puissant qu'est la levure de bière dans le levain traditionnel plus léthargique, méthode mixte adoptée par bien des boulangers de la capitale et d'autres grandes villes).

Mais le débat persiste au XVIIIe siècle...

Oui, pour deux fameux théoriciens, Malouin et Parmentier, mais pas entre boulangers, généralement plus empiriques et plus proches de la demande. Bien qu'il ne fût point partisan de la levure de bière, le docteur Malouin concédait que, bien appliquée, elle donnait un pain plus léger et de meilleur goût que le levain. Mais, prévenait-il, il fallait en disposer avec dextérité, car un pain raté pétri sur levure de bière était tout à la fois aigre, amer et collant. De surcroît, ajoutait Malouin, il ne fallait jamais s'en servir pour fabriquer du pain bis parce qu'elle donnait à la miche un goût trop bon et trop léger, désorientant les consommateurs et les amenant à se plaindre qu'elle ne dure pas aussi longtemps qu'elle le devrait (dans leur estomac et dans leur placard). Afin de tirer le meilleur parti de chacune des techniques, il prônait une synthèse levain-levure, déjà largement appliquée, assurait-il, dans les fournils parisiens (et citée comme une bonne solution de rechange dans certains textes de nos jours).

Parmentier, qui n'avait pas la réserve pragmatique de Malouin, lança une véritable croisade contre l'utilisation de la levure de bière. Le diagramme sur levain imposait un travail lourd, admettait Parmentier, mais « le remède » de la levure de bière était « pire que le mal. » Pour faire du bon pain, il fallait que la pâte fermentât de manière égale et progressive. Alors que le levain chef agissait en douceur, le mélange levain-levure secouait violemment la pâte et forçait la fermentation avant que les composantes de la pâte ne fussent prêtes à former un « tout homogène et parfait ». Le grand pharmacien souhaitait une interdiction totale, sans grand espoir cependant de changer les idées, vu « l'avidité des boulangers ».

Dans la pratique, depuis le dernier tiers du XVIIe, des centaines de boulangers pétrissaient sur levure de bière – seule pour les pains de luxe, mêlée au levain pour les pains ordinaires – sans provoquer la révolte des consommateurs. La levure en question faisait l'objet d'un commerce animé et lucratif dont les boulangers, les brasseurs et les marchands indépendants se disputaient le contrôle. Les boulangers préféraient acheter à des négociants auxquels ils étaient liés d'une manière ou d'une autre. Le lien le plus sûr : un parent du boulanger. Ils souscrivaient fréquemment un contrat d'achat annuel auprès d'un marchand, dans l'espoir de s'assurer un approvisionnement garanti à un prix et à une qualité plus ou moins constants. Pour déjouer les manœuvres des marchands, la communauté des maîtres boulangers se joignait à la police, jurés et commissaires visitant ensemble les laboratoires et les logements de marchands soupçonnés d'accaparer ou d'adultérer la levure. Un examen des documents révèle donc une certaine désaffection, dès le XVIIIe siècle, pour le levain, reconnu comme la matrice authentique du bon pain, mais méthode de travail jugée extrêmement éprouvante, à Paris et sans doute dans d'autres grandes villes. Dès les années 1830, de nombreux boulangers se servaient de la levure pour faire leurs pâtes bâtardes, selon un manuel de l'époque, plus pour abréger le travail que pour donner de la qualité au pain. Si la technique levain-levure n'a cessé de conquérir l'espace urbain pendant le XIXe siècle, et même si un travail en direct sur la levure seule a commencé à se répandre après 1870, on continuait de pratiquer exclusivement la fermentation sur levain dans la campagne et dans les bourgs, et même parmi bon nombre de boulangers des villes qui résistaient à la ruée sur la levure. Afin d'accorder davantage de repos au boulanger, sollicité sans arrêt par les levains entre la fin de la dernière fournée de l'après-midi et avant la première pétrissée de la nuit, un bon nombre d'artisans envisageaient la suppression du levain de seconde et de toutpoint. Ils avaient même inventé une gamme de « machines » pour faciliter le raccourcissement de la préparation des levains, anticipant sur la logique qui mènera, vers la fin du XXe siècle, à la mise au point des machines produisant un levain liquide.

La disparition du levain, suivant votre analyse, semble participer de l'évolution inéluctable de la boulangerie. Même s'il est graduel, c'est un changement considérable ! C'est une autre boulangerie qui se construit.

Transformation capitale, vécue diversement, les uns la considérant comme une évolution en quelque sorte moderne, heureuse, en tout cas inéluctable, les autres sonnant le tocsin, mettant en garde contre une dérive grave, une déformation fatale du travail artisanal. C'est une histoire que connaissent beaucoup de métiers, beaucoup de systèmes tant sociaux et mentaux qu'économiques. La métamorphose a donc lieu non sans hésitation, doute, résistance. Je prends comme exemples trois auteurs de manuels de la boulangerie écrivant avant la Première Guerre mondiale. E. Favrais estime que Paris fabrique « le meilleur pain du monde entier » grâce à son système de fabrication au levain frais et actif, actionné d'un peu de levure. Mais il s'empresse d'ajouter que la beauté, la qualité du pain dépendent avant tout des levains.

A. Savoie affirme que les levains de seconde et de toutpoint ne se font plus après 1907. Thuriféraire de la « fabrication rationnelle » du pain, l'intendant militaire Sérard, un polytechnicien, a publié un plaidoyer vigoureux contre la levure et pour le levain, sauf en cas de nécessité impérieuse. Car le pain de la levure de bière contracte rapidement « un goût désagréable » et une odeur rappelant celle de la « bière corrompue ». Si la levure faite de grains est moins nocive, elle pâtit d'importants défauts, notamment une faible conservation.

Cependant, le travail dit direct gagnait de plus en plus de terrain au lendemain de la Première Guerre mondiale, processus accéléré par la pénurie de main-d'œuvre et la campagne renouvelée contre le travail de nuit et la pénibilité du labeur en fournil, pour une boulangerie dite « sociale ». Les versions tronquées ou dégradées du processus sur levain, surtout le mariage – mésalliance aux yeux des traditionalistes-intégristes – avec la levure boulangère, avaient déjà sonné le glas de la vieille méthode. Même loin de la ville, vers la fin des années 1920, quand un ouvrier boulanger disait : « On faisait un levain la veille », l'honnêteté l'obligeait à corriger tout de suite : « Pas un vrai levain, une poolish », c'est-à-dire, une technique de préfermentation par laquelle une culture de ferments, déclenchée par la levure boulangère, est introduite après fermentation dans la pétrissée. À partir des années 1930, sinon plus tôt, on ne trouve plus de contrats de vente de fonds de commerce stipulant l'obligation du vendeur de laisser son levain-chef à l'acheteur, sorte de prime de lancement, passage du témoin commercial et symbolique.

Émile Dufour, auteur d'un *Traité pratique de panification française et parisienne*, paru dans l'entre-deux-guerres, raconte sa jeunesse. En 1912, comme brigadier (premier garçon), il a fait des journées dans le 18e arrondissement ; son patron ne travaillait pas sur un levain classique, mais il prélevait de la pâte de la dernière fournée pour ensemencer la suivante. Or, à partir des années 1930, selon É. Dufour, ce pain a peu à peu disparu. Il était d'une fabrication plus difficile à conduire, et plus longue, surtout pour la première fournée. Déjà, à cette époque, on s'inquiétait de la baisse de la consommation. Si le pain, aujourd'hui peut-être plus qu'hier, laissait à désirer, commente le boulanger devenu expert, il ne faudrait pas conclure que le retour au travail sur levain augmenterait la consommation. D'abord parce que la majorité des boulangers de la région parisienne ne seraient pas capables de ce retour au levain. Puis, explique É. Dufour, il est fréquent que le pain français sente le levain et qu'il ait un léger goût de suret. Le consommateur ne tolère plus ce goût. Autrefois, il y était habitué, aujourd'hui il affirme sa préférence pour le viennois – fait sur levure – qui est plus doux. Notons bien la terminologie : le processus à la française signifiait une fermentation au levain. Le travail sur levure est marqué « viennois », car porté à une certaine perfection par la boulangerie viennoise, par ailleurs implantée à Paris au XIXe siècle. Ce que nous appelons aujourd'hui la viennoiserie, notamment le croissant, est fait sur levure. D'autres commentateurs n'allaient pas vers l'*aggiornamento* par quatre chemins. Vers 1930, dans la presse généraliste, un professeur au Collège de France joue le numéro de *la science descendant dans le fournil pour sauver les troglodytes obscurantistes* : « Nous avons une panification archaïque, nous travaillons encore au levain, avec des ferments sans nom, transmis pieusement de père en fils. Est-ce tolérable, demande-t-il, au siècle de la microbiologie ? » Sa conclusion sans concession pour les nostalgiques ou les puristes : « Il faut que la boulangerie se mette à l'école moderne ! » Plus proche de la profession, un auteur écrivant dans le *Bulletin des Anciens élèves de l'École de Boulangerie des Grands Moulins de Paris* en 1936 affirme carrément que le pain sur levure est plus agréable à manger que le pain sur levain. Présentant un meilleur goût, il est également beaucoup plus beau que le produit sur levain, avec une mie plus souple et moins courte ; la mâche est fondante, pas laborieuse comme avec le levain. La preuve de sa supériorité, c'est que les consommateurs ont voté avec leurs sous. Ils se plaignent même qu'il est « trop agréable », ce qui les tente d'en manger « en trop grande quantité », selon ce papier résolument moderniste et optimiste. La levure était-elle donc la potion magique que cherchait désespérément la profession pour endiguer la chute de la consommation ? À la veille de la guerre, Robert Geoffroy, qui deviendra un des grands spécialistes des questions du pain et de la farine, considère que l'affaire est faite : le remplacement à peu près général du levain par la levure est un « fait accompli ». Le levain n'est plus, car il a fait son temps ; il n'est plus bon que pour le musée. La nostalgie était bien réactionnaire, car le boulanger – surtout l'ouvrier – n'allait pas regretter la loi de huit heures et la suppression (purement théorique !) du travail de nuit. Comme d'autres observateurs proches du fournil, R. Geoffroy remarque que rares sont les boulangers qui connaissent encore la préparation correcte du levain. Lui, il ne regrettait pas, convaincu que la levure doit donner satisfaction au consommateur, à condition que le praticien évite les deux défauts encore dénoncés aujourd'hui, l'excès de levure et des fermentations trop courtes, pratiques qui altèrent, selon ce spécialiste, le « bon goût » du pain.

Le levain classique était-il réellement éteint, à la veille ou juste après la Seconde Guerre mondiale ?

Il était toujours pratiqué, ici et là, dans sa forme canonique, à la campagne. Raoul Lemaire, figure atypique de la filière, savant populiste, national-écologiste avant la lettre, a construit son empire « bio » sur la fermentation au levain. Et le pain au levain a trouvé chez Poilâne père un abri robuste, avant de connaître un triomphe éclatant entre les mains habiles de son fils Lionel, tant du point de vue de la cohérence du *process* que du marketing (farine de meule plus feu de bois) : sa fameuse miche est audacieusement positionnée entre le XVIIIe et le XXIe siècle. Cherchant à profiter d'un marché de plus en plus galvanisé par des pains dits « spéciaux », plusieurs fournisseurs, au début des années 1980, sinon avant, ont ouvert une sorte de voie industrielle au retour du travail sur le levain naturel. La société Philibert vendait des levains liquides stabilisés. Pour surmonter la contrainte du démarrage de la complexe fermentation sur levain, la société Catherine lança en 1984 « Caty levain », poudre de levain lyophilisé permettant de mettre au point un levain en 48 heures. L'entreprise Lesaffre, aujourd'hui leader mondial dans son champ, séduisit de nombreux boulangers avec son « starter pour levain » promettant de « donner en moins de 24 heures de l'arôme et du goût au pain ». L'astuce moderne, c'était de donner du temps à la pâte sans investir ni le temps ni l'effort, du temps artificiel, du temps abrégé. Pour les partisans du levain, l'élément le plus enthousiasmant à partir des années 1990 est sans doute la commercialisation d'une machine à faire le ferment, vieux rêve d'une poignée de francs-tireurs de la fin du XIXe siècle enfin réalisé. En fait, il ne s'agit pas d'une vraie innovation technologique, mais de l'adaptation aux besoins français d'une mécanique pratiquée depuis assez longtemps par les Allemands, entre autres. Depuis à peine une décennie, plusieurs marques en France fabriquent un fermenteur qui résout deux des gros problèmes de la préparation des levains, le démarrage et la stabilisation. Disposée pour assurer un mélange homogène du levain, la machine permet de maîtriser la température grâce à un système de réchauffage et de refroidissement. Par une vanne de soutirage, le boulanger extrait la quantité de levain liquide dont il a besoin, allant jusqu'à une cinquantaine de kilos par jour.

Enfin, depuis une quinzaine d'années, à la sortie d'une longue phase de stagnation, de morosité, et de résignation dans la boulangerie, de nombreux jeunes artisans, tel Dominique Saibron – rejoignant certains un peu plus âgés comme Jean-Luc Poujauron et Basil Kamir, déjà bien engagés dans cette voie –, ont opté pour un retour au levain dur, parfois associé à une farine sur meule et/ou à une production « bio », réhabilité comme compétence primordiale dans l'artisanat. Je connais des boulangers qui se réveillent au beau milieu de la nuit parce qu'ils ont subitement trouvé le moyen d'infléchir leur levain – d'ajouter une épice ou une potion de fruits, de changer la température, de modifier l'hydratation, etc. – et même s'ils n'habitent pas au-dessus de leur fournil, ils s'habillent et se rendent sur place pour expérimenter cette idée merveilleuse. Moment épiphanique, illumination qui ne mérite pas, en effet, qu'on s'attarde au lit. La nouvelle génération à l'étranger revient, elle aussi au levain, malgré les prédictions de Raymond Calvel. Un jeune Américain, patron d'une boulangerie artisanale à Manhattan (« upper east-side »), travaille avec un viticulteur de Long Island pour fabriquer des matrices au Chardonnay et au Cabernet. Le levain déclenche une double fermentation, dans la tête et dans la pâte...

Vous finissez sur une note optimiste, mais en fin de compte le XXe siècle marque le triomphe du travail direct, loué au début comme un nouveau départ pour un métier vieillissant. Pourquoi le travail direct n'a-t-il pas tenu ses promesses ?

N'oublions pas que nous parlons toujours de la fermentation, le cœur de la panification. Depuis plus de trois quarts de siècle, on privilégie le direct qui semble concilier les exigences sociales et les conditions techniques indispensables à la fabrication de qualité.

Au même moment, cet Émile Dufour dont je viens de vous parler, confirme la conquête du pain que l'on fait sans levain, sans poolish, sur levure seule. Mais il met en garde, déjà en 1937, contre des abus du direct qui suscitent encore aujourd'hui des critiques sévères. Le raccourcissement radical du temps de travail ne pouvait que se retourner contre le métier (mais il faudra plus d'un demi-siècle pour que tous les boulangers le comprennent, et encore...). J'ai vu pétrir à 2 heures de l'après-midi, et à 4 heures le pain était à la boutique, observe É. Dufour, qui considère ce phénomène comme « une honte professionnelle » qui ne peut finir que par dégoûter le consommateur. Cet auteur explique que « ce qu'il faut surtout en direct, c'est du pointage ». Le plus grand tort que l'on puisse lui faire, c'est de ne pas le laisser assez pointer. Le pointage (moins communément appelé « piquage ») est la période de première fermentation, temps de repos très actif, qui commence juste après l'arrêt du batteur, ou pétrin, et dure jusqu'au début de l'opération de façonnage (dite de « tournage »). Elle a lieu normalement en masse, dans la cuve, pour obtenir un effet optimal. Pour compenser l'absence de toute culture préalable – pour assurer la transformation mécanique et physico-chimique de la pâte dans les meilleures conditions et surtout la production des arômes qui vont peser sur le goût – le pointage doit être assez prolongé, doctrine transgressée dès le début par beaucoup de boulangers. É. Dufour disait de quatre à six heures, l'École de Boulangerie des GMP préconisait quatre heures, voire plus. Une publicité contemporaine des GMP soulignait les multiples avantages du direct : meilleur rendement, moins de déchets au four, développement du pain plus accentué, croûte plus fine et odeur meilleure. Mais on obtient ces bons résultats à condition de se servir de bonnes farines (« comme par exemple celles des Grands Moulins De Paris ») et de pointer *plus de quatre heures*. Dans le sillage de la modernisation de la panification après la Seconde Guerre mondiale, dopée par le pétrissage intensif et la méthode dite pain blanc, le pointage a failli disparaître. Aujourd'hui, quasiment toutes les voix professionnelles s'accordent sur la nécessité de « revenir » à un long pointage, ce qui expliquera la création du pain dit « de tradition » en 1993.

Paradoxalement, le triomphe du direct, définitivement acquis dans les années 1930, a inauguré ce que Raymond Calvel, observateur-participant majeur dans ce mouvement, appela « la grande époque du pain français » : c'est surtout de cette époque que date la renommée du pain français à travers le monde, exception faite du monde occidental dès le XVIIIe siècle. Grâce à l'usage intelligent de « la levure fraîche industrielle », le pain qui en résulte est beau, plus léger que celui obtenu au levain de pâte, la texture est belle, crème, plus vivante à la vue, le goût et l'odeur sont plus séduisants, moins acides. Le professeur de boulangerie insiste pourtant sur la nécessité de pratiquer un pointage sur quatre heures, le temps requis pour le développement et l'enrichissement des parfums complexes qui vont distinguer le pain. Il fallait résister également à la tentation d'augmenter la dose de levure, qui permet de réduire le temps de pointage, au prix de diminuer la tolérance de la pâte et de pénaliser la qualité du pain.

La critique du « direct » et de la levure a-t-elle pour autant disparu ?

Non, mais elle reste très minoritaire, jusqu'à la prise de conscience assez récente que le direct abusif mettait à mal le processus même de la fermentation. Déjà dans les années 1930, un certain nombre de boulangers et d'experts s'élevaient contre des pratiques qu'ils jugeaient ruineuses – et qui devaient persister longtemps. Ils ne mettaient pas forcément en cause la méthode en direct, mais son détournement, sa perversion. Ils incriminaient bien entendu l'abrègement radical, voire la suppression du pointage ; puis des dosages très excessifs de la levure, visant à accélérer le processus de fermentation, encore une sorte d'amputation ; ensuite, pour gagner encore du temps et s'assurer une certaine sérénité, tout en compensant le déficit de développement physico-chimique, l'ajout d'améliorants, correcteurs, régulateurs, auxiliaires technologiques, etc., créant une véritable dépendance ; enfin, l'introduction de quantités excessives de sel pour réparer le manque de sapidité du pain. On allait très vite : l'idée que la lenteur était garante du succès de tout processus de fermentation, notamment sur le plan aromatique, s'était évanouie. On allait vite parce que l'ouvrier était souvent payé à la pièce et parce que le public voulait du pain chaud. Le patron ne surveillait pas toujours très attentivement la production parce que la concurrence l'incitait à se diversifier dans la pâtisserie, la confiserie, parfois même l'épicerie. Au lieu de focaliser la compétition sur la qualité, la fixation des prix par l'État, selon certains observateurs, démotivait bien des boulangers qui se satisfaisaient d'un produit très moyen, fabriqué facilement et avec économie.

En dehors de la boulangerie, on visait moins un diagramme et une organisation du travail que le seul agent de fermentation. Fin XIXe, même après l'introduction d'une nouvelle levure plus stable par l'entreprise Springer, un certain nombre de praticiens se plaignirent de ce que la levure fût extrêmement altérable. L'attaque la plus virulente émanait du milieu protoécologiste et naturaliste. Dans les années 1950, Georges Barbarin parlait au nom de plus en plus de consommateurs anxieux en dénonçant « la chimification du pain ». On affirmait que les levures dites chimiques contenaient de l'acide sulfurique et d'autres substances susceptibles de nuire à la santé. Dès cette époque, l'État s'inquiéte de l'impact de ces idées sur la propension des Français à délaisser le pain. Une enquête de 1962 révéla que 20 % de la population croyait que la levure boulangère était un « produit chimique », sans pouvoir expliquer exactement ce que cela voulait dire. Le *Recueil des usages* publié en 1979 déplore cette appellation qui a engendré des confusions regrettables dans l'esprit des consommateurs, tout en semant le doute à l'égard des levures de panification.

Le levain date de la nuit des temps, et même la levure remonte à l'Antiquité. Fondamentalement, les pratiques d'aujourd'hui trouvent toutes des précédents ou des précurseurs.

Bien sûr, la fermentation comme je l'ai définie n'a pas bougé. Les mises en application, cependant, ont varié à travers le temps. On n'a pas encore évoqué l'innovation la plus importante dans ce domaine : le recours au froid pour infléchir le déroulement du processus de fermentation.

Au XVIIIe siècle l'idée du progrès s'est affirmée de façon spectaculaire : grâce à la raison critique et à la méthode scientifique, on pouvait espérer presque tout. Dans la boulangerie, où les savants spécialisés ne manquaient pourtant pas de confiance en eux-mêmes, on restait humble devant le processus de fermentation, opération menée par la nature, souvent hautaine et capricieuse, plutôt que par des hommes, qui pouvaient au mieux atténuer ses fluctuations, réduire quelque peu ses écarts, sans jamais la comprendre totalement ni la dominer. Le recours de plus en plus massif à la levure, systématisé dans la méthode directe, annonçait la simplification et surtout l'abrègement drastique de la fermentation. Mais même avec le direct, bien des boulangers devaient toujours travailler la nuit s'ils voulaient vendre leur pain très tôt le matin. Et le pain frais du matin pouvait facilement se muer, selon les conditions, en pain mou ou rassis au cours de la journée. Au XXe siècle, dès la Première Guerre mondiale en certains endroits, mais surtout à partir des Trente Glorieuses, de plus en plus de consommateurs exigèrent du pain frais, quelle que soit l'heure de la journée, mettant encore plus de pression sur les boulangers. En maîtrisant enfin la fermentation grâce à l'utilisation du froid – du « froid positif », soulignent-ils, pour s'éloigner du soupçon de la congélation, pratique industrielle –, les boulangers se sont libérés de quelques lourdes contraintes, tout en répondant à la demande du public. Baptisées génériquement fermentation différée – il s'agissait en fait du ralentissement ou du blocage de l'activité des ferments –, plusieurs techniques déployant le froid ont permis aux artisans d'instaurer une organisation plus rationnelle du travail qui limitait, voire supprimait le travail de nuit, et d'étaler ainsi les périodes de cuisson sur toute la journée. Les experts modernes semblent d'accord sur le fait, que pour mener à bien l'approche par le froid, il faut être encore plus attentif qu'à l'ordinaire aux règles de base et choisir des matières premières idoines : farines de valeur boulangère assez forte et de bonne ténacité, levure très active et récente, et vitamine C (seule ou en cocktail sous une étiquette d'améliorant « spécial pousse contrôlée », par exemple), indispensable selon les auteurs des manuels, position contestée par un certain nombre de praticiens plus audacieux, et puis mise en question par l'arrivée du pain de tradition qui excluait tout recours aux additifs. La diffusion commerciale de la chambre froide, véhicule de la pratique de la fermentation différée, ne semble démarrer de façon sérieuse qu'à partir des années 1960, mais le concept et la construction de plusieurs prototypes remontent bien plus loin. Si la société Frigidaire, grande pionnière, n'a pas connu de succès, c'est sans doute en partie à cause d'une efficacité insuffisante, mais encore davantage parce que les artisans regardaient le système comme une grave transgression par rapport à la tradition et un écart qui, en plus, coûtait assez cher.

Aujourd'hui, il y a tout un éventail de procédés de fermentation différée, ou de pousse contrôlée, traduisant essentiellement des changements de vitesse, mais impliquant des traitements différents. J'en citerai deux à titre d'exemple. D'abord, *le pointage retardé* qui suppose une très longue première fermentation, de 15 à 20 heures, à 6 °C. Pétrie l'après-midi, la pâte est cuite le lendemain matin, suivant la division, le façonnage et la fermentation finale, dite apprêt. Toute la pâte pétrie doit être cuite, mais cette cuisson peut être étalée sur la journée. Une deuxième méthode, *la pousse lente*, diffère non pas le pointage, mais l'apprêt. Selon la dose de levure et la température de la chambre (entre 8 °C et 10 °C), la pousse peut se prolonger jusqu'à 18 heures. La pousse lente donne une grande latitude au boulanger pour la mise en four, en fonction des cadences commerciales anticipées ou de la disponibilité du personnel.

Sans être confidentielle, la méthode de la fermentation différée est restée un phénomène extrêmement minoritaire au sein de la profession pendant fort longtemps. À part le coût de l'investissement et l'angoisse (variable) de l'entorse faite aux règles traditionnelles de la panification, le froid posait une question plus urgente dans le contexte du désarroi croissant de la boulangerie artisanale face à la farouche concurrence des terminaux de cuisson et de la grande distribution : risquait-il de pénaliser ou de renforcer la position des artisans ? Tout le monde était d'accord pour reconnaître que le froid améliorait la qualité de vie du boulanger, lui permettant de dormir davantage et de mieux gérer le travail. Mais quel était son impact sur la qualité du pain ? À l'encontre d'autres innovations capitales, tel le travail en direct ou la méthode pain blanc/pétrissage intensifié, l'utilisation du froid dans la fermentation était l'objet d'un débat vif, assez franc, largement diffusé. Si la chambre de fermentation représentait, comme l'écrivait un des journaux professionnels, « la fin du bagne » et « la libération du boulanger », on n'a pas oublié de tenir compte des expériences malheureuses qu'avait vécues la profession. Les experts techniques et les voix syndicales se rejoignaient pour mettre en garde contre « les mauvaises habitudes ». La fermentation différée était extrêmement exigeante : il fallait une rigueur sans faille, depuis le pétrissage jusqu'à la mise au four. Les chiffres nous manquent, mais il est clair que, à l'heure actuelle, la grande majorité des artisans se sont équipés pour pratiquer le froid et donc varier l'approche de la fermentation. Ajoutons que de nombreux utilisateurs du froid continuent de faire fonctionner leur fournil la nuit : la nouvelle méthode donne infiniment plus de souplesse, mais ne sort pas forcément la profession du monde des « chauves-souris », comme l'on disait jadis.

Quel regard portez-vous sur le travail de la fermentation dans la boulangerie artisanale aujourd'hui ?

Les meilleurs boulangers aujourd'hui, à mon avis, sont ceux qui adhèrent à cette idée-force que la panification est avant tout la maîtrise de la fermentation. Leur combat principal est de charmer, d'amadouer, d'apprivoiser la fermentation ; ils savent qu'elle restera éternellement mystérieuse, tout en s'efforçant de pénétrer ses secrets intimes ; ils la nourrissent généreusement, tout en sachant que son appétit est sans fin et imprévisible ; ils savent qu'ils ne la maîtriseront jamais, tout en essayant de maintenir un dialogue et une négociation ininterrompus ; ils lui donnent de l'espace, de la latitude pour s'exprimer, pour s'éclater, pour surprendre, tout en s'évertuant à l'encadrer, à l'amener à jouer plus ou moins dans un répertoire décidé ensemble. Je pense aux boulangers qui se soucient inlassablement de la fermentation, qui expérimentent, ajustent, repensent, recommencent tous les jours. C'est Poujauron, véritable metteur en scène, préoccupé par la qualité de l'eau, par la hauteur de la mise en couche, par les températures à tous les instants du processus ; c'est Pichard, poussant l'hydratation au-delà des limites jusqu'ici imaginées, prolongeant le pointage en masse, esquissant une chorégraphie entre chimie et alchimie ; c'est Saibron harcelant son meunier de faire plus pur et plus régulier, refondant son diagramme à la recherche du détail décisif, travaillant son levain comme le charmeur de serpent l'animal, l'envoûtant, le maniant à mains nues tout en étant conscient de sa dangerosité ; c'est Gosselin parlant à ses pâtes, les écoutant, échangeant avec elles, cherchant des Yalta tout en devinant que ce sera au mieux la détente ; c'est Vasseur qui voit la fermentation comme une tension permanente entre ordre et désordre, matière et esprit, régularité et idiosyncrasie, et qui finit par miser plus sur l'imagination que sur la raison, plus sur l'intuition que sur l'analyse, tout en pratiquant une grande rigueur ; c'est Debieu qui vit la fermentation comme une métaphore humaniste, comme une construction de l'homme autant que de la flaveur, qui se méfie d'elle tout en lui faisant une confiance entière, qui montre une patience infinie avec ses pâtes comme avec les femmes et les hommes dans ses fournils et ses laboratoires.

Vous parlez moins de la boulangerie que d'une élite professionnelle...

Il faut, bien entendu, élargir l'élite, provoquer une prise de conscience de la primauté de la fermentation dans des milliers de fournils. C'était un peu l'ambition, disons indirecte, du décret pain de 1993. Il n'y a qu'en France, pays panophile et jacobin, qu'on aurait pu imaginer l'intervention de l'État pour créer quelque chose qui ressemble à un pain AOC.

Libérée de la tutelle permanente de l'État grâce à la suppression de la taxation des prix au milieu des années 1980, la boulangerie ne comptait pas rester politiquement orpheline. Dans la grande tradition corporative (et, de façon très analogue, capitaliste), elle voulait être protégée tout en gardant la plus grande indépendance possible. Si elle n'aimait pas certains règlements qu'elle trouvait étouffants, elle en sollicitait d'autres pour renforcer sa position compétitive. Oui à la liberté (raisonnable), non au libéralisme (intégral/intégriste). Aux yeux de la Confédération de la Boulangerie, la voix « officielle » des artisans, l'État doit définir les règles du jeu économique et social et en assurer le respect. Mais le genre d'arbitrage que convoitait la Confédération impliquait un État interventionniste sinon dirigiste, un État qui traduisait certains choix culturels et sociaux en termes institutionnels et pratiques.

Devant la concurrence brutale et angoissante des années 1980, concurrence industrielle et des grandes surfaces dont elle contestait la légitimité morale sinon commerciale, la boulangerie demandait à l'État un coup de main. Dans un monde où la communication pesait de plus en plus et où l'être et le paraître se brouillaient facilement, la Confédération ne croyait plus que l'artisan pût compter sur son seul mérite pour l'emporter. Elle voulait que l'État crée une espèce de marque nationale officialisant l'exception artisanale française dans la boulangerie et qu'il délimite rigoureusement l'espace du travail véridique du fournil intemporel et garantisse l'authenticité sinon la qualité du produit qu'on y fabrique. Avec de nouvelles définitions nettes et quelques contrôles filtrant l'accès, l'État arpenteur et l'État taxinomiste devaient restituer du terrain aux artisans (spoliés) et leur en (re)faire une chasse gardée légitimée. On saurait, enfin, sans équivoque, qui est qui, et le tout serait bien lisible pour les consommateurs. Si l'objectif primordial relevait essentiellement du marketing, la Confédération espérait aussi remonter le moral des artisans boulangers et renforcer leur sens d'identité et d'estime de soi tout en mobilisant et fidélisant le public, éclairé sur ses choix.

Aux yeux de la Confédération, ce n'était ni une prothèse ni une drogue qu'elle demandait à l'État, mais plutôt la restauration de ses droits primitifs, sacrés et inviolables, notamment la propriété de certaines appellations de base. Il n'y avait pas d'emblée consensus sur les priorités. D'aucuns voulaient définir d'abord ce que c'est un boulanger, idée finalement remise à plus tard. D'autres préféraient une dénomination des produits, consacrant la spécificité et l'originalité du pain (courant et/ou spécial) fait par l'artisan et peut-être annonçant une nouvelle recette-phare galvanisant toute la profession et réaffirmant concrètement la virtuosité singulière du vrai boulanger, c'est-à-dire, l'artisan de tradition. C'est ce projet qu'a retenu le syndicat. On ne peut mettre sur le même plan le produit industriel anonyme et le pain traditionnel de l'artisan. Si le désir de nourrir, voire de refonder la distinction artisanale primait dans le projet, la Confédération voulait aussi faire face à la libéralisation de l'emploi des additifs en panification qui devait avoir lieu en 1993 sous l'impulsion de Bruxelles, autre ennemi potentiel de l'exception artisanale française. Les syndicalistes craignaient une sorte de nivellement par le bas, si Bruxelles prenait les devants en établissant un nouveau système de classification des pains. Ils pressaient donc l'État d'imposer de nouvelles dénominations prenant en compte et la composition du produit et sa méthode de fabrication dans le contexte de l'histoire et de la pratique françaises.

Après des années de négociations serrées, sous l'égide de la Direction générale de la concurrence, de la consommation et de la Répression des fraudes, impliquant tous les acteurs de la filière, y compris le lobby acide ascorbique et autres additifs, le décret pain a vu le jour le 13 septembre 1993. C'était une victoire pour le syndicat artisanal qui avait d'autres ambitions que les régulateurs qui, eux, cherchaient une vraie cohérence taxinomique et qui souhaitaient une véritable mise à jour des vieux textes du CNERNA. Le lobby syndical a réussi à éviter toute considération du pain de campagne, un des produits les plus contestés, mal défini, source de maintes fraudes, emblème d'une boulangerie peu lucide et dédaigneuse du public.

La Confédération voulait faire un coup, non pas se soumettre à un système global de discipline. Elle misait sur une vague de popularité auprès de ses troupes requinquées : voilà la preuve, leur disait-elle, que la profession pèse, grâce à un *leadership* déterminé et talentueux ; voilà l'occasion de retrouver le moral et repartir en fournil avec une confiance renouvelée. Dans le meilleur des cas, cette loi susciterait une prise de conscience chez les artisans, leur permettant de renouer avec une identité jusqu'ici brouillée, voire souillée. Réhabilitation du boulanger, le décret était en même temps la rédemption du pain. Principal responsable de la banalisation du pain, la Confédération la met désormais sur le compte des industriels, des cuiseurs de pâtes dans les terminaux, des grandes surfaces usurpatrices. La nouvelle mesure était la revanche juste et nécessaire de ce grand symbole du patrimoine culturel français. Sur le plan commercial, la Confédération espérait que l'onction législative allait impressionner et galvaniser les consommateurs, leur rappeler la place de la boulangerie artisanale dans leur imaginaire, les inciter à redécouvrir leur boulangerie du coin, les mettre en garde contre les manœuvres de leurs concurrents, les sensibiliser à la différence qui fait « l'authentique artisan ».

Un peu plus d'une page de texte, le décret pain consiste en six articles, dont les deux premiers m'intéressent tout particulièrement. Le premier crée la dénomination « pain maison » pour conférer un caractère sacré au travail artisanal. Peuvent seuls être mis en vente sous ce vocable « les pains entièrement pétris, façonnés, et cuits sur le lieu de vente au consommateur final ». Le décret trace une démarcation entre les vrais et les faux, entre les bons et les mauvais ; sa logique est franchement manichéenne. Maîtrisant tout le processus, faisant tout lui-même ou avec ses ouvriers, l'artisan délivre un produit forcément exceptionnel : voilà le message implicite. L'« Autre » est en quelque sorte officiellement diabolisé, la disparition magique des terminaux de cuisson restant l'utopie inavouée des boulangers. La dénomination « pain maison » pourtant ne fait absolument rien pour améliorer la qualité du pain : comme le remarque un des protagonistes dans la préparation du décret, « un pain de merde reste un pain de merde ».

L'article deux ouvre un nouvel horizon pour la boulangerie artisanale à la fin du deuxième millénaire, profession assiégée par ses ennemis, colonisée par ses amis, déstabilisée par une pléthore de défis à relever. Pour mieux profiter du fonds de commerce folklorique qui s'appelle Autrefois, cette clause allait permettre à certains boulangers voulant bien épouser le protocole de s'approprier la Tradition. Aux yeux des plus optimistes de la Confédération, le pain de tradition défini ici était le pain de l'avenir, le pain de la relève et de la vengeance, et le produit phare de la boulangerie revivifiée. Pour disposer de la tradition comme dénomination et ainsi outil de marketing, il faut que le pain fabriqué soit composé d'un mélange de farines panifiables de blé, d'eau potable et de sel de cuisine, et soit fermenté à l'aide de levure de panification et/ou de levain. Ce pain ne peut subir aucun traitement de surgélation au cours de son élaboration : c'est la moindre des choses, autre façon de marteler la différence entre les industriels et les artisans. Jusque-là, rien de très remarquable. Mais ce qui distingue tout de suite ce pain de la vaste majorité des baguettes fabriquées autant en fournil qu'en usine est l'absence de tout « additif », ce qui voulait dire en premier lieu l'acide ascorbique, emblème du rejet de la tradition dans la boulangerie moderne et de la capitulation devant la facilité, et source majeure, aux yeux de certains boulangers réformateurs, de la dégradation organoleptique du pain et de sa mauvaise conservation. Voilà une idée bien audacieuse – une autre frontière, celle-ci à l'intérieur même de l'artisanat, balisée entre les courageux et les peureux, entre les entrepreneurs créatifs et les rentiers léthargiques, entre les adeptes de la qualité et les abonnés à l'ordinaire, entre holistes et instrumentalistes, entre modernistes sainement nostalgiques et nostalgiques superficiellement modernes.

Pouvez-vous préciser le rapport entre ce décret pain et les remarques que vous faisiez sur la fermentation.

On aurait pu l'appeler le décret fermentation, car il remet la fermentation obligatoirement au centre du travail du boulanger, en ce qui concerne ce nouveau produit, le pain de tradition. Je m'explique. Pour faire un pain sans additifs, sans béquilles, sans filet de sécurité, il n'y a qu'une seule solution : du pointage, encore du pointage, toujours du pointage. Seule une longue première fermentation peut compenser – naturellement – les effets obtenus par une panification en direct, accélérée, boostée et assistée. C'est grâce à cette première fermentation prolongée, idéalement en masse, que la pâte va acquérir les propriétés physico-chimiques dont elle a besoin pour subir les ravages de la panification, pour se tenir bien, pour se développer correctement. C'est aussi ce pointage précieux, ressuscité, remis en valeur, qui dotera le pain de ses qualités olfactives et gustatives. Geyser de tous les arômes et de toutes les saveurs, la fermentation, à laquelle on donne d'abord le temps et puis de bonnes conditions écologiques, va confirmer avec éclat son rôle comme « âme » de la panification, selon la formule de Parmentier. On renoue avec la tradition authentique – le nom de baptême du pain n'est pas que jeu de marketing – préconisée non seulement par Parmentier pour le travail sur levain, mais par les premiers promoteurs du travail en direct sur levure. Surtout, le pain retrouve toute sa sapidité perdue. Bien fabriqué, le pain de tradition est absolument somptueux. Il a ces qualités auxquelles je suis si sensible : une belle croûte fine, caramélisée, crépitante ; une mie de couleur nacrée, de texture voluptueuse, moelleuse, sauvagement gravée de ces lieux de mémoire de la fermentation que sont les alvéoles de taille irrégulière ; une mâche plaisante, provocatrice, prometteuse ; et surtout, une charge exaltante d'arômes et de saveurs, variables selon les circonstances, les tours de main, la fidélité à un diagramme approprié.

Quelle occasion pour la profession ! Le décret a-t-il été bien reçu pour autant ?

Ceux qui en avaient objectivement le plus besoin ne se sont pas précipités pour autant. Adopter le pain de tradition comme moteur de renouveau impliquait inéluctablement une modification drastique de la façon de panifier. Dans un (assez long) premier temps, le pain de tradition a rencontré une vive résistance. Les contraintes de la fabrication répugnaient à bien des artisans, accrochés à l'acide ascorbique et réticents à revenir à un long pointage. D'autres boulangers ne croyaient pas que ce produit, forcément plus cher, pût séduire le public. Dans les premières années suivant la publication du décret, un petit nombre de boulangers – pas plus de 5 % au maximum – ont adopté la dénomination, selon la DGCCRF. Parmi eux, la moitié sans doute n'avait pas droit à cette appellation (n'étant « pas trop catholiques » dans leur mode d'emploi, notamment en ce qui concerne l'utilisation des additifs). Une des grandes ironies de cette loi, orgueilleusement « arrachée » par la Confédération, est que ses ennemis furent parmi les grands bénéficiaires. Certaines grandes surfaces, partageant l'analyse optimiste du potentiel marketing du nouveau produit, furent les premiers à aller vers le pain de tradition et les farines de tradition. Vers 2000, jusqu'à 10 % des artisans semblent s'être engagés dans la voie de la tradition, souvent amenés par leurs meuniers qui, eux-mêmes avaient longtemps hésité (Banette, leader des enseignes, étant l'exemple par excellence). Depuis une petite décennie, la « tradi », sous diverses appellations (1900, Grand Siècle, Rétrodor, etc.), a conquis pas mal de territoire, surtout à Paris, mais de plus en plus dans les villes de province. Il représente peut-être jusqu'à 20 % des ventes en France aujourd'hui, bien plus dans la capitale. Emblème d'un travail sérieux sur la fermentation, le pain de tradition est, à mon sens, le produit phare de la boulangerie artisanale. Je souhaite vivement qu'il remplace un jour la baguette dite de consommation courante, le pain blanc de l'après-guerre. Cela dépendra de plusieurs facteurs : la virtuosité des artisans, la communication, l'éducation des consommateurs au niveau local, la mesure à propos du prix.

4.

De la pharmacie à la boulangerie, de la culture savante à la culture populaire

Quand j'ai commencé à m'intéresser au pain, j'ai été surpris de découvrir que Antoine-Augustin Parmentier, l'homme de la pomme de terre, était parmi les tout premiers savants à faire du pain un sujet scientifique.

Parmentier a la main à la pâte encore aujourd'hui. La preuve : les Grands Moulins de Paris, un des mammouths de la filière, ont décidé tout récemment d'orner de son effigie et des ses exhortations « panaires » les sacs dans lesquels sont vendues les Campaillettes « Grand Siècle ». Un petit génie du marketing s'est réveillé un matin avec cette idée fort astucieuse. Mais combien de Français, qui associent Parmentier à la pomme de terre, voire au hachis qui porte son nom, comprennent-ils cette appropriation ? Il est regrettable qu'ils ne connaissent pas davantage cet acteur insolite du monde des Lumières. Il est le produit parfait de la rencontre de la philosophie, de la science et de l'administration publique. Il comprend instinctivement qu'on ne peut penser la science de manière abstraite : elle doit être au service de la *res publica.* Pharmacien, chimiste, un brin physicien, il voit plusieurs voies s'ouvrir devant lui. Il aurait pu devenir apothicaire s'il avait bénéficié d'appuis et surtout s'il avait disposé d'une fortune personnelle. Il pouvait entrer dans l'armée et faire sa carrière comme pharmacien, ce qu'il a fait. Mais il lui était possible aussi de tenter sa chance comme homme de science/entrepreneur de réformes/modernisateur, rattaché à une sorte de laboratoire sans murs et sans frontières, et donc curieux de tout. Il navigue ainsi entre son poste de pharmacien aux armées et sa recherche menée dans une perspective d'utilité publique et de reconnaissance royale. Ce qui implique pour lui des mécènes ou des commanditaires soutenant sa recherche, exactement comme un Voltaire ou un Rousseau au début de leur carrière. Il lui fallait frayer son chemin dans le monde méandreux des académies, des cabinets ministériels, des petits sous-secrétaires et même de la police, qui sollicitait constamment les avis scientifiques, dans sa tâche de gouvernance de la cité. Car il lui fallait résoudre au quotidien des situations d'urgence : pouvait-on distribuer le lait dans des réceptacles en plomb ? À partir de quel moment un melon devenait-il un risque pour la santé ? Comment transporter « la marée » de la côte jusqu'à Paris sans trop détériorer la marchandise ? Pouvait-on utiliser l'eau de la Seine comme eau potable ? etc. L'État des Lumières se rend compte de plus en plus que la science est un atout en temps de guerre comme en temps de paix. Elle est incontournable dans la construction de l'ordre quotidien. Il fallait des savants à la solde du pouvoir, dans le bon sens du terme. Par exemple, le physicien et agronome Duhamel du Monceau est nommé inspecteur général de la marine, mais on le sollicite aussi à propos de la conservation des grains.

Parmentier fait donc partie de cette famille de savants dont on recherche l'expertise Comment en vient-il à s'intéresser au pain ?

Il va s'intéresser, par lui-même et très tôt, à ce que nous pourrions qualifier de dangers majeurs. Il quitte le monde de la médecine au sens le plus large où, en tant que pharmacien, il cherchait à créer des produits curatifs, et commence à se poser de grandes questions concernant l'ordre quotidien et d'abord l'approvisionnement. Parmentier est conseiller pour ces questions auprès de l'armée ; il l'est aussi, comme Duhamel du Monceau, auprès de la marine, où la question des subsistances se pose avec une acuité particulière : comment nourrir des hommes sur une échéance parfois de six mois ? D'où le choix des biscottes ou des biscuits et l'usage de conserver la farine en baril pour permettre la panification à bord.

Le voilà donc sur le chemin où nous l'avons déjà croisé. Se poser la question de l'approvisionnement ou des subsistances revient, au XVIIIe siècle, à parler du pain.

Mais à en parler d'une manière scientifique. Il se rend compte que seule la chimie peut permettre de saisir véritablement ce qu'est, comme on l'appelait à l'époque, la matière glutineuse, on dirait aujourd'hui le gluten, et de comprendre le processus mystérieux de la fermentation. Pour aborder ces études, Parmentier n'a pas du tout l'esprit de clocher, puisqu'il lit les travaux de savants russes et italiens. Il existe à cette époque une « internationale des savants des subsistances ». Le champ est nouveau, mais crucial, et ces huit ou dix experts débattent sur des questions essentielles. Parmentier comprend que, lorsqu'il parle du pain ou de la farine, voire des grains, il parle de l'économie politique et de l'administration publique, voire de la politique tout court. Il est donc au cœur de tous les grands débats qui opposent les physiocrates, qui prônent le libéralisme, aux dirigistes de tout poil qui questionnent la bonne manière pour l'État d'intervenir pour suppléer aux limitations intrinsèques de la main invisible décrite par Adam Smith. Parmentier est fascinant parce qu'il opère sur tous ces registres et prend à bras-le-corps toute la filière. Nous connaissons son militantisme en faveur de l'adoption par les Français de la pomme de terre ; je connais bien ses travaux sur le pain ; mais il en a fait tout autant pour la farine et plus généralement pour le monde de la meunerie. Il est un partisan acharné de la mouture économique, innovation de tout premier ordre qui détermine une productivité et une qualité accrues, et préfigure les grandes transformations qui vont bouleverser le paysage de la meunerie en France. On appelle ainsi cette nouvelle technique de mouture parce qu'on se trouve désormais dans la phase « économique » des Lumières. À partir du milieu du siècle, tous les débats commencent à tourner autour de ces questions. C'est une époque que Voltaire caricature en disant que, même à l'Opéra, les femmes du monde parlent des grains. Et Parmentier devient le grand prêtre de ce système.

Vous évoquiez tous les champs de recherche qui ont su mobiliser l'intelligence concrète de Parmentier...

Parmentier se passionne pour ces techniques de mouture, mais il regarde aussi en amont et se demande comment améliorer la productivité agricole : en déterminant génétiquement le choix des meilleures espèces, en préférant le froment au méteil, mélange de blé et de seigle, en améliorant le transport des grains, qui était une vraie difficulté à l'époque, etc. Si on importait des grains de Riga ou de Sicile et que ceux-ci séjournaient dans des cales pendant deux ou trois mois, pouvait-on les réhabiliter ? Il est donc sur tous les fronts. La dimension du pain plaisir ne lui échappe pas puisqu'il s'ingénie à améliorer la panification en vue de produire un pain digne de ce nom. La question sociosanitaire le conduit à proposer un pain en fonction de chaque catégorie sociale, le pain de ménage pour les travailleurs, le pain de fantaisie pour les membres aisés du tiers état ou les aristocrates. La nécessité de réglementation détermine chez lui une fonction de conseiller de la police, qui régule l'organisation des marchés dans la capitale. Il philosophe sur le rapport de l'intérêt général et de l'intérêt particulier. Puisque les concours sont à la mode – c'est ainsi que Rousseau s'est fait connaître – il en gagne un à Besançon en répondant avec brio à la question de savoir quels étaient les succédanés qu'on pouvait manger en temps de disette. Il a étudié des dizaines et des dizaines de plantes de toutes sortes pour se demander comment les réduire en poudre et produire une sorte de soupe nourrissante ou une espèce de farine pour faire des galettes. Il en conclut qu'il n'y a aucune raison pour que les gens crèvent de faim. La forêt est à ses yeux une sorte de Grande Épicerie. Voilà, comme vous le voyez, un homme d'une curiosité insatiable et sans aucune inhibition. Il comprend que rien n'est plus important que le pain et que, par ramifications successives, celui-ci vous amène à vous intéresser à tout. En tâchant de suivre son inlassable périple de savant engagé, on a l'impression qu'il travaillait sept jours sur sept, ne se reposait jamais et était assailli chaque jour d'une trentaine de nouvelles idées, auxquelles il donnait suite.

Même si son nom n'est plus seulement attaché à la pomme de terre, peut-être faut-il, malgré tout, expliquer pourquoi il s'est entêté à vouloir imposer en France ce tubercule et à quelle fin ?

Les Français jugeaient cet aliment indigne d'entrer dans le corps humain et l'abandonnaient aux porcs. Mais son souci à lui est de chercher d'abord à réduire le risque récurrent de la pénurie et le coût social et économique de la désorganisation et du désarroi, provoqués par la disette aiguë. Il fait d'abord l'inventaire de tout ce qui est mangeable. Il ne va pas aussi loin que l'avocat et polémiste Simon Linguet dont la haine forcenée pour le pain pourrait venir de la maladie céliaque qui l'affectait, une allergie au gluten, protéine qui se trouvait dans le pain. L'amère ironie que souligne cet écrivain acerbe est que la dépendance à l'égard du pain est « le secret même de perpétuer les famines ». Étant donné les difficultés intrinsèques considérables auxquelles se heurtaient la culture des grains panifiables, leur conservation, leur transport, leur transformation en farine, puis leur conversion en pain, et compte tenu des tentations auxquelles succombaient facilement les esprits cupides et enclins aux manipulations, il était inéluctable que le système fût la proie des désordres, en particulier du « monopole » (spéculations, accaparement, disette factice) dont les victimes étaient les « petits ». Quand le pain vient vous « assassiner », tonnait Linguet, l'image de bien-être, voire de salut associée au pain a tôt fait de se dissiper. Logiquement, il se demande pourquoi on s'évertue à manger une plante qui est toujours à l'état de manque chronique. Pourquoi consomme-t-on le pain de préférence à tout autre aliment ? Parce qu'il est le plus conforme aux caractéristiques physiques et morales de l'homme, répondent ses partisans, notamment l'homme chrétien pour lequel Jésus, « Dieu nourricier », est aussi le « Pain vivant ». Mais Linguet proteste. Les deux tiers de la planète ne mangent pas de pain. Alors pourquoi persistons-nous à nous cogner la tête contre les murs ? Il y a là un masochisme borné puisque l'on sait qu'on affrontera la réalité d'une nouvelle disette tous les cinq ou six ans. Il se demande pourquoi on continue à ignorer, par exemple, l'océan et ses ressources inépuisables. Il interroge le modèle chinois qui réussit à nourrir des millions de personnes avec du riz, plus facile à cultiver que le blé, extrêmement durable, infiniment plus simple à préparer.

Parmentier riposte. Il explique que le riz n'est pas une céréale pour le sol, le climat et l'esprit de la France, et que les ressources de l'océan ne nous sont pas facilement accessibles. Et il fait l'inventaire des plantes qui pourraient venir grossir et diversifier la liste des subsistances. Je suis fasciné qu'il ait si peu parlé du maïs, bien qu'il ait examiné la question dans une étude commanditée par le parlement du Languedoc. Mais il s'est passionné pour la pomme de terre. Pourquoi ? Elle est plus facile à cultiver que le maïs et que la plupart des céréales, plus facile à accommoder et à manger. Il y voit la possibilité de produire pour beaucoup moins cher et avec beaucoup moins d'effort beaucoup plus de calories. Le savant des subsistances ne comprend pas encore la question protidique, pas davantage l'apport en minéraux et vitamines. Cependant, il a observé les populations de Flandre et d'Alsace qui en mangeaient et n'a pu constater aucune maladie particulière consécutive à quelque carence que ce soit.

Maintenant il lui reste à affronter le peuple et ses préjugés. Comment surmonter ce rejet de la pomme de terre ? La seule manière, pour Parmentier, de rehausser son statut, de la sacraliser, est de la panifier. Il est de ces savants qui ne sont pas indifférents aux variables culturelles et ne croient pas qu'on puisse réduire les différences par quelques prêches. Il comprend donc que, pour faire manger de la pomme de terre aux Français, il faut passer par la médiation du pain. J'appelle cela le « paradigme eucharistique » pour souligner qu'il n'existait alors que le modèle de la panification pour contribuer à rendre consommable ce qui ne l'était pas.

Pour que ce soit bon à manger, il faut que ce soit bon à penser, et pour ce faire, il faut se placer nécessairement dans un contexte rassurant et valorisant. Rendant compte de son *Examen chimique des pommes de terre*, le *Journal de l'Agriculture* allait de sa mise en garde : « La fureur actuelle de tout convertir en pain ne saurait être que dangereuse. » Mais le *Journal économique* donne raison à Parmentier : pour des gens « si entêtés de leurs anciennes habitudes à cet égard », il n'y avait pas d'autre solution que le paradigme eucharistique. D'où la recette qu'il propose : un tiers de farine de pomme de terre et deux tiers de farine de froment qui apporte le gluten nécessaire à la prise de volume.

C'est un peu l'équivalent du « steak » de soja. On se prête à une exploration culinaire, à la condition de retrouver des formes repères familières.

C'est tout à fait cela. Mais le pain de Parmentier n'est pas du tout une idée farfelue, même s'il pose des problèmes apparemment insurmontables. Comment enseigner aux boulangers à panifier avec de la pomme de terre ? Comment initier le peuple à la dégustation de ce nouvel aliment ? Comment réussir à en produire en quantité suffisante ? etc. L'ancien pharmacien restait lucide : en tout état de cause, ce pain-là était un aliment de disette ou d'appoint. Au-delà de son cachet scientifique qui garantissait la qualité sanitaire, il comprenait qu'il fallait adouber la pomme de terre d'une légitimité sociale et symbolique. D'où sa campagne pour convaincre Louis XVI de faire planter la pomme de terre à Versailles et aux Tuileries pour montrer que, même si elle poussait dans la saleté de la terre, elle pouvait très bien se transmuer en nourriture pour le roi.

Parmentier veut le changement. C'est dans cet esprit qu'il crée avec Cadet de Vaux, autre pharmacien-réformateur, la première école en France dédiée à l'étude de la panification...

Même si Parmentier a une conception bien unilatérale et autoritaire de la « transmission », il s'intéresse vivement à la diffusion du savoir scientifique. Avec l'établissement de cette « école gratuite » en 1782, subventionnée par l'État, la Science occupe institutionnellement la boulangerie. Au-delà de la tâche de former des boulangers, cette école avait pour mission de poursuivre des recherches sur toute la filière, depuis la culture, la moisson et la conservation des grains en passant par la mouture, le blutage et la préparation des farines, pour terminer avec tous les stades de la panification. Le lieutenant général de police Lenoir soulignait l'impératif d'allier la théorie avec la pratique : il demandait à Jean-Baptiste Brocq, maître boulanger et chef des boulangeries de l'hôtel royal des Invalides et de l'École royale, où il avait initié Parmentier aux mystères du fournil, de se charger des TD (travaux dirigés) rattachés aux CM (cours magistraux) des professeurs Parmentier et Cadet, comme on dirait à la fac aujourd'hui. L'école dispensait une douzaine de cours, généralement donnés les jours de marché du pain, le mercredi et le samedi, dans les boulangeries de l'annexe hospitalière de Scipion (pas loin de la Salpêtrière). On traitait les grands thèmes de la panification (pétrissage, fermentation, façonnage, maîtrise du four). Pour une démonstration de la mouture économique, Cadet emmenait ses classes au moulin de la Courtille à Saint-Denis.

Comment l'école fonctionnait-elle ?

Comme le CNRS plus que comme une bonne université. C'était un laboratoire et une maison d'édition formidables pour Parmentier, qui y poursuit des études sur la chimie de la farine, la panification de la pomme de terre en mélange avec des céréales, les méthodes de cuisson et même les principes de la nutrition. À la demande de Necker, l'équipe travaille sur le développement d'un pain de ménage à plusieurs grains et sur les manières les plus efficaces de panifier en campagne militaire, question autant sociale, psychologique et sanitaire qu'économique et stratégique. Les savants des subsistances se penchent sur une des grandes questions chroniques de l'agriculture, tant à l'époque de Voltaire qu'à celle des OGM, les maladies céréalières. Guidé par son ami Benjamin Franklin, Cadet expérimente sur un pain fait d'un mélange de froment et de « blé indien », c'est-à-dire de maïs, pain lourd et jaune. Les Français n'en feront l'expérience massivement que juste après la Seconde Guerre mondiale, quand un grand commis d'État, type énarque, formé à la langue de Shakespeare plutôt qu'à celle de Jerry Lewis, commandera des centaines de milliers de tonnes de « corn », un mot qui signifie maïs en américain, mais blé (génériquement grain) en anglais-british, à des hauts fonctionnaires américains ébahis. « Corn ? Vous avez bien dit corn ? », répétèrent-ils, incrédules. Et les Français ont mangé un affreux pain jaune pendant un an. D'après ses promoteurs, l'école bénéficie d'une intense demande administrative de la part des municipalités, des intendants, des sociétés d'agriculture, des états provinciaux, des parlements et des ministères de la Guerre et de la Marine. Elle jouit également d'une renommée internationale. Avec des demandes d'informations, voire de véritables contrats de recherche de plusieurs électorats allemands (peut-être les mêmes qui se physiocratisent), du grand-duc de Toscane et des rois de Naples et de Suède.

Après 1789, l'école est appelée à débattre de questions d'économie politique et de politique plutôt que de problèmes techniques apparemment neutres et, en particulier, à donner des conseils en matière de fixations des prix *(taxation)* et de stratégie de lutte contre la famine. Parmentier se trouvera pris à partie par des détracteurs de la mouture économique qui associent sa doctrine à une nostalgie aristocratique, sous prétexte qu'il aurait voulu institutionnaliser une hiérarchie tripartite des types de pains, ou à une cruelle tactique de frelatage, parce qu'on lui prêtait l'intention de « noyer la bonne farine dans une mer de son ».

L'enseignement se volatilise ?

C'est la vraie mission pastorale, selon Cadet, qui, dans un idiome clérical qui nous rappelle certains liens étroits (et inavouables) entre l'Église et les Lumières, imagine les étudiants comme « séminaristes ». Il se peut que les conférences aient mieux marché en province qu'à Paris, à la fois parce qu'elles étaient occasionnelles et parce qu'elles provoquaient la curiosité d'une population (disons) bourgeoise, contente de rencontrer les « professeurs économiques ». Dans la capitale, nous ne savons pas qui suivait les cours (à part les femmes du monde attirées, selon un plaisantin malicieux, par « la mâle éloquence » de Cadet, qui faisait en moins d'une demi-heure un cours complet de physique, de chimie, d'agriculture, de meunerie et de boulangerie). Il semble qu'aucun effort sérieux n'ait été fait pour négocier avec la communauté des maîtres boulangers. Les descriptions dont on dispose évoquent vaguement un auditoire de « garçons » plutôt que de boulangers établis, et en nombre bien en deçà des attentes des professeurs. Il ne manque pas non plus d'allusions à la résistance active des boulangers qui ne goûtaient point l'analyse sombre et le discours méprisant de la Science, intrusion jugée inutile *et offensante.*

D'après ce que vous suggérez, il valait mieux que ces « mauvais élèves » n'allassent pas à l'école chahuter leurs professeurs...

On n'est pas encore à l'époque où il faut ouiller les cartables ou envisager un portillon de sécurité à l'entrée. Mais il faut dire que les professeurs n'ont rien fait pour séduire les étudiants. Au contraire. Leur dédain est blessant pour les boulangers, traités par l'entourage de Cadet d'« artisans grossiers et stupides ». Ils réagissent comme César Bucquet, meunier et boulanger, autodidacte et écrivain à ses heures, qui ne supporte pas l'attitude de Parmentier, la science infuse, arrivant de son laboratoire sur son « Pégase », incapable de dissimuler son mépris pour « les ignorants » comme lui. Pour cet artisan, le langage de la « chimie systématique », que pratiquaient Parmentier et Cadet, était « une langue étrangère », une langue de mystification destinée à subjuguer les ouvriers, un discours qui transpirait la vanité tout en sentant « la pharmacie à pleine gorge ». Bucquet s'offusquait moins de la science des savants que de leur arrogance, de leur refus d'apprendre *sa* langue à lui, de nourrir leur théorie de *son* expérience, d'honorer *sa* forme de savoir, de méthode et de créativité, en un mot, *sa* culture. Plutôt que de souffrir l'humiliation implicite dans « l'ennoblissement » que promettait Cadet, nombre de boulangers et de meuniers préfèrent demeurer roturiers.

Comment expliquer cette mésentente, ce dialogue de sourds ?

On part d'un constat pessimiste, négatif. Le couplet d'Alexander Pope dit tout : « *Nature and nature's laws lay hid in Night/God said, "Let Newton be !" and all was light.* » Avant les Lumières, il n'y a que l'obscurité. L'art du boulanger, observe Condorcet dans l'éloge funèbre de son collègue académicien, le Dr Malouin, le premier à parler sérieusement de la panification, est « le plus nécessaire au peuple ». Dans leur quasi-totalité, les spécialistes des questions de subsistances s'accordent à reconnaître qu'on l'avait pourtant trop longtemps négligé. La plupart invoquent l'empire des habitudes et l'absence de vraies connaissances, dont l'effet était stérilisant. Pourtant, une kyrielle de voyageurs et de commentateurs divers ne cesse de répéter que l'on trouve dans la capitale française « le meilleur pain du monde ». Ces boulangers parisiens durent être passablement secoués en entendant dire que, pour Malouin, Parmentier et d'autres, « leur art était encore au berceau ». Tandis que César Bucquet estime qu'il faut qu'un boulanger soit bien maladroit pour ne pas faire du bon pain avec de bons ingrédients, Parmentier déplore le manque cruel d'une « main-d'œuvre éclairée », laquelle importe infiniment plus que la qualité des matières premières qu'on y emploie, une vue partagée par Henri Nuret, professeur à l'École française de meunerie au milieu du XXe siècle. L'éclairage ne vient pas spontanément en fournil, selon les savants des subsistances, car la panification est gouvernée par « la coutume aveugle » (Lenoir), « la routine aveugle » (Cadet). La seule solution, c'est la science. D'où l'énorme projet dit « description des arts et métiers », lancé au sein de l'Académie des sciences par

Colbert, repris, pillé et enrichi par les encyclopédistes, jetant les bases scientifiques pour la pratique artisanale dans plus d'une trentaine de métiers. Le Dr Malouin contribue au volume consacré à la boulangerie et à la meunerie ; Parmentier reprendra, contrôlera et amendera ses analyses. À sa façon brutale et lapidaire, Mercier résume l'approche de ce dernier : la panification est « une opération chimique » qui doit être « éclairée par des chimistes ».

Ce rouleau compresseur scientifique ne laisse que fort peu de place à la fierté artisanale.

Les « erreurs populaires » que Parmentier entend extirper sont justement le patrimoine artisanal, les « secrets du métier » transmis de père en fils, le fonds de sagesse de la profession. Il n'y a que la science qui puisse sortir la boulangerie, comme la meunerie, de son cul-de-sac (tout comme il n'y a que les lois naturelles qui peuvent sortir la monarchie de son impasse, selon les physiocrates). Sous le projecteur des Lumières, la pratique de père en fils se révèle être la passation d'un savoir tronqué, inabouti, défectueux. Grâce à sa capacité à marier réflexion technique et pratique, Parmentier prétend enseigner à ces professionnels comment faire un meilleur pain. Comment ne pas imaginer une levée de boucliers ? Va-t-on leur apprendre à faire le pain ! Cela apparaissait comme la mainmise de la culture savante sur la culture populaire. Pour les gens comme Bucquet, les boulangers avec maîtrise (dont la corporation revendique, elle, la capacité exclusive de produire et de reproduire de l'excellence) et ceux qui étaient seulement dotés de l'expérience, la volonté de Parmentier, Cadet et d'autres hommes de sciences d'empiéter sur le monde du travail et de s'arroger le contrôle du savoir légitime revenait à une dépossession du bien le plus cher des artisans adroits. Traumatisante psychologiquement, cette tentative d'emprise est socialement humiliante et même politiquement menaçante (mettant en cause la raison d'être corporative).

C'est là sans doute une des limites franchies par les Lumières...

C'est précisément parce que je tiens au projet des Lumières, agressivement attaqué par divers courants postmodernes, que je crois qu'il faut sortir de tous les manichéismes qui structurent la représentation régnante du monde des philosophes du XVIIIe siècle. Soyons lucides. Face à des problèmes d'une gravité et d'une complexité infinies, les Lumières sont traversées par des tensions profondes, pétries de contradictions. Selon des étalons fort variables, il y a du bon et du moins bon ; il y a des paris intéressants, mais très risqués ; il y a des analyses stimulantes qui s'avèrent plus tard simplificatrices ou fautives ; il y a des nécessités à court terme qui vont produire des effets pervers inattendus à long terme. Ne sous-estimons jamais l'énorme et dure résistance que devaient affronter les philosophes. Ne surestimons pas non plus la modernité et l'exactitude de leurs outils. N'oublions pas leur grande diversité : il ne s'agit pas d'un seul parti. Les philosophes ne sont pas toujours du côté de la lumière et de l'humanité, catégories « fondationnelles » elles-mêmes sujettes à des lectures différentes, voire contradictoires.

J'ai suffisamment écrit sur les relations entre culture savante et culture populaire pour savoir qu'il s'agit rarement d'une opposition simple entre dominants et dominés. Pourtant, plusieurs courants majeurs des Lumières passent par une critique et une stigmatisation impitoyables des « préjugés populaires » qu'ils voient comme des barrières immenses aux progrès économiques, sociaux et culturels. Prenons le cas de l'avènement du libéralisme par voie « panaire ». Du point de vue libéral, le peuple « ne raisonne pas » sur les questions de subsistances. Aussi n'est-il pas facile de discréditer ses antiques croyances et de l'inviter à adopter une nouvelle position qui s'inspire de la nature. Le fait que le peuple s'accroche à des « préjugés » déçoit les libéraux, mais les rassure en même temps, car il justifie leur répugnance à prendre en compte sérieusement les attitudes populaires. Ces préjugés sont rationnellement et objectivement dénués de fondement. De même que la plupart des disettes, les craintes populaires sont « artificielles » et « irréelles ». Le dessein libéral est audacieux, voire enivrant. Il s'agit de rien moins que de libérer l'homme prométhéen de ses chaînes et, partant, de transformer le monde. Le libéralisme des grains comporte cependant un côté brutal. Peut-être était-ce nécessaire. Opposé à l'inertie massive de la tradition et des habitudes populaires profondément ancrées, il devait être implacable et il parut cruel. Confiants dans la base scientifique de leur analyse, les libéraux sont délivrés d'un dilemme moral en puissance (sans que le dilemme politique soit résolu pour autant). Les options du libéralisme ne sont pas des choix moraux ; elles sont imposées par les lois physiques de la nature, qui sont par définition justes et inexorables, et nécessairement antérieures à tout concept de moralité. Autrement dit, s'il faut casser des œufs pour faire l'omelette, les physiocrates l'assument. Oui, la transition entre le régime prohibitif et celui de la liberté va être socialement très coûteux et chaotique ; le peuple-consommateur émancipé va en pâtir, car il va avoir du mal à trouver régulièrement son pain quotidien. L'ajustement va se faire graduellement, à travers quelques décennies. Mais l'enjeu de la liberté est beaucoup plus vital que ces péripéties fâcheuses, avancent les économistes. Cette façon de penser – une évidence, pour les physiocrates – ne les consigne pas pour autant dans le camp des méchants. Mais elle souligne qu'être (prétendument) du côté du « progrès » est une posture problématique, que surfer sur une vague téléologique (l'éventuelle « fin de l'histoire », le triomphe inéluctable du capitalisme, etc.) ne met pas à l'abri d'un débat de fond, que le politique ne se réduit pas à l'économique, etc.

Je mets en parallèle le parcours de Parmentier et le cercle des savants des subsistances (par ailleurs largement gagnés aux thèses libérales). Sans dédaigner la nature et « l'évidence », leur science est plus inductive et plus orientée vers le principe de la falsifiabilité expérimentale en laboratoire. Mais ils partagent, *grosso modo*, l'anthropologie, la sociologie et la morgue des physiocrates, et ils s'en prennent, comme on vient de le voir, aux idées reçues et aux croyances populaires, notamment dans le monde du travail artisanal. Ils se voient, eux aussi, comme accoucheurs de la modernité, régisseurs d'un monde en marche, agents de la chose publique. Parmentier n'admettait pas, comme bien d'autres philosophes, qu'on ne s'inclinât pas devant le progrès. Le discours scientifique est l'un des instruments stratégiques que déployaient les savants pour évincer et dominer les artisans. Malgré certains gestes d'apaisement, la culture encyclopédique, portée à imposer sa forme de raison au monde du travail, faisait peu de cas de la culture populaire profondément enracinée de l'artisanat : naturellement orale, strictement pratique, fréquemment instinctive. La science connotait d'abord l'émancipation, puis le progrès ; elle exigeait un effort soutenu de théorisation, prélude obligé à la perfection. Les savants entreprenaient donc d'étudier et de classer les arts et les métiers afin de les traduire en langage scientifique dans le cadre d'un grand projet de rationalisation et de contrôle.

Le boulanger de terrain, fier de sa dextérité technique, rejette l'idéologie parmentiériste non seulement par amour-propre, mais parce qu'elle n'apporte pas le progrès promis. L'application mécanique de la science ne marche pas chaque jour, dit le boulanger : il faut qu'il « sente » la pâte, réagisse en fonction des circonstances, corrige à l'observation, modifie en cours de route.

Mais, à en croire Parmentier, le boulanger s'est endormi...

L'image est un brin effrontée en ce qui concerne l'artisan qui travaille la nuit. Au-delà de la posture des Lumières, qui ne savent ni par doctrine ni par tempérament reconnaître la possibilité du développement autonome et endogène des métiers, l'accusation d'immobilisme et de contentement de soi est difficile à évaluer. Aucun test de « marché » ne fonctionne pour cette période où la boulangerie artisanale ne perd pas de parts de marché, ne pâtit pas de la désaffection des consommateurs, ne semble pas entravée par des blocages structurels spécifiques à sa profession (si ce n'est du côté, soit de la fourniture des marchandises et de l'accès au crédit, soit de la régulation – municipale, parlementaire ou étatique). Si la boulangerie – selon Parmentier – est moins efficace socialement qu'elle ne pourrait l'être si elle adoptait une approche de la panification plus rationnelle, ce défaut révèle moins l'inertie qu'un parti pris commercial, certes hérité, mais non moins réfléchi. Si l'on cherche une cible commode, on peut s'en prendre au système corporatif, la communauté des boulangers. D'après la ligne libérale, toutes les corporations sont, par nature et par pratique, des bastions de stagnation et de résistance au progrès. J'ai consacré bien des années à démontrer l'inexactitude tendancieuse de cette appréciation : je ne peux pas faire ici le résumé de *La Fin des corporations.* Remarquons simplement qu'il y a beaucoup de diversité entre et à l'intérieur des corporations, qu'il y a autant de place pour l'innovation que pour la routine, que les statuts et règlements – discours normatifs, (auto)représentations politiques – ne déterminent pas le comportement de tel ou tel maître de tel ou tel secteur de la profession. Par ailleurs, l'atonie sur le plan institutionnel n'entraîne pas nécessairement une quelconque sclérose économique. Je ne me fais pas ici l'apologiste des artisans. Le clash entre les deux cultures, savante et populaire, met en relief le problème de l'innovation qui préoccupe l'historien : quelles sont les conditions nécessaires et suffisantes pour qu'elle ait lieu ? D'après le métarécit des Lumières, elle n'émane que d'en haut où, libres du poids de la tradition et de l'ignorance, les savants peuvent faire l'analyse idoine et, partant, proposer la formule de rénovation ou de refondation. Nous savons que l'innovation ne suit guère ce scénario idéalisé. Rarement décrétée, elle est souvent fortuite, ou le fruit d'une collaboration d'acteurs à différents niveaux, ou encore l'application d'une idée venue complètement d'ailleurs. Même si les boulangers étaient endormis, selon les critères parmentiéristes, il est clair que le savant n'était pas capable de les motiver, voire de leur parler, étant donné son style condescendant et messianique.

L'histoire des boulangers ne se réduit pas à une espèce de cocooning professionnel. Par exemple, pour expérimenter, puis perfectionner l'utilisation de la levure, ils n'ont attendu ni Parmentier, ni Pasteur, ni le baron Springer, premier exploitant industriel de cet agent de fermentation vers la fin du XIXe siècle. Dès le milieu du XVIIe siècle, les boulangers de Paris et d'autres grandes villes fabriquent des pains ultralégers à la levure, s'en font approvisionner par les marchands de bière ou par d'anciens boulangers qui s'établissent comme intermédiaires. Cette nouvelle gamme de pains dits mollets provoque un débat houleux à propos de ses implications sanitaires et sociales. Si le levain attend encore plus d'un siècle avant d'être abandonné en ville, l'âge de la pâte ferme est pratiquement révolu. Désormais les pains blancs et intermédiaires sont fabriqués d'une pâte molle ou bâtarde, qui rehaussait leur « délicatesse » et leur cachet de distinction. Au XIXe siècle, la résistance des boulangers à l'introduction du pétrin mécanique, même s'il s'agit d'un problème fort complexe, est sans doute indicateur d'engourdissement. Au XXe siècle, les boulangers sont moins souvent coupables de léthargie que d'embrasser le changement (technologique) sans suffisamment de réflexion. Cependant, il est clair que, dans les années 1960-1980, les boulangers tombent dans une inertie qu'ils avaient du mal à surmonter. Se remettre en question n'est pas moins difficile ou inconfortable pour le médecin ou le professeur que pour le boulanger. Celui-ci résiste parce que la routine est une puissante drogue, mais aussi parce qu'il croit incarner la continuité positive et nécessaire d'un métier dit traditionnel. À la fin des années 1970, la dénonciation, pas du tout parmentiériste mais considérée par certains comme non moins illégitime, vient du « frère-ennemi », le meunier. Car la Confédération de la Boulangerie refusera jusqu'au milieu des années 1980 de mettre en question les choix et les investissements des années 1950-1960 : pétrissage intensifié, pain ultra-blanc volumineux et le début d'une mécanisation assez lourde. Comment dire aux troupes qu'on s'est complètement trompé de chemin ? Quand un nouveau groupement de meuniers, Unimie, bientôt Banette, mené par Alain Storione, un minotier visionnaire de Marseille, a tenté de dire gentiment mais directement aux boulangers qu'ils devaient repenser leurs pratiques de panification et de commercialisation, plusieurs milliers de boulangers ont répondu qu'ils étaient prêts à réfléchir sur de nouvelles (et anciennes) manières de faire au sein d'un partenariat inédit. Le Parmentier de Banette s'appelait Raymond Calvel, qui était plutôt une sorte de César Bucquet de son temps. Lui, il savait parler aux boulangers, même s'il était payé par les meuniers. Mais la boulangerie syndicale, elle, a protesté en disant que ces meuniers se mêlaient de ce qui ne les regardait pas. Cela relève d'une tension séculaire entre meuniers et boulangers dont nous reparlerons.

Quel héritage Parmentier a-t-il laissé ? Est-ce que les réformateurs venus après lui – vous citiez les meuniers de Banette, mais je pourrais aussi bien vous citer – s'inscrivent dans la lignée de ce que Parmentier a tenté, même s'il n'a pas tout à fait mené son projet à bien ?

Ses difficultés à entrer véritablement en dialogue avec le monde de la boulangerie et de la meunerie, puisqu'il rêvait de créer aussi une école de meunerie, ont contribué à repousser à la marge ses propositions et innovations. Une grande partie de ses projets relève plus de la philosophie, sens XVIIIe siècle, que des arts et métiers appliqués (néanmoins, la mouture économique, dont Parmentier est le promoteur, pas l'inventeur, a connu un certain succès). Il n'est pas parvenu à convaincre les praticiens que la maîtrise théorique était réellement un préalable à une meilleure fabrication du pain. Bien entendu, il appartient aux Lumières, c'est-à-dire à un grand mouvement de réflexion et de renouveau, qui cherche à réinventer le monde, à repenser la relation nature/culture, le rapport science/politique. En ce sens, il est extrêmement moderne, novateur, iconoclaste. Mais il faudra du temps avant que le métier ne reconnaisse en Parmentier quelqu'un qui avait des choses intéressantes à dire. Il a lancé les bases pour la science moderne de la panification (et sur certains points aussi de la mouture). Il comprenait plus ou moins la fonction du gluten et, même s'il ne pouvait l'expliquer, la puissance et la mission créatrice de la fermentation. Banette reprend une des idées force de Parmentier : le boulanger et le meunier doivent travailler ensemble. D'un point de vue socio-économique, la chose était impossible à concevoir. Nous sommes aujourd'hui dans une relation globalement apaisée où les 390 meuniers et les 32 000 boulangers qui, sur le plan économique, ne sont pas d'un même poids se reconnaissent au plan symbolique comme des égaux.

Vos livres, par leur volume, leur densité, évoquent les travaux de Parmentier et, comme lui, vous ne vous êtes pas contenté de fréquenter bibliothèques et fonds d'archives. Vous êtes allé dans les fournils et les moulins. Vous avez élevé la voix, avec votre autorité habituelle, pour dire qu'on ne pouvait pas en rester là, qu'on ne pouvait jamais en rester là, à ce pain médiocre, vous adressant aussi bien aux professionnels qu'au grand public. Êtes-vous alors une sorte de Parmentier de notre temps ?

Certainement pas. Laissons de côté la prétention d'une telle comparaison. Sur le fond, à part un intérêt partagé pour le pain, nous avons très peu en commun. Parmentier fait d'abord ce qu'on appelle la science dure ; étant donné le style des Lumières – le talent et l'appétit démesurés de tant de philosophes – il passe ensuite facilement du côté de ce que nous nommons, de nos jours, les sciences humaines et sociales. Ce savant est sciemment réformateur, voire transformateur. Il se croit capable de repenser des techniques qui remontent fort loin dans le passé de la civilisation, la fabrication de la farine, puis du pain. Il reconnaît la résistance des habitudes alimentaires au changement, mais au sein du paradigme eucharistique, il tente de changer le type de pain que l'on mange, en fonction de ses origines sociales, de ses activités et des circonstances du moment. Parmentier est sûr de lui-même. Il veut imposer ses problématiques, ses données, ses analyses,

ses solutions. Il ne peut cacher un certain dédain pour les praticiens, tant en fournil qu'au moulin.

Mon rôle est fondamentalement différent, tout comme la représentation que j'ai de moi-même. Ma relation avec les boulangers (et les meuniers) est horizontale, pas verticale. Je ne les prends jamais de haut. Nous dialoguons sur la base d'un respect mutuel. Je ne suis pas un homme providentiel. J'ai une perspective sur la filière, fruit de quarante ans de recherches d'archives et d'observations de terrain. Je fréquente énormément les fournils et les moulins. Cette expérience me permet d'intervenir dans les débats touchant tous les aspects de la panification, tant en amont qu'en aval. Je ne prétends pas avoir la science infuse ; j'ai parfois quelques idées jugées pertinentes ou utiles. Il est vrai que j'ai en plus la passion du pain, et même une sorte de vocation quasi évangélique à la faire partager. Mais je suis et je reste historien, d'abord et toujours, spécialiste de la boulangerie et de la meunerie (entre autres), expert et critique du pain, écrivain, polémiste à l'occasion, quelqu'un de profondément respectueux de l'autre, mais direct et franc, qui dit et défend ce qu'il croit. Mon attachement tant au passé qu'à l'avenir du pain est indissociable de mon amour pour la France. Je me bats pour la qualité, parce qu'elle fait partie du patrimoine et de la culture vivante de votre pays. Je m'intéresse autant à la reproduction qu'à la production, donc à la capacité de l'artisanat de se renouveler pour se pérenniser. C'est exaltant pour moi ; mais bien modeste à côté du programme et de la posture de Parmentier.

5.

Français, vous n'avez désormais plus besoin d'un père

Vous avez parlé des Lumières. Pouvez-vous préciser comment la philosophie s'empare du pain ?

Le Monde-pain que je découvre et sa vie quotidienne, dédaignés par les chercheurs modernes, ne le sont pas par les philosophes du XVIIIe siècle. D'abord, c'est au siècle des Lumières que l'art de penser et d'écrire devient, pour la première fois, « un gagne-pain », comme l'écrit un des nombreux « publicistes » qui cherchent à influencer ce qu'on commence à appeler « l'opinion ». Le pain pèse alors dans l'arène métaphorique du Pouvoir, de ses attributs et de ses relations avec le peuple. Au lendemain de la « guerre des farines » (1775) – le raz-de-marée de soulèvements provoqué par le projet libéral de Turgot, qui fait monter en flèche le prix du pain –, Voltaire, dans un texte favorable à la conception politique de ce ministre, met dans la bouche du prince ces mots terrifiants : « Le Bon Dieu m'a fait roi de France, et ne m'a pas fait grand panetier. » Le roi dit ici candidement que l'approvisionnement du pays n'est pas son problème et trouve encore le moyen de justifier sa posture peu royale : « Je veux être le protecteur de ma nation, et non son oppresseur réglementaire. » Pour comprendre ce discours quasiment révolutionnaire, mais qu'on a déjà entendu, il faut remonter plus avant dans le siècle. La problématique centrale des Lumières est la liberté : comment surmonter un régime autoritaire, souvent asservissant ? Comment échapper à des doxas tyranniques, dans le domaine tant religieux et culturel que politique et économique ? Comment libérer l'homme, lui permettre d'exercer ses talents, suivant ses intérêts, et de forger son bonheur ? Perméable à certains rayons des Lumières, incapable d'ignorer le modèle anglais, impatient de promouvoir la formation de richesses, frustré par l'impasse politique dans laquelle il se trouve empêtré, le Pouvoir ne décourage pas la discussion sur la liberté, pourvu qu'elle se cantonne à des sphères qui ne sont pas considérées comme dangereuses. Bien entendu, le postulat selon lequel on peut régenter et compartimenter la liberté s'avère illusoire : une fois que le génie est sorti de la bouteille, il est presque impossible de lui dicter son itinéraire. Un certain nombre de grands commis (dont Turgot, dès le début de son parcours) s'intéresse tout particulièrement aux effets toniques d'une liberté appliquée au commerce et réfléchit à une politique susceptible de transformer le jeu économique du jour au lendemain, selon une ligne revendiquée par un véritable lobby libéral composé de grands propriétaires/producteurs de céréales, gros marchands/négociants, agronomes, etc.

Ce lobby a-t-il ses penseurs ?

Ce lobby s'appuie sur les écrits, d'abord dispersés, de divers acteurs (intellectuels, fonctionnaires et agents économiques) qui s'en prennent à un système étouffant et contre-productif ; puis sur des travaux, véritablement orchestrés par une « école » militante et intransigeante – aux yeux de ses ennemis, plutôt une « secte » – de philosophes-économistes qui, sous le nom de « physiocrates », regroupent écrivains et commis d'État, tous fidèles au Dr Quesnay, médecin de la reine et maître-penseur d'un libéralisme agricole. Le mot « physiocratie » signifie gouvernement par la nature : ses chantres soutiennent que seule « l'évidence » de la nature doit guider un gouvernement, que les premières lois naturelles stipulent l'inviolabilité absolue des droits de propriété (sacrée) et de liberté (illimitée), qui sont bafoués tous les jours par l'appareil policier de l'Ancien Régime, fondé sur les « préjugés » partagés par le peuple et les autorités. Le scénario physiocratique préconise un État-minimum, avant tout respectueux des lois naturelles ; la pratique du laisser-faire, c'est-à-dire le libre jeu de la demande et de l'offre, sans aucune médiation gouvernementale ; une abondance structurelle des grains, produit automatique du « bon » prix – qui découle nécessairement d'un environnement favorable à l'agriculture et sa commercialisation (pas de fixation de prix, pas de réquisition, pas d'obligation de passer par les marchés, pas de surveillance) ; et donc l'éclipse graduelle, mais fatale de la disette (« la cherté chassant la cherté » dans le court terme). Résolus, sûrs d'eux-mêmes, proches du Pouvoir, les physiocrates misaient sur la liberté pour transformer le monde, à commencer par l'économie et la monarchie ; ils ne s'intéressaient pas aux problèmes (et aux coûts humains) de transition d'un régime à un autre et ils se souciaient très peu des conséquences sociales et psychologiques de ces mutations.

Le « système pain » est-il donc l'ennemi juré de ces philosophes économistes ?

Selon les libéraux, une société obsédée par le pain est en quelque sorte tenue, voire asservie, par le pain et par son paradigme de régulation qui se généralise avec plus ou moins d'élasticité aux autres domaines d'activité. Elle ne peut s'en affranchir qu'en désacralisant le pain et en abandonnant la gestion de sa distribution aux forces dites naturelles et évidentes, qu'on appellera plus tard les lois du marché. L'audace des libéraux des Lumières est, dans leur projet de régénération, de commencer par le plus difficile, le plus radical et le plus périlleux. Libérer le grain et le pain des pesantes contraintes paternalo-dirigistes veut dire prendre et démolir la Bastille idéologique de l'Ancien Régime. L'économie générale du pain, fondée sur la liberté totale, déteint sur tout le reste : les autres grandes réformes prométhéennes doivent suivre presque mécaniquement, dans la logique de la réhabilitation de l'intérêt autorégulateur, l'égocentrisme socio-économique prôné par Bernard Mandeville dans *La Fable des abeilles*. Le capitalisme-individualisme s'instaure symboliquement et pratiquement en déboulonnant le pain, bastion d'un tout autre principe d'ordre social et de légitimité politique.

Si je vous comprends bien, les physiocrates vont trouver le moyen de passer à l'acte : la théorie rentre dans la pratique. Comment le pain, thème de débat des Lumières, dont le site principal est le salon ou l'académie provinciale, devient-il une question politique brûlante ?

Le moment libéral est fascinant parce que le discours philosophique se fait chair. On avait déjà quelques cas, plutôt isolés, où le gouvernement entérinait une revendication « philosophique » (une certaine liberté pour les protestants, l'abolition de certaines formes de servage, etc.). Ici, il s'agit d'une mutation fondamentale et profonde : le gouvernement épouse une idéologie aux antipodes de ses traditions. C'est vraiment l'entrée des Lumières dans le ministère par la grande porte, ou l'avènement du roi-philosophe. De fait l'État a urgemment besoin d'un nouveau départ. La défaite dans la guerre de Sept Ans l'a humilié, le privant d'une partie de son empire, donc de son prestige et de ses ressources. Fustigeant l'arbitraire royal, le despotisme ministériel, la corruption et le gaspillage, les treize parlements, autant assemblées politiques et législatures régionales que cours de justice, paralysent le gouvernement, principalement en bloquant son accès à des sources fraîches de revenus. Le pari du gouvernement est que l'engagement libéral va créer les conditions d'un « New Deal », basé sur une relation totalement rénovée entre les parlements et le prince, désormais tout sauf absolu, régnant au nom de la Nature et dans les strictes limites imposées par elle, et sur une durable prospérité, fruit de l'énergie massive déchaînée par la liberté, capable d'engendrer de nouvelles richesses inespérées et pérennes, et donc de nouvelles recettes fiscales.

Je considère les lois de mai 1763 et de juillet 1764 comme les réformes les plus hardies, les plus radicales du XVIIIe siècle, avant la Révolution. Elles suppriment un des piliers idéologiques et institutionnels de la monarchie, le système de la police des grains, et tous les contrôles qui ont régenté le commerce des subsistances. Quand on dit le mot « marché » aujourd'hui, on pense immédiatement à un domaine autre, privé, bien en dehors de ce qu'on appelle en France le service public, aux mécanismes impersonnels, plus ou moins invisibles, qui permettent aux gens d'effectuer des échanges plus ou moins à leur guise. Au XVIIIe siècle, on ne cesse de répéter que la liberté est l'âme du commerce, mais on n'oublie jamais que le commerce, après la fornication, est le plus grand des péchés. Dans le quotidien, le marché est pensé et vécu comme un lieu très encadré, même si le degré de rigueur varie avec les objets et les circonstances. En ce qui concerne les grains, jusqu'à 1763, le marché était avant tout un site d'investissement réglementaire : tous les échanges avaient lieu selon des règles très précises et sous le regard des agents, plus ou moins attentifs, selon la conjoncture. Tous les achats et ventes de grains et de farines (avec quelques exceptions en faveur des boulangers de Paris) devaient se passer sur le marché, au vu et au su de tout le monde. Les grains (ou farines) devaient être physiquement présents et perceptibles pour rassurer le public et pour peser sur la détermination du prix. (Parfois, lors des pénuries, la police faisait remplir des sacs avec de la paille ou autres matières et les empilait sur le carreau des halles pour nourrir l'illusion de l'abondance). Tous les marchands, grands et petits, devaient s'inscrire au greffe de la police, après avoir obtenu l'autorisation d'entreprendre cette activité. Ils n'avaient pas le droit de s'associer avec d'autres, de tenir des magasins, d'acheter dans les fermes, etc., tout cela constituant l'accaparement ou « le monopole », crime antisocial suprême. Sans passeport – espèce d'acquit à caution – ni le grain ni la farine n'avait le droit de voyager. Passible jadis de la peine capitale, l'exportation des grains est aujourd'hui autorisée, voire encouragée. Sauf en temps de tranquillité frumentaire, quand on accordait une large liberté aux acteurs économiques (depuis les petits blatiers jusqu'aux grands négociants), c'est la police seule qui exerçait une vraie liberté : la liberté de vérification, de perquisition, voire de réquisition, c'est-à-dire de violer les droits de liberté et de propriété des particuliers, détenteurs des grains, au nom de l'intérêt général. Bien avant l'an II, le droit à l'existence l'emportait sur le droit absolu de la propriété. Les milliers de petits juges, procureurs fiscaux, substituts et autres lieutenants qui faisaient cette police agissaient au nom du contrat social scellé par le pain au nom du roi.

Que voulez-vous dire par « contrat social » ?

Je fais moins allusion à Hobbes, Locke ou Rousseau qu'aux femmes parisiennes, angoissées par la disette, qui marchent sur Versailles début octobre 1789 pour ramener à Paris « le boulanger, la boulangère et le petit mitron », c'est-à-dire pour faire respecter le contrat social des subsistances. Elles comprennent bien le rôle du roi et sa signification. Il en va de même des Parisiens et des paysans de l'arrière-pays qui, lors de la guerre des farines, criaient « Vive le Roy et que le pain ramende [baisse] ! » : abrégé de toute une doctrine politique, fondée sur un mélange de déférence et de réciprocité. Cette espérance a un revers autrement glaçant : alors que les émeutes s'épuisent et que le nouveau monarque s'apprête à se faire couronner Louis XVI à Reims, la menace est claire : « Si le pain ne diminue, nous exterminerons le roi et tout le sang des Bourbons », peut-on lire sur des affiches placardées sur les murs de la capitale. Étant donné l'image d'une royauté puissante et d'un contrat social sanctifié, qui pourrait prendre au sérieux les propos d'un ministre, aux premiers jours de la Révolution, disant « qu'il ne dépendait pas plus du roi de faire croître le blé que de faire pleuvoir » ?

Être roi, c'était assumer les responsabilités traditionnelles de la royauté, notamment l'obligation d'honorer le contrat social des subsistances. Dans cet échange solennel, qui définit et structure les rapports entre l'État et la société, le peuple des consommateurs se soumet à l'impôt, à la conscription et à d'autres ponctions et corvées ; il souscrit à un engagement plus général de vassalité et de docilité, moyennant l'assurance qu'on ne le laissera pas mourir de faim. Prince nourricier, incarnation de l'État, le roi devient non pas le pourvoyeur de vivres tous les jours, même s'il surveille les modalités instituées à cette fin, mais le boulanger de dernière instance. En cas de danger, si le commerce faillit à sa mission, le roi intervient, en achetant des « blés du roy » partout dans le monde – de Dantzig à Amsterdam, de Sicile à Riga, de l'Afrique aux colonies anglo-américaines. Le roi est garant du droit à l'existence de ses sujets, père de ses enfants.

Les réformes libérales sont radicales parce qu'elles répudient ce contrat social ?

À partir de 1763-1764, tout change. N'importe qui peut faire le commerce des grains sans autorisation préalable et sans contrôle aucun. Tout ce qui hier était stigmatisé et interdit comme un affront au sens commun et un péril social (dans le genre de l'accaparement) est dorénavant considéré comme une pratique commerciale légitime. Le marché n'est plus sacré ; le *principe* de marché (la doctrine de la libre rencontre de la demande et de l'offre où que ce soit) l'emporte sur le marché comme site physique, bientôt éclipsé. Sauf pour Paris, provisoirement abrité, la main invisible dispose. Le roi ne garantit plus rien, au-delà du respect des lois naturelles. Louis XV fait une autocritique sidérante, reniant la théorie de la monarchie absolue et ses pratiques depuis des siècles. La notion même de monarchie change. Le roi bouffi, tentaculaire, voire despotique, vilipendé tant par les philosophes que par les parlements, cède la place au roi maigre, modeste, circonscrit, juste. Le choc politique et symbolique est sismique quand le roi annonce qu'il n'est plus boulanger, même de dernier recours, et que le vénérable contrat étant contre nature est annulé. « Je ne suis plus votre père », lâche en substance Louis XV à ses enfants, « vous êtes désormais émancipés, majeurs ; donc, en ce qui concerne votre pain quotidien, débrouillez-vous ». Le peuple-consommateur perd sa place privilégiée et sa protection sociale. S'engageant, pour la première fois dans l'histoire, nettement du côté des producteurs, le roi prend brutalement le contre-pied de la politique traditionnelle en appelant de ses vœux une hausse structurelle du prix des grains. L'économie libérale évince l'économie morale ; la croissance supplante la sécurité comme priorité ; le droit à l'existence devient étroitement une affaire privée. Après avoir accouché le libéralisme, le pain est, malgré lui, pleinement désacralisé.

Donc, la philosophie, ou plutôt la nature, prend le pouvoir aux dépens du peuple et de son pain. Mais je suppose que ce nouveau règne ne se perpétue pas. Sinon, le siècle aurait connu un tout autre dénouement...

Vous avez raison. Exaltant puis déboussolant, pour ses thuriféraires, qui voient leurs idées mises en pratique, le premier moment libéral ne dure pas. Il débouche sur une crise aiguë des subsistances, qui va devenir une grave crise socio-économique engloutissant en fin de compte tout le royaume, une crise engendrée par les réformes elles-mêmes (mauvaise théorie), mais considérablement aggravée par une série de disettes ruineuses (mauvaise chance). Avec la mise en œuvre des mesures libérales, le commerce des grains est secoué par l'arrivée importante de nouveaux entrants, les marchés sont très inégalement fréquentés, des stocks se forment et se cachent, et bien entendu les prix montent sans interruption. Suivent plusieurs années consécutives de pénurie, qui transforment l'anxiété embryonnaire du peuple-consommateur en véritable panique. Il n'est plus possible de distinguer les conséquences des réformes de celles des mauvaises récoltes, même si une partie significative du public conteste la « réalité » des disettes, les traitant de factices et les imputant à un « pacte de famine » dont les lois libérales sont la pièce maîtresse institutionnelle et la couverture officielle.

Vous réunissez tous les ingrédients d'une explosion...

Les réformes libérales inaugurent une décennie de turbulences, culminant dans la guerre des farines et la chute de Turgot en 1776. Mais dès 1766 la France se soulève massivement. J'ai recensé des centaines d'« émotions » et d'émeutes, d'abord au nord de la Loire, puis dans le Midi. Le peuple s'en prend autant aux autorités qu'aux détenteurs des grains. C'est le répertoire classique de l'action collective dans les affaires de subsistances : la taxation populaire, des mouvements dans lesquels les gens s'emparent des grains ou des farines, mais en payant un prix jugé « juste », c'est-à-dire d'avant-crise ; l'investissement des lieux suspectés de contenir des grains (couvents, moulins, greniers publics et privés, etc.) ; des assemblées de gens sur la place du marché ou l'hôtel de ville comme pour avertir le Pouvoir et l'inviter à redresser la situation injuste et insupportable ; la présence exceptionnellement dense des femmes dans ces séditions est interprétée par les autorités comme un signe de la gravité de la situation.

Convaincu que l'intransigeance est la seule manière de mettre fin définitivement aux préjugés populaires qui obstruent le progrès, le gouvernement réprime brutalement les soulèvements. Mais à la base, un peu partout, les autorités défient le ministère, couvrent ou parfois même encouragent les manifestations de colère et de désespoir. La police locale se plaint amèrement d'avoir « les mains ligotées », d'être contrainte de cautionner des pratiques qui, hier encore, étaient les pires crimes antisociaux (notamment le « monopole » d'une myriade de « compagnies », phénomène qui alimente l'idée d'un complot de famine). L'injonction du gouvernement est contradictoire : comment assurer l'ordre public sans toucher aux subsistances ? Décontenancée, incrédule, la police a du mal à croire que le roi lui-même, Père de son peuple, a réellement décidé ces changements incompréhensibles et périlleux. Des dizaines de lettres parviennent au ministère ou aux gens du roi dans les parlements exprimant le trouble et le désarroi du terrain et demandant des éclaircissements. La police de Chartres ose dire que la liberté doit être toujours assujettie aux « règles de la justice » et aux « droits de l'humanité ». Selon le subdélégué de Quimper, le peuple a « des droits sur les denrées de première nécessité ». Ces revendications populaires, que l'on a l'habitude d'associer à la prise de conscience radicale de 1793-1794, sont articulées dès l'Ancien Régime par les forces de l'ordre proches du menu peuple.

Les parlements exercent la « grande police » pendant l'Ancien Régime. Ne se sentent-ils pas concernés par la prolifération de troubles, j'allais dire, en pensant à Mai 68, par la chienlit ?

Avec des niveaux d'enthousiasme ou de réserve très variables, les treize cours souveraines avaient approuvé, par des majorités très inégales et hétérogènes, les grandes réformes de 1763-1764. Mais, après la crise, elles se trouvent fortement divisées entre elles et encore plus partagées à l'intérieur de chaque parlement – rappel que, malgré les clichés historiographiques (la plupart des historiens, prétendus « progressistes » ou « modernisateurs », se trouvent dans le camp royal), les parlements ne composent pas un bloc homogène, obstructionniste, obscurantiste et égoïste. Certaines cours exhortent le monarque à résister aux demandes myopes et réactionnaires des forces antilibérales. L'ordre social ne peut pas être contraire à l'ordre naturel, soutient le parlement de Grenoble ; les maux dont pâtit la France proviennent des anciens règlements, véhicules d'oppression et d'injustice, car indifférents, voire hostiles aux droits fondateurs et absolus de la liberté et de la propriété. La politique classique d'intervention dirigiste constitue des abus de pouvoir, et celle de paternalisme une expression de « fausse commisération » inspirée par des préjugés.

D'autres parlements, les cours de Rouen et de Paris en tête, partageant majoritairement une anthropologie pessimiste de l'homme, s'opposent avec de plus en plus de véhémence à la politique libérale, source de désordre, menace contre le principe même de la monarchie. L'intérêt particulier et la cupidité ne constituent pas de solides bases pour l'ordre social, dont la cohésion, imprudemment mise en péril, dépend d'une régulation visible et permanente. Une liberté restreinte était capable de stimuler le commerce, mais une liberté illimitée ne pouvait déboucher que sur une sorte de libertinage socialement ravageur. Selon les parlements antilibéraux, avant les réformes, les disettes se passaient plus ou moins bien, sans éruptions violentes, car le peuple était confiant, ne tenant jamais les règlements responsables de leurs malheurs. Or, ces magistrats ont la mémoire courte et idéalisée : le peuple n'était jamais tranquille à propos de son pain quotidien et ne se ralliait pas facilement à une explication naturaliste de la pénurie. Mais il est vrai que le contrat social des subsistances fonctionnait comme un rempart politique et psychologique efficace. Même les observateurs favorables à la rénovation économique ne prennent plus au sérieux la thèse officielle que les causes de la cherté sont « physiques » et ne dépendent pas de la « volonté » de ceux qui gouvernent.

Le parlement de Rouen ose même suggérer – c'est presque de la lèse-majesté – que la volonté de certains gouvernants est de créer et de soutenir la cherté, thèse qui rejoint la croyance profondément enracinée, mais brutalement réactualisée depuis quelques années dans le complot de famine. Quant au roi, le parlement affirme qu'il est en train de détruire « le lien le plus puissant de l'obéissance et de l'affection » qui rattache le peuple au prince. Il faut être lucide, assènent les magistrats antilibéraux, la misère dans laquelle le pays entier est plongé provient de la politique libérale dont la pratique contredit la théorie. Résolu, voire têtu, le roi déplore ces critiques peu amènes et infondées : si les réformes ne résolvent pas les problèmes d'approvisionnement, ce n'est pas parc qu'il y a trop de liberté, mais parce qu'il n'y en a pas assez. Il faut davantage de temps, de rigueur, moins d'exceptions.

Les Parlements antilibéraux ont-ils vraiment peur ?

Impressionnés tant par la mutinerie de la police que par celle du peuple, ces parlements prévoient un dénouement apocalyptique si Louis XV tient le nouveau cap. Ériger la « passion violente » de l'intérêt particulier en principe de gouvernance dans le cadre de la liberté absolue n'est rien moins, à leurs yeux, que saper la constitution monarchique. Le grain et le pain ne sont pas assimilables à des denrées ordinaires. D'après ces magistrats, un monde où le marchand – le *trader* de cette époque lointaine ? – peut tout et la police rien est un monde à l'envers, voué à chavirer. La sécurité alimentaire prime sur l'enrichissement, tout comme la *res publica* prime sur l ıntérêt égoïste. La question du pain appartient à l'ordre moral, et non pas à l'ordre physique, comme le prétendent les économistes, déclare l'assemblée de police générale, vieille instance d'urgence rarement convoquée, réunie fin 1768. Tout comme les gens sur le marché central de Rouen prêts à lapider les Mirabeau de passage, l'assemblée de police voit dans les physiocrates les ennemis du bien public.

Le roi s'évertue à discréditer les cours antilibérales en réduisant leur position sur la question du pain à leur résistance obstinée et systématique à la volonté royale depuis des décennies, c'est-à-dire au sacrifice méthodique de l'intérêt général à leurs intérêts catégoriels et subversifs, voire « républicains ». Mais l'affrontement entre Louis XV et les parlements de Rouen et de Paris met en relief le grand paradoxe de cette redoutable crise. Après avoir impitoyablement critiqué les excès et les abus du pouvoir monarchique pendant un demi-siècle, les parlements mettent en cause le roi pour son déficit d'autorité et d'initiative. Loin de vouloir limiter son champ d'intervention, les parlements l'exhortent à s'affirmer. En épousant les réformes radicales du libéralisme, disent en substance les magistrats au roi, « vous répudiez vos responsabilités, vous bradez les attributs de votre charge, vous abdiquez ». « Soyez un roi », martèlent-ils à Louis XV. « Soyez un roi vigoureux, père de son peuple, prince nourricier, garant du lien social et politique. »

« Grand protagoniste sur la scène historique », le pain, ainsi que vous le présentez, se constitue en « épreuve de vérité » pour le roi ?

En quelque sorte. C'est comme si ce pain anthropomorphisé voulait se venger pour manque de respect à son égard, voire blasphème, et outrage au droit à l'existence. Le roi aurait pu peut-être tenir la ligne libérale en jouant sur les profonds clivages entre et à l'intérieur des parlements, mais c'eût été faire abstraction de ce qui se passait sur le terrain. La crise économique se double en 1769 d'une crise financière : le ministre de l'économie, en donnant sa démission à la fin de l'année, pointe le péril d'une faillite d'État imminente. L'année suivante, la crise frumentaire s'intensifie ; la soudure déclenche une nouvelle vague de révoltes, souvent très violentes, avec une forte présence féminine (parfois couvertes par les autorités locales). Des témoins rapportent une misère grandissante, un grossissement de la population flottante et des corps de mendiants, la prolifération des « maladies populaires », une augmentation d'enfants abandonnés, quelques infanticides dits de famine. Face à ce désordre contagieux, Louis XV ne peut que reconnaître le poids de l'argument des parlements antilibéraux, à savoir que la légitimité du pouvoir passe par le pain, pas par la nature : du pain en quantité suffisante, de qualité raisonnable et à un prix accessible. Il fait marche arrière, revient à un paternalisme et à un interventionnisme plus ou moins classiques. Persuadé que « toutes les branches de l'économie politique sont liées au pain », le nouveau ministre de l'économie veut rassurer le peuple et lui redonner confiance. Il ancre fermement la nouvelle politique du côté des consommateurs. Le peuple « raisonne peu et mal », observe-t-il, mais c'est de la pure folie de ne pas s'occuper de son pain quotidien.

La restauration du contrat social des subsistances, c'est la mise à mort des physiocrates ?

Ces économistes vont faire preuve d'une étonnante résilience – l'avènement de l'ultra-libéral Turgot, quelques années plus tard, en témoigne – mais, sur le moment, c'est incontestablement la *bérézina.* Tout en brandissant l'oriflamme des Lumières, les physiocrates sont pris à partie par bien des philosophes pour leur style (prétentieux) et leur doctrine (dogmatique, erronée), puis – de façon plus urgente – pour l'inscription inattendue de la théorie dans le réel. Le panophobe Linguet les traite d'assassins, de secte pernicieuse souhaitant inaugurer le règne de la cherté pour transformer le sang humain en or. Chantre de la mouture économique, Edme Béguillet leur reproche de se dresser contre la *salus populi.* « Écrasez-les, réduisez-les à la poussière et aux cendres », demande David Hume, qui les considère comme le cénacle d'hommes les plus chimériques et les plus arrogants depuis l'annihilation de la Sorbonne.

Selon les victimes elles-mêmes, la bombe qui les a déroutées, lancée en janvier 1770, en pleine crise, est *Les Dialogues sur le commerce des bleds* de l'abbé Ferdinando Galiani, érudit, économiste et diplomate napolitain, en poste à Paris pendant le moment libéral, proche des encyclopédistes, coqueluche des salonnières. Drôles et enlevés, les *Dialogues* sont avant tout un réquisitoire impitoyable contre la théorie et la méthode des économistes, vouées à faire mourir les hommes de famine, à semer le désordre, à ébranler l'État. Le pain a un statut particulier, qui doit être sanctuarisé dans un régime monarchique, soutient Galiani : celui qui ose changer l'administration des grains en France changera forcément la forme du gouvernement. « L'économystification » au pouvoir ne peut que déboucher sur le chaos, car, souligne l'abbé, la physiocratie est véritablement dangereuse, « un Mississippi, un jansénisme, une Fronde, une croisade, une maladie épidémique de l'esprit » qui provoque de cruels ravages.

On imagine que les physiocrates n'ont pas goûté cet assaut spirituel et meurtrier ?

La charge traîtresse de Galiani était d'autant plus intolérable qu'elle venait d'un philosophe respecté. Pour les physiocrates, la question du pain et de la liberté est le test décisif d'appartenance aux Lumières ; et ceux qui s'opposent à eux sont les ennemis du progrès, de la nature et de la science. La famille des philosophes est déchirée sur des questions fondamentales de gouvernance, de régulation économique et sociale. Le Dr Quesnay lance une furieuse contre-offensive : ses ténors – Roubaud, Baudeau, Dupont et Lemercier de la Rivière – vilipendent le Napolitain avec une rare virulence. Ce dernier prend mal ce qu'il estime être des attaques calomnieuses. Aussi incapable de supporter la critique que friand de l'infliger à l'autre, Galiani demande (en vain) au lieutenant de police de supprimer ces ouvrages « malsains ». Il ne manquera pas d'appuis, notamment Diderot qui s'en prend à la pensée abstraite et doctrinaire des physiocrates, dont les théories ne prennent pas en compte les faits (« je mange mal quand je n'ai que du pain théorique », dit-il en substance). Mettant en question la vision d'un capitalisme doux et autorégulateur, le grand encyclopédiste réfute l'accusation que les critiques du libéralisme sont les apologistes des superstitions, des ténèbres et d'un passé discrédité. Il dénonce la notion de la propriété absolue comme « un principe tatar, cannibale » et défend le droit à l'existence et la notion que le peuple a des intérêts vitaux qui peuvent justifier le recours à une sorte de violence sociale (par exemple, l'émeute de la taxation populaire). Sur des questions primordiales du projet des Lumières, tels les fondements d'une science sociale et politique, ou la compatibilité d'une économie de marché avec les valeurs humaines et humanistes, désormais le camp philosophique est divisé en deux axes centraux : le groupe Diderot-Grimm-Necker-Holbach contre celui de Turgot-Condorcet-Dupont (Voltaire gravitant de l'un à l'autre).

Le fougueux Galiani disparaît-il alors de la scène ?

Rappelé en Italie, sans doute parce que trop mêlé au débat public en France, piqué par l'agressivité des « fanatiques », Galiani annonce dans sa correspondance la publication d'une cinglante riposte, qui va s'intituler *La Bagarre.* Sa thèse est que lorsque vous laissez trop de liberté aux gens, ils finissent par se bagarrer. La « bagarre » est donc le symbole de ce qu'une liberté octroyée sans raison peut occasionner : désorganisation sociale, misère, anomie, révoltes. Tous les spécialistes de Galiani déclarent le texte perdu. Or un jour, comme je me trouvais dans le cabinet des manuscrits de la Bibliothèque nationale (le temple magique et un peu sinistre de la rue de Richelieu), je tombe par hasard sur un texte qui correspond exactement à la description de *La Bagarre* que l'abbé avait donnée à son amie Mme d'Épinay. Vous imaginez ma surprise et mon ravissement ! Et je m'amuse beaucoup, parce que l'écrit de Galiani, qui prend la forme d'une parodie d'un essai de l'économiste Lemercier de la Rivière, n'est pas seulement très dur, il est aussi très cocasse. Pour traduire le thème central du chaos du libéralisme physiocratique, Galiani s'empare du tragique désastre qui a eu lieu pendant les cérémonies pour marquer le mariage du dauphin, le futur Louis XVI, avec Marie-Antoinette. Au cours d'une grande fête populaire – *panem et circenses* –, le 30 mai 1770, en plein milieu de la turbulence frumentaire qui secoue le royaume entier, une foule gigantesque quittant la rue Royale en rencontre une autre qui descend des Grands Boulevards. Sous l'effroyable choc des deux colonnes, un vent de panique emporte tous ces gens. Il y a au moins 132 morts et des centaines de blessés. Galiani prend cette bagarre comme métaphore, pour dire ce que la liberté du commerce des grains engendre nécessairement. C'est de l'humour noir, mais pour l'auteur loin d'être une plaisanterie, c'est une leçon politique de la plus grande importance : le pain n'appartient pas au commerce, mais à la police ; c'est « un objet d'administration », non « un objet de commerce ». Je publie ce texte perdu dans une collection d'histoire des idées chez Martinus Nijhoff, grand éditeur hollandais, aujourd'hui disparu. Voilà la (malheureuse) *Bagarre* retombée aux oubliettes.

La polémique entre Galiani et les libéraux reste pourtant étonnamment actuelle...

On pourrait dire, après tout, que la bagarre est toujours là, d'une manière ou d'une autre, dans les universités, dans les hôpitaux, dans l'arène du capitalisme financier, etc. Bien avant 1789-1793, le problème du pain cristallise les grandes questions qui vont structurer le débat politique en France jusqu'à nos jours : quelles sont les obligations de l'État à l'égard de la société ? Quels sont les droits que le peuple peut faire valoir auprès de l'État ? Quelles sont les bases de la légitimité politique ? Quelles sont les formes légitimes de la revendication et de la représentation sociales ? Quelles sont les limites de l'activité de l'État ? Comment concilier liberté et régulation (autrement dit, liberté et égalité) ?

6.

La boulangerie appartient à la police

Je voudrais vous entraîner vers une autre thématique à présent, mais qui me paraît centrale pour bien entendre l'exception politique, culturelle et alimentaire que représente le pain : venons-en à ce corset de lois, de réglementations, de contrôles qui est venu, jusqu'à une date très récente, entraver la liberté des boulangers.

L'idée que la boulangerie n'est pas un métier comme un autre remonte à l'Antiquité : la « police » française, chargée de surveiller et de réguler l'approvisionnement, est fortement marquée par la tradition d'embrigadement gréco-romaine. L'État en France, à tous les niveaux, considère la boulangerie comme une sorte de service public. Les boulangers devaient participer, *nolens volens*, à la construction de l'ordre quotidien. Ils n'inspiraient pas aux autorités une méfiance aussi viscérale que les marchands des grains : elles les connaissaient mieux et avaient des moyens de pression plus immédiats. Reste que l'attitude de la police à leur égard était conditionnée par le même postulat sur leur psychologie qu'à l'endroit des marchands : c'était avant tout l'intérêt personnel – on disait « la cupidité » – qui les animait ; et, à moins d'être soumis à une inspection permanente, à des contrôles divers et, le cas échéant, à de lourdes sanctions, les boulangers n'assumeraient point, surtout en période critique, le service social que le public était en droit d'attendre d'eux. D'Argenson, un des plus durs lieutenants de police de la capitale au début du XVIIIe siècle, les regardait carrément comme « les plus cruels ennemis du peuple ». D'autres s'inquiétaient de leur « insolence » ou de leur « mauvaise foi », mais les plus sobres visaient plutôt à négocier des solutions mutuellement avantageuses. Il fallait sans cesse « tempérer leur avidité pour le gain » ; mais, s'ils jouaient le jeu, acceptant même de subir des pertes par temps de crise aiguë, les autorités les plus astucieuses leur consentaient un joli profit, voire une prime compensatoire au retour de l'abondance.

Les boulangers étaient soumis à des contraintes qui nous paraissent aujourd'hui draconiennes. Ils ne pouvaient pas quitter le métier sans donner un avis préalable variant de trois à six mois, et seulement avec l'approbation de l'administration. Ils devaient garnir leurs boutiques en ville et leurs étals sur les marchés quelles que fussent les difficultés. Rien ne pouvait les dispenser de cette obligation, et certainement pas le paroxysme ordinaire de la pénurie. Les boulangers se méfiaient des « blés du roy » que proposait le gouvernement quand l'offre commerciale faisait défaut, car cette marchandise importée était fréquemment de piètre qualité. Si la police devait tolérer une légère détérioration de qualité pendant une disette, le public ne la pardonnait pas : la mauvaise qualité était perçue comme une provocation même en pleine crise, que le public faisait payer cher commercialement au boulanger et politiquement au gouvernement. Je me souviens d'un maître boulanger qui provoqua en duel un bourgeois de Paris du voisinage qui avait ouvertement mis en doute la qualité de son pain, car il était extrêmement difficile d'endiguer la rumeur lancée contre la réputation d'un artisan. Un autre se trouva acculé à la faillite quand il perdit la « pratique de ses meilleures maisons », après une livraison de mauvaise farine donnant ce qu'il appelait, joliment et tristement, « le pain du discrédit ». Se souciant de la bonne entente entre consommateurs et fabricants, la police mettait en garde les boulangers du faubourg Saint-Jacques, leur recommandant d'éviter de pétrir les heures où l'on retirait les matières fécales, parce que les odeurs méphitiques risquaient de gâter leurs fournées.

« Le bon pain », comme disait le commissaire Delamare, grand codificateur de la police de l'Ancien Régime, était une condition *sine qua non* de la tranquillité sociale. L'utilisation de farine douteuse, qui risquait « d'incommoder » le consommateur, était sévèrement sanctionnée (sauf si elle provenait des sources royales !). Selon ce policier, la farine pétrie par le boulanger devait être d'un blé correct, ni aigre, ni échauffée, ni empuantie, pas plus qu'elle ne devait être rajeunie, fortifiée ou « réparée » par quelque additif que ce soit. La pâte devait être « bien levée » : c'est l'étape critique de la fermentation, impossible à juger à la vue pour les profanes. Delamare était autant un homme de goût que d'ordre : il réclamait en dernier lieu la vente d'un pain distingué par ce qu'il appelait « un degré de cuisson convenable ». Il disait aussi « cuit bien à propos ».

Vous fantasmez toujours sur le pain bien cuit !

Nenni, cher ami ! Pas « bien cuit », ce qui est communément aujourd'hui interprété comme « trop cuit », mais correctement cuit, cuit comme il le faut, selon les règles de l'art, pour exprimer toutes ses vertus sensorielles. Il est intéressant que la qualité organoleptique ait été une référence de police même dans un monde de pénurie chronique. Là-dessus, on peut légitimement parler d'une certaine gastronomie populaire, reconnue et respectée par les autorités. Il est trop facile de faire abstraction de la culture, jadis et maintenant, quand on évoque la faim. Il ne s'agit pas que de calories lourdes, de protéines vitales, etc. Bien sûr, le désespoir conduit les gens affamés à manger parfois l'immangeable, ce qui peut expliquer « les maladies populaires » du XVIIIe siècle conduisant à la mort par diverses affections digestives, les relations folkloriques – difficiles à confirmer par des documents – de l'exhumation des corps pour réduire les os en farine, des récits du cannibalisme dit de survie, etc. Mais, généralement, même en temps de crise sévère, les gens n'acceptent pas de manger n'importe quoi. On cherche le familier, le rassurant, le bon, voire le digne. Face à la pénurie, aujourd'hui, le consommateur africain échange volontiers tout un paquet de biscottes protéinisées et vitaminées, distribuées par les agences de secours, contre un bol de sorgho, tout comme des Lyonnais en 1770 troquaient un kilo de riz, offert par les autorités, contre une demi-livre de pain. Le seigle et l'orge étaient beaucoup plus faciles à dénicher que le froment pendant les grandes disettes du XVIIIe siècle, mais les autorités renonçaient à en acheter pour la capitale, car ils savaient pertinemment que les Parisiens les rejetteraient avec colère. Pendant la disette de 1725, les consommateurs de la capitale se plaignaient âprement du pain « de mauvais aspect » qui « prenait du nez » ou qui était « incapable d'entrer dans le corps humain ». L'émeute violente de plusieurs milliers de prisonniers à Bicêtre, pendant la disette de 1740, était sans doute plus le fruit de la qualité « détestable » du pain que de la réduction de la ration. L'abbé Terray, ministre de l'Économie à la fin du règne de Louis XV, fort perturbée sur le plan des subsistances, concédait volontiers que la mauvaise qualité du pain était dans la population civile, et pas seulement dans les prisons, l'une des principales causes des émeutes dites de la faim.

Après le droit à l'existence, bien ancré dans l'économie morale de l'Ancien Régime, les Français, notamment les citadins, croyaient qu'ils avaient un droit inaliénable à la bonne qualité du pain. L'irréductible inclination des consommateurs des années 1789/1793/1795 à tenir les commissaires, les députés et les ministres pour responsables des multiples – prétendues – formes d'adultération et de corruption de ce produit alimentaire de base marqua simplement l'apogée d'un siècle de soupçons et de dénonciations chroniques. En septembre 1789, le bruit courait que certains boulangers vendaient du pain mêlé de chaux. La « mauvaise qualité du pain » fut l'un des leitmotive véhéments des femmes qui marchèrent sur Versailles le mois suivant. Dans le courant de l'automne 1793, les Parisiens enrageaient contre le « très mauvais pain » et, malgré la pénurie, boycottaient ces boulangers incapables d'honorer leur profession. La régénération de la société française, utopie révolutionnaire, achoppait, en ce qui concerne la vie quotidienne, sur le mauvais goût du « pain de l'égalité » qui devait marquer l'instauration d'un monde nouveau.

Revenons aux contraintes qui pesaient sur le corps des boulangers...

Pour assurer une traçabilité administrative et responsabiliser les boulangers, obligation leur était faite de marquer chaque pain avec leurs initiales et celles du marché, s'ils avaient un étal, et de les faire suivre d'un code simple indiquant le poids. Périodiquement, ils devaient remettre au commissaire de police une « empreinte » de leurs marques pour vérification. Le poids effectif du pain devait correspondre à la marque, et les boulangers avaient le devoir de disposer de balances, placées bien en évidence dans leur boutique ou sur leur étal, pour permettre aux chalands les plus exigeants de contrôler le poids de la marchandise, droit que le consommateur pouvait exercer jusqu'à la fin de la fixation officielle des prix à la fin de 1986. Mettez un boulanger sur la balance après sa mort, dit l'adage, il ne fera pas son poids. La vente de pain léger – « le faux poids » – était l'un des délits les plus courants de l'Ancien Régime ; Grimod de la Reynière la fustige dans ses promenades gastronomiques au lendemain de la Révolution ; elle est encore dénoncée dans les grandes enquêtes officielles de 1859, auxquelles l'ingénieur-sociologue Frédéric Le Play fut associé. D'après mes propres calculs, basés sur des centaines de saisies réalisées au cours du XVIIIe siècle, il ne serait pas injuste de chiffrer la « perte quotidienne » totale des Parisiens, pour cause de faux poids, à 2 500 ou 3 000 pains de quatre livres les jours ordinaires, bien davantage les jours de marché – assez pour nourrir plusieurs milliers de familles. Si l'on se souvient de la stagnation de la production agricole et de la forte croissance démographique de cette période, on se rend compte de la vraie signification d'une telle hémorragie. La police tenait la fraude sur le poids pour une infraction très grave, un « vol » contre le public et une subversion de l'ordre quotidien. Diderot raconte à l'impératrice Catherine l'histoire d'un cadi turc, qui interrompt son repas pour se rendre chez un boulanger accusé de vendre son pain court. Ayant confirmé le faux poids, le cadi fait jeter le boulanger dans son four. Il explique son geste, manifestement cruel, aux auditeurs sous le choc : « Vous faites rouer celui qui brise le coffre-fort du banquier et vous ne voulez pas que je fasse brûler celui qui vole le pain du pauvre ? » Nonobstant les protestations indignées des boulangers condamnés, la justice française était beaucoup moins brutale. Mais les sanctions faisaient mal. D'abord, de fortes amendes après la confiscation de tout le lot de pain, sorte « d'exécution militaire sur le pain » (découpage en un rituel infamant avant distribution aux pauvres), pratique bien laïque qui rappelle néanmoins le vieux rite d'humiliation et d'expiation publiques, au cours duquel le boulanger convaincu de fraude, nu-tête, devait porter un cierge allumé de deux livres (certifié poids de marc !) à la cathédrale pour « demander pardon à Dieu, au Roi & à la Justice ». En cas extrêmement flagrant ou de récidive, la chambre de police pouvait ordonner la fermeture et le « murage » de la boutique pendant des semaines ou des mois, et l'expulsion de la corporation. Les boulangers estimaient ces condamnations profondément injustes, et la science embryonnaire de la panification leur donnait partiellement raison, car même un artisan averti avait du mal à prévoir le déchet dans la cuisson, élément très fluctuant en fonction de maintes variables : qualité du blé, technique de mouture, hydratation, mode de fermentation, température de l'air et de l'eau, type de four et de combustible, etc. Pour parer aux risques de la cuisson et du pain court, les boulangers et certains savants préconisaient le recours systématique à la vente au poids... même si Parmentier craignait que le boulanger avide n'ajoute de plus fortes quantités d'eau à la pâte et ne cuise insuffisamment, en augmentant le poids au détriment de la valeur sensorielle et nutritive. L'hydratation est encore aujourd'hui un enjeu dans la filière, mais pas comme le levier ou le voile d'une fraude éventuelle. Une recette (ou « diagramme ») faisant davantage imbiber d'eau la farine pourrait permettre au boulanger de fabriquer plus de pain avec la même quantité de matière première. L'intérêt d'une forte hydratation n'est pas qu'économique. Frédéric Pichard, un des plus imaginatifs boulangers parisiens, considère la charge d'eau comme la clé d'une fermentation en profondeur.

Votre observation m'incite à ouvrir une petite parenthèse : la qualité de l'eau joue-t-elle un rôle majeur dans la panification ?

Là, vous risquez de déclencher une guerre de religion. Au XVIIIe siècle, comme aujourd'hui, les divergences sont profondes sur l'appréciation de l'importance de l'eau. Le « mitron de Vaugirard », pseudonyme d'un savant de la panification, considère l'eau comme « l'âme du pain ». Le Dr Malouin, pionnier de la science de la panification, met l'accent sur une eau « pure » et « légère ». Le cas de figure par excellence pour démontrer le rôle critique de l'eau est le boulanger de Gonesse, à 20 kilomètres au nord-est de la capitale. Souvent laboureurs en même temps que boulangers, vivant au sein de riches terres arables et d'un parc imposant de moulins à eau et à vent, les Gonessiens – une centaine au début du XVIIIe siècle – faisaient partie de la catégorie de boulangers dits « forains », qui apportaient leur marchandise de l'extérieur pour fournir les marchés de pain parisiens, chaque mercredi et samedi. Ils rentraient en conflit assez souvent avec les maîtres boulangers, membres de la corporation, détenteurs théoriques d'un monopole qui s'avérait tout relatif, étant donné la volonté du gouvernement d'attirer autant de fournisseurs fiables et réguliers que possible.

Paris avait besoin du pain de Gonesse pour couvrir ses besoins, et bien des consommateurs y tenaient pour sa qualité exceptionnelle, une double dépendance qui semblait rendre la capitale éminemment vulnérable. En 1590, Henri IV dressa son camp à Gonesse, persuadé qu'après deux semaines sans la moindre miche gonessienne – Paris vaut bien une Gonesse ? – les habitants se rendraient. Condé, pendant la Fronde, misait lui aussi sur une semaine sans le pain de Gonesse pour prendre la capitale. La droite royaliste nourrissait le même fantasme en 1791. À part le poids brut de son approvisionnement, l'attrait du pain de Gonesse résidait dans son excellence légendaire. À l'origine pain de pâte dure pétrie au pied, il est décrit par le voyageur anglais John Evelyn dans la deuxième moitié du XVIIe siècle comme « le meilleur pain de France ». « Bon comme le pain de Gonesse » est un dicton courant de l'Ancien Régime. Proche du pain dit « de chapitre » que faisaient les boulangers de Paris qui tentaient de l'imiter, cette miche de trois livres avait un goût de noisette et un nez fleuri qui me font rêver.

Le secret de la qualité de ce pain, selon la thèse la plus communément épousée, se trouvait dans l'eau quasi magique de la Crould. Ni les Gonessiens transportés à Paris pour y cuire leur pain, ni les boulangers parisiens qui employaient du blé de Gonesse, réputé pour ses propriétés meunières et boulangères hors du commun, n'arrivaient à faire un pain aussi exquis. Mais contre plusieurs médecins éminents qui soutenaient l'explication par l'eau, se dressait Parmentier qui défendait avec force la doctrine contraire : la qualité panaire ne dépend nullement de l'eau ; l'appel à l'eau est une sorte d'alibi pour détourner l'attention des « vices de la panification », cheval de bataille du célèbre pharmacien. La fusion avec la farine et le processus de fermentation, selon ce dernier, modifient du tout au tout la nature de l'eau employée et rendent ainsi sa qualité originelle « indifférente » au succès de la panification. La quantité d'eau ajoutée, sa température et la manière dont on s'en sert importent incomparablement plus que sa qualité. Parmentier a tout expérimenté : eaux de pluie, de puits, de fontaine, de rivière ou encore distillée, et il n'a trouvé aucune différence de saveur, de blancheur ou de légèreté.

Rares sont les contemporains qui se sont ralliés au pharmacien. Ils concevaient l'eau à la fois comme ingrédient important sur le plan sensoriel et physico-chimique, et comme objet de santé publique.

Secondés par les pouvoirs publics, des spécialistes des subsistances pressaient les boulangers de renoncer à l'eau des puits, souvent contaminés par les infiltrations des latrines et autres déchets capables d'engendrer des maladies. Des boulangers malins, ayant une source à portée de main et voulant s'épargner le coût du charriage de l'eau de la Seine, avaient installé des canalisations reliant directement un puits à leurs pétrins. La question est suffisamment troublante pour trouver sa place dans plusieurs cahiers de doléances en 1789. Aujourd'hui, le débat persiste, notamment sur le plan organoleptique. Un grand boulanger comme Jean-Luc Poujauran ne jure que par l'eau osmosée, clé d'une fermentation réussie et d'un pain éclatant sur le plan organoleptique. Un autre, Dominique Saibron, est fort sceptique, ayant tout essayé, un peu à la manière de Parmentier. Les eaux filtrées, adoucies, ou autrement transformées modifient le goût dans un sens négatif, soutient-il. Si le coût n'était pas prohibitif, il utiliserait l'eau de source, en bouteille, qui améliore la plasticité de la pâte et l'arôme. Mais il se contente de l'eau sortie du robinet (sauf pour sa buée), position partagée par Christophe Vasseur, autre virtuose, qui se fie également au Château Delanoë.

Que dire de la relation entre les boulangers et les consommateurs sous l'Ancien Régime ?

Je vous parlerai de ce qui se passait à Paris, cas de figure assez proche des pratiques dans les grandes agglomérations, largement imitées dans les petites et moyennes villes. Vers 1730 la capitale était fournie par 550 maîtres boulangers, membres de la corporation, détenteurs de certaines prérogatives importantes et de devoirs impératifs, mais leur monopole n'était qu'une fiction (exploitée et exagérée par la critique libérale) : ils assuraient 45 % de l'offre globale. Le reste était dû à 350 non-maîtres situés dans les lieux dits « privilégiés », principalement le faubourg Saint-Antoine, où l'artisan n'avait pas besoin d'une maîtrise pour exercer ses fonctions, à quelque 400 forains venant de l'extérieur, tous recensés et surveillés par les autorités, et à une centaine de boulangers illicites, opérant dans l'ombre. La boutique de quartier (800 dans la ville et ses faubourgs) n'était pas le principal débouché pour la distribution du pain. Détenues tant par des maîtres que par des faubouriens et les forains, les places des 12 marchés officiels, très convoitées, représentaient presque deux tiers de l'approvisionnement en pain. Au XVIIIe siècle, il y avait un boulanger pour 393 habitants de la capitale. Une centaine d'années plus tard, un pour 1 700, peu ou prou, mais ces chiffres sont difficiles à corroborer. En 1950, à l'échelle nationale, on en compte un pour 760, malgré la chute assez spectaculaire de la consommation du pain.

Je suis surpris par le peu de place relative des boulangers institutionnels.

Dans la logique de la police et la perception des consommateurs, tous les boulangers sont institutionnels. Et même si l'on va massivement au marché deux fois par semaine, la boutique pèse dans la vie de chaque quartier. Si chaque rue de Paris ne peut se targuer d'une boutique, beaucoup en comptent une demi-douzaine ou davantage (comme les rues de Belleville ou d'Oberkampf aujourd'hui), et il n'y a pas un seul quartier où les consommateurs n'ont le choix entre plusieurs boulangeries voisines. Les débits de pain structurent l'organisation du quartier ; on situe son adresse par rapport à la boutique, monument humble mais notoire dans le paysage de la vie quotidienne. Les boulangers de quartier sont des personnages bien connus des Parisiens, et la quasi-totalité de ces derniers fréquente les boutiques pour une raison ou pour une autre, même s'ils achètent régulièrement sur les marchés. Commerce de proximité, comme on dit aujourd'hui, la boutique est plus commode, car elle vend du pain tous les jours, elle offre du pain frais et elle propose un choix de pains plus large que les marchés, où le consommateur ne trouvait que du gros pain (classiquement six, huit ou douze livres, mais de plus en plus quatre livres) fait de pâte de froment ferme déclinée en deux, voire trois qualités (blanc, bis-blanc et bis). Outre le gros canonique, les boutiquiers mettent en vente ce qu'on appellerait de nos jours des spéciaux : toute une gamme de petits pains, dont certains à pâte molle ou au lait, au beurre et/ou aux œufs, dits collectivement « pains de fantaisie ».

Le marché est-il adapté tout particulièrement aux pauvres ?

N'oublions pas que la notion de marché au XVIIIe siècle est associée non avec une efficacité spontanée de lois naturelles, mais, au contraire, avec une chorégraphie de comportements dans un site matériel d'échanges surveillés et régulés. Le Pouvoir s'efforce de rendre le marché attractif aux vendeurs et aux acheteurs en encourageant une célérité de transactions dans de bonnes conditions. En boutique, la boulangère exige le prix dit « courant » et ne cède pas ordinairement aux demandes de baisse. Au marché, le marchandage est la règle : la police y tient, le public y compte, et les boulangers s'y prêtent plus ou moins. Ces derniers commencent par demander un peu plus et finissent par accepter un peu moins. Le cadre est le prix courant ou commun – fruit du prix des grains (enregistré dans la « mercuriale », le registre officiel des prix), du prix du pain du marché précédent, du temps et de la saison, du climat politique, des ordres ou des recommandations de la police, ou de l'absence de directives. Quand il n'est pas imposé par les autorités, le prix semble avoir été la conséquence d'une épiphanie collective. Car, si dispersés qu'ils soient à travers la métropole, la quasi-totalité des boulangers paraît le connaître plus ou moins en même temps. Aujourd'hui, on parle des asymétries d'informations comme d'une entrave sérieuse aux échanges. Au XVIIIe siècle, l'information concernant le prix du pain circule à une vitesse étonnante, selon un principe proche de ce que l'on peut appeler Radio Pétrin.

J'observe actuellement un retour de la pratique de marchandage, principalement en raison de la crise économique. La presse en parle : on tente de marchander sur les prix, qu'il s'agisse de légumes au marché, d'une robe ou d'un téléviseur. Je l'ai vu moi-même dans une boulangerie vers 20 heures sur la viennoiserie. Le savoir d'achat dont parlent en ce moment les sites comparatifs de prix sur le net faisait partie de la boîte à outils des consommateurs au XVIIIe siècle. L'acheteur qui réussissait le mieux dans le marchandage du pain était celui qui revenait tous les mercredis et samedis, vers la même heure au même étal. Hier comme aujourd'hui, le client fidèle n'a (presque !) pas de prix. Mais sur les marchés du pain, jadis, le marchandage donnait parfois lieu à des malentendus et à des violentes altercations, notamment quand le vendeur se ravisait sur le prix auquel l'acheteur croyait qu'il avait concédé la miche. Jusqu'à midi, les boulangers des marchés avaient le droit de tenir au prix courant ; passé midi, ils ne pouvaient plus augmenter, quelle que fût la demande. Après 16 heures, le règlement les obligeait tous à accorder une remise, c'est-à-dire à descendre en deçà du prix le plus bas de la journée. Qui plus est, les boulangers n'avaient pas le droit de porter chez eux les invendus, tout comme les marchands de grains ne pouvaient retirer du marché les marchandises qu'ils avaient mises en vente. (On retrouvera un écho de ce principe de l'Ancien Régime dans cette conviction révolutionnaire : laisser de grosses quantités de pain quitter la capitale, c'était « organiser la famine à Paris ».) Tout était orchestré pour inciter à une vente assez rapide et totale. Les boulangers qui essayaient de remporter leurs pains, quand ils étaient piégés par des patrouilles qui les guettaient, essuyaient la confiscation et des amendes importantes. En principe, la journée d'achat était donc socialement stratifiée, les plus démunis attendant la dernière heure. Mais attendre pouvait être fort risqué, car il arrivait que les marchés aient plus ou moins vendu toute la marchandise à midi. Psychologiquement souvent impatient, parfois rongé par la faim, le nécessiteux tentait sa chance en matinée, alors que le pain était encore en abondance. Par ailleurs, il ne faut pas croire que les gens aisés boudaient les marchés : friands de pain de Gonesse ou soucieux d'économiser un liard, ils envoyaient leurs domestiques acheter. Leur argent n'était pas en jeu, mais ces derniers se battaient sur le prix autant que les autres : question de rester crédibles et de garder la forme. Certains forains livraient directement les maisons des clients nantis, transgression des règlements que les jurés de la corporation des boulangers faisaient tout pour réprimer. Ces derniers faisaient faire aussi le « portage », soit par le garçon boulanger, soit par la figure pathétique et lyrique de la porteuse de pain, rendue célèbre par le roman éponyme de Xavier de Montépin, un des grands best-sellers populaires de la fin du XIXe siècle, immortalisée par la statue de Jules Coutan qui se trouvait dans le square de la Tour Saint-Jacques à Paris avant d'être détruite par les nazis. La porteuse typique devait être robuste et endurante, car la corbeille qu'elle portait sur le dos pouvait contenir jusqu'à cent livres de pain, avec quoi elle devait fréquemment monter quatre ou cinq étages. Elle devait également savoir se défendre contre les autorités qui la soupçonnaient de « regratter » (revendre) ou remporter illicitement le pain et contre certains clients sans scrupules qui s'efforçaient d'abuser de ses bonnes dispositions.

La porteuse était vulnérable dans son honneur (et *a fortiori* dans sa sexualité) pour la simple et bonne raison qu'elle était domestique, ou considérée comme telle. Ainsi était-elle réputée manquer de sens moral. Si elle n'était pas la putain du client, elle était souvent celle de son maître, disait-on. « Faire des enfants à sa porteuse de pain » semble avoir été une insulte ou une provocation classique à l'adresse des boulangers. À quoi ceux-ci répondaient : « Si j'ai fait un enfant à ma servante, j'en ferai bien aussi à ta femme. » J'ai le souvenir d'une pauvre fille mineure nommée Marie Lalouette qui travaillait, en plein XVIIIe siècle, pour un boulanger du faubourg Saint-Antoine. Il déplorait que sa femme, vieille et infirme, fût un poids mort et lui confiait son désir de l'épouser si son épouse venait à mourir. Il la poursuivait inlassablement de son ardent badinage, essayait de soulever ses jupes quand elle montait l'escalier, finit par la prendre de force sur « la couche », l'endroit du fournil où l'on donnait vie à la pâte, mais le même mot désigne bien entendu l'état de la femme qui enfante. La porteuse tombe effectivement enceinte, le boulanger promet de « payer sa couche » et continue d'abuser d'elle. Dans le neuvième mois de grossesse, le maître se rétracte, nie avoir eu des rapports sexuels avec sa porteuse et la renvoie sans dédommagement. Aux abois, la jeune servante porte plainte à la police, dont l'enquête traîne : il ne faut pas donner au boulanger un prétexte pour ne pas garnir sa boutique et son étal. Je n'ai jamais pu retrouver la trace de cette Marie Lalouette, mais des Marie Lalouette à cette époque, il y en a eu plein.

Pour aller plus loin que la relation du boulanger avec sa porteuse de pain, faites-nous entrer dans une boulangerie parisienne.

Plantons d'abord le décor. En entrant dans une boulangerie parisienne au XVIIIe siècle, ne vous attendez pas au stylisme italien, type Kayser, ou à l'élégance et la théâtralité de chez Saibron. Par son aménagement et sa décoration, la boutique d'antan était assez austère, voire sombre. Les boutiques n'avaient pas encore ces lourdes portes de fer – la « forteresse » – installées au début du XIXe siècle pour les défendre contre les « invasions » soudaines du peuple. Et elles n'avaient rien à voir non plus avec le style excessivement recherché et le goût de l'ostentation qui allait accompagner la « viennisation » de la boulangerie parisienne après 1840. La devanture consistait en une grande ouverture recouverte d'une grille convexe et souvent d'un rideau. Les pains étaient disposés derrière la grille : tentation constante pour les voleurs, les vandales et les affamés. L'intérieur de la boutique était habituellement encombré de matériel et de marchandises. Adossé à un mur se trouvait le comptoir, généralement de bois, auquel présidait la femme du boulanger (plus rarement sa mère). Sur le comptoir étaient installés une balance et des poids pour peser le pain, si nécessaire, et un couteau pour débiter en portions les gros pains : les instruments que l'on trouvait sur le comptoir d'une boulangerie moderne jusqu'à la fin des années 1980. Les murs derrière le comptoir étaient couverts d'étagères sur lesquelles on entreposait le pain. Le long du mur, des récipients accueillaient les croûtes (pour la soupe, le plat gastronomique populaire), la chapelure, la farine, le son et d'autres sous-produits de la farine, ou encore le charbon (les braises retirées du four).

Autrefois, comme à l'heure actuelle, le souci principal du boulanger en boutique était de fidéliser ses « chalands ». Le prix courant est le cadre des transactions, mais le consommateur paie généralement six deniers de plus que le prix du marché, marge tolérée par la police pour couvrir des frais généraux plus importants. Les prix varient remarquablement peu de boutique à boutique, malgré la vive concurrence. On paraît accorder assez rarement des prix de faveur. Quelquefois la boulangère offre un petit gâteau à ce qu'on appelle aujourd'hui des « prospects », c'est-à-dire des clients potentiels. Pour garder les habitués, on joue sur les délais de remboursement, ou plus précisément, de recouvrement des sommes dues pour l'achat du pain. Car le boulanger vend à crédit, très souvent en boutique, plus rarement sur les marchés : le crédit est un levier majeur dans la construction d'une relation durable entre le vendeur et l'acheteur. La sérénité qui règne en boutique, le fait qu'elle est ouverte tous les jours, la place qu'elle occupe dans le voisinage sont propices à l'instauration de relations de confiance entre les deux acteurs.

Mais la relation peut être fort délicate ; car le boulanger ne peut exiger le paiement des sommes dues sans risquer de froisser l'acheteur, de l'indisposer, voire de le perdre. Qu'il réclame trop tôt son dû, et le client risque de s'adresser à la concurrence ; qu'il attende trop longtemps, et la dette peut prendre de telles proportions que le boulanger finit par être à la merci de son bon vouloir. Au XVIIIe siècle, dans ses fameux *Dialogues*, l'abbé Galiani écrit : « Plaignez les boulangers » : il fait allusion aux disparitions des pauvres et aux interminables tableaux des créances de la succession d'un grand seigneur, les deux pôles de leurs clientèles. La grande enquête sur la boulangerie de 1859 fait écho à ce même souci : les multiples débiteurs qui ne paient jamais et plombent ainsi la solvabilité du boulanger. On ne pressait guère les grands de régler l'ardoise : « On attend quand il s'agit d'un homme titré », observe Mercier. Le boulanger est moins patient avec les petits. Le libraire Hardy raconte comment une femme de trente ans, enceinte, se trancha la gorge devant la boutique du boulanger, après qu'il eut refusé de lui vendre du pain à crédit. Certains boulangers solides jouaient aux trésoriers pour les indigents et/ou aux banquiers pour les nobles, faisant de petites avances en espèces aux premiers et prêtant des sommes plus conséquentes aux seconds. Par ailleurs, de nombreux boulangers pratiquaient une politique de prix socialement différentielle, pour des raisons qui doivent rester conjecturales : une sorte de lucidité sociale ou de raison d'entreprise ? Un geste de bonne volonté ? Ainsi, on demandait 8 sous 6 deniers à une couturière pour ce qu'on vendait 9 sous 6 deniers à un marquis. Même qualité, même poids : les pauvres affectionnaient le blanc avec le même engouement que les fortunés. S'ils se rabattaient souvent sur le bis-blanc, ils prenaient le bis seulement sous la contrainte d'une crise de subsistances. L'alliance du Pouvoir et de la Science, appuyée par les moralistes, ne parvenait pas à imposer un pain de ménage, un pain complet censé mieux correspondre au travail, au rang, à la santé, au budget et à la psychologie des ouvriers.

Comment les boulangers géraient-ils les transactions à crédit ?

Ils se servaient de la taille, d'un registre écrit, ou des deux. La taille était une latte de bois fendue longitudinalement : une partie allait au fournisseur, l'autre au consommateur. Chaque fois que celui-ci recevait un pain, d'un coup de couteau, la boulangère en boutique (car c'est presque toujours elle qui s'occupe de la vente et de la comptabilité), le garçon ou la porteuse en livraison faisaient simultanément une incision sur les deux pièces. Quand elle avait l'impression que le client abusait de son crédit, la boulangère disait que la taille était « trop longue ». Quand elle décidait que la taille était « pleine », elle demandait à être payée ou exigeait quelque reconnaissance de dette plus officielle, un billet notarié, par exemple.

La boulangère reprenait ces crédits sur son registre, ou parfois inscrivait directement la dette sur le registre sans cocher une taille ou demander un billet de reconnaissance. On trouve tout dans ces livres de comptabilité : une très grande rigueur, avec des entrées nominales, la date, la nature précise du pain vendu (type et poids) et le prix du jour ; ou un fouillis pas possible, indiquant des sommes dues par « le bossu », « le fourbisseur », « le maître maçon » ou « la ravaudeuse », rendant toute identification difficile, et seulement le nombre de pains, sans qualification de sorte ni de poids, et sans mention de la date ou du prix.

En fonction de son appréciation de la solvabilité de chaque client et en pesant les risques de déclencher une crise de confiance, la boulangère vigilante mettait des seuils ou des limites au crédit accordé et établissait des cadences de règlement. Bien des clients payaient régulièrement, sans problèmes ; d'autres contestaient les sommes dues, le poids ou le prix inscrits, cherchant à provoquer une transaction ; d'autres encore demandaient des délais, proposaient des arrhes, en espèces ou en déposant des biens personnels en gage de remboursement (ce dernier échange se muant insensiblement en troc, les bagues, robes et autres chemises devenant formes de paiement plutôt que garanties). Les fuyards, les tricheurs et les défaillants pouvaient ruiner une boulangerie mal gérée ou secouée par une mauvaise conjoncture.

Le boulanger recouvreur était rarement le bienvenu, même quand il y mettait quelque solennité (« Rachetez votre honneur »). Cela tournait facilement à la violence, le boulanger s'en prenant à la virilité d'un marchand débiteur (en lui frappant sauvagement les organes génitaux) ou aux prétentions sociales d'un horloger (en mutilant sa perruque). Fréquemment, le boulanger ou la boulangère – le sexe n'offre aucune protection dans ces histoires de fric – prenait des raclées en demandant des comptes.

La dernière étape, avant d'engager des litiges longs, incertains et parfois coûteux, était d'en appeler au lieutenant de police dans l'espoir (fort mince) qu'il interviendrait dans un conflit entre particuliers au nom de l'intérêt général. En sauvant le boulanger, il l'empêche de mettre la clé sous le paillasson et de réduire ainsi l'approvisionnement de la ville. Justement pour prendre en compte le service public de ce dernier, la loi privilégiait le boulanger en lui octroyant une « préférence » vis-à-vis des autres créanciers sur les effets personnels de son client débiteur, mort ou vif.

Sans le flux constant du crédit, le système d'approvisionnement n'aurait pu fonctionner : le crédit était la source de son dynamisme, autant que son talon d'Achille. La grande chaîne du crédit couvrait toute la distance, des champs (même si les petits producteurs demandaient à être payés comptant) à la table des consommateurs : les clients achetaient leur pain à crédit aux boulangers ; ceux-ci achetaient leurs grains à crédit auprès des commerçants qui se procuraient parfois leur marchandise à crédit auprès d'autres intermédiaires ou des producteurs ; ou les boulangers acquéraient leurs farines à crédit chez les meuniers (dits marchands ou fariniers) ou par le biais d'un facteur (plus communément une factrice d'ailleurs, c'est-à-dire un courtier) qui jouait le banquier à sa manière. L'endettement prenait rarement des proportions telles que la rupture d'un maillon risquait d'entraîner des catastrophes en chaîne. Mais compte tenu de l'étroitesse des marges de ces marchands et artisans, toute anicroche pouvait être une source d'embarras.

La finalité du crédit n'était pas seulement de capitaliser le commerce : il s'agissait aussi de stabiliser les liens entre acheteurs et vendeurs. Souvent, le crédit s'inscrivait dans un rapport de prestation plus large, dont le but était de donner forme et persistance à l'échange. Cette relation, que l'on appelle *pratik* à Haïti et *suki* aux Philippines, liait un vendeur et un acheteur suivant la clause du « client le plus favorisé ». Fondé sur un engagement personnel de part et d'autre, ce lien abaissait les coûts de recherche, atténuait les imperfections du système d'information, accroissait la sécurité des transactions (en garantissant la qualité des produits, mais aussi en servant d'analogue social, pour ainsi dire, du droit contractuel) et contribuait généralement au bon ordre du marché. En contrepartie de la fidélité de l'acheteur des grains ou des farines, le vendeur faisait certaines concessions : un rabais sur le prix, un « rab » en nature.

À un certain niveau, les parties restaient des adversaires : alors même qu'elles concluaient un pacte d'association, elles cherchaient à prendre l'avantage. Compte tenu de l'intensité de la concurrence, les vendeurs devaient courtiser les acheteurs avec plus de ferveur qu'ils ne l'auraient voulu. À une échelle économique plus importante, les marchands de grains, les meuniers et les facteurs se trouvaient dans la même position vis-à-vis des boulangers que ces derniers vis-à-vis des consommateurs de pain. Ce système très personnalisé, dans lequel le crédit reposait habituellement sur la réputation personnelle et la confiance plutôt que sur la fourniture de garanties directes, tissait de nombreux liens durables, mais débouchait aussi sur des trahisons, des ruptures, des crises, des faillites, parfois calamiteuses. Le boulanger en difficulté commençait par essayer de se servir du levier *pratik* pour obtenir plus de crédits, des délais, davantage de concessions. Le moment venu, cependant, c'est le fournisseur qui décidait de continuer ou d'arrêter. Mis au défi, le boulanger devait payer suffisamment pour restaurer un climat de confiance *pratik* ou s'adresser ailleurs dans l'espoir que le bruit de ses difficultés commerciales ne dissuaderait pas d'autres fournisseurs de travailler avec lui. Dans ce jeu, c'est le facteur qui est prisonnier d'un *double bind* terrible, écartelé entre la peur d'indisposer un client boulanger en demandant trop vivement à être remboursé et la nécessité d'apaiser sa clientèle de meuniers et de marchands.

Les boulangers et les autres acteurs de la filière sont-ils souvent acculés à la banqueroute au XVIIIe siècle ?

Quelle était la portée de l'endettement des boulangers parisiens à l'égard de leurs fournisseurs au XVIIIe siècle ? À en juger d'après la situation de plus d'une centaine de boulangers dont j'ai pu étudier les inventaires après décès, *grosso modo*, ils payaient généralement assez vite leur marchandise. S'ils ne semblent pas avoir été très endettés envers les marchands de grains, leurs obligations à l'égard des meuniers/fariniers étaient plus importantes. Il est clair qu'un fournisseur qui avait sur le dos une douzaine de boulangers débiteurs, avec chacun une semaine d'arriérés, s'exposait à de sérieuses difficultés de trésorerie.

Les boulangers contraints de déposer le bilan – j'en ai trouvé plus de 150 à travers le siècle à Paris, avec des pics pendant les moments de crise – posaient des problèmes plus graves au système. La faillite est pourtant un mécanisme régulateur ; elle se traduit assez fréquemment par un arrangement avec des créanciers, une consolidation de la dette et une reprise de commerce, une seconde chance, sorte de réhabilitation. Soulignons que la faillite n'est pas la banqueroute, notion qui implique forcément fraude et mauvaise foi. L'insolvabilité d'un authentique failli est réputée « innocente » ; la faillite est un « malheur » plutôt qu'un « crime ». Cela dit, malgré la distinction officielle et la dénonciation de certains commentateurs qui critiquaient vivement la permissivité de la législation sur le dépôt de bilan, le failli souffrait l'opprobre des milieux d'affaires et de la société. Pour tirer son épingle du jeu, le boulanger devait agir très rapidement, rétablir ses voies de ravitaillement, surtout ne pas interrompre trop longtemps la cuisson et la vente du pain, car il aurait du mal à récupérer des clients passés à la concurrence. À défaut de gagner la confiance de ses créanciers, le failli pouvait se voir contraint de céder sur-le-champ la totalité de ses actifs, autrement dit cesser son commerce. Les fournisseurs les plus inquiets ou acharnés poursuivaient les boulangers devant diverses juridictions, acceptaient quelquefois la médiation, obtenaient souvent des condamnations sans équivoque et envoyaient les huissiers ou les officiers-gardes du commerce pour effectuer la contrainte par corps, signe de leur consignation dans une sorte d'état de nature commercial. Au pire, les boulangers perdaient tout et sombraient dans la misère ; ou ils croupissaient en prison ; ou encore ils résistaient, par la violence ou par la fuite.

Mais les enjeux des faillites dans la chaîne d'approvisionnement dépassent de loin le triste sort des individus. Du point de vue de la politique publique, la pyramide du crédit est inquiétante. Les trois quarts des actifs commerciaux du boulanger en faillite proviennent des ventes de pain non payées : environ 4 000 livres par artisan. Pour éviter de se faire piéger pour manque de fidélité au marchand « le plus favorisé », le boulanger se fait ravitailler par sept, huit ou dix fournisseurs – désormais tous exposés à des risques importants, parce que le boulanger doit en moyenne 15 000 livres pour grains et farines reçus. Traitant avec sept boulangers bon an, mal an, les marchands de grains sont endettés auprès d'autant de fournisseurs, pour la plupart d'autres marchands ou commissionnaires (les laboureurs exigeant ordinairement règlement en espèces). Les meuniers/fariniers doivent des sommes encore plus importantes à une dizaine de laboureurs et cinq marchands de grains en moyenne, et ils sont créanciers de cinq, six ou sept boulangers et d'un facteur. Les facteurs réclament paiement à une quarantaine de boulangers (25 000 livres chacun, peu ou prou) et sont enjoints de remettre les sommes dues (aux alentours de 35 000 livres) à une vingtaine de meuniers ou marchands de farine.

Tout le monde fait faillite pour, plus ou moins, les mêmes raisons : conjoncture difficile (« révolutions sur les prix »), spéculations intempestives, mauvaise gestion, élargissement excessif des activités, incompétence, trahison, malhonnêteté ou ruine des partenaires commerciaux, malchance, maladie, etc. Pour des raisons évidentes, les autorités étaient extrêmement sensibles aux périls des faillites, notamment des cas groupés, comme ceux de sept facteurs dans les années 1770, une situation qui aurait pu déclencher une panique financière et qui a suscité une tentative officielle de réformer le factorage et de faciliter le recouvrement. Depuis longtemps, les marchands de grains, relayés plus tard par certains meuniers, dénonçaient les « abus de crédit » commis par les boulangers, qui faisaient tout pour échapper aux échéances, parfois avec la protection de lettres de répit obtenues auprès de la justice. De nombreux marchands de farines et de grains et de meuniers, quelques facteurs, et même un noyau important de boulangers se demandaient si le Pouvoir ne pouvait imaginer des garanties et des tampons propres à consolider la configuration toujours vulnérable du crédit. Mais l'administration publique demeurait déchirée entre une propension régulatrice à résoudre ce problème par voie d'autorité et une inclination physiocratique ou libérale à ne rien faire.

Ces questions vitales de crédit et de ce que vous appelez « pratik » – ces relations préférentielles – jouent-elles dans le contexte de la filière moderne ?

Depuis le début du XIXe siècle, le marchand de grains a tendance à disparaître en faveur d'une meunerie vigoureusement commerciale ; au moins, il n'est plus sur le radar des boulangers, qui se pourvoient, de façon éminemment rationnelle, directement auprès des meuniers. Dans la deuxième moitié du siècle, la mainmise de ces derniers sur la boulangerie des grandes agglomérations est impressionnante. Si les boulangers parisiens parviennent à s'en émanciper en partie au XXe siècle, c'est parce qu'ils reviennent aux calculs et aux pratiques assez opportunistes du XVIIIe siècle, quand le boulanger s'engageait comme le meilleur ami de plusieurs fournisseurs, jouant les uns contre les autres. La surcapacité très importante de la meunerie facilite la démarche très commerciale des boulangers. À partir des années 1930, quand ils s'attaquent à ce problème, sous la pression du lobby des producteurs de blé et du gouvernement, et élaborent leur « organisation », les meuniers font tout pour calmer la concurrence furieuse entre eux pour obtenir et fidéliser la clientèle boulangère. Une agence unique dans chaque département, postulant la fiction qu'il n'y avait qu'un seul moulin dans ce ressort, était censée prendre toutes les commandes et faire l'encaissement. Les boulangers devaient régler dans les 30 jours au maximum, parfois moins, et ceux situés dans les zones déficitaires, dépendant d'un ravitaillement extérieur, devaient sortir des espèces sonnantes et trébuchantes sur-le-champ en échange de la farine. L'objectif de la meunerie était d'empêcher les boulangers de « faire chanter » les meuniers, de rendre inopérante la pression boulangère pour des rabais ou des « ristournes », des avances et des délais de paiement, des fraudes et des complaisances (livraison de farine blanche alors prohibée, etc.), des primes de fidélité et mille autres « petits avantages » historiquement « extorqués » par les boulangers, selon la meunerie, constitutifs d'une base solide d'interaction et de réciprocité, d'après la boulangerie.

Depuis la fin des années 1950, la concurrence a repris dans la meunerie, même ce qu'on déplorait jadis comme « la concurrence anarchique ». De 9 500 meuniers en 1950, on est tombé aujourd'hui à moins de 400, le champ étant divisé entre les mammouths et les petits et moyens. À l'heure actuelle, les relations entre un boulanger et un meunier demeurent toujours compliquées. Le premier cherche divers avantages, et le second diverses garanties. Quand le meunier « installe » le jeune boulanger et l'accompagne, parfois l'affectif l'emporte sur le strictement économique, dans certaines limites. Il est difficile de résister, par exemple, à ceux qui peuvent casser les prix. Mais comment ne pas prendre en compte celui qui fait 400 kilomètres pour assister à la première communion de la fille du couple boulanger, ou qui se rend à l'hôpital deux fois par semaine pour visiter la boulangère malade, ou qui trouve un emplacement et un four dans les 24 heures après un terrible sinistre dans le fournil ? Le boulanger qui n'a pas besoin du chéquier du meunier, pour se lancer au début ou reprendre un fonds plus tard, préfère la stratégie opportuniste du XVIIIe siècle à l'inféodation : il se fait fournir par plusieurs meuniers, les incitant tous à rester sensibles à ses besoins, voire ses humeurs. On me raconte l'histoire récente d'un boulanger culotté qui a pris à quatre meuniers 50 000 euros chacun, quand il a ouvert une nouvelle boutique. Mais, sauf exception, actuellement peu de boulangers trouvent un crédit à l'achat. On est censé payer régulièrement, dans le mois normalement, mais bien des meuniers me disent 40 jours, certains même 60 jours : c'est tout de même loin du modèle de rigueur néocorporative. Le boulanger qui se retrouve en retard ne risque pas de sanctions, si ce n'est la conversion d'une partie de sa dette en un prêt qui porte intérêts – mais là, il s'agit d'un sérieux mauvais payeur. Les plus vieux meuniers se souviennent d'un temps pas si éloigné où l'on se servait de traites à vue, sorte de lettre de change. Une traite à vue requiert en théorie un paiement immédiat à cette date, d'où son nom. Avec un mélange d'indignation et de résignation, pimenté d'une note d'autodérision, les meuniers appelaient ces traites à vue des « traites à perte de vue ». Au fond, cette situation n'est pas très différente de celle du XVIIIe siècle, quand le fournisseur faisait tout pour garder le boulanger et le faire payer en même temps.

Vous m'avez dit qu'aujourd'hui, les commerciaux de la meunerie font la cour à la boulangère, sorte de gardienne du fournil.

À l'heure qu'il est, le meunier explique d'emblée à un nouveau commercial qu'il ne fera rien passer sans l'accord de la boulangère. Donc, quand il a un nouveau produit ou *process* (comme on dit en « boulanglais », affectation de modernité mondialiste) ou un concept de *merchandising* (vieux néologisme du même type), il doit discuter d'abord avec la boulangère. Il est difficile de décrire sa place : elle est variable selon le lieu, l'échelle et le rythme d'activité, l'emplacement précis de la boutique et son style, la sociologie de la clientèle, la personnalité et les ambitions de son mari, leur rapport avec le meunier (principal), etc. De plus, face à des mutations sociétales, « la femme du boulanger » n'est plus le cas de figure obligatoire. Il y a des boulangers homosexuels et/ou célibataires, installés parfois par des meuniers qui, hier, n'auraient jamais imaginé une telle entorse à la tradition (l'idée que le boulanger ne peut naviguer, ni commercialement ni psychologiquement, sans une épouse, était jusqu'à très récemment un article de foi absolu). Il y a des boulangers dont la femme a opté pour une autre carrière.

Comme pendant l'Ancien Régime, la femme du boulanger se charge tout particulièrement de la boutique (la décoration à laquelle le syndicat réduit trop souvent son rôle) et de la vente (plus largement, les relations avec les clients). Elle a une journée extrêmement longue, parfois assez stressante – la pénibilité du métier n'est pas strictement du côté du fournil – et en plus elle se charge de la gestion de la famille au jour le jour. Jusqu'à récemment, l'épouse, travaillant sans salaire, malgré ses multiples responsabilités et ses heures interminables, n'avait pas de statut socioprofessionnel et juridique.

Les professionnels de la filière, les meuniers en particulier, sont extrêmement sensibles au rôle absolument central de la femme, autant dans les petites boutiques où elle se débrouille toute seule, que dans les plus grandes, où elle doit gérer les vendeuses, généralement mal payées, souvent mal formées ou résistantes à la formation et susceptibles de ne pas rester longtemps en place. La « patronne » doit bien accueillir les consommateurs et œuvrer à les fidéliser. La plus grande faiblesse de la boulangère porte sans doute sur l'information. Pressée ou franchement indifférente, trop souvent elle ne prend pas la peine de renseigner l'acheteur sur la gamme de possibilités – c'est-à-dire de plaisirs – qui l'attendent. La division stricte du travail n'incite pas la boulangère à s'informer des diagrammes et des *process* de fabrication. J'ai été surpris et ravi, voilà des années, quand je suis monté au fin fond du 18e arrondissement pour visiter pour la première fois la boutique d'un MOF fort sympathique et talentueux, Thierry Meunier, de voir son épouse en train de défourner. On a longuement discuté la recette de sa baguette de tradition.

Quel rôle avait la femme du boulanger au XVIIIe siècle ?

Compte tenu de la prééminence juridique, sociale et professionnelle de l'homme dans la société d'Ancien Régime, la plupart des archives concernant la boulangerie tournent autour de lui. L'épouse du boulanger joue cependant un rôle considérable dans le ménage, où sa souveraineté morale et matérielle était rarement contestée, mais aussi dans les affaires. Habituellement, la famille du boulanger logeait à l'arrière ou au-dessus de la boutique ; et, apparemment, l'épouse passait plus de temps à la boutique que dans son appartement. Elle était à la boutique dès 6 heures du matin pour organiser la livraison des clients à domicile, disposer le pain derrière la grille et préparer la chapelure, les croûtons et la braise vendus au détail. Les jours de marché, elle se levait encore plus tôt, car c'était souvent elle qui s'occupait de la vente

En règle générale, la femme avait la charge des relations avec les clients, tout comme aujourd'hui. Installée derrière le comptoir, elle bavardait avec les clients, veillant à ce qu'ils restent dans de bonnes dispositions et soient fidèles à la maison. Elle recevait les espèces qu'elle plaçait dans une caisse ou elle faisait crédit, tenant ses comptes sur un registre ou à l'aide d'un jeu de tailles. La gestion du crédit, on l'a vu, était une tâche compliquée à l'extrême et décisive. La femme devait tenir une multitude de comptes particuliers en même temps. Elle devait décider, souvent de son propre chef, s'il fallait faire crédit à tel acheteur et, si oui, dans quelle mesure. C'est elle qui demandait des « billets » (communément adressés à « ma boulangère ») afin de compléter ou de renforcer les notations sommaires de ses livres. C'est à elle encore qu'incombait la mission fort délicate de se faire payer sans indisposer le chaland. Elle devait veiller à ce que la maison disposât à tout moment de liquidités en quantité suffisante pour leur permettre, à elle et à son mari, de parer à leurs obligations professionnelles, ménagères et civiques. Rentrer dans ses fonds était une tâche difficile que le mari était ravi d'abandonner à sa femme. Tenir les comptes, c'était s'occuper des achats aussi bien que des ventes, et la femme avait souvent en charge les relations avec les fournisseurs, tout au moins pour ce qui est de la réception des marchandises, de la négociation des conditions de crédit et des paiements échelonnés. En cas de dispute sur les obligations contractuelles, la qualité de la marchandise, les prix ou les sommes dues, la femme représentait fréquemment son mari et leur affaire devant la cour consulaire ou d'autres juridictions. Non seulement les femmes tenaient les comptes des achats de grains et de farine ; mais, suivant un factum des marchands de grains de Paris du début des années 1730, c'étaient elles qui achetaient le plus souvent des grains aux ports et aux halles. Alors qu'un officiel l'invitait à aller chercher son mari au cours d'une querelle à la Halle sur douze sacs de farine, la femme d'un maître boulanger répondit indignée « qu'elle n'en avait pas besoin ». Le partage des tâches était, semble-t-il, de rigueur pour les achats de grain et de farine : les maris s'occupaient des achats à la campagne, et les femmes des achats en ville. De surcroît, peut-être pour répondre aux doléances des marchands, les femmes cosignaient souvent les billets de leurs maris et se portaient également garantes avec eux du paiement. On ne s'étonnera pas de voir un boulanger du faubourg Saint-Antoine affirmer qu'il ne pouvait gérer ses affaires sans la participation constante de son épouse. Dans la même veine, un maître boulanger ne surprit pas ses créanciers lorsqu'il protesta qu'il ne connaissait pas la plupart des personnes qui avaient signé des billets pour leurs achats de pain à crédit. C'est sa femme, expliqua-t-il, qui s'occupait de la clientèle. Et son épouse n'hésitait pas à dire « ma boutique ».

La femme du boulanger, comme chez Pagnol, faisait-elle la réputation de la boulangerie ?

La question est évocatrice et sans doute volontairement équivoque. Disons que la réputation, jadis comme maintenant, est considérée comme un capital inestimable, mais ne se réduit pas au seul cocuage du boulanger. L'enjeu de la réputation est à la fois moral et matériel, et renvoie en quelque sorte à notre discussion du crédit. La réputation assure le « crédit » : l'estime dans laquelle on est tenu et la confiance qu'inspirent son produit et sa manière de faire, d'un côté, l'indulgence financière sur laquelle on peut compter, de l'autre. Pour certains, une bonne réputation est synonyme d'honneur ; maîtres ou garçons, rares sont les boulangers qui auraient démenti l'écrivain-réformateur du XVIIIe siècle Philipon de La Madeleine lorsqu'il affirme que c'est l'honneur qui transforme l'ouvrier de « mercenaire » en « citoyen ». L'honneur est le signe d'une reconnaissance. Chacun admet qu'on s'est conformé aux normes : aux normes de conduite en vigueur dans les domaines enchevêtrés de la vie publique et privée, en particulier à la probité et à l'honnêteté. Afin de préserver leur honneur, les boulangers se battent rarement en duel, mais en appellent souvent à la justice ; de même que les gens plus haut placés dans la société, ils font incarcérer leur progéniture dévoyée et pratiquent des stratégies d'implantation au sein de la cité et de relations publiques. Ils se montrent très sensibles aux insultes, aux rumeurs ou aux scandales qui jettent le soupçon sur leur réputation ou leur « bonne foi ». Lorsque la réputation locale d'un boulanger est irrémédiablement ruinée, il n'a plus aucune chance de survivre professionnellement. Un bruit fort répandu de « coquinerie », par exemple, contraint un des boulangers que j'ai étudiés et sa femme de quitter le faubourg Saint-Marcel où ils font pourtant le pain depuis des années.

Se forger une bonne réputation et la conserver n'est pas chose facile pour le boulanger qui, en France comme en d'autres pays, commence sa vie professionnelle avec une image générique négative. La chanson burlesque intitulée *Le Rabais du pain*, que l'on voit resurgir du XVIe au XVIIe siècle avec des couplets mis au goût du jour, dépeint les boulangers en termes affreusement péjoratifs, comme de véritables criminels : « Qui, survendans trop leur Pain/ Font mourir le Monde de faim. » Une version du *Rabais* imagine un procès dont le verdict enjoint aux boulangers « de ne vendre plus le pain si cher » et ordonne le bannissement de six boulangers parmi les plus riches et les plus arrogants. Que cela serve d'exemple et d'avertissement aux autres ! Tout au long de l'Ancien Régime, on fait grief au boulanger des mêmes faiblesses de caractère et de comportement. Il est viscéralement « avide ». Il ne recule devant aucune manœuvre odieuse pour assouvir sa soif de « gains exorbitants ». Le boulanger se réjouit des calamités ; il est fâché contre l'abondance. Selon l'adage, trois mauvaises années font la dot de la fille du boulanger. À l'aube du XVIIIe siècle, une reprise du Rabais présente les boulangers comme « des vrais inhumains », « des méchants ». Ni les autorités ni le libraire Hardy, qui rapporte l'épisode, ne paraissent surpris de voir une boulangère de la place Maubert porter plainte contre un malheureux famélique qui lui a volé une miche dans laquelle il a plongé ses dents avant même de quitter la boutique. Sa femme venait de se pendre de désespoir, et ses deux enfants mouraient de faim. Le commissaire déplorera le « peu d'humanité » de la plaignante.L'autre trait saillant du boulanger, implicite dans de nombreuses dénonciations, c'est son indécrottable malhonnêteté. « Prévaricateur » invétéré, il fraude sur les petites comme sur les grandes choses. On ne peut jamais lui faire confiance. Aux yeux de beaucoup de consommateurs, son opulence est le signe extérieur de son indubitable malhonnêteté. Ainsi sont-ils peu enclins à contester la logique des émeutiers parisiens qui, au cours de la guerre des farines, cascade d'émeutes de faim et de panique en 1775, justifièrent le pillage de certaines boutiques en invoquant la prétendue richesse du boulanger. Parmentier est le seul commentateur éminent à avoir pris leur défense avec véhémence. Il observe qu'ils sont structurellement exposés à souffrir la vindicte publique « l'injustice et l'ingratitude » – chaque fois que le grain ou la farine vient à manquer. Ne prêtons plus l'oreille à ces propos populaires qui n'ont aucune vraisemblance, recommande l'homme de science. Les boulangers méritent « considération » précisément parce qu'ils sont courageux, qu'ils sont prêts à prendre des risques pour nourrir le peuple, tâche ingrate et exténuante menée « dans le silence et l'obscurité, au milieu d'une atmosphère brûlante, environnés de fumée et de poussière », à des heures où « la Nature entière se repose ». La plupart des boulangers de Paris se soucient moins du spleen intermittent engendré par la disette et de la méfiance diffuse que de gestion au jour le jour. Ils tâchent d'asseoir leur réputation locale, de façon à se prémunir contre les stéréotypes qui les hantent collectivement. Ils ne peuvent tolérer que les insinuations, les imprécations ou les calomnies se figent en opinions que des citoyens sur leurs gardes se croiraient obligés de prendre au sérieux. Le dénigrement de la part des fournisseurs terrorise le boulanger autant qu'il le fait enrager. J'ai relaté dans un de mes livres l'épreuve d'un forain, Jean Galland, qui a commencé sa carrière sans un sou vaillant en poche, comme garçon boulanger avant de monter une affaire florissante. Un jour, il voit son avenir compromis « par un langage aussi calomnieux que meurtrier ». Le bruit a couru qu'il était au bord de la faillite, et son départ soudain – il est rentré chez lui, en Bourgogne, pour enterrer son père – n'a fait qu'amplifier la rumeur d'une fuite coupable. À son retour, Galland n'a que trop senti l'effet de ces discours malicieusement semés ; tous les marchands auxquels il avait eu affaire auparavant lui ont refusé des marchandises s'il ne les payait pas au comptant. Plus dangereuses encore pour les boulangers sont les noirceurs qui éloignent le chaland. Peu d'accusations auraient pu blesser plus profondément un boulanger en boutique que celles de son voisin rancunier qui, indisposé par quelque affaire personnelle, se mit à raconter que son pain était « malpropre », qu'il y mettait des « ordures ». Lorsqu'un marchand de vin du voisinage salit son honneur, un autre boulanger demande au commissaire de l'aider à endiguer son hémorragie de clients. La mise en cause de la moralité de son épouse, sans rapport aucun avec la boulangerie, n'en crée pas moins des problèmes au boulanger. Si son épouse est une « putain » et une « garce », ainsi que l'assurent des gens du quartier, les autres ne voudront pas frayer avec le mari, qui paraît responsable du bon ordre dans sa chambre à coucher aussi bien que dans son fournil. Nul ne faisait probablement plus pour discréditer les boulangers que les autres boulangers, qui avaient tout intérêt à prendre ainsi le meilleur dans un jeu qu'ils croyaient à somme nulle. Entre les boulangers, les relations oscillaient entre les pôles de la solidarité et de la rivalité. La nécessité de défendre les intérêts communs vis-à-vis de l'extérieur les rapprochait vivement les uns des autres. Des trajectoires et des modes de vie personnels et professionnels semblables, organisés autour des mêmes rythmes de travail, de loisir et de responsabilité, tissaient entre eux une multitude de liens. Parallèlement, l'existence même de ces liens et cette intimité suscitaient des tensions, des jalousies et des malentendus. Élaborés de manière informelle en complément des contraintes publiques et corporatives qui réglaient la vie quotidienne, les codes de conduite professionnelle et collective ne suffisaient pas toujours à prévenir les affrontements. En gros, les boulangers se querellaient pour les mêmes motifs que les autres catégories socioprofessionnelles : l'enjeu était, par exemple, leur empire moral ou leur réputation, les clients ou les marchés, la main-d'œuvre, les matières premières, la priorité dans l'approvisionnement, l'espace, le contrôle des ressources familiales, les rivalités sexuelles, sans compter les conflits autour des obligations financières et des autres dettes, les affaires d'honneur et d'honnêteté ou les différends relatifs à l'interprétation et à l'application des règles et des normes de conduite non écrites. La jalousie professionnelle, dont l'enjeu était la fidélité des clients, était probablement la principale cause de querelles. Chacun considérait la clientèle comme son bien. Lorsqu'un fonds de boutique est mis en vente, la clientèle en est l'élément le plus important. Aussi comprend-on, par exemple, l'indignation d'un maître boulanger dont le commerce fut « entièrement ruiné », lorsque le boulanger qui lui avait vendu son affaire s'installa dans une boutique située assez près de son ancien quartier pour ramener ses clients au bercail. Cela dit, les clients avaient tendance à demeurer fidèles. Ainsi de l'homme de loi qui continua à fréquenter la boutique d'un faubourien après qu'il se fut installé dans la Cité, et du comptable royal qui envoyait son serviteur chercher son pain à la Courtille, dans la boutique du boulanger auquel il achetait régulièrement son pain sur le marché du Marais, le mercredi et le samedi ! Les clients honoraient un engagement de réciprocité qui leur assurait des facilités de crédit, mais aussi une bonne qualité et une juste mesure, sans compter un soutien moral au sein du quartier. Habituellement, c'était le bouche-à-oreille qui amenait les clients nouveaux venus dans le quartier. En tout état de cause, le principe voulait qu'on n'allât point les solliciter : une cour aussi grossière aurait paru indigne des artisans (pas seulement des maîtres). De même, il n'était pas question de souffrir les insinuations visant son honneur, les invectives, les campagnes de médisance insidieuses, les calomnies, les actions en justice et autres attaques symboliques, susceptibles de miner la confiance et, visiblement, de justifier l'abandon.

Les heurts étaient fréquents entre boulangers qui habitaient la même rue. Le manteau et la perruque souillés, l'œil gauche contusionné par des projectiles de boue que lui avait lancés « publiquement », dans sa boutique de la rue du faubourg Montmartre, André Legrand, le boulanger d'en face, agression ponctuée d'un chapelet d'insultes (« gueux », « malheureux », « qui avait reçu des charités de la paroisse »), maître Antoine Soret porta plainte pour sauver « son honneur et sa réputation ». Legrand le harcelait depuis quelque temps, l'accusant d'avoir essayé de débaucher l'un de ses meilleurs clients, en lui offrant un gâteau. Trois années de vendetta entre deux femmes de boulangers devaient troubler le calme précaire de la rue du Faubourg Saint-Antoine. Mme R. ne faisait plus mystère de sa « haine » pour Mme L. et de sa jalousie professionnelle : elle serinait à qui voulait bien l'entendre qu'il ne fallait point faire affaire avec cette « friponne, laronesse, voleuse de farine » et alla même jusqu'à la frapper à la poitrine. La rue Mouffetard servit de champ de bataille à deux clans de boulangers, les Petit et les Lecoq, dont les membres se houspillaient et s'injuriaient à longueur de journée.

Est-ce si différent aujourd'hui ?

Bien sûr chaque boulanger cultive sa réputation. Mais il n'a ni l'héritage de stéréotypes négatifs qui plombaient ses ancêtres professionnels, ni l'habitude de régler ses comptes par des injures publiques. Mais la jalousie professionnelle, comme on disait, existe toujours. J'ai écrit longuement sur « la guerre des Monge », la rivalité intense et l'antipathie personnelle opposant deux boulangers exceptionnels installés aux deux bouts de cette rue qui relie les Gobelins à la place Maubert, séparés par un kilomètre et demi, tampon territorial insuffisant. Le premier vendait une baguette « Monge », le second la « baguette du boulanger de Monge ». Les deux étaient encensés par la presse, attiraient de longues queues devant leurs boutiques, créaient des produits alléchants. Deux tempéraments fort différents, deux itinéraires très contrastés. Chacun d'eux était persuadé qu'il était le meilleur. Cette guerre des Monge fut une lutte de grands : d'orgueil, de virtuosité, parfois de nerfs. Ce fut une guerre de religion, c'est-à-dire de vérités conceptuelles, techniques et esthétiques contradictoires. Ce fut une guerre dont les armes principales étaient des arômes et des saveurs. Il n'y a pas eu d'insultes publiques ; la tension était réelle, mais feutrée. Les protagonistes se croisaient forcément, finissaient par se parler. Le second a changé de boutique et de quartier ; il n'y a plus d'affrontement direct, sauf peut-être au Japon, où chacun a des boulangeries.

Notons que d'autres grands cohabitent mieux : la guerre des Saint-Honoré n'a jamais eu lieu. Nommée par référence au saint patron de la profession, lui-même boulanger avant de devenir prélat, cette rue, entre le Palais Royal et les Halles, abrite les boutiques de deux virtuoses, à deux pas l'une de l'autre. Rivaux, ils s'affrontent quotidiennement « à la loyale » et restent néanmoins amis, voyant dans la concurrence une stimulation plus qu'une menace ou un frein. Leur conception différente de la panification ne les a pas empêchés d'acheter des maisons de campagne au même endroit.

Aujourd'hui la réputation reste, pour beaucoup, une histoire plutôt locale, de bouche-à-oreille, comme dans l'Ancien Régime. Mais d'autres facteurs jouent, notamment les médias et l'éclatement des zones de chalandage comme repères standards. Les stars ont plusieurs boutiques, phénomène rarissime et même officiellement interdit autrefois. Elles ont souvent des attaché(e)s de presse. Elles écrivent des livres, passent à la télévision et à la radio. La notion même de réputation s'est métamorphosée. Désormais, elle est moins le fruit organique d'une vie professionnelle et sociale normalement menée, dont tout le monde est forcément doté, que l'objet d'un travail de construction permanent et d'un processus de discrimination, souvent agaçant mais généralement admis. Les plus entreprenants et les plus cotés ont des « réputations » ; les autres, massivement majoritaires, n'en ont pas. Justement, faute d'avoir accès à une réputation personnelle et publique dans le sens que je viens d'esquisser – parmi bien d'autres raisons –, des milliers de boulangers adhèrent à des « enseignes », des marques et réseaux montés par des grands moulins ou des groupements puissants de meuniers. La marque (Banette, Baguépi, Festival ou autre Ronde des pains) leur accorde une notoriété collective, un certain prestige relayé par des médias – parfois des papiers de presse spontanés, plus communément des campagnes de communication payées. Le problème pour ces boulangers est de naviguer entre l'identité collective, étayée dans certains cas par de fortes valeurs, et une véritable existence artisanale locale, débouchant sur une vraie réputation dans le quartier à la façon des boulangers du XVIIIe siècle.

7.

« Une chose vous dessert : vous faites du pain »

Vous avez fait allusion à la mauvaise réputation de certains boulangers qui, sous l'Ancien Régime, faisaient payer le pain trop cher. J'avais cru comprendre qu'ils n'étaient pas libres de fixer eux-mêmes leur prix ?

Là, vous touchez une question absolument fondamentale aux yeux des boulangers, depuis le Moyen Âge jusqu'à la fin du XXe siècle, la contrainte la plus pesante, la plus humiliante, car elle leur ôtait leur liberté. En règle générale, les boulangers n'avaient pas le droit de mettre le prix sur leurs produits comme bon leur semblait, prérogative de la vaste majorité de commerçants et de fabricants. La fixation du prix, ou la « taxation », comme on disait en France, se prêtait soit à une application systématique, sous la forme d'un tarif très élaboré, couvrant tous les niveaux possibles, soit à une pratique plus souple et sommaire, l'établissement d'un prix plafond, fixe ou mobile, le paradigme parisien. La fixation du prix donnait l'expression la plus achevée du modèle de service public qui régentait la boulangerie française. C'est pourtant une vieille pratique, annoncée par la Bible, mise en œuvre dans l'Antiquité classique, perfectionnée à l'aube des temps modernes par les Italiens et les Anglais.

C'est une des cibles de la grande campagne des libéraux des Lumières.

Oui, mais il ne faut pas voir la taxation en termes manichéens opposant Anciens (obscurantistes et autoritaires) et Modernes (éclairés et libéraux). Les autorités chargées de construire et de maintenir l'ordre quotidien savaient pertinemment qu'elles ne pouvaient rester indifférentes au prix. Malgré les critiques virulentes des physiocrates, trouver la meilleure façon de gérer les fluctuations de prix mettait au supplice bien des officiers de police. Ces derniers n'appartenaient pas à une race unique de régulateurs bornés et mécaniques, pour qui la taxation aurait été un *credo* philosophique en même temps qu'une panacée instrumentale. Les causes et la signification de la formation des prix ne laissaient pas de les intriguer. La police progressait à tâtons vers un prix compris comme un système complexe de signes et une construction psychologique sensible, en même temps qu'une expression de la confrontation matérielle de l'offre et de la demande. Elle justifiait la taxation plutôt comme un mal nécessaire. Sauvegarder la tranquillité publique et honorer le contrat social des subsistances étaient ses objectifs principaux. Il fallait, pour cela, certaines formes d'intervention et de réglementation, ce qui supposait aussi de nourrir et d'entretenir un vigoureux commerce d'approvisionnement, dont la liberté était, notoirement, le principal moteur.

Tout en étant convaincue qu'il ne fallait pas laisser les marchands de produits de première nécessité prendre la société en otage, la police reconnaissait que la « voie de l'autorité » pouvait engendrer des effets pervers, voire s'avérer contre-productive. Elle ne débouchait pas forcément sur « un juste prix », c'est-à-dire, pour citer la définition du commissaire Delamare, reprise par le commissaire Lemaire dans la deuxième moitié du XVIIIe siècle, « un prix raisonnable à la portée du peuple ». L'abbé Galiani, auteur de la formule « le pain appartient à la police, non au commerce », conseillait au lieutenant de police de Paris en 1770 de ne jamais fixer le prix du blé ni du pain « au milieu de la plus cruelle famine ».

Tout au long du siècle des Lumières et pendant une grande partie du XIXe siècle, les autorités restèrent partagées sur la question critique de la fixation du prix. Elles ne concevaient pas non plus le dossier de la taxation en termes strictement objectivables d'organisation du ravitaillement. Elles voyaient bien que la question du pain était autant une affaire d'opinion publique que de prix (et d'offre) et que celui-ci façonnait celle-là alors même que la première conditionnait le second. Il était difficile d'expliquer au peuple-consommateur que l'inaction ostensible des pouvoirs publics servirait mieux leurs intérêts qu'une intervention agressive : en l'occurrence, la taxation. Insistant sur les enjeux politiques du contrôle du prix du pain, le botaniste et agronome Mathieu Tillet, s'adressant à l'Académie des sciences, maintenait non seulement que la taxation protégeait le public de l'incertitude et de l'inquiétude, et les boulangers de la furie et de la vindicte du peuple, mais qu'elle protégeait aussi l'État, l'autorité publique à tous les niveaux, contre « la colère de l'opinion ». Renversant l'argument de Tillet selon lequel l'absence de taxe incitait le peuple-consommateur à rendre l'État responsable de la disette ou de la cherté, le mathématicien et philosophe Condorcet, proche des physiocrates, estimait que l'usage pernicieux de la taxe accoutumait le peuple à regarder ses magistrats comme « responsables du haut prix des subsistances ». Loin de les préserver des ravages de l'opinion publique, la taxation faisait d'eux les otages de ses caprices. Loin d'épargner la misère du peuple, concluait le thuriféraire du Progrès, toujours méfiant à l'égard du peuple, la taxe était capable d'engendrer une « disette réelle » – plutôt qu'une « disette d'opinion » – en poussant les fournisseurs affolés à dissimuler leurs stocks. Et, plus grave, elle offrait aux « factieux » le seul moyen de soulever la populace, et donc de saper la stabilité de l'État. À travers le royaume, les boulangers dénonçaient les contraintes et leur opposaient divers modes de résistance. D'abord, c'était une « injustice », voire tout simplement « du vol ». En termes plus concrets, les boulangers de Château-Thierry se plaignaient de ce que la taxe reposât sur un prix des grains artificiellement bas, inférieur au prix auquel ils pouvaient se procurer de la farine pour en faire un pain acceptable. D'autres respectaient la logique du système de taxation dans lequel ils étaient piégés, tâchant de le transformer en cage dorée. Ils en contrôlaient les termes de plusieurs manières, en s'accrochant obstinément à des normes qu'ils savaient entièrement anachroniques ou en cherchant à prendre en main les essais de mouture et de panification qui devaient servir de base au barème de prix. Les boulangers parisiens prévenaient que la politique de taxation – plus souple pourtant dans la capitale qu'ailleurs – les forçait à « se dédommager » sur la qualité des farines qu'ils achetaient, ce qui risquait de provoquer des murmures populaires tonitruants et « très bien fondés ».

Frustrés, fâchés, voire enhardis par les pressions administratives, notamment dans les moments de crise, les boulangers fourbissaient parfois leurs dernières armes : la menace de cesser de fabriquer. En 1725, les boulangers rennais organisèrent une sorte de grève, refusant de cuire tant que la police ne mettrait pas fin aux contrôles des prix. Au même moment, le contingent de forains de Versailles boycottait la capitale parce que les commissaires les forçaient à donner leur pain à perte, prétendaient-ils. Lorsqu'en 1756 les juges de Guingamp imposèrent un prix-plafond pour résorber des profits qu'ils jugeaient excessifs, les boulangers choisirent de fermer boutique. En 1770, les boulangers d'Arpajon menacèrent de mettre les clés sous la porte si la taxe s'éternisait. La boulangerie parisienne aura recours à cette démarche radicale, vilipendée tant par le peuple que par le Pouvoir, dans la deuxième moitié du XXe siècle. On y retrouve quelques traces de la rhétorique hyperbolique de justification affinée dans la deuxième moitié du XIXe siècle. Victor Borie, économiste et amant de George Sand, grande amie de la boulangerie, compara le destin des « mineurs blancs » à celui des Juifs, « admis à jouir du droit commun », et des Noirs, « émancipés ». La taxe niait aux boulangers « l'égalité des droits » dont bénéficiaient tous les autres citoyens, les réduisant au statut « d'esclaves » et de « parias de la société moderne ».

Vous suggérez que Paris, avec sa population énorme et volcanique, où l'on aurait pu imaginer un encadrement rigoureux, jouissait en réalité d'un régime de clémence ?

Rappelons d'abord la « règle » commune. Au XVIIIe siècle, un peu partout dans le royaume, le prix du pain était taxé en fonction d'un « tarif » calculé sur la base du prix du blé de diverses qualités et du prix des différentes farines, noyau dur d'information actuelle, fraîche, complétée par des données concernant le coût de revient du boulanger obtenu au cours d'« essais » plus ou moins fiables, plus ou moins récents et plus ou moins locaux. Normalement très circonstancié, le tarif envisageait tous les cas de figure, depuis une forte abondance à une pénurie calamiteuse. Théoriquement appliqué de façon mécanique, le tarif subissait quelquefois des modifications, résultats de discussions, voire de négociations entre les boulangers et les autorités.

Dans la capitale, le prix du pain était officiellement « surveillé » plutôt que « taxé ». Le commissaire Delamare avait averti sans équivoque qu'il était tout simplement « impossible » d'imposer une taxation très élaborée à Paris, pour des raisons à la fois techniques, commerciales et morales : sources d'approvisionnement de blés et de farines trop diverses, éparpillées, souvent éloignées ; coûts de stockage et de transport fort variables ; lenteur des communications, empêchant ou ralentissant la transmission d'informations et de consignes ; désir de ne pas « dégoûter » les boulangers forains apportant de grosses quantités de pain ; grande diversité de la qualité du pain fabriqué intra-muros ou dehors, traduisant des disparités touchant la qualité du blé, méthodes de mouture, et styles et talents des boulangers. La police regardait de près, discutait régulièrement avec les boulangers, notamment par le biais de la corporation, exhortait à la modération, proposait des limites. Tout partait du point de référence universelle et de la tendance centrale représentés par le prix dit « courant », le cours ordinaire. En temps d'abondance relative, le courant était un prix qui s'ajustait de lui-même et exprimait, à la satisfaction de tous, la relation entre boulangers et consommateurs. Le boulanger qui ne le respectait pas encourait la sanction du marché par la grâce des consommateurs avertis, qui avaient la mémoire longue et une humeur vengeresse.(Difficile d'imaginer cet ajustement quasi automatique aujourd'hui, malgré la théorie néoclassique du marché, car, si le prix du pain suit la montée de celui du blé et de la farine, il n'emboîte jamais le pas de leur baisse : c'est la revanche permanente de la boulangerie, qui n'en finit pas de régler ses comptes avec le joug interminable de la taxation.) Au XVIIIe siècle à Paris, en temps ordinaire, la police misait sur la concurrence acharnée que se livraient des centaines de boulangers de nature très différente, avides d'élargir leur clientèle, pour maintenir dans des limites raisonnables le prix des gros pains de 3 à 12 livres. Les commissaires et leurs agents avaient l'œil sur les boulangers et rappelaient à l'ordre ceux qui outrepassaient de manière flagrante le courant ou garnissaient insuffisamment leur boutique ou leur étal.

Au jour le jour, les boulangers de Paris travaillaient donc sous le signe d'une taxe implicite ou latente, étalon normatif plus ou moins changeant censé maintenir un certain équilibre social et commercial. Il n'y avait pas de maximum « normal » portant l'imprimatur du lieutenant de police. En période de montée des tensions, les autorités prescrivaient à contrecœur des plafonds, un prix maximum, une taxe de crise. Au plus fort d'une disette sérieuse, lorsque le Parlement limitait la palette des pains autorisés – interdisant habituellement le blanc – le courant revêtait plus franchement encore l'aspect et la fonction d'une taxe. On n'était plus dans la phase lénifiante du rappel à l'ordre en cas de contravention : il était plutôt question de lourdes amendes, voire d'incarcération. Les chefs de la corporation s'efforçaient d'obtenir la promesse de compensations ultérieures.

Les autorités étudiaient diverses façons de déterminer un juste prix. Elles raisonnaient concrètement, en termes de calcul des coûts et des bénéfices. Elles imaginaient des cadres « scientifiques », notamment à partir des années 1760, susceptibles de soustraire la question à la controverse. À partir du XVIe siècle, mais surtout depuis Delamare, la police conduisait ce qu'elle appelait des essais, pour tenter d'arriver à des conventions crédibles touchant les coûts et les rendements. Durant parfois plusieurs jours, mobilisant tant les jurés de la corporation que des boulangers institutionnels proches de l'administration et des entrepreneurs-innovateurs dans la filière, étroitement surveillés par des inspecteurs et des commissaires de police spécialisés dans le domaine des subsistances, ces essais débouchaient parfois sur des débats houleux, la police obtenant toujours un plus grand rendement à des coûts plus bas que les boulangers de ville, tandis que ces derniers mettaient en question les conditions de production en moulin et en fournil (loin de la pression et des circonstances de la réalité quotidienne) et la qualité des pains fabriqués. Au cours du siècle, les autorités améliorèrent leur collecte d'informations et affinèrent leurs instruments d'analyse. Bien avant 1789, elles avaient passé en revue la plupart des questions de subsistances auxquelles les révolutionnaires allaient s'attaquer avec une intensité farouche.

La Révolution ne représente-t-elle pas une rupture en ce qui concerne les subsistances ?

Vous me rappelez ma première expérience aux archives. C'était en 1964 à Poitiers, dans une vieille bâtisse du centre-ville. La salle de lecture était petite, cernée par des étagères d'inventaires et de livres de référence. Elle était souvent enfumée : on avait le droit de fumer tout en dépouillant une bulle papale ou une lettre de Bonaparte. Lors de ma première journée, je rencontre un lecteur qui me socialise gentiment dans le système, un retraité du fisc, qui s'intéressait particulièrement à l'Enregistrement, observatoire quasi panoptique dont les papiers viendraient m'intéresser bien plus tard. Ayant appris que j'entamais une enquête sur les clubs politiques à Poitiers et dans la Vienne entre 1789 et la chute de Robespierre, il n'a cessé de m'avertir que « l'Administration a traversé toute la Révolution ». « Ce que vous trouvez dans l'Administration pendant et après la Révolution, me répétait-il, vous l'aurez déjà trouvé dans l'Ancien Régime. » Son regard sur ce processus ressemblait moins à la vue d'en haut d'un Tocqueville qu'à celle d'en bas, perspective de prédilection discursive d'un autre poitevin, Jean-Pierre Raffarin.

L'observation de cet historien amateur, passionné par la recherche et formé par la fonction publique, m'a interpellé à un moment formateur de ma trajectoire. Comme bien des généralisations, il y a dedans du vrai et du faux. Sur un plan conceptuel, cette remarque m'a incité à penser attentivement la dialectique désordre-ordre. Même une révolution – on pourrait dire surtout une Révolution – a de plus en plus besoin d'ordre, tout en se radicalisant. Si l'ordre idéologique est largement neuf, l'ordre pratique relève nécessairement d'un savant cocktail de traditions, parfois assez sombres, rebaptisées, et de méthodes dictées par la conquête de droits inédits.

Dans l'arsenal des autorités révolutionnaires chargées de gérer les subsistances, à part de nouveaux outils idéologiques d'une réelle signification (par exemple, le fameux surinvestissement politique au service de la régénération de l'homme et de la promotion du bonheur) et une étonnante mobilisation de la force armée à la chasse des accapareurs (des « armées révolutionnaires » affectées non pas au front contre l'ennemi de l'extérieur, mais à l'intérieur à la recherche des grains, la ville contre la campagne, vieille et chronique tension dans le domaine du ravitaillement), les armes de l'Ancien Régime restaient parfaitement pertinentes. Le « maximum », emblème de l'engagement social jacobin, politique censée être radicale, extorquée par les sans-culottes, n'était rien d'autre que la taxe ou le plafond pratiqués avant 1789, désormais généralisés et appropriés par un nouveau discours. L'économie morale de l'Ancien Régime et sa revendication d'un droit à l'existence ressemblaient étrangement à l'éthique égalitaire du nouveau, mais cette dernière prenait racine dans un terreau autrement fertilisé ; le contrat social des subsistances continuait d'obliger le souverain et de le lier au peuple, sauf que désormais le peuple était lui-même souverain et que la tâche retombait sur son agent, un État repensé et refondé, mais pas *ex nihilo*. La loi des 19-22 juillet 1791 reprenait et re-légitimisait le pouvoir manié jadis tant par le plus petit juge sur le tas que par le ministre ou les plus augustes magistrats, autorisant les officiers municipaux, exerçant tous des pouvoirs de police, à fixer le prix du pain quand il leur paraissait nécessaire. Visant surtout les moments de crise, cette législation justifiait toutefois la pratique prophylactique théorisée jadis par le commissaire Delamare et le recours quasi permanent à un régime de taxation à travers une grande partie du XIXe siècle.

À partir de la Restauration, les boulangers ne trouvent-ils pas un climat plus favorable à l'exercice proprement commercial de leur métier ?

Pas du tout. On reste dans la logique du service public, sur fond de souci à la fois de contrôle social et de légitimité politique, tant en monarchie qu'en république. Pratiquement, la taxation, parfois spasmodique et imprévisible, style parisien Ancien Régime, parfois bien plus systématique, type « tarif », constitue sans doute le plus grand boulet que doivent traîner les boulangers à travers le XIXe siècle. Dans le passé folklorisé que la profession a forgé tout au long du XXe siècle pour renforcer, en la commémorant, la cohérence de son engagement libéral et moral, la lutte antitaxation est représentée comme sa raison d'être depuis Napoléon Ier. Or, même s'il est clair que les boulangers contestaient vivement les appréciations spécifiques, dont le calcul débouche sur le nouveau système de taxation périodique à partir de 1823 (notamment les estimations du rendement de la farine en pain et la fixation de la « prime de cuisson » couvrant frais et bénéfices et remplaçant le mécanisme de compensations négociées qui favorisait davantage les boulangers), ils critiquaient beaucoup plus les modes de taxation particuliers que la taxe en elle-même.

En 1900, le syndicat parisien prétendit que le décret impérial de 1863 suspendant (mais pas supprimant) la taxation était la conséquence de 62 ans d'efforts de sa part. Mais les témoignages des boulangers devant la commission d'enquête du Conseil d'État en 1859 étaient bien plus ambigus. Fétichisée entre 1800 et 1859, la revendication de la liberté était souvent une tactique pour la monnayer contre d'autres avantages, par exemple une limitation plus intransigeante du nombre de boutiques autorisées et une augmentation de la prime de cuisson.

Même si la taxe contraignait le boulanger – « serf de l'Administration » – à recourir aux marchés de cuisson qui donnent le contrôle financier de la boutique entièrement au meunier, sorte d'inféodation, assez souvent il y trouvait son intérêt. Alors que la perspective d'une libéralisation se concrétisait, les syndics invoquaient plus le danger contre l'ordre public que l'impératif d'affranchir la boulangerie. L'avocat des boulangers au milieu du XIXe siècle soutenait une position qui resurgira chez un certain nombre de boulangers 120 ans plus tard, au lendemain de la libération « définitive » des prix : la taxe est au fond confortable, l'uniformité des prix et la commodité de service semblaient bien être les « conditions de tranquillité ».

Comment comprendre cette fin non définitive de la taxation en 1863, ce cadeau de l'empereur aux velléités libérales et modernisatrices ?

Au fond, cette mini-Marseillaise de la boulangerie, pour détourner la phrase de Michelet, est un faux-semblant. La taxe officielle s'efface, mais une taxe officieuse demeure prête à se transformer en oukase. Toujours est-il que d'autres mesures d'accompagnement, plus ou moins rattachées à l'octroi de cette liberté très relative, telle la suppression, inégalement appliquée, des stocks de farine obligatoire dans chaque fournil comme rempart contre la disette, ont requinqué le moral de bien des artisans. À Lyon, pourtant, la réaction est ouvertement ambivalente : le spectre de la concurrence n'enchante pas tout le monde. Tous ne sont pas équipés de la même manière pour affronter la liberté. Quelques années plus tard, l'État exauce un vœu multiséculaire des boulangers en instituant la vente au poids pour éliminer tout soupçon de fraude, geste dénoncé par le syndicat de la capitale comme une « intrusion ». La boulangerie a souvent du mal à digérer ses victoires politiques ! Quant à la taxe, il semble bien qu'on soit revenu au genre de négociations informelles entre syndicat(s) et police qui a caractérisé Paris et certaines autres villes au XVIIIe siècle. Le fait nouveau, qui s'annonce, s'affirme et modifie, à la longue, les relations entre l'État et la boulangerie, est l'amélioration graduelle du niveau de vie des couches populaires avec la diversification du régime alimentaire et le moindre besoin de calories lourdes en raison de la mécanisation, notamment du travail et des transports, qui privent le pain d'une partie significative de son pouvoir coercitif.

Donc le « progrès » rend la taxation inutile ?

Vous voulez que je vous dise que la fin de la taxation annonce la « fin de l'histoire » ? Il ne faut pas aller trop vite. Le prétendu « progrès » n'est jamais linéaire, uniforme et sans équivoque. La boulangerie syndicale s'organise à l'échelle nationale et ne cesse de dénoncer l'anachronisme de la taxe, instrument grossier et ringard. Tout en relançant de manière encore plus vive la revendication de la liberté, la boulangerie souhaite aussi être protégée : c'est l'aporie classique de la profession. Cependant la taxe persiste au XXe siècle, en partie survivance glorieuse faisant hommage à la longue histoire de l'État, d'abord bâtisseur, puis paternaliste (à inflexions cyniques et/ou chrétiennes), engin providentiel (à inflexions sociales et/ou chrétiennes), mais en partie politique lucide prenant en compte les attentes d'une population extrêmement différenciée et stratifiée, ne vivant pas toute la même chronologie de modernisation (ou de ce que vous appelez le « progrès »). Il ne faut pas négliger non plus l'impact durablement désorganisant de deux guerres et d'une dépression économique mondiales, et les impératifs de la lutte récurrente contre l'inflation. À partir de 1924, la responsabilité de la taxation incombait aux préfets qui sont substitués aux maires. Après la rédaction du code des prix en 1945, le préfet a théoriquement toujours le pouvoir de la fixation et entreprend des enquêtes (parfois même des « essais », type XVIIIe siècle) pour déterminer les coûts réels de la panification, mais en pratique c'est le gouvernement qui tranche, surtout pendant la pénurie prolongée après la Libération, transmettant ensuite ses instructions aux départements. En août 1947, par exemple, après une récolte catastrophique, au cours d'une grave crise sociale et politique, le ministère décide d'instituer exceptionnellement un prix « national » du pain. Ce prix national est censé passer un double message psycho-politique : l'État nourricier existe toujours et il est capable d'agir à l'échelle nationale. On maintient la fiction d'une république alimentaire égalitaire, une et indivisible, tant dans l'espace que dans le temps. Mais un prix national, c'est une usine à gaz, un système byzantin de péréquations, un prix artificiel ou synthétique, exigeant d'énormes subventions. Selon ses critiques, les Français paient leur pain deux fois, d'abord comme consommateurs à la boutique, puis comme contribuables chez le percepteur. En tous les cas, il ne me semble pas déraisonnable de caractériser cette taxe comme un prix moyen fixé plus ou moins arbitrairement, et plus ou moins au service d'une certaine équité sociale.

Finalement, dites-vous, la boulangerie ne sait pas ce qu'elle veut ?

Oui et non. Depuis toujours la boulangerie entretient un rapport ambivalent avec le pouvoir. Elle supporte mal une tutelle envahissante et mutilante qui classe son métier à part et le soumet à des contraintes auxquelles échappe quasiment tout le reste du commerce artisanal. Ce joug est pourtant la source de certains privilèges et de certaines protections, dont elle ne saurait se passer. Plutôt patiente et réaliste au lendemain de la Libération, la Confédération nationale de la boulangerie, la voix semi-officielle de la profession, accentue ses revendications accumulées au début des années 1950. Idéalement, elle souhaiterait sortir définitivement du paternalisme nourricier qui conduit l'État à fixer le prix du pain. Faute d'une véritable émancipation politico-économique, la boulangerie exige une majoration significative du prix, dans le cadre d'un système national, pour compenser la hausse considérable du coût de la panification et de la vie tout court que ses artisans subissent depuis des années.

La direction de la Confédération doit faire face non seulement à un gouvernement peu enclin à négocier sur le prix du pain qu'il considère politiquement trop sensible, mais également à une profession de moins en moins soumise à la ligne syndicale. D'une part, il y a un décalage important entre la posture irénique du *leadership* central à l'égard de la meunerie et l'ardent désir de milliers de boulangers de reprendre leur liberté de choix de meunier, dont le gouvernement les a privés pour faire face aux difficultés persistantes de ravitaillement et sous la pression du lobby de l'Association nationale de la meunerie française, la grande centrale de la profession, hostile à une concurrence « anarchique » que la reprise de relations commerciales normales entre boulangers et meuniers ne pouvait que déclencher. D'autre part, la base de la boulangerie est divisée entre artisans ruraux (producteurs principalement du gros pain, noyau de la consommation courante, variant en poids, selon le lieu, de 1 kg à 2,5 kg) et boulangers urbains (fabricants essentiellement de pain dit de fantaisie, flûtes de 700 g ou de 500 g, baguettes de 300 g, par exemple). Dans l'espoir de mieux contrôler ses propres troupes en créant les conditions d'une cohabitation prospère et de mieux maîtriser l'évolution de la profession, la boulangerie milite pour l'octroi par l'État d'un statut d'« organisation » de caractère néocorporatif, mais plus souple que le corset de fer des meuniers. Cependant, elle fait sa cour, pour obtenir cette faveur, au moment même où elle s'achemine vers un affrontement violent avec les autorités sur la question du prix. On est toujours dans cette tension entre l'appétit de liberté et le besoin de protection.

Le gouvernement s'arrange-t-il pour donner satisfaction aux boulangers, d'une manière ou d'une autre ?

En 1950, face à une France à moitié dévastée, toujours menacée par la précarité des subsistances, la grande priorité de l'État était encore de pourvoir aux besoins alimentaires du peuple-consommateur. Quand je lis certains textes aujourd'hui invoquant les années 1945-1975, dites les Trente Glorieuses, comme « période de prospérité sans précédent », je me dis que l'on est plus dans la « com » ou l'autosatisfaction que dans l'histoire rigoureuse. (Certaines denrées de base sont rationnées jusqu'à 1949-1950, et on peut parler de la grande pauvreté de la classe ouvrière – encore nombreuse ! – sans faire du Maurice Thorez.) Il faudrait sans doute parler des Vingt-cinq, voire des Vingt Glorieuses, et souligner la distinction entre la forte croissance économique et la diffusion extrêmement inégale et parfois assez lente de ses bénéfices. Passons. Avec ce simple rappel : en 1950, le pain resurgit comme denrée de première nécessité et comme base de l'alimentation populaire.

Dans ce contexte, la boulangerie est vouée à l'échec sur le plan politique. Seule une poignée de libéraux, au sein de la haute administration, dénonçait l'idée d'un prix du pain « immuable », tout comme les physiocrates jadis (le pain à deux sous au XVIIIe siècle était tout un programme politique). Alliés objectifs des boulangers sur la question de la taxe, ces mêmes libéraux s'en prenaient vivement à l'ambition néocorporative de la boulangerie – le rêve d'un « statut » qu'elle caresse depuis des décennies – principalement en raison de son aspiration à limiter la concurrence. Trop faible pour assurer l'émancipation des boulangers, le lobby libéral était suffisamment robuste pour bloquer sa demande de protection. Ils perdent sur les deux registres, d'abord en 1950, puis encore plusieurs fois pendant cette décennie, avant de changer de stratégie.

En ce qui concerne le prix du pain, que fait précisément le gouvernement ?

En 1950, l'État annonce un retour à l'ordinaire, pour lui la norme : la fixation du prix du pain par les préfets en fonction des réalités dans chaque département. Pour la boulangerie, c'est un prétexte pour comprimer les marges de panification – l'enveloppe couvrant frais de toutes sortes et rémunération – au lieu de lui accorder une revalorisation globale prenant en compte la hausse, très importante depuis la Libération, des salaires, des fournitures de panification, du prix de l'énergie, des charges diverses et frais généraux et du coût de la vie. La situation de la Confédération était compliquée par le clivage entre les boulangers urbains et les artisans ruraux (disjonction pas toujours nette, car on classait comme rurales toutes les villes de moins de 10 000 habitants). Pour maintes raisons, les « fantaisistes » tiraient leur épingle du jeu, pas les « gros-istes ». Le discours de la boulangerie rurale se montrait de plus en plus apocalyptique : « Nous allons mourir », « Nous sommes face à la ruine. » Les syndicalistes ne savaient pas comment concilier leurs intérêts et n'étaient pas sûrs que, face à l'épreuve politique, les boulangers des villes seraient solidaires avec ceux de la campagne.

Les textes normatifs, étatiques ou syndicalistes, sont importants et intéressants : ils nous renseignent sur les présupposés idéologiques, les prescriptions formelles, la chorégraphie idéale ou idéalisée. Mais si on s'arrête là, on ne comprend rien au comportement des gens, aux réalités du terrain. Dans le modèle normalisé de l'État, il y a trois pains : le gros, représentant 65 % de la production (on n'ose pas parler directement de la consommation !) ; le pain de fantaisie (700 g), 25 % ; et la baguette (300 g), 10 %. Le gros est certainement surreprésenté. Dans quelques départements, on ne fait que des pains de fantaisie, et dans d'autres que du gros. On comprend la critique de certains syndicalistes, notamment des départements, qui relèvent le paradoxe de la politique gouvernementale, plus ancrée sur le symbolique que sur le réel : on fait baisser le prix du pain de consommation courante dans la capitale – officiellement le gros pain – et c'est là où on en mange le moins (entre 5 % et 10 % des achats).

Les apparences et les distinctions nominatives sont trompeuses. Le boulanger rural est censé cuire principalement sinon exclusivement du gros pain. Guy Boulet, penseur de la boulangerie sociale et qualitative de la fin du XXe siècle, raconte que son père, à la campagne en Franche-Comté, ne fabriquait que du gros. Mais Roch Briand, le boulanger du « pain maudit » de Pont-Saint-Esprit, ville de moins de 5 000 habitants dans le Gard, qui fait le portage dans les villages des alentours, où la vigne prime sur tout le reste, confie à la police que, dans une fournée typique, il ne cuit que six gros pains, probablement de deux kilos, à côté de 75 flûtes de 700 g et 40 bâtards et 20 ficelles, sans doute de 300 g chacun. Ne parlons pas des pains régionaux et locaux qui ne figurent pas dans la taxinomie officielle, tels, en Provence, le boulet de 2 kg, la fougasse, le Charleston, le Boogie-woogie, le Polka, le saucisson (dit aussi roulé) et autres Picasso. Notons, par ailleurs, que le consommateur n'a qu'une idée très vague de la qualité sensorielle et économique du pain qu'il consomme, à cette époque où la taxinomie officielle occulte une sorte de stratégie de marketing social ou sociopsychologique. Le consommateur qui paie, fin juin 1951, 39 francs son pain de fantaisie et 21 francs sa baguette à Paris (d'où la presse nationale extrapole la réalité sociale de la France entière) et 41 et 22 francs les mêmes catégories dans le Gard (où l'on est sans doute économiquement plus faible en moyenne), rapporte chez lui un pain fabriqué exactement selon le même diagramme que le gros, payé respectivement 44 et 42 francs. Tous ces pains sortent de la même pétrissée ; les petites différences sensorielles qui les distinguent (épaisseur de la croûte, volupté de la mie) proviennent de la taille de la pièce et de son expérience en cuisson.

Avant la guerre, la distance théorique entre « gros-istes » et « fantaisistes » était encore plus importante. Pour des raisons politiques classiques, l'État refusait de voir augmenter le gros pain, coup dur notamment pour les ruraux. Mais on était dans la logique lénifiante d'Édouard Herriot qui disait aux boulangers : « Félicitez-vous d'avoir du pain de fantaisie pour vous permettre de faire du pain de consommation courante à bon marché ». À cette époque, en effet, l'État tolérait, sans les autoriser, des pains de fantaisie vendus au prix que souhaitaient les boulangers, façon de compenser leur faible gain sur le gros. Depuis la guerre, tout le pain est taxé, avec l'obligation – qui a persisté jusqu'aux années 1980, détestée et souvent contestée par les boulangères – de vendre le pain de 300 g ou de 700 g au prix du gros, si la boutique n'est pas suffisamment garnie de pain de consommation courante. La Confédération réfléchissait en 1950 à un retour à l'indulgence Herriot, mais certains présidents départementaux partageaient la crainte qu'un double système n'ouvre la voie à des « concurrences effrénées », encore un effet pervers de la liberté, condition existentielle bien difficile à gérer. Comme disait un chef syndical du Nord, tout vaut mieux que de laisser les boulangers fixer leur prix eux-mêmes. Si demain on disait qu'il y a un prix fixe et que le reste est libre, prévoyait-il, on assisterait à « une anarchie de baisse ».

La liberté, par sa nature même, débouche sur toutes sortes de surprises. Mais les règles ne garantissent rien non plus. Gare encore aux normes, quand on veut comprendre comment les gens agissent. Face au refus de l'État d'accorder la revalorisation et la reconnaissance recherchées par la Confédération, face au refus de la meunerie d'accepter une restauration des relations commerciales traditionnelles, de plus en plus d'artisans à travers le pays ont recours à des stratégies de survie personnelles. Ce qui revient à une sorte de délitement des valeurs et des solidarités professionnelles. D'où les plaintes de chefs départementaux constatant que certains boulangers vendent *moins cher* que la taxe, qu'ils accordent des rabais pour débaucher des clients (cela fait penser aux meuniers « renégats »). Ou, *a contrario*, se sentant lésés par la taxe, d'autres boulangers se vengent en trompant les consommateurs sur le poids de leur pain, ce qu'un syndicat nomme pudiquement « correction des erreurs des agents taxateurs ». Ou les boulangers achètent la farine clandestinement, grave infraction en ces temps de réglementation draconienne, au point que, dans certaines sous-préfectures, on en arrivera à ne plus consommer de farine « officielle ».

Comment la Confédération gère-t-elle son problème en 1950 ?

Elle ne peut pas continuer à être repoussée par l'État et à ignorer sa base. Elle parle d'une « politique d'oppression » qui conduit la boulangerie française dans le mur. Déjà, on murmurait que la centrale représentait beaucoup son bureau, très peu ses membres. Mise en question tant par un certain nombre de présidents départementaux que par des boulangers lambda, la direction est soumise à une forte pression : il s'agit d'agir, et d'agir efficacement, c'est-à-dire avec des résultats concrets à la clé. On menace, on parle de grèves ou de suspension des paiements des farines, ou de la suppression de la fabrication du pain de fantaisie (le postulat est beau dans le quasi-service public : « si nous faisons beaucoup de gros pain, nous ennuierons tout le monde »). Enfin, geste encore plus radical, on envisageait même de hausser de façon unilatérale le prix du pain, ce qui aurait frisé le délit de coalition, comme on disait dans le temps. Tout en discutant une action militante, les chefs syndicaux doutaient de leur capacité à mobiliser leurs propres troupes. Mais, il fallait y aller. Comme disait un des leurs : « Quelqu'un qui promet une gifle à son enfant, et ne la lui donne jamais, ne se fera jamais écouter. » Le 7 mars 1950, la boulangerie fait grève. La manifestation semble assez bien suivie après tout, aux alentours de 80 % de fermetures de boutiques pendant 24 heures.

Et la révolte porte ses fruits ?

Vous avez raison de parler de révolte. Dans une profession historiquement interdite de cesser de cuire, la grève est un acte extrêmement grave, compris comme tel par tout le monde. Mais une fermeture de 24 heures – personne n'ose faire davantage – n'impressionne pas le gouvernement, qui n'offre pas grand-chose. Le numéro deux de la centrale écarte l'hypothèse d'une grève de plusieurs jours d'affilée : « Ça serait une Révolution. » L'association mythico-historique entre pain et révolution demeure ancrée tant dans la conscience politique que dans l'inconscient collectif.

Les boulangers sur le terrain sont amers. Comme ce n'est pas tous les jours qu'on entend entonner l'air de la *Marseillaise* dans la Vendée contre-révolutionnaire, j'ai été frappé par ce pastiche de l'hymne national qu'on attribue à un peloton de ses boulangers, tout sauf triomphal : « Allons les gars de la boulangerie/ Les mauvais jours ne sont pas lassés/ Contre nous de la tyrannie... » Ils n'obtiennent rien. Ni une augmentation conséquente du prix du pain ou une mise à plat de la ma..ière de taxer. Ni ce « statut », cette « organisation » tellement convoitée, qui aurait renforcé l'autorité de la Confédération (et sa capacité de discipliner la base) en lui donnant les moyens d'atténuer la concurrence jugée excessive et désordonnée par la réduction du nombre de boutiques, le contrôle de l'accès à la profession, la suppression des dépôts de ventes, etc., assurant ainsi – théoriquement – une « juste rentabilité » à tout le monde (c'est le rêve corporatif, qui va à l'encontre de la politique traditionnelle de l'État soucieuse avant tout de favoriser la compétition pour augmenter l'offre).

Quelle est la prochaine étape pour la boulangerie ? L'amertume débouche-t-elle sur la résignation ou sur une nouvelle mobilisation ?

La direction de la Confédération reste tenace, mais elle continue à prendre des coups, tant de l'intérieur que de l'extérieur. Elle nourrit des espoirs quand Antoine Pinay arrive au pouvoir en 1952. Voilà un homme réputé réaliste, proche des milieux du commerce, qui paraît peu enclin à souscrire à des fictions économiques et psychologiques qui troublent le fonctionnement du marché. Mais après avoir accepté de suspendre ses revendications pendant un an au nom du civisme (la campagne pour sauvegarder le franc), la Confédération est abasourdie quand le ministère lui impose une baisse des prix du pain et une réduction de la marge de panification, au lieu de la récompenser avec une hausse ou un assouplissement de la taxation. Citant les « sacrifices », les « souffrances » et la « misère » des boulangers, la centrale envisage une grève à l'automne de 1953. La menace ne fait pas trembler le gouvernement. La grande majorité de boutiques ferment pendant 24 heures le 16 décembre. Bien des syndicats départementaux appellent à la reconduction, voire à la remise des clés des fournils aux autorités. Le leadership, très peu va-t-en-guerre, prétend croire toujours à la négociation. Le cabinet d'Edgar Faure, le ministre des finances qui participe directement aux discussions avec la Confédération, laisse entendre que le dénouement lui sera favorable. La direction est « écœurée » et « atterrée » quand le conseiller de Faure annonce que le comité interministériel a décidé de ne rien donner à la boulangerie : « C'est regrettable, mais une chose vous dessert : vous faites du pain. » Encore une fois, remarque le président confédéral, « la mystique du pain nous enfonce ».

La centrale est ébranlée. La base est en colère, furieuse de ce que les grands chefs soient si impuissants, excédée par les incessants contrôles de rendement et contrôles fiscaux opérés par l'Administration qui bafoue leur dignité et bouleverse leurs habitudes, de plus en plus sensible au message de Pierre Poujade, dont les attaques contre l'État-vampire et ses « soupiers » semblent bien plus viriles et virulentes que les protestations polies de son propre syndicat national. Le *leadership* est directement contesté dans ses assemblées et ses bureaux, par ceux qui exigent une « agitation » plus tonitruante et plus audacieuse, et ceux qui menacent de quitter la grande centrale si elle ne donne pas davantage de représentation à la boulangerie rurale et ne s'occupe pas mieux de ses intérêts. En 1955 le président national de la boulangerie est acculé à la démission, n'ayant pu obtenir ni une hausse franche des prix, ni une promesse de libération du joug taxateur, ni le statut néocorporatif menant à une meilleure protection de la profession et à une réduction de sa surcapacité – selon les critères de ce qu'on appelait la « rationalité économique » dans l'après-guerre, il y avait sans doute 20 000 boulangeries de trop, comme il y avait 7 500 moulins de trop – par un « assainissement » doux et autogéré.

Au moment où la France se lance dans une nouvelle modernisation, les leaders de la boulangerie ont dû avoir l'impression de s'être embarqués dans un voyage à contre-courant, vers l'Ancien Régime...

Se situant résolument du côté des Modernes, la boulangerie fustige les Anciens, démagogues politiques ou nostalgiques anxieux, qui grèvent le pain d'un contenu imaginaire qu'il n'a plus, qui s'en servent comme prétexte pour perpétuer la sujétion des boulangers et flatter les idées reçues des consommateurs-électeurs. Se sentant à la veille d'une nouvelle époque, une ère de technologies sans précédent, au milieu de la reconstruction du pays et de son décalage économique, comment pourrait-elle ne pas épouser la modernité ? Ras-le-bol devant les réflexes conservateurs de l'État chez les boulangers, pourtant peu connus pour leur esprit d'aventure. On n'est plus en 1789, encore moins en 1793 ou 1871 : le pain n'a plus l'importance qu'il avait jadis, martèlent les syndicalistes. Voilà un fait économique et social, redevenu clair après les aberrations du long après-guerre. Sous l'emprise

« du symbolisme et de la mystique du pain », avance le président de la Confédération, les hommes politiques ne se rendent pas compte que leur légitimité ne dépend plus du bas prix du pain, réduit à la portion congrue dans le budget familial (en temps normal : 50 % en 1750, 40 % en 1800, 4,4 % en 1957). L'État, en brandissant sa symbolique panaire, soutient-il, empêche ironiquement la boulangerie de faire un meilleur pain et donc d'endiguer la baisse ininterrompue de la consommation, chute qui mine la structure symbolique. Notons entre parenthèses que la fin définitive de la taxation, trente ans plus tard, n'enrayera pas cette chute et ne provoquera pas une amélioration de la qualité. Et rappelons l'immense difficulté qu'a toujours eue la boulangerie à reconnaître sa responsabilité pour le déclin de la qualité du pain. Elle blâme toujours les autres : après l'État-taxateur, la meunerie corporatiste et anticommerciale, l'agriculture productiviste, le corps médical irresponsable, etc.

Dans les années 1950, pour retrouver sa liberté, sortir de l'âge héroïco-misérabiliste et entrer dans la modernité, la boulangerie croit qu'il faut passer par une sorte d'exorcisme : la banalisation, sinon la dépréciation de son produit. Elle comprend parfaitement que la sortie de la tutelle dirigiste exige une sorte de révolution d'épistémologie sociale. Il faut démystifier le pain, l'arracher de son sanctuaire symbolique, le dépouiller de son caractère exceptionnel et vital, le réduire à sa vraie place économique : une denrée alimentaire parmi d'autres, qui ne commande plus le coût de la vie. C'est seulement en revendiquant l'idée que le pain « est une marchandise comme une autre » que la boulangerie pourrait démasquer la démagogie politique et secouer l'immobilisme fomenté, nourri par le « pain-symbole ». En démystifiant « le parallélisme imaginaire » entre le prix du pain et le prix de la vie, les chefs syndicaux espéraient trouver le registre de la réalité. Faute de dominer l'ensemble des prix, observent-ils, les gouvernements ont pris la mauvaise habitude de s'attacher à contenir au moins le prix du pain. Encore aujourd'hui, sous la pression des médias et de ce qu'on appelle l'opinion, le gouvernement ne peut pas se débarrasser de cette « mauvaise habitude ». À partir de 1950, pendant une trentaine d'années, l'attaque contre le « pain-symbole », « la mystique du prix du pain », le « faux problème » du prix du pain, le mauvais dirigisme alimenté par cette « mystique politique » devient le leitmotiv du discours syndical contre la taxation.

Bien plus pour aiguiser la colère et la frustration collectives de la boulangerie que pour faire renoncer l'État à sa politique (le reproche d'anachronisme n'a aucune prise sur lui) ou pour arracher l'opinion publique au lien nécessaire prix du pain/bien-être général (l'appel à la rationalité n'a aucune prise sur elle). Comme ligne de « com », la campagne contre le pain-symbole me semble douteuse, périlleuse, voire contre-productive. On la comprend mieux dans les années 1950, à l'aube de l'ère du marketing permanent, que de nos jours, car ce thème n'a pas entièrement disparu de la rhétorique de la filière. C'était une ligne née dans l'urgence du combat, plombée par la vision à court terme la plus myope. Sans s'en rendre compte, la boulangerie était en train de saccager le capital le plus précieux du métier, son poids symbolique, un fonds de commerce collectif de valeur inestimable. Promouvoir la banalisation du pain, c'était orchestrer son suicide. Au lieu de rabaisser le statut exceptionnel du pain, il fallait en faire la clé de voûte de son discours. L'exception panaire, c'est l'exception culturelle française au niveau le plus basique, le quotidien. Il fallait s'approprier la « mystique du pain » et sa charge symbolique sans pareille et les tourner à l'avantage de la boulangerie. À quoi bon, à terme, insister sur les ressemblances entre le pain et les autres marchandises ? Il fallait, au contraire, mettre en relief, en scène, sa spécificité, ses différences. Historiquement, culturellement, sensoriellement, rien ne ressemble au pain. Le pain doit rester dans une catégorie à part, seul, privilégié. Le pain, c'est le partage, la sociabilité, le plaisir, le lien social, le patrimoine. Le pain joue un rôle identitaire majeur, non réductible à la caricature du type avec béret, baguette et pinard. Si le pain artisanal vit demain, ce sera par la forte émotion qu'il suscite, dont l'assise est à la fois proustienne et hédonique. Ce champ émotionnel est incarné par le pain-symbole et sa mystique.

Pour la question du prix, elle restera toujours épineuse, malgré toutes les statistiques montrant son manque de pertinence socio-économique. Soyons clairs : on ne va pas la résoudre – au contraire – en dénigrant son importance. Il faut éduquer d'abord la presse, pour qu'elle comprenne mieux la filière blé-farine-pain. Il faut la mettre en garde intellectuellement contre la tentation facile de montrer du doigt le boulanger par tropisme, sans examen du contexte précis. Il faut également mettre en garde les boulangers aujourd'hui contre la tentation d'abuser. Qu'ils soient, inconsciemment sans doute, dans la logique d'une revanche sociale contre des siècles de taxation, cela ne justifie pas des prix extravagants ou des hausses permanentes. Les boulangers doivent jouer le jeu du marché qu'ils revendiquent depuis toujours : quand le prix de la farine est tombé, par exemple, après la hausse spectaculaire du blé en 2007-2008, le prix du pain aurait dû suivre. Le prix cher n'est pas plus un « acquis » pour la boulangerie actuelle que le prix bon marché, immuable, ne l'était pour les consommateurs de l'Ancien Régime.

« Je me regarde, je me déteste », disait Talleyrand, « je me compare, je me console ». D'abord, il faut la lucidité de se regarder de près, avec un esprit critique. Puis, étant donné la singularité du pain, il faut être extrêmement prudent sur les comparaisons qu'on hasarde. Il ne m'est personnellement ni consolant ni convaincant d'entendre dire que le pain – lequel ? – est moins cher que le café sur le zinc ou le journal.

Je crois que l'on peut tout à fait réfuter les présupposés ou les affirmations erronés. Dans le panier alimentaire ou budgétaire, le pain compte peu : c'est un fait. Il n'est la base de l'alimentation que pour une partie infime de la population, que l'on doit prendre en compte, respecter, sans l'ériger en modèle. Mais il vaut mieux sans doute toujours revenir à la *différence* et construire son argumentaire là-dessus. Par exemple, il faut mettre en avant le temps qu'il faut pour faire un bon pain : le pain est merveilleusement placé dans notre époque de plus en plus sensible à l'écologie et au développement durable, car il est, par nature, dans la mouvance du *Slow* et du locavore. Et il faut souligner la virtuosité nécessaire pour faire un pain envoûtant. La qualité, non pas incantatoire, mais concrètement définie, ça se paie.

Mais le pain-symbole, vous l'avez montré, asphyxiait la boulangerie....

C'est par la voie du pain-symbole que l'État justifie la taxation, et cela depuis des lustres. Malgré l'évidente aberration économique de la taxe, une fois que l'abondance est revenue de manière assez stable, au milieu des années 1950, les gouvernements successifs n'ont pas lâché. La boulangerie n'a pas tort de dire que l'État est tenu par ce symbole. Il en comprend l'intérêt et juge qu'il le sert. C'est un truisme de rappeler que la politique est en grande partie une histoire de symboles. Dans le jeu politique, divers groupes d'intérêt ou communautés d'opinions ou chapelles idéologiques s'efforcent d'imposer leur programme symbolique ou leur répertoire sémiologique. Politistes, historiens et autres chercheurs en sciences sociales étudient justement la genèse, l'articulation, la gestion, l'érosion de ces symboles. Je l'ai fait moi-même pour la Révolution française, vaste laboratoire de création et d'arrimage symboliques.

L'autre dimension de votre question reste très controversée : la taxation tuait-elle vraiment la boulangerie ? Il n'est pas aisé de dépasser l'incantation idéologique, la lamentation-réflexe, l'indignation tout à fait compréhensible pour arriver à une mesure réelle de la gêne. On a déjà évoqué certains avantages du système, du point de vue même de la boulangerie ; dès que la taxation a été définitivement abrogée, certains artisans n'ont pas pu cacher leur nostalgie pour cette forme particulière d'« oppression ». Il nous faudra des études de cas, aussi rigoureusement quantitatives que possible, pour des périodes délimitées, avant de pouvoir porter un jugement global. Le fait que le nombre de boulangers ne cesse d'augmenter jusqu'au milieu des années 1950, malgré la chute spectaculaire de la consommation de pain, ne constitue pas la preuve de l'impact dévastateur de la taxe. Et le déclin constant du nombre de boutiques depuis ce moment-là reflète-t-il une pénalisation due à la taxe ? Peut-être. Mais encore une fois, il faudra un regard très attentif sur l'érosion. Qui jette l'éponge ? Surtout les ruraux ? Lesquels ? Où ? La boulangerie elle-même, par sa revendication pressante d'un statut-organisation, avoue que la surcapacité nuit à la profession. La taxe aurait dû inciter les boulangers à mettre le paquet sur l'amélioration de la qualité, puisque la concurrence sur le prix leur était épargnée (à ceci près : pourquoi travailler plus pour ne pas gagner plus, pour reprendre une formule à la mode). Pourquoi ne l'ont-ils pas fait ? La taxation n'a pas empêché le renouvellement des fournils, l'investissement dans la mécanisation : le long moment – terrible miroir aux alouettes – de la méthode pain blanc/pétrissage intensifié (1955-1985) en est la preuve éclatante. De nombreux boulangers soutenaient que la taxation les obligeait à choisir une stratégie « productiviste » qui passait par des investissements : c'était la condition pour survivre dans le monde de la taxation.

Le système de taxation, depuis les années 1950 jusqu'à sa disparition, va-t-il évoluer ?

Pas beaucoup. Sauf une certaine évolution vers plus de souplesse dans la détermination de la taxe. Les enquêtes dites économiques sur le terrain sont moins tatillonnes. Les préfets ne considèrent pas la marge de panification comme un enjeu majeur. L'État accorde aux boulangers une permission tacite de réduire le poids de pains standards, tout en maintenant l'ancien prix, exercice dont l'exécution me paraît extrêmement périlleuse. Je suppose que c'est cette tolérance qui explique la mue de la baguette de 300 g en pain de 250 g (grâce à la méthode pain blanc/pétrissage intensifié, le pain est gonflé à bloc, occultant l'atrophie du poids). La tendance la plus importante dans cette période fut sans doute la volonté des gouvernements de discuter la détermination de la taxe avec la Confédération, retrouvant le mode opératoire de la police parisienne au XVIIIe siècle, qui visait une bonne entente, malgré l'asymétrie des partis dans la négociation. La boulangerie obtient plusieurs hausses, modestes mais rassurantes, dans les années 1970. Favorisant toujours la baguette par rapport au gros pain, l'État encourage l'éclipse de ce dernier, politique symboliquement incohérente – ou reflet de l'amélioration du niveau de vie pendant les « Vingt » (plus ou moins) Glorieuses.

Tout le monde est pris de court, à commencer par le président de la Confédération, Francis Combe, quand le gouvernement annonce la suppression de la taxe en août 1978. On est sous la présidence de Giscard d'Estaing qui veut se débarrasser des vestiges de l'ancien temps. Son Premier ministre d'alors, Raymond Barre, partage sa foi plutôt libérale. « La taxation est morte », jubile un journal de la filière. Un dessin dans le canard syndical national montre une statue de la Liberté – il y a des symboles que l'on aime dans la boulangerie – tenant dans sa main gauche une miche et dans sa main droite une baguette bien phallique. Loué pour sa combativité, Combe a été le premier à mettre ses confrères en garde contre les risques d'un triomphalisme aveugle. Ce fut une révolution hantée depuis son début par son thermidor. Le président exhortait ses troupes à ne pas abuser de la liberté. Mais ils n'étaient pas du tout prêts à se contenter d'une révolution modérée et raisonnable. Après avoir été injustement pénalisés pendant des décennies, voire des siècles, d'après leur propre analyse, les boulangers entendaient s'adapter aux nouvelles circonstances comme bon leur semblait. Plus tard, quand l'INSEE annonce que le prix du pain a augmenté de 22 % depuis un an, Combe ne peut pas s'empêcher de reprocher à René Monory, le ministre concerné, d'avoir offert le cadeau de la liberté trop brutalement, sans permettre aux syndicats de préparer le terrain auprès de leurs membres. Sous le régime de la taxation, bien des boulangers ne prenaient pas la peine de s'occuper attentivement de la gestion de leurs affaires, ne savaient pas calculer rigoureusement un prix de revient, projeter un rapport coût-bénéfice.

Sommé par le ministère d'imposer une discipline collective, le président national négocie avec Monory à l'automne de 1979 une notion de « limites » en ce qui concerne les prix pratiqués et invite pressamment les boulangers à respecter les prix « conseillés » par le syndicat. Le gouvernement menace de revenir à la taxation si les « engagements de modération » ne sont pas respectés. La liberté se révèle difficile à gérer. Les artisans sur le terrain veulent « rattraper ». La presse les attend au tournant, dénonçant des excès, mettant en scène quelques boulangers héroïques, censés se sacrifier pour le bien général en vendant la baguette un franc, quasiment le prix d'appel des grandes surfaces, dont la concurrence gêne profondément la profession (dans le cas le plus médiatisé, à la Ciotat, le boulanger civique, apprend-t-on, n'est pas un artisan mais un petit industriel, et sa baguette ne pèse que 180 g).

Cédant sans doute à la fameuse mystique toxique, à la rentrée de 1981 – mais à ce moment-là la droite l'aurait sans doute fait au même titre que la gauche – le ministère réimpose le contrôle des prix : le prix est fixé dans chaque département. La Confédération est furieuse, mais elle se sent trahie autant par ses propres membres que par l'État. Le premier janvier 1987, l'État abandonne la taxation. Le message est clair : la suppression sera définitive si les boulangers montrent du bon sens. J'ai vu moi-même des boulangères enlever et déchirer l'affiche préfectorale annonçant les conditions de la vente selon la taxe. (J'ai pu en sauver quelques-unes qui ornent aujourd'hui mon bureau à Cornell.) La centrale, très prudente, qualifie cette liberté comme « une chance et un risque ». À tous les niveaux, les syndicats martèlent la consigne : la nécessité impérieuse de la modération. Étant donné le nouveau paysage concurrentiel – terminaux et boulangerie industrielle aussi bien que grandes surfaces – l'« anarchie » serait une catastrophe.

Rêve des uns, la liberté peut vite devenir un cauchemar pour les autres… dans le même camp. Si l'exigence de la liberté a été le dogme officiel de la boulangerie depuis toujours, fin XXe comme à la moitié du XIXe siècle, de nombreux boulangers préféraient l'abri certain et rassurant (avec diverses compensations) du régime dirigiste aux aléas (notamment la concurrence sauvage) du régime du marché dit libre. Reprenant le ton anxieux et certains des arguments apocalyptiques de la communauté des maîtres boulangers, affolée par la suppression des corporations notifiée brutalement par Turgot en 1776, un futur président de la Confédération s'inquiète du chaos d'un monde sans règles, du drame d'un individualisme déchaîné et sournois, et du coût social et moral de la liberté (en substance : l'autel de la liberté, comme celui de Moloch, réclame le sacrifice de milliers de victimes). D'autres soutenaient que la fin de la taxe était surtout une aubaine pour les grandes surfaces. Vendant tous au même prix, les artisans n'auraient eu aucune difficulté à faire la différence grâce à la qualité de leur travail.

La taxation n'est plus aujourd'hui qu'un mauvais souvenir ?

Même pas. La plupart des jeunes boulangers ne savent pas ce que c'était. Chaque boulanger est souverain et fait comme il veut dans l'arène commerciale. Comme je l'ai suggéré cependant, le prix pose toujours des problèmes. La rhétorique de la responsabilité ne remplit pas les organes professionnels. Les syndicats font des acrobaties pour couvrir les hausses. Hélas, la seule question qui semble vraiment mobiliser la presse aujourd'hui, en ce qui concerne le pain, c'est le prix. Et en périodes tendues, comme vient de le montrer une enquête du CREDOC, les consommateurs voient des hausses là où il n'y en a pas (face à une baisse de 0,3 %, les gens sondés estiment avoir vécu une hausse de 40 % dans les premiers mois de 2009). Cela dit, la plupart des hausses ressenties (et parfois dénoncées) par l'opinion sont bien réelles. Longtemps discréditée comme un signe de faiblesse, voire une preuve de masochisme, la modération s'avère souvent aujourd'hui être une stratégie payante.

8.

Un *gaijin* à Paris

On ne vous a jamais reproché d'être trop américain pour aborder un sujet aussi français que le pain ?

Être Américain en France, ce n'est pas de tout repos. Vous en prenez plein la figure. D'un seul coup, vous voilà devenu l'Oncle Sam en personne, et l'on vous reproche pêle-mêle d'avoir engendré une société inégalitaire d'obèses abrutis, s'empiffrant de pop-corn devant un écran de télé, d'avoir fait trop de guerres, spolié trop de pays du Sud, incarcéré trop de Noirs, fait boire trop de Coca et manger trop de McDo, volé le Tour de France avec un Lance Armstrong shooté à l'EPO, provoqué trop de réchauffement climatique, laissé distribuer trop de primes aux *traders*, pratiqué trop d'unilatéralisme, imposé le monopole de sa langue, manipulé le monde perfidement avec le *soft-power*, etc. L'antiaméricanisme en France a une longue histoire et prospère aussi bien à droite qu'à gauche. Cela fait partie de votre histoire, et c'est un phénomène qu'un historien américain doit prendre en compte, sans doute à la fois personnellement et intellectuellement. La relation entre la France et les États-Unis est depuis toujours compliquée. Les deux pays ont un parcours Lumières-Révolution plus ou moins partagé, donc théoriquement des valeurs fondatrices communes et une même prétention à incarner l'universalisme. « Lafayette, nous voilà » est une des formules qui résument les liens de dette réciproque et de combats mutuels qui nous réunissent. La visite récente de Barack Obama pour commémorer le 65e anniversaire du Débarquement en Normandie est encore une illustration du versant lumineux de notre relation. Puis, il y a tout le reste, notamment une forte rivalité, de plus en plus asymétrique, marquée par des surenchères « exceptionnalistes ». Certains sondages aujourd'hui sont rassurants : moins de 10 % des Français ont une sérieuse désaffection pour les États-Unis, et l'antipathie la plus forte se situe aux extrêmes, chez les altermondialistes et les frontistes. Mais le meilleur expert sur la question, Philippe Roger, nous rappelle que la vaste majorité des Français se sentent différents des Américains (par exemple, à propos du travail, de la religion, de la famille, de la solidarité, etc.) et que les préjugés français sont tenaces, dans toutes les couches sociales, mais particulièrement chez les plus riches et les mieux éduqués.

Le reproche le plus cocasse dont j'ai fait l'objet est venu d'une grande historienne de gauche, aujourd'hui décédée, qui a proclamé, dans un séminaire de l'Institut d'histoire du temps présent auquel je participais, qu'un Américain ne saurait jamais comprendre ce qu'est la République en France. Est-il nécessaire de souligner l'ethnocentrisme pathétique d'une telle déclaration ? En revanche, je ne suis pas choqué par l'hésitation initiale de bien des meuniers et des boulangers à mon égard. Leur domaine est après tout très spécialisé, fort technique, pas du tout inscrit dans l'itinéraire classique d'un intellectuel dans les sciences humaines et sociales. Il a fallu que je surmonte un scepticisme, culturel, mais jamais à mon sens xénophobe, que je qualifierais de normal. Plus tard, après avoir fait mes preuves à l'écrit, par mes livres et articles, et à l'oral, devant diverses assemblées de professionnels, je dirais même que mon « américanité » s'est muée en avantage, car elle suscite curiosité et amusement. Les boulangers et les meuniers se montrent même sensibles à l'intérêt qu'un Américain manifeste envers un objet si français.

Cet antiaméricanisme structurel que vous évoquez ne vous a jamais peiné ?

N'exagérons rien. Il est plus latent que manifeste. Mais, n'oublions pas que l'Américain est en quelque sorte porteur d'office, malgré lui, de controverses et de polémiques, étant donné le poids de son pays, même après la connerie et les crimes de la guerre d'Irak. Je ne suis pas l'Oncle Sam et je ne suis en rien responsable de Madoff ou de Wall Street, mais je suis américain. Il est normal, non pas que l'on me reproche à moi le comportement du capitalisme américain, mais que l'on me pose des questions sur le sauvetage honteux d'AIG, sur la connexion Goldman Sachs-ministère américain de l'Économie, ou sur la capacité de Sarah Palin – qui vient de dénoncer les « tribunaux de la mort » que Barack Obama allait créer en conséquence de sa refonte du système d'assurance médicale –, à mobiliser de très nombreux adeptes. Donc, l'Américain, parce qu'il vient de là-bas, parce qu'il est censé connaître plus ou moins son pays, est souvent mis en demeure de répondre à toute une série de questions. Je me souviens d'une conférence que j'ai faite à Reims à la demande de mon ami Yves-Marie Bercé, où j'avais choisi de parler du « complot de famine ». Il se trouvait que Reims recevait un nombre important de boursiers gabonais qui voulaient s'inscrire en fac en France. Donc, plus de la moitié de l'auditoire convié à écouter un historien américain parler de l'époque de Louis XV était noire. Il n'est pas aisé de susciter des questions dans un amphi en France : les étudiants sont socialisés dans une passivité souvent stérilisante dès le lycée, absorbant ou encaissant le savoir dispensé par le maître *ex cathedra*. Moi, un peu cabotin et très américain dans ma méthode pédagogique, je me faisais un point d'honneur de déclencher des questions, quitte à les arracher en dialoguant avec l'auditoire. Or, cet après-midi-là à Reims, à mon grand étonnement, j'ai été inondé de questions, mais elles n'avaient rien à voir avec la politique de Louis XV, l'influence physiocratique et l'embryonnaire opinion publique. C'étaient de jeunes Africains qui me posaient des questions sur Martin Luther King et le mouvement des droits civiques aux États-Unis, sur la réalité du rêve américain, des Panthères noires, et même sur la vraisemblance de la représentation de la frontière américaine dans les westerns d'Hollywood. Ma conférence était passée à la trappe, mais les questions étaient passionnantes.

Malgré la crise dont nous ne cessons de parler – je pourrais raconter ma « vie française » de 1962 à 2009 comme le passage quasi ininterrompu d'une crise à une autre – l'élection de Barack Obama m'a donné un certain répit en tant qu'Américain-en-France. Je ne croyais pas que mon pays, en 2008, était prêt à élire un candidat de couleur. Je porte très souvent un jugement sévère sur les États-Unis, mais en l'occurrence, je me suis lourdement trompé et je me félicite que les Américains, dont il est de bon ton de dire tant de mal, aient montré, de façon éclatante, qu'ils avaient encore des ressources. Vous l'avouerai-je ? Je me suis même senti fier de mon pays.

Or, de janvier à juin 2009, j'ai fait un séminaire hebdomadaire comme professeur/chercheur dans la très accueillante Maison européenne des sciences de l'homme et de la société de Lille sur l'épistémologie, la réflexivité et l'interdisciplinarité dans les sciences sociales et humaines. Une fois par semaine, je partais de mon domicile, proche de la porte de Gentilly, assez tôt le matin, pour rejoindre la Gare du Nord à pied. Fièrement, je portais ma casquette « OBAMA, YES WE CAN ». Boulevard Saint-Michel, quelques personnes, vraisemblablement étudiants et/ou touristes, me regardaient, mataient, comme on dit, ma belle casquette bleue et rouge. Boulevard de Strasbourg, où des dizaines de jeunes noirs frayent avec leurs copains devant des instituts de beauté noirs et à la bouche de la station de métro Château d'eau, chaque fois que je passais, plusieurs personnes m'interpellaient, me posaient des questions sur Obama et me proposaient d'acheter mon prestigieux et pourtant exotique couvre-chef. Il y a des fois où c'est carrément chouette d'être Américain à Paris. Et j'en profite, tant que cela dure.

Cela dit, un moment antiaméricain virulent m'a vraiment troublé. C'était lors de la guerre de George Bush pour refaire le Moyen-Orient à partir de l'Irak. J'étais vigoureusement contre cette guerre stupide, inutile, tragique. J'ai pris la parole dans des réunions, j'ai signé des pétitions, j'ai fait pression sur mes sénateurs et mon député à la Chambre. Pour autant, je n'ai guère apprécié les performances de Dominique de Villepin, alors aux Affaires étrangères : il en faisait trop (son but n'était pas seulement d'empêcher la guerre), et son célèbre discours à l'ONU m'a insupporté par son narcissisme moral. Sur le fond, cependant, j'étais tout à fait d'accord avec son opposition à la politique américaine. Mais une fois la guerre commencée, je ne pouvais qu'espérer qu'elle serait menée à son terme aussi vite que possible. Certains reportages, notamment à la radio, certains commentaires me semblaient presque prendre un certain plaisir au récit des déconfitures américaines. Être contre la guerre en Irak, c'est une chose ; se réjouir des difficultés anglo-américaines, c'en est une autre. Enfin, des équivalences morales que dressaient certains étaient aussi infondées qu'intolérables. C'est le discours qui consistait à dire sans le dire : Saddam Hussein et George W. Bush, « bonnet blanc et blanc bonnet ». C'est un peu comme l'assertion que j'entends ici et là en France, et bien sûr ailleurs, à propos du 11 septembre : « Vous le méritiez, donc vous l'avez eu. »

Soyons justes : la contrepartie de cet antiaméricanisme est le French bashing, *pratique cruelle consistant à dire le plus de mal possible à propos des Français,en privilégiant les coups bas.*

Une certaine francophobie américaine existe de longue date, même si elle n'est pas symétrique de l'antiaméricanisme français (ceux qui la pratiquent, par exemple, ne sont pas les plus diplômés et les plus aisés). Elle s'affirme de manière plutôt ponctuelle, en réponse à des moments de friction : la critique américaine du colonialisme français (notamment pendant la guerre d'Algérie) ; la crise de Suez ; la politique du général de Gaulle (« l'expulsion » des troupes américaines et le retrait de la commande intégrée de l'Otan, le programme d'armement nucléaire et le concept d'une défense tous azimuts, la condamnation de la guerre américaine au Vietnam) ; certains aspects de la promotion de l'exception culturelle française (l'imposition des quotas sur les films américains et sur la musique américaine à la radio) ; l'interdiction du survol des avions américains ; la mise à la porte des agents de la CIA, etc. Les leitmotive de la francophobie sont des stéréotypes assez classiques imputant aux Français ou à la France arrogance, vantardise, élitisme, besoin impérieux de donner des leçons, lâcheté, frivolité, veulerie, saleté, rigidité et bureaucratie tentaculaire et étouffante. Mais soyons lucides : au jour le jour, hors moments de crise, l'Amérique profonde – profondément nombriliste – ne sait pas que la France existe, et s'en fiche éperdument. Plus critique que moi de la politique de Bush (autant Katrina qu'Irak) tu meurs, mais je ne partage pas le quasi-consensus français – appréciation réductrice et paresseuse – que ce président est un « con ». Toutefois, il y a des phrases qu'on lui impute – mais sont-elles véridiques ? – qui laissent rêveur. Par exemple, à propos de cette image de la France incapable de dynamisme, cette perle de 2002 : « The trouble with France, they don't have a word for entrepreneur. » *No comment*. Une souche plus virulente de la francophobie a éclaté en réaction à la position française lors de la guerre d'Irak : on a rebaptisé les frites dites françaises *(French fries)* en « frites de la liberté » *(Freedom fries)*, on a menacé de boycotter les produits français, Donald Rumsfeld a dénoncé la vieille Europe » incarnée par la France, entre autres, Condoleeza Rice parlait de « punir » la France, et on a vilipendé « les singes capitulards bouffeurs de fromage » dans un épisode des Simpsons. La France était « ingrate » : mais qu'attendre de plus d'un pays « socialiste » ? Je ne compte pas dans la catégorie de francophobie des papiers tels que celui qui annonçait « la mort de la culture française » dans *Time* (2007), ni le livre de Michael Steinberg intitulé *Au Revoir to All That : Food, Wine and the End of France* (2009). Les deux titres sont extravagants, à double visée commerciale et polémique, mais ils posent des questions qui méritent d'être discutées, sans doute posées autrement, re-problématisées. Est-il possible de tenir ce genre de débat public en France avec sang-froid ?

Le versant de la francophobie qui me gênait le plus concernait l'antisémitisme, notamment après les agressions contre des Juifs qui se sont multipliées à partir de 2001. Parce que tous mes étudiants et tous mes amis américains m'associent à la France, c'était la question qu'ils me posaient le plus souvent à l'époque. C'étaient quasiment tous des gens qui connaissaient la France et l'avaient visitée, et ne souscrivaient pas aux préjugés vulgaires du *French bashing*. Mais tous partageaient le soupçon suivant : pays de Dreyfus, de Vichy, et de Le Pen, la France ne montre-elle pas sa vraie nature (refoulée) en ne combattant pas plus vigoureusement et efficacement, voire en ne prévenant pas, la recrudescence apparemment spectaculaire de l'antisémitisme ? Ce n'était pas à moi de parler au nom de la France et de me substituer au ministre du Tourisme ou de l'Intérieur. Mais, étant donné mon engagement comme promoteur de la culture française, je ne pouvais pas esquiver. Oui, leur disais-je, la France a un lourd passé antisémite, dont elle commence à assumer publiquement la responsabilité. De là à prétendre qu'elle replonge dans ses vieux démons, c'est vite dit et c'est simplifier excessivement une situation sociodémographique nouvelle dans un contexte politique tout autre. Par certains aspects, ajoutais-je, la France et les États-Unis se ressemblent. Pays d'immigration tous les deux, ils n'aiment pas forcément les étrangers, et pas nécessairement les Juifs, et pas fatalement non plus les Juifs américains un peu agressifs comme moi.

Et cette francophobie que vous déplorez chez les autres, vous ne l'avez-vous jamais vous-mêmes ressentie ?

Bien entendu. Comme tout le monde, y compris les Français. Les Français me paraissent parfois étroits d'esprit, trop frileux, trop méfiants, trop peu accueillants, souvent racistes (mais la bêtise est la chose du monde la mieux partagée). Je ne supporte pas les Français qui n'ont aucun respect pour les piétons même dans les clous, pour les nageurs dans leur couloir, pour la queue qui se forme devant le cinéma, pour le malheureux client de l'autre côté du guichet. L'obligation de payer le coup de téléphone pour des services basiques d'information, de vente ou de réclamation m'exaspère. Je ne digère pas plus la fermeture à midi, pour une heure ou deux, de certaines administrations, des magasins ou des banques. Moi qui adore me promener en regardant les gens et les bâtisses autour de moi, je m'énerve quand je marche dans les déjections canines qui prolifèrent – si la semelle rainurée de vos Nike est bien imprégnée, ça vous gâche la sortie – et souffre de voir le refus obstiné de la vaste majorité de propriétaires de chien de ramasser. Plus largement, je déplore le manque de civisme : les jeunes qui ne cèdent pas leur place dans le bus ou le métro, les conducteurs de voitures qui s'emportent pour un rien, le manque de courtoisie dans les contextes collectifs impersonnels. Je comprends mal le parcours du combattant que doit traverser le futur entrepreneur, complexe et démoralisant. Je ne tolère pas le fonctionnaire qui prend son pied à vous barrer la route (je pense à la femme de la mairie du 12e, il y a plusieurs décennies, qui, après m'avoir déjà obligé à revenir une deuxième fois pour inscrire mon fils en classe maternelle, explose de joie en découvrant qu'il manque un rappel de polio...). Pourquoi tant de pelouses restent-elles interdites, et pas seulement dans la saison de repos ? Tout en reconnaissant l'énorme difficulté de ces problèmes, je déplore l'évocation répétée du principe d'égalité républicaine pour justifier l'exclusion d'un tas de gens qui ne sont pas « héritiers », pas Français dits de souche, pas des as en culture générale. Je regrette le conservatisme et l'égoïsme débridé de certains syndicats dans certaines circonstances. Je déteste l'incapacité de la télé à sortir du moule américain. Il y a un cocorico admirable (la coupe du monde du football remportée par une équipe de France blanc bleu beur, dont il était pourtant difficile de considérer qu'elle constituait la preuve de l'efficacité du modèle d'intégration français, loin s'en faut), et son inversion (l'esprit mesquin de mauvais perdant un peu paranoïde à l'occasion de l'attribution des jeux Olympiques à Londres). Enfin, puisque je viens de parler de la télé et du sport, je n'arrive pas à admettre le refus de neutralité – c'est le minimum du respect que l'on doit à l'Autre – dans le commentaire fait par les soi-disant journalistes sportifs (je ne parle même pas du sexisme ou des remarques concernant un arbitre tunisien dans un match de coupe du monde). À quelques exceptions près, disons que ce catalogue inachevé des symptômes de ma francophobie relève plus de mouvements d'humeur que de rejets.

Alors, au bout du compte, vous êtes francophile ou francophobe ?

Francophile certainement, mais francophile critique réclamant un droit d'inventaire. Au-delà de mon inclination personnelle et intellectuelle, on pourrait même dire que je suis en quelque sorte un francophile professionnel. Sans être un messianique, type G. Bush, j'ai senti une sorte de vocation zélée de répandre la culture française. La vision qu'avait mon mentor Gillispie de l'honnête homme de fabrication française n'était plus de mise, même dans une fac d'élite, de plus en plus bigarrée, où l'hégémonie du mâle blanc européen, comme on dit, était violemment contestée. Le projet de promouvoir la culture française avait un parfum ringard, sinon ethnocentrique et machiste. Je crois pourtant sincèrement qu'un apprentissage sérieux aux « things French » – les choses françaises – rendrait des jeunes gens meilleurs, les dotant non seulement d'un solide capital culturel (littéraire, artistique, historique, etc.), mais également d'un esprit critique, d'un scepticisme sain (et symétrique, c'est-à-dire, visant toutes les positions et engagements), d'une intelligence cosmopolite, d'un sens de l'ironie et (néanmoins) d'un goût pour le beau, le savoureux, peut-être le vrai. Vision un peu angélique, me reprocherez-vous.

C'est pourquoi, à côté de mon enseignement ordinaire de l'histoire française et comparative, j'ai fondé à Cornell le Programme d'études françaises, véhicule interdisciplinaire, pour favoriser les recherches scientifiques, bien entendu, mais surtout socialiser les jeunes dans la pratique des choses françaises : langue certes, mais aussi littérature, cinéma, théâtre et sciences sociales et humaines. Je mettais l'accent sur les sciences sociales et humaines pour plusieurs raisons. La première est conceptuelle et stratégique. Je ne voulais pas que « les choses françaises » fussent réduites à la maîtrise (toute relative) de la langue. Cela aurait limité radicalement l'univers potentiel de participants. Dans la même veine, cela aurait laissé prévaloir l'idée que les

« French studies » – études françaises – appartenaient ontologiquement au département d'études romanes. J'avais de bons amis dans le département de français, mais il était dominé par des approches densément théoriques qui finissaient par proposer, à un nombre d'étudiants de plus en plus réduit, la littérature française sans la France. Démarche qui disqualifiait presque totalement le contexte historique et social. Il s'agissait de ce qu'on appelle par convention la « théorie française » – Barthes, Foucault, surtout Derrida – qui avait eu une réception beaucoup moins chaleureuse en France que dans les grandes universités américaines, terreau tellement fertile que par un étonnant renversement, on a fini en France par parler de la « théorie américaine ». Je me suis moi-même nourri de ces réflexions théoriques, qui enrichissaient tout particulièrement le petit monde des doctorants, mais j'étais intimement persuadé qu'il était impossible et irréaliste de construire un programme d'études françaises accessible et attractif sur une base aussi étroite et éthérée. J'ai donc choisi de lui donner comme socle l'histoire et je l'ai ouvert aux sciences politiques, à la sociologie, à l'anthropologie, à l'histoire de l'art, sans négliger évidemment la littérature, française et comparée.

Vous reproche-t-on d'être trop français aux États-Unis ?

J'ai d'autres axes d'intérêt, par exemple en Italie, en Allemagne, aux Pays-Bas, pour ne pas mentionner les États-Unis. Mais tout le monde sait que la France est en quelque sorte mon fonds de commerce. La vivacité de mon engagement agace certains de mes collègues, très minoritaires ; je les emmerde, si vous me permettez ce gros mot. Mais la plupart croient que ma francophilie, parfois exubérante, se traduit par un enrichissement considérable de la vie intellectuelle et culturelle du campus. En dehors de l'université, mes amis voient dans ma relation avec la France d'abord un engagement professionnel. Ils savent que j'écris de gros livres sur la France, que depuis dix ans je rédige directement en français. Mes copains américains savent aussi que j'aime vivre en France – et puisqu'ils visitent tous la France assez fréquemment, ils comprennent parfaitement pourquoi.

Toujours est-il qu'à l'heure irakienne, j'ai dû affronter certaines réactions et répliques bien curieuses, du genre « T'es tellement francophile, tu ne comprends plus l'Amérique. » Je me rappelle d'un moment précis, lors d'une de ces « réunions » annuelles de promotion à Princeton dont je vous ai déjà parlé : je me suis trouvé parmi une poignée de réfractaires (pas tout à fait traîtres, mais peu patriotes aux yeux des autres) face à une majorité partisane de la logique messianique du marché liée aux valeurs démocratiques de la notion d'ingérence, ce qu'on appelait au XIXe siècle la « destinée manifeste » des États-Unis. J'ai porté la contradiction à un condisciple très haut placé au ministère de la Guerre, qui revenait de Bagdad, triomphaliste. J'ai été fraternellement hué par des copains qui croyaient massivement que j'avais été quelque part corrompu par l'Europe (n'oublions pas que Rumsfeld est un ancien de Princeton). Quelques jours plus tard, dans un dîner, quelqu'un que je ne connaissais pas – mais qui savait, en m'écoutant discuter, que je passais beaucoup de temps en France et que je ne votais pas républicain – a prétendu que je parlais anglais avec un accent français. Même s'il voulait évidemment me disqualifier comme interlocuteur, il semblait sincère, et cela m'a un peu secoué. Kaplan aurait-il troqué son américanité et tout cet héritage pour un bol de lentilles (plutôt pour un petit salé) ? Sans aller jusque-là, la vie en France a sûrement des effets corrosifs sur l'Américain que je reste. Je me suis demandé à moi-même si je n'étais pas passé de l'autre côté, quand il y a peu, dans un amphithéâtre où je venais faire une conférence aux États-Unis, je ne trouvais plus les mots anglais.

Avez-vous, pour finir, troqué votre « américanité » ?

Je continue le long processus de construction de ma « francitude ». Je me forge une deuxième identité culturelle. Mais c'est la deuxième, malgré tout, même si je suis de plus en plus investi, et même si je me laisse l'oublier parfois. Et les deux identités sont à la fois en symbiose et en tension, complémentaires et conflictuelles. Même si la France m'attire – la grande respiration du temps, la liberté que je ressens ici, le manque de pudibonderie, l'absence de Dieu, encore que récemment on assiste à son étrange retour sur la scène publique –, elle n'efface pas ce fond particulier d'américanité qui me rend disponible à son attraction et qui lui résiste subtilement mais inexorablement. J'ai découvert le philosophe Ralph Waldo Emerson, un des plus grands intellectuels américains du XIXe siècle, quand je faisais des « études américaines » à Princeton. Banni d'Harvard à cause de ses idées iconoclastes, dénoncé comme un empoisonneur de la jeunesse, Emerson était aussi voyageur. Visitant la France au milieu de la révolution de 1848, il prend note prudemment du nombre important de souches d'arbres coupés pour édifier les barricades : il faudra attendre la fin de l'année, commente-t-il, pour savoir si la révolution valait les arbres. C'est le même Emerson qui affirme qu'on voyage pour repérer les points de comparaison avec son propre pays, pour le mieux connaître : « Nous allons en Europe pour être américanisés. » Parfois je crois que je ne vois jamais les États-Unis aussi clairement que quand je suis loin, par exemple en France. C'est la promesse et la prétention du fameux « recul », illuminant dans la quête de certains objectifs, pénalisant pour d'autres. Mais prolongeant le propos d'Emerson, je pense qu'on va ailleurs aussi pour se connaître ; c'est en acquérant la seconde identité culturelle, en s'appropriant un soi spécifiquement français qui se manifeste par des paroles et un langage corporel radicalement différents du paradigme maternel, que l'on dévoile et saisit le soi premier, d'origine. Américanité et francité demeurent pour moi imbriquées.

Cette « francitude » commence à mon sens forcément avec la maîtrise du français. Question de fierté d'abord, mais aussi de rapport de force. Il est parfaitement naturel pour le gros des Américains que ce soit aux autres de parler anglais, sorte de tribut obligé rendu à leur toute-puissance. À l'inverse, je considère que ne pas parler la langue de l'autre, c'est lui être subordonné. Je vois l'affaire de la langue également comme un impératif de compétence professionnelle. Mais je concède que ma position n'est pas universellement admise. Un certain nombre d'historiens américains, notamment dans la pratique de l'histoire des idées, mais aussi travaillant sur des archives, se débrouillent fort bien sans parler couramment le français, et cela ne les empêche pas d'atteindre une stature internationale. Je ne porte pas de jugement sur mes collègues. En revanche, j'ai une responsabilité à l'égard de mes propres doctorants. Je leur dis que la maîtrise de la langue est une garantie de crédibilité et d'efficacité dans la République des lettres. Je crains qu'un manque d'aisance dans la langue ne se traduise, pour eux, par un inconfort dans la sociabilité, là où il se passe tellement de choses, échange aussi bien d'idées que d'affects, occasion autant de plaisir que de formation.

J'aime la langue française, sa musicalité, sa fluidité, sa diversité. Il est vrai que je l'ai apprise dans des conditions presque ludiques, auprès des ouvriers des Vins du Postillon. C'était un français populaire, souvent cru, voire grossier, ce dont je n'avais pas pris conscience sur le moment. Je l'ai mieux compris le soir où, invité à dîner chez un grand commis d'État, j'ai tout de même senti, au regard offusqué de certaines dames, que mon langage ne sortait pas du faubourg Saint-Germain.

Ma courbe d'apprentissage de la langue française a commencé avec le spontané : à l'usine de Postillon, je parlais quasiment sans penser, ne disposant que d'un nombre fort limité de mots et de locutions. Plus tard, quand j'ai eu à m'exprimer dans des contextes exigeant davantage de formalisme et de complexité, j'ai dû réfléchir et préparer attentivement mon intervention. Autrement dit, je traduisais, mot à mot, d'anglais en français, aussi rapidement que mon cerveau me le permettait. Travail épuisant et plein d'écueils. Par exemple, un « doer » en anglais-américain signifie quelqu'un qui accomplit efficacement des tâches. Rien à voir avec un « faiseur » en français, la traduction littérale vers laquelle je tendais tout naturellement. J'ai su que je maniais le français relativement bien, à partir du moment où je ne devais plus recourir à la traduction dans ma tête (un peu comme j'ai compris que mes enfants parvenaient à se franciser à l'oral dès qu'ils ont dit instinctivement « aïe » ou « ouille » plutôt que « ouch » quand ils se faisaient un peu mal).

La langue française m'a toujours séduit parce que, comme l'italien, elle se parle autant avec le corps qu'avec les mots. D'où son caractère un peu théâtral, mélange de gestes et d'intonations, qu'il est amusant d'essayer de reproduire. Je ne sais combien de fois, rentrant d'une soirée, j'ai imité, devant la glace, le langage corporel que j'avais pu observer. Jusqu'à ce jour, je n'arrive toujours pas à faire la moue, expression qui me paraît essentielle pour communiquer avec les Français.

Apprendre le français relève, pour moi, de la formation continue. Je m'entraîne tous les jours, dans l'espoir de découvrir de nouveaux mots, des formules autochtones et des jeux de langage. Mon outil principal est la radio – depuis peu le podcast, une libération jubilatoire – que j'écoute énormément. Je ne me déplace qu'à pied, ce qui veut dire que je porte des écouteurs près de trois heures par jour. J'écoute à peu près tout, beaucoup d'émissions d'information sur les chaînes généralistes ; c'est à France Culture que je donne la priorité, où l'on fait beaucoup d'histoire et des documentaires formidables. Je suis un auditeur fidèle et passionné des *Papous dans la tête*, émission littéraire d'inspiration oulipienne dont la virtuosité créatrice et ludique me laisse pantois. Mais je ne suis pas snob. Je prends grand plaisir, même s'il est d'un autre ordre, à entendre les blagues souvent grossières, voire puériles des *Grosses Têtes* de Philippe Bouvard. Jean Yanne, quand il faisait partie de la bande, injectait un humour corrosif et désopilant, dont la démesure était quasi surréaliste.

Lorsque vous étiez en France, je suppose tout de même que vous ne passiez pas tout votre temps à écouter Les Grosses Têtes *?*

Vous avez tort de mépriser *Les Grosses Têtes* ; elles m'ont beaucoup appris sur la France. Dans mon apprentissage social, j'apprends à tenir ma fourchette de la main gauche, à éviter de croiser le regard des autres dans l'ascenseur, et surtout à ne pas parler. J'observe l'autre, et je comprends la nécessité de dresser mon corps avec plus de discipline : la poitrine droite, le bassin horizontal, les épaules plutôt immobiles, les bras près du corps. J'apprends que, sauf exception, on ne frappe pas chez le voisin de palier pour lui demander de vous prêter un œuf pour faire vos cookies à pépites de chocolat. Je n'ai jamais oublié d'apporter des fleurs quand j'étais invité. Après une allergie instinctive à ce formalisme, j'ai appris à apprécier la pratique d'appeler tout le monde – y compris le voisin de palier – Monsieur ou Madame. Je comprends mieux l'horreur que ressentait au début de son périple américain Tocqueville l'aristocrate quand on l'appelait « Alex ». L'envahissante familiarité américaine m'agace : je déteste quand la secrétaire du dentiste, même lors de la première visite, annonce : « Steve, le docteur vous recevra maintenant. »

Je me suis colleté aux subtilités du protocole français du tutoiement, que je trouvais à la fois salutaire et cruel. Je n'osais jamais prendre l'initiative ; dans l'attente de l'adoubement dans l'intimité, fréquemment je souffrais en silence. Et comment décrypter la bise, rituel complexe, socialement et géographiquement différencié : quand faut-il faire la bise ? Deux ou trois ? Les évolutions post-soixante-huitardes ont encore compliqué le jeu. Enfin, j'ai souvent payé le prix fort avant de déchiffrer l'emploi du mot « merci » à table, son négatif caché. Quand mon hôte me demandait si je voulais encore de la viande, au début je disais « merci » et le plat s'éloignait. Le jeune et sportif animal affamé que j'étais a vite appris : prudent, je déployais désormais le « oui, merci » ou le « je veux bien ».

La socialisation dans l'amitié française constituait encore une étape importante dans mon roman de formation. Aux États-Unis, on noue très vite des liens d'amitié et on se targue d'avoir énormément de copains. C'est une camaraderie facile et agréable, on s'appelle tout de suite par le prénom, on se tape dans le dos. Assez souvent, elle s'avère légère et superficielle. En France, j'ai trouvé le processus d'ordinaire péniblement lent, notamment au début quand je me trouvais très seul et manquant de moyens. L'amitié, ça se construit, ai-je appris, ça ne se décrète pas. Ou, si vous voulez, pour revenir à un de nos champs métaphoriques préférés, il faut une période de fermentation, il faut donner du temps au temps. Si, en France, les amitiés sont plus difficiles à établir, elles se révélent fréquemment plus substantielles, plus profondes. Elles s'inscrivent dans la durée et dans la fidélité. On peut compter sur elles : elles accompagnent les moments forts d'une vie, dans la joie et dans la peine. J'ai eu ma première confirmation de l'intensité des quelques amitiés parisiennes que j'avais pendant l'été de 1966, quand ma mère est morte subitement dans notre maison de Queens. J'étais en tournée d'archives en province. France Inter a diffusé à plusieurs reprises un appel de recherches de la part de l'ambassade américaine, qui essayait de me joindre d'urgence. Je ne sais pas comment, mais deux familles de mes amis parisiens m'ont localisé. Ils sont venus me chercher, m'ont pris un billet d'avion et m'ont aussitôt accompagné à l'aéroport. Je ne l'oublierai jamais.

Comment vous intégrez-vous dans le monde institutionnel français ?

Tous les ans, je venais l'été et en janvier, entre les semestres. Après trois ans de service plein, Cornell accordait six mois sabbatiques ; si je trouvais le financement pour l'autre moitié de l'année, je pouvais passer toute l'année à faire de la recherche en France. J'ai profité d'une série de grandes et de petites bourses américaines. Sans la générosité de plusieurs institutions françaises, je n'aurais pas pu maintenir mon rythme de séjours. Après toute une année à la IVe section de l'École pratique des hautes études, grâce à Jean Dérens et Jean Tulard, j'ai eu la chance d'être invité pour un ou plusieurs mois dans différentes facultés et grandes écoles, mais tout particulièrement à l'EHESS et à la Maison des sciences de l'homme, fondation et centre de recherches multidisciplinaires créé par Fernand Braudel, puis animé par son bras droit, Clemens Heller, une figure austro-américano-française, haute en couleur et compétence, et douée d'un flair exceptionnel pour faire se rencontrer et travailler des chercheurs venus de tous les coins du monde. C'est envers son successeur, l'historien Maurice Aymard, esprit fin, grand lanceur et passeur d'idées, que j'ai une dette immense, car il m'invitait souvent, m'accueillait quand j'avais besoin d'une table de travail, me conseillait sur de nombreux projets avec un rare mélange de rigueur et d'empathie, et m'engueulait rudement quand il le fallait.

Avec Maurice Aymard et un éminent historien de l'alimentation, aujourd'hui décédé, Jean-Louis Flandrin, j'ai fondé *Food & Foodways*, la première revue scientifique internationale consacrée à l'histoire et à la culture de l'alimentation. Nous avons regroupé dans un comité de rédaction particulièrement robuste, et siégeant à la MSH de Paris, une dizaine de remarquables sociologues, anthropologues, psychologues, linguistes et historiens, appuyés par un comité de conseillers dispersés un peu partout dans le monde – en Chine, au Japon, en Inde aussi bien qu'en Europe et dans les Amériques – auquel participaient des chercheurs dans toutes les sciences sociales et humaines, y compris des littéraires, des économistes, des politistes et des historiens de l'art. Notre but était ambitieux : jeter les bases scientifiques pour un champ de recherches interdisciplinaires dans l'étude de l'alimentation d'un point de vue social et culturel plutôt que biologique ; autrement dit, légitimer une entreprise très fragmentée, une sorte de pot-pourri dans lequel tout entrait. Nous voulions *problématiser* le fait alimentaire. L'histoire de l'éclair au chocolat ne nous intéressait pas. Il fallait souligner que l'étude du manger et du mangeur ne relevait pas du domaine anecdotique. Nous travaillions avec des chercheurs focalisant sur la cuisine et avec d'autres ancrés sur les structures de production et de distribution, sur la gastronomie et l'alimentation populaire, sur le discours et sur les pratiques, sur le qualitatif et le quantitatif. Nous espérions dépasser la simple juxtaposition des discours disciplinaires.

Je garde un souvenir extrêmement fort et positif de nos comités de rédaction, scènes de débats sérieux, souvent très animés, où il était question des articles soumis pour publication, mais aussi des grands problèmes de méthode et d'interprétation qui nous préoccupaient tous, au-delà des tâches proprement rédactionnelles. J'y ai beaucoup appris ; ce fut sans doute ma première expérience soutenue dans des exercices de réflexivité collective. Le comité a fonctionné aussi comme une sorte de terrain d'affrontement de ma dualité franco-américaine.

Pendant plusieurs décennies, à l'EHESS et à la MSH, j'ai fait des séminaires, participé à des tables rondes et des colloques, nourri des contacts qui allaient enrichir Cornell. J'allais aussi régulièrement en province, notamment à Lille, qui avait une équipe d'historiens socio-économiques exceptionnellement sympathiques et talentueux, autour de Jean-Pierre Hirsch, Gérard Gayot et Philippe Minard ; et à Lyon, au grand séminaire du Centre Pierre Léon de Maurice Garden et Yves Lequin, maîtres historiens et bons vivants, qui m'ont fait boire tellement de Beaujolais avant ma première présentation que je n'ai aucun souvenir de son déroulement.

Pendant une trentaine d'années j'ai été nomade, bougeant beaucoup, profitant d'invitations ici et là, de plus ou moins courte durée. Au début du troisième millénaire, après avoir épousé une Française, j'ai pu donner un peu plus de stabilité à « ma vie française ». J'ai passé six ans comme professeur invité (travaillant la moitié de l'année) à l'université de Versailles-Saint-Quentin. Ce fut une expérience à la fois exaltante et désolante : elle m'a mis en relation soutenue avec des étudiants au niveau de la licence et de la maîtrise (désormais master) que je connaissais mal ; et elle m'a permis de voir de première main les blocages administratifs, matériels et pédagogiques qui plombent les facs en France. Parfois, sans le savoir, les étudiants pâtissaient terriblement de cette situation, qui ne leur donnait pas toutes les chances qu'ils pouvaient mériter pour construire leur futur.

Certains de mes collègues, le plus souvent des maîtres de conférences – les jeunes – ressentaient un besoin urgent de changer, de transformer, de refonder ; d'autres, fort nombreux, étaient installés assez confortablement dans le conformisme et la léthargie. Donc, il y avait de tout : dynamisme, remise en question, indolence, indifférence. En plus, l'idéologie, intéressante dans la mesure où elle parvenait à clarifier le débat, et même à rendre cohérentes certaines positions, était tout aussi capable de se figer en rigidité nombriliste, en alibi toujours bon pour obstruer tout changement. Tant que je le pouvais, je me retenais, je n'intervenais que rarement dans les réunions, puisque j'étais un invité, élu mais sans droit de voter, et puisque j'étais américain à un moment où le modèle américain semblait se réduire à Abou Ghraib, puis Guantanamo. Quand j'ai supprimé le canonique exposé dans les travaux dirigés attachés à mes cours magistraux, en faveur d'une lecture hebdomadaire commune qui faisait travailler tout le monde chaque semaine au lieu d'une fois par semestre, plusieurs thèses ont circulé, plus fantaisistes les unes que les autres : Kaplan est un pauvre type qui ne comprend rien à la France et veut greffer un modèle américain sur une institution franco-française, comme Bush voulait greffer la démocratie sur une société tribale mésopotamienne ; ou Kaplan sait exactement ce qu'il fait et veut : pratiquer un putsch au service de l'impérialisme américain pour saboter le paradigme national. Par ailleurs, depuis l'élection de Nicolas Sarkozy et la promesse de sérieuse réforme universitaire, ce que j'ai pu entendre comme conneries concernant l'université américaine, signataire du pacte faustien, sous la botte du grand capital, réservée aux riches, etc. Comme sur l'*affirmative action* (la discrimination positive), les Français, universitaires inclus, sont très mal informés sur l'organisation, la gouvernance, le financement et le fonctionnement des universités américaines. Où est la rigueur dans ce (faux) débat ? Cela dit, je ne regrette en rien ce passage à l'UVSQ, où j'ai rencontré beaucoup d'étudiants et de professeurs de grande valeur, et où j'ai pu connaître le système universitaire français comme un observateur participant. J'ai terminé ma carrière universitaire française en beauté – de mon point de vue ! – grâce à l'invitation, en 2009, de la Maison européenne des sciences de l'homme et de la société de Lille pour conduire le séminaire interdisciplinaire dont j'ai déjà parlé. J'y ai été chaleureusement reçu par des chercheurs de tout premier ordre. Quoique je dusse traiter essentiellement de l'épistémologie dans les sciences sociales et humaines, ma conférence inaugurale fut consacrée au pain et à la régulation sociale, économique et politique dans l'histoire moderne. Pour marquer la fin du semestre, j'ai organisé une table ronde avec une dizaine d'invités de toutes les disciplines sur la notion du « réel ». Le pain et le réel ; ou comme disait Anouilh, « j'aime la réalité, elle a le goût du pain ».

Est-ce que les historiens des deux rives de l'Atlantique qui pratiquent l'histoire de la France conçoivent le réel de la même façon ? Ou, plus simplement, dans le contexte de votre « double personnalité », voyez-vous une manière spécifiquement américaine de faire l'histoire française ?

Il n'y a pas *une manière une*, comme on aurait pu dire en l'an II, de faire l'histoire, *a fortiori* de faire l'histoire française, ni du côté hexagonal, ni du côté états-unien. De part et d'autre, il y a une grande diversité d'approches et de résultats. Je dirais que les bons et les moins bons, les plus inventifs et les moins imaginatifs, sont à peu près également partagés. On est loin de l'époque où bien des mandarins français méprisaient ou sous-estimaient la production américaine et où les Américains étaient souvent assez complexés. On vit aujourd'hui dans une communauté internationale de savoir basée sur le respect mutuel, et c'est un des versants heureux de la mondialisation.

Bien entendu, la culture nous conditionne profondément, mais l'acculturation aussi. Les « essentialistes » qui estiment qu'il faut être français pour vraiment comprendre la France (et son âme éternelle) sont très minoritaires aujourd'hui, repliés sur eux-mêmes. L'historien de la France n'est pas « câblé », programmé en dur par sa culture d'origine. L'*habitus*, l'expérience de vie, le parcours professionnel, l'idéologie, le genre *(gender)*, la théorie et la religion sont quelques-uns des facteurs qui peuvent influencer ou infléchir la culture d'origine et la formation de l'historien. L'historien-économiste français ressemble beaucoup plus à ses confrères américains qu'à son compatriote pratiquant l'histoire culturelle. On peut faire la même remarque pour bien des médiévistes, par exemple, ou des historiens sociaux contemporains.

Certains jeunes historiens américains, très attirés par la France, cherchent par tous les moyens à prolonger leur séjour de thésard ou à revenir vite après, se mettent à conquérir cette seconde identité culturelle, rêvent d'acquérir un appartement à Paris. D'autres rentrent dès qu'ils le peuvent, reviennent épisodiquement et aiment mieux explorer le passé de la France de loin que de vivre son présent sur place. D'autres encore, disposés à se franciser un peu, ne peuvent le faire, faute de moyens ou en raison de contraintes familiales.

Faire l'histoire française n'implique pas de rupture apparente pour les jeunes chercheurs français. S'ils sont pressés, ce n'est pas parce que les moyens d'accéder aux sources risquent de leur manquer. Ils peuvent être parfaitement casaniers. Le dépaysement n'est ni leur problème ni leur défi. Ils doivent lire la production en langue anglaise, mais tous ne le font pas avec le même appétit et le même soin. Pourtant je suis frappé par l'intérêt que portent de plus en plus d'historiens français aux États-Unis (dans le sillage de Le Roy Ladurie et Furet, de Chartier et Revel), explorant à la Kerouac, dans une sorte de *road movie* personnalisé pour beaucoup, au moins lors de la première visite, puis revenant pour des séjours scientifiques : aller aux *States* pour mieux faire l'histoire française n'est plus aberrant. Donc, on peut parler d'un vrai va-et-vient, d'un univers d'échange réciproque, même si ce n'est jamais symétrique ou équilibré.

La république des historiens faisant l'histoire de la France est ainsi fondée sur une certaine égalité morale, une éthique et un éthos méritocratiques, mais pas sur une vision consensuelle du passé. On se chamaille des deux côtés de l'Atlantique, et les lignes de clivage traversent l'océan. Le renouvellement de l'historiographie dépend de la volonté des jeunes de contester les doxas. Et les historiens mûrs de chaque rive ne constituent jamais un aréopage soudé ou homogène. Aux États-Unis, j'hésiterais à parler de chefs de file ou d'écoles, même s'il y a des courants assez marqués (et qui dépassent l'horizon de l'étude de la France). En France, il y a de moins en moins de monstres sacrés, type Bloch, Febvre ou Braudel, même si les étudiants continuent fréquemment de se comporter en disciples, de prendre le sujet que le maître leur donne, de rester sagement dans le giron dans l'espoir de se faire caser plus tard. Bien sûr, il y a des chapelles : on est Paris-I ou Paris-IV, il faut choisir ; mais les deux institutions produisent toutes les deux de bons historiens (et de moins éminents), et les éléments de chaque fac se retrouvent dans les colloques et même dans les revues, elles aussi de moins en moins marquées par les polarités d'antan. Les Américains se rattachent à ces coteries en fonction moins de leurs affinités idéologiques ou politiques que de leurs liens intellectuels et personnels. Le sectarisme d'hier a du mal à fleurir aujourd'hui. Je ne crois pas à une manière américaine de faire l'histoire française. Mais, il y a d'importantes différences d'approche et de sensibilité dont les plus frappantes se trouvent sans doute dans l'histoire culturelle et intellectuelle. La postmodernité, largement *made in France*, a fortement marqué le monde américain et, paradoxalement, a peu touché l'Hexagone. Je ne dis pas que l'histoire culturelle et intellectuelle française faite par les Américains serait meilleure que celle pratiquée en France. Mais, en faisant l'économie de ce débat, qui est à la fois épistémologique et méthodique, qui met en question la vocation même de l'histoire, la relation entre le langage et le monde auquel il est supposé se référer et les catégories dites fondationnelles, telle la classe ou le genre, la vaste majorité des historiens français ont appauvri leur métier. J'ajoute tout de suite que bien des historiens américains de la France ressentent la même allergie et/ou hostilité à la théorie et ont poursuivi leurs recherches allégrement, le nez dans le guidon. L'assaut culturaliste a profondément mis en question la pratique de l'histoire sociale aux États-Unis, provoquant des débats parfois cinglants, mais au final enrichissants. L'histoire sociale en France n'a pas le vent en poupe non plus, mais elle n'a pas pris la peine de se mettre elle-même en cause et de se poser les questions les plus gênantes. La perception du présent divise Français et Américains certainement plus que l'étude du passé suivant la ligne de clivage strictement nationale/culturelle. On n'a qu'à regarder la réaction américaine (de nos jours facile à saisir quasiment en temps réel sur le réseau en ligne H-France) à un tas de problèmes auxquels se confronte la France d'aujourd'hui : le modèle républicain classique de régulation sociale (cassé ou en panne), l'école et l'université (pareillement anémiées), la race et le racisme (la fiction d'une République composée de citoyens tous les mêmes agace), la perception et la gestion de la « différence », notamment autour de l'affaire du foulard hier, de la burka demain, l'attitude à l'égard de l'islam en général, le refus de compter les minorités et le rejet de la discrimination positive... Et je peux en citer mille autres. Attention ! On n'est pas ici dans l'ethnocentrisme béat, ni dans une francophobie qui ne dit pas son nom. Car les historiens américains de la France les plus critiques de la situation dans l'Hexagone sont les mêmes qui ne pardonnent rien à Bush et s'apprêtent à être déçus par Obama. L'hypothèse très modeste que j'avance est que cet engagement dans le présent français (sans aucun doute, il s'agit d'une minorité des historiens américains) ne peut qu'avoir des retombées sur leur façon d'appréhender et de travailler le passé : choix de terrain, de problématiques, de cadres théoriques, de sources, etc.

Je ne partage pas invariablement ces positions de mes compatriotes, probablement en partie parce que je suis tellement enraciné dans le quotidien de la vie française.

Côtoyant des historiens français quasiment tous les jours, suivant leurs comptes rendus, lisant thèses et mémoires de master, etc., j'ai l'impression que ma manière de penser l'histoire française n'est pas celle de beaucoup de mes camarades américains. N'y voyez aucune prétention aveugle. Je dis cela tout en sachant que mon américanité pèse dans ma pratique du métier. J'ai à négocier à tout instant cette bipolarité franco-américaine, à la fois tension et interaction.

Cette tension qui m'habite constamment, je l'ai vue se déployer au grand jour, sur un mode explosif, non à l'intérieur d'un individu, mais au sein d'un colloque que j'ai organisé à Ithaca dans le cadre d'un échange entre la rue d'Ulm et Cornell en 2008. Après trois jours de débats intellectuels vifs dans lesquels les lignes de clivages ne recoupaient pas les appartenances nationales, francité et américanité se sont affrontées brutalement lors de la dernière séance. Certains Américains ont mis en cause les Français dans leur pratique française, s'attaquant à une prétendue cécité française sur l'histoire de France. Il s'agissait, en l'occurrence, de deux sujets brûlants dans le regard que les Américains portent sur la France : le colonialisme/postcolonialisme et le genre *(gender)*. Se sentant agressés – je les comprends – les Français, sans du tout éluder le débat, ont riposté sur le ton « nous n'avons pas de leçons à recevoir de vous ». Pas de chauvinisme dans cet échange, mais un moment d'une fascinante intensité passionnelle, comme quoi la tension dont je vous ai parlé est loin d'être théorique. Pour autant, sans nier le poids de la culture et des habitus, je maintiens qu'il n'y a pas de manière spécifique de faire l'histoire française, qui serait américaine ou française.

Y a-t-il dans votre œuvre un moment où cette tension francité-américanité éclate au grand jour ?

Oh oui ! Un moment de déchirement, de véritable traumatisme. Le fait même que je ne l'attendais pas m'a fait comprendre que j'étais sans doute moins français que je ne l'imaginais, ou que je croyais naïvement que l'espace d'extraterritorialité culturelle que j'occupais m'accordait une sorte d'immunité diplomatique.

Il s'agit de la publication d'un livre de presque 900 pages intitulé *Adieu 89*, titre volontairement ambigu, dense enquête historique et ethnographique sur la commémoration du deux-centième anniversaire de la Révolution française. Depuis 30 ans, j'étais « flâneur des deux rives » autant dans le temps que dans l'espace : historien, devenu pratiquement regnicole de l'Ancien Régime, j'étais en même temps amateur et observateur participant de la France d'aujourd'hui, celle dans laquelle je vivais souvent et qui me fascinait autant que l'autre. Depuis longtemps, je songeais à diverses possibilités de confronter les deux époques. Quand le Bicentenaire m'a fait signe, je n'ai pu que céder à la tentation, car il instaurait une relation exceptionnelle entre mon « autrefois » et mon « aujourd'hui », tous deux transplantés sur le sol français.

La commémoration du Bicentenaire a inextricablement mêlé le passé, le présent et l'avenir. Deux siècles plus tard, les Français pouvaient-ils se reconnaître dans ce violent avènement de la modernité, à la fois exaltant et douloureux ? Comment célébrer une profonde rupture ? La France s'efforça de trouver un sens à la Révolution et à son héritage : imperceptiblement, l'attention s'est déplacée de l'événement à ses suites, de l'histoire à l'historiographie, de l'autrefois à l'aujourd'hui. Le poids du présent, de ses aspirations et de ses projets contrebalançait le poids du passé. Les Français tentèrent de calculer non seulement leur dette envers la Révolution, mais aussi le passif dont ils pouvaient la rendre responsable. Ils s'aperçurent qu'il leur était bien difficile de se mettre d'accord sur ce qu'avait été la Révolution, aussi bien que sur les interprétations qu'on en pouvait donner.

Trouver un terrain d'entente semblait une mission quasi impossible. Face à un puissant courant antirévolutionnaire, qui présentait la Révolution comme la matrice de tous les totalitarismes, la gauche et le gouvernement jouaient une partie de poker. En réalité, le Bicentenaire embarrassait la plupart de ses acteurs, et la cohabitation ne facilitait pas une approche cohérente. Les deux hommes qui ont successivement dirigé la « Mission » chargée d'organiser la commémoration, tous les deux morts aux manettes, Michel Baroin, ancien haut fonctionnaire et homme d'affaires, et Edgar Faure, brillantissime homme politique et écrivain, partageaient le désir de représenter une Révolution purgée de ses multiples aspérités, d'une commémoration consensuelle privilégiant les Droits de l'homme, la fraternité en premier lieu, et d'un horizon fixé résolument sur l'avenir plutôt que le passé. Jean-Noël Jeanneney, le troisième président, confronté à une redoutable tâche à plusieurs mois des festivités attendues par le monde entier, n'a pas hésité à opposer aux amalgames déformants et à la rhétorique haineuse de la vague contre-révolutionnaire une Révolution ancrée dans son historicité, complexe, contradictoire. À la fois libératrice et tyrannique, elle a été capable de produire des horreurs mais aussi, et c'est l'autre versant, lumineux cette fois, un mouvement globalement positif, fondateur de la démocratie et des valeurs républicaines, et porteur d'un fort message civique de grande actualité dans une France bigarrée à la recherche de repères identitaires. Si le Bicentenaire fut « sauvé », selon la presse, par le triomphe impressionnant (et hyperbolique) de « l'opéra-parade » de Jean-Paul Goude le 14 juillet, il le fut plus profondément par la mobilisation citoyenne presque partout en France, qui a donné lieu à des milliers de manifestations, énergiques et imaginatives.

Vous donnez ici une illustration de ce que certains appellent le drame « franco-français ». Je saisis mal, en revanche, ce qui vous a conduit à le vivre comme un drame personnel.

Basé sur une masse énorme de matériaux riches et disparates, sur des recherches d'archives et des entretiens conduits un peu partout pendant quatre ans, ce livre est résolument tout autre chose qu'une œuvre de circonstance. Je ne prétendais certes pas dévoiler l'histoire du Bicentenaire *sub specie aeternitatis*. J'ai cherché à ne pas tronquer et j'ai voulu faire que les lecteurs se sentent impliqués, j'ai donc refusé de barrer la voie à des interprétations différentes. Ma plume est souvent provocatrice, parfois ironique ou acérée, sur certains points très engagée. Mais *Adieu 89* s'est avéré bien plus controversé que je ne m'y attendais ; certains le considèrent comme franchement toxique et l'exècrent. Qu'est-ce qui peut expliquer les réactions extrêmes au-delà de ce qui était prévisible ? Certainement pas les 200 pages traitant le Bicentenaire « d'en bas », la commémoration dans quelques grandes métropoles et beaucoup de villes petites et moyennes, dans bien des bourgs de la France profonde. Vraisemblablement pas les 200 pages accordées à l'histoire de l'organisation commémorative, les trois « missions » successives, les hommes et les projets, les temps forts. Les premières 200 pages, où je traite le débat sur la notion même de commémoration, la montée en force des antirévolutionnaires, la posture du président de la République et les positions des partis politiques, l'attitude de l'Église, ou plutôt les points de vue parfois assez divergents en son sein, et enfin la cause vendéenne, suscitaient sans doute des appréciations assez mélangées. Mais la bombe n'était pas là. Elle était dans les 200 dernières pages où j'aborde la « querelle » des historiens ; il ne s'agit pas seulement des interprétations fort divergentes de la Révolution (ses origines, son déroulement, ses conséquences), mais d'une question plus générale : comment écrire l'histoire ? Quatre des sept chapitres de cette partie sont essentiellement consacrés au rôle du grand historien François Furet, adoubé par *Le Nouvel Observateur* comme « le roi du Bicentenaire ». J'osais soumettre à une analyse rigoureuse et à une sévère critique son regard sur la Révolution, sa méthodologie et ses sources, et le caractère idéologique de sa lecture ; démarche en soi intolérable. Mais ce qui m'a valu l'anathème était sans doute le chapitre un peu « bourdieusien » dans lequel je retrace et décrypte l'itinéraire de Fr. Furet, son charisme, sa manière de construire des réseaux et sa conquête et sa gestion du pouvoir. Là, j'avais commis un crime de lèse-majesté !

La trahison était double, car Fr. Furet m'avait très gentiment reçu et conseillé quand j'étais doctorant et que lui-même était un des chantres de l'histoire sociale. Nous avions noué ensuite des relations amicales ; nous nous voyions à Paris, et je l'ai fait venir à Cornell, où il a logé chez moi et où nous avons fait du vélo ensemble dans les collines accidentées de cette région bucolique. Et puis nos parcours intellectuels se sont éloignés. Mais j'ai toujours gardé pour lui le plus grand respect. D'ailleurs, près de 150 pages d'*Adieu 89* portent sur l'homme et sur son œuvre, c'est assez dire l'importance que je lui reconnais. Mort prématurément voilà plus de dix ans, Fr. Furet reste pour moi un des plus grands intellectuels français de la deuxième moitié du XXe siècle. Le plus piquant peut-être dans l'affaire d'*Adieu 89*, c'est que vous trouvez la bipolarité francité/américanité aussi bien chez lui que chez moi. N'oubliez pas qu'après plusieurs séjours à Princeton et à Michigan, Fr. Furet était devenu professeur à l'université de Chicago où il passait plus ou moins la moitié de son temps et s'investissait énormément ; il avait épousé une Américaine, et son regard sur la France était évidemment marqué par son expérience américaine. L'attaque contre l'interprétation de la Révolution française comme une révolution bourgeoise, qui deviendra la carte de visite de Fr. Furet, est d'origine américaine et anglaise. Le libéralisme furetien, fortement conditionné par Tocqueville, dérive de ce courant américain, présent dans la Révolution française, qui privilégiait les droits des individus (disons la liberté) par rapport aux prétentions de la communauté et de l'État (l'égalité), préférait globalement le privé au public, appréciait l'équilibre des pouvoirs cher à Montesquieu et s'ancrait à la fois dans la continuité historique et dans une certaine spiritualité ou religiosité, refusant la négation radicale de tout enracinement. L'absence de conflit entre la démocratie et la religion dans la tradition américaine, grande énigme pour moi, frappait Fr. Furet, qui regrettait, comme de nombreux penseurs du XIXe siècle, que la France ait échappé à une véritable Réforme. Dans son esprit, la fin de l'exceptionnalité française, dans le cadre du mûrissement de la République du centre, appelait que la Révolution française reprît sa place de sœur auprès de la Révolution américaine et désavouât symboliquement son statut de mère de la Révolution russe. Je trouve en fin de compte moins intéressant les affinités de Fr. Furet avec des intellectuels américains néoconservateurs et certaines institutions américaines conservatrices que l'usage qu'il fait d'un observatoire américain lui permettant d'approfondir sa vision de la politique française et européenne.

*À propos de la parution d'*Adieu 89*, vous avez évoqué un traumatisme personnel. Que s'est-il passé ?*

Je mettais en question la position de domination de la « galaxie » de Furet, comme la baptisait *Le Monde* ; et ma critique était d'autant plus dérangeante qu'elle ne venait ni d'un marxiste ni d'un Français.

Plantons le décor. À la veille du Bicentenaire, l'histoire de la Révolution française n'occupait dans le paysage historiographique français qu'une place extrêmement modeste. Marginalisés par l'École des Annales, les historiens groupés sous la tutelle ultraconservatrice d'Albert Soboul, revêtu de la toge révolutionnaire héritée d'Albert Mathiez et de Georges Lefebvre, intimement lié au PCF, et commandant la citadelle-vestige de l'ex-Sorbonne, se trouvaient ébranlés une seconde fois par la pénétrante critique anglo-américaine, puis la violente mise à mort du « catéchisme révolutionnaire », un des plus efficaces papiers que Fr. Furet ait jamais commis. Le nouveau chef des jacobins-marxistes, Michel Vovelle, devait faire face à l'assaut des écoles dites « révisionnistes » (au sens anglo-américain) et critiques, et à une résurgence du courant contre-révolutionnaire, cela dans un contexte international tout à fait défavorable. Autrement plus rond, plus fin et plus ouvert que son prédécesseur, M. Vovelle, officiellement chargé de la gestion, mettons, scientifique du Bicentenaire, n'avait simplement pas les moyens ni le goût de faire face à un conquérant Fr. Furet dans la sphère publique. Imposant les règles du débat, qui débordait sur les domaines de la politique et de la morale contemporaines, Furet avait l'habileté de contraindre ses adversaires à entrer dans son jeu, autant par l'effet de son omniprésence dans les médias et de l'heureuse consonance de sa position avec le climat politique, que par la force intellectuelle de ses arguments. Furet et Vovelle partageaient une expérience communiste fort différente, qui pesait sur leur façon de voir le passé aussi bien que le présent, mais ni l'un ni l'autre ne voulait la laisser examiner. Tous les deux n'étaient guère désireux de se livrer à une auto-analyse rigoureuse. Chaque antagoniste s'accrochait à un aspect particulier et réconfortant de l'image qu'il avait de lui-même : Fr. Furet en esprit objectif détaché des passions ; M. Vovelle en fidèle inébranlable, quoique ouvert aux nouveautés. Enfin, chacun se représentait comme victime d'une persécution spécifique : à la suite de son apostasie, Furet était en butte à des propos vengeurs des communistes ; quant à Vovelle, l'anticommunisme viscéral avait fait de lui son bouc émissaire. Parce que son cas n'est pas directement pertinent, je laisse ici mon troisième protagoniste, Pierre Chaunu, historien fécond et influent, polémiste féroce, qui se posait en perpétuel modéré, mais prenait des positions extrêmes, voire extrémistes sur un tas de questions. En vomissant la Révolution « tyrannique », « génocidaire » et satanique, il ne cesse de recourir à la caution de Fr. Furet, sans lequel, il est vrai, il n'aurait eu aucune crédibilité dans la propagation éloquente et intransigeante de la doctrine antirévolutionnaire.

Portée par une vague triomphaliste, l'œuvre de Fr. Furet appelait un examen approfondi. Je l'ai vivement critiquée. D'abord, pour le poids énorme de l'idéologie et de la téléologie dans sa lecture de la relation primordiale 1789-1793 (l'origine et la question de la nécessité de la Terreur), puis le rapport 1789-1793-1917 (où on fait rétroagir la révolution russe sur la française). Tout part de sa conviction – équivalence extravagante et anhistorique pour moi – que le goulag conduit à penser la Terreur en vertu « d'une identité dans le projet ». Sur un échiquier constructiviste où jacobins et bolcheviks deviennent des pièces interchangeables, le jeu progresse de façon linéaire de Rousseau à Lénine en passant par Robespierre (1917 est bien l'avenir de 1793, la réalisation tardive de ce que 1793 avait « anticipé ») ; des Lumières, toxiques sources intellectuelles du totalitarisme (le ver est dans le fruit, la Terreur est latente dès 1789, vieille antienne antirévolutionnaire), à la « greffe léniniste », sans doute pratiquée avec plus de brio par Furet que par les communistes ; du XVIIIe siècle au XXe (le relais du jacobinisme par le communisme, sans doute un des événements politiques majeurs du premier XXe siècle, ne constitue pas pour autant un argumentaire probant concernant la nature de la Terreur). Parce que Pinochet admirait Milton Friedman, cela ne fait pas du grand économiste libéral/libertaire un néofasciste ; parce que Lénine admirait Robespierre, cela ne fait pas de l'Incorruptible un léniniste. Le « magistère politique » que les Soviets exerçaient sur l'ensemble de la gauche nous aide-t-il à historiciser la prise de la Bastille ou la Terreur ? La fusion ou transplantation franco-russe épargnent à Furet de s'immerger dans le XVIIIe siècle : ce qui compte vraiment, ce sont les conséquences, et 1917, avec ses séquelles, les révéla sans contestation possible. Sinon, Fr. Furet n'aurait pas traité le maximum que la Révolution jacobine a imposé d'abord sur le prix des grains, puis sur bien d'autres marchandises, comme l'expression politique d'un impératif idéologique engendré par la Révolution régénératrice, mais comme un vieux réflexe populo-administratif de l'économie morale de l'Ancien Régime. Le type de paranoïa sociopolitique dont il situe l'origine dans la « culture politique nouvelle » s'enracinait dans l'expérience quotidienne de l'Ancien Régime. Pour préserver la primauté quasi exclusive des idées, il se coupait lui-même de l'histoire. Il n'éprouvait pas le besoin de comprendre ce qu'est une crainte d'origine sociale qui ne serait pas le simple produit de l'idéologie. Bannir le social de l'analyse de la Terreur, c'est préserver l'autosuffisance de l'explication par la culture politique et jeter l'anathème sur les circonstances, désormais interprétation « débile » et/ou « paresseuse ». Vieux débat, certainement pas tranché par Fr. Furet, ni par ses épithètes, ni par sa logique, et que je ne peux régler ici. Je suis d'accord avec M. Agulhon, historien renommé, et aussi ancien communiste, qui affirmait que les circonstances « c'est l'histoire elle-même », qu'il fallait prendre en compte tout ce qui s'est pensé, mais aussi tout ce qui s'est passé, avec toutes les réalités contingentes, et que l'approche de Fr. Furet marque les limites d'une « histoire des idées pures ».

Donc, pour vous, le traitement de la Terreur ramène directement à la question de savoir comment écrire l'histoire ?

Inexorablement. Pour moi, la démarche idéaliste de Fr. Furet constitue une régression épistémologique, le retour à une histoire des idées classique, mal vieillie, dopée d'une dose de sémiologie politique, toujours en circuit fermé, et d'une ration de postmodernité qui postule que tout est discursivement construit, que le discours est autosuffisant et que c'est le langage qui façonne les pensées indépendamment d'un monde dit « réel ». Le discours règle tout : Fr. Furet tient pour vérité générale les paroles prononcées par une poignée de jacobins parisiens, reprenant à son compte la démarche qu'il dénonçait chez les sobouliens. « Tout est dit », nous dit-il, par exemple, la nuit du 4 au 5 août. Peut-être que tout est dit par une espèce de métonymie, si on veut se permettre cette désinvolture philosophique. Mais tout n'est pas fait, loin s'en faut. Préoccupé par la rhétorique radicale du *dire*, il demeure largement indifférent à la complexe et coûteuse mise en œuvre du *faire*, à ce lieu de frictions qui constituent la réalité sociale. Il procède comme si c'était à la réalité, fût-elle parfois récalcitrante jusqu'à l'exaspération, de se conformer au concept. Par cette attitude, Fr. Furet ne finit-il pas par ressembler à ces penseurs « abstraits » qu'évoque Tocqueville, incapables de se mouvoir dans le monde réel ? Ainsi s'intéresse-t-il au peuple en tant que concept, pour le rôle qu'il joue dans la légitimation de la Révolution et le comblement du vide politique, mais il est indifférent au peuple en tant que groupe social ou population vivante. Le véritable peuple pour lui est celui qui habite l'imaginaire collectif. Ici, le langage expulse son propre référent ; ce qui importe, c'est le peuple-concept, non pas le comportement du peuple. Déracinée de tout contexte social, dénuée d'arêtes vives et comme sans relief, cette histoire se déploie sans frictions et s'affirme inaccessible à l'usure.

Dans le double glissement permanent de l'histoire vers l'historiographie philosophique et de l'histoire vers le politique, la preuve n'a plus de place. Cette dernière semble être l'apanage de la « science historique universitaire » qui, selon Fr. Furet, enferme la Révolution française dans un système d'interprétation « rigide et pauvre ». En échange d'une vulgaire amélioration dans le domaine de la précision factuelle, la science historique universitaire s'est développée – dérive calamiteuse et impardonnable pour Fr. Furet – comme « négation de la philosophie ». Car le chef de la galaxie a trouvé son bonheur dans la philosophie du XIXe siècle, exempte de la double terreur idéologique et positiviste du XXe siècle, non contaminée par 1917, mais écho direct de la Révolution, qui s'impose assez tardivement comme la pièce décisive du puzzle. Le XIXe siècle lui offrait un accès à la Révolution qui était intellectuellement convaincant, commode et bien accordé à l'idée qui me semble dominer toute sa démarche : à savoir que la Révolution détenait la clé de la démocratie moderne et de la vie politique française contemporaine. Se définissant lui-même comme « tocquevillien », Fr. Furet se sert de Tocqueville comme d'une sorte de substitut de preuve pour corroborer ses propres affirmations. Il accorde *a priori* à Tocqueville la même reconnaissance que Soboul à Robespierre. La validité d'une interprétation philosophique ne se mesurait pas à l'aune de la science historique universitaire. Au fond, Furet, qui a toujours détesté le travail d'archives, croit que la quête archivistique est moins fructueuse et requiert une intelligence moins pénétrante que l'analyse des (grands) textes. D'où son stupéfiant mépris pour Georges Lefebvre – pour moi, un très grand historien qui reste un historien, boxant dans une catégorie bien au-dessus de celle de son élève Soboul – « étroit, imbattable sur une cote d'archives », mais étranger aux grands textes philosophiques du XIXe siècle. Le dédain pour l'historiographie révolutionnaire classique, comme l'approche hyperidéaliste, la relation métahistorique au XIXe siècle (qui fait penser à Ernst Nolte), le postulat de l'autonomie du politique et l'offensive contre le marxisme mènent (presque) logiquement à la stigmatisation de l'histoire sociale, qui sera de plus en plus chahutée par divers courants postmodernes et culturalistes. Confondu avec le socialisme (sinon le bolchevisme), le social était de nouveau identifié à la « question sociale », devenait le simple masque d'un matérialisme historique, et paraissait s'inscrire complètement dans l'arène de la lutte des classes. Ancien communiste et ancien thuriféraire de l'histoire sociale, Fr. Furet mettait la même virulence à critiquer les historiens du social qu'à dénoncer les révolutionnaires désireux de refaire la société. Les deux entreprises, celle des protagonistes du changement et celle des tenants de la recherche sociale, paraissaient bien se fondre en une cause unique et démoniaque. L'analyse sociale conduisait aussi sûrement à l'erreur que la tentative jacobine de résolution de la question sociale par des moyens politiques menait à la Terreur. L'esprit réducteur et les amalgames sont sidérants. Toute approche sociale n'est pas synonyme d'explication fondée sur des facteurs économiques, ontologiquement primordiaux, et sur des relations sociales déterminées par ceux-ci. Toute interprétation sociale de la Révolution ne passe pas forcément par l'hypothèse d'une révolution bourgeoise. Que l'histoire sociale soit moins noble et moins conceptuelle que l'histoire intellectuelle, c'est un coup de griffe banal. On peut certes soutenir, comme l'affirme Fr. Furet, que l'offre d'idées inédites est ce qu'il y a de plus important à comprendre dans la France du XVIIIe siècle. Mais pour accomplir cette tâche, la philosophie politique est-elle un outil suffisamment robuste et souple ? Une approche inspirée par l'économie de l'offre, qui ne porte pratiquement aucune attention aux conditions sociales et culturelles de la production, est-elle vraiment viable ? La même approche par l'offre, isolée à la fois de la demande et de l'accueil fait au discours, est-elle finalement défendable ?

Heureusement que vous n'êtes pas sociologue : ce serait la guillotine assurée !

Vous ne croyez pas si bien dire ! Je ne suis pas sociologue ; cela dit, tout historien social fait un peu de sociologie, mais en toute lucidité à la différence de Monsieur Jourdain. Ma tentative de « sociologiser » la galaxie, moins poussée qu'elle n'aurait dû l'être, de regarder les origines de cette véritable institution et celles de son chef, d'analyser la constitution de ses réseaux, de réfléchir sur son exercice de pouvoir, a attiré sur moi les foudres de ses membres. En sus de mes autres péchés, j'ai osé dire que Fr. Furet, élevé dans le 16e arrondissement, était le fils d'un banquier (d'une « petite banque », m'a-t-il précisé pour l'édition américaine). Je considère la donnée utile, mais loin d'être déterminante, pour comprendre sa trajectoire et ses relations avec d'autres intellectuels. Violation de sa vie privée ? J'ai essayé de voir le fonctionnement de son charisme traduit en *leadership* : tous ses proches me l'ont décrit comme un chef de bande. Affront ? J'ai repris une information qui a beaucoup circulé aux États-Unis sur le financement qu'il recevait d'une fondation de droite pour son centre de recherches. Calomnie ? Il faut être clair : les partisans de la galaxie ne trouvent pas plus d'utilité aux « circonstances » (sens très large) pour expliquer l'œuvre de Furet que celui-ci ne leur en reconnaît pour expliquer la Terreur. Il n'y a que les idées qui comptent, indépendamment de l'homme, et dans la métaméthodologie furetienne les idées n'ont nul besoin, pour germer et acquérir un sens, d'un incubateur externe. Donc, la sociologie escamote, tandis que l'analyse des idées (pures) éclaircit. Le paradigme galactique est un dualisme classique esprit/corps, idées/contexte social. Avec tout de même un petit accent bakhtinien pour bien marquer le clivage entre le haut, la partie digne, voire aristocratique (seule la tête), et la partie basse, souillée, vouée aux actes grossiers et communs. Pourquoi ce repli appauvrissant dans une petite citadelle d'idéalisme ? Pourquoi soumettre à des règles aussi contraignantes l'acceptation ou le rejet de telle ou telle catégorie d'analyse ? Pourquoi refuser d'historiciser pleinement sa propre position ?

On voit bien les raisons de la querelle. On devine sa violence. Est-ce pour cela que vous parlez d'un moment bouleversant pour vous ?

Comme je l'ai laissé entendre, je ne m'attendais pas du tout à la violence de la riposte galactique. Pour commencer, la subvention demandée pour la traduction est refusée. Mon éditeur, Fayard, comme moi-même, en sommes fort étonnés. Jamais on ne m'a refusé une aide pour la traduction de l'un de mes livres. Je suis tout de même maintenant bien connu en France. Je m'informe auprès du président de la commission, que je connais bien ; gêné en un premier temps, il finit par m'avouer que les gens de gauche, aussi bien que ceux du centre et de droite avaient voté défavorablement. Pour le plus grand nombre, ils ne m'avaient même pas lu, mais la rumeur avait circulé que ma position vis-à-vis de certains acteurs du Bicentenaire était critique, que je faisais preuve d'une ironie particulièrement insupportable de la part d'un Américain se mêlant de commenter l'histoire des Français.

Il y avait là une transgression qu'il fallait sanctionner. Je lavais le linge sale des Français publiquement, a-t-on dit. À quel titre ?

Le livre sort. Un compte rendu est prêt à paraître dans *Le Nouvel Observateur,* mais plusieurs des ténors du journal menacent de donner leur démission si jamais on le publie. Le papier passe à la trappe. Même aventure dans *L'Express* et *à Libération.* Des amis m'écrivent qu'ils doivent rompre tout rapport avec moi parce qu'ils ont été sommés de le faire par ceux que je critique. Bien sûr, me disent-ils, ils tiennent à moi, mais voilà, ils ont des liens historiques avec les autres. Je suis abasourdi. J'avais envoyé mon manuscrit à de nombreux amis, pour qu'ils le lisent et le commentent, ce qui est une pratique américaine courante. L'un d'entre eux, directeur d'études à l'EHESS, que je remerciais dans le livre, a reçu de Fr. Furet, ancien président de cette même institution, une verte réprimande.

Entre-temps *L'Humanité* me donne trois pages, preuve, pour certains, de mon bolchevisme, et *L'Événement du Jeudi* prend parti en faveur de mes analyses. *Le Monde* trouve le moyen de dire que j'ai raison, mais que Furet n'a pas tort. *Le Figaro* me critique, mais de façon plutôt intelligente, prenant au sérieux le débat. Je passe à la radio, où parfois, pour m'affronter, la galaxie envoie ses seconds couteaux, qui ne reculent devant aucune attaque.

Aujourd'hui encore, je reste fasciné par la violence déployée pour faire taire *Adieu 89* et disqualifier son auteur. Je croyais avoir pris la mesure dans mon livre de la puissance du réseau furetien ; j'étais bien loin du compte. Son efficacité est redoutable par sa capacité à tenir et faire plier les autres. J'ai même été exclu d'un colloque que j'avais organisé en Amérique ! Avec Keith Baker, proche de Furet, son collègue pendant des années à Chicago, désormais professeur d'histoire à Stanford, et Colin Lucas, qui a succédé à Baker à Chicago, nous avions mis en place un projet commun, qui a commencé avec un « précolloque » à Cornell, où furent conviés plusieurs grands spécialistes de la Révolution, pour décider des thèmes, répartir les séances et choisir les participants. D'un commun accord entre les trois organisateurs, le colloque lui-même devait avoir lieu à Stanford. Imaginez ma stupeur quand je reçois un coup de fil de Baker me « désinvitant » de mon propre colloque, car M. Ozouf a mis comme condition impérative à sa venue que je ne sois pas là. J'ai fait savoir à tout le monde que je considérais cette exclusion comme l'expression d'un « maccarthysme stalinien » répugnant. C'était une atteinte à ce que nous appelons l'« academic freedom », c'est-à-dire la liberté de s'exprimer et de discuter librement dans un espace universitaire ou dans un forum scientifique. Rebelote à Paris : l'Institut d'histoire du temps présent (l'IHTP) lance, dans le sillage de la commémoration, un projet pluriannuel consacré à une étude de la France des années 1980 « au miroir du Bicentenaire de la Révolution française ». Au sein de séminaires plus ou moins bimensuels, l'Institut faisait témoigner de nombreux acteurs de la commémoration. J'étais alors en France, et j'étais régulièrement invité à participer à ces réunions, sauf quand Fr. Furet ou M. Ozouf étaient présents. Ils avaient imposé la même condition : c'était eux ou moi. Je me suis ainsi retrouvé privé de mon droit de parole le plus élémentaire.

Mais ce n'est pas fini. Pour clore sa longue enquête, le même IHTP me fait venir des États-Unis pour participer à un grand colloque. Allais-je enfin avoir le débat que j'attendais ? Je devais prendre la parole au cours de deux séances. Je découvre, en arrivant à Paris, qu'une des autres séances est consacrée à un échange entre Fr. Furet et M. Ozouf, d'un côté, et M. Vovelle et M. Agulhon, de l'autre. J'aurais dû évidemment faire partie de ce « panel ». La présence de M. Agulhon me rassurait, car c'est un grand esprit et, malgré sa longue amitié avec Furet, il avait pris des positions extrêmement dures contre la lecture antijacobine et métahistorique faite par Furet de la Révolution. Hélas, au dernier moment, une crise de sciatique le retient chez lui. Il est remplacé par un historien de moindre envergure. Mona Ozouf est montée au créneau pour disqualifier mes propos, sans jamais me nommer ni débattre, et pour stigmatiser mon intervention dans le Bicentenaire. Avec son brio et son mordant habituels, Fr. Furet a expliqué pourquoi il avait été bon et M. Vovelle mauvais dans la sphère publique de la commémoration. Et ceux qui étaient censés représenter la partie adverse sont restés quasiment muets. J'étais dans la salle, furieux et prenant note de toutes les contrevérités et distorsions que j'entendais. Mes voisins m'assuraient que je pourrais évidemment répondre au cours de la discussion ouverte qui suit toute séance. J'aurais dû me méfier. À la stupeur générale, tout d'un coup, le président de séance se lève, et déclare la rencontre terminée parce qu'il fallait libérer la salle. Il s'agissait de Réné Rémond : *no comment*. Voyant filer Furet et Ozouf, j'ai bondi sur la scène, me suis emparé du micro, en disant : « Si c'est cela la France au miroir du bicentenaire de la Révolution – le thème de ces journées de l'IHTP – quelle image lamentable vous renvoyez ici de cette pauvre France ! » Un colloque dit scientifique qui interdit le débat scientifique : je n'avais encore jamais vu cela.

Je regarde le moment *Adieu 89* avec plus de distance aujourd'hui. Mais l'ostracisme à répétition dont j'ai été l'objet m'a profondément blessé. J'étais meurtri, mais également incrédule : dans ma France à moi, idéalisée, une telle aventure était impensable. J'avais sans aucun doute sous-estimé l'impact de mes analyses et critiques sur Furet et sa galaxie ; je les avais touchés dans leur foi. « La fin de la Révolution française », slogan principal et idée-force de la campagne du Bicentenaire de Furet signifiait-il la fin du débat sur la Révolution française ? Quel message terrible pour clore la commémoration ! Je serais tenté de reprendre la formule de Louis-Sébastien Mercier, fin observateur des dernières années de l'Ancien Régime et révolutionnaire engagé, mais fondamentalement modéré, que je cite dans la préface d'*Adieu 89* : « Je veux étouffer la race des étouffeurs. » Comment imaginer que des gens qui se réclamaient du libéralisme tocquevillo-aronien aient pu rejoindre la race des étouffeurs ?

Votre histoire d'amour avec la France s'est-elle arrêtée là ?

Bien sûr que non. Mais ce fut l'occasion d'une remise en cause, d'un réajustement. Je me suis senti expulsé de mon jardin d'Éden ; je me suis vu en véritable *gaijin* (mot japonais qui désigne l'étranger). J'avais écrit *Adieu 89* en partie pour sceller ma double identité, et on l'a mise à mal. La leçon que j'en ai tirée ? Je devais négocier en permanence la relation entre ma francité et mon américanité. Je devais résister à la tentation de trop m'assimiler, pour garder ce statut insaisissable et malicieux d'*insider-outsider*. J'ai peut-être désormais une relation moins passionnelle avec la France.

Sur le plan pratique, je n'ai pas boycotté votre pays, et mon ostracisme a été symboliquement levé par un compte rendu élogieux dans *Le Nouvel Observateur* de mon nouveau livre, *Le Meilleur Pain du monde : les boulangers de Paris au XVIIIe siècle* (1996). L'auteur faisait partie de ceux qui s'étaient un temps éloignés de moi. Après m'être égaré dans le jacobinisme, disait-il en substance, je revenais enfin au bercail. Je retrouvais un sujet perçu comme consensuel, même si le pain est tout sauf cela, en tout cas pas radioactif comme la Révolution française.

9.

Blanchir le pain

Quel a été le pain de votre enfance ?

Me faire parler du pain américain, c'est une vraie provocation ! La panification pour le marché de masse états-unien était depuis le premier tiers du XXe siècle largement industrielle, fondée sur des valeurs hygiéniques et sanitaires (Wonder Bread, une des grandes marques populaires, vous promettait force et santé) et la commodité d'un pain tranché, procédé mécanique qui est devenu une métaphore du génie américain (« the greatest thing since sliced bread »). Quant aux propriétés organoleptiques, les Américains déjà appréciaient majoritairement le mou et le fade, dans un régime alimentaire qui sera bientôt dominé par le cocktail nocif du gras, du sucré et du salé. Ce pain était pourtant blanc, je dirais ultra-blanc, signe de propreté et de raffinement social. L'acculturation pour des immigrés dans mon univers passait souvent par l'adoption de certaines pratiques culturelles dominantes, pas forcément alimentaires, car ces dernières résistent mieux que la plupart des autres. Mon grand-père poussait toute la famille à s'intégrer, mais il tenait à la cuisine yiddish-polonaise et il ne transigeait pas sur le pain. On n'est donc pas venu au pain américain tout de suite. Pour le shabbat et le week-end, il prenait la *hallah*, le pain tressé. En semaine, quand il vivait avec son épouse à Brooklyn, il avait son choix de boulangeries juives qui proposaient toute une gamme de pains, petites et grosses pièces, épicés ou nature. Le pain confessionnel n'intéressait pas mon père, ni sur le plan liturgique ni sur le plan sensoriel. Mais il adorait des pains juifs russo-polonais, denses, de goût typé et de conservation longue. Dans le Queens, il fallait faire quelques kilomètres pour trouver la boulangerie idoine ;

on n'y allait que le week-end. On demandait toujours un *Jewish corn bread*, littéralement un pain de maïs juif, à ceci près, en l'occurrence, que ce pain ne comportait aucun ajout de maïs sauf en fleurage. C'était un pain de seigle, fait au levain, doté d'une mie extrêmement humide, trop lourde pour être moelleuse, mais grassouillette, presque grise en couleur, et d'une croûte épaisse et croquante. De forme ronde ou ovale, bien trapu, le *corn bread* avait une saveur de soupe d'hiver, rehaussée par une note de betterave et un soupçon de fromage de lait frais. Il nous tenait jusqu'au mardi. En semaine, sauf accident heureux, on se rabattait sur le pain blanc en tranche – votre Jacquet (fabriqué au début pour les dizaines de milliers de soldats affectés en Europe sur les bases américaines après la Seconde Guerre mondiale) ou Harry's. Ce pain-là était un support adapté à son usage principal (à part le toast le matin) : faire des sandwichs à emporter à l'école ou au boulot – classiquement, du thon, une salade d'œufs, le « BLT » (bacon, laitue, tomate) ou le plus célèbre et le plus facile à confectionner : beurre de cacahuète et confiture. Le pain en soi n'avait aucune signification ; il fonctionnait comme une sorte de mini-tranchoir frais ou, dans un autre registre, il était aussi important, dans le déroulement du repas, que la serviette en papier qui l'accompagnait.

On pourrait dire que vous vous êtes américanisé en partie par le pain blanc.

Évidemment, ce pain blanc tranché, sous cellophane, n'était guère un objet de convoitise. Il n'avait pendant ma jeunesse – ou alors j'en étais parfaitement inconscient – aucune puissante charge symbolique. À part la vague réminiscence d'un débat de politique sanitaire portant sur « l'enrichissement » du pain blanc pour compenser toutes les vitamines et minéraux qu'on en enlevait pour le blanchir, mon premier souvenir du pain blanc entrant justement dans ma conscience, en dehors de son contexte strictement alimentaire, remonte au mouvement de « pop art » des années 1960. Certains pensent tout de suite au roboratif *Whaam* de Roy Lichtenstein ou aux soupes et jus de tomates rassurants de la marque Campbells d'Andy Warhol. Pour moi, c'était le tableau de James Rosenquist intitulé *White Bread*, montrant quatre tranches de pain blanc industriel, celle du haut recouverte d'une couche de beurre, ou plutôt de margarine, tartinée par un simple couteau en acier inoxydable. C'est une œuvre jouant sur les images de la consommation et des techniques de l'art commercial qui exprimait, à mes yeux, une poésie à la fois vernaculaire et sophistiquée, à prendre au premier degré ou sur un mode ironique.

J'ai dû voir *White Bread* quand j'avais une vingtaine d'années. Ce n'est que plus tard que j'ai pris connaissance de l'utilisation de la locution « pain blanc », de son appropriation comme métaphore sociale, culturelle, raciale, voire comme épithète en soi. Dans sa tonalité la plus sobre, pain blanc – *white bread* – signifiait quelqu'un ou quelque chose de normal, d'ordinaire, de standard, de banal. Il n'est pas surprenant que ce portrait d'un tempérament ou d'une personne on ne peut plus moyen, conventionnel, s'applique en particulier à des Américains du nord blancs. Un sous-ensemble de cette catégorie extrêmement large et floue est constitué par des « protestants type pain blanc » – *whitebread Protestants* –, *grosso modo*, ceux des églises protestantes « centristes » (United Methodist, Presbyterian, Church of Christ, etc.) qui sont des gens modérés, également divisés entre droite et gauche, pas favorables aux « questions socioculturelles » de la droite dure (notamment l'attaque contre l'avortement), majoritairement persuadés que, du point de vue de leur légitimité et de leur vérité, toutes les religions se valent. Donc, pain blanc dénote, finalement, le terne, le mesuré, le discret. La métaphore frise la description ethnographique, voire la définition, car la comparaison semble parfaitement juste. Ces protestants sont comme – à la limite sont – le pain blanc (américain) : sans goût particulier, standardisé, pas du tout nocif, même plutôt nourrissant, sans rien d'extravagant. Le pain blanc ne dénigre pas du tout les protestants, mais ces derniers ne mettent pas le pain blanc en valeur.

Mais le pain blanc figure des traits plus inquiétants, de mauvais augure pour le lien social et le vivre-ensemble, même si l'usage dans ce sens n'est pas très répandu, particulièrement parmi les Blancs de la tentaculaire classe moyenne, protestants ou autres. C'est le revers de la médaille, ou peut-être juste une variation sur le même thème. Le pain blanc exprime du mépris pour tout ce qui relève de la culture et du « type euro-américain » (et pas simplement euro-américan mâle). C'est le niveau le plus vague, le plus ouvert, et ainsi, justement, en puissance le plus sinistre. Déployée de façon plus restreinte, l'expression « pain blanc » désigne simplement ce qui est insupportablement ennuyeux, sans intérêt, à l'extrême, une vie qui ne vaut pas la peine d'être vécue, plus modérément, une ville, par exemple, qui ne se réveille jamais (une ville pain blanc perd ses jeunes, n'attire pas les touristes « démographiquement intéressants »). Dans le même esprit, attention : vous êtes fichu si on vous stigmatise comme sexuellement pain blanc. L'image du pain blanc s'est infiltrée dans certains secteurs de l'économie, notamment l'immobilier, où le social et le commercial sont en quelque sorte imbriqués. Incarné par le plus petit dénominateur, le quartier pain blanc traduit un voisinage de Blancs, plutôt confortables sans être prospères. Mais pain blanc peut signifier des niches socio-économiques indépendantes de la couleur (ou, comme on dit aux États-Unis, de la race) : des maisons cossues, des BMW et des Mercedes, les autocollants sur les pare-chocs vantant l'appartenance au country club qui n'exclut pas forcément, de nos jours, Juifs ou Noirs, juste les pauvres, ou même des gens ordinaires, des « pains blancs » eux-mêmes selon une autre lexique. Dans mon pays, ce sont les banlieues qui sont le plus souvent des zones aisées, et donc pain blanc. Ici on est plus mûr d'âge, fixé sur sa carrière, ancré dans la communauté. Le problème avec cette image pain blanc, en l'occurrence, est que de nombreuses personnes vivant dans ces endroits sont fréquemment les plus conscients de ce qu'ils mangent, friands des marchés bio, préférant le riz complet au riz blanc, et vraisemblablement peu amateurs de pain blanc industriel, tranché et sous cellophane.

Le pain blanc a manifestement une tout autre signification en France...

On peut parler, pour la France et les États-Unis, de valeurs fondamentales partagées, d'une naissance commune au siècle des Lumières et dans un sursaut révolutionnaire, mais en ce qui concerne le pain les républiques-sœurs divergent drôlement. Dans le récit de l'exceptionnalisme américain, on invoque habituellement « l'abondance » américaine comme facteur déterminant dans le développement social, économique, politique et psychologique du pays, lié à l'existence de la fameuse « frontière » inépuisable et à l'absence d'un passé, d'un héritage féodal. L'idée d'un « peuple de l'abondance » *(people of plenty)*, est fascinante, mais elle risque de nous égarer. Notons en passant que l'abondance américaine n'a pas empêché l'explosion des émeutes de pain, des espèces de guerres des farines à New York, à Philadelphie et ailleurs au début du XIXe siècle, pour ne pas parler d'une pauvreté structurelle et des luttes sociales importantes, même si elle a posé les bases de rêve américain.

Revenons à l'image du pain blanc en France, écho modeste du rêve américain à l'échelle hexagonale. Signe de la pureté, emblème d'une qualité sociale convoitée, et enjeu de pouvoir pendant des siècles, le pain blanc n'a jamais été seulement une source d'énergie et de nutrition. Pour les uns, comme marqueur de rang et rempart contre la confusion des états, c'était une sorte de ligne Maginot à défendre contre le petit peuple, notamment celui des villes qui prenait facilement le goût dangereux et déstabilisant du luxe. Pour les autres, c'était une forme d'anathème social permanent, la clé d'un système d'exclusion et de contrôle sociaux, une Bastille à prendre. Associé à toutes les vertus, à toutes les compétences et à toutes les prérogatives, le pain blanc structurait relations et échanges au jour le jour. Un des grands paradoxes de la vie parisienne était l'accès extrêmement précoce de la plupart des gens à un pain au moins partiellement blanc.

Il est surprenant d'apprendre que les Parisiens, même les petits, mangeaient de la « brioche » bien avant la Révolution française !

Pas tout à fait de la brioche. Mais si Marie-Antoinette avait dit « qu'ils mangent un pain au seigle ou un pain à l'orge », les Parisiens se seraient sentis tout autant offensés et ulcérés. Les historiens de la longue durée associent l'extension de la frontière du blé aux mutations spectaculaires que connut le XIXe siècle : modernisation, industrialisation, démocratisation (notamment l'extension du suffrage), conquête de niveaux de vie plus élevés dans les couches les plus pauvres de la population. Mais le Paris du XVIIIe siècle était une ville royale traditionnelle et préindustrielle, grouillant de pauvres gens qui, à l'instar de leurs compatriotes plus heureux des hôtels particuliers et de leurs frères moins chanceux des prisons et des hôpitaux, mangeaient du pain de blé (ou de froment : les termes sont considérés aujourd'hui comme interchangeables). Disons tout de suite que, en cela, ils ne différaient pas des Londoniens, des Genevois et même des Français vivant dans de grandes villes comme Bordeaux ou Toulouse. Psychologiquement et matériellement, il était peu de moments plus décisifs, dans l'apprentissage de la vie urbaine, que la répudiation d'un grain inférieur au profit de celui de l'hostie (seul pouvait être consacré le pain de froment), grain de la propreté aussi bien que de la sainteté, de l'opulence autant que de la nourriture. Face à la prolifération de Parisiens qui étaient « objectivement » trop pauvres pour le blé, il est très difficile en termes purement économiques (un « effet de revenu » ou l'égalité des coûts de transports, par exemple) d'expliquer la préférence intransigeante pour le blé. Quand Isaac de Thellusson, banquier suisse chargé par la couronne de faire venir des grains pendant la grave disette de 1739-1741, proposa de fournir des céréales secondaires, les autorités parisiennes repoussèrent son offre : les Parisiens n'en accepteraient jamais, même dans un moment de crise. Voltaire déplorait leur « raffinement délicat » qui faisait obstacle à la bonne gestion des ressources. En pratique, on ne sait pas très bien les contraintes qu'impliquait ce choix ni à quels autres biens de consommation devaient renoncer les Parisiens ordinaires pour céder à leur préférence pour le blé et s'y tenir. L'ancrage institutionnel du blé dans la capitale ne réfléchissait qu'en partie des considérations économiques. La ville investissait tous ses habitants, indépendamment de leur rang, d'une sorte de dotation et de droit frumentaire. Les Parisiens estimaient intangibles le droit de manger du blé et le statut que ce droit conférait.

Si on connaît mal l'histoire de ce processus d'acculturation, l'attraction du blé est due en grande partie au fait qu'il se prête mieux qu'aucune autre céréale à une transformation en une miche de pain volumineuse, savoureuse, digeste et nutritive (ses protéines prenant la forme de gluten, substance élastique qui permet à la pâte de capter et de retenir le dioxyde de carbone que produit la fermentation). À la différence du seigle, le seul autre grain qui contienne une certaine dose de gluten, mais qui a un goût légèrement amer et aigre, le froment possède une douceur qui semble le complément naturel de sa blancheur. Les experts céréaliers du XVIIIe siècle, et pas seulement les providentialistes célébrant la perfection de l'œuvre divine, soulignaient que le blé n'était pas une fantaisie ou une friandise, mais l'élément le mieux adapté à l'alimentation de l'homme, celui qui correspondait le plus complètement et le plus harmonieusement à la constitution du corps humain. Les gens savaient cela d'instinct et d'expérience, mais l'intuition pouvait désormais se réclamer de la science – des recherches de nombreux savants des subsistances qui croyaient pouvoir expliquer, pour la première fois, pourquoi le froment apportait au corps tout ce dont il avait besoin, et pourquoi sa farine était plus lourde, levait mieux et nourrissait mieux que celle d'aucun autre grain.

Transformé en pain, le blé ne donne pas forcément un pain blanc.

Bien entendu. En fonction du type de broyage, de la stratégie de blutage et des mélanges, le blé donne un éventail de choix, allant du très blanc au gris très foncé qu'on appelle noir en un mélange de poésie et d'aversion. Les Parisiens se prévalaient d'un second titre de gloire qui compliquait sensiblement la tâche d'assurer l'ordre quotidien. Ils ne voulaient pas simplement du pain de froment ; ils exigeaient une miche relativement belle et blanche. Si le pain blanc n'était pas encore « plus blanc » dans les quartiers populaires que dans les quartiers riches, comme il allait le devenir au milieu du XIXe siècle, il était largement consommé par une grande partie de la population. Et la miche intermédiaire de la capitale était plus blanche que les plus blanches du reste du royaume. (Je me rends compte que je parle de façon interchangeable de « pains » et de « miches » : ces dernières sont rondes et pèsent généralement plus de quatre livres ; les pains longs existent depuis assez longtemps, pesant habituellement quatre livres ou moins.) Mais on a de bonnes raisons de penser qu'énormément de Parisiens alors (comme encore trop de Français aujourd'hui) étaient plus sensibles encore à la couleur qu'au goût. J'ai trouvé dans les archives l'histoire assez étonnante d'un groupe d'ouvriers parisiens, attirés à Lyon par des salaires nettement plus élevés qui en sont revenus quelques années plus tard, ne pouvant plus tolérer l'usage quotidien d'un pain trop bis. Tout indique que le gros des Parisiens partageait l'horreur de Restif de La Bretonne pour la « distinction odieuse » qui séparait le blanc du bis. Dans la grande enquête de 1859 concernant les problèmes de la boulangerie, organisée en partie par Frédéric Le Play, polytechnicien et sociologue, une suite de témoins martèlent des thèmes identiques : le peuple veut manger le même pain que ses patrons (« Est-ce que je vaux pas un autre ? », demande-t-il) ; l'ouvrier dit : « Je ne mange que du pain, je veux du bon pain, je ne veux pas de pain bis » ; le maçon itinérant veut bien manger du bis quand il rentre dans la Creuse, mais quand il travaille à Paris, il ne veut que du blanc. Dans ses *Chroniques alimentaires d'un monde qui s'en va*, le géographe Claude Thouvenot raconte l'histoire d'un curé de campagne, en 1895, qui offre un morceau d'un bon pain bis à un mendiant se disant ouvrier sans travail. Au lieu de le remercier, ce dernier lui dit amèrement de garder son pain, l'ouvrier sans travail est déjà assez malheureux pour ne pas recevoir l'injure d'être comparé à une bête : « C'est du pain de chien que vous me présentez là. »

L'obstination des Parisiens ordinaires à réclamer du pain blanc ne scandalisait-elle pas les gardiens de l'ordre public ?

Sans doute moins les autorités que les moralistes et les savants. Je pense à l'exaspération du physiocrate, l'abbé Baudeau, contre les Parisiens qui avaient la mauvaise coutume de juger le pain « par les yeux ». Edme Béguillet, autre spécialiste des subsistances, constatait avec regret que les boulangers avaient du mal à fabriquer du pain assez blanc pour satisfaire la fausse délicatesse « des dernières classes de citoyens ». Les chantres de la régénération révolutionnaire étaient encore plus durs avec la décadence et la luxure alimentaire des Parisiens. « Sommes-nous sous les armes », demanda, tremblant d'indignation, le journaliste Prudhomme en 1789, pour avoir du pain plus ou moins blanc ? Nourri du pain noir cuit une fois par semaine en Corse, le jeune Bonaparte fut choqué de voir que le plus humble des Parisiens mangeait du pain blanc frais. La campagne révolutionnaire ne pardonnera pas ce sybaritisme et cette corruption babylonienne des Parisiens, y compris les plus patriotes, fort peu nombreux à embrasser le pain de l'égalité, miche plutôt noire, signe de régression, pas de progrès. Quant à Bonaparte, il fera tout pour éviter de donner un pain chargé de son à ses soldats : il a tout compris en observant comment les Parisiens associaient liberté, dignité, estime de soi et pain blanc. (Connaissait-il l'histoire des soldats dépêchés par Louis XIV contre l'évêque de Münster, qui avaient refusé d'avancer tant qu'on n'aurait pas remplacé les pains de seigle qu'on leur avait distribués par du pain de froment ? Les soldats n'avaient pas besoin de la Déclaration des droits de l'homme pour imposer leur vision d'un pain de l'égalité nivelé par le haut.)

Quels types de pain proposait-on aux Parisiens au XVIII*e siècle ?*

La nomenclature a varié à travers l'Ancien Régime, mais fondamentalement on proposait en trois types aux Parisiens : un blanc (catégorie parfois divisée par le boulanger en « beau » pour les clients payants plus cher, et « autre » pour le client ordinaire du blanc courant) ; un pain intermédiaire, demi-blanc pour les optimistes, demi-noir pour les pessimistes, couramment appelé bis-blanc (quelquefois pain commun ou pain moyen, euphémismes pour exorciser la douloureuse ambivalence de l'appellation bis-blanc), et enfin un pain franchement bis. Les registres de ventes sur crédit, les rapports de police, la correspondance administrative, tout prouve que Paris mangeait majoritairement blanc, assez fréquemment bis-blanc, rarement bis. Reprochant aux boulangers de refuser d'offrir assez de bis – c'est le seul champ où le boulanger se sentait suffisamment fort pour résister aux règles, sans doute parce qu'il savait que l'opinion n'y était pas hostile –, les autorités les rendirent responsables du rejet de ce pain stigmatisé. Il est toutefois plus probable que l'offre se tarit du fait de la demande. Si l'ouvrier parisien était aussi bouleversé que le suggéraient certains moralistes de ne plus trouver de pain de blé entier, préparé avec une pâte ferme, on peut raisonnablement penser qu'il eût réclamé haut et fort. Le débat sur les mérites relatifs du blanc et du bis, du pain raffiné et du pain complet, allait faire rage au cours des deux siècles suivants. Pour la défense du pain bis de blé entier au XVIIIe siècle, on alléguait qu'il était plus nourrissant que « le pain de Paris », c'est-à-dire le blanc. Pareil jugement reposait sur plusieurs postulats. D'abord, il y avait l'idée mi-scientifique, mi-poético-mystique que le pain entier était l'expression d'une harmonie naturelle, d'une perfection marquée par la Providence, cette « union » sacrée de principes complémentaires que louait l'abbé Pluche. Le blé est destiné à servir d'aliment à l'homme ; en retirer la moindre parcelle, c'est un acte de spoliation, moralement et hygiéniquement délétère. En deuxième lieu, il y avait l'argument que le pain bis se digère mieux, tout en assurant une meilleure alimentation. Troisièmement, il comble davantage, il procure une sensation de plénitude, qui est psychologiquement et socialement utile. Enfin, le pain bis n'a pas besoin d'être frais pour être délicieux, et il se conserve beaucoup plus longtemps.

Parmentier contestait implicitement le préjugé favorable au pain bis en critiquant âprement l'idée que le son, en bien plus grande quantité dans un bis que dans un blanc, donne au pain des qualités positives. Jusqu'au moment où la pression politique l'a acculé à démentir sa position – car l'État trouvait un avantage à mettre du son dans le pain des soldats, des prisonniers et, éventuellement, des indigents –, Parmentier rejetait la prétention que le son purifie le système, facilite la digestion, relève le goût et donne des forces. Au contraire il amoindrit « l'effet alimentaire ». Dans un apophtegme que les spécialistes de l'alimentation aiment encore à citer, le célèbre chimiste reproche au son de faire « le poids et non le pain ».

On a du mal à comprendre pourquoi l'État ne parvenait pas à créer un pain populaire qui aurait été indiscutable sur le plan économique et organoleptique.

Peut-être encore plus que d'autres aliments, le pain doit être bon à penser avant d'être bon à manger. Même en périodes de crise, les habitudes alimentaires et les présupposés qui les sous-tendent sont extrêmement difficiles à changer. Pendant les disettes aiguës, par exemple en 1725, la police surveillait les fournils de beaucoup plus près et s'efforçait de contraindre les boulangers à partager leur production en trois tiers : blanc, bis-blanc et bis, mesure à la fois agressive et timide. Peu après l'ordonnance officialisant cette politique, le Parlement a interdit la production du pain blanc, signe de grande inquiétude : constat d'urgence, disposition radicale. Mais de l'aveu même de l'Assemblée de police, qui gouvernait le domaine des subsistances au jour le jour en période de crise, il ne fut pas commode de « porter les boulangers au bis ». Quand le Parlement a abrogé la mesure de restriction, la communauté des boulangers s'est engagée à faire pression sur tous les maîtres et les faubouriens et forains dans les marchés pour fournir une quantité suffisante de bis. Les commissaires menaçaient les réfractaires avec des sanctions sévères, y compris la perte de leurs places aux marchés. Dans la crise, les boulangers faisaient un pari à la fois risqué et intéressant : que même face à des conditions terriblement éprouvantes – augmentation très sensible des prix, moins de revenus par ménage – le gros des consommateurs ne se rabattrait pas sur le bis. Mais vers la fin de l'année 1725, en pleine disette, les informateurs signalaient au lieutenant de police que le public se rebiffait devant la désinvolture d'un certain nombre de boulangers qui exposaient des pains de fantaisie en temps de misère généralisée et qui, avec mépris, ne mettaient pas en vente assez de pain bis. Ça me fait penser au lynchage du boulanger François au début de la Révolution : tout en prétendant ne pas avoir de farine pour faire du bis-blanc ou du bis, il cachait dans le fournil une quantité impressionnante de pains mollets fabriqués pour des clients aisés.

Plusieurs projets pour un pain populaire, généralement appelé « pain de ménage », mûrissent à partir des années « économiques » des Lumières. L'impulsion est à la fois conjoncturelle – une dizaine d'années très agitées sur le plan des subsistances à partir de la première tentative de libéralisation – et intellectuelle, cette double réflexion scientifique et économico-politique dont j'ai longuement parlé. Aujourd'hui, à l'heure du PNNS (Programme national nutrition santé) et de l'Observatoire du Pain, lobby conjoint meunerie-boulangerie, l'argument nutrition a une influence considérable (parfois peut-être excessive) dans la filière. Au XVIIIe siècle, la seule invocation de la santé et de l'hygiène était d'un poids insuffisant pour susciter la réforme (et pas par manque d'arguments, scientifiques et moraux). Le Dr Malouin l'a bien compris en choisissant le terrain politique pour sa plaidoirie : les gouverneurs ne pouvaient se permettre de rester indifférents à ce que mangeait le peuple. En termes qui rappellent la campagne contre le luxe et ses ravages, le médecin et expert sur la boulangerie exhorte les autorités à arrêter la mollesse dans toutes les conditions, parce que cela fait la faiblesse d'un État. La mollesse à laquelle songeait Malouin était à la fois la source et la conséquence de la connivence entre les boulangers et les consommateurs qui refusaient de se déshabituer de la pâte molle au profit d'un robuste « pain du peuple ». Donc, un peu comme Rousseau voulait que les gens vivent libres, notre médecin souhaitait à la fois inciter les pauvres à comprendre leurs vrais intérêts (le blanc les minait) et contraindre les boulangers à faire le gros pain de pâte ferme propre à entretenir « la force et la propagation » des hommes, ambition commune des colbertistes et des libéraux. Bien d'autres commentateurs rejoignent Malouin en soutenant que le menu peuple a droit à un bon pain, mais à un pain qui conviendrait à leur statut de travailleurs pauvres (et pauvres travailleurs). Pour éviter la stigmatisation, on changera le nom de cette miche : le bis est remplacé par un « pain de ménage », appellation à consonance bucolique permettant le contraste romantique entre le chétif gamin des villes corrompu par le blanc à l'enfant paysan costaud et rubicond grâce à son pain de ménage.

En quoi consiste ce pain de ménage ?

Justement, pas de consensus sur la composition ou le diagramme, ni des experts, ni des praticiens, ni des autorités de police qui montent toute une série d'essais pendant les 25 dernières années de l'Ancien Régime. Les réalistes parlaient d'un pain complet, mais à taux variable – entre 85 % et 100 %, selon. Les utopistes (ingénieurs sociaux et moraux) projetaient des ajouts qui n'auraient jamais passé (jusqu'à la Seconde Guerre mondiale et l'après Libération !) : des doses d'orge, d'avoine et divers haricots. Entente pourtant sur les résultats escomptés. Pas blanc, évidemment, mais pas moins bon. Ses partisans, un brin hypocrites et/ou cyniques, ne concèdent rien sur le plan organoleptique : le bis relooké, surtout s'il est fait d'une farine produite selon la méthode dite économique de réduction graduelle et de récupération des richissimes particules de la farine, dites gruaux, sera plus sucré, plus onctueux, plus substantiel tout en produisant bien plus de miches pour la même quantité de blé et en les vendant à un prix doux.

Le projet de pain populaire est plombé, d'emblée, par son association avec la crise, la disette, le drame. Malouin, Parmentier, la police de Sartine envisageaient ce pain dans la longue durée, comme un nouveau produit de base, mais l'inspiration et les ressources pour son développement provenaient souvent de la disette. Le public et pas mal de praticiens le pensaient uniquement comme un pain d'ersatz, lié à des souvenirs lugubres et terrifiants (type 1709). Quand une miche arrive en pleine crise – comme le « pain des mandiants » de l'intendant de Paris Bertier de Sauvigny, peu instruit dans la « com », les consommateurs étaient en effet portés à voir dans l'innovation une forme de subversion, d'oppression ou de manipulation. Si bien qu'aucun des pains « populaires » ou « économiques » des années 1760 et 1770 n'entra dans le répertoire quotidien des boulangers et du public parisiens. Les masses laborieuses avaient apparemment les moyens d'acheter du pain blanc ou bis-blanc, tout au moins en dehors des crises de subsistance. La mouture économique améliora le goût et la qualité du blanc et du bis-blanc, et contribua sans doute à maintenir plus ou moins les prix autour du niveau qui était le leur au milieu du siècle. Composé de « fa.ine de blé » et des cinq farines de gruaux moulus et remoulus « économiquement » et mélangés, le pain de ménage dit économique eût été une solution de rechange très attrayante en termes de saveur, de qualité nutritive, de sensation de satiété, de conservation et de coût. Mais son « coup d'œil » continuait à rebuter les Parisiens. Sans doute le Dr Malouin avait-il raison d'insinuer qu'un décret eût été le seul moyen d'imposer le pain de ménage dans les boulangeries... Mais, comme avec le pain de tradition deux siècles plus tard, la loi ne peut pas garantir que les consommateurs vont suivre.

Après les tentatives infructueuses d'instaurer un pain bis universel pendant la Révolution (le fameux pain de l'égalité), la voie bise s'avère être une impasse quasiment jusqu'à la fin du XIXe siècle. L'échec de l'expérience révolutionnaire, qui paraissait avoir réuni toutes les conditions nécessaires pour cette innovation/inflexion profonde, démoralise les partisans du pain populaire. Après tout, si on ne peut pas mobiliser les consommateurs ordinaires et travailleurs, y compris les plus ostentatoirement patriotes et les plus politiquement engagés sur le tas, sur un programme idéologique qui, par ailleurs, suscite leur adhésion massive, comment espérer arriver au même résultat par des arguments beaucoup moins musclés et plus techniques ? La leçon de la Révolution semble être : oui à l'égalité par le blanc, mais pas par le bas ; par l'ascension de tous, non par leur abaissement.

La réhabilitation du son et plus largement du pain entier, soit comme reflet de la perfection divine, vieille idée providentialiste, soit comme élément d'une philosophie naturaliste ou holiste, aura lieu au XIXe siècle, sans doute de la façon la plus spectaculaire aux États-Unis avec les travaux et les prêches de Sylvester Graham, mais aussi en France, débouchant graduellement sur un vrai mouvement culturel et (para ?)médical. Les partisans du pain bis surgissent par à-coups. Une « commission centrale d'hygiène » composée de deux chimistes et de douze médecins reconnus conclut que le pain bis est bien plus sain que le pain blanc. Dans les années 1880, un certain Dr. Despaux avertit qu'une extraction trop tirée à blanc favorise tant la maladie que la détresse sociale. De petits meuniers, incapables, faute de capitaux, de suivre la grande transformation du passage aux cylindres, trouvent leur intérêt dans l'attaque contre le « pseudo-pain » blanc spolié de l'essentiel de ce dont la nature avait doté le blé. Dans les années 1890, la campagne de « la réforme panaire » menée par le Petit Journal a bouleversé un moment le marché du pain, notamment de la région parisienne (près de 500 boulangers sont censés s'être voués un moment au pain complet), mais sans laisser aucune trace. Gardant une forte tonalité moralisatrice, privilégiant les liens entre le naturel, le vertueux et le sain, l'argument est de plus en plus médical, au sens large du terme.

Un des thuriféraires du bis les plus influents à l'époque de la Première Guerre mondiale, le Dr Francis Heckel, met en garde contre la maladie du panisme. Une simple cure par la suppression du « beau pain blanc » permet de se débarrasser, entre autres, de dyspepsies accompagnées de lourdeurs, migraines, palpitations, somnolences, entérite, d'une mauvaise humeur inexpliquée, d'urines odorantes, de l'acné et de l'eczéma, etc. Prenant une posture tant sociale que thérapeutique, à l'instar du Dr Malouin, ce médecin ôte le voile de ce pain si blanc et agréable comme du gâteau, mais qui s'avère être un dangereux trompe-l'œil. Car si le pain blanc ne fait que des dommages collatéraux chez les gens des classes sociales aisées, dont l'alimentation est riche et variée, ce n'est pas du tout le cas de la classe pauvre, infiniment plus dépendante du pain, séduite par le pain blanc, dépouillé par les blutages adroits du minotier dont le seul but est de faire, avec son complice le boulanger, surtout et avant tout de l'argent. Le médecin impute à la farine raffinée et au pain blanc une sorte de génocide nutritionnel. J'apprends, dans ses références, par exemple, que la disparition des « Peaux-Rouges » par maladies digestives et déchéance générale est largement due à l'usage, après la colonisation américaine, de la farine blanche qu'ils ignoraient auparavant.

De nombreux médecins vont bien plus loin dans la diabolisation du pain blanc, dénoncé comme une des causes principales du cancer, de la tuberculose, de l'alcoolisme, des maladies cardiaques. L'anathème médical va perdurer longtemps et faire beaucoup de mal à la boulangerie : la relation entre la prescription/proscription médicales et la baisse de la consommation du pain est limpide.

C'est à ce moment-là, à la veille de l'avènement d'Hitler, que certains commentateurs associent la consommation du pain blanc avec la déchéance raciale. Il y avait un discours « racialiste », et on perçoit certains signes d'une pensée, disons, vert-gris. Je n'ai pas la preuve que cela touche au pain, blanc ou bis. Certes, au début des années 1930, le Dr Lenglet, président de la Ligue du pain naturel, assure que la « race française » s'est établie sur le pain, un pain bis, rappelle-t-il. Sa « déchéance » est autant le fait de la meunerie, qui ne respecte pas la « constitution naturelle » des aliments et détruit ainsi « l'harmonie » de l'univers, que de la boulangerie. On ne peut pas nier que le lobby antiblanc ait eu le vent en poupe dans l'entre-deux-guerres. En juillet 1934, l'Académie de médecine émet un vœu qui signifie clairement que le seul pain « équilibré » est le bis et que la mauvaise méthode du pain blanc doit être combattue, coup dur pour la filière. Au même moment, Raoul Lemaire se fait connaître auprès du grand public. Commerçant en vin et en grains, il a bien réussi, et sa curiosité le propulse dans l'investigation agronomique, du côté des semences dans un premier temps, dans les engrais plus tard, et puis dans le vaste champ qu'on appellerait écolo-bio aujourd'hui. Il se fait meunier et boulanger, fournit les boulangeries et les premiers magasins « naturels » dès les années 1930. Il dénonce l'utilisation des produits chimiques dans toutes les étapes de la filière blé-farine-pain, et il s'en prend à la domination du marché de la fabrication de la farine par « des trusts de grands moulins à cylindre ». Au-delà de la multitude de maladies déjà citées, le pain blanc, privé des éléments frumentaires qui nourrissent la vie (l'assise protéique, le germe, avec ses minéraux et vitamines essentiels, selon lui), provoque « la dégénérescence de la race française ». Futuriste quelque peu huxleyien, R. Lemaire est aussi un nostalgique du type abbé Pluche, philosophe providentialiste du XVIIIe siècle, dans son évocation du caractère « harmonieux et naturel » de l'aliment retiré du blé.

C'est une histoire de fous, votre querelle entre bis-istes et blanc-istes.

Non, il s'agit de vrais croyants, voire de fanatiques. Des intérêts majeurs sont en jeu – économiques, idéologiques, sanitaires. Il y a, d'une part, le genre de querelle entre Anciens et Modernes qui revient souvent dans les débats sur les questions morales et scientifiques. Comme je l'ai appris en écrivant *Le Pain maudit*, malgré toutes sortes d'avancées importantes depuis un siècle, la médecine, tant sur le plan clinique que sur celui de la recherche fondamentale, demeure une science assez embryonnaire. Bien des pathologies graves échappent complètement à son emprise. Il y a un « canon » médical, mais il est heureusement contesté, par de nombreux chercheurs atypiques, iconoclastes : difficile de faire la part entre pionniers, francs-tireurs et farfelus.

S'agissant d'un objet aussi chargé symboliquement et aussi central pratiquement, au quotidien, la querelle sur le pain prend parfois des allures de clash de civilisations. Quelques années avant la guerre de 1914-1918, Émile Fleurent, un chimiste chevronné, se situe du côté du progrès, dans la continuité des Lumières : on ne traite pas « l'humanité entière » – s'entend les mangeurs du pain blanc – comme un cas pathologique. Il affirme que la poussée bise s'est nécessairement dégonflée face à l'avancée de la science et à la marche inexorable de la civilisation. Mais quasiment au même moment, de manière plus franchement apocalyptique, le Dr Monteuuis de Nice publie une brochure intitulée *Le Pain blanc, péril national*. Il faudra un demi-siècle pour sortir de ce manichéisme. Dans les années 1930, la Fédération de Provence des Commissions d'études et de propagande du bon pain, se projetant comme représentant tant la filière que la science et voulant réconcilier les professionnels avec le corps médical, dépeint comme hostile non au pain mais au pain blanc, proposait l'incorporation d'une partie du germe et de l'amande, solution qui ne cesse de revenir, d'une manière ou d'une autre, jusqu'à la récente croisade pour le T 80, pain modérément bis, menée par Christian Rémésy de l'INRA de Clermont-Ferrand.

La farine intégrale étant médicalement la meilleure, mais rejetée par les consommateurs mécontents de son goût, le Dr Romant, son porte-parole, esquissait « un juste milieu » qui débouchait sur la victoire du pain crème sur le pain trop blanc (formule aujourd'hui investie d'un tout autre sens). À la veille de l'intoxication collective de Pont-Saint-Esprit (1951), *La Vie claire*, sans doute un des premiers organes écolo-bio, lance une campagne contre « ce pain maudit » qu'est le pain blanc, campagne qui atteindra son apogée quelques années plus tard avec la publication, sous l'enseigne de cette revue, du pamphlet du Dr Henry Thiébaut, *Notre Pain quotidien, le procès du pain blanc.* La modération dans la poursuite de la santé mène au désastre, maintenait le Dr Thiébaut, citant le travail du Pr Delbet, censé avoir démontré « scientifiquement » que le pain blanc est cancérigène. La solution était un pain intégral renfermant la totalité de l'assise protéique du blé, une idée déjà préconisée par certains médecins dans les années 1940. Le texte de Thiébaut bénéficie d'une préface rédigée par le fondateur de *La Vie claire*, Henry-Charles Geffroy, personnage à la Kellogg – l'homme des *cornflakes* – de santé extrêmement fragile pendant son enfance, sauvé plus tard par un régime végétarien importé d'Allemagne, qui fait du commerce à côté de la propagande, créant un réseau de distributeurs de produits dits naturels. Disciple du Dr Lenglet, il fait mettre au point en 1950 un « pain intégral » de pur froment. Comme ses maîtres, il vilipende la grande presse, entièrement vendue à la « toute puissante minoterie », qui s'évertue à faire passer un message mensonger : le blanc est le meilleur des pains.

Pouvez-vous résumer cette thèse – stupéfiante – imputant le cancer au pain, ou plutôt au pain blanc ?

Prenons deux exemples de cette ligne béatement nostalgique, mal informée sur le plan historique, mais gonflée par la conviction de tenir la bonne science, qui érigent le pain blanc en emblème de toutes les dérives d'un progrès technologique plus que problématique, d'une modernité minée. *Le Scandale du pain* de Georges Barbarin, journaliste plus connu plus tard pour ses travaux sur la spiritualité, reprend l'holisme spiritualiste de Sylvester Graham et anticipe sur l'antiproductivisme vert-fondamentaliste de José Bové. Loin d'être le fruit de l'avancée de la civilisation, le pain blanc la trahit : si la France perd, de jour en jour, la primauté intellectuelle que nul ne lui contestait, c'est uniquement parce que France et Français ont abandonné l'usage massif du pain tel que le fabriquaient leurs ancêtres pour s'adonner à un pain blanc de caractère chimique et industriel. Réunissant habilement l'Autrefois artisanal, la civilisation à hégémonie française et la nature, G. Barbarin, post-postmoderniste avant la lettre, dénonce un faux progrès scientifico-technologique qui mobilise toute sa sophistication néfaste pour créer un antipain/antivie, « une chimification alimentaire » basée sur la méthode dite directe, un pétrissage rapide, une fermentation ultrarapide et l'emploi de levures dangereuses.

L'argumentaire de H.-Ch. Geffroy est similaire. Dans une optique providentialiste-laïque, il retrace l'histoire malheureuse de la dégradation de l'aliment quasi parfait, le froment intégral, qu'il prétend à tort être la nourriture principale des hommes depuis toujours, la céréale qui fait du pain l'aliment spécifique de l'espèce humaine. Au cours du XIXe siècle, précise-t-il, la meunerie s'industrialise, les cylindres métalliques remplaçant les meules de pierre qui captaient le germe avec une partie de l'enveloppe. L'agriculture suit le mouvement, notamment par le recours aux engrais chimiques. Cette double modernisation, malencontreuse aux yeux de H.-Ch. Geffroy, bouleverse la composition du pain, le privant tant de ses propriétés nutritives que sensorielles, le rendant d'abord indigeste et puis dangereux. Puis la boulangerie aggrave cette spoliation et ce rejet de la tradition en substituant la levure « chimique » au bon vieux levain. Et en y rajoutant divers améliorants ou régulateurs. D'où l'apparition du cancer qui coïncide, selon H.-Ch. Geffroy, très exactement avec l'altération de notre principal aliment, le pain, et l'usage de plus en plus large du pain blanc, chez les peuples qui, jusque-là, croyait-il, n'en avaient jamais consommé. Diffusant la position du cancérologue Pierre Delbet, il ne cesse d'accabler « le faux pain », « le pain chimique », « le pain blanc antihygiénique » qui constitue une des plus redoutables erreurs des temps modernes. Il serait non seulement à l'origine du cancer, mais aussi la cause première de tous les fléaux qui nous frappent actuellement.

Le drame de Pont-Saint-Esprit cristallise une angoisse qui est déjà larvée : la possibilité réelle que le pain quotidien – déjà estimé, bien avant la guerre, par beaucoup de consommateurs, comme moins bon qu'autrefois – soit une menace contre bien-être des gens. Rumeurs et calomnies, ripostent les centrales des meuniers et des boulangers. Mais la presse locale, régionale et de plus en plus nationale reprend le thème, soit en réaction à l'empoisonnement dans le Gard, soit à propos des accusations et des avertissements médicaux.

Hebdomadaire à grande diffusion, la *Presse Magazine* dépeint en 1955 le pain dit moderne comme « un redoutable poison, l'aliment cancérigène par excellence ». Elle est précédée d'un mois par un papier extrêmement hostile mais plus vague, dénonciation annoncée par une vaste campagne de presse, dans *Constellation*, mensuel tiré à 600 000 exemplaires.

La filière est bouleversée quand une gérante de cantine scolaire à

Sainte-Tréphine dans les Côtes-du-Nord décide d'interdire la consommation du pain, aliment douteux, et quand un manuel scolaire consacré aux sciences appliquées affirme que le pain est un des facteurs « prépondérants » dans la contagion de la tuberculose. Un petit boulanger de Montgeron se lamente amèrement d'être pointé du doigt par un instituteur qui dénonce le « pain poison » et tient son fabricant responsable de tous les maux dont souffre l'humanité. Je rappelle : on est au début des années 1950, à la veille des prétendues « Trente Glorieuses », pas à une époque ténébreuse de superstition et d'inertie.

Mais la filière a dû réagir, contre-attaquer, faire l'apologie du blanc, non ?

On peut parler de plusieurs temps de réaction, et de plusieurs postures. Dès avant la Seconde Guerre mondiale, la boulangerie, tant sur le plan régional que national, organisait des « comités du bon pain », des « comités de propagande » (on appelait un chat un chat à l'époque), même des congrès pour la défense du bon pain, c'est-à-dire, du pain blanc. Face à d'« immondes campagnes de dénigrement » et de « diffamation », les uns voulaient aller en procès (les grandes centrales l'ont fait, surtout à partir des années 1950, et elles ont gagné la plupart du temps, en y mettant beaucoup d'argent), les autres soutenaient que des propos aussi manifestement extravagants, voire délirants, ne méritaient pas une réponse qui ne pouvait que leur offrir une sorte de reconnaissance et une deuxième vague de publicité.

La défense du pain blanc se décline de plusieurs manières. D'abord, sur un plan fort général, une sorte d'appel au sens commun et à la mémoire collective du vécu. L'histoire prouve que cet aliment de base, qui a fait vivre des millions de Français depuis des centaines d'années, ne peut être responsable de tous les crimes qu'on lui impute. Comme dit le fondateur du *Petit Meunier*, « le pain n'a jamais tué personne » ; scrupuleux, il est obligé de rajouter, dans une petite parenthèse embarrassée : « L'affaire de Pont-Saint-Esprit est une autre histoire. » Consubstantiel à l'identité historique de la France, tant chrétienne que républicaine, le pain – les défenseurs du blanc, comme Georges Clemenceau dans un autre contexte encore plus conflictuel, soutiennent qu'il faut prendre le pain en bloc – doit jouir d'une immunité patrimoniale comme un des grands marqueurs de la francité profonde sinon de l'exception culturelle française.

L'argument culturel et identitaire se mue aisément en positionnement populiste : l'altérité des bis-istes est autant sociale (voire morale) que nutritionnelle ou sanitaire. Ces derniers sont « des snobs », des « mondains » vivant dans « des beaux quartiers » – des bobos avant la lettre ? – et parfois des naturistes et/ou des « rêveurs » citadins fuyant l'horreur de la constipation associée au le blanc. On ne devrait pas laisser leur élitisme discréditer des habitudes populaires ancrées dans la trajectoire de l'expérience française. Le « Français moyen » a gardé « son bon sens traditionnel », ce qui l'incite à se défier de « ce funèbre pain de pénitencier ». D'après ce raisonnement, le peuple a toujours rêvé du pain blanc, il a lutté pour l'obtenir, il mérite d'en bénéficier (songez à Gavroche dans *Les Misérables*, qui réclame : « Du pain blanc, garçon ! »). C'est par un besoin instinctif que le peuple a toujours réclamé du pain blanc, professait un médecin problanc, et ce ne sont pas des expériences de laboratoire qui le feront changer d'avis ! Prétendant être du côté de la nature, les snobs tentent d'exercer en fait une forme de domination sociale.

Les militants lucides du blanc avouent ses « quelques déficiences » en les relativisant, soit en les plaçant dans le contexte d'une ration alimentaire mixte et équilibrée, soit en imaginant de compléter la portion de blanc avec 50 à 100 grammes d'un pain bis pour compenser la teneur insuffisante en protéines, minéraux et vitamines (ou même – ce terrain est plus glissant et controversé – l'adjonction éventuelle à la pâte blanche d'une dose de farine extraite à un taux plus élevé). Cela dit, souligne Jean Buré, grand spécialiste des céréales, la meilleure science démontre que les prétendus avantages sanitaires du pain bis relativement au pain blanc s'avèrent extrêmement ténus (il cite le travail considérable des physiologistes anglais Robert McCance et Elsie Widdowson dont les recherches sur l'alimentation de milliers d'enfants juste après la guerre montrent qu'il n'y a pas de différence significative de valeur nutritive entre le pain blanc et le pain bis). Occasion aussi pour le parti du blanc d'exprimer ses doutes concernant la science de ses adversaires, au mieux sélective et sommaire, au pire relevant de la charlatanerie et du fanatisme.

Le pain blanc est censé être mauvais, *grosso modo* parce qu'il est moderne, parce que la modernité, celle de la science au service de la technologie et de la croissance, installée à chaque étape du circuit blé-farine-pain, l'engendre. Les défenseurs du blanc sont obligés de s'en prendre à la nostalgie (pernicieuse) pour l'Autrefois (idéalisé et/ou périmé et en tout cas mystifiant). Aux plus de cinquante ans qui débitent cette complainte : « Où est le bon pain d'autrefois ? », la boulangerie rétorque : « Où sont vos bonnes dents d'autrefois, où est votre estomac d'antan, où est la digestion de vos vingt ans ? Auriez-vous oublié que vous avez vieilli ? » Ils évoquent le pain d'avant-guerre, le pain de campagne, le pain de ménage, le pain bis, voire le pain de méteil. Ce sont des souvenirs d'enfance qui ne sont pas très nets. Comment savoir que le pain d'antan était plus digestible ou meilleur ? Les témoins d'autrefois ne sont plus là ; beaucoup d'affirmations de ce type sont d'ordre sentimental et ne reposent sur rien. Le CNERNA, grande instance d'enquête panaire, s'avère très préoccupé par l'assaut contre « le pain nouveau » au nom des valeurs traditionnelles. Cette nostalgie trompeuse est souvent doublée, selon les scientifiques du CNERNA, par « la mystique naturiste », c'est-à-dire la notion que tout procédé qui tend à éloigner une substance de l'état dans lequel la nature la livre est condamnable. Épris de cette vision simpliste, on oublie que la nature fournit avec une parfaite indifférence les facteurs fastes et néfastes pour l'homme et que c'est la tâche de la civilisation d'utiliser les uns et de neutraliser les autres. Enfin, ce n'est pas le caractère ancestral ou ultramoderne du procédé de fabrication, ce n'est pas son degré de transformation par rapport aux produits naturels qui compte pour la Commission – le pain est bien loin du blé, le fromage du lait, note-t-elle – mais l'ensemble de ses qualités nutritionnelles, hygiéniques et organoleptiques.

Expliquez-nous ce qu'est le CNERNA, qui joue un rôle primordial dans l'histoire du pain d'après-guerre.

Détérioration de la qualité du pain, érosion de la confiance du public dans son aliment de base, chute implacable de la consommation, entraînant de multiples menaces pour l'économie à la veille du retour attendu de l'abondance : c'est en grande partie pour faire face à cette crise que l'État crée juste après la Libération le Centre national de coordination des études et recherches sur la nutrition et l'alimentation (CNERNA). Sa première grande enquête – qui va durer plus d'une décennie – est consacrée aux facteurs susceptibles d'influer sur les qualités et la valeur alimentaire du pain. Sa mission est pourtant pétrie d'ambiguïtés : si elle est chargée de porter un regard scientifiquement rigoureux sur cet aliment emblématique mais contesté, son but politique inavoué est de rassurer les Français, panivores angoissés, et de remettre la filière blé-farine-pain en orbite. Il serait injuste de dire que la fonction du CNERNA est de blanchir le pain. Il réunissait des gens compétents et parfois éminents, intègres, venant de divers horizons professionnels et souvent assez combatifs : les procès-verbaux des séances montrent qu'ils travaillent avec un esprit critique. Mais aussi avec une volonté d'assainir le terrain, pour que la filière puisse reprendre haleine ; de démasquer et disqualifier les fausses informations et les calomnies qui handicapaient tant la boulangerie ; d'établir (ou rétablir) des canons pour structurer et définir les pratiques du métier ; de lui donner non une conception immaculée mais un nouveau départ.

La donnée qui structure et conditionne l'enquête du CNERNA est bien entendu la baisse ininterrompue de la consommation. Si la situation est délicate, rien ne semble joué. On ne reprend pas les formules apocalyptiques de la filière, fruit de la pression manifeste et de la panique larvée ; pour décrire la situation, on parle en litote savante de « la diminution importante de la consommation du pain enregistrée depuis le début du siècle ». Ses causes structurelles sont bien connues, peu problématiques, et s'appliquent à toutes les sociétés occidentales développées : d'une part, la réduction des besoins caloriques due à la mécanisation de plus en plus poussée tant pour le travail agricole et industriel que pour les travaux ménagers et le transport de courts trajets ; et, d'autre part, l'ascension sociale et l'augmentation du niveau de vie, entraînant des changements d'habitudes alimentaires. Ce qui intéresse le CNERNA, c' est « la troisième cause », c'est-à-dire tout ce qui relève de la qualité, dans les faits et dans les représentations : la valeur nutritionnelle, la dimension organoleptique, les accusations de toutes sortes portées contre le pain, ainsi que le processus (on dira bientôt, sous influence anglo-américaine, le *process*) et les conditions techniques de la panification, y compris tout ce qui intervient en amont dans les autres branches de la filière.

Quoiqu'il fonctionne depuis la fin des années 1940, le CNERNA passe à la vitesse supérieure en 1954, précisément en réponse à des critiques très sévères et même des accusations d'une extrême gravité, comme l'indique le Pr Terroine, qui dirige la commission traitant la question du pain. Il lui paraît impossible de laisser se formuler de telles affirmations dont la grande presse se fait souvent l'écho, car les enjeux sont énormes : la confusion et le doute s'emparent du public, la gestion de la santé publique est mise en question, et la politique économique et sociale du gouvernement est minée, car ces attaques tendent à restreindre de plus en plus la consommation d'un produit qui reste « l'aliment de base de notre population ». Il ne s'agit point, précise-t-il, de vouloir démontrer que tout est pour le mieux dans toutes les opérations au cours du circuit blé-farine-pain, mais d'étudier, de tester des hypothèses, d'évaluer des méthodes, éventuellement de proposer « des modifications favorables à l'amélioration de la qualité de cet aliment en vue d'élever le niveau de la santé publique », la mission même du CNERNA. En tout état de cause, insiste son directeur, il est« inadmissible » que des accusations graves puissent être articulées sans la moindre preuve.

Quelles sont les relations entre le CNERNA et la Confédération de la Boulangerie, qui prétend parler pour toute la profession ?

La Confédération attendra impatiemment les conclusions de la commission. Elle a senti qu'avant d'aller plus loin dans la « propagande », il fallait autre chose que le simple concours de la filière et qu'il était nécessaire de s'entourer des avis et de l'expérience du corps scientifique. La grande centrale se félicite du prestige planétaire du Pr Terroine, président d'honneur de l'Union internationale des sciences de la nutrition. Elle espère qu'après les travaux du CNERNA, il ne restera pas un seul argument d'ordre physiologique ou médical qui puisse s'opposer à la consommation du pain. La direction de la Confédération répond favorablement à la demande du Pr Terroine d'une subvention (le conflit d'intérêt n'est pas encore un problème sérieux...), souligne l'importance de le soigner « comme la prunelle de nos yeux », car il est « notre planche de salut ».

La liaison entre la Confédération et le CNERNA est André Dangoumau, chef du laboratoire toxicologique de Bordeaux, ami de 30 ans du président de la centrale, lui-même Bordelais, et conseiller scientifique de la CNBF depuis plusieurs années. Appelé par E. Terroine à siéger dans sa Commission, A. Dangoumau s'engage à soumettre au regard du bureau confédéral chaque question qui y est soulevée. S'il est prêt à légitimer scientifiquement les orientations de la boulangerie, c'est qu'il se sent capable de les infléchir ou de les modifier grâce à sa forte crédibilité. Ph. Lasserre, le président, le loue devant le bureau pour avoir bien voulu descendre au fournil pour y faire des essais, des constatations, de façon à savoir si ses travaux de laboratoire correspondaient parfaitement aux travaux faits dans la boulangerie pure et simple. Ce qui distingue A. Dangoumau des autres savants, c'est justement sa familiarité avec la vraie vie du boulanger au quotidien. Et c'est le déficit de connaissance intime du métier chez ses collègues savants du CNERNA qui inquiète le plus le chimiste bordelais. A. Dangoumau se soucie particulièrement du poids des « physiologistes purs » – il cite, parmi d'autres, Trémolières, le plus célèbre – dans l'établissement des normes pour la farine et le pain. Logiquement, avertit le Parmentier de la Confédération, ils vont demander à la farine standard d'être le facteur le plus complet possible de tout ce qu'il y a de bon dans le blé. Pour récupérer protéines, sels minéraux et vitamines, ils risquent fort de préconiser une farine tirée aux environs de 80 % ou 82 % de taux d'extraction, ce qui conduira vers un pain très rougeâtre et dont l'odeur ne sera peut-être pas ce que souhaite le client, dit A. Dangoumau. Cette conclusion ne ramènera pas les consommateurs qui manquent cruellement à la filière. Mais le scientifique bordelais est tout sauf un défaitiste : il cherchera le moyen de donner satisfaction aux consommateurs tout en ne s'écartant pas trop des desiderata des physiologistes.

Le CNERNA répond-il aux attentes de la filière ?

Bien avant la parution formelle des 1000 pages de la Commission CNERNA, intitulées *La Qualité du pain*, l'organe de la Confédération a diffusé l'essentiel de ses conclusions, dont la plupart comblaient le syndicat. Si, en fin de parcours, la Commission du pain du CNERNA épouse la position moderniste sur quasiment toute la ligne, néanmoins elle met volontiers la barre très haut. Elle soutient que tout progrès technique doit être accompagné du maintien, et mieux encore, d'une amélioration sensible des qualités nutritionnelles et hygiéniques du produit fabriqué. Le pain dit nouveau (ou moderne) obtient un bon score sur la plupart des critères, ce qui autorise les savants à rejeter les plus graves accusations (valeur nutritionnelle très amoindrie, mauvaise digestion, cancer) et à défendre « le progrès », porté par une foi plutôt positiviste, mais étayée par des arguments non sans nuance.

Le CNERNA scrute la filière étape par étape. Sans nier la critique de la qualité des blés, autant interne que contre-culturelle, il constate un effort, assez récent mais réel, des cultivateurs pour chercher des variétés de bonne valeur boulangère, un souci qui n'est encouragé ni par la politique économique en général qui met l'accent sur la productivité, ni par le système de régulation du marché du blé qui donne le même prix pour tous les blés. Le progrès de la génétique va favoriser de plus en plus la qualité, tout comme la pression dite amicale exercée sur les producteurs par la meunerie et la boulangerie. Du même coup, la Commission donne sa bénédiction à des blés récoltés mécaniquement (une diminution des animaux utilisés à des fins énergétiques) ; à l'utilisation des engrais chimiques (plus efficaces et sans effets nuisibles) et des pesticides et autres traitements de culture, pourvu que ce soient des produits approuvés par les autorités de tutelle et appliqués avec modération et discernement ; et au stockage plus ou moins industriel (le blé est mieux séché et conservé).

Le CNERNA examine attentivement le cas de la meunerie, attaquée, elle aussi, pour une modernisation intempestive et délétère. Le principal vecteur criminel est censé être le cylindre qui a supplanté la meule, et la victime innocente est le consommateur, nourri d'une farine morte, dépossédée de sa substance nutritive, amylacée, et par trop blanche. La Commission trouve, au contraire, que le cylindre broie moins brutalement que la meule et engage une transformation plus souple et plus précise, rendant une gamme plus variée de farines toutes supérieures. Jadis, le blé était envoyé sous la meule avec la poussière, les petites pierres et une palette d'impuretés (nielle, moutarde ; on n'ose pas invoquer comme exemple l'ergot...). Aujourd'hui, avant de passer par le cylindre, il est pur, calibré, lavé, nettoyé, séché et brossé. Quant au germe, trituré au cylindre ou écrasé à la meule, il se déchire et laisse couler une partie de son huile dans les issues et dans la farine ; la plus grande partie du germe est refusée au tamis, que ce soit par le blutage de la farine de meule ou celle de cylindre. En 1955 comme en 1855 ou 1755, il peut être entièrement incorporé, mais seulement avec une mouture intégrale à 98 %. Dans les farines blanches ou bises de jadis, il était largement exclu, comme aujourd'hui. Cependant, la méthode moderne permet la réincorporation du germe, alors qu'avec les meules, l'opération était pratiquement impossible. On rappelle le risque de rancissement avec le germe, entraînant une oxydation qui détruit certaines vitamines. Pour clore ce chapitre, la Commission affirme catégoriquement que les farines modernes ne subissent aucun traitement chimique, blanchiment ou améliorant (en attendant l'acide ascorbique et d'autres auxiliaires technologiques qui vont arriver avant même la publication des deux tomes du CNERNA).

Enfin, la Commission se penche longuement sur le processus de panification, écartant la plupart des questions en amont (les compétences et leur transmission, l'organisation de la boulangerie, son implantation) et en aval (sauf sur quelques points précis, l'appréciation sensorielle est considérée comme une affaire corporative et/ou subjective). D'abord, la réhabilitation définitive du pétrin mécanique, technique plus saine que le pétrissage à la main (épargnant à la pâte une dose importante de transpiration de l'ouvrier), plus sociale (réduisant considérablement la pénibilité d'un métier qui demeure très dur) et plus sûre (donnant une pâte plus régulière, mieux mélangée). Autre innovation relativement récente, déclenchant une profonde mutation dans les pratiques du fournil, louée par le CNERNA comme une avancée majeure : le travail en direct. Organisation plus rationnelle, répondant mieux aux normes du travail moderne et aux attentes du consommateur, le direct passe exclusivement par une fermentation conduite sur levure (plus efficace, infiniment plus simple à maîtriser et ainsi plus fiable, plus hygiénique), méthode qui sonne le glas du levain (pratique trop compliquée et contraignante), emblème, comme la meule, du bon vieux temps. Pas un mot du direct comme chorégraphie du *fast-food* en raison de l'abrègement radical du pointage.

Sur le plan précis de la qualité organoleptique, la Commission ne s'érige pas en prescriptrice, mais elle s'efforce de tranquilliser le consommateur dans tout ce qui relève de la santé. Ici, dans la discussion de la qualité, le goût cède la primauté à la sécurité. La Commission conclut formellement que l'assertion d'après laquelle le pain engendrerait l'alcoolisme et le cancer est dénuée de tout fondement. Pour le sujet bien portant, les médecins, ceux du groupe du CNERNA et ceux consultés au sein de la Société médicale des hôpitaux – déclarent que le pain est « un aliment de la plus haute valeur ». Il faut réglementer son usage pour ceux qui ne jouissent pas d'une parfaite digestion, ou sont atteints d'obésité (sans définition ni argument raisonné), de diabète ou, en certains cas, d'acné. La critique du pain parfois systématique et rarement étayée par des enquêtes finit par exaspérer E. Terroine qui note en passant qu'on parle toujours de déséquilibre du pain qui n'est plus un aliment complet, mais que personne ne songe à parler de déséquilibre de la viande, alors qu'il y a peu d'aliments aussi déséquilibrés que la viande, ou le poisson, ou le lait.

Le CNERNA, sous la pression de la boulangerie, finit-il par esquiver complètement le débat blanc-bis ?

C'est plutôt sous la pression des physiologistes et nutritionnistes de la Commission du pain que la boulangerie semble prête à envisager des concessions aux critiques du pain blanc – modestes aux yeux de ces derniers, considérables dans la perspective de la corporation. A. Dangoumau fait comprendre à son ami Ph. Lasserre, chef de la Confédération, que la critique nutritionnelle du pain blanc est loin d'être l'apanage des extrémistes – surtout quand elle est articulée d'une manière modérée et réfléchie par des savants reconnus – et que toute la propagande du monde ne va pas faire disparaître des reproches raisonnés. Le conseiller scientifique de la Confédération va plus loin, sciemment à l'encontre des instincts commerciaux de ceux qui ont recours à ses services. Il s'inquiète d'une tendance qui se généralise maintenant chez les minotiers et les boulangers pour un pain trop blanc. Il y a même des additifs, ajoute-t-il, qui viennent corriger des farines pour améliorer encore cette blancheur du pain – additifs tant illicites et douteux que légaux et anodins. A. Dangoumau croit à la possibilité d'une « solution constructive », une sorte de compromis entre le pain des hygiénistes purs (pain très coloré et très riche en sous-produit) et celui de la clientèle (qui demande un pain de plus en plus blanc). *Grosso modo*, il propose la segmentation du marché, mettant à la disposition des acheteurs nutritionnellement exigeants un pain bis, sans modifier l'offre du blanc. Il y en aura pour tout le monde, les prescripteurs, sauf les plus inquisitoriaux, perdront leur raison d'être, et les boulangers préserveront leur liberté tout en acquérant bonne conscience. La solution Dangoumau, proche du « pain rationnel », est inspirée en partie par les travaux de Jean Trémolières, prônant un mélange de la farine blanche convoitée par le public avec une farine d'assise protéique débarrassée au maximum d'éléments cellulosiques.

Dans ses conclusions définitives, le CNERNA considère implicitement la solution Trémolières comme conjoncturelle. En période de crise, explique la Commission, il convient de tirer de tout produit naturel le maximum d'éléments nutritifs qu'il contient. Donc, un pain bis, voire très bis, avec succédanés, si nécessaire, pour augmenter la valeur nutritionnelle de la ration globale. En période d'abondance cependant, à une époque où certains aliments particulièrement nobles par la richesse et la qualité de leurs protéines, la présence de diverses vitamines et substances minérales comme le lait ou les œufs, sont à un prix modique, le rôle du pain dans la ration est « entièrement différent ». Tant que le régime alimentaire est fort diversifié, les règles de l'hygiène nutritionnelle, pour le CNERNA, seront donc parfaitement respectées si l'on donne au public, comme pain courant, le pain parfaitement blanc que, dans sa très grande majorité, il réclame. En fin de compte, la Confédération de la Boulangerie obtient une caution scientifique inespérée. L'avalanche du blanc qui secouera tout le paysage panaire vers la fin des années 1950 enterre pour longtemps la problématique de la densité nutritionnelle, ressuscitée très récemment.

L'interminable querelle entre le blanc et le bis n'avait, je suppose, aucun sens pendant la guerre et la décennie qui s'en est suivie...

Du tout. Avant l'avalanche du blanc, il y avait un torrent de noir. D'abord la vie noire de tous les jours de l'Occupation, traumatisante pour bien des Français. Dans la privation imposée par la guerre, le pain reprend une place importante dans l'alimentation quotidienne. On n'en a pas assez ; le rationnement est dur et s'avère injuste. Composé de blés de facture fourragère complétés de maints succédanés, le pain est de mauvaise qualité. Là-dessus, il y a un large consensus mélancolique. La description de Roger Martin du Gard revient fréquemment : « gluant et immangeable ». D'autres rajoutent grossier, lourd, d'une odeur désagréable, détestable. Dans *Ritournelle de la faim*, J.-M. G. Le Clézio se souvient que le pain de la guerre, gris plutôt que bis, fait avec de la farine avariée et de la sciure de bois, a failli le tuer quand il avait trois ans. Sortant de ces années dures, les Français rêvent, un peu comme leurs ancêtres du début de la Révolution française, de la liberté et du pain blanc. Mais la Libération ne parvient pas à les délivrer de ce mauvais pain, à cause de la destruction et de la désorganisation occasionnées par la guerre, et de la pénurie persistante qu'elles engendrent et qui les aggrave. Aspirant à mieux vivre, les Français doivent faire face à un prolongement plus ou moins indéfini du temps des restrictions, situation que l'opinion publique a du mal à comprendre. Un sentiment profond de déception, d'incompréhension et de frustration saisit la France. Certains s'en prennent aux agriculteurs, boucs émissaires tout désignés. D'autres tiennent pour responsable l'État, réflexe classique, car sa capacité à gérer la crise aiguë des subsistances est le test ultime de la compétence, voire de la légitimité d'un régime. Mais, dans le passé, quand un gouvernement échouait, soit parce qu'il était incapable, soit parce qu'il était pourri, l'opinion publique exigeait presque toujours un État plus fort, plus engagé, plus efficace. Au lendemain de la Libération, pour une fois, au lieu de demander davantage d'État, on en demande moins. Le dirigisme lourd ne rassure point, au contraire. Je trouve même quelques signes d'une résurgence de la croyance dans une sorte de pacte de famine mettant en cause le ministère.

Donc, on continue de manger un pain bis extrait à 85 % ou 95 % et complété d'une palette d'ersatz. Parfois, notamment en 1947, le pain est « inférieur au pain de l'Occupation », point de vue partagé notamment par le nutritionniste prestigieux, le Dr J. Trémolières. 1947 : *annus horribilis*. Grèves et émeutes sur fond de crise frumentaire aiguë. Dans l'esprit de l'économie morale qui a suscité des milliers de soulèvements pour empêcher le départ des grains ou y mettre un juste prix pendant l'Ancien Régime et la Révolution, 6 000 manifestants investissent la préfecture de la Nièvre sur la foi d'une fausse nouvelle signalant le départ à l'étranger d'une quantité importante de blé. La CGT se mobilise pour bloquer l'envoi des péniches destinées à approvisionner l'Allemagne. Des ménagères à Amiens s'en prennent aux boulangers, participant à une flambée de violence qui touche au moins 50 villes vers la fin de l'été. La rumeur rapporte à Authie, près de Caen, un complot « des affameurs » et un trafic mystérieux de blé. La CGT organise une surveillance et des sentinelles de nuit. La police arrête la bande, impliquant un solide meunier et le maire d'Authie qui laisse stocker la marchandise dans la salle des fêtes ! En 1949 encore, même à Paris le pain est gris, parfois gris foncé. Organe de la meunerie majoritaire, *Le Petit Moulin* ironise sur l'anecdote d'un pain blanc – « une vraie brioche » – rapporté d'Autriche, pays de Marie-Antoinette, disant en substance : nous, qui avons gagné la guerre, nous sommes encore à un pain épouvantable tandis que « l'ennemi germanique » mange déjà du pain raffiné.

Cette France d'après-guerre, d'après votre tableau, semble peu prête pour le décollage des Trente Glorieuses, stéréotype que vous avez déjà quelque peu écorné ?

En 1950, la priorité de la France, au jour le jour, semble moins la modernisation que le ravitaillement, même si la reconstruction commence déjà à transformer le pays. Massivement rurale, la France a plus de 5 millions de paysans, malgré le début d'un prodigieux transfert de population vers les villes qui démarre à partir de 1945-1950. La polyculture domine, même s'il y a des départements, comme le Gard, où la vigne prime nettement sur les céréales. Les couples de bœufs, plus rarement les chevaux, tirent les charrues ; le nombre de tracteurs est encore dérisoire (à peine 2 000 en 1947, plus d'un million en 1965). Le courant électrique est arrivé dans les fermes, mais les habitants tirent toujours l'eau des puits et lavent leur linge au lavoir. Dans leur morphologie, les villes n'ont pas bougé depuis Napoléon III. Il y a peu d'automobiles, et on rencontre encore des chevaux dans la rue. On vit dans de petits appartements sans confort, et en particulier sans salle de bains. Les mères cousent les vêtements de la famille. Tout le monde se connaît dans les immeubles et il y a une vraie vie de quartier. Les paysages industriels sont encore proches de ceux du XIXe siècle. Comme chantait Pierre Bachelet, l'enfant du Nord : « Au Nord, c'étaient les corons/la terre, c'était le charbon/le ciel, c'était l'horizon/les hommes, des mineurs de fond. » En 1947 l'économie française convalescente commence à retrouver le niveau de 1938 dans le domaine industriel, alors que la production agricole en est encore loin. Aux alentours de 1950-1951, tout comme à l'époque de Turgot, la modernité devra passer en quelque sorte par la désacralisation du pain, un processus qui réclamera encore quelques longues années. Et si le nouveau l'emporte sur l'ancien, ce sera en partie sans doute parce qu'il promet la fin définitive de la pénurie et de ses angoisses. Mais en attendant cette mutation, le pain reste, comme le remarque le Dr Trémolières, l'aliment de base par excellence du Français. La presse reprend inlassablement le thème du pain comme principale nourriture des Français. Le slogan du PCF, toujours valable en 1951 – « Pour la paix, le pain, la liberté » –, traduit bien le poids du pain dans l'imaginaire comme dans la réalité quotidienne. (Il renvoie aux cris « Du pain et de la liberté » que des milliers de sans-culottes désenchantés crient devant la Convention au lendemain de la disparition de Robespierre.) Si l'affaire du pain maudit que j'ai étudiée dépasse de très loin le statut canonique de fait divers, c'est parce qu'elle met en cause l'aliment qui sert de base à la nourriture du Français. Mais, si le pain importe également à la plupart des Français de cette époque, tous les Français ne sont pas égaux devant le pain.

Revenons à la qualité du pain d'après-guerre.

À la suite de certains dégâts dus à la guerre, R. Calvel, spécialiste très écouté, montre du doigt ses amis les boulangers : à force de faire du mauvais pain dans un climat délétère, les praticiens ont perdu le goût du travail soigné. Trois générations d'apprentis subissent une formation d'exception, pleine de lacunes et sérieusement incomplète. Enfin, la coutume de payer les ‹ uvriers à la pièce les incite à travailler trop rapidement pour assurer une bonne qualité. Nombre de ces mauvaises habitudes persistent après la Libération. Les boulangers continuent à sous-pétrir et à accélérer le rythme de la fermentation, et, de surcroît, ils commencent à cuire sur plaque (la fameuse baguette moulée, d'apparence plus rectiligne, mais souvent spongieuse à la partie inférieure et qui rassit plus rapidement) et à façonner mécaniquement ; autant de pratiques qui, selon R. Calvel, tendent à pénaliser la qualité du pain. Tout cela donne un pain lourd, indigeste, mal cuit que tout le monde critique, à commencer par la presse et les médecins.

La boulangerie elle-même reconnaît ce qu'elle appelle par euphémisme la qualité « insuffisante », mais elle rejette toute responsabilité pour cette situation, la guerre et ses séquelles offrant non seulement des alibis bien commodes, mais aussi des explications plausibles. Sur le terrain, le boulanger est absolument persuadé que la source de tous les maux est l'interdiction de choisir librement son meunier, c'est-à-dire ses farines, entrave imposée par le système dirigiste-corporatif (connivence entre l'État et les syndicats meuniers). Au niveau de la direction nationale, la Confédération de la Boulangerie, voulant éviter un choc frontal avec son homologue meunier, qui tient au mécanisme autoritaire de répartition, met l'accent sur le taux d'extraction fixé par l'État, autrement dit la quantité de farine que le meunier doit obligatoirement tirer d'un kilo ou plutôt d'un quintal de blé. Le taux est très élevé en fonction de l'impératif national que personne ne peut vraiment contester : il faut nourrir tout le monde. Plus le taux est haut, plus vous obtenez de farine et plus vous tirez de pain de la même quantité de blé, fût-ce pour fabriquer une miche franchement médiocre.

Pourquoi le boulanger a-t-il perdu la liberté de choix de son fournisseur ?

La réponse courte et un brin démagogique serait l'ONIC – l'Office national interprofessionnel des céréales. Dépassant de loin les projets des jacobins de l'an II, l'ONIC s'attaque à ce qu'on appelle « l'organisation du marché », pour garantir évidemment une rémunération minimum aux cultivateurs, mais aussi pour assurer bien d'autres équilibres en même temps à travers un réformisme dirigiste, une sorte de refondation de la filière blé-farine-pain.

L' « organisation du marché » implique une rupture avec la notion de marché comme principe des échanges gouvernés par le jeu plus ou moins libre de l'offre et de la demande. Il s'agit plutôt du marché dit « institutionnel » de nos jours, ou, en référence à une longue tradition française remontant à l'Ancien Régime, le marché comme un bastion réglementaire, mais d'application à géométrie variable, un appareil complexe de contrôles régentant les échanges, plus ou moins dans l'esprit d'un service public, souvent de manière assez souple, parfois avec une rigidité étouffante. L'ONIC établit un prix national du blé pour toute la campagne (c'est-à-dire la collecte pendant l'année-récolte), ce qui suppose la livraison obligatoire des blés à des « organismes stockeurs » (négociants et surtout coopératives qui sont obligés d'acheter tous les blés offerts), donc la fin du contact direct entre le meunier et le producteur, pratique multiséculaire. Par ailleurs, l'Office fixe le taux d'extraction que peuvent pratiquer les meuniers et qui détermine, dans une large mesure, la qualité du pain que vont manger les consommateurs. Organisme déjà puissant, l'ONIC va conquérir pendant la guerre un rôle de plus en plus étendu, qu'il parvient à garder, voire à amplifier bien après la Libération. Il coordonne la répartition du travail à la meunerie, pierre angulaire de l'« organisation » de cette industrie. Dans la logique d'une maîtrise totale du marché du blé, l'ONIC attribue alors à chaque meunier, en fonction de son plafond administratif (dit « contingentement »), de sa capacité d'écrasement déclarée et de sa meilleure performance récente, une quote-part de blé livré par les organismes stockeurs qu'il ne choisit pas, et on lui enjoint de fournir sa farine à certains boulangers qui, eux non plus, n'ont pas le choix de leur fournisseur (ils sont « rattachés »).

Si la représentation de l'ONIC en monstre terrifiant, véritable vampire, relève de la polémique, il faut toutefois reconnaître que, vers 1951, plus ou moins à l'apogée de son pouvoir, il est une administration tentaculaire, peu connue mais omniprésente, dont l'action touche, directement ou indirectement, tous les ménages de France et de Navarre.

Dans ce système, le meunier est privé de toute expérience commerciale, en amont ou en aval. Il n'entretient plus de contact personnel, parfois houleux, souvent amical et mutuellement fructueux, avec le boulanger (« écran » diversement apprécié par les meuniers, universellement décrié par les boulangers). L'Office écrit aux boulangers pour leur donner les noms des moulins auxquels ils sont affectés. S'ils reçoivent des farines qu'ils estiment de mauvaise qualité, ils peuvent demander leur échange (mais le processus d'examen et d'évaluation est fréquemment très long et passablement compliqué) ou un changement de fournisseur, par le biais de la commission mixte départementale, souvent paralysée par de vives tensions entre meuniers et boulangers. Inquisitorial pour les acteurs de la filière, l'ONIC redouble à leurs yeux sa capacité de nuisance en faisant fréquemment appel à la collaboration des inspecteurs des Contributions indirectes et du Contrôle économique, administrations encore plus impitoyables.

Vous décrivez un système un peu soviétique, non ?

Si vous voulez dire un dispositif d'approvisionnement rigide, tentaculaire, dirigiste, oui. Pendant presque une décennie après la Libération, l'État se considère obligé de s'occuper du ravitaillement. Son approche était à la fois bureaucratique et autoritaire. Toute autre solution était jugée politiquement irréaliste et socialement trop risquée. En ce qui concerne la filière, soulignons que la meunerie – je veux dire la majorité réunie au sein de l'ANMF, mais il y avait bien des voix dissidentes, libérales ou hostiles à la domination des gros – était très à l'aise avec ce système et s'évertuait à entraîner la boulangerie, à travers la Confédération, dans cette voie. La hantise de l'ANMF était la concurrence dite « anarchique ». Sans un encadrement draconien, les meuniers s'entretueraient à la recherche des clients – les boulangers – qui exigeraient toutes sortes de concessions sur les prix (cassant toute la structure dite d'équilibre construite depuis le Front populaire, rendant les marchés de grains et de farines chaotiques, sabotant la taxation du pain) et sur la qualité (déclenchant une chasse au blanc qui saboterait tout le programme national de ravitaillement, opposant les villes aux campagnes, les riches aux pauvres, les zones excédentaires aux zones déficitaires). Grâce à des institutions comme l'ONIC et à leur propre « organisation » corporative qui assurait du travail à tout le monde et éliminait tout commerce libre entre meuniers et boulangers, l'ANMF tenait ses troupes, enfin plus ou moins. Craignant de voir sa propre capacité à imposer la discipline minée par une concurrence effrénée, la Confédération des boulangers n'était pas mécontente de freiner les ardeurs de ses membres, notamment pour un retour au pain blanc, jusqu'au temps de l'abondance retrouvée et de la tranquillité sociale assurée.

Donc cette fameuse chasse au blanc n'a pas eu lieu ?

Bien sûr que si. L'envie était trop forte, la supercherie trop tentante. N'oublions pas qu'avant la guerre, la qualité était, disons, suffisamment garantie par la concurrence. Sauf circonstances exceptionnelles, il n'existait aucun taux d'extraction légal : il n'était pas nécessaire, car habituellement le client boulanger exigeait avant tout une farine très blanche, ayant ainsi un taux d'extraction aussi bas que possible pour un produit panifiable. Tout change pour l'État, la filière et les consommateurs avec la défaite de juin 1940. La fraude se pratique assez couramment pendant la guerre. Après la Libération, la persistance, voire l'aggravation des restrictions est vécue comme insupportable par bien des gens. Si la fraude canonique, celle effectuée par le bas, en frelatant, avilissant ou falsifiant, va bon train, la fraude par le haut, réalisée par des surenchères qualitatives interdites, se porte à merveille. On produit et on distribue, un peu partout, quand on peut, du trop bon, non pas du trop mauvais.

Dans certains endroits, le taux d'extraction officiel tient à peu près aussi bien que la ligne Maginot en 1940. Les boulangers manœuvrent pour essayer d'avoir une farine plus blanche que celle livrée à leurs collègues. J'ai montré, dans l'affaire de Pont-Saint-Esprit, comment le pain relativement blanc – trop blanc ? – de Roch Briand, le boulanger incriminé pour les intoxications, avait suscité une certaine jalousie commerciale chez ses collègues. De nombreux meuniers jouent le jeu, parfois même devançant la demande. Illustration de cette pratique courante loin des projecteurs : au printemps de 1947, près de Molsheim, dans le Bas-Rhin, la veuve Ostermann, meunière, brasse un stock occulte de plus de 20 tonnes de blé non déclaré, source d'un important trafic de farine blanche. Elle expédie une vingtaine de sacs de cette farine au boulanger Mosser, qui en tire du pain blanc vendu à 80 francs le kilo, bien au-dessus du prix courant, sans ticket. La meunière écope de deux mois de prison, avec fermeture de son usine pendant six mois, et d'une amende importante ; le boulanger est censé passer deux mois derrière les barreaux et verser une lourde amende. La tricherie est souvent à l'échelle modeste et occasionnelle, alimentée par les blés d'échange, qui bougent en dehors du circuit fiscalisé et tracé ; le meunier ou le boulanger stocke son magot chez le voisin pour éviter une éventuelle saisie lors d'une descente de contrôleurs.

J'ai découvert une autre affaire – celle de Gaston Courteille – qui m'a fasciné et à laquelle j'espère revenir un jour. Ayant l'avantage d'être son propre fournisseur, comme meunier et boulanger à Saint-Aignan-sur-Roë (Mayenne), ce dernier provoque un tollé à plusieurs reprises, dans les années après la Libération, en faisant du pain blanc comme neige, selon des propos qu'on lui prête, tandis que ses concurrents ne proposent que du pain plutôt noir. Au-delà de sa propre boutique, il établit des dépôts de pain dans quelques villages environnants ; les autres boulangers voient leurs clients partir les uns après les autres. Fustigeant l'effervescence sociale que provoque cette course au pain blanc, le maire de Renazé, bourg voisin, estime qu'il ne peut y avoir deux façons de travailler. Les meuniers et les boulangers du coin dénoncent Gaston Courteille, et chaque fois le Préfet fait fermer son entreprise pendant plusieurs mois. Cherchant plus tard réparation, le boulanger du trop blanc se dit victime de la jalousie et de l'animosité de ses collègues.

L'ONIC laisse entendre que cette tricherie qui désorganise fortement le marché institutionnel et le système de régulation est très répandue, et la presse, quotidienne et spécialisée, confirme. Si les meuniers contreviennent aux règlements, selon leur presse professionnelle, c'est parce qu'ils ne peuvent pas se permettre de perdre des clients-boulangers qui les sollicitent jusqu'à ce qu'ils trouvent de la farine blanche. Ils ne veulent que du blanc, car le public croit qu'il y a assez de blé pour avoir du pain blanc, et il exige un tel pain de son boulanger, ou bien il en changera. Notons que l'État pâtit doublement, dans son autorité et dans sa bourse, du trafic illicite des blés et du dépassement du taux d'extraction, car il s'agit à la fois d'une contravention, selon la loi de 1905 contre la fraude, et d'une infraction fiscale, privant le Trésor d'énormément d'argent. À côté de ce blanchiment quasi institutionnel, certes illégal mais qui ne joue que sur le taux d'extraction, il y en a un autre beaucoup moins anodin.

C'est celui dont vous parlez dans Le Pain maudit *?*

Je fais allusion à la falsification par voie chimique, mécanique, etc., mais ces pratiques existaient déjà sous l'Ancien Régime, même si elles étaient évidemment plus rudimentaires. Fort d'une histoire multiséculaire, le blanchiment – le nom générique pour les procédés visant à rendre le pain plus blanc – se fait de diverses manières, les unes très basiques, les autres plus sophistiquées, bénéficiant d'un apport scientifique moderne. Au XVIIIe siècle, tant à Londres qu'à Paris, on s'en prend à la conjuration de cultivateurs, de marchands de grains, de meuniers et de boulangers, qui mêlent au pain les matières les plus nocives pour le blanchir : de la craie, de la chaux, de l'alun et des os en cendres. L'adjonction de substances non comestibles est considérée comme une forme d'empoisonnement car elles peuvent compromettre la santé des gens. Au début du règne de Louis XV, le présidial de Châlons-sur-Marne envoie un meunier aux galères parce qu'il a mélangé de la craie pilée à sa farine pour la rendre plus attrayante. Au milieu de la grande disette suivant la première tentative de libéralisation, deux meuniers de Clermont-Ferrand sont accusés d'avoir ajouté du plâtre dans le même but. Un pamphlet de 1789 dénonce « l'homicide altération des farines », due tant au coupable désir effréné des consommateurs pour un plaisir plus raffiné qu'à l'appât du gain des meuniers et des boulangers. « Alun, savon et farin' mélangés/Voilà le pain que chaq' jour vous mangez » demeure un couplet satirique classique jusqu'au XXe siècle. Des essais, par la London Sanitary Commission dans les années 1850, montrent que dans les échantillons retenus, quasiment chaque pain était altéré par l'alun ou la craie. C'est dire l'avidité des uns et l'appétit pour le blanc des autres.

On a renouvelé la législation contre la falsification de la farine, notamment en 1905, et puis à plusieurs reprises avant les deux guerres mondiales et juste après la Libération, même si on reste parfaitement dans l'esprit du *Traité de police* de N. Delamare, le commissaire de police de la fin du règne de Louis XIV. Dans les années 1930, le Dr Lenglet, critique féroce du pain blanc, déplore la mécanisation du blanchiment. Juste avant la Seconde Guerre mondiale, les services départementaux de la Répression des fraudes constatent, ici et ailleurs, la présence d'appareils électriques à blanchiment. Interdites en France, ces machines sont conçues et construites à l'étranger et discrètement importées dans l'Hexagone. Un grand spécialiste de l'agencement des moulins à Rennes en installe pendant l'Occupation. Dans le sillage de la Seconde Guerre mondiale, on trouve trace d'un éventail de pratiques de blanchiment, assez restreint mais relativement efficace, notamment par des produits chimiques euphémisés comme « améliorants » (tels le bromate de potassium, le peroxyde de benzoyle, les sulfates de cuivre et d'ammonium, un sel de cuivre appelé le « petit bleu » en Bretagne, et une panoplie d'autres oxydants) et des gaz (l'ozone, l'azote et le chlore), parfois avec médiation électrique et adjonction de substances chimiques (y compris par des gaz et par l'électricité).

Une rumeur de blanchiment à propos de Roch Briand court à Pont-Saint-Esprit bien avant l'intoxication, paraît-il, mais elle acquiert une nouvelle signification après. On disait que son pain était plus blanc. Comment expliquer cette prouesse ? Des tas de bruits ont couru, impliquant souvent un ami et voisin du boulanger, le pharmacien, qui lui aurait passé une poudre ou des pilules pour blanchir son pain. Il est parti peu après l'intoxication collective. Presque deux mois après le déclenchement de la maladie, la presse reprend les soupçons liant l'empoisonnement, notamment les hallucinations qu'il provoque, aux procédés prétendument utilisés par le boulanger Briand pour blanchir son pain. On cite même l'agène (trichlorure d'azote) un produit chimique connu pour ses propriétés de blanchiment, censé avoir engendré en laboratoire ce que les Anglais et les Américains appellent « l'hystérie des chiens » qui se termine inexorablement par la mort. Pour des professionnels de la filière et certains militants de la lutte contre le pain blanc, en 1951, l'agène est un sujet de vif intérêt, justement parce qu'on lui attribue de multiples cas de maladie grave aux États-Unis (où l'agène est interdite pour le traitement de la farine en 1949) et dans le Royaume-Uni. Le Dr Thiébaut, médecin militaire en retraite, grand pourfendeur du pain blanc, dénonce l'agène, agent dangereux, dans des articles parus dans le journal *Aux Écoutes*. Il soupçonne que l'empoisonnement de Pont-Saint-Esprit pourrait s'expliquer par l'introduction de ce qu'il appelle des « améliorants », la catégorie dans laquelle il classe l'agène.

L'État prend-il les épisodes de blanchiment au sérieux au milieu de cette quête frénétique pour le blanc que vous avez évoquée ?

Localement, il est probable que quelques boulangers aient été poursuivis. Le cas le plus intéressant, et par son échelle – il s'agit de la meunerie, qui peut toucher beaucoup plus de consommateurs d'un coup que les boulangers – et par les moyens en jeu, est déclenché fin novembre 1951 par un juge d'instruction de la Seine, qui lance une commission rogatoire, à la suite de la procédure en instruction contre X, « inculpé d'infraction à la législation sur les fraudes ». C'est le début d'une grande enquête, menée conjointement par la police judiciaire et la répression des fraudes, à propos de l'utilisation par certains minotiers d'appareils électriques destinés à la stérilisation, la maturation et le blanchiment des farines panifiables, procédé s'accompagnant d'adjonction de produits chimiques pour la désinsectisation des moulins. Quelles investigations policières déclenchent cette affaire ? Le drame de Pont-Saint-Esprit a-t-il puissamment sensibilisé les autorités, désormais à l'affût de la moindre transgression pouvant menacer la santé publique ? Le pain fait beaucoup parler de lui en France depuis quelque temps...

Un grand quotidien attribue l'enquête très concrètement à des faits troublants, mais non identifiés et non quantifiés : depuis plusieurs mois, de nombreux cas d'intoxications dues au pain ou à la farine étaient signalés au ministère de la Santé publique. Le ministère alerta les services judiciaires et ceux-ci déclenchèrent une vaste enquête sur tout le territoire. S'il y a une espèce d'épidémie, elle est plutôt discrète : on ne trouve aucune allusion dans la presse générale ou spécialisée, aucun indicateur d'anxiété politique, encore moins de cris au scandale en raison de négligence réglementaire comme l'affaire spiripontaine en avait motivés. On découvre quelques traces éparses, ici et là, d'empoisonnements par pain ou farine sans étiologie claire, mais dont l'accumulation, dans le sillage de la catastrophique intoxication de Pont-Saint-Esprit, aurait pu faire sonner le tocsin.

Ainsi, officiellement lancée fin novembre, l'enquête conduit les inspecteurs avenue Kléber, dans le 16e arrondissement de Paris, chez Charles Bidard, âgé de cinquante-cinq ans, décoré de la légion d'honneur et de la croix de guerre 1914-1918 et connu des services de police pour une affaire de marché noir en 1941 (produits alimentaires et textiles). Agent de fabrique pour le compte de différentes firmes étrangères, il est le représentant de la Maison Brabender de Duisbourg depuis presque cinq ans. Cette entreprise construit et vend des appareils de contrôle et de laboratoire pour la meunerie ; son patron, chimiste des céréales et inventeur, occupe un poste important chez Pillsbury, une des plus grandes minoteries américaines à Minneapolis, centre farinier des États-Unis, tout en gérant un bureau d'études dans le New Jersey et ses affaires européennes. Dès 1926, Brabender acquièrt, par contrat d'une durée de quinze ans, l'exploitation d'un brevet Dollinger pour la fabrication d'appareils dits « stérilisateurs » de farine. En 1941, à l'expiration de la concession, la firme allemande continue la fabrication et la vente de ces machines en les améliorant (notamment par l'intégration d'un mécanisme de barbotage du gaz dans une solution de chlorure d'ammonium, qui semble donner l'équivalent de l'agène). Son agent général, Ch. Bidard, se montre plus que réticent lors de la visite des inspecteurs, essaie d'écourter la perquisition, ment allègrement et refuse de signer le procès-verbal. Sur la base de la perquisition – et malgré l'interrogatoire –, les agents de la police et des Fraudes concluent que cette entreprise se livre à une vaste prospection des meuniers pour la vente de l'appareillage Tandem-Elektramia et autres modèles destinés au blanchiment, à la maturation et à la stérilisation des farines. Le fait que la Maison Brabender précise dans la correspondance avec ses clients éventuels que le procédé est interdit en France, que les meuniers l'utiliseront à leurs risques et périls, et qu'enfin ils doivent prendre toutes précautions utiles pour dissimuler l'appareil dans le moulin, ajoute considérablement à la gravité de la fraude.

Les Allemands reviennent avec une rapidité étonnante !

Dans certains domaines économiques, on pourrait presque dire qu'ils ne sont jamais partis. Dans l'ingénierie des moulins et dans la chimie de la farine, ils étaient extrêmement forts, avant et après la guerre. Mais il n'y a pas que des Allemands dans cette histoire. Les autorités mettent la main également sur Auguste Dollinger et son fils Jean-Marie, de nationalité française mais domiciliés à Bruxelles, qui gèrent deux sociétés spécialisées dans la vente des appareils à blanchiment aux meuniers. Ils sont connus de la justice. Le patriarche a été interné pour « collaboration avec l'ennemi » et, depuis, a des ennuis pour plusieurs chèques sans provision ; son ex-épouse a un dossier de police pour « relations avec les Allemands » ; leur fils a eu maille à partir avec la justice pour infraction au code des douanes à propos de l'importation de substances vénéneuses. Au parquet de la Seine, Dollinger père et fils font l'objet de multiples plaintes pour abus de confiance et escroquerie. Une perquisition permet aux autorités de saisir non seulement la substance chimique, mais également un appareil Corona NS, la dernière version Dollinger stérilisateur-blanchisseur et une publicité vantant ses qualités : farines plus blanches, amélioration de la panification, installation simple, aucun entretien. Parfaitement au courant de l'illégalité de leur activité principale, les Dollinger baptisent leurs appareils « désinsectiseurs » pour éviter des ennuis du fait de la législation en vigueur.

Selon Jean Buré, directeur du laboratoire de l'École de Meunerie, les produits mis en cocktail et soumis au courant électrique par l'appareil Brabender génèrent du trichlorure d'azote ou agène. Pourtant Brabender prétend justement se distinguer de son rival Dollinger en générant du gaz par voie électrique, et non chimiquement, traitement qui porte l'énorme avantage qu'il ne pourra être décelé à l'analyse. Le principe du Dollinger est fondamentalement le même. Les buts annoncés sont la destruction des bactéries, la maturation instantanée de la farine (plus besoin de trois semaines de « plancher » pour être travaillée), la conservation en magasin bien plus longtemps, la « décoloration » de la farine (transformation du carotène en oxyde de carotène) et un gain économique (augmentation de 2 % de farine produite). Si les Dollinger et Brabender dominent le marché des appareils à blanchiment, c'est un secteur en pleine expansion qui suscite beaucoup d'activité et, apparemment, d'innovation, notamment du côté suisse et états-unien, promettant des procédés sans agène, reconnue désormais comme très suspecte.

L'enquête débouche-t-elle sur des arrestations ?

À la suite de cette investigation préliminaire assez poussée, l'équipe mixte des Fraudes et du SRPJ déclenche début janvier 1952 une vaste opération de contrôle – des perquisitions simultanées – dans 158 moulins. Malgré des fuites, dues largement à Ch. Bidard, les autorités ont saisi entre 39 et 74 appareils – les rapports divergent. Entre autres, chez Achille Selaries, au moulin de Cheval Blanc (Vaucluse), qui ravitaille de temps à autre Pont-Saint-Esprit et ses environs depuis des années (fait noté par les enquêteurs, très sensibles aux éventuels liens entre la grande intoxication d'août 1951 et la pratique du blanchiment), on trouve un appareil Teka inconnu des autorités, fabriqué en Allemagne et fonctionnant, semble-t-il, plus ou moins à la manière des autres. On saisit plusieurs Dollinger dans la région parisienne, dont un Corona dans un moulin faisant partie des Grands Moulins de Paris. Une correspondance entre Bidard et Brabender amène les inspecteurs à l'École de Meunerie où les inspecteurs interrogent Jean Buré, sans pourtant dénicher une machine. C'est leur conviction que l'École, gérée par l'ANMF, n'est pas ennemie du blanchiment des farines.

Survenue dans le sillage du drame de Pont-Saint-Esprit, qui a mis en question la pratique meunière et donc a renforcé la désaffection pour le pain, cette affaire de blanchiment embarrasse énormément la centrale meunière. Comme toujours, elle est tiraillée entre deux stratégies : le silence, pour ne pas en rajouter, ou la mise au point. Au lieu de se laisser mettre le dos au mur, elle prend une position assez surprenante, car pleine de risques. D'une manière forcément polémique, elle conteste l'intérêt de cette affaire pour les consommateurs : utilisés à l'étranger sans avoir jamais donné lieu à des accidents de quelque nature que ce soit, ces appareils sont interdits en France moins pour la sauvegarde de la santé publique que pour éviter une concurrence déloyale, obsession de l'organisation professionnelle. Autre attitude évasive : l'ANMF rappelle les circulaires interdisant les procédés électriques ou affirme que les prétendus stérilisateurs sont destinés à la fumigation et ne peuvent pas fonctionner comme des blanchisseurs sans de sérieuses modifications. N'empêche que plusieurs meuniers pris en flagrant délit en janvier 1952 reconnaissent que l'appareil dit stérilisateur ou fumigateur est consacré au blanchiment.

J'imagine que l'ombre du « pain maudit » pèse sur l'opinion.

La falsification débouche sur des soucis sanitaires, fort sérieux, mais jamais identifiés avec rigueur. Elle suscite plutôt une anxiété diffuse, à tonalité apocalyptique. D'une part, on postule un danger provenant d'une ingestion relativement prolongée des toxiques en question. D'autre part, on craint à tout moment l'accident aberrant, l'anormal exceptionnel, l'intoxication foudroyante. Sans aller jusqu'à prétendre qu'on se trouve en présence du phénomène qui a provoqué les accidents de Pont-Saint-Esprit, les enquêteurs informent leurs hiérarchies respectives : il est permis de penser que si l'opération de blanchiment n'est pas surveillée de très près, il peut se trouver qu'une balle de farine renferme une dose maximum de produits toxiques susceptible d'entraîner une morbidité grave et même des morts.

La descente de la police dans les moulins eut un grand retentissement dans la presse. Prenant note des grosses répercussions dans le monde de la meunerie française, un journal départemental prévoit « un des plus gros scandales de l'époque actuelle ». *Le Monde* s'étonne que des meuniers utilisent des appareils interdits pour blanchir. *France Soir* est plus alarmiste : à la suite de nombreux cas d'intoxication signalés aux autorités depuis un an, il est question de la fiabilité de la fabrication du pain au jour le jour. Indépendant mais proche de l'ANMF, *Le Petit Meunier* publie, fin janvier, une attaque en règle contre l'enquête, lancée comme « une revanche » contre la meunerie après la vaine tentative de mettre l'empoisonnement de Pont-Saint-Esprit sur le compte de la profession. Pourquoi cette persécution ? Veut-on maintenant embêter, empoisonner, c'est le cas de le dire, tous les meuniers en les rendant suspects de fabriquer de la farine toxique ? se demande en substance l'organe professionnel. Et l'hebdomadaire de pointer le péril grave, tant sur le plan culturel qu'économique, et de continuer à jeter l'anathème sur la filière : on crée chez le consommateur une inquiétude qui, chez beaucoup, se traduit par une réduction de la consommation du pain. Message à messieurs les enquêteurs : un peu de prudence et de conscience face aux grands enjeux.

Quel est le dénouement de cette affaire potentiellement explosive ?

Les policiers ont envie de pousser leur enquête beaucoup plus loin : dans des centaines d'autres moulins de France et par commission rogatoire internationale, dans des bureaux et sites de production en Allemagne et en Belgique. Mais, d'ores et déjà, ils ont suffisamment de pièces à conviction pour poursuivre tant les fournisseurs, Bidart pour Brabender et les Dollinger, que les possesseurs d'appareils, les meuniers.

Voilà donc une affaire proprement bouclée dans sa première phase, dossier impeccable, un exemple de travail fait avec un mélange efficace d'intelligence, de rigueur et de circonspection, d'autant plus remarquable qu'il est le fruit de la collaboration de deux administrations dont les relations ne sont pas toujours heureuses. Ô stupeur ! Au lieu de poursuivre une voie si prometteuse, un coup d'arrêt brusque est venu d'en haut. L'enquête a rudement secoué la meunerie, mais le vrai séisme fut pour les policiers. Sans explication aucune, le juge leur dit de tout arrêter sur-le-champ. On ne laisse pas seulement la procédure en l'état où elle se trouvait, mais on abandonne toute poursuite judiciaire. Les agents des Fraudes, tout comme les policiers, en sont sonnés.

Comment expliquer cette volte-face, ce dénouement étonnant ? Raison d'État, sans doute. D'abord, la crainte de rajouter à « la psychose du pain » déclenchée par l'affaire de Pont-Saint-Esprit et de ruiner tous les efforts de la filière blé-farine-pain pour relancer la consommation de pain, ou au moins pour endiguer sa chute. C'est un argument de poids concernant un problème majeur qui préoccupe l'État depuis la Libération. À la veille du retour de l'abondance, de la plantation des blés à valeur boulangère bien plus marquée et de la fin d'un taux d'extraction élevé et imposé d'autorité, la meunerie pouvait supposer que la problématique du blanchiment allait devenir définitivement anachronique et donc disparaître. Puis, on peut imaginer une pression intense de la part de l'ANMF sur ses interlocuteurs habituels dans le gouvernement. En pleine discussion, parfois tendue, sur l'avenir de l'organisation de la meunerie, sur les pratiques corporo-dirigistes et sur les relations meuniers-boulangers, les deux parties cherchent, chacune à sa manière, à avancer leurs pions. L'État, aurait-il fait un geste pour épargner à la profession un inéluctable discrédit et sauver la face de son chef ? Car, comme le montrent les « conclusions » du long rapport de la police judiciaire, Lucien Brisson, dirigeant de l'ANMF, est directement et personnellement dans la ligne de mire des enquêteurs (la police a découvert deux machines à blanchir dans son moulin à Reims). L'affaire du blanchiment est étouffée, la meunerie blanchie, et le lien éventuel avec l'empoisonnement collectif de Pont-Saint-Esprit enterré, malgré l'analyse d'un des plus grands toxicologues français, Émile Kohn-Abrest, expert judiciaire dans l'affaire spiripontaine, qui a trouvé des traces d'un agent blanchisseur dans un des derniers échantillons du pain intoxiqué encore disponible. Tout comme le magistrat instructeur de la Seine qui a arrêté net son enquête, le juge d'instruction de Nîmes ne semble pas donner suite à l'hypothèse du blanchiment pour des raisons également mystérieuses et incompréhensibles. Elle eût mérité une considération sérieuse, voire un réel approfondissement scientifique et policier.

Un des grands thèmes qui traversent votre œuvre, c'est l'engagement de l'État et la résistance qu'il suscite. Dans la décennie qui suit la Libération, la normalisation par le blanc, processus lent et un peu tortueux, est-elle imposée par l'État ?

Le ravitaillement demeure une affaire profondément politique. Dans l'après-guerre, on pourrait dire que c'est le pain qui contraint l'État. Personne ne s'attendait à la résurgence du pain sur la scène, d'abord la conséquence de la guerre, en tout cas une sorte de régression historique. La problématique du pain était censée avoir été réglée dès l'aube du XXe siècle, même un peu avant. La guerre la ressuscite, mais la fin des hostilités n'a pas pour effet immédiat de la renvoyer au musée. À la Libération, le pain incarne et met en relief un double problème. Le premier est urgent, implacable, inconsciemment familier (enfoui dans la mémoire collective et étatique) : le pain est redevenu, pour un temps, l'aliment de base au quotidien, et son approvisionnement la question prioritaire. Autrement dit, il faut nourrir le peuple. Le deuxième problème est son contrecoup doctrinal et idéologique, historiquement consubstantiel au premier. Le pain incite ou oblige les gouvernants à s'interroger sur le rôle que doit jouer l'État dans l'économie et dans la société. L'après-guerre, c'est à la fois la mobilisation autoritaire et précipitée des ressources alimentaires, et le questionnement, moins hâtif mais non moins impératif, sur les grandes règles à instaurer dans le jeu social, économique et politique pour répondre aux besoins et aux aspirations des Français demain, à la sortie de la crise. Les options fondamentales sont les mêmes qu'à l'époque de Turgot : quelle dose de dirigisme par rapport à la ration de « marché » ; quelle part à la planification par rapport à l'initiative entrepreneuriale ; quel poids assigner à la liberté par rapport à l'égalité ; quelle latitude et quelle responsabilité accorder à l'individu par rapport à la collectivité et à la solidarité ; etc. Ce débat fait rage dans tous les ministères (bien moins souvent dans les administrations) dès 1946.

En ce qui concerne la normalisation de la question des subsistances et la course au blanc, on voit graduellement se profiler les solutions qui vont s'imposer. Au sein de l'État, au moins dans ce domaine, les libéraux ont le vent en poupe. Il est clair que l'État va commencer à se désengager dès que l'abondance sera nettement revenue. Un puissant lobby libéral préconise le retour de la concurrence dans la filière, précédé par un assouplissement de toutes les structures de contrôle et d'encadrement. Les boulangers et une importante minorité de meuniers dissidents espèrent retrouver davantage de liberté d'action. Beaucoup plus focalisées dans le court terme, les centrales meunières et boulangères misent sur une baisse du taux d'extraction obligatoire, grâce à un mélange d'importation américaine et d'amélioration des moissons.

Les signes sont là, mais le *timing* n'est pas maîtrisé. Prenons le cas extrêmement démoralisant de fin 1951. Après une brève embellie, le gouvernement annonce qu'il augmente le taux : la filière est sidérée et furieuse. Au début du mois de novembre, à la suite d'un rapport inquiet de l'ONIC faisant état d'une moisson en déficit (tardive et fortement entravée par des pluies diluviennes) et d'une collecte difficile, le conseil des ministres décide de porter le taux d'extraction de 78 % à 81 %. La crainte de ne pas pouvoir couvrir les besoins globaux et de subir une terrible soudure en 1952 pousse le ministère à relever le taux. Le gouvernement doit garantir l'approvisionnement de la métropole, de la France d'outre-mer et des colonies, et honorer diverses obligations diplomatiques et contractuelles envers l'étranger. Donc, il faut à tout prix économiser, c'est-à-dire produire autant (voire plus) de farine que pendant la dernière campagne, mais avec moins de blé. Pour inciter les paysans à livrer leur blé, le gouvernement leur accordait une hausse importante, qui devait normalement être répercutée sur le prix du pain, provoquant des cris d'orfraie des consommateurs, excédés par cette deuxième mauvaise nouvelle.

Un des thèmes du débat se résume dans la formule suivante : s'il est vrai que gouverner c'est prévoir, le gouvernement aurait dû prévoir une mauvaise récolte. Pourquoi n'a-t-il pas constitué des stocks de sécurité ? Comment a-t-on osé transformer du blé en alcool dénaturé, livré fin décembre 1950 aux fabriques américaines de caoutchouc, au lieu de faire des greniers d'abondance, comme on disait jadis ? L'exportation ininterrompue des grains, due parfois à des accords avec Washington, suscite de vives critiques, notamment les blés expédiés en Allemagne. Dans une rhétorique qui me fait penser au climat du « complot de famine » que j'ai étudié au XVIIIe siècle, des journaux demandent ce qu'il faut penser d'une politique du blé qui consiste à affamer les consommateurs français au seul profit de spéculateurs qualifiés exportateurs ?

On veut nous diviser pour mieux nous opprimer, hélas, protestent de nombreux boulangers et meuniers, anticipant encore une aggravation des tensions et une montée de la fraude. On veut nous faire manger du « pain noir », objecte la presse professionnelle, qui craint le retour de la carte du pain. Le syndicat des boulangers de Paris conteste l'assurance du gouvernement, qui frise la mauvaise foi, selon laquelle le nouveau taux ne modifiera pas de façon significative l'aspect et la qualité du pain et qu'il rendra le pain « plus digestible ». Le syndicat fait remettre d'abord à la préfecture de Paris, et plus tard au Premier ministre, des échantillons de pain fabriqués à partir des farines extraites en conformité avec les dispositions de l'ONIC. Gris, assez grossier, emblème des mauvais jours, ce pain, baptisé « de la pénitence », est jugé laid et déplorable malgré tout le soin apporté à la fabrication de la matière première et au produit final.

Début décembre, face à une opposition grandissante et sensible sans doute à la cascade de peurs engendrées par la mauvaise farine qui tue et rend malade dans le Gard, le gouvernement revient sur sa décision. « Nous n'aurons pas de pain noir », titre la presse, tant populaire que professionnelle. Drôle de victoire, car on ne mangera pas non plus de pain blanc.

Qui joue le rôle de Turgot dans la libéralisation qui s'annonce ?

Edgar Faure s'empare du rôle qui convient parfaitement au futur biographe du grand ministre-philosophe, d'autant plus qu'il montre une capacité étonnante à passer d'un gouvernement à un autre dans la valse permanente de la IVe République (membre de 11 gouvernements entre 1949 et 1955). Mais c'est plutôt un Turgot assagi, un gradualiste. Dans sa volonté de « dégraisser le mammouth » de l'ONIC et dans son attaque frontale, au moins dans son discours, contre l'organisation meunière, Antoine Pinay rivalise avec son collègue pour le titre antidirigiste. Ce président du Conseil prône la suppression de la répartition du travail et le retour du laisser-faire dans la meunerie – ce qu'il caractérise comme la fin des privilèges – changement de cap radical. Au nom de l'intérêt général redéfini, il envisage une concurrence bien sportive (sinon franchement anarchique) entre meuniers, débouchant sur une rationalisation économique dure, et le retour de relations commerciales directes entre meuniers et boulangers, sans l'ingérence de l'État. C'est la recette Pinay pour le retour du bon pain, c'est-à-dire du pain blanc. Un heurt assez brutal entre le président du Conseil et le président Brisson de l'ANMF résume bien la thèse de Pinay selon laquelle le pain blanc passe par la libéralisation de tout le système d'approvisionnement. Ce dernier décide de convoquer une grande réunion début octobre 1952, une épreuve de force directe avec l'ANMF, qui incarne pour lui la résistance au changement et au bien public. Pour préparer cette rencontre, il reçoit discrètement, en petit comité, les adversaires principaux de L. Brisson, les chefs des syndicats dissidents représentant l'aile libérale de la meunerie. Ils sont accompagnés par leurs plus fervents alliés dans la boulangerie, parfois en froid sinon en antagonisme avec leur propre confédération, les nordistes menés par Albert Coustenoble. Ils réclament d'une seule voix le retour au régime d'avant-guerre pour les farines. Le président Pinay est déjà gagné à leur cause. Le lendemain, il reçoit les deux centrales de la meunerie et des représentants de la boulangerie en compagnie d'un aréopage de quatre ministres et trente hauts fonctionnaires, y compris le directeur général de l'ONIC et le directeur du service des prix. Il donne la parole d'emblée au chef des dissidents. Augustin Hébert, président de la Confédération nationale de la Meunerie, représentant essentiellement petits et moyens acteurs, qui demande la fin de la répartition administrative. L. Brisson se hâte de prendre le contre-pied : sans maintenir le mécanisme corporativo-dirigiste, la liberté du commerce de farine ne peut que mettre en péril le prix du blé et ébranler le système entier du commerce d'approvisionnement. S'ensuit un échange de vues assez vif entre les deux groupes de meuniers. Commentaire lapidaire du Premier ministre : notre problème n'est pas d'assurer vos profits ou d'empêcher vos faillites. Mais, reprend Brisson, ce serait la faillite de l'organisation des marchés des céréales, la faillite du maintien du prix de blé. A. Pinay est censé avoir répondu avec dédain : « Et puis après ? Cela m'est égal. » La tension monte encore d'un cran quand il s'agit de parler du pain et des boulangers. Selon une version, A. Pinay lance à L. Brisson à travers la table l'échantillon de pain noir que lui a remis la veille A. Coustenoble, le bouillant chef des boulangers du Nord. Sans s'en rendre compte, par son geste, le président du Conseil fait resurgir de la nuit des temps une symbolique puissante : c'est le pain noir de la révolte brandi par les gens du peuple, affamés autant qu'atteints dans leur dignité ; c'est le pain noir de la crise politique jeté au pied du prince par ses propres agents pour dénoncer les dysfonctionnements de l'administration royale ; c'est le signe éternel de la misère et de l'injustice. En confrontant L. Brisson à ce pain noir, A. Pinay souligne les dysfonctionnements de l'organisation dont le président de l'ANMF est si fier : en excluant la concurrence entre meuniers, en refusant aux boulangers le choix de leurs fournisseurs, le président du Conseil estime que la meunerie est vouée à négliger la qualité de la farine et, ce faisant, à imposer au consommateur un pain médiocre qui ne vaut pas le prix réclamé, un pain tristement bis.

L'État providence va-t-il trouver le moyen de donner aux Français ce pain blanc qu'ils réclament avec insitance ?

La rupture qui fait la différence sera moins politique que technique, du fait non pas de l'État, mais de l'initiative individuelle, selon la vieille recette libérale, conséquence d'un accident sans doute trop beau pour être entièrement vrai. Il s'agit de l'application, vers le milieu des années 1950, d'une méthode de panification – le pétrissage intensifié – qui allait profondément transformer la boulangerie en créant un pain blanc plus blanc que blanc. Son histoire est un vrai faux western, car elle démarre dans l'ouest de la France. Ce n'est pas la moindre des ironies de la reconstruction d'après-guerre que l'initiative pour des changements profonds, des innovations remarquables (après la méthode pain blanc, le développement du travail en froid), soit venue de l'Ouest, du pays de la contre-Révolution et de la chouannerie, pays réputé arriéré, allergique au mouvement.

Chaque version de ce qu'on pourrait appeler la légende originaire du pain blanc commence avec un accident, comme si la boulangerie routinière ne pouvait avancer que par des découvertes heureuses faites par hasard. Premier récit : un ouvrier boulanger des Mauges dans le Choletais qui, s'étant assoupi au travail, arrive à produire un pain nettement plus développé et plus blanc que de normal avec une pâte qu'il a laissé pétrir bien plus longtemps qu'il ne fallait. La deuxième intrigue, légèrement plus héroïque car elle ne récompense pas une faute morale, parvient au même résultat grâce à la vitesse excessive appliquée à une pétrissée, quand un électricien a dépanné d'urgence un boulanger dont le pétrin ne marchait plus avec un moteur à puissance supérieure.

Le troisième récit, devenu canonique, raconte l'épopée de Joseph Albert, enfant de l'Ouest lui aussi, qui apprend à pétrir à la main en faisant son apprentissage juste au lendemain de la Grande Guerre. Dix ans plus tard, son patron substitue un moteur électrique à l'ancien moteur à essence. Mettant en marche le pétrin la nuit suivante, l'ouvrier Joseph constate une rotation extraordinairement rapide. Quoique la pâte semble avoir souffert, il la panifie, et elle donne du pain comme on n'en avait jamais vu, doté d'un volume exceptionnel et de grignes magnifiques. La trame de l'histoire devient cependant obscure, car pendant un quart de siècle le secret de cette nuit ne semble pas avoir été exploité. Devenu bouilleur de cru, Joseph Albert fait des remplacements dans des fournils. Ce n'est qu'à partir de 1954 qu'il propose en exclusivité territoriale à des boulangers de la région un nouveau procédé de fabrication combinant un pétrissage accéléré avec une large dose de levain compensant la quasi-suppression du pointage.

Quoique ce pain plus volumineux et plus blanc paraisse avoir eu un impact sismique sur la clientèle rurale, la nouvelle se répand lentement, par rumeur grandissante. C'est au début de la campagne de 1955-1956 que les premiers échos sur la fabrication dans les régions de l'Ouest d'un pain caractérisé par sa légèreté et la blancheur de sa mie commencèrent à parvenir à R. Calvel, chargé d'enseigner la boulangerie à l'École de la meunerie. Un meunier du Maine-et-Loire soupçonnant l'emploi de produits chimiques pour obtenir de tels résultats a été le premier à lui en parler. Des examens effectués à l'École et ailleurs infirment cette hypothèse inquiétante, mais, à l'époque, parfaitement plausible. Les nouveaux procédés ont continué à gagner du terrain, engendrant « des remous », incitant les clients à changer de fournisseur et provoquant de nombreuses récriminations vis-à-vis des meuniers qui étaient accusés par les boulangers pratiquant l'ancienne méthode de livrer des farines plus blanches aux boulangers ayant adopté la nouvelle.

En juillet 1957, R. Calvel se rend dans les fournils de la Vendée et de l'Anjou pour prendre la mesure de ces innovations. Chez Albert et les autres, il trouve à peu près les mêmes techniques : panification au levain de pâte avec une importante adjonction de levure ; emploi d'une eau de coulage très fraîche pour compenser les fortes températures des pâtes (phénomène qui suscitera l'invention du premier refroidisseur d'eau conçu pour le pain blanc par un équipementier de l'Ouest) ; pétrissage accéléré et de longue durée ; pâtes de consistance légèrement douce ou bâtarde ; pointage pratiquement supprimé ; apprêt considérablement prolongé. R. Calvel constate des résultats également voisins : un pain bien levé, d'un volume étonnant, des coups de lame bien jetés ; une texture de mie par moments un peu trop régulière, mais très blanche ; parfois un pain manquant de saveur, mais le défaut de sapidité n'est pas « général » (plus tard Calvel se révélera moins optimiste et généreux dans son appréciation), et présentant une bonne conservation. Les propriétés plastiques de la pâte l'impressionnent : la pâte est cohérente et très lisse, nullement « brûlée », spectaculairement blanche, incorporant plus d'air que normal, se tenant bien à l'enfournement.

La même année, à Paris, dans une autre école que celle de R. Calvel, située dans le même arrondissement mais appartenant aux Grands Moulins de Paris, avec une même ambiance mixte boulangerie-meunerie, R. Guinet entreprend sa propre évaluation de ces « échos de l'Ouest ». Puisque le meunier n'est pas en mesure de fournir une farine magiquement blanche, et puisque le blanchiment artificiel/chimique est strictement interdit, la recherche du blanc ne peut s'opérer que sur la modification technologique de la panification, d'où l'intérêt du pain western. Cependant le principe de l'accélération du pétrissage, assure le directeur de l'École de Boulangerie, est connu depuis très longtemps et s'applique couramment aux États-Unis, mais sur une échelle industrielle, où l'on explique l'obtention d'une mie extrêmement blanche par l'oxygénation des caroténoïdes. Il note que, pour suivre la méthode d'intensification, le boulanger serait obligé de se procurer un pétrin spécialement étudié ou renforcé (ainsi la marque Rex, sensible aux mutations dans la boulangerie, crée-t-elle un pétrin à deux vitesses en 1956). Les propres essais de R. Guinet, conduits sous le regard du promoteur de la méthode, ne se sont pas avérés concluants. Le pain était nettement plus développé et plus blanc, mais ce blanc était terne et moins flatteur que le blanc crème habituel. Il rejoint son collègue Calvel sur un point capital : une partie des arômes du pain disparaît, ce qui entraîne un goût légèrement fade. Surestimant la sophistication panaire des citadins, historiquement censés être blasés par une longue expérience avec un froment tiré à blanc, R. Guinet juge qu'au mieux ce blanc western quelque peu défectueux attirerait surtout une clientèle rurale qui attache beaucoup d'importance à ces questions de couleur.

L'analyse de Roland Guinet était-elle juste ?

À propos de la diffusion de la méthode, non. De bouche à oreille, puis par le biais de la presse professionnelle et des réclames des équipementiers (notamment fabricants de pétrins à double vitesse et d'améliorants prétendument idoines pour le pétrissage intensifié, quoique toujours tributaires de l'acide ascorbique), enfin grâce aux démonstrateurs des moulins qui font des visites en promouvant des farines dites spécialement conçues pour la nouvelle pratique (contenant de la fève, garant d'une oxydation encore plus forte sous l'effet du surpétrissage : le doublement de la vitesse et de la durée), la nouvelle manière de procéder a vite fait le tour de France et de Navarre, tant en ville qu'à la campagne, vers la fin des années 1950. Les premiers secoués semblent avoir été les articulateurs des normes de la panification, gardiens du patrimoine panaire. Guère accoutumés à des initiatives d'en bas, ils n'ont rien vu venir. Il avait fallu bien plus d'un siècle pour passer au pétrin mécanique, il fallut à peine une décennie pour passer au nouveau pain blanc. Il s'agissait, dans les deux cas, de la vitesse et de la durée du pétrissage, grandes préoccupations du fournil depuis toujours. Même si la doctrine d'avant les années 1950 préconisait un pétrissage lent, elle n'était pas encore gravée dans la pierre de meule, si je puis dire. Cette question ne relevait ni de la théorie ni de la routine pour les boulangers, dont certains ne sont venus à la pratique mécanique qu'assez récemment. Il se peut que cette transition au nouveau blanc se soit faite avec célérité précisément parce que le pétrin n'était pas encore un instrument tout à fait maîtrisé. N'empêche, pour une profession fréquemment censurée pour son esprit opiniâtrement routinier, voilà un chambardement audacieux et profond, qui déclenche à son tour toute une panoplie de changements, sur une vaste échelle, dans un temps record. Parce que cette grande transformation a débouché sur des résultats très négatifs pour la filière entière, cette dernière a quasiment refoulé le souvenir de son dynamisme, son poids et sa portée.

Vous portez ainsi un jugement nuancé sur le virage ultra-blanc ?

Les Français retrouvaient le pain blanc dont ils rêvaient : très blanc en couleur, volumineux comme un bourgeois prospère, mais en même temps léger comme une danseuse de l'Opéra. Dans un premier temps, ils en semblaient ravis. Par ailleurs, je loue cette capacité d'innover, dont la boulangerie était censée être incapable, de Parmentier à Marcel Arpin, l'homme qui a aidé à l'accouchement du pétrin mécanique. Mais – il y a un grand « mais » – on ne peut que déplorer les résultats qualitatifs dans la panification, les retombées technologiques et les contrecoups psychologiques. Le tableau se noircit rapidement. Leur attention cristallisée par la nouvelle méthode, les recherches et les réflexions des experts dans les trois ou quatre années suivant cette petite révolution venue de l'Ouest ont débouché sur une critique de plus en plus sévère. R. Guinet doute de la valeur intrinsèque des résultats apportés par le pétrissage intensifié : si le pain blanc est plus volumineux, sa couleur blanche (« artificielle ») n'est pas sympathique, et le pain perd une partie de sa sapidité. L'évaluation de R. Calvel évolue plus lentement et avec plus d'ambiguïté, mais il reconnaît clairement que le pain nouvelle manière, quoique séduisant, est d'un blanc sans expression et s'avère presque inodore et fortement insipide, malgré une aggravation de la dose de levure et une augmentation de 15 % environ de la dose de sel. Plus tard, il formule le thème de la « dénaturation » du pain français, cet idéal-type auquel il a consacré sa carrière et qui habite son imaginaire. Ébahi par le passage de l'époque du sous-pétrissage à l'ère du surpétrissage sans transition, il estime néanmoins le bilan de la généralisation du pétrissage intensifié globalement négatif.

Le pain ainsi produit est lessivé par une hyperoxydation, exacerbée par la présence de la farine de fève. Or la fève est une vieille connaissance du boulanger, dont on trouve la trace dès le XVIIIe siècle sinon avant, d'abord comme un agent de fraude, pour « couper » ou compléter les bonnes farines ou « réparer » les farines abîmées, et puis comme un améliorant pour faciliter le travail des farines manquant d'élasticité. Une dose de 2 % de fèves dans la farine de froment était communément pratiquée par les minotiers desservant la capitale vers la fin du XIXe siècle, comme elle l'était jusqu'à récemment. Dans un premier temps, R. Calvel regarde la fève comme un précieux améliorant, mais il change de religion, sans doute à cause des recherches concernant le pétrissage intensifié/méthode pain blanc qui démontrent l'effet nocif de la fève à travers l'action de la lipoxygénase, enzyme catalysant l'oxydation des acides gras non saturés, qui altère le goût tout en blanchissant et en augmentant le volume du pain, en synergie avec l'intensification du pétrissage. Parmi ses multiples effets, l'ajout de la fève facilite la « machinabilité » de la pâte en la dotant d'une meilleure résistance à la poussée gazeuse qui annonce la fermentation, ce qui renforce son intérêt pour les boulangers. Des recherches plus récentes révèlent que l'action de la lipoxygénase libère, au cours de la cuisson, un alcool, l'hexanol, qui émet des odeurs désagréables, expliquant au moins en partie l'altération de la saveur du pain. Au début des années 1970, la méthode pain blanc semble avoir verrouillé la profession. La vulgarisation du pétrissage intensifié a imposé des règles, une organisation du travail et l'acquisition d'un matériel adapté. Le boulanger a modifié sa manière de travailler en fonction des résultats de l'oxydation excessive : accélération de la maturation et augmentation de la force et de la tolérance de la pâte. Le nouveau diagramme impliquait la diminution drastique, voire même la suppression de la première fermentation dite pointage, qui mutile le goût. En même temps, le boulanger a été tenté de réduire l'apprêt, qui prend beaucoup de temps et de place, en augmentant la dose de levure, ce qui n'arrange rien sur le plan aromatique et gustatif.

Quand vous évoquez l'installation d'« un matériel adapté », vous faites allusion à la mécanisation à outrance ?

Si l'implantation du pétrin mécanique marque l'entrée définitive de la boulangerie dans la modernité, l'adoption de la méthode western déclenche une vague de modernisation qui passe par la mécanisation d'autres étapes de la panification. Pour comprendre ce torrent de changements, il faut surtout éviter de le regarder à travers le prisme de la sagesse rétrospective qui l'interprète comme la deuxième chute de l'*Homo faber*, la trahison de la vocation artisanale, le cheval de Troie de la décadence, etc. Remis dans son contexte historique, ce mouvement ressemble plus à un cycle de développement logique sinon inexorable. Loin d'avoir été réalisé aux dépens de boulangers prétendument victimes du complot malveillant d'avides équipementiers et de fournisseurs prédateurs, il est le fruit d'une réelle complicité et du jeu « normal » de la demande et de l'offre, jeu autant culturel et psychologique qu'économique et matériel. Globalement, ce spasme de modernisation a été bien vécu par les boulangers. Ils avaient, pour une large part, une idée assez claire de leurs intérêts, vus dans la perspective d'une France ressuscitée, en pleine reconstruction, tout entière mesmérisée par une idée de progrès simple, voire simpliste, américaine, efficace, apportant des gratifications rapides, propulsant le pays dans un avenir plein de promesses et d'avancées. Dans le rétroviseur, ces intérêts nous semblent aujourd'hui des leurres traduisant une vision creuse du monde et constituant un piège énorme pour la profession et sa filière. Mais peu de monde le percevait comme tel au début des Trente Glorieuses. Ce qui paraît aujourd'hui comme engrenage infernal et inconscience semblait alors émancipation, rationalisation et grande stratégie.

Étant donné la pratique centrale de la méthode pain blanc, il y avait un bon argument pour le renouvellement du parc des pétrins. Et, vu les impératifs du nouveau diagramme, la modification des qualités physiques de la pâte qu'il entraîne, grâce en partie à des additifs nouvellement étudiés, il y avait là également argument pour imaginer d'autres machines au service du pain blanc. C'était le rêve sempiternel de réduire la pénibilité du travail, moins utopique dans le sillage d'une guerre atroce qui avait montré la terrible puissance de l'outil moderne, sans oublier les préoccupations socio-économiques chroniques liées à la gestion de l'entreprise (notamment le recrutement et le coût de la main-d'œuvre). Ce grand bouleversement, qui s'est passé relativement vite, fut encouragé par la Confédération, qui voyait dans la modernisation un gage de la pérennité du métier et une arme contre la concurrence industrielle naissante ; par la disponibilité du crédit et par le dynamisme des équipementiers. Le pétrin à deux vitesses rend le recours à un doseur-refroidisseur d'eau quasi indispensable. Les propriétés physicochimiques de la pâte acquises grâce à la méthode pain blanc – notamment meilleure tenue et tolérance des pâtons fermentés, gains scellés en quelque sorte par l'adjonction de l'acide ascorbique – permettent une utilisation efficace des machines pour des tâches qu'il répugnait de plus en plus aux boulangers de faire entièrement à la main, tels la division, le pesage et le façonnage. S'ensuivent des machines qui façonnent, des diviseuses, des peseuses volumétriques, etc. On passe des fours traditionnels aux fours à chariot rotatifs *made in France* qui cuisent des baguettes parfaitement régulières dans des filets revêtus de matériaux antiadhérents, système d'utilisation extrêmement facile qui économise encore sur la main-d'œuvre et le temps. Bientôt, à la sortie de la balancelle, où le façonnage et l'apprêt sont réalisés, les pâtons iront sur chariot directement au four, ou y arriveront plus tard, en faisant un détour, toujours sur le même chariot, par la chambre de fermentation.

L'optimisme carctérise-t-il alors cette période au cours de laquelle la boulangerie se modernise ?

La mécanisation a généré des gains de productivité importants aussi bien que des gains sociaux, notamment dans la réduction considérable de la pénibilité du travail. Un meilleur rendement a engendré de beaux profits, destinés à nourrir une deuxième vague de mécanisation et à amplifier une certaine concentration professionnelle, favorisée par la baisse de la consommation. De 55 000 boutiques en 1960, le chiffre est passé à 48 000 en 1966, les petites boulangeries rurales peu rentables et incapables de s'équiper en matériel moderne s'éclipsant définitivement. Les bilans immédiats et provisoires ne faisaient pourtant pas état des coûts plus subtils mais finalement plus décisifs de cette mécanisation blanche qui a vite dépassé les exigences de la nouvelle méthode. Car on entre ici dans un engrenage d'autant plus insidieux qu'il prend le visage d'une rationalisation progressiste et par là rassurante.

Derrière cette évolution se profilent des dangers considérables, disons les effets pervers du progrès, surtout dans son impact sur la qualité du pain. Le plus grave : la vaste majorité des boulangers demeurait inconsciente de la déperdition des repères classiques de la panification. Ils ne se lamentaient pas sur « la distanciation » de leurs mains par rapport à la pâte. Ils ne trahissaient aucune gêne concernant leur dépendance à l'égard des améliorants. Même la tristesse du pain semblait leur avoir échappé, ou ils préféraient détourner les yeux : texture « nid-d'abeilles », couleur blanc terne, goût fade ou pire, volume spectaculairement gonflé mais contenu creux, le beau asphyxiant le bon. Seule l'élite intellectuelle de la boulangerie exprimait un sérieux doute concernant la modernisation. Historiquement, les relais culturels et institutionnels entre les savants et les professionnels de base ont toujours été faibles. Informations et directives (implicites) venant d'en haut ne semblent pas forcément pertinentes à ceux qui mettent la main (ou la machine) à la pâte tous les jours plusieurs fois par jour, dans leur fournil à eux, dans le cadre d'un commerce qui doit être rentable et compétitif. Le décalage entre la sagesse idéale et le sens pratique de la survie peut s'avérer énorme. La culture populaire, forte de son expérience et fière de son indépendance, résiste à son appropriation par la culture savante ou dominante et à sa sujétion. En l'occurrence, pendant les années 1960 et 1970, le discours critique est resté très marginal ; et, dans une France qui bougeait tout entière vers la société de consommation et de mécanisation, il semblait à la fois contre-intuitif et ringard, voire rabat-joie.

Ce décalage entre le discours savant et la pratique populaire est un thème qui traverse tout votre travail.

Pendant la décennie 1958-1968, la boulangerie a déclenché elle-même et géré sans doute la plus grande et la plus rapide transformation de son histoire. Le problème était que ce beau pain s'avérait ne pas être bon. Au moins, c'était le jugement des spécialistes, car les praticiens en étaient massivement inconscients, et on a du mal à mesurer à partir de quel moment le public s'est senti trompé : sûrement pas aussi vite que le prétendent les analystes après coup, impatients de relier la chute de la consommation (phénomène quasiment ininterrompu) à l'avènement du pain blanc. Donc, encore une discordance entre les experts et les gens du métier, mais pas seulement sur la question du goût, de la couleur, de la texture de la mie, etc. Car la méthode pain blanc avait généré une modification systémique en profondeur qui dépassait telle ou telle sorte de pain. Toute une manière de travailler était en jeu, voire tout un style de vie, de métier. Les critiques voyaient bien avant les praticiens que la modernisation avait piégé et allait bloquer la boulangerie. La mécanisation rendait la vie des boulangers infiniment plus agréable : on ne peut surestimer l'importance de ce vrai progrès ni le poids de la fatigue elle-même comme mobile et justification de changement. Mais, ce faisant, cette mécanisation les a dépouillés d'une certaine autonomie et risquait de les déposséder de certaines compétences qui constituaient leur identité même. Cette modernisation mal maîtrisée, selon les experts, a figé la boulangerie dans un modèle de production et de reproduction de la médiocrité. Comment faire passer ce message tellement sombre à des gens qui ne voyaient que le versant lumineux du blanc ? Comment faire paraître le clair-obscur qui révèle les terribles aspérités ? Ces boulangers, dopés par les Trente Glorieuses en marche, investis totalement dans l'idée du progrès née de l'après-guerre, pourraient-ils accepter de croire que la modernisation blanche n'était qu'un miroir aux alouettes ?

10.

À la sueur de son front

Vous avez montré d'une manière éloquente comment l'État avait pesé de tout son poids pour museler la boulangerie ou, pour le dire autrement, fait « suer » les boulangers jusqu'au bout ?

Si vous voulez. Mais c'est principalement dans le fournil même que les boulangers ont l'habitude de suer. C'est en partie parce que leur métier est tellement dur que l'injonction d'y aller mollo n'a que peu de prise. On ne peut jamais demander à un boulanger de bosser mollo.

Dans le monde que je connais, on n'aime pas beaucoup la sueur. Il y a bien entendu des exceptions, à commencer par moi-même. J'ai besoin de transpirer pour mon équilibre intellectuel et psychologique, d'où une activité sportive, plus ou moins intense, tous les jours depuis 45 ans. Dans cet argument personnel, je fais abstraction du rôle de la sueur dans le contrôle de la température du corps, autre équilibre primordial. La médecine dite non conventionnelle utilise la sudation comme moyen de purifier le corps. Pour certains, la transpiration a une dimension érotique. Sexy dans son esprit et ses rythmes, le funk, cette musique afro-américaine mêlant soul, jazz et R & B, est un mot qui, dans un premier temps, désignait ce qui sent la sueur, notamment l'odeur du corps et celle du coït. Mais, *grosso modo*, on associe la sueur avec la gêne ou la peine. La gêne débouche sur une immense industrie de produits de toutes sortes – honteusement lucrative, un brin prédatrice, nous promettant de nous sauver de l'embarras par la voie de la chimie et de la parfumerie. La peine nous renvoie à la fois à notre vie quotidienne et à nos grands récits fondateurs.

En tant qu'historien du travail, je m'intéresse vivement à l'injonction biblique : « Tu mangeras ton pain à la sueur de ton visage jusqu'à ce que tu retournes dans la terre d'où tu as été tiré. » Ou la version plus courte et familière : « Gagner son pain à la sueur de son front. » On peut concevoir le pain comme le symbole du travail, ou encore de la récompense reçue en échange d'un rude labeur. Mais c'est surtout la sueur qui, en quelque sorte, incarne, puis sécrète le travail fourni, le travail imposé par la chute de l'homme, selon le récit chrétien, le travail comme expiation permanente pour le péché originel. Le travail-sueur restera longtemps simple réparation morale et eschatologique avant de devenir agent de la formation de richesse. Donc une sueur consubstantielle à la vie quotidienne, mais partagée socialement de façon très inégale. La sueur colle à la stratification sociale pendant l'Ancien Régime, car la division de la société est tripartite : le premier état – *oratores* – est occupé par les ecclésiastiques dont la fonction est de prier pour le salut de tous, ce qui les situe en dehors du monde du travail. Le second état, les *bellatores*, est la noblesse, vouée à la défense de la communauté et, en tant que guerrière, dispensée de l'obligation de travailler, voire interdite de travailler au sens strict, sauf exceptions très précises, rarement liées à la sueur. Enfin, le tiers état, les *laboratores*, consiste en l'immense majorité de la population, travaillant tous d'une manière ou d'une autre, la plupart suant chaque jour, sauf une minorité vivant hors la loi ou bénéficiant du statut de mendiant, l'exception qui confirme la règle biblique du travail obligatoire, pour vivre/survivre et pour accéder ensuite à un monde meilleur (hors de travail, point de salut). Membres emblématiques du tiers état, les boulangers produisent, à la sueur abondante de leur corps, le pain qu'achètent la plupart des autres grâce à leur propre sueur. La relation entre consommateurs et boulangers est d'abord un échange de sueur. Si le compagnon charpentier paie son pain un peu moins cher que le marquis, c'est la prime accordée à la sueur.

Quand vous parlez de la sueur du boulanger, vous évoquez, je suppose, le pétrissage à la main ?

Principalement. Au pied aussi, pour certaines pâtes et en certains lieux. Mais pieds ou mains, c'est toujours dans le pétrin, bien entendu, qu'on laisse le boulanger. Il n'a jamais eu une relation facile avec son pétrin, outil-blason du métier, indispensable, mais outil-traître, car asservissant, exténuant. Quand on disait, jadis (jusqu'aux années 1980 !), que, pour être boulanger, il fallait être grand, fort et bête, on songeait très probablement à l'acte de pétrissage, tâche herculéenne et harassante, mais gestuelle de virtuose quand elle est bien conduite, effectuée à la main (plus rarement à l'aide d'une sorte de palette) ou aux pieds (grâce à un trapèze suspendu, acrobatie que détestaient les ouvriers) dans une longue auge en bois reposant sur quatre pieds. On formait les apprentis à pétrir à la main jusqu'à la guerre de 1914-1918. Le pétrisseur bouge beaucoup ; mais, techniquement, le processus n'a pas bougé pendant des siècles. Exigeant une force considérable, car il faut manipuler 100 kg, quelquefois bien plus, le pétrissage demeure une étape cruciale dans la panification, où l'on incorpore l'air dans un mélange d'eau, de farine, de sel et d'un agent de fermentation (qui représente jusqu'à la moitié, voire davantage de la pétrissée dans le cas du levain). Le pétrisseur commence en submergeant dans l'eau son toutpoint – le levain au stade final – et y ajoute de la farine. Progressivement, avec de plus en plus de vigueur, mais attentivement pour ne pas « brûler » la pâte, il incorpore des doses successives des ingrédients : on appelle ces moments la frase (aujourd'hui le frasage), la contre-frase, le bassinage. Assouplie, étirée, malaxée, rafraîchie, la pâte est ensuite soumise au « battage », la phase d'effort maximal de l'ouvrier. Il plonge dans la masse, cogne, tire, retourne, étire, enfonce, tape, coupe et lance tout autour du pétrin des morceaux de dix à vingt livres. En tout, c'est un paroxysme de plus d'une heure. Ses cris et ses grognements trahissent l'énormité et l'intensité de l'effort physique. Ordinairement, si le maître ne travaille pas tout seul, c'est le *geindre* qui pétrit, ainsi nommé sans doute parce qu'il gémit en effectuant les gestes éreintants. George Sand avait été frappée par la « sorte de cri douloureux » que poussait le boulanger penché sur le pétrin : « On croit assister à la dernière scène d'un meurtre. »

Entre tous les métiers, « j'ai bien choisi le pire », dit le protagoniste de *La Misère des garçons boulangers*, lamentation publiée plusieurs fois au cours du XVIIIe siècle. Je ne suis jamais tombé sur le cas d'un boulanger qui affectionnât cette débauche d'énergie. Dans les années 1760, le Dr Malouin laisse entendre que les ouvriers répugnaient de plus en plus à consentir l'investissement nécessaire, rejetaient les postes qui exigeaient qu'ils « montent la pâte » (c'est-à-dire pétrir avec les pieds), succombaient à la tentation de rajouter une bonne dose de levure de bière pour doper la pâte, arbitrage qui économisait quelque peu la force requise pour « lisser » la pâte, formant « un tout homogène et parfait », comme disait Parmentier. Exercice éprouvant, mais aussi dur à maîtriser (car il fallait articuler la violence avec une certaine délicatesse, une sensibilité qui permettait d'atteindre le bon moment de développement physico-chimique), le pétrissage n'était pas la fonction la plus prestigieuse dans le fournil, l'honneur revenant à l'enfournement et au défournement pratiqués par le brigadier, premier ouvrier. Pourtant, les garçons se montraient très peu friands quand on proposait à leurs maîtres des machines qui semblaient s'emparer de leurs fonctions : ils avaient découvert qu'ils étaient rattachés au pétrin par un cordon ombilical, garant de leur emploi, certes, mais aussi de leur identité socioculturelle.

Il a fallu attendre la révolution industrielle pour envisager la réduction de la pénibilité du travail par la mécanisation ?

Bien avant ! Dès le XVIIIe siècle, on a commencé à imaginer et même à construire des machines à pétrir pour pallier les imperfections du travail manuel et alléger le fardeau. Jean-Baptiste Lembert, un boulanger parisien, a fabriqué un des premiers modèles fonctionnels en 1796, gagnant plusieurs concours pour son invention, une sorte de baratte à l'intérieur d'un grand cylindre en bois actionnée par une manivelle, et bien plus tard immortalisée par Lionel Poilâne qui a mis une reproduction de la lembertine sur ses sachets. Des dizaines de machines ont suivi, proposant d'autres systèmes de propulsion (chiens actionnant une roue, machines à vapeur, « moteurs » mécaniques faisant jusqu'à 80 tours la minute), d'autres mécanismes de malaxage (incorporant davantage d'air), d'autres matériaux (dents de fer remplaçant les bras en bois), des processus mieux divisés et articulés en imitation des étapes à la main (« bras » mis en mouvement sur un cylindre fixe, gestes réinstituant le délayage), le tout mieux informé par la science des propriétés plastiques et chimiques de la pâte, mais débouchant sur les mêmes avantages prêtés à la lembertine : économie, simplicité, régularité, rendement accru, humanité, santé, qualité. Les expositions industrielles, puis internationales, deviennent les vitrines de ces machines, dont les boulangeries industrielles sont les premiers utilisateurs conséquents – qu'elles soient institutionnelles (l'assistance publique à Scipion, déjà boulangerie d'essai au XVIIIe siècle, qui ressemble vers 1860 à une version primitive, exiguë, entassée, de la « manufacture » de Poilâne à Bièvres), coopératives (nouveaux rivaux dans la filière, parfois des mammouths, qui font peur aux artisans, tant en meunerie qu'en boulangerie), ou privées (pratiques et projets industriels prémonitoires).

Le prix de ces machines devait être dissuasif...

C'est une des raisons de la très lente diffusion du pétrin mécanique au cours du XIXe siècle (à peine une centaine sont installés vers 1850). Après le coût de la machine et son amortissement, le patron boulanger devait prendre en compte les frais de l'entretien, de l'assurance, de la force motrice, et l'augmentation de la cote de la patente. D'autres arguments auraient pu attirer les maîtres, notamment l'idée que la mécanisation devrait les abriter contre les « coalitions » des garçons boulangers – les grèves pour obtenir une hausse de salaire ou l'amélioration des conditions de travail.

Car les ouvriers ont manifesté de la résistance aux pétrins mécaniques, en empêchant leur mise en œuvre, par crainte de perdre leurs emplois (les machines « nous ôtent notre pain », affirmaient-ils), parfois en sabotant des essais comparatifs. Ils contestaient le raisonnement par économie : le temps gagné sur le pétrissage est annulé par un nettoyage long et compliqué, la rentabilité est encore entamée par le besoin d'augmenter la dose de levain, le manque d'interchangeabilité de pièces peut compromettre la continuité de panification. Ils s'appuyaient sur les objections des voisins au bruit occasionné par les moteurs des pétrins, notamment dans la version dite malencontreusement « à explosion ».

Les ouvriers misaient beaucoup sur la critique de la qualité du pain dit mécanique, déjà honni par de nombreux consommateurs, qui portaient un regard méfiant, protobio et protoécolo sur la modernisation de la filière dans le dernier tiers du XIXe. On reproche au pain mécanique son caractère lourd, grossier, peu aéré, peu goûteux, peu digeste, non « naturel », voire nuisible à la santé. Hantés par un sentiment de dépossession de la maîtrise de leur travail de boulanger, certains ouvriers, suivant des patrons et d'autres commentateurs favorables à leur cause, identifient la qualité du pain avec l'incorporation de leur compétence dans la pâte : seul le corps-outil peut assurer un bon pain, car les mains lui communiquent une chaleur propice à la fermentation que le fer devait retirer. Par ailleurs, d'après ce point de vue, la main et le bras sont à la fois un thermomètre et un instrument propre à mesurer la densité et la ductilité de la pâte, comme si l'ouvrier faisait fonction d'alvéographe Chopin, un appareil créé pour mesurer la force boulangère. C'est à la fois drôle et saisissant. L'argument liant le corps du pétrisseur au sort de la pâte va pourtant bien plus loin, nous ramenant directement à la sueur, qui devient ingrédient et supplément d'âme : certains savants prétendent que les « sécrétions ammoniacales », qui s'échappent du corps de l'homme par l'action pénible du pétrissage, favorisent une fermentation vigoureuse. La sueur est censée renforcer le réseau glutineux, permettant de mieux capter le gaz carbonique, tout en rendant la pâte plus souple dans sa pousse.

Au lieu d'être engoncé dans la routine asphyxiante, le boulanger apparaît dans cette partition comme vecteur d'un savoir-faire originel, pertinent et toujours enrichissant. C'est la machine qui impose une régression qualitative derrière sa posture scientifique et modernisatrice. Aujourd'hui, pour valoriser le métier – devrais-je dire la profession ? – j'insiste sur la nécessité d'une double intelligence chez le boulanger, des mains et de la tête. Suivant l'argument que je viens d'esquisser, je devrais ajouter l'intelligence du corps, intelligence que la machine ne peut ni reproduire ni compenser. Bien sûr, le prix de cette intelligence est fort élevé : un effort presque surhumain. Mais si le garçon boulanger, au milieu de la chaîne de transmission, est prêt à consentir à ce sacrifice, au nom de l'intérêt général ? Je ne connais aucun boulanger de nos jours qui croie qu'une machine quelconque puisse mieux « sentir » la fermentation que lui : l'être vivant jauge la chose vivante. Le discours antimécanique était sans doute moins construit que je ne le suggère, mais non moins fascinant, dans son mélange de scientisme, de « qualitativisme », de « catégorialisme » et de conservatisme paniqué.

Ce débat entre la main et la machine (qui, on l'oublie, a, elle aussi, besoin de la main et des deux autres intelligences que je viens de désigner) me fait penser à un autre qui fait rage dans la filière encore aujourd'hui entre les défenseurs du tournage (ou façonnage) à la main et les apologistes du façonnage à la machine. Les premiers mettent l'accent sur une sorte d'essentialisme, proche du raisonnement du corps-outil : la main respecte la pâte, ne « dégaze » pas, favorisant le développement plastique et sensoriel de la pâte, mais avant tout, marque le territoire, la vocation et l'orgueil de l'artisan. Les thuriféraires de la modernité, notion toujours aussi malléable que flatteuse, évoquent le bon sens (économie de temps et d'effort) : l'artisan ne peut pas rester immobile, le seul test de son authenticité n'est pas son ancrage dans la routine sempiternelle, etc. Ici l'intelligence de la tête n'éradique pas celle des mains ; elle les réserve à des fonctions plus importantes. Mais la clé de cet argument, qui renvoie au débat entre pétrisseur à la main et pétrin mécanique, est qualitative : le façonnage effectué dans une machine intelligente, c'est-à-dire humble et sensible à l'histoire de la boulangerie, qui se plie aux exigences de la pâte, qui la caresse au lieu de la laminer, ce façonnage-là n'a aucune incidence organoleptique. En l'occurrence, la machine vaut la main.

En tout état de cause, à l'heure actuelle, le corps du boulanger n'est ni craint ni stigmatisé, malgré l'environnement d'infection chronique et de suspicion angoissée frisant la paranoïa dans lequel nous vivons, en passant des bactéries et des champignons à la grippe du jour. Le façonnage à la main semble toujours plébiscité par une partie significative du public : l'assurance d'un travail non industriel l'emporte sur l'anxiété sanitaire. Bon à penser, le façonnage à la main nous paraît donc bon à manger. Pourquoi pas.

Si l'argument qualitatif du corps-outil est si robuste, comment expliquer le triomphe prodigieux de l'engin mécanique ?

En jouant du paradoxe, on pourrait dire que c'est l'autre versant du « progrès », celui qui est inexorable, linéaire et réellement éclairé. Il y a deux courants sur lesquels le pétrin mécanique pouvait espérer surfer. Le premier, je l'appellerais la question sociale de la boulangerie. Le pétrissage y est central, notamment dans le contexte du travail de nuit, pendant lequel il a ordinairement lieu et qui aggrave considérablement son cas. Faisant abstraction, pour le moment, des ténèbres de la nuit (« la nuit, temps de repos, est pour nous de torture », dit *La Misère des garçons boulangers*), disons que la question sociale tourne en grande partie autour de l'exploitation physique des ouvriers, la brutalité de leur travail. Elle exige l'atténuation de la pénibilité du labeur. Vouloir mettre en place le pétrin mécanique est ainsi une réponse précise et concrète à un des aspects primordiaux de la question sociale. Cela dit, la réforme bien-pensante, mais aussi adaptée et efficace, achoppe sur la résistance des premiers intéressés.

Pour surmonter l'obstacle, il a fallu le deuxième courant, autre agent de ce progrès à la fois moral, social, technique et sanitaire qui marque la deuxième moitié du XIXe siècle. Il s'agit de l'implacable mouvement hygiéniste, qui va cristalliser certaines craintes du public sur la boulangerie, surtout sur le corps du boulanger. Ce sera frapper de l'anathème le corps-outil, qui se réclamait de l'intérêt général, au nom du même principe du salut public. Il faut le disqualifier, car ce corps meurtri, fourbu, moulu est en même temps un corps désormais (souvent) infecté et donc, au nom d'un principe de précaution tant scientifique que politique, dangereux. Une angoisse sanitaire croissante, focalisée notamment sur la tuberculose, déconsidère définitivement la sueur. Que valait un pain savoureux, mais souillé, contaminé ? Le pain sacré se révéle diabolique, vecteur de maladie contagieuse, la sueur source de tuberculose (70 % des boulangers étaient atteints, selon une étude du début du XXe siècle, qui souligne la grande vulnérabilité respiratoire des « mineurs blancs » du fournil malsain) ou de syphilis, autre pathologie historiquement commune en boulangerie. Comme j'ai essayé de le montrer dans *Le Pain maudit*, que le pain, promesse de salut, lien de partage, devienne porteur de malheur, de toxicité, est incompréhensible et insupportable. C'est encore plus dramatique, dans le cas de figure hygiéniste, quand le boulanger pollue lui-même sa propre production. Incapable de contenir son dérèglement physique, il devient moralement suspect.

Hier, la sueur contribuait à une panification plus réussie, voire relevait le goût. En 1900, on revient au spectacle « répugnant » du geindre, nu jusqu'à la ceinture, suant, râlant, crachant et mêlant à la pâte que mangeront les consommateurs toutes les sécrétions de son corps surchauffé et les excrétions de ses poumons congestionnés par l'air impur d'un fournil étouffant. La sueur apporte du malsain, du nuisible, du repoussant. Indifférent à l'hygiène, se lavant rarement les mains ou le corps, l'ouvrier boulanger est sale, à l'extérieur comme à l'intérieur : la sueur combine les émanations du dedans et du dehors. Dans le registre des « exactions monstrueuses » du capital, commentant la situation de la boulangerie anglaise, où la falsification du produit va de pair avec la brutalisation de l'ouvrier, Karl Marx cite un texte montrant que l'Anglais moyen, destiné à manger son pain à la sueur de son front, ignore qu'il est condamné à manger chaque jour dans son pain une certaine quantité de sueur humaine, délayée avec des toiles d'araignées, des cadavres de cancrelats, de la levure pourrie et des évacuations d'ulcères purulents, sans parler d'alun, de sable et d'autres agents d'adultération. En France, peu après la publication du *Capital*, une « peur panique » autour du pain débouche sur une campagne en faveur du pétrissage mécanique, relayée par des associations, comme la Ligue sociale d'acheteurs. La municipalité lyonnaise reçoit des pétitions réclamant la désinfection à la chaux des fournils une fois par an et la généralisation des pétrins mécaniques. La réforme aura lieu non pas principalement pour soulager les peines des ouvriers boulangers, mais avant tout pour sauvegarder la santé des consommateurs.

C'est cette peur panique que vous évoquez qui est responsable de la mécanisation des fournils ?

Je vais vite. Disons que les conditions nécessaires pour la réalisation de l'innovation technologique sont multiples. Ces préalables sont autant sociaux, culturels et psychologiques qu'économiques. Il s'agit rarement d'une opération étroitement rationnelle. En l'occurrence, le levier décisif a été sanitaire et exogène. Je dis exogène pour souligner la pression provenant du dehors du fournil ; il n'est pas question d'une réponse au cri doloriste émanant du fournil, donc endogène. Mais il y a du jeu ici : si c'est, à l'origine, le pétrissage (métaphore pour un travail forcené dans un endroit globalement malsain) qui rend l'ouvrier boulanger lui-même « poitrinaire », la causalité hygiénique/iste se situe autant à l'intérieur du fournil que dans la sphère publique.

Une fois que ce nouvel enjeu a été clairement identifié, proclamé, la mécanisation s'étend avec une étonnante célérité. En 1904, seules dix boulangeries à Paris employaient un pétrin mécanique, puis 6 000 dans la France entière en 1914, soit 13 % du parc national. Dès les années 1920, quasiment tous les fournils en sont équipés, le processus ayant été accéléré par le manque de main-d'œuvre provoqué par la guerre. Presque tous les discours se sont modifiés dans le sillage de cette grande peur dont la sueur devint l'emblème. On commence à dire que le pétrin mécanique, loin d'asservir ou d'éliminer le garçon boulanger, allait lui permettre de s'épanouir comme artisan, car la machine réclamait un ouvrier habile, attentif, connaisseur de sa pâte. En même temps, on revient à l'idée que la boulangerie artisanale doit sortir d'une routine mutilante pour se pérenniser en assurant une qualité meilleure et régulière de son produit. Les essais comparatifs conduits sous l'égide du Syndicat des boulangers de la capitale, opposant aux mains 14 modèles de pétrins, montrent que le pain fabriqué « mécaniquement » était « identique », en rendement et en qualité, au produit fait main. (J'aurais aimé assister aux séances de dégustation ; le terme « identique » me semble *a priori* suspect.)

Pour sa part, le patron boulanger était moins inquiet à l'égard de la machine : les derniers modèles se sont révélés moins chers, moins bruyants, plus propres, mieux adaptés à l'espace exigu du fournil. La fée électrique rassure. Le conflit dit industriel qui perturbe le marché du travail, au lendemain de la création des syndicats ouvriers dans la boulangerie, pèse-t-il sur l'innovation technologique ? Après une série de grèves dans les deux dernières décennies du XIXe siècle (pour une hausse de salaire, la fin du travail de nuit, le portage à domicile, etc.), de nombreux patrons boulangers fantasment sur le pétrin mécanique comme moyen de les libérer de leur dépendance à l'égard des ouvriers, un peu comme le recours au mazout comme combustible (pas encore identifié comme cancérigène dans le four) les mettra à l'abri des grèves à EDF-GDF. Certains équipementiers, dans leur publicité, rappellent que le système mécanique préserve les patrons tant des coalitions ouvrières (le pétrin mécanique étant bien plus docile que le garçon boulanger) que de la désorganisation économique de la guerre (la pénurie de main-d'œuvre). Par ailleurs, l'État a lancé une campagne de promotion du pétrin mécanique, en lui accordant une place d'honneur dans diverses expositions industrielles et en proposant des incitations fiscales aux patrons qui le mettraient en service.

La mécanisation signifie-t-elle la fin des problèmes pour la boulangerie ; en a-t-on fini de suer ?

On continue de suer, et de se plaindre, dans le fournil ; la mécanisation du pétrissage ne règle pas la question sociale, loin s'en faut.

Depuis le XVIIIe siècle au moins jusqu'à la Grande Guerre, les garçons boulangers se sont plaints d'être toujours fatigués. Au XVIIIe siècle, ils travaillent seize heures par jour, six, parfois sept jours par semaine. La tâche ne se résume pas à la panification, proprement dite, entreprise longue en soi, astreignante. Manipuler des sacs de farine de 325 livres. Chercher, couper et empiler le bois. Allumer et surveiller le four, puis le nettoyer. Apporter de l'eau. Vanner le grain dans certaines boutiques, bluter la farine dans d'autres. Sortir dans le froid le lendemain matin pour livrer à domicile. Le rythme de travail était souvent frénétique, ajoutant au sentiment d'épuisement. Ils devaient se hâter de pétrir, se hâter pour faire lever les pâtes, pour cuire, pour vendre, pour répondre aux exigences de la clientèle, pour parer les ambitions des boutiques concurrentes. Puis, comme dit *La Misère*, il faut « incontinent recommencer ».

Le labeur était particulièrement harassant parce qu'il avait lieu essentiellement la nuit. À Paris, en 1750, on commence le travail à 23 heures, voire avant, comme à Pont-Saint-Esprit deux cents ans plus tard. « Passer toutes les nuits dans la captivité », c'est insoutenable, dit un poème des garçons boulangers de 1715. En 1890, d'autres ouvriers boulangers affirment qu'ils ne peuvent pas continuer à vivre comme des « chauves-souris » dans « l'esclavage nocturne ». Un brin condescendant, Louis-Sébastien Mercier, écrivain-promeneur, loue le boulanger, fin XVIIIe siècle : « Il veille sur moi, saluons-le. » La formule est reprise comme un levier de marketing à la fin du XXe siècle, même si la nuit est déjà moins prenante, moins terrible. Plusieurs milliers de boutiques portent le logo-enseigne conçu par la Confédération mettant en valeur le travail de nuit, un boulanger enfournant sous la lune, image doublement rassurante pour le consommateur qui sait que son boulanger veille sur lui et que son pain est frais tous les jours. Précisément parce qu'il s'agit de la nuit, parce qu'elle peut évoquer cet esclavage nocturne dénoncé jadis, rebutant ainsi la jeunesse qui peine à trouver une vocation dans le fournil de nos jours, la centrale syndicale vient de modifier cette représentation désormais considérée comme ringarde et fallacieuse de la boulangerie.

Si le temps est vécu autrement aujourd'hui, l'espace du fournil demeure souvent aussi exigu et oppressant que pendant l'Ancien Régime. On est fréquemment en sous-sol. Le boulanger est bien le « véritable troglodyte » décrit dans un rapport de police du début du

XIXe siècle. Au XVIIIe siècle, c'est mal éclairé et mal ventilé : l'air y est lourd et chargé, tantôt de poussière de farine, tantôt d'une humidité chaude et suffocante. Dans certains fournils, on a du mal à pétrir sans se cogner la tête. Le manque de place incitait à la négligence et à l'incurie. La crasse des murs qui s'écaillaient et des insectes tombaient dans la pâte, tandis que les réserves de farine étaient infestées par les rats. (Je n'ai jamais trouvé de chiens-ratiers, communs dans les moulins du XXe siècle, dans une boulangerie de l'Ancien Régime.)

Lorsque le four marche, la chaleur est infernale. Représenté comme suant à grosses gouttes, même quand il ne pétrit pas, le garçon boulanger reste en caleçon de travail six, voire sept jours par semaine. Il dort, quand il peut, « au-dessus du four », comme on disait, dans un étroit retranchement sur un petit lit composé de sacs remplis de plumes. Il se couche à 7 heures, s'il n'a pas de livraisons à effectuer. Cependant, il doit se lever plusieurs fois pour rafraîchir le levain. Donc, pas de repos soutenu, vraiment réparateur. Est-il surprenant que Mercier, fin observateur, ait été saisi par le contraste entre les garçons bouchers robustes et tout rougeauds, et les boulangers à l'air hagard et au teint plombé que l'on apercevait, pitoyables, sur le pas de la porte, tels des épouvantails enfarinés ?

La question sociale dépend aussi de la stratégie précise de la panification. On a vu le caractère exténuant de la production sur levain. L'introduction du travail « en direct » après la guerre de 1914-1918 allait révolutionner la manière de fabriquer le pain. Le direct n'exigeait aucune préparation – aucune fermentation préalable – avant le pétrissage. Le boulanger arrivait dans le fournil et incorporait la totalité de la farine et de l'eau avec une dose appropriée de levure. Le lobby du direct prônait les mérites techniques et organoleptiques de la levure, mais aussi ses vertus sociales et humaines. Car il libérait le boulanger des contraintes énormes de la panification sur levain. Impossible d'envisager l'abolition du travail de nuit et l'introduction de la journée de huit heures (bientôt au programme du Front populaire) avec une fermentation sur levain. Ainsi, l'éclipse du levain, qui inaugurait une longue et calamiteuse érosion du savoir-faire, devait annoncer un métier moins dur. Mais le triomphe du direct n'a mené ni à la suppression du travail de nuit, ni à la fabrication d'un pain à la fois moderne et délicieux.

Faut-il parler d'une mentalité spécifiquement « boulangère » ?

Je ne dirais pas « mentalité ». C'est un terme et un concept que je récuse, tant sur le plan historico-épistémologique (les fameuses mentalités populaires ou collectives) que sur le plan psychologique ou sociopsychologique. En revanche, il est certain que les ouvriers boulangers (et bien des maîtres) partagent une expérience (on dit souvent un « vécu ») et une façon d'appréhender, de représenter et d'interpréter le monde qui les marquent dans l'esprit et dans le corps.

Le travail de nuit était moralement et physiquement destructeur, comme Marx l'a bien relevé chez les ouvriers des fournils anglais et irlandais, brisés et humiliés. Les boulangers français se rendaient compte que ce travail nocturne et écrasant se soldait par une très forte dégradation du comportement et des valeurs. Il coupait les garçons du reste de la société ; ils formaient une classe à part. Le travail les contenait. Sitôt qu'ils s'échappaient, cependant, ils avaient tendance – c'est un de ces stéréotypes qui se confirment assez souvent dans les archives de la police – à exploser en débauche et crapuleries. Le boulanger avait la réputation d'être, de tous les compagnons parisiens, le plus nerveux et tempétueux. La police au XVIIIe siècle croyait au lien intime entre la nature de leur travail et leur tempérament irascible et agressif. Loin de les civiliser, le travail les barbarise, selon ces magistrats. Il gâte leur sens de la communauté, corrompt leurs valeurs et affaiblit leur empire sur eux-mêmes. Si l'on supprimait le travail de nuit, suggéraient certains réformateurs au siècle suivant, les garçons auraient moins besoin de boire, de se bagarrer et de courir la gueuse.

Il n'y a donc que douleur et tristesse dans le fournil du XVIIIe siècle, et un certain emportement violent à l'extérieur ?

Je ne peux pas compter le nombre de rixes, grabuges, agressions à main armée, insultes. Quantité de garçons sont envoyés aux galères (marqués au fer rouge de GAL) ou bannis de Paris (marqués d'un simple V). Plusieurs ont été condamnés à être pendus. Les boulangers buvaient dès qu'ils pouvaient quitter le fournil. Boire leur permettait de récupérer, mais les libérait aussi, de façon merveilleusement soudaine et puissante, et chacun suivant sa fantaisie. C'était un analgésique en même temps qu'un hallucinogène. Boire aidait ceux qui éprouvaient le besoin de fuir, mais permettait aussi aux autres de tenir à leur poste. La police craignait la boisson principalement parce qu'elle pouvait pousser l'ouvrier boulanger à la révolte, à la cabale habituellement ourdie à la taverne, qui facilitait et symbolisait le lien entre le vin d'une part et la débauche, le crime et la sédition de l'autre, entre comportement individuel (gênant, mais pas spécialement grave) et action collective (proprement effarante), entre libertinage et liberté, morale et politique.

Mais les garçons boulangers n'avaient pas forcément besoin de boisson pour fronder, surtout si le patron aggravait les circonstances structurellement dures du travail : ils abandonnaient le travail sans préavis, pratique interdite par la loi, compromettant ainsi la fourniture ; ils sabotaient la fournée en mettant du savon dans le pétrin ou en pourrissant le levain, manière de dégoûter les clients et de nuire sérieusement aux affaires du maître.

Il y a également le rire de Bakhtine, joyeux et railleur, régénérateur et subversif, ou franc et paillard. Dans ce dernier registre, je vous offre ce couplet lubrique chanté par des générations de boulangers, qui nous rappelle que la panification est symboliquement un acte sexuel, que le pénible métier de boulanger ne laisse guère de temps aux formes canoniques de la sexualité et que le pétrin contient peut-être les vestiges d'autres éléments organiques (humains) que la sueur :

C'était un garçon boulanger, ohé, ohé
Qui se masturbait dans la farine
Une belle dame vint à passer, ohé, ohé
Et lui dit vot' pain sent la pine.

La sexualité n'est pourtant pas sans conséquence pour la santé du boulanger, mais il ne s'agit plus de l'onanisme. Le travail d'un ouvrier était difficilement conciliable avec l'établissement d'une vie familiale. Notoirement, les garçons boulangers fréquentaient les prostituées et ils comptaient parmi les ouvriers les plus souvent sujets à des maladies vénériennes.

La santé des boulangers était un vrai problème ?

Bernardino Ramazzinni, le grand spécialiste des maladies professionnelles de l'Ancien Régime, a remarqué que les boulangers éprouvaient des pathologies plus couramment que d'autres ouvriers. Ils étaient sujets à un éventail atterrant de maladies graves, notamment des affections respiratoires : des rhumes chroniques à la tuberculose en passant par la pleurésie, l'asthme, les emphysèmes. Ils inhalaient des particules flottantes de farine qui fermentaient au contact de la salive et encrassaient la gorge, les poumons et l'appareil digestif d'une sorte de pâte qui était cause d'enrouement, de toux et de halètements. Échauffé et tout ruisselant de sueur, le garçon devait régulièrement quitter la boutique pour aller porter du pain : le brusque changement de température était propre aux infections. Leur vie de labeur multipliait les hernies, les ulcères et les varices, provoquaient des rhumatismes (mains gonflées, jambes déformées).

Les boulangers ont souvent revendiqué saint Lazare, le patron des lépreux, comme leur saint patron. C'était lié à une vraie préoccupation sanitaire ?

Apparemment occasionné par l'absorption de poussière de farine et de spores de levure, l'eczéma affligeait bon nombre de boulangers. Sans doute est-ce son apparition qu'ils prenaient à tort pour un signe avant-coureur de la lèpre, associée également à la chaleur excessive du four, voire au contact avec le feu, dont le spectre les obsédait et qu'ils tâchaient d'exorciser par des pratiques religieuses diverses. D'où la dévotion à saint Lazare.

Le roi, l'État ne faisaient-ils rien pour protéger ces boulangers qui étaient en première ligne du service public ?

Mercier demandait que l'on « compense » de quelque façon les boulangers qui ruinaient leur santé au travail pour satisfaire les besoins pressants du public. Invoquant l'exemple de la Grèce et de Rome, Macquer, auteur d'un *Dictionnaire des arts et métiers* (1766), prétendait que les nations les mieux policées accordent toujours « quelques privilèges » à leurs boulangers. Et un siècle plus tard, George Sand affirmait que le boulanger qui nous fournissait le plus nourrissant et le plus sain des aliments aurait dû marcher juste derrière le prêtre dans les solennités civiques.

Mais dans les faits, l'Ancien Régime résiste à l'idée de compensations particulières et n'intervient pas dans les affaires de santé professionnelle (sauf dans certains cas d'accidents du travail). Les autorités refusent aux boulangers l'autorisation de manger de la viande pendant le Carême pour leur permettre de récupérer les forces dont ils avaient besoin. Quand un compagnon tombe malade, il n'y a vraiment pas grand-chose pour l'inciter à se soigner convenablement. Un ouvrier indisposé doit payer un remplaçant sur ses propres deniers. Dès lors, que le « purgatoire », l'« enfer », la « captivité », le « travail forcé » soient autant de leitmotive du poème de « La Misère des garçons boulangers » n'a rien d'étonnant.

« On ne meurt pas boulanger », disait l'adage.

C'est vrai, dans le temps, les boulangers déploraient que rares fussent leurs collègues qui faisaient de vieux os. Après avoir dilapidé leurs forces et leur jeunesse, les prudents et les fortunés quittaient la boulangerie pour des tâches moins harassantes. Les autres mouraient entre quarante et cinquante ans des suites de l'épuisement ou de la maladie. Les boulangers britanniques évoqués par Marx atteignaient rarement l'âge de quarante-deux ans. Aujourd'hui, la vie en fournil, tant pour le patron que pour l'ouvrier, n'a rien à voir avec ce passé terrifiant. Grâce aux avancées tant sociales que techniques, le travail est infiniment moins dur.

Justement, quid *de la pénibilité aujourd'hui ?*

C'est toujours un métier assez dur, mais pas « pénible » selon les critères *ad hoc*. D'abord, le pétrin mécanique, puis les diviseuses et façonneuses, ensuite les chambres de fermentation et l'enfournement automatique, tout cela fait que le travail physique est bien moins éreintant. Même les sacs de farine ne sont plus écrasants : de 325 livres, puis 100 kg, ils sont passés à 40, 25 demain, et sont donc maniables par les femmes. Certains fournils sont équipés de machines épargnant aux ouvriers la nécessité de se pencher pour enlever manuellement des dizaines de kilos du pétrin. Un boulanger n'est plus obligatoirement astreint au travail de nuit, même s'il existe toujours, en fonction de l'organisation du travail et des objectifs de la Maison. Bien sûr, il y a une grande variabilité de cadences et de contraintes dans la profession. Tout le monde n'est pas logé à la même enseigne : l'ouvrier ne suit pas le même horaire que le patron ; le patron travaillant seul ne fait pas les mêmes heures que celui qui emploie plusieurs personnes en fournil. Je connais bien des patrons qui se lèvent à cinq heures, comme moi, comme pas mal d'ouvriers, de médecins, de camionneurs, etc. Cela dit, la pénibilité demeure sans doute la seule partie de leur histoire dont les boulangers sont imprégnés.

Car si, globalement, les blessures physiques se sont bien cicatrisées, il n'en va pas de même des plaies psychiques. Pour certains boulangers, il s'agit de souvenirs concrets transmis de père en fils, d'anecdotes terribles, plus ou moins vérifiables. Pour l'ensemble de la profession, il est question plutôt d'inconscient collectif, c'est-à-dire d'une mémoire peu précise, mais lourde à porter, qui ne cesse de marquer les esprits. L'historien, lui, n'a aucun problème à démontrer que cette mémoire est ancrée dans les faits.

Il y aurait comme un retour du refoulé dans la tête des boulangers ?

Pas tout à fait. Mais l'imaginaire social du boulanger est toujours hanté par cet héritage. Et l'image que le public a de la boulangerie est souvent assombrie – et déformée – par une représentation totalement anachronique. C'est, dit-on, une des raisons du manque de vocations aujourd'hui. Bien sûr, la profession insiste sur sa modernité. Mais il est frappant de voir comme le boulanger chevronné d'aujourd'hui, parfois maître d'apprentissage, en prenant la parole devant les jeunes, met souvent l'accent sur le fait qu'il en a « bavé », qu'il a « souffert » pour se construire et monter les marches de la profession. C'est vrai, sans aucun doute, mais pas en règle générale et pas comme autrefois, loin s'en faut. C'est un mauvais message à communiquer à des jeunes, que le boulanger-orateur risque de dégoûter ; mais c'est plus fort que lui.

En même temps, je pense que l'opposition entre l'archaïsme et la modernité dans le contexte de la boulangerie artisanale est réductrice et vaine. Très récemment, le président Crouzet a jeté l'anathème sur le mot « apprenti » parce qu'il renvoie, affirme-t-il, au Moyen Âge. Je laisse à mes amis médiévistes le soin de défendre leur époque, pétrie de contractions, comme la nôtre. Il y a plein d'idées reçues sur l'apprentissage, qu'il faut balayer, bien entendu. Mais changer le mot au prétexte qu'il fait fuir les jeunes par tout ce qu'il véhicule d'archaïsme me semble absurde et suicidaire. C'est au contraire en revendiquant cet héritage et la noblesse du métier de boulanger, en se réappropriant une histoire dans laquelle l'apprentissage a joué un rôle clé, qu'on peut essayer de donner du sens à l'engagement des jeunes. Ils s'inscrivent ainsi dans une histoire, une tradition qu'ils doivent assumer, puis rénover sans la renier. S'ouvrir à la modernité ne passe pas par l'évacuation du passé : la modernité n'est pas Minerve sortant tout armée de la tête de Jupiter. « Quand les hommes ne peuvent changer les choses, ils changent les mots », disait Jaurès.

La boulangerie artisanale a des problèmes de recrutement aujourd'hui ?

De graves problèmes. Le marché du travail pour les boulangers est extrêmement favorable : il y a une pénurie chronique d'ouvriers compétents. Le métier n'attire pas suffisamment et, plus calamiteux, ne retient pas bien : presque deux tiers des jeunes fraîchement diplômés d'un CAP quittent la profession au bout d'un an. Comment expliquer cette hémorragie ? Le désir de vivre sa vie avec le moins de contraintes possibles – d'aller danser, boire, jouer quand on veut (on verra si la crise actuelle modifie ces comportements...). On ne vend sans doute pas bien non plus le métier, malgré toute l'énergie que les instances syndicales y mettent. Il vaut mieux expliquer ce qu'est la boulangerie actuelle, quelles sont les opportunités et les perspectives sur le plan économique. Mais il faut aussi mieux parler du pain, de sa magie et de son magistère ; mettre en valeur la fascination qu'il continue d'exercer sur les Français ; susciter et partager la passion du pain. S'il n'y a pas de déclic émotionnel, le discours purement rationnel (type calcul coûts-bénéfices) risque de faire long feu. Et la formation n'est pas toujours bien adaptée aux exigences d'aujourd'hui. Je dis cela tout en reconnaissant le talent et l'engagement de dizaines de formateurs de CFA que j'ai eu le plaisir de rencontrer.

Il y a donc un problème avec l'apprentissage ?

Il ne pose pas du tout problème dans le sens « dickensien » (apprentissage comme lit de douleur, phase d'exploitation). La difficulté est ailleurs. L'apprentissage reste très dévalorisé dans une France toujours obnubilée par les diplômes. Les Allemands ont su mettre en valeur le travail manuel et l'apprentissage, qui est un levier économique et social d'efficience, voire d'expansion, de confiance, d'épanouissement. Pas de stigmatisation de ce statut, et une mobilité réelle, permettant à l'apprenti breveté d'avancer et de réussir dans son métier, ou d'entrer dans une école technique ou dans une université avec l'idée d'aller plus loin et de modifier son parcours. Il faut tout refaire sur le plan culturel en France, travail herculéen et urgentissime. Un apprentissage est une initiation et un commencement, pas un pis-aller ou un placard. On doit s'évertuer à donner davantage de souffle à cette belle perspective de rentrer dans un monde (plus ou moins) étranger, intéressant et enrichissant ; d'explorer et de conquérir de nouveaux territoires ; de se lancer dans un parcours stimulant et très ouvert, chargé de possibilités.

Il faut forger un message qui rompe avec le passé, mais corresponde strictement à la réalité : il y a peu de travail manuel aujourd'hui (si l'on veut le maîtriser, le faire bien) qui n'exige pas un bon niveau d'intelligence, je dirais à la fois pratique et abstraite. Le bac pro va dans ce sens. Il faut aller bien plus loin. Il est nécessaire de repenser le rapport, souvent tourmenté, entre l'Éducation nationale, d'un côté, et les gens du métier et les instances syndicales, de l'autre. On devrait articuler une nouvelle stratégie de recrutement, à tous les niveaux, à l'école, mais aussi au lycée et, pourquoi pas, à la fac. Il faut chercher les filles autant que les garçons, mais il n'est pas forcément utile – il est même paresseux – de se contenter d'un discours de type universaliste, au lieu de parler aux filles autrement qu'aux garçons, parce qu'elles sont différentes, bien au-delà de leurs caractéristiques physiques : en tempérament, en maturité relative, en manière de se situer dans le monde. Filles ou garçons, il faut trouver une autre façon de parler aux jeunes. Ce marché est fort segmenté ; il exige un traitement segmenté. Le programme lui-même, pour être aussi attractif qu'efficace, a besoin non pas d'un relookage, mais d'une transformation radicale.

Le discours actuel de la « profession » favorise-t-il le genre de refondation nécessaire, que vous appelez de vos vœux, pour assurer la pérennité de la boulangerie artisanale ?

Il faut à la fois un discours et une pratique de communication. Sur le dernier point, il est évident que la profession, incarnée de façon imparfaite par la Confédération nationale de la Boulangerie, évolue trop lentement. Elle reste trop repliée sur elle-même. Ses besoins, ses ambitions, son organisation, son métier – tout reste trop confidentiel. Qu'elle s'efforce de parler plus directement aux Français. Peut-être faut-il le faire de manière décentralisée, profitant de l'extraordinaire réseau d'artisans, superbement implantés pour toucher beaucoup de monde au jour le jour. Les « chefs », à tous les niveaux, doivent s'emparer de la parole pour faire passer le message que le futur de la boulangerie artisanale concerne tous les Français.

Revenons maintenant à ce que je viens d'appeler le discours. Plus précisément, il s'agit de l'idéologie et de l'éthos qu'il porte. Comment la profession se représente-t-elle aujourd'hui, d'abord à elle-même et, éventuellement, au monde extérieur ? La ligne de la Confédération, depuis une bonne décennie, est de mettre en valeur le boulanger comme entrepreneur, chef d'entreprise. C'est une démarche intelligente qui insiste sur la modernité de la profession et les outils dont elle a besoin, notamment de gestion et de commercialisation. Jusque-là, on parlait très peu du boulanger-*businessman* (dans le meilleur sens du terme). Les dirigeants craignent que le boulanger vieille école ne projette une image ringarde, trop intimement associée avec des traits négatifs, stéréotypés, anachroniques ou simplement démodés.

Tout en leur donnant raison, je redoute qu'à force de mettre l'accent sur le boulanger entrepreneur, on oublie le boulanger artisan. Or, je ne crois pas un instant que l'artisanat soit un concept archaïque ou qu'un bon entrepreneur, éloigné de l'esprit et de la pratique de l'artisanat, ne puisse réussir, en devenant industriel ou opérateur de terminaux. Un artisan boulanger de Marseille qui tient une « boulangerie » (selon la législation qui réserve cette appellation aux seuls artisans) et deux terminaux gagne bien plus d'argent avec ces derniers que dans la panification traditionnelle. Et n'oublions pas que la boulangerie industrielle fabrique actuellement du pain d'une qualité sensiblement supérieure à son produit d'il y a dix ans. Mais, s'il s'agit de nourrir, de préserver, de promouvoir la boulangerie artisanale, il ne faut pas faire l'impasse sur l'artisan. Parlons, donc, d'un boulanger qui est artisan, chef d'entreprise.

Le discours « officiel » de la corporation est-il le seul ?

C'est le seul qui ait pignon sur rue. Bien d'autres acteurs, tant du côté de la meunerie, vivement intéressée à l'avenir de l'artisanat, que de la boulangerie, ont des idées à proposer. Les discours de deux d'entre eux me semblent spécialement pertinents, justement parce qu'ils s'écartent de la vulgate et ont une dimension « holiste », si je puis dire. Ils s'adressent aux questions fondamentales et concrètes, mais d une manière, disons, à la fois philosophique et passionnée. D'abord, le franc-comtois Guy Boulet, aujourd'hui retraité cuisant son propre pain dans un four à sole réfractaire, travaillant le levain (ce « condiment », disaient les anciens), à la traque de la flaveur intense de fruit qui rendrait le sel inutile. Auparavant, il a eu une riche vie professionnelle comme entrepreneur-rénovateur et penseur du bonheur, technicien averti, créateur de la coopérative des boulangers « Monpain », ancien responsable de la formation à la Confédération, éternel étudiant, auteur. Boulet croit que l'artisanat ne peut s'exprimer qu'à travers un humanisme simple et direct, fondé sur des valeurs d'honnêteté, de lucidité, de respect de l'autre, de mise en cause permanente de soi, de solidarité morale et sociale, et de partage intellectuel. Comme un certain nombre d'économistes gagnés à la cause capitaliste dans le sillage d'un célèbre moraliste appelé Adam Smith, Boulet croit à la compatibilité, voire à la synergie, de l'altruisme, de l'éthique et de l'intérêt particulier cherchant le profit.

Bien plus jeune, en pleine activité commerciale, artisan-chef d'entreprise de trois boulangeries florissantes où la régularité de la qualité ne cesse de m'épater, employeur de 50 personnes, Franck Debieu se reconnaîtrait dans la vision du monde de Guy Boulet. Debieu croit que quand on réfléchit sur la fabrication d'un boulanger, il faut commencer par prendre en compte l'homme (ou la femme) en entier. C'est en se construisant que l'homme se fait artisan. C'est en travaillant sur lui-même qu'il apprend à travailler la pâte. L'artisan se crée (et se recrée) tous les jours, tout comme il accouche la pâte, chose vivante, qui donne naissance au pain tous les jours. Relation à la fois mystique et très technique avec la pâte, la boulangerie est également un échange entre les hommes (et les femmes !) du fournil et ceux du monde extérieur. Ce n'est qu'en allant à la rencontre des clients que le jeune boulanger peut forger cette autre dimension de sa personnalité – et du métier – qui tient aux relations humaines, autrement dit, le commerce de proximité au quotidien. Comme Guy Boulet, Franck Debieu est à la fois idéaliste et très proche du réel. Il est manifestement marqué par son expérience de compagnon du Devoir, une association fraternelle et ouvrière qui remonte à la nuit des temps. Jadis clandestine et souvent turbulente, elle aujourd'hui vigoureusement assise sur des valeurs morales et sociales (générosité, discipline, quête de l'excellence) liées à un fort engagement de transmission des rites de formation humaine et technique, qui s'appuient toujours sur un tour de France, devenu tour du monde.

11.

Du pain bénit...

Pain cause nationale. La France n'aurait pas mobilisé l'équivalent d'un CNERNA – dont une commission a consacré deux décennies à la défense de la qualité du pain – pour le charbon ou l'automobile, voire pour le vin. Mais le pain justifie toutes les mesures extraordinaires. Comment un peuple finit-il par s'identifier avec un objet comme le pain ? C'est un peu fou, non ?

Tout le monde a en tête l'image du Français rougeaud, un béret sur la tête, une bouteille de vin dans une main, une baguette dans l'autre. Comme tous les clichés, celui-ci est un peu éculé, mais il trahit tout de même quelques vérités. Lorsque je parle du pain, je suis tenté, malgré tous les scrupules du savant que je suis, et malgré toutes les réticences que j'ai, en tant que citoyen non français participant par procuration à la vie civique de ce pays, à parler de l'identité. Le mot est radioactif ; chaque individu, chaque société, chaque culture a besoin d'une assise identitaire, mais il faut être prudent quand on prétend la définir. La définir, soit, si l'on peut, mais surtout pas la réduire, l'immobiliser, la verrouiller. L'identité est toujours multiple, tant au niveau individuel que collectif, et en tout cas forcément un chantier incessant, un *work-in-progress* permanent.

L'identité a une myriade d'expressions et d'inflexions : religieuses, ethniques, nationales, morales, sexuelles, « genrées », idéologiques, physiques. La construction de l'identité est progressive et modifiable, soit dans une perspective historique, soit d'un point de vue psychologique. Elle est autant une relation qu'un attribut. Elle suppose une articulation de croyances, valeurs, intérêts, visions du monde, stratégies, etc. Elle possède une dimension pleinement sociale autant qu'individuelle et affective. Elle mobilise mémoire et mythe, fait et fiction, code (ou rite) et langage. Le groupe sert souvent comme catalyseur de l'identité personnelle. Des institutions et des expériences inscrivent les strates de mémoire dans les grands récits individuels et collectifs.

Et le pain dans tout ça ?

Je ne vais pas vous dire que le pain, c'est la « francité ». D'ailleurs, je n'aime pas trop cette idée de francité, son mélange d'essentialisme et d'arrogance. Il s'agit plutôt pour moi d'évoquer les « structures structurantes » ou les qualités profondément ancrées dans une expérience collective, qui constituent pas à pas un puissant héritage culturel, même si sa signification peut être brouillée et occultée. S'il n'y a pas de « France éternelle » et si l'identité nationale demeure un chantier permanent, certains éléments continuent, historiquement, de modeler la conscience et le comportement, le discours et la pratique, que les gens en aient conscience ou non. Le rapport entre la France et son pain est un de ces éléments.

Le pain est demeuré prégnant dans la vie française, aujourd'hui comme hier, même si c'était plus évident, plus contraignant et plus dramatique hier. Lorsque vous songez qu'une fois ou même deux fois par jour, des centaines de milliers de gens quittent leur bureau, leur appartement, leur maison pour aller vers ces 32 000 boulangeries, dans des processions pacifiques d'une taille sans précédent ! C'est la transhumance à une échelle jamais imaginée ! Car même les gens les plus blasés ne peuvent concevoir un repas sans pain. Nous ne sommes pas tenus d'aller dans ces eaux troubles du caractère fondamentalement chrétien de la France. Il ne s'agit pas de minorer l'importance de la communion catholique et du pain eucharistique. Mais il est une autre communion qui tient aussi un rôle majeur dans l'histoire de ce pays : c'est le fait de rompre le pain à chaque repas et de le partager, c'est la manière dont toute une société s'est organisée autour de lui. Le pain a été le grand protagoniste de la vie quotidienne, et c'est autour de lui qu'on a, pendant des siècles, construit l'ordre quotidien, que se sont jouées la stabilité des pouvoirs et la survie du peuple. D'où sa valeur mémorielle et patrimoniale aujourd'hui. S'il y a une grande constante à travers toutes les époques de l'histoire de France, c'est bien cette relation des Français avec l'objet pain qui fait que, même lorsqu'on se libère des cordes de la nécessité, comme les nommait Pascal, on n'en est pas pour autant quitte avec les cordes de l'imagination. Nous avons aujourd'hui suffisamment de sophistication psychologique, culturelle, sémiologique pour comprendre que les cordes de l'imagination restent puissantes et que le pain, même si sa consommation s'est considérablement tassée, donne aux Français une part de leur physionomie spécifique.

Si le pain pèse aujourd'hui, est-ce que, malgré tout, on peut parler encore d'une emprise ?

L'identité est en partie une affaire de représentations : comment on se voit soi-même et comment les autres voient les Français. Je ne crois pas que, spontanément, le Français aujourd'hui « se pense » en termes de pain, notamment s'il est jeune (la faute sans aucun doute à l'américanisation/mondialisation, à la déstructuration de la famille et de ses pratiques alimentaires, à la qualité scandaleusement mauvaise du pain en cantine scolaire, etc.). Mais l'image du pain demeure extrêmement présente, il suffit de flâner en ville, où boulangeries et terminaux pullulent, ou d'écouter les gens parler. Quand j'ai commencé à fréquenter la France, j'ai été fasciné par le « travail » linguistique porté par le trope du pain. Tout récemment, un grand commis d'État chargé de la régulation de la bourse en France expliquait à la radio que la surveillance du capitalisme était « son pain quotidien » et que, dans la suite de la crise financière, il avait « du pain sur la planche ». L'autre jour, un membre du PS nous dit : « Nicolas Sarkozy devait bien se douter qu'après avoir mangé son pain blanc, il allait être obligé, à un moment ou à un autre, d'ingurgiter son pain noir. »

Sa vocation métaphorique sacrée mise à part, le pain, en tant que trope quotidien presque omniprésent, a marqué la conscience de tous et véhiculé toutes sortes de notions : santé, fortune, intelligence, foyer, famille, amour, travail, joie, valeur relative, etc. Pour le Dr Malouin, qui s'en remettait au grec et à l'hébreu aussi bien qu'à l'usage courant, « la vie » et le pain étaient des « termes synonymes ». Gravement malade, une personne a perdu « le goût du pain ». Un homme qui a déjà bien vécu « a plus de la moitié de son pain cuit ». Un être taciturne ou dolent « a perdu son pain au four ». D'étymologie controversée, « baragouin » indique une langue que l'on ne comprend pas et qui paraît barbare. Mais *bara*, pain, et *gwinn*, vin, sont aussi les mots avec lesquels les pèlerins bretons sont censés avoir demandé l'hospitalité. Une jeune femme enceinte avant d'avoir convolé en justes noces « a emprunté un pain sur la fournée ». En Alsace, au XIXe siècle, des couples pressés « prennent des miches sur la fournée », mais d'aucuns apprennent à leurs dépens que « ce n'est pas toujours celui qui chauffe le four qui mord le pain chaud ».

Ces tropes se sont transformés imperceptiblement en une myriade de proverbes caractérisant un large éventail de comportements. Je vous livre quelques-uns de mes préférés. « Manger son pain blanc le premier », c'est commencer par couler des jours tranquilles avant de connaître des ennuis. Il est difficile de remédier à une affaire mal engagée : « À mal enfourner, on fait des pains cornus. » Pour dire qu'on est las d'une expérience, on observe que « cela est long comme un jour sans pain ». « Manger son pain dans son sac », c'est faire preuve d'un déplorable égoïsme. « Tel pain, telle soupe », formule lapidaire mais éloquente, qui décrit littéralement le manger populaire pendant des siècles et traduit la sagesse universelle que les choses sont bonnes suivant la matière qu'on y met.

Il faut reconnaître aussi que l'évolution de locutions témoigne autant de l'éclipse partielle du pain que de sa vivacité persistante. J'adore citer cette vacherie, à propos d'un jésuite, qui capte parfaitement l'ironie méchante de Voltaire : « Il m'a fait l'honneur d'imprimer à Lyon deux volumes contre moi pour avoir du pain (je ne crois pas que ce soit du pain blanc). » Blanc ou bis, ce pain dénotait les moyens d'existence ou le travail permettant de gagner sa vie. C'est exactement dans ce sens qu'un contemporain de Voltaire habitant le monde dont le philosophe avait peur, le milieu populaire du travail, utilisait le mot. Il s'agit d'un serrurier, arrêté au moment des émeutes de mai 1775 dites la « Guerre des farines », qui raconte à la police qu'il porte un marteau, non pas comme arme, mais parce que « c'est mon pain ». Le passage de l'image de « gagne-pain », commune depuis l'Ancien Régime jusqu'au début des Trente Glorieuses, à la formule du « gagne-bifteck », marque la distance socio-économique et culturelle considérable parcourue. En même temps, je pense à la décision de

Plantu, célèbre dessinateur du *Monde*, d'associer Jean-Pierre Raffarin à une baguette dans chaque évocation du Premier ministre de Jacques Chirac. Je ne crois pas qu'il s'agisse d'une allusion au moment antérieur où Raffarin tenait le portefeuille du ministère des PME, du commerce et de l'artisanat : la plupart des Français avaient sans doute oublié cette époque. Raffarin prétendait incarner la majorité silencieuse, les citoyens ordinaires, ce qu'il appelait la France « d'en bas ». Qu'est ce qui pourrait être plus emblématique, dans le paysage français des gens de tous les jours, que leur pain quotidien ?

Et l'image de la France et du Français à l'étranger ?

Elle reste intimement liée au pain, notamment à la baguette, qu'on le veuille ou non. Il ne s'agit pas du tout d'un cliché médisant. Si la France, à l'heure actuelle, n'est pas forcément perçue comme la cinquième puissance économique de la planète, elle n'est pas non plus réduite à la portion congrue frumentaire. Mais l'association avec le pain est flatteuse. Il n'est pas perçu comme un produit de banalité quotidienne, même s'il est lié à une France sempiternelle, ancrée dans un terroir mythique ; il est supposé incarner l'art de vivre français, une partie du génie français, une expression culturelle, un objet de gastronomie, presque de luxe, du moins de « populuxe ». Par un jeu métonymique inoxydable aux yeux de bien des étrangers, le pain est consubstantiel à une sorte de francité admirée.

Une jeune Japonaise, travaillant sur l'histoire culturelle de la France, me disait récemment qu'elle voulait entreprendre une comparaison de la haute couture et du « pain design », signe de la création/créativité dans la boulangerie aujourd'hui. Une Italienne m'a consulté sur la faisabilité d'une thèse sur le rôle du pain dans la littérature « sociale » du XIXe siècle français. Un doctorant américain veut reprendre l'histoire du rapport du pain avec revendication et révolte dans la France entre 1789 et le Front populaire. Un Libanais à Los Angeles me demande mon avis sur l'ouverture d'un grand « emporium » de luxe français dont l'emblème serait le pain français. Un étudiant en photographie dans une université provinciale d'Angleterre m'écrit à propos d'une étude comparative entre les pratiques « panaires » britanniques et françaises à partir de ce qu'on appelle en

Angleterre la *French stick*, le bâton français, autrement dit la baguette. La baguette est, dans le monde anglo-américain, certainement plus représentative de ce qu'est la spécificité française que, disons, les *French fried potatoes*. Il y a, à l'étranger, une reconnaissance en quelque sorte naturelle que le pain constitue un des remparts de l'exception culturelle française.

Revenons en France, mais restons sur ce thème que vous préférez ne pas nommer « francité ». Ne croyez-vous pas qu'il y a un volet spécifiquement chrétien dans l'identité française ?

Le débat sur les « racines » chrétiennes de l'Europe est submergé, depuis des années, dans l'affrontement idéologique et dans des débats politiques portant sur la constitution européenne, la relation de la Turquie à l'Europe, l'immigration, le port d'abord du voile, puis de la burka, le droit de cité du minaret, etc. À côté des racines chrétiennes, on peut raisonnablement faire référence aux racines grecques, juives, romaines, celtes, musulmanes, byzantines, arabes, ottomanes, etc. L'évocation même des racines est-elle une manière fructueuse, voire viable de concevoir l'histoire de l'Europe ou de la France ? Par ailleurs, qui peut nier que le christianisme ait joué un rôle décisif dans le déroulement de l'expérience française ? Comme héritage, engagement et projet, l'identité chrétienne est baignée dans une sacralité largement portée par le pain. Sans doute l'un des moments les plus émouvants de la liturgie chrétienne est l'instant eucharistique, où le Christ confie son corps en partage aux hommes et aux femmes à travers le pain. Commémorant le sacrifice, l'eucharistie offre une multiplicité de sens : repas du Seigneur, Cène, action de grâce, mais aussi « fraction du pain ». Jésus se présente comme le pain vivant. Les gestes centraux de la Cène tournent autour du pain : le Christ prend le pain, il le rompt, il le distribue. L'eucharistie renvoie aux miracles christiques dans lesquels le pain est souvent l'élément clé, notamment la multiplication des pains. La thématique du pain fait écho aux passages de l'Ancien Testament qui font déjà du pain l'expression de la générosité de Dieu et le fondement de la vie quotidienne. L'abondance est un don de Dieu, la pénurie la sanction du péché. Mais l'authentique disette n'est pas « une faim de pain », mais de la parole divine. D'où le message de Jésus : « Je suis le pain de vie, qui vient à moi n'aura jamais faim. »

Le pain eucharistique, qui est mystérieusement transformé pour devenir la chair du Christ au cours de la consécration, est appelé l'hostie, d'après *hostia*, qui signifie victime, associée à un sacrifice, désormais l'action de Jésus, jadis le sort d'un animal ou d'un ennemi. L'hostie que nous connaissons communément est une fine rondelle de pain azyme, le *communion wafer* que j'ai découvert pour la première fois quand la famille d'un copain de lycée m'a amené à l'église de Saint-Nicolas de Tolentino à Union Turnpike dans le Queens. Je ne l'ai pas touchée, je ne l'ai pas prise, je l'ai regardée, éberlué, entre les mains du prêtre, bien plus cérémonieusement vêtu que mon rabbin, cherchant à saisir le sens et la portée de la notion de la transsubstantiation que le père de mon pote, un ophtalmologiste d'origine italienne, me décrivait en termes simples, d'autant plus sidérants qu'il parlait en langage ordinaire. Je n'en revenais pas. Je savais que Jésus était, pour tous les chrétiens, le fils de Dieu, mais c'était tout. À cette époque je ne crois pas avoir compris le catholicisme comme une théologie, mais seulement comme une autre religion, ce qui, pour les Juifs américains, voulait dire une appartenance, un territoire, une communauté, peut-être une équipe, sans aucun doute une éventuelle menace. Et à l'école hébraïque, on nous avait fourni peu de moyens pour comprendre l'Autre ou pour le combattre : juste rappeler à l'adversaire qui revendiquait la supériorité de sa religion que Jésus était juif, un argument que je ne comprenais pas bien, mais qui me plaisait assez, car il semblait aussi irréfutable que lapidaire et, d'une manière ou d'une autre, fort incommodant pour mon contradicteur. Le prêtre disait, au nom du Christ : « Ceci est mon corps livré pour vous », et l'hostie n'était plus cette bizarre forme de pain, mais le Christ lui-même ressuscité, à la fois humain et divin, présent « en substance ». C'était grisant ; j'étais à la fois jaloux et inquiet. À la synagogue, rien ne ressemblait à cela. À la table du shabbat chez nous, le pain et le vin avaient un rôle important ; mais, à mes yeux adolescents et impressionnables, c'était assez pauvre par rapport à ce qui se passait à l'église. Il a fallu que j'attende quelques années avant de bien saisir de quoi il s'agissait dans la communion catholique, grâce à un cours à Princeton sur la Réforme.

Depuis mon adolescence dans le Queens, j'ai visité des centaines d'églises catholiques en Europe ; l'expression architecturale et esthétique de la foi, de l'aspiration et de la puissance catholique m'a toujours fasciné. J'ai eu l'occasion d'assister à de nombreuses messes. Mais je n'ai retrouvé ce sentiment de la profonde émotion accompagnant la communion qu'en lisant les lettres de Catherine de Sienne, voilà une vingtaine d'années, pour préparer un cours sur l'histoire et la culture de l'alimentation. Cette femme, qui abhorrait sa propre chair et ne désirait que l'union avec la chair du Christ, subsistait grâce à l'eucharistie en communiant presque tous les jours. À travers la communion, et le service par la souffrance, manger et avoir faim fusionnent. Connue pour des miracles de la multiplication alimentaire, Catherine trouvait dans l'eucharistie, de façon très émouvante, Christ comme nourriture et Christ comme rédemption.

Vous dites que vous ne vous rappelez pas, au moment où vous avez observé la célébration de l'eucharistie pour la première fois, si vous associez sciemment l'hostie – le fameux wafer *– avec du pain. Les catholiques savent bien entendu que l'hostie est le pain. Mais pourquoi ressemble-t-elle si peu au pain quotidien ?*

Vous voulez me pousser vers une critique de la pratique catholique qui pourrait provoquer l'ire de l'Église ? Si je me souviens bien, Catherine de Sienne disait que Dieu pourvoit l'eucharistie comme substitut au pain « lourd » et « physique » qui n'attise que la gloutonnerie et la luxure. Qu'est-ce qu'ils mettaient dans leur pain, les boulangers de son pays ? Pensait-elle à un pain de ménage, miche populaire, vraisemblablement lourd, mais peu propice à induire aux péchés d'excès, notamment sensuels ? Mais les pains dits de luxe de l'époque étaient plutôt mollets, c'est-à-dire légers. C'est pourtant vrai que même le pain de pur froment, tiré à blanc, le seul jugé en adéquation avec l'exigence de l'hostie, était bel et bien « physique », même s'il n'était pas forcément lourd. Étant donné son désir de s'unir avec le Christ, tout pain ordinairement matérialisé aurait obstrué sa route.

Il paraît qu'au commencement, les chrétiens se servaient du « pain ordinaire » dont les fidèles font l'offrande, qui deviendra obligatoire au VIe siècle. Cette pratique de l'oblation suggère-t-elle une division sociale du travail ? L'offrande est-elle en pain blanc de froment, don des aisés, qui couvrent les besoins de toute la communauté ? Au moins jusqu'au VIe siècle, le menu peuple, urbain mais surtout rural, avait la possibilité d'apporter, pour la consécration, un pain fabriqué de seigle ou d'autres céréales dites secondaires. Le pain apporté obligatoirement dépassait les besoins et la communion. Objet d'une bénédiction, ce pain « bénit » était distribué aux gens qui ne communiaient pas le jour même, mais on ne sait pas si ce transfert avait un caractère « social ». De toutes les façons, ce pain dit « d'eulogie » renvoie à la notion de partage qui structure la communauté chrétienne et représente une forme de charité. Une fois béni, ce pain n'est plus un aliment ordinaire : il est transformé en objet sacré, à potentiel transformatif. Dans la convivialité du partage, le pain bénit pourrait aussi conjurer un mauvais sort.

Pendant plusieurs siècles, le pain que les fidèles apportaient était généralement fermenté, malgré la description de la Cène dans les Évangiles de Matthieu, Marc et Luc comme un repas de pâque juive qui n'admet pas de pain fait au levain. Dès le IXe siècle, selon des textes administratifs, sans doute avant, la pratique du pain azyme s'installe, petit à petit. La production semble se rationaliser à partir du XIIe siècle, de plus en plus réservée à des groupes de religieux ou de laïcs étroitement surveillés. L'hostie devient une petite rondelle individuelle de pâte cuite entre deux plaques de fer. Elle remplace des hosties de pain azyme rondes et larges, faites pour le partage entre communiants. On entend plusieurs explications pour cette évolution vers le pain azyme individuel : meilleure conservation, réduction du risque de profanation par le biais des miettes, envie de différencier le pain eucharistique de celui de tous les jours. Officiellement, on semble minorer le poids de l'analogie avec la Cène. Estimant que cette dernière n'était pas un repas spécifiquement juif, l'Église byzantine refusa l'utilisation du pain azyme, cause du schisme avec l'Église romaine au milieu du XIe siècle. Cela aurait été trop beau si le goût du pain avait joué dans ces graves décisions. La volonté de se distancier de toute pratique juive, en revanche, prime chez les Byzantins. Difficile, au moins sur le plan sensoriel, de ne pas être d'accord avec leur affirmation que le pain azyme est un pain sans vie. De là, prétendre qu'il était incapable de transmettre l'immortalité, malgré sa fabrication avec la fleur de farine broyée sur des meules lavées, cela dépasse ma compétence. Mais l'enjeu pour l'Église était considérable. Aujourd'hui encore, le gros des chrétiens orthodoxes continue de célébrer l'eucharistie avec des pains au levain de taille et d'apparence diverses. Mais ils utilisent uniquement la partie la plus raffinée de la farine et une eau dite pure. (Est-ce qu'ils hydratent avec de l'eau bénite ? Voilà une idée pour Jean-Luc Poujauron et autres artisans boulangers qui considèrent l'eau comme un ingrédient clé dans la fermentation.) On me dit que la cuisson de l'hostie orthodoxe ne peut être menée que par un chrétien orthodoxe croyant, de préférence récemment confessé. Elle s'accompagne de prière et de jeûne. Je n'ai pas osé poser la question fondamentale : est-ce convenablement cuit ?

La Réforme aggrave la dispersion des pratiques. Les débats au XVIe siècle étaient souvent acrimonieux, parce que les protestants ne croient pas à la présence réelle du Christ dans le pain. De nos jours, il y a des luthériens tant du côté azyme que levain, tout comme les anglicans, des baptistes et autres confessions « réformées ». Aux États-Unis, les presbytériens préfèrent souvent un pain azyme qui ressemble à la *matzah* juive, incisé d'entailles et de petites perforations en imitation du corps lacéré du Christ.

On n'a pas demandé aux boulangers profanes de s'occuper du pain sacré ?

Confiée d'abord aux religieux, la fabrication des hosties deviendra en partie une activité commerciale (l'homologation par les autorités ecclésiastiques de la production et de la vente par la corporation des oblayers). De nos jours, malgré l'échelle fort importante de la production (60 000 000 hosties par an en France), l'essentiel reste entre les mains des religieuses maniant des machines assez sophistiquées (jusqu'à 20 000 hosties l'heure). J'ai visité une abbaye dans le Poitou qui en produit de façon très moderne, les monogrammes du Christ ou de l'agneau immolé inscrivant le lien avec la tradition. On paie un millier de petites blanches entre 15 et 19 euros.

Vous ne pouvez donc pas imputer la diminution du nombre de ceux qui communient au déclin de la qualité organoleptique de l'hostie...

Je ne suis pas expert dans ce domaine. Dans l'esprit contre-factuel, je me permets néanmoins de gamberger. Le choix du pain azyme, à la longue, contribue insidieusement à la désacralisation du pain – dans le double sens de sa graduelle banalisation (résultat du « progrès » social, mais processus malencontreusement accéléré par le discours de la boulangerie artisanale cherchant à se libérer de la tutelle de l'État) et de sa prise de distance par rapport à la source même de sa sacralité. C'est ce dernier point qui m'intéresse tout particulièrement. Tant que l'Église a pesé lourdement aussi bien dans la vie sociale et politique que dans le domaine spirituel, peu ou prou jusqu'à la Révolution française, le pain quotidien bénéficiait spontanément de la sacralisation portée par une population largement pratiquante, par la prégnance du fait religieux, par l'intime symbiose et interdépendance du trône et de l'autel. Le pain quotidien ne s'est pas encore éloigné du « faux » pain de l'eucharistie. Le *Pater Noster* n'est pas sans rapport avec la construction de l'ordre quotidien. Le pain bénit continue de jouer un rôle à la fois dans la vie sacrée et dans la vie profane, passerelle entre le pain du boulanger et le pain consacré. La déchristianisation démarre pourtant bien avant 1789. Sur le plan intellectuel, un texte « blasphématoire », racontant comment une souris dévore le corps du Christ en mangeant une hostie laissée sur l'autel, n'est pas très inquiétant, il fait partie d'un stock de sacrilèges circulant à l'intérieur d'une élite par définition étroite. Plus troublants, sans aucun doute, sont les multiples signes d'une érosion d'engagement croyant parmi les gens ordinaires, et ordinairement catholiques. Accélérée par la Révolution, la déchristianisation déjà en marche doit faire face à une contre-offensive vigoureuse menée par l'Église pendant tout le XIXe siècle, âge d'un terrible *Kulturkampf*. La République se construit contre l'Église et, par temps militant, contre ses hosties. Mais pas contre le pain, dorénavant irrémédiablement découplé de ses racines confessionnelles.

La République a échoué dans sa tentative de resacraliser le pain dans une liturgie sociale et laïque : le pain de l'égalité. Belle idée à fort potentiel sacré : exorciser la richesse et la pauvreté du corps social au nom d'une fusion solidaire, de la régénération de l'homme, d'un sacrifice partagé. Ce sont les fondements d'une eucharistie républicaine, d'une transcendance ici bas. Tous communiant au pain de l'égalité, le riche ne s'octroiera plus la fleur de farine, le pauvre ne sera plus contraint de se contenter d'un pain chargé de son. Beau projet, mais le nivellement par le bas ne plaît pas du tout aux consommateurs, tant pauvres que riches. La liberté semble se prêter mieux à une sacralisation consensuelle ; ou au moins cet aspect qui s'appelle la perspective de l'ascension sociale. En émoussant les inégalités les plus flagrantes, la République aurait dû mener au pain blanc pour tous. Un pain de l'égalité fabriqué comme une hostie – disons une hostie de la première époque, quand le levain n'était pas encore tabou – avec la fleur de la farine de froment, aurait suscité une très forte adhésion, fortement sacralisante. Impossible, pour des raisons conjoncturelles et idéologiques en 1793, c'est néanmoins ce qui s'est passé imperceptiblement à travers le XIXe siècle. Processus relativement discret, très éparpillé, il n'a pas pu restituer cette dimension perdue du sacré. La République, ou plutôt la cause socialo-républicaine, n'a pas totalement abandonné espoir. « Le pain, la paix et la liberté » du Front populaire est sans doute une tentative de resacralisation, dans une dynamique de lutte et de solidarité intenses. Mais c'était bien trop tard. Depuis très longtemps détaché, disjoint de son association eucharistique, le pain quotidien incarnera la lutte pour la survie au jour le jour, puis pour un statut social amélioré, ensuite se défera petit à petit de ses aspérités et de son poids dans un contexte on ne peut plus profane.

Pour illustrer le grand désarroi de la boulangerie française au milieu des années 1970, face à une concurrence, jusque-là quasiment inconnue, jugée intrinsèquement déloyale, et devant la chute implacable de la consommation du pain, que le retour du pain blanc n'a pas su endiguer, j'ai repris dans un de mes livres une histoire drôle, teintée de la mélancolie du moment, racontée dans la presse professionnelle, preuve que certains boulangers trouvaient un petit réconfort dans l'humour, fût-il un peu noir. Je me la réapproprie ici pour illustrer ma thèse de la disjonction du pain quotidien réel avec le pain sacré du christianisme institutionnel.

Une délégation américaine de Coca-Cola est reçue au Vatican par le pape lui-même. Elle lui offre un paiement mensuel d'un million de dollars si l'Église accepte de modifier le *Pater Noster* en faisant dire « donnez-nous notre Coca quotidien » au lieu de « donnez-nous notre pain quotidien ». Scandalisé, le pape les renvoie illico. Mais le capitalisme américain est tenace. La délégation revient trois mois plus tard avec une nouvelle proposition : si le Saint-Père accepte de modifier le *Pater Noster* en substituant le Coca-Cola au pain, le fabricant paiera dix millions de dollars par mois à l'Église. Long silence. Puis, le pape se tourne vers son secrétaire à l'autre bout de la pièce et lui demande : « Notre contrat avec la boulangerie prend fin quand ? »

C'est la fin de l'emprise du pain sur les Français ?

Non. C'est la fin de son emprise sacrale. Mais attention ! Ce ne fut ni une fin brusque ni une rupture universelle. Des vestiges de cette sacralité ont persisté pendant un long moment dans le comportement des Français, de certains Français. L'exemple le mieux connu est la coutume qui consiste à tracer le signe de croix sur la miche avec la pointe d'un couteau. La nature sainte du pain exigeait le respect, partant un protocole particulier ; la peur du châtiment obligeait les croyants à la rigueur. Pour éviter tout revers de fortune, ils prenaient grand soin de ne pas mettre la miche à l'envers, comme si c'eut été là quelque geste de profanation. Il était sacrilège de gaspiller du pain, de ne pas employer tous les restes dans la soupe ou sous quelque autre forme, à moins d'en faire l'aumône (notons en passant que l'horreur chrétienne du gaspillage servait les impératifs séculiers de l'ordre civil...). Laisser tomber le pain par terre était un affront qu'il fallait réparer d'un baiser. Fouler du pain aux pieds était un acte répréhensible. Mais de la liturgie au folklore, le *glissando* des prescriptions n'était pas toujours cohérent. Dans certaines régions de France, c'était un péché de donner du pain aux animaux, tandis qu'en d'autres lieux, il était recommandé de mêler des miettes de pain au grain des poules pour accroître le nombre d'œufs.

Même si je n'ai pas de preuves, je n'exclus pas que certains Français, en rompant le pain devant des convives à table, continuent, volontairement ou inconsciemment, à faire une espèce de pacte qui est marqué implicitement par le modèle du pain de vie. On pourrait soutenir que la notion même de communion laïque demeure métaphoriquement ancrée dans la sacralité chrétienne. Difficile de mesurer l'action symbolique sur l'inconscient.

Attention, la sacralité associée au pain n'est pas une affaire strictement chrétienne.

Loin s'en faut. Toutes les sociétés cultivant des céréales, pas forcément panifiables, mais simplement comestibles, constituant un des piliers de leur régime alimentaire, ont eu recours au sacré, à la recherche de l'apaisement de la nature, de la protection, de la sanctuarisation, de la magie et de la contre-magie, etc.

Si l'agriculture produit un système social tout autant qu'elle en est le produit, elle ne peut se passer de l'onction permanente de la religion. Pour garantir le succès de la récolte, pour espérer pouvoir éviter la faim, la société doit mobiliser la faveur divine. L'appel au sacré prend les formes les plus diverses : la cérémonie, soigneusement chorégraphiée encore aujourd'hui, de l'indigène des îles du Pacifique sud qui espère obtenir un rendement fructueux en se masturbant dans la terre où il va planter ses semences, aidé par son épouse, et en veillant toute la nuit pour que les meilleurs auspices accompagnent la plantation ; ou, au lendemain de la récolte, drainant le sol de sa force reproductive, le coït sacré que le laboureur grec doit accomplir avec son épouse sur la terre mère, pour lui remettre en mémoire la nécessité d'enfanter de nouveau ; ou même dans *La Terre* de Zola, située dans la Beauce, « la mer des céréales, roulante, profonde, sans bornes », portrait farouche de la culture paysanne, empreinte de la problématique de la fécondité explosive de la nature, en dehors d'une vision chrétienne, marquée par des accouplements d'animaux alternant avec ceux des humains, mettant en relief autant la passion propre de la terre nourricière et dévoratrice, régulière et capricieuse, que la passion implacable des hommes pour la terre.

Se réjouissant dans le labour et la paix, proche des humains, Déméter est l'objet d'un culte grec, notamment les mystères d'Éleusis, célébrant le retour à la vie et le cycle des moissons. Son homologue romaine, Cérès, déesse des moissons, couronnée d'épis de blé, tient parfois une faucille et porte deux petits enfants attachés à son sein, chacun brandissant une corne d'abondance, définissant bien sa fonction nourricière. Les dames romaines, vêtues de blanc, célèbrent des fêtes en l'honneur de la déesse, les Ambarvales, processions qui évoquent celles des Rogations, prières publiques que l'Église catholique fait pour obtenir de bonnes récoltes, pendant les trois jours qui précèdent la fête de l'Ascension.

Vecteur d'une sorte de sacralité (ou antisacralité) concurrentielle, la magie est souvent sollicitée pour combattre la stérilité des champs (comme celle des gens) et diverses forces maléfiques menaçant l'alimentation populaire. Sorciers noirs et blancs interviennent de différentes manières dans le cycle agricole, l'élevage des bêtes et la chaîne alimentaire, jadis de manière récurrente, mais encore aujourd'hui, plus épisodiquement, et pas seulement dans les cultures plus ou moins lointaines ou exotiques. En amont, la magie vise les semailles, puis la récolte en qualité et en quantité. En aval, elle intervient pour compromettre la fermentation panaire dans le cadre d'un règlement de comptes, ou pour rendre malade ou encore pour guérir par le pain. Certains historiens, travaillant sur l'Angleterre, la Norvège ou le Massachusetts, croient que la sorcellerie elle-même, sa représentation et sa réception sont parfois le produit des assauts subreptices de l'ergotisme : ici le pain en quelque sorte ensorcelle. La magie est censée protéger contre les trahisons ou les sanctionner, la plus odieuse, pour un boulanger, étant sans doute l'attaque directe par un confrère. Il y a environ trente-cinq ans, un boulanger d'une cinquantaine d'années se trouva à deux doigts de la catastrophe professionnelle, dans un village situé à la lisière de la Creuse et de l'Indre. Inexplicablement, sa pâte ne levait plus. Une fournée sur deux était ratée, et ses clients étaient de plus en plus nombreux à se tourner vers l'autre boulangerie du village que tenait une vieille dame. Après qu'il eut en vain changé de fournisseurs de farine, fabriqué de nouveaux levains, fait analyser son eau, son anxiété et sa jalousie le menèrent à la conclusion que sa rivale lui avait jeté un sort pour s'emparer de sa clientèle et ruiner son affaire. Sur les conseils de quelques leveurs de sort (non de pâte) du cru, il décida de lui rendre la pareille. Il sut que ses soupçons étaient fondés lorsque la boulangère tomba brusquement malade et dut abandonner presque aussitôt sa boutique après qu'il eut sacrifié un coq noir, suivant un rituel destiné à tourner contre elle la puissance diabolique de la volaille.

Vous avez suggéré tout à l'heure que le pain jouait un rôle capital dans la culture et la pratique juives.

Pour le Juif, comme pour le Français (est-ce toujours vrai ?), pas de repas sans pain. L'obligation de se laver les mains rituellement avant de le manger annonce la charge sacrale. Le pain fait un travail symbolique fort important chez les Juifs. Il porte des sens multiples, ambigus sinon contradictoires. Le pain signifie sacrifice et travail ardu, souffrance et besoin, émancipation et salut. Le pain fonctionne également comme médiatisation du temps. Il rappelle que le temps est long et lent, le temps de l'emblavure, puis de la récolte, enfin de la fermentation et de la cuisson. Le pain juif est déjà un « slow food ». Dans une autre optique, le pain construit trois types de temps. D'abord, le temps mythique : de la perfection, de l'Éden, quand le pain est littéralement prêt-à-manger. Puis, le pain désigne la réalité du temps présent, le temps historique et quotidien, où l'on doit gagner son pain à la sueur de son front, où l'on doit lutter pour survivre. Enfin, il y a le temps de l'âge messianique, le retour au paradis. Pour certains, la bénédiction sur le pain ne regarde pas le pain entre les pains, mais celui du temps passé et intensément sacré. Pour la plupart des Juifs, la bénédiction vise le temps futur, quand tout le monde aura suffisamment à manger, quand tout le monde pourra gagner son pain sans un travail écrasant ou avilissant.

Pour l'Israël biblique, le pain est souvent un symbole de salut. Cette association est sans doute liée à l'idée que le jardin d'Éden, paradis parfait, recélait des « arbres de pain », littéralement des arbres épargnant à l'homme la tâche longue et dure de cultiver la terre, transformer les céréales en farine, cuire cette dernière en pain, etc. La bénédiction sur le pain remercie Dieu d'avoir tiré le pain directement de la terre. Elle donne lieu à de vifs débats exégétiques concernant le sens de cette allusion à un moment idyllique où le pain est disponible sans exiger la sueur du front, c'est-à-dire du travail : s'agit-il d'une référence à un passé mythique ou à un avenir messianique ? De toutes les façons, par métonymie, le pain signifie la nourriture de tout un repas et devient implicitement une exigence à table, l'occasion de prononcer le *hamotzi,* cette prière pour le pain si centrale à l'expérience juive, où la manne et la *matzah* mettent en relief d'autres dimensions de la symbolique panaire.

Je n'ai jamais connu la manne, mais j'adore la *matzah*, que je mange à Pessah, la pâque juive, et à d'autres moments quand je le trouve. C'est comme une madeleine qui me rappelle le chaleureux repas rituel en famille dit *Séder*, mené par mon grand-père maternel et confectionné par sa femme. Gamin, j'étais impatient de trouver l'*afikoman*, un morceau de *matzah* que mon grand-père cachait, pour que les enfants à table puissent le « voler » et demander une récompense (dans mon cas, du chocolat spécial pour la fête pascale). Symbole de salut, profane et sacré, la *matzah* commémore le départ précipité des Hébreux qui quittent l'esclavage égyptien sans pouvoir attendre que la pâte se lève pour faire du pain ordinaire. On rejette le levain, l'agent qui fait pousser le pain, mais connote aussi la corruption (c'est une manière de voir littéralement la fermentation) et l'orgueil (la pâte qui gonfle). Le pain azyme – la *matzah* qui fait penser à l'hostie – est donc le pain de la liberté, mais c'est aussi l'emblème du pain du pauvre, un rappel à l'humilité et à la gratitude.

J'ajoute que la symbolique du pain n'est pas un phénomène spécifiquement judéo-chrétien. Par exemple, dans l'épopée de Gilgamesh, récit légendaire de l'ancienne Mésopotamie, le pain est la nourriture civilisatrice par excellence. Enkidu, l'homme sauvage, est civilisé par son frère Gilgamesh, roi de la cité d'Uruk, qui lui fait abandonner la cueillette en faveur de la consommation du pain et de la bière, produits de la fermentation, de la transformation de la nature par l'homme. Et, dans l'épopée homérique, Ulysse, à chaque nouvelle aventure, se met en quête des « mangeurs de pain », marqueurs d'humanité et de civilisation.

Vous dressez, ouvertement et implicitement, des parallèles entre les fonctions symboliques du pain chez les Chrétiens et chez les Juifs, entre la matzah *et l'hostie...*

Bien entendu : le pain marque profondément les deux religions. Par ailleurs, c'est aussi sur le terrain du pain que se sont exprimées l'hostilité chronique et cette vieille haine des catholiques à l'égard des Juifs déicides. Dès le XIIIe siècle, on accuse les Juifs de se procurer, par vol, achat ou corruption, des hosties consacrées dans le but de les profaner en les mutilant, brisant, perçant de clous ou d'aiguilles, mais surtout en reproduisant et ainsi en renouvelant la crucifixion. L'accusation suppose que les Juifs adhéraient à la doctrine de la présence réelle et de la transsubstantiation que l'Église a entérinée en 1215. Une preuve : le refus des Juifs de laisser les domestiques chrétiennes employées comme nourrices donner le sein à leurs enfants pendant trois jours suivant leur communion : ils ne voulaient pas que leurs enfants avalent le corps du Christ en prenant du lait.

L'affaire de Paris, pendant la semaine sainte de 1290, devient le paradigme d'un récit qui se répète des centaines de fois, sous de multiples versions. Un Juif obtient une hostie consacrée et tente vainement de la détruire avec marteau et couteau : elle saigne tout en demeurant intacte. L'agresseur persiste, échouant également avec de l'eau et du feu. Inaltérable, l'hostie révèle son caractère surnaturel, source d'une myriade de croyances et pratiques cherchant à exploiter son efficience magique (protection contre des forces maléfiques, conquête de richesse ou de pouvoir, etc.). Jusqu'au XIXe siècle, un peu partout, notamment en Allemagne et en Europe centrale, des Juifs sont condamnés et exécutés pour le crime de profanation, ou cruellement massacrés, souvent brûlés vifs, parfois par centaines. Des communautés entières sont expulsées.

Pourquoi les Juifs ne détruisaient-ils pas les preuves de leurs forfaits, le *corpus delicti* ? Selon des chroniques, terrifiés par l'apparition du sang, ils essayaient de cacher l'hostie, mais chaque fois des miracles se produisaient pour le leur interdire : les morceaux d'une hostie percée se transformaient en papillons, capables de guérir les aveugles ; des anges les empêchaient de brûler l'hostie dans un four ; ou les Juifs étaient trahis par une marque indélébile du sang de l'hostie qui tachait leurs fronts.

Étant donné le système de croyances dans lequel elles ont fonctionné, ces histoires miraculeuses et atroces n'ont nul besoin d'une assise matérielle. Cependant, dès le XIXe siècle, plusieurs savants ont suggéré que des micro-organismes, baptisés vers 1870 *micrococcus prodigiosus*, pouvaient provoquer un rougissement ou un brunissement rougeâtre dans le pain, la polenta, les pommes de terre, etc. Il est donc possible que certaines accusations soient parties du constat de taches rouges sur les hosties consacrées. Ce phénomène me fait penser à la grande peur du « pain filant » dans la boulangerie, une infestation par le *bacillus mesentericus* qui donne, douze heures après cuisson, un pain dont la mie devenue grisâtre, collante et visqueuse, dégageant une odeur de fruit pourri. C'est une contamination rare qui a frappé ici et là pendant la Seconde Guerre mondiale. J'en ai trouvé un cas dans les années 1950 ; et j'ai le vague souvenir du récit d'une irruption dans la boulangerie militaire de Paris un peu plus d'un siècle plus tôt. En cas de pain filant, le boulanger est contraint de prendre des mesures drastiques de désinfection du fournil.

Curieusement, aujourd'hui, l'incidence du pain filant est moins commune que l'écho des accusations de la profanation des hosties.

Dans les années 1990, dans deux églises catholiques dans le Mississippi et dans l'Ontario au Canada, on a accusé des satanistes de vol des hosties consacrées avec l'intention de les utiliser dans des rites de sacrilège. J'ai vu passer des images de ce qui semblait être une profanation des hosties sur Youtube. L'année dernière, une antenne de l'université du Minnesota a été secouée par un mini-scandale concernant des allégations de profanation.

Il reste la *matzah*, qui ne sort pas indemne, loin s'en faut, des pratiques atroces d'antisémitisme. Car, aux yeux de beaucoup de monde, les Juifs ne se contentaient pas de profaner le pain de la vie et de reproduire la Passion. Ils étaient coupables de crimes rituels, archaïques et éternelles accusations nourries par des hantises collectives, l'endoctrinement religieux, la pensée magique et les tensions socio-économiques, lancées contre diverses minorités ethniques et religieuses, mais particulièrement acharnées à l'égard des Juifs, surtout à partir du XIIe siècle. Des centaines de fois, les Juifs ont été dénoncés pour avoir commis des crimes de sang, notamment le meurtre d'enfants chrétiens, fournissant un prétexte à d'innombrables massacres. On imputait aux Juifs une soif de sang, malgré l'interdiction absolue de la consommation de la moindre quantité de sang prononcée par la loi toranique, soif de sang manifestée dans le sacrifice humain et le cannibalisme, inversion parodique de la « théophagie » de l'eucharistie, pour assouvir leurs besoins rituels, médicaux et magiques. L'instrument de ces actes était souvent la *matzah*, nécessairement fabriquée avec du sang à l'occasion de la pâque juive.

Les épisodes de crimes de sang rappellent, par certains gestes, le répertoire de la profanation de l'hostie. Un des plus célèbres cas, dans l'est de l'Angleterre en 1144, part de la rumeur, propagée par un ancien Juif devenu moine, de l'enlèvement d'un garçon chrétien par des Juifs qui sont censés l'avoir ligoté à une croix et l'avoir frappé à la tête de coups de couteau pour simuler la couronne d'épines de Jésus, avant de le tuer pour extraire de son corps du sang, mélangé dans la confection de la *matzah* – le pain le plus proche, dans ses principes de fabrication, de l'hostie elle-même. On me dit que l'on pouvait voir dans un certain nombre d'églises européennes, jusqu'au milieu du XXe siècle, l'exposition des couteaux et autres instruments que les Juifs auraient utilisés pour leurs forfaits rituels. Déployée par les nazis pour attiser et justifier la haine, la légende antijuive prospère encore aujourd'hui dans la propagande arabe et islamiste. Aux États-Unis, je trouve de temps en temps des échos de ces accusations de meurtre rituel : elles sont, en règle générale, le fait des intégristes chrétiens contre les satanistes et les défenseurs de l'avortement.

Vous évoquez là la multiplicité des visages du sacré.

Avec plus ou moins de netteté et d'acuité, le sacré se trouve au cœur de tous les grands débats, de tous les affrontements majeurs, dans toutes les époques et dans toutes les cultures. Du point de vue des acteurs, c'est une cartographie normative, un code, un état d'esprit, une possibilité, une contrainte, une posture, etc. Du point de vue des analystes, c'est un concept anthropologique, une idée philosophique, une notion religieuse, un cadre idéologique, un instrument politique, etc. Le sacré est habituellement opposé au profane, mais souvent au sein d'une tautologie stérile. Il est enraciné dans la tradition, mais les traditions s'inventent tous les jours. Il désigne ce qui se situe en dehors de l'ordinaire, mais il s'installe souvent dans le plus quotidien. Il est exalté par le fait même d'être d'accès difficile, mais il fait partie de toutes espèces d'échanges, il fonctionne sur toutes sortes de marchés. Il peut être associé à la transcendance, mais il est inscrit dans la condition humaine au ras du sol. Parfois levier d'émancipation, le sacré est également véhicule d'asservissement. Il produit des interdits, mais il prospère souvent en fonction de leur transgression. Il régit le comportement collectif, mais il est constamment sollicité à des fins individuelles ou individualistes. Le champ du sacré est un terrain sublime, aérien, voire surnaturel ; mais il est communément envahi par des intérêts, par le réel, voire par l'abject.

Le sacré est ainsi multiple et contradictoire, immuable et changeant, omniprésent et indisponible, transparent et opaque. Il faut se consacrer au sacré, si l'on prétend le bien saisir. Je n'ai pas cette prétention. Je sais que la notion m'aide à mieux comprendre le passé, et c'est ce qui m'importe.

À mes yeux, par exemple, l'histoire de l'Ancien Régime (et, par ailleurs, de la Révolution) passe par plusieurs processus de désacralisation. Les risques de ce genre de conceptualisation sont sérieux : il peut donner l'impression d'une vision téléologique, d'une explication finalement aussi naïve que mécanique des transformations multiples qu'on appelle couramment la modernisation. Évidemment il faut prendre toutes ses précautions, épistémologiques et analytiques, en parlant de la modernisation d'un État ou d'une société. Comme théorie générale, la modernisation, d'inspiration weberienne, est la réponse spécifiquement américaine au marxisme, projetée comme une méthode universellement applicable et scientifique. S'ils donnent la primauté à l'économie, bien des partisans de la théorie de la modernisation mettent l'accent sur le poids des mutations psychologiques et intellectuelles dans la production d'un soi rationnel et autonome, préalable aux métamorphoses de la modernisation. Disons que j'emprunte, en bricoleur, certaines parties ou angles de cette théorie, sans devenir otage de l'idéologie sous-jacente, notamment de l'idée de progrès inéluctable, linéaire et positif.

Si la modernisation – il faudra la définir bien plus rigoureusement – passe par la désacralisation – il faudra préciser sa portée –, cela ne veut pas dire que le sacré est supprimé. Il est déplacé, sans doute transformé, mais je ne soutiens pas du tout que le sacré et la modernisation seraient antinomiques. Je dis plus modestement que certaines formes de sacralité figent un monde, bloquent son évolution, justifient ses oppressions, perpétuent ses injustices, sanctionnent ses iconoclasmes, etc. C'est une perspective marquée sans doute par ce qu'on appelle des jugements de valeur (pourquoi pas ?), mais qui demande à être objectivée, soumise à la preuve, argumentée.

Quelle serait la traduction de cette approche pour cet Ancien Régime que vous interrogez depuis des décennies ?

Eh bien, pour se moderniser, la France doit entreprendre – ou subir – une double désacralisation, celle du pouvoir royal et celle du pain : elles sont intimement liées et elles vont de pair. Il faut faire sauter ce double verrouillage qui, aux yeux des réformateurs libéraux, soi-disant modernisateurs, émancipateurs et rationalisateurs, asphyxie le pays, obstrue son développement. Le pouvoir, c'est la monarchie de droit divin ; l'alliance naturelle avec l'institution ecclésiastique et sa doxa ; la grande chaîne corporative construisant une société organiquement stratifiée, hiérarchisée et tenue ; une posture et une pratique paternalistes ; une régulation socio-économique dirigiste, interventionniste, réglementariste. La définition du rôle du pain, grand protagoniste sur la scène sociale, politique, économique et culturelle, recoupe celle du Pouvoir. Le pain, c'est le contrat social des subsistances qui lie le souverain à ses sujets, le Père à ses enfants, ce grand pacte de stabilité et de confiance qui structure les relations entre État et société, et définit certains des attributs et des obligations de la couronne ; c'est l'engagement irréfragable du roi du côté du peuple-consommateur, la garantie contre la famine en échange de la soumission générale ; c'est la construction de l'ordre quotidien, la source de ce qu'on appelle la « tranquillité publique » ; c'est la « police » de l'approvisionnement, concrètement robuste, théoriquement plus ou moins tentaculaire, à la fois une idée-force et une série d'administrations, s'étendant depuis les conseils royaux et le grand ministère socio-économique baptisé le Contrôle-général jusqu'aux lieutenants de police et juges des grandes et petites juridictions, en passant par les intendants et les parlements, ces derniers dotés d'une autorité particulièrement dense et assez autonome.

Le Pouvoir puise sa sacralité dans la nature même de la couronne, ou plutôt dans la théorisation de la monarchie à travers de nombreuses crises et une lente évolution. Comme disait Bossuet : « Ô rois, vous êtes des dieux ». Le roi tient de Dieu, son pouvoir est absolu (mais pas arbitraire). Le roi est le vice-roi du Christ sur terre, il agit de façon presque magique en touchant pour guérir les écrouelles. À Versailles et ailleurs, se levant, se couchant, mangeant, chassant, dansant, priant, il est en représentation permanente, objet d'une sorte d'adoration chorégraphiée d'en haut et, si tout va pour le mieux, spontanée d'en bas (on pense à l'effusion de sympathie et de souci populaires pour le roi « bien-aimé » quand Louis XV tombe malade en 1744). Au service de la doctrine de « pleine puissance, certaine science et d'autorité royale », la royauté ne cesse d'affirmer haut et fort qu'elle n'est comptable devant personne ici-bas. Toutefois, dans la pratique sinon dans le discours, le roi doit répondre au peuple pour ses actes dans le domaine de l'approvisionnement. Il n'a pas de choix. Le Pouvoir et le pain sont inextricablement liés : malgré son cachet presque surnaturel, le roi dépend du pain comme garant de sa légitimité en dernière instance. Le pain tire sa sanctuarisation, et partant sa sacralisation sociopolitique, directement du monarque, de son engagement solennel, de son statut de prince nourricier. Comme le roi, dont le mandat porte la double empreinte du temporel et du spirituel, le pain, objet liturgique primordial, appartient simultanément aux deux univers. S'il y a un moment social et politique où la voix du peuple est la voix de Dieu, comme dit l'adage, c'est bien dans la relation entre le pain et le Pouvoir.

À partir de la deuxième moitié du XVIIIe siècle, on peut parler d'un double processus de désacralisation qui, sans complètement aboutir, va ébranler les deux piliers de ce système de gouvernance. On a déjà parlé de sa genèse et de son déroulement. Le moteur en est la réforme la plus radicale du siècle des Lumières, promulguée en 1763-1764, la décision de mettre fin au contrat social des subsistances. C'est l'étonnant moment de l'arrivée de la « philosophie économique » au gouvernement dix ans avant Turgot : c'est la conquête libérale, projet audacieux, grisant et dangereux, qui déclenchera une décennie de turbulences sociales, politiques et économiques.

En désacralisant brutalement le pain, désormais simple denrée marchande, Louis XV amorce la désacralisation de la royauté, sa véritable refondation. Il fait une cinglante critique du parcours monarchique depuis des siècles, violation permanente et calamiteuse des lois naturelles, interventionnisme arbitraire, myope et coûteux qui a mutilé la société et accablé l'État de dettes. La politique du pain était à la fois symbole et instrument de cette dérive sclérosante. En perdant son statut exceptionnel (et usurpé), le pain restitue à la société son dynamisme et au pouvoir son indépendance. Cependant, à partir de là, la monarchie n'aura plus jamais les coudées vraiment franches. Car le roi n'est plus seul maître du jeu : comme tout le monde, il doit obéir aux lois naturelles, qui circonscrivent considérablement ses prérogatives et son champ d'action. Tenant de la nature plutôt que de Dieu, le monarque puise sa légitimité dans son abnégation, et non pas en écoutant la voix forcément égarée du peuple.

Louis XV lui donne la bonne/mauvaise nouvelle : il ne peut plus prétendre être leur père, ils ne sont plus ses enfants. Pour leur pain quotidien, ils doivent dorénavant se débrouiller comme ils peuvent, dans un environnement économique qui est censé, à moyen terme, être plus favorable à la production, la productivité, la croissance économique en général. Implicitement, le roi sonne le glas de la société des corps et annonce l'avènement de la société atomisée d'individus. L'État, comme la société, sera régenté désormais par les deux lois naturelles qu'il prononce « sacrées », la propriété et la liberté. Galiani,

Diderot, et même le banquier Necker mettent vainement en garde contre l'idée que le grain puisse être, en toutes circonstances, la pleine propriété de son détenteur légal qui peut en disposer comme bon lui semble. Le pain providentiel et paternel abandonne sa sacralité au capitalisme, qui se met à réclamer son dû avec une certaine véhémence.

Par son comportement privé et public (distinction peu pertinente pour un roi) et par son aveuglement, Louis XV accélère le processus de la désacralisation et de la délégitimation de la royauté. Dans la foulée, il se trouve personnellement accusé de participer à l'infâme projet d'organiser la famine de ses propres sujets pour des raisons bassement vénales : c'est le tristement célèbre « pacte de famine ». Des placards dans les rues des grandes villes le dénoncent comme un vil accapareur. On ne peut pas imaginer une accusation plus grave contre un monarque : on dépasse de loin le « mauvais discours » canonique, on est dans le discrédit impensable.

Mon ami Robert Darnton, grand historien américain des Lumières, met l'accent sur un autre front de discrédit qui mène, à son avis, à la lente mais irréversible délégitimation de la monarchie : les nombreux libelles décrivant, avec forces détails, la déchéance sexuelle de Louis XV, esclave de la Du Barry, misérable putain opportuniste, qui le cocufie et le ridiculise, le souille et le vide de son pouvoir symbolique. C'est l'impuissance du roi qu'elle met en relief : le roi divin devient un « tyran débile » ; le sceptre royal est aussi faible que le « vit » royal. Dans *Les Anecdotes sur Mme la comtesse Du Barry* et dans d'autres libelles, on trouve une parodie du *Pater Noster* : le choix de cette cible chargée de signification, la prière la plus connue de la religion chrétienne, est en soi éminemment révélateur. Ce texte me semble mériter une autre lecture informée justement par la répudiation que fait Louis XV lui-même de la monarchie nourricière, garant de la vie, virile, fermement paternelle. En renonçant brusquement à sa responsabilité pour le pain de peuple, le roi brandit son impuissance « naturelle » d'une manière qui ne peut apparaître que surprenante et choquante. La partie clé de ce texte « désacralisateur » est peut-être moins la dénonciation de Mme Du Barry que la demande pathétique adressée au roi, le père dans ce *Pater,* de « nous rendre » le pain quotidien qu'il a ôté à ses enfants dont il ne voulait plus reconnaître la paternité. La Du Barry est là pour mettre en scène la corruption et l'incapacité (tant politique que sexuelle) de Louis XV. Mais la source de cette « faiblesse » constitutionnelle réside dans l'abjuration du pacte scellé par le pain. La maladie qui met fin à la vie de Louis XV nous y ramène. Il contracte la petite vérole dans le Parc aux cerfs, à Versailles – harem royal des amours sans lendemain, avec une fille de meunier, bien sûr.

La désacralisation du couple pain-pouvoir reste inaboutie à la fin de l'Ancien Régime. La Révolution parachève celle de la royauté. En remplaçant le roi comme souverain, le peuple est sacralisé, mais non sans réserves ni ambiguïtés. Tout en encensant le peuple, la Révolution a peur de lui. Ce peuple – bigarré, dispersé, rarement unifié, difficile à « définir » de manière stable et cohérente – s'efforce de résister aux grandes tentations libérales, qui semblent suivre logiquement la Déclaration des droits de l'homme. Il échoue en ce qui concerne l'organisation sociale et la régulation du monde et du marché du travail : la loi Le Chapelier, entérinant l'individualisme, devient tout de suite une inébranlable masse de granit. Ce même peuple bloque la tentative des émules de Louis XV le libéral, puis de Turgot, de confier les subsistances au marché, à la main invisible. Il refuse la position de Roland, ministre de la première République, héritier du libéralisme corrosif et intransigeant de l'âge physiocrate, qui affirme que la seule chose que le gouvernement et l'assemblée pouvaient se permettre sur l'approvisionnement, c'était de « prononcer qu'elle ne doit rien faire ». Les subsistances constituent un des plus graves et persistants problèmes de la Révolution, étape après étape. Sous la pression populaire, par pragmatisme et par patriotisme, les chefs révolutionnaires ont reconnu que le coût de la désacralisation du pain était beaucoup trop élevé. Mais la question est loin d'être définitivement réglée, tant que le pain reste la base de l'alimentation populaire, et même après. Napoléon Ier endosse vigoureusement la politique paternaliste et dirigiste, mais Napoléon III ne cache pas ses doutes. La tension entre libéraux et dirigistes à propos de l'approvisionnement du pain persiste pendant la première moitié du XXe siècle, prenant une place capitale dans le débat public pendant la décennie qui suit la Libération. Autrement dit, jusqu'à assez récemment, l'État a hésité à s'aventurer sur le terrain à haut risque de la désacralisation du pain. Ironiquement, ce sont les boulangers eux-mêmes qui ont finalement mené à bien la longue campagne pour cette banalisation du pain quotidien dont ils rêvaient. Amère victoire qui s'est vite retournée contre eux.

12.

... au pain maudit

Après avoir longuement travaillé sur le versant « bénit » du pain, vous vous êtes tourné, avec votre enquête sur l'empoisonnement de Pont-Saint-Esprit, vers son incarnation « maudite » ?

Le geste familier de l'offrande du pain bénit soulignait le lien entre les soucis matériels et spirituels, mettait en relief la sanctification du pain en même temps que les obligations sociales qu'il imposait. C'était un rituel sacrificiel qui avait une fonction redistributive, bien que ses détracteurs prétendissent que le gros du pain bénit n'arrivait jamais aux nécessiteux à qui il était destiné. Très chargé comme symbole, le pain peut communiquer un double message d'espoir et de détresse, selon la conjoncture. Mais, en soi, le pain est universellement considéré comme bon, sinon bénit.

Ce qui rend d'autant plus insupportable l'instant où le pain paraît porter directement le malheur, voire l'horreur. Le cas le plus saisissant est sans aucun doute l'ergotisme du Moyen Âge, relaté dans des chroniques de valeurs très inégales, de type gangreneux (que Bosch et Grünewald ont capté dans leurs tableaux) ou convulsif, tuant sans doute des milliers d'hommes dans le menu peuple. Cette maladie continuait de frapper assez couramment, mais avec une incidence plus restreinte, en France jusqu'au XIXe siècle et en d'autres pays européens jusqu'au XXe. Ou le « pain sauvage » raconté par Piero Camporesi, historien de la littérature d'un talent exceptionnel, un brin provocateur, ce pain de la domination et de la tyrannie, de la privation et de la misère, qui rendait fou, malade, amorphe ou dépendant. Il s'agissait d'un pain vicié – contaminé naturellement ou volontairement – dont Camporesi, qui s'intéressait surtout à l'imaginaire de la faim et aux figures de l'oppression, n'a jamais prouvé l'existence. Ou le pain corrompu d'un pouvoir cupide, censé avoir occasionné des « maladies populaires » parfois fatales, principalement dans des villages et des bourgs, qu'on retrouve dans le récit du complot de famine en France. Par exemple, le pain fait avec la farine « économique » du boulanger-meunier-entrepreneur P. S. Malisset, agent royal, dans les années 1760 lors des réformes radicales de la libéralisation. Le peuple dénonce les forces du mal qui ont manipulé et infecté le contenu à leurs fins infernales dans ces circonstances précises, mais le contenant, si je puis dire, reste symboliquement indemne.

Il en est tout autrement avec le philosophe et avocat Simon Linguet qui s'en prend nommément au pain en soi. À l'encontre de toute la génération économique des Lumières, qui se dispute sur la politique économique du pain, mais jamais sur son utilité sociale et sa bonté morale, il ne cesse de diaboliser le pain comme une sorte de poison construisant un ordre irrationnel, maladif et vulnérable.

Puis éclate, quelques années après la Libération, cet incident dans le sud de la France du pain qui tue et qui rend fou, du pain qu'on dit « maudit ».

C'est ici une histoire de pain qui sort de l'ordinaire. En août 1951 une curieuse intoxication alimentaire frappe la petite ville gardoise de Pont-Saint-Esprit : plus de 300 personnes tombent malades, une trentaine sont même internées dans des hôpitaux psychiatriques, et cinq, voire sept en meurent. L'affaire connaît un retentissement exceptionnel. Au regard du passé, elle peut paraître assez banale ; mais à la date de 1951, l'empoisonnement par le pain fait scandale, notamment parce qu'il fait resurgir les affres d'un passé qu'on croyait révolu.

En effet, jusqu'à la fin du XIXe siècle, le pain construit l'ordre , et le désordre, ordinaires. Les crises – disettes aiguës, émeutes, maladies dites populaires et souvent épidémiques – relèvent de l'exceptionnel « normal ». Leur impact peut être terrible, mais il est difficile de s'en étonner. Catastrophes plus ou moins « naturelles » ou « accidents » manifestement aggravés par la méchanceté, la manipulation, l'incompétence ou le mauvais jugement, ces événements sont plus ou moins inscrits dans l'ordre des choses. Il n'en va plus ainsi ensuite. La chute, bientôt vertigineuse, de la consommation de pain par habitant signale une transformation profonde, peut-être même un changement de paradigme social. La question sociale est loin d'être résolue, et la pauvreté n'a pas disparu, loin s'en faut, mais la diminution de la dépendance à l'égard du pain, grâce à la modernisation technologique et à la diversification du régime alimentaire, annonce une nouvelle ère. Désormais, la France va nouer une relation beaucoup plus apaisée avec le pain, exception faite des lourds intermèdes des deux guerres mondiales. Mais même si 1947, année calamiteuse s'il en fut sur le plan des subsistances, peut rappeler 1768 ou 1775, il est carrément insolite de retrouver 1090 en 1951 à Pont-Saint-Esprit. Car, dans un premier temps, quand l'hypothèse d'un empoisonnement par l'ergot semble s'imposer, on croit voir renaître un lointain passé médiéval. Si les intoxications alimentaires ne sont pas exceptionnelles au milieu du XXe siècle, le pain quotidien semble être l'aliment le moins approprié pour cette vocation diabolique. Il est clair que si la tragédie spiripontaine a été si intensément et si longtemps ressentie, c'est précisément parce qu'elle a été occasionnée par le pain, agent incongru d'un drame impensable. Redevenu brièvement, sans doute pour la dernière fois, denrée de première nécessité, le pain soudain tue et rend fou. Comment l'expliquer ?

C'est le mystère de cette affaire qui vous attire, au point d'y consacrer neuf années de votre vie et une somme de 1 100 pages ?

Bien sûr, j'y vois tout de suite un polar absolument captivant, car l'énigme reste entière un demi-siècle plus tard. Mais c'est l'épaisseur de ce mystère qui m'attire. Mes premiers dépouillements, d'abord de la presse, puis des archives administratives et judiciaires, me convainquent de l'immense complexité de cette histoire de pain, qui dépasse de loin le statut d'un fait divers. Les souffrances et le désarroi des Spiripontains me bouleversent, mais c'est le drame comme une histoire du pain qui m'intéresse au premier chef et qui me fait penser que je serais peut-être en mesure, après une trentaine d'années passées sur les questions de la filière, d'éclairer le mystère, de reconstruire, puis de déconstruire ses multiples strates, ses enchevêtrements, ses contradictions, ses arcanes. Le drame spiripontain a suscité une émotion et une indignation d'autant plus vives qu'il s'agit du pain quotidien, aliment populaire par excellence. S'il joue ici un rôle à contre-emploi, le pain a été de tous les combats, celui, le plus élémentaire, qui consiste à lutter pour son existence au jour le jour, celui que l'on associe avec le roi, père-de-son-peuple (avant 1789 *et* après), celui que l'on rattache à la liberté et/ou à l'égalité en 1789/1793, ou à la liberté et à la paix pendant le Front populaire. D'une manière ou d'une autre, le pain scelle le contrat social qui lie gouvernés et gouvernants dans leurs obligations réciproques. Moralement choquant, socialement inconcevable, le pain mortifère n'est jamais politiquement innocent. Il engage la société et l'État bien au-delà de ce que l'on pourrait penser. On y retrouve la notion de la régulation dans toute sa densité et toute sa multiplicité.

C'est une histoire du pain, mais elle se produit en un lieu et à un moment précis. Marqué par des clivages religieux et socio-économiques et par les déchirures de l'Occupation/Résistance, Pont-Saint-Esprit est une petite ville dans laquelle tout le monde garde des secrets. Il y a beaucoup de non-dit dans les interactions quotidiennes. Pourtant la mémoire n'échappe pas à des réfractions ou des ajustements utiles à la collectivité. C'est la dynamique de cette dernière, difficile à reconstituer, qui m'intéresse, dans l'optique de ce que l'on appelle de nos jours la microhistoire, mais que seule une investigation fondée sur l'observation participante aurait permis réellement de dégager de manière satisfaisante. La ville si cruellement frappée par la maladie mystérieuse est déjà fragilisée, tout en poursuivant sa reconstruction matérielle et morale.

L'enquête vous amène bien au-delà du Gard ?

Ne minimisons pas l'intérêt propre du Gard. Mais, bien entendu, l'affaire et mon investigation débordent le cadre du lieu de son déclenchement : l'intoxication elle-même, la représentation que s'en font les habitants et la presse (l'écho est planétaire), l'appréciation clinique des médecins, l'investigation à la fois juridique, policière et scientifique lancée pour découvrir les causes et démasquer les responsables, l'impact de la maladie sur les victimes, leur boulanger et la ville, et enfin les actions civiles entamées en justice pour clarifier la genèse du drame et permettre aux uns et aux autres de présenter leurs arguments pour obtenir réparation. Je suis des pistes qui me conduisent dans la Vienne, dans le plat pays à l'est de Poitiers, à Paris (principalement dans les ministères et les laboratoires), en Suisse (dans le laboratoire de Bâle où le LSD-25 a été synthétisé), en Suède (dans les prétoires), jusqu'au Japon et même en Irak. On décèle aussi une triple *American connection* qui m'a intéressé pour des raisons évidentes. J'ai affaire à des champignons plus ou moins vénéneux, au mercure, à des plantes dangereuses, à l'eau, à plusieurs substances hallucinatoires, à des produits et des appareils blanchissants. Certaines rumeurs me font penser au complot de famine de l'Ancien Régime ; d'autres reflètent des angoisses particulières à la France de la guerre froide. Au cours de cette enquête, on le verra, mille questions surgissent concernant les méthodes de l'instruction judiciaire, le statut de l'expertise en général et ses pratiques dans ce cas précis, le mode de travail des médecins, la circulation de l'information et du savoir, l'attitude de l'État et de ses administrations, l'engagement ou l'abstention des ministères, l'enclavement des régions, les rapports entre les départements du Gard et de la Vienne, et l'influence de l'opinion publique.

Revenons à l'affaire. Comment et par qui le drame est-il arrivé ?

En août 1951, des dizaines d'habitants de Pont-Saint-Esprit sont atteints d'une maladie apparemment digestive. Les médecins pensent tout de suite à une intoxication alimentaire, assez banale à l'époque, puis se rendent compte que le vecteur est sans doute le pain, constat plus surprenant. Cette maladie prend très vite des proportions catastrophiques : la ville sera meurtrie non seulement dans sa chair, mais également dans son âme. L'évolution pathologique est quasiment diabolique. La source du mal reste inconnue, et nul n'est à l'abri. On passe d'une indigestion relativement légère à la folie ou à la mort. L'incertitude totale règne, car ceux qui semblent guéris replongent dans l'horreur et ceux qui se sont crus épargnés sont brutalement touchés. Pendant plusieurs semaines, les projecteurs de la planète entière sont braqués sur cette petite ville du sud de la France.

Le protagoniste de cette affaire s'appelle Roch Briand, le boulanger de la Grand-rue, qui traverse le vieux centre de Pont-Saint-Esprit.

Sa boutique est prospère, son pain apprécié, et son influence sociale déborde le fournil. La nuit du 15 au 16 août, il fait, semble-t-il, son pain comme à l'ordinaire, et c'est en même temps une ou deux de ses fournées qui sont à l'origine de ce drame extraordinaire dans tous les sens du terme. D'un côté, une ville dévastée, et de l'autre un boulanger indéniablement contraint de travailler depuis la Libération avec des marchandises au mieux médiocres et souvent franchement douteuses. Pointé du doigt par les uns, soutenu, voire protégé par d'autres, R. Briand ne surmontera jamais la stigmatisation de ce moment. Pendant toute la durée de l'affaire, et même au-delà, il continue pourtant de se défendre énergiquement sur tel ou tel détail et, plus largement, sur les questions concernant la régulation des marchés et les rapports entre boulangers, meuniers et État.

R. Briand est un boulanger (rural) comme des milliers d'autres, sans doute un peu plus entreprenant et ambitieux, et nettement moins chanceux que la moyenne. Pour conjurer une concurrence infernale, les plus dynamiques diversifient leur activité, devenant aussi pâtissier, confiseur, épicier, etc. Encore plus imaginatif, R. Briand entame une carrière parallèle dans l'assurance tout en devenant un excellent pâtissier. Il ne se distingue pas particulièrement non plus des autres par son goût affirmé pour la bonne farine, plutôt blanche, que ce soit avant, pendant et après la guerre. Ni par son combat pour la liberté de choix du meunier par le boulanger, cause qu'il soutient bien avant l'intoxication, même si celle-ci donne un relief frappant à son discours caustique sur l'incurie et l'irresponsabilité sidérantes du système d'approvisionnement, notamment du tandem ONIC-UM (Union meunière).

Si ce battant débrouillard prend la posture de victime pour des raisons ponctuelles et tactiques, on aurait tort de considérer son engagement « libéral » comme de l'opportunisme, ou comme une simple tentative de se défausser sur des boucs émissaires commodes. R. Briand exprime des revendications épousées par la majorité de ses confrères, partout dans l'Hexagone : la fin de la cadence rigide des livraisons, de l'exigence du paiement cash, de l'absence totale de garantie et de contrôle de qualité – récriminations auxquelles on peut adjoindre la dénonciation régionale de la relégation des boulangers (et des consommateurs) des départements déficitaires à une sorte de purgatoire panaire. L'attitude du chef du service de l'ONIC à Nîmes à l'égard des demandes réitérées de Roch Briand, pour son compte personnel ou au nom de la section spiripontaine, est très révélatrice des relations entre les boulangers et l'État : pas d'assouplissement, pas de transaction, une intransigeance radicale.

Chef de section syndicale, Briand endosse volontiers le rôle de leader. Il parle bien, il écrit avec vigueur et facilité, il est résolu quand il veut mener à bien un projet. Ces mêmes qualités l'incitent à descendre dans l'arène politique – à droite, parmi des conservateurs catholiques. La « jalousie commerciale » crée des tensions quasi chroniques entre les boulangers spiripontains, solidaires toutefois sur les questions d'intérêt général corporatif ou de secours mutuel ponctuel, tout comme des différences idéologiques et de comportement pendant la guerre provoquent des tensions permanentes entre les citoyens de la ville. Comme d'autres commerçants agressifs, hommes publics engagés et personnes à tempérament fort, Roch Briand est l'objet de l'estime chaleureuse des uns et de la médisance des autres.

Les rumeurs qui tourbillonnent autour du boulanger à la suite de l'intoxication sont rarement innocentes. Tout comme son pain, il suscite des appréciations souvent rigoureusement contradictoires ; ses qualités (il est bon boulanger) se muent insensiblement en chefs de suspicion (sans falsification/manipulation, son pain ne pourrait pas être si bon). Il souffre d'une certaine mansuétude inutile de la part des autorités, perçue par bien des observateurs comme une protection politique, une quasi-preuve de conduite douteuse ; paradoxalement, s'il avait été normalement « inquiété » au début de l'affaire (fermeture rapide de sa boutique, mise sous scellés, perquisitions musclées par experts, etc.), certaines accusations très probablement injustes lui auraient été épargnées. La réouverture de sa boutique suscite la même ambivalence dans l'opinion : bien des clients reviennent, mais le retour n'est pas massif ; et les informations sur l'accueil fait par les consommateurs au pain Briand sont elles-mêmes divergentes.

R. Briand ne niera jamais qu'il a fabriqué la/les fournée(s) dite(s) fatale(s). Cependant, pour des raisons principalement psychologiques, accessoirement commerciales, il vivra très mal, et à juste titre, que les autorités n'aient pas reconnu publiquement et pris en considération dans leurs investigations que deux autres boulangers spiripontains avaient cuit du pain qui avait engendré certains symptômes importants de ce que l'on va désigner dorénavant comme la maladie de Pont-Saint-

Esprit. Cette décision, plus ou moins arbitraire, simplifie l'enquête, économise des ressources et facilite la gestion délicate de l'opinion publique. Le choix de ne pas poursuivre énergiquement des pistes farineuses menant à Loudun (tentation symboliquement trop belle ?) et Chatillon trahit, lui aussi, une impatience certaine.

Le drame de l'intoxication part officiellement du fournil de Roch Briand la nuit du 15 au 16 août, mais la reconstitution du déroulement des « faits » n'est pas vraiment lumineuse. Entre autres, les témoignages ne sont pas concordants sur la chronologie précise des gestes significatifs, tant dans le fournil que dans les pratiques quotidiennes et ordinaires des acteurs ; sur la division du travail dans la panification ; sur la préparation de la pâte préfermentée liquide dite poolish/pouliche ; sur la provenance originelle de la farine empruntée et utilisée dans chaque fournée, et son dosage ; sur la distribution des marques de farine par le « répartiteur » Jean Bousquet, le chef du centre de distribution ONIC-UM ; sur la fiabilité des propos du mitron Pradier chez Briand et de l'ouvrier de M. Fallavet ; sur le moment où R. Briand apprend que nombre de ses clients sont malades. Il est possible que la police soit arrivée à clarifier les multiples contradictions et inexactitudes dans des interrogatoires ultérieurs, qui ne nous sont pas parvenus. Il se peut également qu'elle considère ces discordances comme de simples détails. L'essentiel semble la conviction partagée par les docteurs Vieu et Gabbaï que le mal vient de chez Briand à partir du 16 août au matin.

Comment la maladie dite spiripontaine se présente-t-elle ?

En plein soleil, à la veille des festivités de la fin de l'été, la maladie frappe la ville où elle se répand de façon capricieuse. Un nombre très inhabituel de patients se présente chez leur médecin, dès le 17 août, se plaignant tous de symptômes essentiellement digestifs : nausée, vomissements, diarrhée, mais sans fièvre (plutôt de l'hypothermie), signes accompagnés souvent d'une chute de tension artérielle, d'une bradycardie (ralentissement du pouls), d'un refroidissement des extrémités et de frissons malgré la chaleur torride de l'été, de sensations de brûlure de la muqueuse buccale et digestive, et d'une mydriase (dilatation excessive de la pupille). Cependant, dans la chronologie assez inégale de son déroulement et même dans sa symptomatologie, au moins d'après les témoignages des malades eux-mêmes, elle est moins homogène et linéaire que ne le soutiendront ensuite les cliniciens pris dans leur double tâche d'analyse et de synthèse. Mais les similitudes d'un cas à l'autre sont suffisamment probantes pour amener d'emblée les médecins spiripontains à constater une même origine alimentaire, puis, après plusieurs jours d'interrogations et de recoupages, à la localiser dans le fournil de R. Briand.

Tant pour la population que pour les autorités, le premier décès transforme une inquiétude embryonnaire en une anxiété agissante. Le maire lance l'enquête, ferme les boulangeries, mobilise police, justice et santé à l'échelle départementale. La situation sanitaire se dégrade, malgré l'optimisme initial des cliniciens, y compris de quelques pontes appelés en urgence. Déjà signalée ici et là, la démence s'empare de plusieurs dizaines de malades, résidant souvent à grande distance les uns des autres, au même moment : moralement et médicalement, la ville de Pont-Saint-Esprit est débordée dans ce qui deviendra la « nuit de l'apocalypse », du 24 au 25 août.

La folie rôde, terrorisant les habitants, qui se sentent de plus en plus vulnérables devant l'impuissance des médecins. Faute d'informations précises, les rumeurs vont bon train, rassurant les uns, affolant les autres, nourrissant une presse française et internationale qui submerge la ville, attirée par le mystère et gourmande de sensations fortes. Elle parle d'une psychose collective, description à peine exagérée après la mort terriblement choquante du jeune Joseph Moulin, grand gaillard pétant de santé, qui fait basculer une partie importante de l'opinion dans une véritable panique. Angoissante par son caractère insidieux et extrêmement dangereux, voire létal, la maladie de Pont-Saint-Esprit ébranle autant par l'incongruité de son vecteur de transmission que par l'énigme lancinante de sa genèse. Même dans une population historiquement déchirée par le débat sur le dogme de la transsubstantiation, comment imaginer un instant que le pain puisse porter le mal ? Littéralement et symboliquement constitutif de la vie, le pain, détourné en instrument de la démence et du trépas est une notion insupportable.

La plupart des malades sont de retour chez eux bien avant les fêtes, même si l'affection est de nature oscillante, rendant ses victimes sujettes à des retournements brutaux. Une poignée rechute plusieurs fois ; d'autres sont encore hospitalisés ; un noyau de rescapés se plaint toujours de divers symptômes sérieusement handicapants, tant psychologiques que somatiques. Malgré l'assurance des médecins sur l'absence de « séquelles », certaines vies sont brisées. Au vif du combat contre la pathologie, les médecins n'ont pas trouvé de solutions idoines. La certitude des cliniciens d'avoir découvert la cause ne les a pas pour autant aidés sur le plan thérapeutique. Humainement atroce, cette maladie est intellectuellement fascinante et sans doute aussi professionnellement valorisante pour les cliniciens réunis autour du doyen Giraud de Montpellier, figure de proue de la médecine de toute la région. Ils se croient face au retour du refoulé : le feu Saint-Antoine, le mal des ardents, l'ergotisme, phénomène historique et extraordinaire (mais mieux connu dans son expression iconographique qu'organique). Ces médecins font un travail considérable de collecte et d'évaluation des données, et ils font paraître leurs rapports dans une série de publications médicales, destinées tant à des généralistes curieux qu'à des spécialistes chevronnés, pour annoncer, *urbi et orbi*, la résurgence de l'ergotisme. Sur le plan de sa vraisemblance pratique, chimique, toxicologique et médicale, leur thèse suscite des problèmes sérieux.

Le 23 août, le juge d'instruction Jean Perrier confie à Georges Sigaud, de la brigade mobile de Montpellier, policier réputé intelligent mais peu motivé et plus ou moins incontrôlable, une tâche lourde, complexe et urgente : découvrir la cause des intoxications spiripontaines et leurs auteurs. Celui-ci s'y consacre avec la plus grande énergie et il la conduit comme un bolide, sans doute parce que c'est une affaire qui fait beaucoup de bruit et dont l'enjeu est grave. Après avoir été reçu par le juge Perrier et le substitut du procureur, le commissaire Sigaud prend rapidement contact avec le maire, la gendarmerie (pour laquelle il ne cache pas un certain mépris) et les médecins locaux.

Le commissaire se convainc rapidement que la source du mal ne se trouve pas à Pont-Saint-Esprit, ni dans le fournil de Roch Briand, ni dans les dynamiques de la vie quotidienne de la petite ville rhodanienne. La police part en amont, sur la piste de la farine. La première étape est le centre de répartition à Bagnols, cité voisine, nœud central de l'approvisionnement localo-régional où tout converge et d'où tout part. Il est dirigé par Jean Bousquet, chargé de fournir les boulangers pour le compte de l'UM du Gard qui, si elle agit en service commandé pour l'ONIC, n'oublie pas pour autant qu'elle représente les intérêts de nombreux meuniers dispersés dans la France excédentaire. Son témoignage oriente nettement le regard des policiers vers un moulin de Saint-Martin-la-Rivière dans la Vienne, dont la marchandise a déjà été l'objet d'innombrables plaintes laissées sans réponse. Terre excédentaire par excellence, la Vienne est dotée d'une industrie meunière robuste, plus d'une centaine d'usines, essentiellement petites et moyennes, travaillant pour les trois quarts au sein de l'UM départementale. Il faut très peu de temps à G. Sigaud, une fois débarqué chez M. Maillet, pour croire avoir démêlé l'affaire, suivant la voie ouverte par les cliniciens.

La police apprend que M. Maillet fait partie, en partenariat avec la boulangerie du village gérée par Guy Bruère, d'un circuit échangiste. Elle ne prend pas la mesure du rôle de l'échange dans le ravitaillement du pays et dans l'ordre symbolique et matériel de la campagne. Elle l'appréhende, de façon sommaire et tendancieuse, y voyant un système toléré mais douteux, marginal et anachronique, plus une couverture pour la fraude qu'un vecteur légitime de fourniture. Or, le commissaire Sigaud découvre que, au cours de la soudure très tendue de l'été de 1951, le boulanger Bruère a collecté chez divers paysans des « raclures de grenier » contenant une forte dose de seigle et moult impuretés, dans un cocktail de blé fatigué sinon parasité. Pour l'enquêteur, évidemment, le toxique de Pont-Saint-Esprit se trouve dans les sacs échangistes !

Vous parlez d'échangisme. De quoi s'agit-t-il au juste ?

Quasiment inconnu des citadins, mal compris des autorités, l'échangisme joue un rôle primordial dans cette affaire. Rassurez-vous : ce n'est pas ce que vous pensez. L'échangisme est une pratique ancestrale. En l'occurrence, à l'époque qui nous occupe, c'est un échange non de partenaires, mais de substances tout aussi vitales : blé-farine-pain. Il s'agit de l'échange que fait le paysan-producteur des grains de son cru contre de la farine (s'il fabrique son propre pain, ce qui est de moins en moins courant depuis la fin du XIXe siècle) ou du pain. L'intérêt matériel de l'échange est qu'il a lieu en dehors des circuits commerciaux, en franchise de toutes taxes et cotisations, représentant une économie considérable pour le paysan désormais consommateur et éventuellement pour les autres agents participant à l'opération. Symboliquement, il ratifie « les mœurs » et « la mentalité particulière » des paysans. Les commentateurs ne cessent d'évoquer le « caractère romantique et psychologique » de cette coutume, qui célèbre une certaine autarcie organique et virile du paysan, qui est censé déguster réellement le pain cuit avec la farine de son blé. Quasiment tous les observateurs situent son origine dans la nuit des temps. Mais si l'échange, sous une forme ou une autre, par tolérance ou coutume, remonte bien avant la Révolution, il n'est officialisé et réglementé qu'au XXe siècle. Le paysan ne met plus la main à la pâte, mais en démonétisant le système de ravitaillement, l'échange moderne constitue une sorte d'assurance-conjoncture : c'est la garantie d'avoir toujours, et quelles que soient les circonstances, le pain dont le cultivateur a besoin pour lui et pour son ménage.

Théoriquement, le processus est fort simple. Dans l'échange blé-farine, peu pratiqué depuis la Grande Guerre, le petit producteur livre son blé au meunier, qui lui remet la quantité de farine correspondante, moins sa rémunération, retenue en nature. Dans l'échange blé-farine-pain, beaucoup plus répandu, le boulanger cherche d'habitude le blé chez le paysan, lui remettant un bon pour « x » kilos de pain à prendre exclusivement chez lui, et reçoit en échange un document fiscal. Le boulanger remet le grain au meunier, qui consigne la réception dans un registre spécial (visé de façon intermittente par les agents des Contributions indirectes), le broie et le livre au boulanger, retenant toujours sa part, fixée par l'administration. Le boulanger en fait du pain, le porte aux paysans en échange des bons et garde une partie de la fournée pour rémunérer son travail, toute l'opération étant inscrite dans son registre, également susceptible d'être inspecté par les autorités.

Vigoureusement défendu par le puissant lobby rural, qui pèse lourd à l'Assemblée, et par de nombreux meuniers et boulangers, l'échange est l'objet d'attaques virulentes, provenant de certains « modernes », des libéraux et de partisans d'une rationalisation économique, au sein de l'administration et de la filière. Le reproche le plus courant est le développement au maximum d'une fraude insaisissable qui, privant l'ONIC d'une part importante du revenu des taxes établies à son profit, jette un trouble profond sur le marché des farines et plonge la meunerie honnête dans une situation intolérable. Les experts calculent qu'au mieux, la consommation familiale ne dépasse pas 2,5 quintaux en moyenne, tandis que la loi alloue à chaque ménage 4 quintaux, le surplus constituant le réservoir de la vente frauduleuse qui fausse la concurrence loyale parmi les meuniers et les boulangers et nuit au bien public. Le volume de la fraude est significatif (au moins 3 000 000 de quintaux), mais elle génère en plus un « effet démoralisateur » qui menace la meunerie de « ruine » face à « l'anarchie » des prix (pour ne pas perdre sa clientèle vis-à-vis des collègues qui proposent de la farine illicite à des prix imbattables, le meunier « honnête » concède sacrifice après sacrifice jusqu'à sa propre perte).

Pour les critiques, avant la guerre déjà, la solution réside dans la suppression pure et simple de l'échange, mais ils la savent peu réaliste. En 1950, l'ANMF et la Confédération de la Boulangerie discutent de la réforme de l'échange, mais prudemment ; car, d'un côté, des milliers de petits meuniers y trouvent leur bonheur et, de l'autre, les boulangers les plus lourdement pénalisés par le système de la taxation et par l'évolution du comportement des consommateurs, plus d'une dizaine de milliers d'artisans ruraux, profitent de la rémunération en nature que l'échange leur assure. Au-delà des positions syndicales, il y a ici également un avatar de la vieille tension chronique entre villes et campagnes. Les représentants des communes rurales ont rappelé qu'au cours de la Seconde Guerre mondiale, quand les paysans sont censés avoir bien mangé et avoir parfois tiré avantage de leurs ressources en nature, elles n'avaient à manger que du pain d'orge infect, trituré par des moyens de fortune, tandis que les habitants des villes avaient toujours perçu leurs rations en pain obtenu avec la farine de blé. Ils ont en outre fait remarquer qu'en cas de nouveau conflit – très attendu au début des années 1950 – le régime de l'échange ne pourrait que faciliter le ravitaillement de leurs communes. Même sans prendre pour argent comptant la représentation que se font ces paysans de leur quotidien, il faudrait un jour revoir les images stéréotypées qui font de la France rurale un pays d'abondance et de sécurité alimentaire.

L'affaire de Pont-Saint-Esprit révèle que l'échangisme est totalement étranger à l'autre France, surprise, voire scandalisée par le dévoilement de son existence. Atavisme frappant, l'échangisme pose des questions troublantes à la France impatiente de se moderniser.

Résistant à l'intégration marchande, il prétend jouir d'une espèce d'extraterritorialité qui contrevient aux valeurs républicaines. Cet exceptionnalisme souligne le fossé culturel entre une France en pleine mutation et une partie de la campagne conservatrice. Car ce qui passe pour fraude chez les uns constitue pour les autres une exigence vitale, aux accents identitaires.

Cette pratique n'a jamais disparu complètement. Diversement régentée, selon la volonté du préfet et le poids politique de ses partisans, elle restait possible, mais son statut général relevait d'une présence de plus en plus folklorique, notamment à partir des années 1970. Conséquence des turbulences récentes sur le marché du blé, les boulangers des Hautes-Pyrénées, en accord avec les syndicats meuniers et agricoles, désormais sous l'égide administrative des Douanes, ont ressuscité l'échangisme à la fin de 2008, disposant toujours de 3 quintaux par an et par personne.

Le boulanger-échangiste Guy Bruère ne se soucie-t-il pas des céréales qu'il collecte ?

Guy Bruère avoue d'emblée qu'il travaille en confiance avec ses clients-cultivateurs, qu'il ne regarde pas le contenu des sacs qui lui sont remis lors de ses tournées, mais que, en l'occurrence, il s'est rendu compte au moulin que sa livraison était composée de blé peu propre mélangé de seigle, le tout fortement abîmé. Il a demandé et a reçu de la farine « potable » pour ne pas mécontenter la clientèle de la boulangerie, question pour lui de réalisme social, non de cupidité. Il ne s'occupe pas de la comptabilité exigée par les autorités fiscales, la laissant entre les mains des propriétaires qui arrangent le tout après coup, occultant ainsi la traçabilité de la collecte. Il paraît pourtant convaincre les enquêteurs qu'il ne se doutait pas un instant de la dangerosité potentielle de la marchandise remise au moulin le 8 juillet. Persuadée que Saint-Martin-la-Rivière et sa région sont inondés de seigle, dorénavant sorte de céréale maudite, supposition contestée et contestable, la police s'étonne de voir bien des acteurs de la filière, y compris le meunier et son aide, affecter d'ignorer l'ergot, pourtant proche parent du seigle.

Après avoir maintenu qu'il avait moulu à part les céréales échangistes et rendu au boulanger exclusivement la farine en provenant, sous la pression d'un interrogatoire musclé, M. Maillet craque et admet son mensonge. Il reconnaît que les grains d'échange étaient de qualité défectueuse, constat guère surprenant dans une fin de campagne, et qu'il les avait incorporés par « petites portions » dans les blés fournis par la coopérative de Saint-Julien l'Ars. Sans jamais expliquer pourquoi il a si peu de clients locaux – qu'il favorise selon une convention évidente et universelle dans la filière –, M. Maillet se décrit essentiellement comme un meunier d'exportation, un agent de l'ONIC-UM, pour lequel il travaille depuis des années sans incident (appréciation confirmée par les intéressés et le service départemental des Fraudes). Les boulangers de la Vienne qui refusent le « taux légal » ressemblent aux milliers d'autres dans l'Hexagone, à l'affût du blanc au lendemain de la Libération, dans une conjoncture peu hospitalière à cette quête. Quand on broie plus blanc et plus propre pour les uns, on ne peut que compenser en pénalisant les autres, anonymes et plus ou moins éloignés. Les implications d'économie politique ou morale n'intéressent point le commissaire Sigaud. En attendant la confirmation de la thèse ergotiste par le laboratoire de police à Marseille, qu'il recevra avant de quitter Poitiers, il est désormais certain que les derniers morceaux du puzzle se mettent en place.

Sa visite du moulin de M. Maillet est aux yeux du policier plus que concluante. Sale, archaïque, incapable de nettoyer et de mélanger correctement, cette usine a très probablement concentré les éléments toxiques dans un ou plusieurs sacs, des balles expédiées à Bagnols et livrées à Pont-Saint-Esprit. La légèreté de l'évaluation du commissaire Sigaud laisse pantois : il ne s'y connaît point en meunerie et il ne semble pas se soucier de cette carence. Une partie importante de la presse achève l'opération de dénigrement du minotier et de disqualification de son outil de travail, sorte de double délit de faciès, l'ineptie de M. Maillet attestée par son visage, tout comme la défectuosité du moulin est révélée par ses toiles d'araignée et autres désordres.

Pressé par l'opinion publique impatiente de trouver des coupables, G. Sigaud va assurément trop vite en besogne. Le faisceau de présomptions plausibles et de preuves apparemment concrètes ne laisse subsister aucun doute dans l'esprit du commissaire. Mais, souligne-t-il, il s'agit de négligence et d'avarice plutôt que d'un crime proprement dit. Le 31 août, il annonce que le mystère de l'affaire de Pont-Saint-Esprit est résolu. Inculpés d'homicides et de blessures involontaires, bientôt de plusieurs infractions concernant la législation sur les fraudes et sur le commerce des grains et des farines, M. Maillet et G. Bruère sont arrêtés et incarcérés à Nîmes. Le triomphe policier ne satisfait pas tout à fait les Spiripontains, soit parce que les punitions éventuelles pour l'horreur infligée à la ville paraissent trop peu sévères, soit parce qu'ils soupçonnent que les coupables désignés ne sont que des lampistes dans une affaire plus ténébreuse et sensible, soit parce que, déjà, la piste de l'ergot trahit trop de faiblesses. Une expertise tardive du moulin, plausible quoique menée par un proche de l'ANMF, le réhabilite. Les analyses sur les farines de M. Maillet, traitant des échantillons parfois mal étiquetés ou de provenance incertaine, décalées dans le temps, dispersées dans plusieurs laboratoires, conduites selon des méthodes disparates, sans coordination, voire un minimum de communication, sont divergentes dans leurs conclusions, non seulement sur l'éventuelle toxicité (peu affirmée), mais même sur la question de leur qualité panifiable. Malgré la dureté de la prison, convaincus de leur innocence et bien conseillés, les deux Poitevins résistent aux tentatives du magistrat instructeur de les déstabiliser.

Après plusieurs rejets de leur demande, les deux prévenus obtiennent leur libération « provisoire » fin octobre 1951. Leur retour au pays est triomphal : soulagement immense pour M. Maillet et G. Bruère, revanche quelque peu instrumentalisée par le syndicat départemental des meuniers à l'occasion d'un grand banquet. La fête se mue en provocation quand les meuniers, pour tourner en dérision l'enquête juridico-policière, prétendent manger du pain fabriqué avec les mêmes farines que celles qui avaient été consommées à Pont-Saint-Esprit.

Et que se passe-t-il sur le plan purement local ?

L'histoire du pain maudit commence à Pont-Saint-Esprit : c'est de la ville qu'il faut partir, de son patrimoine, de son expérience de la guerre, de sa sociologie politique et religieuse. J'ai scruté de près la vie familiale et professionnelle ainsi que le tempérament du boulanger de la fournée fatale, R. Briand : sa trajectoire, son engagement syndical, son attitude à l'égard de la meunerie, sa réputation, ses efforts pour se défendre. Je le suis toute la nuit du 15 au 16 août, moment de la fabrication du pain incriminé. Je m'imagine un instant son « demi-ouvrier », comme on disait dans le temps ; je suis bien familier de son système de panification, les cadences de son travail en direct. Briand se reconnaît – et je trouve son discours là-dessus parfaitement crédible – dans la lutte des boulangers pour le libre choix de leur meunier. Il dénonce, à juste titre, l'attitude cavalière de l'ONIC et de ses complices dans l'organisation du ravitaillement, les Unions meunières de chaque département, l'indifférence officielle à l'égard de la qualité des farines expédiées dans le Gard traité, avec d'autres zones déficitaires, comme un « dépotoir » alimentaire. Les boulangers partout dans le Gard se plaignent amèrement (et vainement) de la farine médiocre, voire mauvaise qui leur est allouée ; et dans les semaines précédant l'éruption de l'intoxication à Pont-Saint-Esprit, des dizaines de gens sont tombés malades – des affections plutôt légères, essentiellement gastriques et dermatologiques – dans de nombreux villages du département. Radio Pétrin ne fonctionne pas dans la France rurale, principalement faute de téléphones : ces informations éparses, mais cumulativement fort inquiétantes ne parviennent ni à Pont-Saint-Esprit ni à la préfecture. Tout en essayant de mieux appréhender la réaction et le comportement de R. Briand pendant les premiers jours de l'intoxication, je me suis intéressé de près aux malades et à la maladie, à leurs symptômes et à l'analyse clinique des médecins, au choc de la mort, à la nuit « apocalyptique » – où surgit la folie – et à son impact sur les habitants, à la gestion administrative de la crise, aux caprices de la pathologie, qui part et revient brutalement, à la crainte d'une seconde affaire du pain maudit en décembre 1951 (puis d'une troisième en 1953).

La gendarmerie locale est rapidement déchargée de l'enquête au bénéfice de la police judiciaire de Montpellier, sous l'égide d'un juge d'instruction de Nîmes, qui ne dominera jamais la situation et subira, par ailleurs, d'évidentes pressions de la Chancellerie via son procureur. La recherche de la source des farines toxiques panifiées par Briand la nuit du 15 au 16 août conduit le commissaire Sigaud dans la Vienne, comme on l'a vu. Orienté par les cliniciens, conforté par Henri Ollivier, le chef du laboratoire de police scientifique de Marseille, médecin de ville très récemment devenu toxicologue, dit « agrégé de la Résistance », mandaté comme expert, le policier croit avoir trouvé les traces certaines d'une pollution par l'ergot de seigle : de façon bien péremptoire, il déclare l'enquête bouclée.

Que donne l'enquête en laboratoire, puis chez le magistrat instructeur ?

On assiste aux débuts de l'expertise qui va prendre dans l'information judiciaire une place de plus en plus grande. Elle a démarré dans un certain triomphalisme, puis a sombré dans l'incertitude, voire la confusion, avant d'épouser, au terme de plusieurs années, une nouvelle ligne. Après l'engagement ergotiste plus ou moins euphorique vient le temps d'un ergo-scepticisme vigoureux. L'abîme épistémologique entre cliniciens et chimistes reflète un problème qui ne se limite pas au cas spiripontain. Après l'ergot, le mercure est mis sur la sellette. On ne parvient pas à démontrer qu'il a causé la maladie de Pont-Saint-Esprit, mais l'instruction judiciaire, qui débouche sur un non-lieu en 1954, retient cette hypothèse : il ne s'agirait plus que d'un simple accident de transport, solution qui arrange l'État, la meunerie, mais pas les victimes.

Les malades jouent-ils un rôle dans leur propre drame ?

Les victimes de l'intoxication s'organisent, s'entraident, sollicitent des secours, obtiennent de très modestes indemnités au niveau préfectoral, mais n'arrivent pas à arracher un mot de sympathie ou la moindre reconnaissance de leur situation de la part du président du Conseil ou du président de la République, pourtant proche de la filière. Aujourd'hui, plusieurs ministres et l'épouse du président se seraient rendus immédiatement sur place, mais on n'est pas encore à l'âge de la politique compassionnelle. Les victimes ne parviennent à se faire entendre – et encore – que grâce au procès civil qu'elles intentent contre Briand, leur boulanger et voisin, pour dommages et intérêts. Celui-ci se retourne contre l'Union meunière du Gard, qu'il considère comme son fournisseur, pour venir en garantie de toute condamnation. Le véritable affrontement oppose donc la boulangerie à la meunerie : très vite, les victimes cessent d'être visibles. Et, au terme de tribulations judiciaires qui les mènent jusqu'au milieu des années 1970, elles dissolvent finalement leur association, sans avoir appris la cause de leurs souffrances et sans avoir rien reçu.

C'est l'univers d'un roman policier. Comment l'avez-vous abordé ?

L'enquête est le propre de l'historien, même si l'enquête en question est très particulière. Le paradoxe de ce livre, c'est qu'à la fois j'ai retrouvé les marques de tout mon parcours et que je me suis engagé sur un terrain et dans un temps spécifiques qui m'étaient étrangers. Il me fallait faire la soudure entre, d'une part, une histoire longue des structures structurantes de la vie quotidienne, du blé, de la farine et du pain, de l'État et de la problématique chronique de la régulation et, d'autre part, un mystère dramatique inscrit dans le temps court et nerveux, dans une conjoncture extrêmement difficile, une sorte de crise des subsistances prolongée, située dans la France d'après-guerre fragilisée tant sur le plan psychologique et social que politique et économique, un pays oscillant entre la dévastation et la reconstruction. Je devais donc attaquer sur deux fronts en même temps : celui que je connais et pratique depuis longtemps et celui du théâtre du drame. Pour le premier, j'avais tous mes repères, pour le second j'avais à reconnaître le terrain et trouver le moyen de m'introduire dans le monde de la France d'en bas. Ce monde-là est mal connu, encore aujourd'hui : l'histoire sociale de l'après-guerre reste un trou noir. On parle de la IVe République : le vocable est significatif au-delà de la démarcation chronologique, de la périodisation classique. C'est que l'historiographie de ce moment est totalement dominée par les soubresauts politiques et parlementaires, et les conflits coloniaux ; elle s'intéresse fort peu à la vie ordinaire des Français.

J'ai commencé par une visite éclair dans le Midi : reconnaissance des Archives départementales à Nîmes pour voir la densité relative des traces de l'affaire (globalement décevante) et surtout, voyage de découverte à Pont-Saint-Esprit, ville de presque 10 000 habitants du nord du Gard. Comment imaginer qu'une ville baptisée Pont-Saint-Esprit puisse devenir maudite ? « Le plus pur symbole » de la ville, selon son maire, le pont incarne la tension entre sacré et profane qui scande son histoire. Pour développer le commerce entre les deux rives, dans le sillage des Avignonnais, l'élite politique, religieuse et économique décide d'édifier un pont ; terminé en 1309, l'ouvrage, entièrement en pierre, est long de presque un kilomètre. Selon la rumeur populaire, le pont a pu être achevé grâce à un compagnon inconnu, dit « le moine mystérieux », qui travaillait sans répit avec une ardeur inouïe, en refusant tout salaire, disparaissait la nuit venue pour revenir à l'aube. Et pour le peuple, ébahi, il ne fait pas de doute que c'était le Saint-Esprit lui-même, dissimulé sous la figure du bienfaisant ouvrier, qui avait assuré la réussite de l'immense chantier. S'inspirant de ce moment fondateur, la ville a pris plus tard le nom de Pont-Saint-Esprit. Le pont a vite acquis une indéniable notoriété. Aujourd'hui encore, il garde une allure majestueuse. Je l'ai traversé pour la première fois à l'aube en partant à pied de la rive gauche : la ville qui se profilait dans la brume matinale, dominée par l'imposant clocher de l'église de Saint-Saturnin, avait un air quelque peu féerique.

Les Spiripontains se sont révélés loquaces ?

Une longue conversation avec un boulanger du coin et des échanges plus brefs avec différents Spiripontains m'ont vite fait comprendre que la ville ne voulait pas voir resurgir les souvenirs de ce passé récent.

J'ai envoyé ma fille Renée sur place en éclaireur. C'est une jeune femme très brillante qui, pour y avoir vécu dans son enfance et adolescence, connaît bien la France et parle français comme un titi parisien. Elle venait d'achever ses études de droit à Harvard et disposait de plusieurs mois avant d'entrer dans la vie professionnelle. Elle s'est installée à Pont-Saint-Esprit, et grâce à son ouverture d'esprit, son énergie et peut-être aussi sa jeunesse, elle a su nouer maints contacts et lever les inhibitions. Elle a mis en confiance et fait parler beaucoup de gens, aussi bien des victimes de l'intoxication et leurs familles que d'autres témoins de l'époque.

Je reste persuadé que c'est par ma fille que j'ai pu entrer en relations avec un des enfants du boulanger R. Briand, Guy, homme très replié sur lui-même, toujours traumatisé par les souffrances de ses parents. Il m'a très chaleureusement reçu chez lui, au cours d'une réunion de famille, où il a entrouvert pour moi la malle des archives de son père. Renée a frappé à la porte d'un des fils d'Albert Gabbaï, un des trois médecins de la ville à l'époque de l'empoisonnement collectif, lui-même médecin, qui, très gentiment, lui a confié les papiers de son père concernant l'affaire. J'ai moi-même rencontré plus tard à Montpellier une de ses sœurs qui, dans le même esprit, m'a donné d'autres papiers, des photos, et m'a longuement parlé de sa famille.

J'ai poursuivi l'enquête de terrain, arpenté la ville dans tous les sens, me suis familiarisé avec les lieux du drame, j'ai repris langue avec de nombreux Spiripontains directement ou indirectement liés à l'événement. Mais la rencontre décisive a été celle d'Alain Girard. Il n'est pas archiviste à proprement parler, mais il a sous sa garde, dans le magnifique musée d'Art sacré qu'il a créé, des documents précieux dont j'ai pu disposer librement. Érudit, auteur, militant du patrimoine et Spiripontain passionné, il a répondu à toutes mes questions, m'a raconté des anecdotes croustillantes, m'a fourni une belle iconographie et, en relisant plusieurs chapitres, il m'a épargné des erreurs.

Avez-vous déniché des témoins en dehors de la ville gardoise ?

J'ai eu la chance formidable de retrouver G. Bruère, le boulanger « échangiste » de Saint-Martin-la-Rivière qui a passé deux mois en prison avec son meunier, M. Maillet. J'ai mené plusieurs longs entretiens avec G. Bruère et son épouse Madeleine, femme perspicace et sympathique, qui m'ont beaucoup appris et qui, de surcroît, m'ont donné libre accès à tous leurs papiers. Les enfants de M. Maillet ont accepté de me voir, mais ils étaient plus réticents pour évoquer des événements pénibles qui les ont indélébilement marqués. Par fidélité, sans doute, à la mémoire du meunier, personne à Saint-Martin-la-Rivière n'a accepté d'aborder le passé : la visite valait cependant le détour, ne serait-ce que pour la vue émouvante du beau moulin désaffecté et détérioré, entouré de saules pleureurs.

Des dizaines de meuniers et de boulangers, quelques-uns avec des souvenirs plus ou moins directs de l'affaire spiripontaine, ont partagé avec moi leurs impressions et leurs analyses. De nombreux médecins, cliniciens et toxicologues, m'ont conseillé, y compris une des grandes autorités sur l'ergot. À Montpellier, je fus reçu par Marie-Claude Barjon. Elle est médecin, mais elle est surtout la fille du doyen Giraud, un des acteurs majeurs dans mon histoire. Elle m'a éclairé sur bien des points touchant à la médecine dans les années 1950 et à la carrière de son père. Elle m'a présenté à un autre médecin, très âgé mais remarquablement alerte, qui avait été missionné pour soigner les malades à Pont-Saint-Esprit par son maître, le doyen Giraud.

Le rat des archives que vous êtes a dû s'éclater en entreprenant ces recherches ?

Le travail des archives a été difficile et compliqué. D'abord, il a fallu identifier les archives où je risquais de trouver des documents pertinents, « cartographie » moins évidente qu'il n'y paraît ; puis, obtenir l'autorisation de dépouiller, obligation systématique dans des dépôts privés, fréquente dans les archives publiques en fonction de diverses règles définissant les conditions de consultation. Les archivistes de la section du XXe siècle aux Archives nationales m'ont beaucoup apporté, tout comme les « représentants » affectés aux divers ministères (Justice, Intérieur, Santé, etc.). Au Centre des archives contemporaines à Fontainebleau, richissime entrepôt, je suis tombé sur un archiviste qui avait été le petit ami de la fille du procureur dans l'affaire de Pont-Saint-Esprit. Le monde est petit, comme on dit. Je n'ai pas pu explorer un fonds très important concernant l'approvisionnement qui n'est pas classé, problème récurrent et frustrant dans le système, tant à Paris qu'en province. On m'a beaucoup aidé aux Archives départementales de la Vienne, où j'ai trouvé finalement moins de sources que je ne l'espérais, et aux AD de l'Hérault où j'ai découvert un petit trésor inattendu. Les Archives du monde du travail m'ont ouvert des pistes sur la filière, que j'aurais dû explorer davantage. Les Archives de l'ONIC sont en partie dispersées – à Paris, Fontainebleau, dans certains dépôts départementaux –, et en partie conservées avenue Bosquet, où j'ai été très aimablement reçu et où le fonds sur place est en cours d'organisation. Peu de gens travaillant actuellement dans cette institution se rendent compte du poids qu'elle exerçait entre 1936 et 1960. Selon un bruit (désolant) qui m'a été souvent répété, le gros des archives pour cette période fondatrice, provisoirement stockées, faute de place (peut-être aussi faute d'appréciation de leur valeur), sur une péniche ancrée sur la Seine, ont été perdues, dans un sinistre calamiteux.

A priori, je comptais faire la moisson la plus abondante dans les Archives du Gard. J'ai été très déçu, surpris, voire choqué par les lacunes dans une histoire administrative et juridique qui émanait essentiellement de Nîmes, chef-lieu départemental. Il reste assez peu de documents du cabinet du préfet, du bureau de la santé, des bureaux départementaux ou régionaux de l'ONIC et de la Répression des fraudes. Encore plus déconcertant pour moi : la disparition de tout ce qui touchait l'enquête pénale, les expertises scientifiques, la correspondance et les actes du Parquet. Où toutes ces pièces sont-elles parties ? Sont-elles restées aux mains de la justice, donc jamais déposées aux archives : ce ne serait pas un cas sans précédent. Chez le greffier du tribunal de grande instance et de celui d'appel, pas de réaction à mes demandes réitérées. Je suis allé fouiller du côté du tribunal d'Uzès, scène du premier procès civil, où j'ai entendu dire que, sous les combles, couverts de fiente de pigeons, dormaient des dossiers peut-être intéressants. Certains prétendent – c'est l'école de la conspiration, mais en l'occurrence sa position mérite d'être pesée – que les documents judiciaires en particulier, mais aussi une partie de la correspondance administrative gênaient une certaine notabilité qui les aurait fait disparaître. Pas de preuve. Mon enquête a sans doute souffert de ces trous, que je n'ai pu compenser qu'en partie, soit dans des archives ministérielles à Paris, soit dans des collections privées. Je reste persuadé que beaucoup de ces très nombreux documents se trouvent quelque part à Nîmes.

Ainsi, vous avez été obligé de vous appuyer énormément sur les fonds privés ?

Eh oui ! Ma reconstitution des phases pénales et civiles dépend en partie des archives des familles Briand et Bruère. Mais la contribution décisive dans ce domaine furent les archives de l'Association nationale de la Meunerie française (ANMF). J'interprète l'accueil de l'ANMF de deux manières. D'une part, un geste d'amitié de la part de leur président de l'époque, le très regretté Michel Deloingce, un leader à la fois direct et réfléchi. D'autre part, un signe d'ouverture, donc de modernisation, d'une organisation qui a toujours préféré agir dans la plus grande discrétion, sinon le secret. M. Deloingce, qui s'intéressait vivement à l'histoire de sa profession, me fit comprendre que la meunerie avait suffisamment évolué depuis l'époque difficile (1930-1960) pour assumer toute son histoire. Il ne m'a imposé aucune restriction. Grâce à ses merveilleuses archives, j'ai pu reconstruire une partie des deux volets juridiques de l'affaire spiripontaine, le pénal et le civil, et bien saisir le rôle capital que la meunerie y a joué. La Confédération de la Boulangerie m'a aussi fait confiance. Ses papiers m'ont beaucoup appris sur l'attitude de la centrale syndicale à l'égard de la meunerie, des pouvoirs publics et de ses propres troupes. La Chambre professionnelle de la boulangerie parisienne a un trésor de papiers fort divers et intéressants, tout comme les Grands Moulins de Paris (Nutrixo), dont les archives dépassent le cadre de sa propre entreprise pour affronter certains des problèmes de fond de la grande meunerie à l'époque de la fameuse organisation meunière.

En fin de compte, toutes ces ressources vous ont-elles suffi ?

Non. Il faut y ajouter des rencontres quasi miraculeuses, des coïncidences de la vie qui m'ont donné accès à des informations exceptionnelles. Jean Hébrard, historien rattaché à l'EHESS, inspecteur général honoraire de l'Éducation nationale, chercheur, est un ami de très longue date. Cet homme cosmopolite et cultivé s'intéressait à un tas de choses : la pédagogie, l'histoire de la lecture et de l'écriture, l'esclavage, le colonialisme, etc. Mais j'ignorais qu'il était né à Pont-Saint-Esprit et que son grand-oncle avait été le maire de la ville pendant la grande crise de 1951. Un de nos amis communs, qui savait que j'avais abordé cette enquête, m'a raconté que Jean avait grandi dedans et qu'il avait même écrit sur Moïse Albert Hébrard, ce remarquable élu qui a su rassurer sa ville, s'occuper de ses malades, protéger ses intérêts. Je crois que Jean envisageait un jour de se tourner vers l'affaire de l'intoxication, croisant ses racines avec ses compétences scientifiques. Avec une grande élégance et une expression d'amitié très touchante, il m'a cédé la place, en quelque sorte. Il m'a permis de dépouiller tous les papiers de son grand-oncle, d'une importance fondamentale et, non moins essentiel, il m'a guidé à travers le paysage mental, monumental, politique, religieux, social, etc., de sa ville bien-aimée. Il avait connu la famille Briand, il avait quelques souvenirs directs de l'horreur de 1951, et ce qu'il n'avait pas vécu ou entendu lui-même, il l'avait appris de ses parents. J'ai eu le plaisir de parler longuement avec sa mère, qui m'a aussi conduit à travers les complexités de cette société profondément déchirée par l'expérience de la guerre, clivée par la religion, divisée tant sur le plan social que politique.

Cette découverte d'un ami spiripontain a été ma plus grande surprise, car elle surgissait en quelque sorte de mon propre passé.

Mais elle ne fut pas la seule. Il y a quelques années, j'ai accepté à la demande d'un grand diabétologue, Gérard Slama, de prendre la parole (sur certains aspects de la consommation du pain) devant le grand congrès annuel de chercheurs dans ce domaine. Avant de parler, je me suis farci deux heures de PowerPoint assez dissuasif et de mises en gardes aiguës contre un régime trop chargé en particulier de lipides, menant aux pires maladies imaginables. Après mon intervention, on a partagé un somptueux déjeuner chargé de tellement de lipides que je m'attendais à des morts subites (mais j'ai vite compris que les médecins, surtout quand ils sont en grande réunion scientifique, bénéficient d'une sorte de sauf-conduit sanitaire temporaire). N'osant pas m'empiffrer comme les autres en raison de mon manque d'immunité magique, mais heureusement assis à côté de Gérard Slama, j'ai eu l'occasion de lui parler longuement de mon projet sur l'empoisonnement collectif de Pont-Saint-Esprit et l'histoire sociale de l'après-guerre. Quelques jours plus tard, il m'appelle, manifestement excité pour moi. Il m'annonce que son collègue et ami, François Chast, chef du service de la pharmacologie et de la toxicologie à l'Hôtel-Dieu, avait été « bercé » par l'affaire de Pont-Saint-Esprit depuis sa prime jeunesse. Homme fin et affable, F. Chast m'a raconté comment son père, Jacques, inspecteur de la Répression des fraudes, n'avait cessé de lui parler de l'intoxication gardoise et de constituer des dossiers la touchant. Au-delà de ce récit, en soi fascinant, il a gentiment mis à ma disposition des copies de toutes les archives de son père datant de cette époque, me permettant de comprendre la signification de la grande enquête sur le blanchiment des farines, à laquelle l'État a mis brusquement fin, et apportant des éléments pour étayer la thèse d'une volonté officielle d'étouffer également l'affaire spiripontaine, qui troublait ce fonctionnaire curieux et rigoureux.

Un autre presque-prodige n'a pas eu lieu, hélas ! J'avais croisé à l'occasion de diverses réunions Roland Guinet, théoricien et praticien, ancien directeur de l'École de Boulangerie des Grands Moulins de Paris. Quand je l'ai interviewé pour mon enquête spiripontaine, il m'a raconté un épisode insolite qui le mettait en quelque sorte au cœur d'une affaire dont il ne pouvait pas encore mesurer les implications, mais qui soulignait l'anxiété de la meunerie. Fils de boulanger qui connaissait bien le pain, étudiant en sciences des céréales, travaillant comme stagiaire pour l'agronome Jean Buré, directeur du laboratoire de l'École française de meunerie et conseiller scientifique de l'ANMF, R. Guinet était chargé, dans les mois suivant l'empoisonnement du Gard, de mener une série d'essais de panification avec des doses d'ergot de seigle en quantités croissantes. La meunerie voulait étayer sa thèse que l'ergot, pour diverses raisons, ne pouvait être à l'origine du drame, imputé par l'ANMF en fin de compte à une main criminelle. Elle mettait en avant deux arguments de taille. Primo, la quasi-impossibilité que toute la partie prétendument toxique d'un lot important de grains-transformés-en-farines, dans un moulin équipé d'un mélangeur – c'était le cas de la modeste usine de M. Maillet dans la Vienne – puisse se retrouver concentrée exclusivement dans un ou deux sacs. *Secundo*, un pain fabriqué même avec une dose modeste et nettement en dessous du seuil de dangerosité aurait trahi des signes organoleptiques flagrants et repoussants.

R. Guinet a procédé à des dizaines de tests, avec des pains témoins non contaminés comme contrôle et comparaison. La couleur de la pâte souillée devient vite sombre, voire noire : le boulanger n'aurait pas pu ne pas le remarquer tout de suite. Une odeur âcre constitue un deuxième marqueur. À la première dose, l'ergot diminue le volume et rend la croûte grisâtre et la mie sombre, mais le pain n'est pas « totalement répugnant ». Avec un sourire, Guinet me rassure : il n'a jamais goûté ces pains ; mais il me raconte un moment de panique le jour où il a craint que la concierge, qui avait l'habitude d'emporter en fin de journée un ou deux des pains d'essai couramment fabriqués, n'ait pris par mégarde un des bâtards hautement toxiques. Sur la base de ses expériences, Guinet a du mal à imaginer qu'un boulanger adroit comme Roch Briand aurait pu ne pas comprendre tout de suite que la farine était polluée. Le jeune boulanger chercheur avait noté en détail chacune de ses expériences dans des cahiers qu'il avait gardés pendant des décennies. Cette fois-ci le hasard a joué contre moi : il les a jetés peu avant notre entretien. Imaginez si j'avais pu les étudier !

Qu'est-ce qui a accrédité la thèse de l'ergot ?

Assez rapidement, et apparemment pour de bonnes raisons, les cliniciens de l'affaire de Pont-Saint-Esprit se croient face à une maladie surgie de la nuit des temps : l'ergotisme. Bien accueillie dans le monde médical, ratifiée, dans un premier temps, par les experts nommés pour éclairer la genèse de l'intoxication, cette hypothèse est vigoureusement contestée par les professionnels de la filière blé-farine-pain et suscite peu d'adhésion parmi les spiripontains. Rejetée en fin de compte sans équivoque par la justice, l'étiologie ergotique est néanmoins à peu près tout ce qui reste aujourd'hui de l'affaire dans la mémoire collective (et dans l'imaginaire) des Français. Cette persistance proprement légendaire de l'ergot comme cause relève sans doute de la convergence de deux facteurs incarnant deux moments et du pouvoir séducteur de leur poids combiné. Premièrement, la résurgence d'une maladie dite médiévale : le retour terrifiant – tant fascinant que pathétique, doublement irrésistible – d'une pathologie mystérieuse et horrible, qui souligne l'insupportable souffrance mentale et physique, dans un contexte où le sacré et le profane sont imbriqués. Deuxièmement l'essor, dans les années 1960, du mouvement psychédélique, néologisme inventé par le psychiatre H. Osmond en réponse à Aldous Huxley, dans une formule intraduisible que toute ma génération new-yorkaise et californienne connaissait par cœur : *To fathom hell or soar angelic/Just take a pinch of psychedelic.* La substance psychédélique la mieux connue, le LSD, aujourd'hui interdit, est un dérivé synthétique d'un alcaloïde contenu dans l'ergot de seigle. Le voyage psychédélique semble vaguement esquissé dans les accidents hallucinatoires de Pont-Saint-Esprit, la réalisation de la transcendance dans l'ardeur dévorante et convulsive moyenâgeuse, la Tentation de Saint-Antoine rejoignant celle de Syd Barrett, des Pink Floyd.

Parasite cryptogamique s'attaquant à de nombreuses graminées sauvages et cultivées, notamment le seigle, mais parfois le froment, l'ergot est associé à une maladie qui a fait des hécatombes en Europe depuis le bas Moyen Âge sinon avant. Si l'on arrive à distinguer rétrospectivement deux grands types d'ergotisme (gangreneux et convulsif), la chronique du temps reste fort imprécise, voire erronée. Si *The Lancet* considère l'ergotisme en 1951 comme une pathologie esotérique, il n'est pas surprenant qu'il soit mal connu dans la sphère d'influence médicale de Montpellier, dont la faculté jouit d'un prestige multiséculaire, mais dans une économie du savoir scientifique inégalement développée et distribuée, et assez cloisonnée. Toutefois, les médecins ruraux de Pont-Saint-Esprit formulent le diagnostic d'ergotisme apparemment dès le 21 août, en tout cas avant l'éclosion quelques jours plus tard de la démence déchaînée qui devient, pour eux, le signe distinctif de cette maladie. Seule l'autorité incontestable du doyen Giraud est capable de crédibiliser la thèse d'une résurgence médiévale, le retour du mal des ardents.

Dans un premier temps, la conviction ardente des cliniciens conforte le travail tant en laboratoire que sur le terrain, tout comme les premiers résultats de l'expert Ollivier et du commissaire Sigaud renforcent la confiance des médecins dans leur appréciation. Sérieux et rigoureux, les cliniciens dans le cercle Giraud sont également fascinés par leur découverte, cas rarissime, opportunité d'observation inouïe, tableau saisissant, confrontation singulière avec un passé ténébreux et terrifiant. Malgré des questions extrêmement troublantes soulevées tant sur le plan pharmaco-toxicologique que technologique et pratique, les cliniciens refuseront obstinément d'abandonner la thèse ergotique.

C'est du laboratoire pharmaceutique Sandoz de Bâle que vient l'encouragement, puis le désaveu. La visite à Montpellier et à Pont-Saint-Esprit d'Albert Hofmann, « inventeur » du LSD-25, dérivé de l'ergot, produit de synthèse en laboratoire, ouvre en quelque sorte la voie psychédélique aux cliniciens. Dans leur échange avec le chimiste et son ami, W. Stoll, neuropsychiatre et fils d'Arthur Stoll, le pionnier mondial de l'étude de l'ergot, Gaston Giraud et son groupe croient à la possibilité d'une sorte de libération spontanée des propriétés hallucinogènes de l'ergot dans des circonstances particulières, jamais concrètement stipulées. Mais, par deux fois, sur deux lots différents d'échantillons de pain et de farines spiripontains, le laboratoire de Sandoz ne trouve aucune trace d'ergot, ou autre toxique. Quelques années plus tard, dans un débat scientifique très animé, le chef du laboratoire suisse, le Pr E. Rothlin, réfute catégoriquement la thèse ergotique, tant sur le plan clinique que chimique. Plus tard, A. Hofmann, pourtant disposé à mettre en relief tous les phénomènes hallucinatoires liés à l'ergot et à ses dérivés, y oppose également un démenti formel.

Tout en tenant à la possibilité spontanéiste, le doyen Giraud reconnaît que le cas de Pont-Saint-Esprit ne correspond pas tout à fait au modèle de l'ergotisme historique même de type hybride, notamment sur le primat des signes psycho-hallucinatoires. Il en veut amèrement au Dr Ollivier (et implicitement au juge d'instruction qui lui maintient sa confiance, ne manifeste aucun intérêt pour la piste suisse et se montre, en somme, étonnamment fermé) pour son refus de toute collaboration, et se venge en imposant une sorte d'*omerta* médicale sur la région – un embargo à son tour sur l'information.

La thèse de l'ergotisme suscite d'emblée un certain scepticisme, une critique qui va croissant. Cela commence par le pharmacien-militaire, directeur d'un laboratoire plutôt spécialisé dans l'analyse des céréales et des farines, qui est obligé de s'écraser devant le Dr Ollivier après avoir eu le malheur de constater l'absence d'ergot dans des échantillons du pain et des farines incriminés. Cet épisode nourrit le courant ergot-sceptique qui s'empare de bien des Spiripontains, incapables d'admettre le retour du refoulé chez eux, et trouve un robuste soutien du côté de la filière blé-farine-pain.

L'ergotisme qui s'avère être une sorte d'hallucination tant toxicologique que clinique constituait pourtant un diagnostic plausible. Comment l'enquête se réoriente-t-elle ?

Le culte de l'expert prospère en France. Censé incarner une position neutre et un savoir irréfutable, l'expert est représenté comme un auxiliaire précieux de la justice et une garantie morale pour le public. Chargé d'une « mission » solennelle – en principe en raison de sa compétence et de son expérience – l'expert subit toutefois des pressions. Si le choix d'Henri Ollivier paraît parfaitement logique dans un premier temps, assez rapidement il s'avère que son expertise suscite plus de doutes qu'elle n'en dissipe sur la maîtrise de l'enquête. À la fois marginal et extrêmement énergique et présent, le ministère de la Santé est la première instance officielle à mettre sérieusement en question le travail du chef du laboratoire de police de Marseille. Soumettant Ollivier à une critique aiguë, tant sur la fiabilité de la collecte des matières à analyser que sur les méthodes utilisées pour les étudier, les représentants du ministère lancent une sorte de contre-enquête. Ils se procurent leurs propres échantillons, les confient à leurs propres savants et obtiennent des résultats qui ne recoupent pas forcément ceux de l'enquête officielle. Puisque celle-ci piétine et révèle des défauts de gestion et de conception, le ministère de la Santé s'efforce vainement de prendre possession de l'enquête ou au moins de l'infléchir. La seule concession que fait le magistrat instructeur est de joindre au collège d'experts locaux déjà nommé Émile

Kohn-Abrest, toxicologue célèbre, qui avait souvent collaboré avec les laboratoires placés sous l'égide de la Santé, rupture symbolique dont on espérait des effets pratiques.

Difficile de savoir dans quelle mesure le nouvel expert, qui éclipse le Dr Ollivier aux yeux de la presse, mais reste plutôt à l'écart du collège, est responsable de la réorientation drastique de l'enquête. Si la mise à mort définitive de l'ergot est sans doute son fait, il n'est pas invraisemblable de penser que la résurrection de la piste mercurielle soit la contribution du Pr Pellissier, un des trois experts nommés par la justice dès le début, botaniste à la faculté des sciences de Marseille, grand connaisseur des champignons. La découverte du principe fongicide des échantillons (dont la qualité et la quantité ne sont pas précisées) mène la recherche vers un nouveau protocole d'investigation qui permet de cerner la présence d'un méthylmercure en dose assez infime, mais estimée significative. Si des problèmes gênants persistent (l'absence de trace de ce toxique dans les viscères de J. Moulin, par exemple), tous les pains (après « vieillissement ») et les autres viscères révèlent ce principe fongicide, En outre, le Pr Pellissier croit démontrer que ce dernier n'empêche pas la fermentation de la pâte. Enfin, des taches retrouvées sur deux sacs, supposés avoir contenu la farine panifiée par R. Briand, témoignent de la présence du principe fongicide et d'un colorant particulier à un produit anticryptogamique commercial (le Panogen). Ce nouveau départ, conduisant insensiblement à la thèse d'une souillure accidentelle des farines au cours du transport, était bien enclenché dès le milieu de 1951, mais il a fallu attendre encore deux ans pour peaufiner la démonstration scientifique et achever une importante enquête policière à la recherche de la vente des produits essentiellement agricoles à base de mercure et des pratiques de transport. Dans l'espoir d'exorciser des doutes résiduels concernant l'article visé, le Panogen, fabriqué en Suède et importé par Pechiney-Progil, Jean Perrier autorise une commission rogatoire qui conduit des policiers français dans une salle d'audience à Stockholm, où ils tombent sur des techniciens peu loquaces ou proposant des informations qui ne semblent pas les intéresser (notamment sur la formation d'une croûte rouge quand une pâte est imprégnée par le Panogen). Les deux médecins suédois, grands spécialistes des maladies liées à l'intoxication par le Panogen, parlent davantage, mais pour insister vigoureusement sur les écarts impressionnants entre les tableaux cliniques spiripontains et suédois (notamment, l'absence chez eux d'hallucinations, d'anxiété, de gangrène ou de crampes).

Sonnés par les témoignages suédois, le juge Perrier et le procureur Roume se rendent bien compte, face à la pression intense d'une chancellerie de plus en plus impatiente et à un collège d'experts à bout de souffle, qu'il est grand temps de conclure. Au moment de rédiger le réquisitoire final, le procureur Roume s'évertue à disqualifier les appréciations suédoises fondées sur une intoxication par voie d'utilisation de blés de semence traités au Panogen. Dans le même temps, il se réapproprie, en les grossissant, les rares points de convergence de l'analyse clinique. Si la preuve n'est pas du tout faite que le Panogen est la cause de l'empoisonnement de Pont-Saint-Esprit, elle l'est au regard du parquet, qui cite une prépondérance d'éléments scientifiques et policiers. Le réquisitoire final met en avant comme toxique un organo-mercuriel, conclusion assise sur un jeu de suppositions plausibles, mais pas forcément convaincantes. Le Panogen arrange tout le monde. Les inculpés sont innocentés, affaire secondaire dans le scénario global. Bien plus importante est l'absence de coupable institutionnel ou politique : puisqu'il s'agit d'un « accident » au cours du transport, on ne peut pas mettre en cause le système républicain de ravitaillement, les mécanismes de régulation étatiques, le fonctionnement de l'administration. En même temps, la meunerie et la boulangerie sont dédouanées : le pain ne porte pas le malheur ni métaphoriquement ni pratiquement. Fort habilement, le procureur Roume évite toutes les aspérités, en fabriquant une sorte de morale consensuelle sur la nécessité de mieux réglementer la circulation des marchandises dangereuses.

La Panogen arrange tout le monde sauf les victimes, largement oubliées dans cette fin de partie. Obligées, au moment du procès civil qu'elles intentent, de s'appuyer sur la causalité « Panogen », désormais doctrine plus ou moins officielle, les victimes sont incapables de démontrer que ce mercure est bien à l'origine de leurs souffrances. L'auraient-elles pu que de nouvelles investigations scientifiques universitaires, en dehors de tout circuit judiciaire, auraient offert de quoi saper définitivement les bases de la thèse Panogen. Déjà contestée à divers moments, l'expertise officielle, après le dépôt du réquisitoire final, se retrouve elle-même en procès, au sens propre comme au sens figuré du terme.

Soixante années plus tard, l'expertise continue de provoquer le débat.

Comme le rôle du juge d'instruction et le rapport entre la chancellerie et le parquet. L'expert est appelé à jouer de multiples rôles, souvent complémentaires, parfois contradictoires. Il peut être médiateur, négociateur, accélérateur, évaluateur ou « simple » informateur, cette dernière tâche, sujette à une myriade de contraintes et de contingences, se révélant non moins ardue que les autres. Sollicité par le juge, l'expert construit ou articule les « faits » qui prennent valeur de preuve ; s'il ne prend pas la place du juge, ce dernier lui cède un pouvoir considérable. Le débat sur le partage des rôles continue aujourd'hui, aiguisé par le scandale judiciaire d'Outreau, où l'on met en question la compétence et l'impartialité des uns et des autres. Son rôle judiciaire dote l'expert d'un capital social important, mais peut lui imposer une pression considérable, voire insupportable, l'obligeant à aller très vite, par le chemin le plus court, à des conclusions dépourvues d'ambiguïté, c'est-à-dire quasiment à trahir les canons épistémologiques ou méthodologiques de sa discipline. C'est souvent là où le savoir est le plus incertain et la vérité la plus difficile à établir que la demande est évidemment la plus pressante. La justice pousse parfois l'expert à la limite de sa compétence, en lui demandant de se prononcer sur une matière qu'il ne maîtrise pas.

Mais, en l'occurrence, est-ce la complexité de l'affaire spiripontaine qui embrouille les experts ou l'insuffisance de l'expertise qui rend l'affaire obscure ?

Dans un sens étroitement officiel, le réquisitoire final du Parquet, débouchant sur le non-lieu pénal dans l'intoxication de Pont-Saint-Esprit, réhabilite définitivement et glorieusement l'expertise. Mais déjà sérieusement critiquée à diverses reprises entre 1951 et 1954, elle est à nouveau mise à mal pendant la décennie qui suit. Inquiète des conséquences néfastes pour la meunerie que le procès civil intenté par les victimes pourrait générer, l'ANMF cherche à miner les bases de l'expertise sur laquelle les plaignants sont obligés de s'appuyer. La centrale meunière est à l'origine, financière sinon scientifique, d'une thèse de doctorat en pharmacie, de bon niveau paraît-il, qui réexamine méticuleusement le rôle toxicologique du Panogen. Même s'il est nettement plus engagé dans une « affaire » d'actualité qu'un travail académique ne l'est habituellement, ce doctorat démontre, avec une rigueur certaine, que la démarche scientifique des experts est sans fondement. Son auteur, Joseph Cadiou, donne ainsi le coup de grâce à la solution Panogen qui n'a jamais tenu qu'à un fil. Cette contribution rassure énormément la meunerie, mais elle reste confidentielle. Puisque les victimes finissent par abandonner d'elles-mêmes, le débat juridique sur le Panogen n'aura jamais lieu.

Bien entendu, le Dr Ollivier, dès la première phase, est l'objet de nombreuses réserves sur sa compétence (mal préparé pour la tâche précise, mal formé pour son poste), sa méthodologie scientifique, sa manière (une suffisance plutôt agressive). Mais il s'agit, d'une part, de rumeurs, souvent de sources certes indépendantes et convergentes, mais impossibles à vérifier ; et, d'autre part, des appréciations de la presse qui souffle le chaud et le froid. Il faut le procès inattendu du boulanger G. Bruère pour que les pratiques et le comportement de cet expert soient systématiquement et publiquement mis en cause. Meurtri et mortifié, le jeune artisan poitevin estime qu'une erreur grossière de la part du Dr Ollivier, amplifiée par une campagne de presse visant à le ternir, est responsable de son incarcération et de sa stigmatisation. Son avocat dépeint l'expert comme « un parachuté de la Résistance », petit médecin parisien devenu, trop rapidement, diplômé et chargé d'un laboratoire important, dont il ne maîtrise pas le fonctionnement. Son soutien prématuré et péremptoire à la thèse de l'ergot, sans assise toxicologique sérieuse, a orienté, voire désorienté toute l'instruction. Le discours de la défense est à la fois invraisemblable et excessif : le Dr Ollivier est un grand savant, et le boulanger Bruère un cupide fraudeur.

La cour tranche en faveur de G. Bruère sur le point essentiel, en partie grâce à l'intervention du substitut Palavesin, qui, ici comme dans le procès civil des victimes à venir, épouse la cause des petits contre les gros. Cette prise de position choque le ministère de l'Intérieur, qui comptait sur l'attitude bienveillante de la Chancellerie pour protéger l'expert. Faut-il alors s'étonner que le procès en appel, sans doute mieux préparé, donne raison au Dr Ollivier sur toute la ligne ?

La question plus générale qui se dégage de cet épisode touche au rôle et à l'avenir de l'expert(ise). Pour Me Grasseau, avocat des Bruère, un des ténors du barreau de Poitiers, le système est en crise :

l'expert ne répond pas aux attentes. Le cas d'Ollivier est encore plus grave : ce chef de laboratoire est tout bonnement incompétent. Ne pas sanctionner cette situation revient à saper davantage la confiance du public dans la justice. Pour le ministère de l'Intérieur en revanche, c'est précisément la condamnation d'un expert officiel qui est à la fois fonctionnaire, policier et scientifique, qui provoquerait la crise de confiance et de fonctionnement, car les experts mandatés n'oseraient plus s'engager et les laboratoires de police perdraient toute crédibilité. Le débat sur l'expert(ise) reste ouvert.

Et pendant tout ce temps, comment se débrouillent les victimes de l'intoxication collective ?

Dans un grand élan de solidarité morale et financière, notamment dans l'urgence des premières semaines, on s'occupe d'elles sur les plans local et régional. Il faut souligner en particulier le rôle essentiel joué par le maire, A. Hébrard, sa réactivité au jour le jour, son attention aux victimes et son souci que justice soit faite. Sur le plan politique à l'échelle nationale, le gouvernement ne veut pas en entendre parler, à ceci près qu'un certain nombre de ministères sont bien obligés de suivre le cours de l'événement. Sans coût apparent – on imagine la réaction que cette posture susciterait aujourd'hui –, le président du conseil refuse sèchement de trouver le moindre créneau dans l'ordre du jour pour évoquer le drame et son impact. Même sur le plan départemental, après la période mobilisatrice, malgré de fortes pressions au sein du conseil général, le préfet finit par ne distribuer qu'une partie des fonds initialement destinés aux malades, justifiant cette parcimonie par une rigueur que les victimes jugent excessive, voire humainement inadmissible. Des tensions et des jalousies entre un certain nombre de victimes les exposent de plus à des critiques d'opportunisme, sinon de parasitisme.

Encouragées par Albert Hébrard, qui croit aux vertus socialisatrices et citoyennes de l'association volontaire, les victimes s'organisent. Leur association devient la caution morale de l'authenticité de ses membres, et un lobby extrêmement actif en faveur de leurs revendications, essentiellement de deux catégories : trouver les causes et les responsables de leur épreuve, sans lesquelles ils auront du mal à guérir tant de l'esprit que du corps ; et recevoir des réparations pour leurs souffrances physiques, psychiques et économiques. Sous la houlette de Marcel Delacquis, gérant d'une coopérative agricole spiripontaine et tenace secrétaire de l'Association des intoxiqués, les victimes s'en prennent inlassablement à la justice pour l'ineptie, la lenteur et le caractère à la fois incomplet et tendancieux de l'enquête. Un certain nombre est persuadé que l'État cherche à étouffer l'affaire à la suite de pressions de la filière blé-farine-pain, mais également par crainte de déstabiliser l'opinion publique et de discréditer sa propre administration.

Se sentant abandonnées, démoralisées, indignées par la démission de l'État à leur égard et profondément frustrées par le volet pénal, les victimes prennent en main leur propre sort en saisissant la justice civile. Elles font un procès contre le fournisseur du pain toxique, R. Briand, décision quelque peu contestée au sein de l'association, mais préconisée par les avocats comme la seule voie possible. Se considérant comme la victime de ses fournisseurs, autoritairement imposés, celui-ci se retourne contre l'UM du Gard, lui demandant de prendre en charge toute condamnation qu'il risque de subir. Aux yeux de l'ANMF, qui suit l'affaire de Pont-Saint-Esprit avec une extrême vigilance depuis le début, une attaque contre l'UM (et implicitement contre tout son réseau) constitue un assaut contre toute la meunerie de France et de Navarre. La centrale meunière met donc toutes ses ressources derrière la défense de l'UM.

Le procès qui s'ouvre à Uzès met en lumière l'insatisfaction partagée par les trois parties à l'égard de l'instruction pénale, même si elles la ressentent et l'utilisent différemment. Les victimes regrettent tant son opacité que sa complexité byzantine : elle n'a fondamentalement rien réglé. Leur avocat s'en tient à un seul fait : le boulanger de la Grand-rue, seul vecteur de l'empoisonnement, est tenu responsable des vices cachés. Le conseil de R. Briand recense les erreurs et les cécités de l'instruction : il en fait une lecture utile à ses fins. On n'a pas démontré le rapport causal entre la maladie et l'ingestion du toxique, en l'occurrence le Panogen, dans un environnement compliqué par l'éclosion d'une véritable « psychose collective », selon l'avocat. Mais, si la position juridique des victimes est faible, il tire surtout en amont : s'il y a toxique, il se trouve dans la farine dont l'UM n'a pas assuré le contrôle de qualité ; elle n'a pas réagi aux réclamations réitérées venues de partout dans la région ; elle n'a pas tout fait pour prévenir une éventuelle souillure qui, si elle a réellement eu lieu, est intervenue à un moment où Briand n'était pas encore propriétaire de la farine, qui lui est livrée sans qu'il puisse évaluer son état. Enraciné dans la cité depuis des décennies et plutôt réputé, Briand, maintient son conseil, ne peut garantir le bien-être de ses clients dans la mesure où ses mains sont totalement ligotées par le système dirigiste.

Enfin, après avoir tenté de se faire reconnaître comme un service public susceptible de n'être poursuivi que devant un tribunal administratif, l'UM s'efforce de se servir des déficiences criantes de l'instruction pour miner la position du boulanger : aucune preuve du toxique dans la farine, aucune preuve que la farine dont Briand s'est servi provienne de l'UM, aucune preuve que les sacs tachés incriminés soient ceux du fournil du boulanger de la Grand-Rue, aucune preuve que toute la farine toxique ait été panifiée la nuit fatale, aucune preuve que l'éventuelle pollution n'ait pas eu lieu dans la remise où R. Briand stockait ses farines et aucune preuve de la pertinence des doléances des boulangers de la région, toujours portés à se plaindre.

Suivant très largement l'argumentaire lyrique et à forte dominante éthique du même substitut Palavesin qui avait appuyé G. Bruère, le boulanger poitevin, contre l'expert H. Ollivier, la cour s'exprime en faveur de la moralisation des échanges économiques, qu'ils soient strictement commerciaux et/ou institutionnels. Sous couverture administrative, l'UM, hautaine et irresponsable, n'a pas exercé la prudence élémentaire qui incombe à tout citoyen. Dans un tel contexte d'incurie et d'immobilisme, la présence d'un toxique dans la farine n'a rien de tellement surprenant. Au-delà de « fautes lourdes » dévoilées par une instruction nettement plus solide que ne l'admettent les avocats, le tribunal entrouvre fugitivement une fenêtre sur la défaillance de l'appareil national de régulation auquel participe l'UM sous l'égide de l'ONIC, sans pourtant trahir son caractère de société privée. Mais la défaite de l'UM est atténuée par certaines conditions ou réserves : à part le cas de la veuve Mison, dont le mari était le premier malade décédé, sans équivoque, toutes les autres victimes doivent subir de nouveaux examens de la part d'un collège d'experts médicaux, appelés à étudier également tout le dossier pénal, afin de déterminer le rapport entre le toxique incriminé et les divers types d'incapacités des malades ; et si l'UM doit garantir le boulanger contre les réparations accordées, ce dernier doit intenter un procès indépendant contre l'UM pour obtenir des dommages pour le préjudice commercial et moral qu'il prétend avoir essuyé.

Les perdants comptent bien faire appel : ils sont furieux de cette terrible stigmatisation du comportement du système UM, grand pilier de l'organisation professionnelle. Les gagnants ne peuvent pas verser dans le triomphalisme, loin s'en faut. R. Briand ne se sent que partiellement absous : il espérait dans son for intérieur un massacre de l'ennemi avec des compensations matérielles importantes et une réhabilitation publique totale. Enfin, après tant d'années de vicissitudes et d'attente, les victimes doivent franchir encore une étape, vécue comme une épreuve de plus, qu'il est peu probable qu'elles aient encore la volonté ou les moyens de supporter.

L'appel change-t-il la donne ?

Considérablement. Ébranlée par la sentence et l'esprit d'Uzès, la meunerie – l'ANMF –, déterminée à prendre sa revanche, trouve le climat en appel à Nîmes bien plus propice. Son argumentaire n'a guère évolué, sauf qu'elle a désormais l'effronterie de se (re)présenter en victime. L'UM se targue d'une fonction quasi publique, sans vocation à s'occuper de la qualité des marchandises. R. Briand est plus que jamais un « méchant » : cet adepte du ravitaillement clandestin avait un caractère notoire de rouspéteur en vertu duquel il n'aurait jamais accepté deux sacs souillés. Une modification significative du scénario de l'instruction purge complètement M. Maillet de toute implication dans l'affaire : les deux sacs incriminés proviennent d'autres sources, selon ce scénario. Les victimes reprennent obstinément la même rengaine face à R. Briand : « Vous êtes notre vendeur », et c'est tout ce qui compte. Ce dernier met tout sur le dos de l'UM, organisme qui lui a imposé des marchandises, dont il ne pouvait vérifier la qualité.

Suivant un ministère public bien plus modéré cette fois, évitant d'accabler l'UM de fautes graves, le jugement en appel confirme à la fois la responsabilité du boulanger pour les vices cachés et l'obligation de l'UM de venir en garantie du boulanger au titre de fournisseur contractuel. S'intéressant beaucoup plus que le tribunal d'Uzès à la causalité de l'intoxication, la cour d'appel retient le Panogen comme l'origine la plus probable. En l'absence d'une preuve absolue, elle demande au collège d'experts de revoir tout le dossier et d'examiner les victimes pour déterminer la responsabilité du produit anticryptogamique. Nouvelle épreuve pour les victimes et triple coup dur pour le boulanger de la Grand-rue, qui doit indemniser la veuve Mison sur-le-champ, avancer les frais de l'expertise et attendre son résultat avant de pouvoir formuler sa demande en compensation pour préjudice moral et matériel.

Au-delà de la victoire de l'UM, la meunerie se sent blanchie de toute responsabilité pour l'affaire de Pont-Saint-Esprit. Le test du Panogen piège les victimes et paralyse le boulanger. Misant sur l'impossibilité de démontrer un lien entre ce méthylmercure et l'empoisonnement, l'ANMF attend néanmoins les résultats de recherches scientifiques menées à Bordeaux qui indiquent déjà que le Panogen n'a strictement rien à voir avec les maladies spiripontaines. Par un pourvoi en cassation, la meunerie espère pousser son avantage jusqu'au bout. Rejetée, elle fait toutefois une exégèse positive, non moins fantaisiste que celle de R. Briand qui croit, un instant, à son triomphe. Quand il reprend contact avec la réalité, il avoue être lui-même cassé : l'huissier menace de saisir ses biens, le boulanger décide de ne pas transmettre le fournil à son fils aîné, il se trouve poursuivi par les victimes – leur dernier sursaut – pour payer les frais d'expertise médicale. Supportant de moins en moins l'humiliation de se sentir « inculpé » – juridiquement il ne l'a jamais été – et « pointé du doigt », il fustige son avocat, puis s'en prend à son syndicat, tant sur le plan national (« des vendus », pactisant avec l'ennemi-meunier) que départemental, qui l'abandonne. On peut se demander ce qui se serait passé si la Confédération de la Boulangerie avait décidé de faire de l'affrontement Briand-UM – et plus largement de l'affaire de Pont-Saint-Esprit – l'occasion d'exposer au grand jour, et pourquoi pas de régler, un contentieux très lourd entre les deux professions.

Au bout du compte, l'énigme de Pont-Saint-Esprit n'est pas résolue ?

Pain maudit, enquête maudite ? Pas tout à fait. L'aspect polar me galvanisait depuis le début. Mais je n'ai pas écrit un roman policier. Je dirais que ma contribution fondamentale – à part la reconstitution minutieuse des événements – a été de repenser entièrement le cadre dans lequel ils ont eu lieu. Si l'on peut parler de « l'affaire » de Pont-Saint-Esprit, c'est justement parce qu'elle ne peut se réduire au seul drame de l'intoxication, malgré son poids tragique, comme l'affaire Calas, par exemple, ne se réduit pas à la mort du fils. Je m'y connais en fournils, mais je ne crois pas que l'affaire spiripontaine trouve son origine, sauf dans un sens étroit, quasi mécanique du terme, dans le fournil de R. Briand pendant la longue nuit du 15 au 16 août. Ma tâche d'historien était de problématiser, si je puis dire, toute la question, d'élargir le champ, de lui donner une grande respiration. Je voulais comprendre d'abord comment le pain pouvait resurgir sur la scène publique, puis comment il pouvait prendre cette forme diabolique. L'horizon de mon regard, tout en étant fixé sur la tragédie spiripontaine, était l'histoire sociale de cette France des années oubliées, 1945-1958.

Le drame de Pont-Saint-Esprit nous ouvre une fenêtre saisissante sur la vie quotidienne dans la France profonde, où le pays peinait à sortir de la destruction économique, de l'injustice et du désordre sociaux, de l'instabilité politique. On mesure la distance infinie qui sépare les petites villes comme Pont-Saint-Esprit de la capitale et de ses décideurs, et en même temps leur dépendance considérable à l'égard de l'État. L'affaire spiripontaine regarde à la fois vers le passé et vers l'avenir. Elle établit la passerelle entre les contextes de pénurie qui ont profondément marqué l'histoire française depuis la nuit des temps jusqu'au milieu du XXe siècle et l'élan de reconstruction et la volonté très discutée de remise en cause idéologique et pratique enclenchée à la Libération. Tragédie locale, l'intoxication collective est un fait divers mal venu pour les autorités, parce qu'il met en relief certains dysfonctionnements et blocages qui dépassent de loin le seul cadre de l'événement : le pays a besoin de plus de réformes que la France de 1789, aimait à dire Paul Reynaud dans les années 1950. L'affaire interpelle fortement, parce qu'il s'agit du pain, bien sûr. La manière dont le pain porte ainsi questionnements et critiques majeurs, mettant en cause tout un héritage socio-économique et politique, est finalement presque aussi étonnante que son rôle comme vecteur de la maladie et de la mort.

Vous avez pourtant envisagé toutes les hypothèses ?

Oui, je crois. Il est difficile dans le cadre de nos entretiens de résumer neuf ans de recherches et 1 100 pages d'analyses très précises et détaillées de l'événement et des lectures qu'on peut en faire. Pour maintes raisons, l'ergotisme en tant que maladie n'est pas tenable, même si on ne peut pas reprocher aux cliniciens leur fascination pour cette résurgence inattendue, à la fois épouvantable et merveilleuse au sens propre. Les présupposés des cliniciens conditionnent fortement la mise en intrigue de la maladie spiripontaine dans leurs écrits. Quand on regarde les quelques témoignages des malades et de leurs familles, on a l'impression d'une plus grande variété et d'un moindre synchronisme de symptômes dans leurs récits que dans les mises en formes médicales. Si les médecins avancent l'idée ergotiste assez rapidement, ce sont les hallucinations qui attirent avant tout leur attention ; elles sont supposées être une des caractéristiques majeures de l'ergotisme dit historique, notamment du type « convulsif », mieux connu en Allemagne et en Russie qu'en France. On voit comment l'association joue dans l'esprit des cliniciens, devenant corrélation et faisant fonction de confirmation étiologique. Mais ils ne maîtrisent pas l'histoire de l'ergotisme ; le doyen Giraud lui-même avoue que les hallucinations sont bien plus discrètes dans l'ergotisme historique et que l'expérience spiripontaine est presque *sui generis* dans l'histoire (qu'il connaît) de l'ergotisme (en raison d'une seule prise de pain, du manque de proportionnalité entre la dose et l'acuité des manifestations pathologiques, de la chronologie de la symptomatologie, etc.). Les cliniciens du cercle de Montpellier misent beaucoup sur l'hypothèse d'une sorte de « libération » (presque une génération spontanée) dans l'ergot du pain de Pont-Saint-Esprit d'une substance ressemblant fortement à la drogue synthétique appelée le LSD-25 – et cela bien avant le temps où le LSD fut inscrit dans le quotidien de la contre-culture mondiale. Le désaveu toxicologique, brutal et sans équivoque, on l'a vu, est irréfragable, magnifié sans doute de façon encore plus décisive par la répudiation bâloise et par les convaincantes réfutations meunières.

L'hypothèse du Panogen n'est pas plus solide que celle de l'ergotisme. Même avant le travail de J. Cadiou, recherches longtemps confidentielles, mais qui paraissent solides malgré leur association avec l'ANMF, il y avait des problèmes concernant les échantillons restants du pain spiripontain, l'absence de traces de mercure sur certains, le silence assourdissant de l'éminent toxicologue Kohn-Abrest et les méthodes utilisées par les équipes des botanistes et chimistes de Marseille, qui semblent avoir travaillé sérieusement, sans pouvoir identifier absolument le Panogen comme source de la contamination de la farine. Face à ces maigres preuves et aux contradictions flagrantes entre les tableaux cliniques suédois et gardois, le procureur a peiné à bricoler un réquisitoire cohérent. Toutefois, la solution Panogen est bien trouvée en ce qu'elle évite toutes les questions qui fâchent ; ni l'État, ni la filière ne sont mis en cause. Il n'est pas besoin de désigner un bouc émissaire ou de pratiquer une violence purificatrice, symbolique ou autre.

Ni ergot ni mercure. Alors ?

Il y a plusieurs démarches scientifiques, presque toutes intéressantes, allant de la gesse et de l'ers jusqu'au lupin blanc et l'ivraie ; même la proposition du haschich, dans le contexte précis de son élaboration, est loin d'être farfelue. Mais quatre scénarios méritent que l'on s'y arrête, pour des raisons différentes. D'abord, la mise en cause d'un État défaillant dans sa gestion du système d'approvisionnement. Elle peut se résumer par cette question : qui surveille la matière première de l'alimentation de base des Français ? Sur le plan symbolique sinon pratique, l'intoxication de Pont-Saint-Esprit aurait pu sonner le glas du dirigisme « panaire ». Elle a exposé les défauts flagrants d'un système lourd, rigide, arrogant, presque aussi loin des soucis des fournisseurs que de ceux des consommateurs. Sur le terrain, et un peu partout dans la France « d'en bas », l'intoxication est utilisée comme un argument puissant contre l'organisation meunière et le corset de la répartition, et pour la liberté de choix des boulangers, le retour aux relations réellement commerciales et l'utilité tant sociale qu'économique de la concurrence. De nombreux boulangers et meuniers n'hésitent pas à affirmer que le drame n'aurait sans doute pas eu lieu dans un régime de liberté. À côté de libéraux purs et durs, d'autres critiques du dirigisme étouffant ne veulent pas jeter le bébé avec l'eau du bain : ils distinguent la pratique d'une régulation efficace (inspections, contrôles, critères sanitaires et organoleptiques, etc.), qu'ils approuvent, d'un faux-semblant de vigilance hypocrite incarné par un système autiste et autoritaire. Une partie importante de la presse reprenait la mise en question du système, notamment les faiblesses réglementaires de l'ONIC et les inégalités qualitatives qu'il cautionnait. Le premier procès civil offrait à la fin des années 1950 un discours tout fait pour l'incurie scandaleuse et l'arbitraire extrême du système. L'avertissement était alarmiste : le pain quotidien de tous les Français est un pain maudit en puissance. À l'échelle nationale cependant, les critiques du dirigisme n'osent pas instrumentaliser l'événement, moins par pudeur que par une sorte de tabou consensuel : trop de risque de dommages collatéraux politiques.

Aberration totale, « l'accident » de Pont-Saint-Esprit n'autorise aucun enseignement pertinent et ne mérite pas de place dans la mémoire collective : voilà l'exégèse officielle de l'affaire. Elle ne suscite pas la moindre mise en cause de la part des autorités. Avec une surprenante agilité, l'ONIC réussit à rester dans l'ombre. La meunerie bien entendu fait tout pour dissocier les phénomènes pathologiques des pratiques de la filière et des agents de tutelle. Le ministère de l'Agriculture refuse catégoriquement l'investigation demandée par le préfet du Gard, une des rares personnalités publiques à lier ouvertement l'intoxication et la gestion du processus de ravitaillement.

Pourtant, sur la question de la qualité, le système semble extrêmement vulnérable. C'est un secret de polichinelle que les zones déficitaires constituent une sorte de dépotoir pour la farine à peine « potable », comme disent les meuniers. Après les zones occupées et libres, la République consent-elle à l'existence de zones discriminatoires inavouées ? Le vocable de « l'exportation » à l'intérieur n'évoque-t-il pas le territoire juridiquement et commercialement fragmenté de l'Ancien Régime ? Mais, jadis, le commerce était marchand plutôt qu'administratif ; si les acheteurs d'une région importatrice (dite souvent « étrangère ») devaient s'acquitter de certains droits, ils avaient la liberté de refuser une marchandise estimée de mauvaise qualité. Bien entendu, le contexte de pénurie après la Libération crée des circonstances théoriquement atténuantes. Mais même en quasi-disette, l'appareil de répartition, qui fait travailler tous les meuniers comme s'ils faisaient partie d'un seul moulin à l'échelle départementale au sein d'un système global d'allocation autoritaire, n'aggrave-t-il pas le problème qualitatif ? Doté de deux poids et deux mesures, l'État paraît se contenter de gérer les deux France, les pays de bon et de mauvais pain, jusqu'à ce que l'enchaînement vertueux modernisation-reconstruction-abondance-prospérité arrache la République à ce monde archaïque d'anomalies subies et choisies, héréditaires et environnementales. À condition que le mauvais pain ne se mue pas en pain maudit...

Portée non par la justice ou par la police, mais par un prétendu expert indépendant, l'hypothèse que l'eau polluée de Pont-Saint-Esprit soit responsable de l'empoisonnement collectif a fait énormément de vagues. À la fois matériellement plus concrète et politiquement moins sulfureuse, elle oblige les autorités à se poser des questions qui conduisent, en fin de compte, beaucoup plus à améliorer la situation sanitaire de la population à moyen et à long terme qu'à résoudre l'énigme d'août 1951. Audacieux, maître de la communication et sans doute aussi réellement savant malgré sa manière extravagante et péremptoire, l'ingénieur Louis-Claude Vincent devient, pendant plusieurs mois, un grand acteur sur la scène locale grâce à sa vision apocalyptique (mais pas entièrement infondée) du danger de la proximité de l'usine à gaz avec le système de distribution de l'eau municipale. Figure presque théâtrale, visitant des installations subrepticement, photographiant les lieux, prélevant des échantillons expédiés à l'étranger, seule manière, dit-il, d'obtenir des analyses probantes, s'associant plus ou moins discrètement avec R. Briand, dénonçant sans ménagement l'incompétence des autorités techniques locales et régionales, faisant distribuer des brochures pour l'achat d'eaux minérales. L.-C. Vincent, bien introduit auprès du pouvoir à Paris, fait couler beaucoup d'encre, irrite profondément Albert Hébrard et pousse la direction de la Santé du Gard à réagir. Au-delà d'un éventuel intérêt commercial, il semble être un idéologue scientifique et moral qui voit dans l'eau l'ennemi public numéro un, ce qui suscite de bonnes et de moins bonnes idées. Sa thèse que l'eau est la cause de l'intoxication est totalement invraisemblable ; son avertissement sur les faiblesses, voire les éventuels périls du réseau de l'eau spiripontaine est une aubaine pour la ville, malgré le coût très élevé qu'il a imposé sur le plan psychologique.

La piste du blanchiment aurait dû mobiliser immédiatement les enquêteurs de Pont-Saint-Esprit ; après les investigations fructueuses menées concurremment par la police judiciaire et la Répression des fraudes, sur commission rogatoire d'un magistrat parisien, il est pour le moins surprenant que l'instruction gardoise n'ait pas donné suite. J. Chast et ses collaborateurs découvrent la partie immergée d'une industrie illicite de fabrication d'outils et de produits de blanchiment, en amont de la panification proprement dite. L'infraction à la loi en soi et les conséquences désorganisatrices et injustes d'une concurrence déloyale ne sont pas les seuls soucis des autorités : elles se préoccupent des conséquences potentiellement néfastes du blanchiment pour la santé publique. Tout indique que la pratique du blanchiment est bien connue dans le monde de la meunerie ; il est impossible de dire quelle proportion de meuniers passe à l'acte, notamment par des méthodes relativement coûteuses dénoncées par l'enquête de 1951-1952. Toujours est-il qu'une première série de perquisitions permet de découvrir au moins une quarantaine de machines. Il n'y a aucun doute que les autorités en auraient trouvé un nombre bien plus important s'ils avaient disposé de davantage de moyens à l'occasion de la première descente coordonnée et si le juge d'instruction de la Seine n'avait pas brusquement et mystérieusement mis fin à l'enquête, abandonnant non seulement l'investigation, mais aussi les suites judiciaires qu'elle semblait bien exiger. La décision ne peut être que politique, visant à épauler la filière au nom de l'intérêt général (restaurer la confiance des Français dans leur pain quotidien et renforcer une des grandes activités économiques du pays) et au nom de la raison d'État (éviter de stigmatiser la meunerie, partenaire indispensable dans la tâche de ravitaillement, appelée justement à revoir sa place dans le système global et néocorporatif de régulation). Même si la Chancellerie envoie un message identique au juge Perrier et au Juge Mazel, la passivité du magistrat instructeur nîmois paraît plus troublante. Son enquête patauge, son seul expert de renommée internationale, É. Kohn-Abrest, qui vient d'être mandaté, est intrigué par un premier résultat portant sur le blanchiment et ses implications, et la piste du blanchiment, même si elle n'offre que des éléments très hypothétiques par rapport au tableau clinique spiripontain, est certainement trop intéressante pour être enterrée.

Enfin, l'hypothèse concernant les mycotoxines, proposée pour la première fois voilà un quart de siècle, exige d'autant plus d'être prise au sérieux que, depuis ce temps-là, la science a considérablement avancé. On ne connaît pas tous les mécanismes de genèse et de contamination, et on n'a un tableau clinique que pour des animaux. Le substrat des moisissures est le plus souvent le maïs ; cependant, on en trouve également dans le blé. On distingue les mycotoxicoses aiguës, dues à l'ingestion d'une grande quantité d'aliments contaminés, des mycotoxicoses chroniques qui sont consécutives à l'ingestion de doses faibles mais répétées. Des effets neurotoxiques, hépatotoxiques, mutagènes, cancérigènes et immunosuppresseurs ont été démontrés expérimentalement chez l'animal. Ce sera aux scientifiques curieux de revenir sur le cas spiripontain, peut-être dans le cadre d'une réflexion plus générale sur les risques pour l'homme, de déterminer si une contamination humaine, par mycotoxine(s) ou par mycotoxine(s) en « cocktail » avec d'autres substances, était concevable, et si elle aurait pu être compatible avec le tableau clinique de la maladie de Pont-Saint-Esprit. Un tel exercice pourrait s'avérer fructueux tant pour l'historien que pour l'agronome, le vétérinaire, le médecin et le toxicologue.

13.

Hors de la corporation, point de salut

Vous aimez citer cette formule de Proudhon que les deux mamelles de la France sont les subsistances et le travail.

Deux des grands axes de ma vie de chercheur sont le problème du pain, *senso lato*, et la question du travail. Ensemble, ils couvrent un espace-temps socio-économique, physique et psychologique énorme : pour la masse des gens, la plupart des heures et des activités de chaque journée. On l'a vu : « Tu gagneras ton pain à la sueur de ton travail. » On ne peut obtenir son pain sans un travail régulier et suffisamment rémunérateur, sauf exception ; on aurait du mal à travailler sans l'énergie, les protéines, les autres nutriments et le sentiment de bien-être fournis par le pain. La police se soucie des deux en tant que « science de gouverner les hommes » dans l'objectif idéalisé d'atteindre « l'harmonie » et dans le but pratique concret et immédiat d'empêcher le désordre. Elle doit s'assurer que le pain est disponible en quantité suffisante, de qualité honnête et à un prix accessible, ce qui implique l'articulation d'une politique générale et d'une vigilance attentive et inlassable.

La police cherche à faire travailler un maximum de gens un maximum de temps. On n'est pas encore sciemment dans une logique optimisante d'*Homo œconomicus* ou capitaliste. Dans cette société d'ordres, ou d'états, ou de corps, le travail est autant une obligation et une prescription sociale, morale, religieuse et politique qu'un impératif économique. Clé normative du salut personnel, le travail est également le premier niveau de contrôle social : au travail, les gens sont repérables, théoriquement engagés dans des actions fructueuses, individuellement et collectivement, et peu susceptibles de perturber l'ordre public. Voilà pourquoi la police détestait les dimanches, jour de repos et donc de tous les dangers, arrêtait les gens « hors de condition » – c'est-à-dire sans travail – pour plus de huit jours, parfois moins, et assimilait l'oisiveté, sauf dérogation précise, au crime et à la subversion.

Les autorités voulaient que tout le monde travaillât, mais tout le monde était-il libre de choisir son travail ?

Parce que, de nos jours, « tout le monde » peut entrer dans la profession de son choix ? Soyons sérieux. Il y a eu de tout temps des barrières à l'entrée, toutes sortes d'obstacles ou de conditions requises. Il est vrai que, jadis, ces barrières étaient plus fortement et ouvertement articulées, matérialisées dans des distinctions qui construisaient la taxinomie sociale, inscrites dans la structure même de l'ordre sociopolitique. Le monde du travail est circonscrit au tiers état, vaste catégorie dans laquelle, en ville, capitalistes et commerçants côtoient porte-faix, mendiants, et criminels et, à la campagne, riches laboureurs et fermiers se frottent aux journaliers et aux indigents plus ou moins misérables. *Stricto sensu*, aucun travail n'est libre. D'une manière ou d'une autre, chaque profession, chaque métier est « réglé » ou réglementé, théoriquement ou pratiquement, sommairement ou pleinement, localement ou globalement, par coutume ou par droit, par seigneur, municipalité ou prince.

C'est dans la vie en ville que je me suis investi le plus, et là, le travail est divisé, *grosso modo*, en deux parties, celle qui est « incorporée », « les arts et métiers » exigeant une formation plus ou moins poussée et une compétence certifiée, et celle qui est dite libre, mais en fait surveillée, voire encadrée par l'autorité publique, qui touche un secteur pullulant de main-d'œuvre non qualifiée (gagne-deniers, porteurs, mobilisés souvent en « bandes » sanctionnées, décrotteurs, commissionnaires, etc.). J'ai visé tout particulièrement l'univers du travail incorporé, c'est-à-dire organisé en communautés d'arts et métiers – 120 à Paris au milieu du XVIIIe siècle, accueillant 30 à 40 000 maîtres et mobilisant 100 000 compagnons et apprentis ; et des dizaines de milliers de corporations à travers le royaume – où l'on fabriquait et vendait tant les produits d'usage quotidien que ceux de luxe. Pris comme un tout, le monde incorporé constitue l'élite du monde du travail, mais il est tout sauf homogène. Les communautés ne sont pas égales entre elles, ni en richesse, ni en capital socioculturel, ni en influence politique ; elles sont stratifiées, même si la lutte pour la (re)classification ne cesse jamais. Au premier coup d'œil, il y a fort peu en commun entre un richissime maître drapier, qui est plus banquier international que fabricant et marchand de textiles, et un maître savetier, un maître vidangeur ou une maîtresse couturière ; ou, au sein d'une même communauté, entre un maître chapelier employant 40 compagnons, sous-traitant à d'autres ouvriers et fabriquant pour l'exportation, et un petit maître travaillant avec un seul compagnon et peut-être un apprenti, et servant le marché local. L'ampleur de l'activité, l'intensité de la division du travail, l'étendue de la sous-traitance et l'éventail des marchés créent ou bien des clivages à l'intérieur de la même profession ou bien des affinités inattendues entre professions différentes. En outre, la notion de « travail » s'applique à toutes sortes d'activités – techniques, commerciales, sociales, psychologiques même – que l'on ne peut analyser en termes généraux. Le travail de l'or ou de l'argent, par exemple, n'a rien à voir avec celui des métaux ordinaires, non plus que du bois, du cuir ou de la farine. Par ailleurs, ce n'est pas forcément le petit artisan qui se cramponne à l'institution protectrice, ni le grand négociant capitaliste qui se rebelle contre ses prétendues contraintes ou la dédaigne en faveur d'horizons plus prometteurs. Institution critique, la corporation peut être néanmoins éclipsée ou court-circuitée par le métier, en partie parce qu'elle s'occupe parfois de tout, hormis du travail dont elle détient, en principe, le monopole. Et certains métiers, ici et là, pour diverses raisons, ont su échapper à l'incorporation.

Expliquez-nous l'intérêt de cette expérience corporatiste.

Attention aux mots et aux choses, aux amalgames et aux anachronismes. Même si l'organisation *corporative* de l'Ancien Régime (voire du Moyen Âge) est la matrice supposée (re-idéologisée et folklorisée) du « corporatisme » honni de notre époque, il ne faut pas confondre les deux phénomènes. La diabolisation du fait corporatif et sa réappropriation métaphorique hautement péjorative sont le fruit d'un long processus politique et polémique qui a ses racines principales dans les Lumières. Intimement lié à d'autres modes de régulation socio-économique et politique de l'Ancien Régime, tel le paternalisme frumentaire, le corporatisme est déformé sans vergogne et inlassablement décrié par le lobby libéral comme inefficace, inadapté, abusif, coûteux, étouffant, et surtout contraire aux lois naturelles et au mouvement de l'histoire. Bien avant le coup de grâce infligé par Vichy, qui a rendu toxique l'héritage corporatif, la gent historienne, sauf l'aile très marquée à droite, s'est alignée, sans aucun examen critique, sur la position libérale. Difficile de ne pas vouloir se mettre du côté des Lumières et « du progrès ». Le résultat a été un tableau caricatural et superficiel du monde du travail incorporé. Depuis une vingtaine d'années, des historiens, d'abord américains et anglais, ont commencé à mettre vigoureusement en question cette historiographie complaisante, suffisante et sclérosante : il ne s'agissait nullement de « réhabiliter » l'univers corporatif, mais d'entreprendre son anatomie, de le déconstruire pour mieux le reconstituer et le comprendre.

Tandis que la corporation redevient un objet d'étude scientifique, son dérivé le « corporatisme », vit une tout autre carrière dans la sphère publique où il porte généralement une connotation infamante. Synonyme d'égoïsme, le terme « corporatiste » évoque des groupes arc-boutés sur la défense de leurs avantages acquis et faisant fi de l'intérêt général. Chaque conflit social en France conduit presque implacablement à en rouvrir le procès. De fait, l'épithète corporatiste, très efficace, peut frapper de discrédit n'importe quelle revendication sociale : il suffit de la déclarer « catégorielle » pour la disqualifier.

Je rejoins, à ce propos, l'analyse du sociologue Pierre Rosanvallon qui explique que les Français s'enferment dans une sorte de modèle corporatif/corporatiste permanent, faute de parvenir à définir une façon moderne d'associer des groupes sociaux à des fonctions de régulation économique et sociale. L'attaque chronique contre les corporatismes, ajoute-t-il, renvoie à la fois à un fantasme (le spectre du corporatisme est dénoncé derrière chaque intérêt particulier) et à une réalité (la difficulté d'articuler un « corporatisme moderne » lors de la mise en place de formes de régulation professionnelle). Mais la tentative de penser un néocorporatisme moderne grippe sur d'autres spectres. Comme le notait le juriste Alain Supiot, tout projet visant à instaurer une certaine collaboration entre employeurs et salariés expose aujourd'hui ses chantres au risque d'être stigmatisés « comme les petits-enfants du maréchal Pétain ». Mais la recherche de paradigmes d'organisation de la société conçus comme une alternative à la fois au libéralisme et au socialisme, à l'individualisme et au collectivisme, remonte bien au-delà de Vichy, prend des « communautés naturelles » (famille, métier, groupe religieux) comme cellules de base de la société et n'est pas forcément nostalgique d'un âge d'or médiéval ou d'Ancien Régime (le durkheimisme, le catholicisme social, certaines conceptions « troisième voie », etc.).

Arrêtons-nous, si vous le voulez bien, sur ce système corporatif qui a structuré la société française avant la Révolution.

L'histoire des premières « communautés d'arts et métiers » – le premier nom des corporations – est mal connue, parce que les archives ont souvent disparu et que les occupations quotidiennes échappent alors aisément à l'historien. En France, les premières véritables corporations apparaissent probablement aux XIe-XIIe siècles. Nées dans les villes, à l'initiative de l'élite marchande, elles ont été conçues pour protéger ses intérêts, moraux et matériels, et ont procédé du mouvement communal. Ces associations, qui ont peu à peu réuni des commerçants et des artisans plus modestes, illustrent une tendance des sociétés de l'Europe occidentale à s'organiser en communauté, dans les sphères religieuses et politiques autant qu'économiques.

Beaucoup ont reçu une légitimation royale, d'autres sont nées sous l'impulsion d'un seigneur, noble ou ecclésiastique. En échange de monopoles plus ou moins étendus que leur accordait leur protecteur, elles versaient des tributs en numéraire et en nature, remplissant notamment des fonctions de garde et de milice, et étaient chargées d'autres services publics, comme les inspections d'hygiène et les contrôles de qualité sur les matières premières qu'elles recevaient et les marchandises qu'elles produisaient. Ces institutions essayaient d'établir un équilibre entre leurs propres intérêts et leurs obligations civiques, selon la vision chrétienne du monde qui dominait tous les aspects de la vie. Au Moyen Âge, nombre d'entre elles avaient déjà une organisation hiérarchique : sur le modèle de la tutelle parentale, les maîtres exerçaient une autorité à la fois sociale, économique et morale sur leurs apprentis et bien souvent aussi sur leurs « valets » (les futurs compagnons). Les maîtres eux-mêmes étaient regroupés en plusieurs classes, selon leur ancienneté ou leur clientélisme, et élisaient les jurés (ou « gardes du métier ») qui ne tardèrent pas à prendre les traits d'une oligarchie. Probablement à partir de la fin du XIIIe siècle, le monarque, « propriétaire éminent de tous les métiers », a soumis les communautés à des exactions fiscales de plus en plus onéreuses. En tout cas, dès le XIVe siècle, des hommes des métiers ont résisté à la mainmise de l'État et organisé des mutineries corporatives de toutes sortes.

Les corporations auraient connu leur âge d'or aux XVe et XVIe siècles. C'est là une vision évidemment idéalisée, qui suppose qu'elles seraient restées unies et auraient permis l'ascension sociale en leur sein. L'apprentissage aurait représenté une expérience de socialisation plutôt que d'exploitation ; le compagnon aurait toujours pu espérer devenir maître ; et la corporation aurait fonctionné comme une fraternité harmonieuse et solidaire. Rien de tel en vérité. L'apprenti et le compagnon sont rejetés hors de la communauté dès l'aube de l'Ancien Régime. L'apprenti doit souvent se battre pour obtenir une vraie formation et un traitement correct. Le compagnon, fréquemment assimilé à un domestique, lutte pour sa dignité, ses droits et une certaine indépendance. Face à des barrières que la communauté oppose à son ascension, face aux coûts qui ne cessent de monter et à la concurrence de plus en plus dense, le compagnon ne peut plus compter sur son intégration à la maîtrise. Fin XVIIe siècle, le terme compagnon acquiert un deuxième sens, néologisme emblématique de l'évolution corporative depuis le prétendu âge d'or d'accueil, lorsque le compagnon participait pleinement à la vie communautaire : compagnon désigne désormais les ratés aussi bien que les aspirants, les ouvriers ayant accompli un apprentissage mais n'ayant pas les moyens – ni les relations – pour parvenir à la maîtrise ou pour ouvrir boutique. Toujours est-il que le monde corporatif n'était pas non plus complètement fermé, loin s'en faut, ni rempart obstiné contre toute innovation technologique ou nouvelle gestion des ressources humaines, ni bastion anticapitaliste inflexible, comme ses critiques les plus virulents le prétendaient.

Par-delà leurs fonctions spécifiques dans le monde du travail, les communautés d'arts et métiers constituaient les maillons de ce que j'appelle la « grande chaîne de la condition corporative », traduction approximative du « great chain of corporate being », car une large partie de la population française appartenait à un « corps », d'un type ou d'un autre, depuis les assemblées villageoises des paysans aux communautés urbaines jusqu'aux parlements – les universités, diverses « compagnies » d'officiers « vénaux » (agents ayant acheté leur poste au roi), les académies, le clergé et la noblesse représentant eux-mêmes chacun une corporation. Le monarque était la source de légitimité et le garant de l'intégrité de la chaîne, mais il était en même temps lié par elle et en dépendait de façon subtile. Cette grande chaîne instaurait des liens de réciprocité et de solidarité, et constituait pour les sujets le seul moyen de prendre langue avec leur souverain. Composée d'anneaux multiples, de taille, de cohésion, de solidité variables, elle fondait en quelque sorte la « constitution politique et sociale » du royaume, puisqu'elle classait et organisait les sujets. La « chaîne » paraît assez souvent comme une image forte dans la rhétorique politique et sociale de l'époque. Alors même que la notion et la réalité de l'argent érodaient peu à peu le vieux paradigme de la société de corps, les corporations étaient toujours considérées comme la base de l'ordre social. C'est par l'entremise des communautés de métier et des autres corps que la couronne élabora sa stratégie de gouvernement, établit des normes sociales et économiques, et créa un système de contrôle social qui fonctionnait à la fois comme mécanisme de communication entre le roi et une partie importante de ses sujets, et comme dispositif de socialisation permanente et de mobilisation ponctuelle.

Il y a évidemment plusieurs manières de concevoir l'organisation de la société de l'Ancien Régime, selon les représentations que les acteurs avaient d'eux-mêmes (ces derniers ne partageaient pas forcément la même appréciation) et d'après des analyses rétrospectives (parfois tentées de disqualifier les représentations indigènes comme relevant de la mystification ou de la fausse conscience). La dimension corporative me semble pertinente dans les deux cas de figure, à condition d'être utilisée avec attention et discernement. C'est ce que j'ai essayé de faire dans *La Fin des corporations* (2001). Pour revenir au monde du travail, officiellement, le modèle corporatif ne s'appliquait qu'à une partie relativement restreinte des professions. Cependant, dans la pratique, il conditionnait l'organisation du travail aux quatre coins du royaume, même dans les espaces dits « libres », en ville et à la campagne.

Les Lumières s'attaquaient-elles aussi vivement au système corporatif qu'à la police des grains et du pain ?

Bien entendu les deux cibles sont étroitement liées, intrinsèquement et dans le regard que les philosophes libéraux portaient sur elles. Les corporations offraient un objectif de choix, non seulement en leur qualité d'instruments et cadres politiques essentiels, mais aussi comme clés pour remettre en question la logique même de l'organisation et de l'ethos de l'Ancien Régime. Parce qu'elles suivaient des principes généraux fondés sur la raison et la nature, les Lumières n'avaient pas vocation à s'en prendre à tel ou tel « abus », « erreurs » ou dysfonctionnements plutôt qu'à tels autres. Pourtant, ces principes les menèrent vers certains problèmes concrets, qui débouchèrent sur des remises en cause plus vastes, souvent ancrées dans le domaine des réalités quotidiennes, même si les philosophes continuaient à voir ces réalités en termes tendancieux, voire « dénaturés » par des présupposés doctrinaux. En tout cas, on est loin du domaine de l'abstraction et du livresque-onirique dénoncé par le gouverneur Morris, ambassadeur américain en France à l'époque girondine, comme l'erreur fatale de la pensée révolutionnaire héritée des Lumières. On n'est pas du tout non plus dans la vision simpliste, rationnelle, géométrique, invariable et réductrice d'une société idéalisée imaginée par les philosophes prétendument éloignés du contact avec le réel et le pratique, que Tocqueville érigera en cause majeure de la dérive révolutionnaire.

Le fait de se trouver face à des institutions et à des difficultés sociales aussi centrales et aussi délicates a déterminé la façon dont les philosophes réfléchissaient et écrivaient sur leur univers. Cependant, l'enjeu mobilisait aussi des hommes d'affaires et des administrateurs issus des deux secteurs, privé et public, que séparaient des frontières assez floues – des hommes qui, autrement, n'eussent peut-être pas mis leur énergie au service des Lumières, parce qu'ils ne se considéraient pas comme des savants et des penseurs, ni même comme des écrivains. La problématique posée par ces questions matérielles concentrait l'attention sur les sciences sociales et économiques, que les postulats de Newton paraissaient rendre plausibles et accessibles, c'est-à-dire sur le versant plus prosaïque que poétique des préoccupations des Lumières, où les besoins, la répartition des ressources et l'échange dominaient l'ordre du jour. Tout cela poussa les Lumières à reconsidérer certains des objectifs prioritaires que la première génération de philosophes s'était fixés, incita d'illustres penseurs comme Voltaire et Diderot à s'intéresser de très près aux questions élémentaires de la vie quotidienne et favorisa l'émergence de spécialistes se vouant principalement à ces questions.

Les grains et les corporations – les subsistances et le travail – cristallisèrent ce que j'ai appelé le « libéralisme des Lumières ». Dans ce contexte précis, j'entends par libéralisme le point de vue économique, social et politique qui fait de la liberté le fondement de la condition et de l'existence individuelles et collectives. Lié de façon consubstantielle au droit de propriété, l'exercice de la liberté est, dans cette optique, un droit naturel inviolable, antérieur à toute forme d'organisation sociale. L'idée de liberté présuppose une société atomisée composée d'individus durablement autonomes. Elle ne saurait s'accorder avec une société de corps interdépendants et intermédiaires constitués d'individus incapables d'imaginer une identité ou une vocation sociales en dehors du groupe. Les besoins et les désirs de l'individu définissent le modèle même de l'action sociale. Initiateur et régulateur, producteur et consommateur, l'individu est, selon la logique libérale, la mesure de toutes choses. Conditionné par une vision positive de la nature humaine, le libéralisme individualiste se fonde franchement sur l'égocentrisme économique. En poursuivant librement ses intérêts, dans la limite des règlements formulés de la façon la plus lâche possible et contrôlés par un gouvernement « maigre » n'intervenant que rarement dans la vie sociale ou économique, chaque individu se comporte d'une façon qui va presque toujours dans le sens de l'intérêt général. À moins de circonstances vraiment exceptionnelles, aucun individu ne peut être privé du droit de disposer librement de son bien, y compris de ce bien fondamental qu'est sa propre personne. D'où le droit d'entreprendre le travail que l'on souhaite, sans se soumettre à aucune restriction, corporative ou étatique, sauf dans très peu de domaines réservés (régaliens, sanitaires, etc.). D'autant plus quand les bras de l'individu constituent sa seule propriété.

En somme un robuste individualisme, un État réduit au minimum et contraint par la loi naturelle de suivre la doctrine du « laissez faire, laissez passer », une liberté maximale pour chaque individu de se livrer aux activités sociales les plus diverses, dès lors qu'elles n'empiètent pas sur la liberté d'autrui. Les tenants de ce libéralisme reconnaissent avec clairvoyance qu'il serait peut-être nécessaire, à court terme, d'user d'une certaine autorité politique pour mettre en place le modèle libéral. Car, si les libéraux croyaient à la main invisible, ils ne nourrissaient aucune illusion quant à la possibilité de la voir naître irrésistiblement de sa propre volonté. Pour conquérir la liberté, de nombreux libéraux éclairés étaient prêts à user du bâton et à prévoir un mécanisme de « déblaiement », afin d'éliminer les débris (loi positive ou coutume sédimentée) accumulés durant des siècles de gouvernement vicié. D'où la brutalité surprenante de Turgot, bien plus « absolutiste » que *new age*, en préparant l'avènement de l'émancipation individuelle, le renouveau socio-économique et l'État de droit.

Ce libéralisme des Lumières, que vous analysez, constitue-t-il un seul bloc, comme Clemenceau le disait pour la Révolution ?

Au XVIIIe siècle, avant la Révolution, on repère plus facilement le libéralisme des Lumières dans ses manifestations segmentées que sous la forme d'un bloc monolithique embrassant tous les aspects de la vie sociale, politique et économique. Au fond, ce libéralisme s'exprimait de manière sectorielle, et ce n'est que rétrospectivement qu'il apparaît comme un mouvement cohérent. L'attaque contre la police des marchés, considérée comme infondée sur le plan des principes et insupportable dans la pratique, donna naissance aux premières et aux plus radicales formes de libéralisme. J'ai déjà évoqué la liberté dans le domaine des grains qui menaça de transformer la nature même de la royauté, par le refus des contrôles et l'abandon du contrat social nourricier. La clé de cette réforme était la liberté : celle d'entrer dans le marché – ou pas – et d'en sortir, le marché devenant alors non plus un site délimité soumis à la surveillance et aux contraintes, mais une idée-force dépourvue de racines, une invitation aux échanges sans bornes, sans traces obligatoires, sans obligations aucunes.

Le libéralisme corporatif est une entreprise analogue, fondée en théorie sur les mêmes prémisses dynamiques que celles qui régissaient le libéralisme des grains. Comme ce dernier, le libéralisme corporatif devait commencer par faire table rase du passé, en se débarrassant du système artificiel des classifications et des privilèges, en ouvrant des espaces fermés, en libérant des énergies bridées. Plus directement que celui des grains, le libéralisme corporatif sous-entendait des changements drastiques dans l'organisation même de la société. Il appelait une forme de gouvernement profondément différente et insistait sur le développement économique, mis en œuvre par le marché dit « libre », afin de transformer les institutions et les attitudes sociales et politiques.

Le programme des libéraux ne se confinait pas à l'approvisionnement et aux communautés d'arts et métiers. De façon à la fois indépendante et parallèle – concomitante parfois, concertée rarement – d'autres voix réclamaient à grands cris toutes sortes de libertés : liberté de la presse et de l'opinion, de conscience et même de culte, de réunion et même d'association, liberté d'être à l'abri d'arrestations arbitraires et d'une taxation injuste, liberté de circuler pour des marchandises et des personnes, etc. Pour des raisons différentes et avec des appréciations qui divergeaient énormément, certains libéraux et certains conservateurs se rejoignaient pour considérer la liberté comme une force redoutablement corrosive qui, une fois déchaînée, ne pourrait plus être ni arrêtée ni entravée et qui éclairerait ou consumerait tout l'univers social. Cette perspective et/ou cette anxiété me fait penser à une anecdote qui provient des *Mémoires secrets pour servir à l'histoire de la République des lettres*, chronique célèbre de ces années tumultueuses. Un chien paraît soudain dans le salon où le prince de Conti sert le thé. Il fait ses ordures devant Son Altesse, sans aucun respect pour l'auguste compagnie. Un huissier vient le battre, le chasser. « Arrêtez, lui dit le prince, passablement anti-absolutiste, liberté, liberté tout entière », persiflant ainsi ce mot favori de la « secte » des économistes. La liberté n'est jamais neutre ou innocente ou pleinement consensuelle.

Cela dit, les contemporains du phénomène n'établissaient pas les équivalences ou les rapports qui nous paraissent, rétrospectivement, aussi limpides qu'inexorables. Plutôt que d'y voir le plan d'ensemble qu'un architecte aurait pu concevoir pour un édifice entier, beaucoup d'entre eux regardaient la liberté comme le décor d'une seule salle de l'édifice ou tout au plus d'un appartement. Nullement indivisible, la liberté pouvait être compartimentée, point de vue qui permettait d'adopter des aspects désirables pour la société tout en rejetant ceux que l'on estimait néfastes.

Telle était, à coup sûr, la pensée de bien des parlementaires libéraux qui soutenaient ardemment la libéralisation du commerce des grains, sans se soucier de contamination ni de cohérence idéologiques. Braqués sur leur volonté d'obtenir de meilleurs revenus et un rendement plus stable et plus important par l'entremise de prix en hausse chronique, beaucoup d'entre eux résistèrent avec tout autant de véhémence à la tentative de supprimer les corporations et de transformer la corvée – ces travaux forcés de construction et d'entretien des routes, imposés par le roi à titre de taxe, qui clamaient bien haut l'infériorité des paysans – en un impôt qui masquerait les distinctions en s'appliquant à tout le monde (ou presque). Un nombre important de ces libéraux en grains ne s'inquiétait pas non plus à l'idée que le goût de la liberté et/ou l'opprobre déversés sur la fonction policière risquaient de saper la discipline ou de favoriser le libertinage. Pas question de considérer que « tout se tient ».

Au contraire, on distinguait plusieurs niveaux différents. Dans le cas des grains, le libéralisme pouvait dénoter un souci prométhéen de libérer le dynamisme économique de ses chaînes ou un appétit pour des prix et des profits plus élevés, une réflexion sur les questions plus vastes d'équilibre à la fois économique et social ou bien un désir de repenser les obligations de l'État vis-à-vis de la société, un impératif doctrinal de réconciliation avec la nature ou un mélange de toutes ces motivations et d'autres encore, avec des doses inégales de science, d'altruisme, d'intérêt personnel, de politique et d'idéologie (cette dernière prise dans son sens plus ou moins péjoratif, qui suggère à la fois le machiavélisme et la mystification).

La critique des corporations révèle sans doute une panoplie plus complexe encore d'origines et d'inspirations. Les libéraux du XVIIIe siècle pouvaient exploiter toute une veine de reproches à l'encontre de l'État, souvent liés à la fiscalité, mais qui n'excluaient ni un réformisme libéral ni un dirigisme prononcé. La critique « éclairée » des corporations témoigne en alternance, ou parfois simultanément, de motivations multiples : un souci de mobiliser au mieux cette faculté que possède l'économie d'innover, de produire et de mettre sur le marché (et là, on retrouve l'argument utilisé pour les grains) ; un intérêt soutenu pour la technologie et l'organisation du travail au point de production et/ou de distribution ; une préoccupation précoce pour la « question sociale », en particulier le sort des ouvriers (et parfois aussi de leurs familles) à l'intérieur et à l'extérieur de l'univers corporatif ; une horreur de la corruption, surtout lorsqu'elle existe sous une égide plus ou moins officielle, sorte d'abus de biens sociaux avant la lettre ; une sollicitude pour certains acteurs particuliers du théâtre du travail (par exemple, les femmes que leur statut « bâtard » handicapait terriblement dès qu'elles étaient seules, c'est-à-dire célibataires ou veuves) ; une antipathie pour le système de classification et de distinction sociales, voire un rejet de ce système ; une conception globale du rôle de l'État ; des idées particulières sur la formation des normes ; une envie théorique et/ou pragmatique de changer la face du capitalisme ; et bien d'autres considérations, idéologiques, doctrinales, commerciales, etc., analogues à celles évoquées à propos du libéralisme des grains.

La critique des corporations est finalement moins taboue que celle qui était portée contre la Bastille des grains ?

Elle remonte au moins au XVIe siècle, et elle est exprimée par la voix de l'État ou de ses grands commis : c'est donc un sujet de débat reconnu, sensible, mais pas considéré d'emblée comme subversif. L'État a toujours montré une ambivalence à l'égard des corporations, parfois feinte ou tactique, parfois sincère. Pour l'État, les corporations incarnaient un puissant instrument de contrôle et d'intégration au sein de la société, un corset hygiénique, un garant d'excellence professionnelle et une source très significative d'argent, tentation faustienne permanente et piège à terme. Mais ces mêmes corporations avaient besoin d'un assainissement périodique en raison de la prolifération ou de l'aggravation de certains abus des leaders (pratiques autoritaires, extorsion et/ou gaspillage des fonds, lancement de procès à répétition), de l'utilisation de leur monopole contre l'intérêt général, du recrutement dynastique et de l'exclusion de bons éléments sans attaches communautaires, du prolongement indu des périodes d'apprentissage et de compagnonnage, etc. Une variante sur le discours officiel, qu'on retrouve encore en plein XVIIIe siècle, est le récit d'un départ prometteur, d'une période plus ou moins longue – encore un âge d'or – d'épanouissement, puis d'une lente mais terrible dégradation. La corporation est dépeinte ainsi comme une « belle invention de police » qui n'est maintenant que « cabale, ivrognerie et monopole ». Dans la deuxième moitié du XVIIIe, quand la philosophie économique s'affirme, quand on jauge les institutions par leur conformité avec les lois naturelles et les pratiques par leur concordance avec les lois du marché, on oublie volontiers les prolégomènes héroïques. Pour Vincent de Gournay, homme d'affaires doublé d'un inspecteur des manufactures, grand précurseur du message libéral intransigeant et résolument industriel, chantre de la concurrence et de la dérégulation, les corporations ne sont que de « misérables entraves », iniques, irrationnelles et dissipatrices qui, freinant la croissance, pénalisent les ouvriers, les consommateurs et l'État. Cette ligne assez dure devient une antienne du mouvement libéral. Énormément d'écrits fustigent le système corporatif : des argumentaires doctrinaux, des attaques en règle plaidant pour une société ouverte et efficace, un ordre naturel et raisonné, supposant au mieux une abolition totale, au minimum une réduction radicale de l'influence corporative.

Le sujet, là encore, a trouvé son abbé Galiani, spirituel et malicieux. Encore un abbé ! Ce qui nous rappelle à quel point les Lumières sont nourries par des intellects et des tempéraments formés par l'Église. Notre pourfendeur corporatif s'appelle l'abbé Gabriel-François Coyer, philosophe qui doit sa toute relative notoriété à une féroce critique de l'oisiveté de la noblesse. À l'instigation d'un ministre profondément engagé dans la bataille pour la liberté des grains, L'Averdy, il publie en 1768 un conte allégorique, caricatural, hyperbolique, volontiers réducteur, mais plein de verve, pimenté d'une ironie mordante, une odyssée cochinchinoise intitulée *Chinki* dans laquelle la Chine, ce royaume de l'absurdité économique, c'est bien évidemment la France.

Nanti d'une famille nombreuse – pas moins de 24 enfants ! – et disposant, de ce fait, de ressources limitées en dépit de sa relative aisance de laboureur, Chinki se rend en ville dans l'espoir de placer son fils aîné, et accessoirement la plus âgée de ses filles, en qualité d'apprentis, afin d'augmenter leurs chances de gagner leur vie correctement. À chaque pas, il découvre une absence criante de bon sens et de justice élémentaire dans l'organisation du travail. Ses enfants sont exclus en raison du carcan de règlements tentaculaires qui enserrent les arts et métiers, étouffent l'initiative, limitent les choix et gonflent les coûts. Ne peut-on trouver, se demande Chinki, une profession où il n'y ait pas de règlements, où le consommateur pourrait décider tout seul, en dernière analyse, ce qui est bon ou mauvais ? Il ne comprend pas pourquoi plusieurs communautés refusent de permettre à leurs maîtres d'engager plus d'un seul apprenti à la fois ; pourquoi il faut dix ans pour apprendre à fabriquer des barriques, exemple récurrent dans la littérature anticorporative : il n'en faudrait pas tant, observe-t-il, pour apprendre à construire un vaisseau. Un maître boulanger veut bien prendre son fils, mais l'avertit que, après avoir obtenu son brevet, fût-il aussi habile que son patron, il ne sera pas reçu à la maîtrise, n'étant pas fils de maître.

Chinki rencontre toutes les horreurs du système : corruption, malhonnêteté, mauvaise gestion, querelles dispendieuses et parfaitement inutiles entre communautés rivales cherchant à marquer leur territoire, chasse aux « faux ouvriers » qui manquent non pas d'habileté professionnelle, mais de « la qualité » que seul l'adoubement corporatif peut conférer. Incapable d'accepter l'idée que tout le monde adhère à des pratiques si inéquitables et irrationnelles, Chinki persévère dans sa quête, visitant atelier après atelier, boutique après boutique. Cependant, force lui est d'en venir à la conclusion que le défaut est inhérent au système et que le corps social tout entier doit être purgé. Il rentre chez lui à la fois écœuré et éclairé.

Prenons le cas concret de la communauté de boulangers. Ressemble-t-elle à l'image que les libéraux donnent des mécanismes et des pratiques corporatifs ?

Dotés de « statuts et règlements » dès le XIIIe siècle, les boulangers constituaient une des plus anciennes corporations de la capitale, voire du royaume. Son histoire illustre assez bien les ambitions de la politique corporative et ses limites. La gestion en est marquée par une double tendance, oligarchique et dynastique. Les nouveaux jurés qui gèrent la communauté sont choisis parmi les anciens, et de véritables lignées se construisent, tant par mariage que par naissance. Tous ne savent pas lire ni écrire, alors qu'ils avaient une multitude de tâches comptables et de rapports à accomplir. Tous ne pouvaient sc targuer d'une conduite irréprochable (plusieurs sont coupables de vendre le pain au poids léger, contravention qu'ils sont eux-mêmes supposés relever ; d'autres sont impliqués dans des scandales financiers). Dans le cadre de leur mission de service public, les jurés sont chargés d'importantes responsabilités de police : respect de la qualité autant que du prix et du poids ; inspection des moulins (vérification des poids et mesures, investigation des « abus » de mouture, de mélange et de facturation).

Les membres de la communauté comptaient sur les jurés avant tout pour défendre leurs intérêts et protéger leurs privilèges : atténuer le zèle et la pression de la police et négocier avec elle pour obtenir des indulgences ou des compensations ; surveiller les boulangers forains, toujours soupçonnés de concurrence déloyale ; contrôler l'embauche et assurer les conditions de la discipline des compagnons. De façon plus diffuse mais non moins cruciale, les maîtres attendaient des jurés qu'ils s'occupent de leur capital social. La maîtrise conférait prestige et honneur. C'était une puissante marque de distinction qui faisait de ces boulangers les interlocuteurs du roi en les associant à la grande chaîne corporative qui menait directement à lui, au faîte de ce monde. Elle les intégrait – ou les incorporait – à un système social qui demeurait hautement sélectif. La maîtrise était tout à la fois une grande source d'estime de soi et un moyen de pression dans l'univers quotidien. Les maîtres demandaient aux jurés d'entretenir et de faire fructifier ce capital. Leur tutelle morale et matérielle s'étendait à la gestion des secours mutuels, des cérémonies collectives comme les funérailles, et des besoins spirituels à travers deux confréries dédiées aux deux saints patrons, Lazare et Honoré. Notons en passant que les dirigeants de la communauté des boulangers conduisaient les affaires dans un modeste bureau de deux pièces, quai des Grands Augustins, dont la salle de réunion, ornée de gravures du Christ, de Louis XIV, Louis XV et de saint Honoré, contenait une grande table de chêne et 72 chaises. Rien à voir avec le magnifique hôtel particulier, quai d'Anjou sur l'Île Saint-Louis, occupé depuis le milieu du XIXe siècle par le syndicat.

On mesure les limites de la solidarité, de la confiance et de la bonne entente quand on regarde de près la vie politique au sein de la communauté et la conduite des affaires courantes et des finances. Lourdement endettée pour rembourser les héritiers du Grand Panetier, officier royal qui avait acheté une charge d'encadrement et de contrôle de la boulangerie, charge qui restreignait l'autonomie de la corporation, la communauté des boulangers pâtissait également des exactions périodiques de la couronne sous la forme de prêts obligatoires, rachats d'offices spécialement créés, contributions vaguement patriotiques. Elle a dû prélever des droits et taxes supplémentaires, jamais dans la transparence, et jongler constamment avec les comptes, pour ne pas sombrer. En partie responsable de la déconfiture financière de la corporation, l'État institua une commission qui a harcelé impitoyablement les jurés de toutes les communautés pendant soixante-quinze ans, les pressant de mettre de la rigueur et de l'ordre dans leurs comptes. Dans cette ambiance, des accusations de corruption fusaient tout le temps, de la part de maîtres boulangers « modernes » (dix ans d'ancienneté) et « jeunes » (nouveaux arrivés) contre les jurés, mais aussi de la part de certains anciens contre certains jurés : pas de loi d'*omerta*, ni d'union sacrée de l'élite contre la piétaille de la communauté. Au lieu de constituer un bloc de connivence, comme le prétendaient les critiques, les anciens se méfiaient souvent les uns des autres, et les jurés ne se couvraient pas systématiquement. Ils n'hésitaient pas à se traiter de tous les noms en assemblée : « voleur », « chien », « fripon », « cartouchien », évocateur du bandit ; et ils en venaient volontiers aux mains. Ils sollicitaient l'appui des modernes et des jeunes contre les autres oligarques : c'est-à-dire, ils faisaient de la politique.

Car on apprenait à faire de la politique au sein de la corporation. Une alliance de modernes et d'anciens tente de renverser une équipe de jurés pour transgression constitutionnelle (collecte des droits et saisies d'outils infondées). Un moderne essaie d'organiser un boycottage des élections des jurés pour sanctionner des candidats inaptes. Un autre exige la convocation d'assemblées pour obliger les jurés à se justifier. Un jeune fait circuler une liste de doléances. Les anciens les plus conservateurs ne restent pas campés dans une attitude d'intransigeance, mais s'efforcent de recruter quelques-uns des membres les plus turbulents de l'opposition, les invitant à se joindre à *l'establishment*. Exaspérée par des jurés incapables d'arracher au gouvernement un plafond sur le prix du bois qui ne cesse de monter, une coterie de maîtres usurpa leur autorité et constitua une sorte de contre-jurande, levant des contributions auprès de leurs confrères et organisant un lobby à Versailles au nom de la communauté entière.

S'il ne s'agit pas tout à fait de la montée d'un mouvement démocratique en réponse à une sorte de résurgence aristocratique, la politique et la contestation secouent la corporation des boulangers au cours du XVIIIe siècle. Les insurgés considèrent leurs chefs comme des hommes sans foi ni loi, qui bafouent l'égalité des droits sur laquelle était censée reposer la fraternité corporative. D'une façon qui rappelle la révolte des parlements contre l'absolutisme royal, les maîtres réformistes entendaient nettoyer la communauté des boulangers de sa corruption, obliger les dirigeants à rendre leurs comptes publics, les forcer à se plier aux lois fondamentales de la corporation et rénover les fondements moraux de la communauté en restaurant un climat de participation collective et de responsabilité. La résistance au sein de la corporation équivalait à une sorte d'apprentissage civique, une prise de conscience politique.

Ce genre de contestation à l'intérieur de la communauté est-elle un phénomène qui dépasse l'arène, parfois violente, de la boulangerie ?

On la retrouve un peu partout. Mais la corporation est schizophrène. Elle projetait une image de cohérence interne, de cohésion et de concorde profonde, qualités qui en étaient autant la raison d'être que le pivot. Les statuts de chaque communauté imposaient aux maîtres de vivre en harmonie : c'est le sens même de l'idée de communauté morale à laquelle ils tenaient. La maîtrise était, par définition, fraternité. Les maîtres sont censés partager les mêmes valeurs, le même code moral, les mêmes intérêts et les mêmes attentes ; ils construisent une même identité socioprofessionnelle, indépendamment des différences de richesse, d'origine ou de lieu d'implantation. Cette solidarité primordiale les oppose aux ouvriers, dont l'assujettissement était garant de leur survie.

Cette conception normative de la solidarité a tout à la fois une portée interne et externe, car elle vise à influencer l'opinion publique ; elle est en même temps une idéologie (dans le sens althussérien de « rapport imaginaire des individus à leurs conditions réelles d'existence ») et un outil de contrôle social. Les chefs des corps de métiers utilisèrent ce dernier pour étouffer ou dissimuler la discorde qu'ils décrivent comme le grand danger menaçant la famille corporative. Ils essayèrent de canaliser les tendances agressives vers l'extérieur, vers des communautés rivales accusées d'empiéter sur leur territoire, en se servant de la politique étrangère pour créer un consensus interne. La mésentente régnant entre les communautés n'était pas incompatible avec l'idéologie de l'harmonie interne.

Si sur certaines questions, telles que l'aide aux veuves et aux maîtres indigents, ou la régulation du marché du travail, on discerne une tendance au consensus, la vie interne des corporations est ponctuée de conflits sérieux et constants, ouvrant des brèches béantes dans le mur de la solidarité. Le clivage fondamental oppose l'élite dirigeante à la masse des maîtres. Dans de nombreuses communautés, cette aristocratie des anciens s'est arrogé le contrôle de tous les aspects de la vie corporative, interdisant ainsi à la plupart des maîtres ordinaires (« modernes » et « jeunes ») toute participation aux assemblées électorales ou d'administration.

Exclus des corporations alors qu'ils n'étaient que compagnons, parce que « naturellement inférieurs », sans « état fixe » ni « caractère politique », ceux qui sont devenus maîtres se retrouvent, une fois acceptés dans la communauté, de nouveau exclus pour les mêmes motifs : l'élite reproduit les rapports de subordination auxquels ils croyaient avoir définitivement échappé. La vie des corporations est caractérisée par une inexorable tension entre une théorie de l'égalité et une pratique de la hiérarchie et de la discrimination. L'incorporation devait marquer le début de l'égalité, des rapports horizontaux et non plus verticaux, réciproques et non plus unilatéraux, négociés et non plus imposés. Mais une fois admis, les maîtres se retrouvent soumis à une nouvelle ascension-épreuve, à une période d'essai plus ou moins longue, équivalant à un second compagnonnage, tout comme l'élection au rang de juré, garde ou syndic correspond à une espèce de seconde maîtrise. Il y a un parallélisme étonnant entre le langage et les pratiques dont se servent les jurés pour discipliner et subordonner les maîtres réfractaires, et ceux qu'utilisent les maîtres pour discipliner et subordonner les ouvriers rebelles.

Nombre de maîtres qui ne supportent pas cette servitude se politisent, si je puis dire, autour de problèmes fondamentaux – comment gérer la corporation, par qui et pour qui, etc. Des mouvements d'opposition surgissent dans la plupart des communautés. De nombreux modernes et jeunes défient le cercle dominant sur des questions constitutionnelles (droits et devoirs, formes et procédures), politiques (responsabilité, légitimité et participation), et sur les mesures et méthodes de gestion (admission à la communauté, politique étrangère, impôts, budget, etc). Les dissidents actifs ne représentent sans doute qu'une minorité, eux aussi, dans l'ensemble des maîtres : ne versons pas, à notre tour, dans le fantasme de l'unanimité. La plupart des maîtres appartiennent au « marais », prudents, voire indifférents, ou retenus par d'autres soucis. Pas plus que la direction aristocratique, la dissidence plébéienne n'est monolithique.

Il est tout de même surprenant de voir de petites gens faisant de la politique à l'âge de l'absolutisme, à l'ombre de la Bastille...

Certains marxistes nous rabattaient les oreilles avec l'idée que l'Ancien Régime était un âge « prépolitique » et que le menu peuple, en particulier, sans la cristallisation d'une conscience de classe, avait du mal à forger une posture politique. Je vois au contraire des actes politiques – des revendications adressées au Pouvoir à toutes les échelles, souvent par voies et voix collectives – dans toutes sortes d'actes, ordinaires ou exceptionnels, allant d'une prise de position dans une assemblée villageoise à l'attroupement sur un marché, de la décision de se plaindre contre un « supérieur » ou de le poursuivre en justice à l'investissement d'un bureau corporatif ou d'une salle de titres d'un château.

Les différentes formes d'action et de résistance des maîtres leur fournirent une excellente éducation politique. Dans certains cas, c'était la poursuite d'un mouvement commencé lorsqu'ils étaient ouvriers, apprenant à défendre leurs droits, se battant pour être entendus ou élaborant des outils de pression et de subversion. Dans d'autres cas, c'était une prise de conscience. Les modernes et les jeunes découvraient que l'accès à la maîtrise ne leur garantissait pas une voix dans la communauté. Ils voyaient comment l'Ancien Régime fonctionnait politiquement. Ils entendaient des arguments constitutionnels, suivaient les débats, assistaient aux élections et aux campagnes qui les précédaient, se familiarisaient avec un nouveau vocabulaire, observaient les conflits entre factions, s'appropriaient un répertoire de contestation et tissaient des alliances dans un champ complexe d'acteurs et d'intérêts. Cette expérience prépara sans doute un grand nombre de maîtres à faire la guerre à l'« aristocratie » après 1789. Elle les aida à s'organiser, à établir des règles et des procédures, et à passer de la théorie à la pratique. On trouve de nombreuses similitudes entre les problèmes liés aux luttes corporatives et ceux de la Révolution entre 1789 et 1792. Je suis persuadé que le savoir-faire corporatif est une des clés pour comprendre les sans-culottes, qui restent plus énigmatiques que les admirateurs d'Albert Soboul aimeraient le croire.

À part l'assaut libéral, le système corporatif est donc essentiellement menacé de l'intérieur ?

Il est secoué, voire occasionnellement déstabilisé, mais de façon ponctuelle, par le conflit intérieur, sans être jamais réellement menacé. Les multiples affrontements et litiges qui opposent les communautés exacerbent leurs rapports, drainent leurs trésoreries et les discréditent, mais sans les compromettre vraiment. *Chinki* montre bien cet aspect du monde corporatif, grand emblème de l'irrationalité, du gaspillage, de l'archaïsme et du ridicule corporatifs. L'abbé Coyer raconte une scène qui se déroule dans un prétoire, où une demi-douzaine de communautés s'en prennent à un fabricant de fouets. Les tourneurs revendiquent cette confection par rapport à la verge et à la poignée. Oui, objectent les tabletiers, mais vous ne pouvez employer que du bois du pays ; s'il est question de bois étranger, c'est notre privilège, insistent-ils. Les corroyeurs prétextent la courroie ; les cordiers la ficelle ; les doreurs, peintres et vernisseurs les divers enjolivements. Le tribunal décide que toutes les parties concourront, chacune selon « l'esprit » de son métier, à la fabrication du fouet, si bien qu'il ne reste plus au fabricant que le pouvoir de le monter.

La seule vraie menace vient d'ailleurs. Il s'agit, d'une part, des ouvriers sans qualité et, d'autre part, des ouvriers travaillant pour les maîtres à titre de compagnon. Commençons par regarder les premiers. La capacité du système corporatif à survivre et à se reproduire dépend de son aptitude à imposer le respect de ses prérogatives et de ses distinctions, de ses canons gouvernant le marché du travail et la discipline des ouvriers, et de ses monopoles sur la production et la circulation tant des biens que de l'estime. Un des périls les plus sérieux pour le contrôle qu'il exerçait sur son capital social et économique vient de ces milliers d'individus, souvent des artisans et des commerçants chevronnés, que les dirigeants des communautés dénoncent comme « usurpateurs », ouvriers sans qualité et faux ouvriers. Installés plus ou moins clandestinement dans des garnis ou des chambres (d'où une des appellations par lesquelles ils sont connus, « chambrelans »), parfois situés dans les enclaves juridiquement privilégiées ou dans des collèges, couvents ou hôpitaux, et agissant quelquefois sous la protection de diverses juridictions privées ou seigneuriales de la capitale, ces faux ouvriers sont des compagnons qui ne veulent pas jouer le jeu corporatif (trop cher, trop long, trop tortueux, trop peu sûr, etc.) ou des alloués, ouvriers souvent bien formés mais exclus d'emblée faute d'apprentissage réglementaire. Ils créent un monde du travail qualifié de parallèle, hors des communautés d'arts et métiers, perçu comme socialement illicite, politiquement séditieux, moralement corrompu et techniquement incapable. Dans l'optique corporative, les ouvriers sans qualité sont des imposteurs et des faussaires qui trompent les consommateurs en fournissant des marchandises défectueuses, voire dangereuses. Ils font une concurrence illégitime et déloyale aux maîtres dont ils ravissent les « pratiques » en proposant des prix avantageux grâce au moindre coût de leurs opérations souterraines. Enfin, les faux ouvriers ébranlent le système de subordination érigé par les corporations pour contenir leurs compagnons, considérés comme toujours enclins à la mutinerie. Ils détournent les ouvriers de l'itinéraire institutionnel de l'apprentissage et du compagnonnage, et ils protègent les ouvriers qui ont fui le marché du travail reconnu. La politique des jurandes est officiellement de supprimer par tous les moyens ce travail sauvage.

Paris connaît des faux ouvriers sans doute depuis les débuts du régime corporatif, mais le problème s'aggrave au XVIIIe siècle parce ces derniers semblent foisonner et que leur capacité à tenir se fortifie. On peut, *grosso modo*, les diviser en deux groupes : ceux qui sont dispersés un peu partout dans la ville et ceux qui sont concentrés (et plus ou moins confinés) dans des endroits bien définis. Revendiquant une « qualité » exceptionnelle, les faux ouvriers en ces lieux dits « privilégiés » – c'est-à-dire échappant aux lois et aux normes générales, en l'occurrence à la juridiction des corporations – s'abritent derrière des remparts particulièrement efficaces. Le plus puissant de ces lieux privilégiés demeure de loin le tentaculaire mais relativement étanche faubourg Saint-Antoine, le « souverain faubourg », dira Balzac, et Vallès le qualifiera de « bélier des révolutions »

Quelle est la spécificité de ce lieu privilégié dans votre histoire ?

Le récit « originaire » du statut particulier du faubourg, embelli par l'abbesse qui est la protectrice énergique de ses droits et prétentions, remonte au lendemain de la Fronde. Louis XIV doit faire face à un grave problème de misère populaire, chômage, vagabondage, et désordre chronique. Des milliers de « gens sans aveu » inondent la capitale. Il adopte une double stratégie : l'enfermement des uns, censés menacer l'ordre par leur oisiveté obstinée, dans l'hôpital général ; et pour la masse des pauvres et des déracinés qui ne cherchent que de l'ouvrage, l'ouverture d'un énorme espace de travail dans le vaste faubourg Saint-Antoine où « il leur est permis de travailler sans lettres de maîtrise ». Occasion immense pour les gens entreprenants, entorse terrible aux monopoles et à l'empire corporatifs. Les communautés mènent un double combat contre le « faux-bourg » et son « faux-travail » : sur le terrain, elles ne se lassent pas d'envoyer des missions éclair en territoire ennemi – la « visite » est le grand symbole de l'autorité corporative – pour effectuer des saisies, farouchement combattues et rejetées comme illégitimes par les faubouriens. Sur le plan politico-juridique, elles ne cessent de chercher des moyens pour dompter le faubourg.

Pour les corporations, le faubourg Saint-Antoine semble institutionnaliser tous les abus et, ainsi, les constituer en un modèle alternatif valable. Ses habitants sont dangereux parce qu'ils bougent même s'ils ne changent pas de demeure, qu'ils échappent aux classements rassurants et aux enregistrements obligatoires, qu'ils sont, comme disent les maîtres brodeurs, des « inconnus ». Ce sont des concurrents insidieux qui ôtent le pain de la bouche des maîtres, disent les maîtres corroyeurs, qui fraudent en utilisant des « matières fausses » pour proposer des marchandises à « vil prix » et de qualité nocive (« des ragoûts pernicieux », selon les traiteurs, des lunettes qui rendent aveugle, d'après les miroitiers). Le faubourg bouleverse également les relations du travail en ville. L'existence d'un monde parallèle et contestataire diminue la valeur du capital représenté par la maîtrise. Elle ébranle le contrôle qu'exercent les maîtres sur leurs employés qui peuvent fuir impunément non seulement une boutique détestable, mais tout le système, dont l'ambition panoptique s'avère assez dérisoire. Moins dociles dans le faubourg, les ouvriers s'attroupent ouvertement ; certains brandissent des armes ; ils évoquent leurs « droits », notamment celui de travailler librement, un langage moins nouveau qu'il ne paraîtra en 1789. Pour le placement, les auberges spécialisées par métiers (les boulangers chez Ordonneau, rue de Reuilly, ou chez Bonnet, rue de Charonne) remplacent les bureaux corporatifs ; les réseaux se constituent.

D'après ses partisans, le faubourg est une espèce d'utopie, une enclave de liberté (mais pas de licence) dans un univers d'entraves, d'inquisition et de doctrines artificielles (les faux ouvriers rejoignent ici la critique philosophique). L'impact économique est double : d'une part, des foyers d'innovation autonomes se développent à l'intérieur du faubourg ; de l'autre, toute une gamme de relations avec les maîtres de la ville, jouant sur tous les leviers capitalistes de l'époque. Les répercussions indirectes sont aussi significatives que les résultats immédiats, notamment un modèle de réactivité et de flexibilité que les syndicats ont du mal à accepter encore aujourd'hui, pour de bonnes ou de mauvaises raisons. Le faubourg parvient à assouplir les pratiques et les structures corporatives en les secouant. Si le système corporatif est économiquement et même socialement moins figé vers la fin de l'Ancien Régime, c'est dû, en grande partie, aux liens établis avec les faux ouvriers, tant de la ville que du faubourg.

Donc Saint-Antoine est un quartier révolutionnaire à plus d'un titre...

Pourquoi cette expression ? Il ne devient pas un foyer d'activité révolutionnaire parce qu'il était « le noyau traditionnel de l'agitation populaire », d'après certains chercheurs dans un de ces propos téléo-tautologiques qui gâchent même la meilleure historiographie de la Révolution française. Au XVIIIe siècle, le faubourg n'était ni le quartier le plus misérable ni le site choisi des émeutes. L'explication est plutôt liée à son rôle de lieu privilégié : bastion d'indépendance, noyau de travail sauvage, retraite de fugitifs de toutes espèces, pépinière de garnis discrets, sanctuaire d'assemblées illicites. Avant de devenir un paradigme de l'insurrection populaire, notamment au moment de la prise de la Bastille, le faubourg est un modèle (primitif mais opérationnel) de laisser-faire. C'est dans cette direction que les historiens de la Révolution devraient peut-être réfléchir. N'est-il pas possible qu'à travers l'Ancien Régime, les faubouriens aient développé un sens de leur différence, d'une autonomie relative et une sorte de conscience politique vis-à-vis de l'autorité centrale, qui les ont rendus plus sensibles à la défense des droits ? La contre-culture quotidienne du faubourg, aiguisée par sa relation ambiguë avec la ville et le Pouvoir, a engendré cet esprit d'indépendance qui débouche sur sa vocation révolutionnaire.

Après les «faux ouvriers», ce sont aussi les compagnons qui ébranlent le système corporatif ?

Comme les faux ouvriers de Saint-Antoine, les compagnons certifiés – ceux qui ont obtenu un brevet d'apprentissage – revendiquent certains droits et luttent, parfois farouchement, pour s'octroyer une relative indépendance d'action dans leurs relations avec les maîtres. Le marché du travail est le site de violents affrontements (mais aussi de multiples types de négociations et de transactions) tout au long du XVIIIe siècle.

Mais qu'entendez-vous exactement par le «marché» du travail ?

Les corporations conçoivent le marché du travail à peu près comme les autorités publiques entendent le marché des grains. Il ne s'agit pas de l'échange libre de produits ou de services régi par l'offre et la demande, mais plutôt d'un tissu de prescriptions garantissant certaines valeurs et privilégiant certains intérêts dans l'échange. Au lieu d'assurer la facilité d'entrée et de sortie, la liberté de mouvement et la dissémination de l'information, le but des règles est de circonscrire le libre cours de l'offre et de la demande. À la limite, dans ce prétendu marché, les relations purement économiques sont secondaires par rapport aux relations sociales et politiques. Ce marché institutionnel est le mécanisme normatif, mais pas toujours le dispositif réel pour gérer l'embauche et le départ ; il est en tout cas vivement contesté non seulement par les ouvriers, mais aussi par de nombreux maîtres dont il sollicite en permanence l'assentiment et la solidarité. Souvent, l'itinéraire des deux groupes de mutins se croise : ils s'efforcent ensemble de quitter le marché institutionnel pour en créer un autre ailleurs, plus ou moins dénué de barrières, animé par l'esprit de laisser-faire. D'un côté, le marché institutionnel réagit à cette fuite en devenant encore plus pesant et intrusif. Mais d'un autre côté, cette subversion collective l'oblige fréquemment à composer avec l'autre marché, celui où l'impératif économique l'emporte sur le dessein social du point de vue des maîtres et où la reconnaissance de leur rôle comme acteurs socio-économiques plus ou moins indépendants et libres l'emporte sur le dessein disciplinaire du point de vue des compagnons, qui n'hésitent pas, par ailleurs, à pratiquer le genre de protectionnisme qu'ils dénoncent chez les maîtres pour garantir leur primauté vis-à-vis des alloués, compagnons de l'extérieur, et autres concurrents.

Quels sont les grands points de friction entre maîtres et compagnons et, accessoirement, entre maîtres et maîtres, et entre compagnons et autres ouvriers ?

Le placement ou l'embauche ; puis le congé, qui est requis pour que le garçon puisse quitter son boulot ; enfin, l'obligation de s'enregistrer avec la corporation pour rester constamment visible et soumis, et de se procurer et de porter à tout moment un livret, sorte de passeport de l'intérieur qui rend compte théoriquement de tous les mouvements de l'ouvrier. D'abord, regardons l'embauche. Leurs bras étant ordinairement leur seule propriété, les ouvriers défendent avec acharnement la liberté d'en disposer. Ils veulent décider eux-mêmes où ils vont travailler et sous quelles conditions. Les patrons considèrent le placement comme une prérogative de souveraineté leur appartenant, en tant que maître, d'office et exclusivement. Le clerc du bureau devient le placeur officiel et unique, monnayant souvent ses fonctions. Très souvent, les compagnons de tous horizons, indignés par cette atteinte à leurs « droits historiques », refusent l'embrigadement et passent outre : grèves perlées, départs collectifs sans préavis et autres actions baptisées « cabales ».

Peu de communautés parisiennes ont été aussi violemment secouées par le conflit du placement que les boulangers. Les clercs prennent un air autoritaire ; les garçons les regardent comme des « tyrans ». Vers 1742, le premier clerc est roué de coups de canne dans un cabaret où il cherche un geindre ; il meurt le lendemain. Le second clerc est menacé, battu à plusieurs reprises. Un autre clerc porte constamment un pistolet. Les garçons s'attroupent fréquemment devant le bureau pour insulter les clercs et vomissent la politique corporative. Ils nomment et rémunèrent leurs propres « rouleurs » pour les mettre en boutique. Ces cabales, qui touchent le salaire et les conditions de travail aussi bien que le recrutement, ne sont pas des cas isolés.

Le congé est le deuxième grand objet de dispute. Pour dominer le marché du travail, les communautés misent plus sur la sortie que sur l'entrée. En déterminant qui pourra partir, sous quelles conditions et quand, elles aspirent à maîtriser le système en amont, à réguler l'écoulement. Au point de sortie se trouve une suite de barrages, ou plutôt d'écluses, à plusieurs fins : décourager sinon empêcher l'ouvrier de partir, l'intimider ; rappeler et dramatiser son statut de dépendance, assimilé à celui des domestiques ; le marquer (le stigmatiser symboliquement un peu comme le galérien ou le repris de justice) quand il quitte sa boutique pour que sa trace soit facilement repérable. Pour le maître, ce dispositif est la proclamation de sa domination ; pour le compagnon, c'est la quasi-négation de sa liberté.

Le congé est défini littéralement comme la permission que donne un « supérieur » à un « inférieur » de faire quelque chose. Pour « sortir », on doit obtenir ce congé, donner un avis de départ fort variable de communauté à communauté, voire de saison à saison. Le maître joue sur tout un éventail de prétextes pour retenir l'ouvrier dont il a besoin : avant d'arracher son congé, ce dernier doit terminer l'ouvrage commencé (ou entreprendre une « pièce de congé ») et rembourser ses avances. Sans décharge écrite, l'ouvrier ne pourra théoriquement pas trouver de travail – de travail légitime – car, avant d'être reçu en boutique, il doit montrer des papiers en règle. Prévoyant des difficultés, un compagnon peut décider, seul ou avec ses camarades, de partir brusquement, sans avertir, sans demander congé, laissant le maître en rade. Quand le « maître garçon » d'un maître boulanger s'en va de cette manière, il laisse le fournil dans le chaos.

Cela nous amène au troisième volet : l'enregistrement et le livret, dont la paternité est attribuée à tort à Napoléon. Précurseur du livret, l'enregistrement obligatoire remonte dans un certain nombre de corporations au XVIe siècle, voire au XVe siècle. Avant de pouvoir entrer en boutique, l'ouvrier est requis de paraître devant les jurés ou leurs clercs pour demander l'autorisation de travailler et de s'inscrire dans le grand registre des compagnons. Au XVIIIe siècle, on justifie l'enregistrement au nom de l'obéissance et de la subordination des ouvriers. On estime que le certificat de congé est nécessaire, mais non suffisant pour bien contrôler l'ouvrier : il doit absolument passer par le bureau corporatif. Les deux opérations, l'enregistrement et le livret, prolongement bureaucratique de l'enregistrement, se généralisent dans le dernier quart du siècle : en se présentant à l'enregistrement, le compagnon reçoit un petit registre ou livret, après avoir montré son certificat de congé, et produit un extrait de baptême, désormais sorte d'empreinte digitale corporative. Les clercs inscrivent sur le livret toutes les entrées et sorties de boutique. Un maître n'a pas le droit de recevoir un garçon sans scruter son congé et son livret, dont il reste dépositaire pendant son séjour chez lui. Bien entendu, le nombre de réfractaires est énorme, les patrouilles de jurés, parfois accompagnées par la force publique, reprennent tous les jours ; les fugitifs cherchent abri chez des maîtres complaisants ou dans un lieu privilégié tel le faubourg Saint-Antoine.

Vous avez écrit La Fin des corporations. *Alors, quand est-ce qu'on arrive à la fin ?*

Il y a eu une « Marseillaise » des corporations comme il y a eu une « Marseillaise » des grains. Deux phénomènes capitaux, parallèles, intellectuellement et politiquement liés. L'abolition des corporations, lancée par Turgot en 1776, est une réforme radicale, spectaculaire, forcément controversée. Je l'appelle le « carnaval de Turgot », car ce ministre hyperlibéral, en supprimant ces institutions multiséculaires, a mis, à leurs yeux, le monde à l'envers.

D'après Turgot, la société française était dans une large mesure gangrenée et paralysée, parce que son organisation était mauvaise, erronée, aberrante. Le modèle des corps, et sa grande chaîne, contrevenait aux lois de la nature qui étaient antérieures à toutes les formes d'organisation sociale. Ce qui était en jeu, comme le comprenaient fort bien les défenseurs les plus véhéments de l'ordre traditionnel, ce n'était pas seulement l'organisation du travail (si importante fût-elle), mais la légitimité et la viabilité du système tout entier de représentation sociale. L'édit d'abolition fut considéré comme une espèce de carnavalisation des rapports sociaux, une invitation au chaos taxinomique, au désordre moral, à l'anarchie sociale et à la mutinerie politique. Je ne crois pas que Turgot lui-même ait jamais pleinement saisi tout ce qu'impliquait son projet, qui cependant fixa l'ordre du jour des révolutions de 1789, 1830 et 1848, même s'il a expliqué à Louis XVI que c'était, « après la liberté du commerce des grains, un des plus grands pas qu'ait à faire l'administration vers l'amélioration, ou plutôt la régénération du Royaume ».

Bien des maîtres vivent l'édit d'abolition comme une violente attaque contre leur identité sociale. Cette identité n'est pas le fruit de leur richesse, même si la fortune peut aider à l'obtenir : elle résulte de la « qualité », de « l'état », de la « condition » que leur incorporation leur confère. Leur capital décisif, c'est la classification sociale qu'ils conquièrent en atteignant la maîtrise, c'est leur « rang », cette distinction leur garantissant, théoriquement, d'avoir de quoi vivre, ainsi qu'une infinité d'autres avantages moins palpables ou, disons, moins immédiatement matériels.

La mesure libérale provoqua une telle anxiété et un tel désarroi parce qu'elle subvertissait à la fois la « constitution sociale et politique ». La société française était bâtie sur des distinctions qui « tiennent de la constitution de la monarchie », soutenait le parlement de Paris, et les corporations étaient analogues à la constitution de l'État. C'est la théorie de la grande chaîne et de ses multiples anneaux, qui finissent entre les mains du roi, depuis les premières corporations qui sont les empires jusqu'aux dernières qui sont les familles.

C'était parce qu'il était le premier à comprendre l'imbrication du social et du politique que le roi, dans le préambule de l'édit de Turgot, jure que son intention n'était pas de « confondre les conditions ». Cependant, les corporatistes de toutes couleurs y voyaient le spectre du métissage social, ce qu'ils appelaient « l'anarchie », « la confusion sociale », « le mélange des états ». La « liberté indéfinie » ne peut que se traduire par « le plus horrible chaos », une sorte de table rase suivie d'une anomie prolongée. Chassés de la terre promise d'une hiérarchie stable qui faisait sens, les maîtres seront condamnés arbitrairement « à errer dans un vide immense, confondus avec une foule d'intrigants, d'usuriers, d'hommes serviles et sans honneur ». Cet individualisme les affolait. De leur point de vue, Turgot les privait de tout ce qui socialisait et civilisait les hommes. Si la « philosophie moderne », autrement dit la liberté indéfinie, « relâche tous les ressorts », désunissant tout le monde, remarquaient les tissutiers-rubanniers, chaque personne se présente comme « un être isolé », situation autant désespérante que périlleuse. Les tailleurs renchérissaient : « isolé, ne tenant à rien », l'homme ne serait « qu'un individu rongeur ». C'était l'enfer social : des individus sombrant dans une espèce de rapport hobbésien fondé sur une concurrence frénétique, pleine d'animosité, délétère.

Sans la protection, des corporations, le public serait exposé à tous les dangers : la liberté assurerait « le triomphe de l'usure et de la tromperie », de la « mauvaise foi », de « l'imperfection dans les ouvrages ». Ou comme le disaient de façon lapidaire les boutonniers,

« tout Paris sera le fauxbourg Saint-Antoine », perdant son âme et son honneur, devenant littéralement un faux bourg – malsain, artificiel, perfide – gorgé de faux ouvriers proposant de fausses marchandises et de faux services. Ce n'est pas par hasard que Turgot avait cité nommément dans son édit d'abolition le faubourg Saint-Antoine, y voyant la preuve vivante que les ouvriers opérant dans un environnement de liberté ne travaillaient pas moins bien que ceux qui évoluaient sous la coupe des corporations. Sans les corporations, les maîtres, eux aussi, étaient en péril. Car les compagnons comprenaient égalité quand on leur disait liberté. Dès avant la promulgation officielle de l'édit (qui, en fait, ne touchait pas le royaume entier : rappel des limites de l'absolutisme, même libéral), divers témoins rapportent que les compagnons, ivres de joie et enhardis, quittent leurs maîtres et se retrouvent dans les ginguettes pour fêter leur émancipation. Dans un estaminet du Marais, un garçon boulanger souffleta un agent de police qui voulait le contraindre à retourner auprès du maître qu'il avait fui, afin de montrer son indépendance. D'autres compagnons affichèrent un placard proclamant « Vive le roi et la liberté ! » sans s'inquiéter de savoir si les deux étaient compatibles. Selon les corporations, le « système d'indépendance » inventé par Turgot ne pouvait qu'encourager le désordre, l'insubordination, la cabale permanente, « la guerre intestine entre maîtres et compagnons ».

Que concluez-vous du passage de Turgot au pouvoir, que les manuels semblent associer plus au bon sens du réformisme nécessaire (la Révolution est en la preuve !) qu'à une razzia libérale ?

Que peut-on dire des implications politiques de l'abolition des corporations ? Au niveau le plus général, l'édit de février 1776 pose encore une fois le problème de la double transition vers une société et une économie de marché. Cette question concerne les moyens tout autant que les fins. Comment l'État négocie-t-il le glissement radical requis pour passer d'un rôle interventionniste et dirigiste à un rôle de spectateur et d'arbitre ? Comment l'État évolue-t-il d'une hypermonarchie vers une monarchie minimaliste ? Il semble clair que l'autorépudiation rhétorique par laquelle le roi fait son autocritique et celle de tous ses prédécesseurs, et annonce sa soumission aux lois de la nature est un pas nécessaire, mais insuffisant, vers la transformation désirée. Le paradoxe de cette situation, aussi bien dans les années 1760 que dans les années 1770, c'est que le roi-État doit commencer par s'enfler avant de se contracter ; il doit déployer toute son autorité (forcément excessive) afin de renoncer à l'absolutisme, qui ne sera plus qu'un mauvais souvenir.

C'est aussi dans ce contexte que la formule suivante, attribuée à Turgot – et fort probablement apocryphe – me frappe comme extrêmement perspicace et on ne peut plus pertinente sur le plan politique : « Donnez-moi cinq années de despotisme et la France sera libre. » Afin de surmonter tous les obstacles se dressant sur la voie de la réalisation, il ne pouvait rien y avoir de mou dans son libéralisme. Ainsi les membres des corporations invoquent-ils l'image glaçante du fouet ou même du gibet en tant qu'attributs de ce meilleur des mondes naissant ; le parlement de Paris tance le contrôleur général parce qu'il utilisait la contrainte au nom de la liberté, n'hésitant pas à interdire les pamphlets qui contestaient la vulgate libérale. Pour libérer le commerce des grains ou abolir les corporations, l'État dut surmonter une résistance considérable, ouverte et cachée ; dans les deux cas, les principaux ministres étaient persuadés que seule une fermeté intraitable pourrait leur donner la victoire. Qui voulait jeter les bases d'un nouvel ordre, fondé sur l'équivalence de la science newtonienne appliquée à l'État, à la société et à l'économie, devait courageusement (c'est-à-dire impitoyablement) évacuer les débris accumulés au cours des âges. Les émeutes de la faim et du pain avaient rarement – même avant les Lumières – été aussi brutalement réprimées qu'elles le furent pendant la Guerre des farines en 1775, sur l'ordre de Turgot. En termes proches de Montesquieu, sinon de Tocqueville, l'élimination des corps intermédiaires non seulement exige des élans d'absolutisme, mais fortifie en outre le pouvoir de l'État central. Suivant l'apophtegme de Rousseau, mais au service d'une recette fort différente, Turgot était prêt à obliger les gens à être libres.

Après la disgrâce de Turgot début 1776, on rétablit donc les corporations ?

Pas tout à fait. L'édit du mois d'août « rétablissant » un système corporatif ne fut pas cette résurrection de Lazare qu'auraient pu espérer certains corporatistes béatement optimistes ou revanchards. Loin d'être une restauration pure et simple, l'édit d'août, à sa façon, constituait, pour les corporations, une rupture à peine moins traumatisante que celle de Turgot en février. Le maître d'œuvre de la refondation corporative s'appelle Jacques Necker, banquier genevois, protestant et philosophe : c'est le nouvel homme fort du gouvernement. Farouche critique de la politique libérale des grains de Turgot et auteur d'un éloge de Colbert, il envisage une réorganisation totale des corporations sur une échelle et dans un esprit proches du système préconisé par le grand ministre de Louis XIV un siècle auparavant. Soucieux d'assurer un développement économique ordonné, et convaincu, comme Colbert, que celui-ci découlerait le plus efficacement d'un mélange équilibré de réglementation et de liberté – oublions les stéréotypes réducteurs qui font de Colbert un colbertiste ! – Necker projetait un système plus souple et moins pesant, plus équitable et moins contraignant, mais en même temps plus uniforme, plus rationnel, plus national, une sorte de (proto)bureaucratisation qui privait les communautés de leur identité historique et morale en les fusionnant (des « mariages forcés » entre métiers mal vécus), en les ouvrant à tous les gens capables de payer le prix d'entrée (réduit par rapport aux vieux niveaux, mais pas donné), y compris aux subversifs de tout poil : des ouvriers sans qualités, des femmes, des étrangers, même des Juifs. Par la création d'un nouveau schéma de classification, quasiment type INSEE, et la commercialisation de la maîtrise, ravalée officiellement au rang de transaction financière, car le candidat autoproclamé, sans égard à ses qualités morales ou professionnelles, n'avait qu'à acheter à l'État son droit d'entrée, la législation d'août portait un coup dur à la vision corporatiste. Cet assaut contre la notion fondamentale de communauté dépouillait les maîtres de leurs racines et de leurs foyers familiers, suscitant une forte résistance qui allait resurgir dans les cahiers de doléances de 1789, qui demandaient souvent non pas la suppression des corporations comme institutions d'exclusion et d'abus, mais la résurrection du paradigme ancien, d'avant Turgot/Necker.

Qu'est-ce qui se passe justement pour les corporations à partir de 1789 ?

Déjà, le refus par les autorités parisiennes, sans doute cautionné par le ministère, de suivre le modèle d'organisation électorale canonique basé sur la grande chaîne corporative, ébranla l'institution. Pas plus dans la vision bureaucratique du nouveau corporatisme que dans le postulat naturaliste/atomiste/individualiste des libéraux, les corporations n'avaient un droit de représentation sociale et politique. Penseur et pamphlétaire influent, l'abbé Sieyès soutient que les intérêts égoïstes ne devenaient dangereux que quand un certain nombre d'entre eux s'unissaient pour leur seul profit, et donc contre les intérêts des autres membres de la société. Il diabolisait les communautés d'arts et métiers, véritables « aristocraties » comparables à celles du clergé et de la noblesse, qu'il stigmatisait comme « ces terribles jurandes », terme souvent déployé comme synonyme des corporations. À la surprise de bien des maîtres, les communautés survivent à la nuit du 4-5 août (on menace de les faire disparaître, mais les législateurs reculent au dernier moment, effarés par le spectre de désordre que l'abolition pourrait provoquer dans le monde du travail, au moment même où la France rurale est en pleine ébullition) et à la Déclaration des droits de l'homme qui suggère que la liberté de travail est un droit naturel sans pourtant le préciser. Les deux moments forts du mois d'août 1789 incitent énormément d'ouvriers à revendiquer et affirmer leur nouveau statut de citoyen en quittant leurs maîtres sans avis ou congé, s'installant à leur compte, s'associant pour avancer leurs intérêts collectifs, etc. C'est justement cette « révolte générale », déjà brièvement esquissée dans le sillage des édits de Turgot, qui donne aux communautés l'espoir de trouver une place dans le nouveau régime qui aura besoin, malgré la volonté de régénération, d'instruments de discipline sociale et de maintien de l'ordre, mission classique des corporations. Les autorités elles-mêmes, très embarrassées, hésitent entre une forte propension à éradiquer tous les vestiges encombrants de l'ancien monde et la peur d'être englouties par une désorganisation sociale généralisée.

Les révolutionnaires décident finalement de donner le coup de grâce ?

Des heurts de plus en plus violents entre compagnons, souvent organisés de manière, disons, néocorporative, et maîtres inquiètent fortement le pouvoir à tous les niveaux, tout comme la politisation embryonnaire de la question sociale et la demande de l'ouvrier de s'exprimer dans la sphère publique en tant qu'ouvrier. La fin des corporations est presque discrète, voire furtive, une chorégraphie ostensiblement technique plutôt que politique. La loi d'Allarde supprimant les communautés au début de 1791 est articulée dans un cadre fiscal complexe ; elle reconnaît la légitimité de certains droits des maîtres en s'engageant à les indemniser pour la perte de leur « propriété ».

Mais, comme vous le suggérez, la mise à mort des corporations ne règle pas la question de fond : la régulation socio-économique.

C'est juste. On est encore loin du dernier acte. Le spectre de l'anarchie incita vivement l'Assemblée nationale à compléter la loi d'Allarde pour lui donner une forme plus radicale. Il était temps de s'occuper du problème fondamental – et qui dépasse la seule question de l'après-corporatisme – que la Révolution avait préféré éluder depuis 1789, parce que les députés ne s'entendaient pas sur la manière de le résoudre : comment concilier liberté et régulation, comment accorder aux ouvriers une certaine dose de révolution, mais en leur fixant néanmoins des limites ? Le premier objectif de la loi Le Chapelier (juin 1791) était de mater l'agitation et d'apaiser les craintes ; elle fournissait les outils répressifs que l'on jugeait nécessaires dans l'immédiat. Réaffirmant l'abolition des corporations en termes plus généraux et frappant d'interdits apparemment symétriques toute association de caractère patronal ou ouvrier, la loi visait tout particulièrement à empêcher les ouvriers de s'organiser, soit selon les rites des vénérables compagnonnages, soit dans le style moderne des nouvelles sociétés fraternelles et révolutionnaires. Par la même logique, la loi condamne toutes atteintes à la liberté du travail et défend toutes grèves ou revendications salariales collectives, toute délibération ou pétition collective au nom d'une profession. Selon cet avocat et député breton, l'ossature du nouvel ordre social né des Lumières libérales et de la Révolution reposait sur le principe d'individualisme égocentrique : excluant toute forme de collectivité ou de corps, la société est composée uniquement d'individus atomisés, chacun est libre de poursuivre ses propres intérêts à l'intérieur de certaines limites, disons, approximativement précisées. Donc, nouvelle configuration de l'espace public (socio-économique et politique) : d'un côté, des individus faisant affaire, échangeant entre eux sans entrave, se mettant d'accord de gré à gré, tant pour le contrat de travail que pour celui de la commande des produits ; et de l'autre, un État mandaté par le peuple souverain et représentant l'intérêt général. Le Chapelier se moque des « prétendus intérêts communs » des gens : puisqu'ils sont illégitimes, ils ne peuvent exister. Le modèle ne comprenait aucun corps intermédiaire, aucune communauté chargée de négocier, parce qu'il n'y avait pas d'intérêts collectifs à gérer. Si l'on ne prend pas ce raisonnement au sérieux, il est bien difficile d'interpréter la loi Le Chapelier autrement que comme une simple résurrection des méthodes de l'Ancien Régime, réprimant dorénavant, sous l'égide modernisée et laïcisée d'un individualisme semi-libertaire, ce qui avait naguère été réprimé au nom du bien public, collectif et corporatif. Le Chapelier avait désormais à sa disposition la base doctrinale nécessaire pour mettre en question les autres formes d'assemblée et d'association qui pouvaient menacer le projet qu'il partageait avec de nombreux collègues : terminer la Révolution.

Au-delà de la Révolution, l'interdiction des associations est responsable directement de la faiblesse durable et mutilante de l'organisation collective en France et plus généralement de l'étiolement de la culture politique populaire. Les pratiques collectives – au moins pour les ouvriers – sont contraintes à se réfugier dans la clandestinité. Leur accès à la sociabilité démocratique étant restreinte, les ouvriers pâtissent également d'un lourd déficit de représentation sociale. Pour mémoire, notons que l'interdiction de coalition survit jusqu'à 1864 et que les syndicats ne sont autorisés que 20 ans plus tard.

Ce que vous appelez la « question sociale » ne reviendra que pendant l'an II, le fébrile moment « sans-culotte » ?

Curieusement, la question du travail ne revient jamais parmi les préoccupations historiographiques de premier plan. Au contraire, on a quelquefois l'impression que les gens cessèrent de travailler pendant tout le reste de la Révolution. Le protagoniste « ouvriériste » de la nouvelle phase est le sans-culotte, terme péjoratif, en tout cas jusqu'au début de 1791, censé désigner la pauvreté, la grossièreté, les basses origines (loin de la plaisanterie de société que « sans-culottes » connotait dans les salons du XVIIIe siècle). Le qualificatif prend une résonance positive à mesure que la Révolution le radicalise et que la monarchie cède la place à la République (et le vice à la vertu, foutre, comme aurait dit le père Duchesne). « Sans-culotte » devient très vite synonyme de mouvement populaire, démocratique, social, revendicatif ; il désigne les citoyens-militants-soldats de ces grands soulèvements révolutionnaires qu'on appelle « journées ». Il se trouve que nos connaissances quant à la « genèse » de ce mouvement proprement dit sont, pour le moins, lacunaires. De manière implicite, les historiens postulent une transition mécanique entre le monde du travail de 1791 et le cosmos embryonnaire des sans-culottes.

J'avance l'hypothèse qu'il ne fut peut-être pas si facile pour les maîtres et les compagnons de se laisser « emporter » par la grande vague patriotique. Il paraît nécessaire de conceptualiser et d'étudier l'itinéraire qui transforma, semble-t-il, du jour au lendemain en un front commun, deux groupes que tout avait séparés culturellement, économiquement et socialement depuis fort longtemps, dans toutes sortes de métiers et de lieux, et qui, dans de nombreux cas, se trouvaient engagés dans un conflit plus ou moins violent depuis au moins deux ans. La chronologie classique de la genèse de la sans-culotterie est floue, et les catégories analytiques utilisées pour l'expliquer sont bien souvent brouillonnes et/ou insaisissables. La supposée composition des sans-culottes est fondée sur des distinctions brumeuses, des définitions nébuleuses, des affinités non prouvées. Le tableau aujourd'hui standard pèche par son caractère à la fois téléologique et tautologique. Il considère les gens de métier comme de futurs sans-culottes répétant leur rôle et lit leur histoire comme une trajectoire obligée dans ce sens. Il extrapole du mouvement sans-culotte pleinement épanoui, notamment de son discours sur lui-même, les éléments permettant de construire rétrospectivement les structures et les relations du monde du travail au XVIIIe siècle. Il forge une image idéalisée et fondamentalement erronée de l'atelier de l'Ancien Régime dans lequel le maître et le compagnon (souvent confondus dans le feu de l'action en l'an II de la Révolution, 1793-1794) sont censés travailler et vivre côte à côte et partager des intérêts communs, une confiance mutuelle et une entente sous la tutelle doucement autoritaire du premier, qui exerce une « influence idéologique décisive » et fait entrer des « influences bourgeoises » dans le monde du travail.

Je soutiens, alors, que la tentative d'asseoir l'étonnante « cohérence » du « mouvement » sur la « mentalité » ou sur des valeurs ou une mémoire préalable partagées, n'est pas convaincante. L'impératif patriotique est l'unique variable sur laquelle est dite reposer toute la cristallisation de la sans-culotterie en un mouvement uni. Ce patriotisme opérait en termes positifs et négatifs : comme aiguillon vers un engagement volontaire et affectif dans une noble cause, et comme moyen de chantage permanent pour empêcher le citoyen de retomber dans le corps et l'esprit de l'ouvrier – un ouvrier dont les intérêts étaient particuliers à ses activités socioprofessionnelles. Le patriotisme requérait l'abnégation économique ; risquer de se fâcher avec son employeur équivalait à mettre la nation en péril. Ce qui était bon pour la patrie l'était ainsi pour le marché du travail.

Certains ouvriers se tournèrent vers la section, parce que c'était la seule arène publique dans laquelle ils pouvaient s'exprimer légitimement (les sections sont, à l'origine, 48 assemblées primaires à vocation électorale, successeurs des districts de 1789, qui arrachent le droit de siéger en permanence et deviennent les centres d'engagement sans-culotte). Attirés vers la section pour des raisons similaires, les patrons y retrouvèrent un moyen de consolider leur force sur le marché du travail (au-delà de l'aubaine structurelle que leur fournissait la loi Le Chapelier). Depuis leur position d'influence administrative, politique et morale dans la section, les ex-maîtres pouvaient manier de puissantes notions normatives telles que le patriotisme et l'intérêt public ou général pour surveiller leurs ouvriers et réglementer leur conduite, sur le lieu de travail aussi bien qu'à travers la collectivité territoriale. La section se substitua en partie à l'institution corporative (de type idéal/idéalisé) réunissant maîtres et compagnons dans une communauté et une union fraternelle telles qu'ils n'en avaient pas connues depuis plusieurs centaines d'années (s'ils en avaient jamais connues), mais qui ressemblait à l'image que les corporations avaient voulu donner d'elles-mêmes jusqu'à leur dernier jour. De cette manière, le mouvement sans-culotte fonctionna en partie comme un instrument de contrôle social postcorporatif. Il contribua à prévenir et discréditer les conflits sur le marché du travail et à réprimer toute affirmation d'identité ouvrière propre.

À la sortie de la Révolution, l'idée corporative est définitivement enterrée ?

Pas du tout. La nostalgie corporative s'installe au lendemain même de l'abolition d'Allarde/Le Chapellier. Dans l'entourage de Napoléon, personne ou presque ne contestait le besoin de régulation ; or beaucoup estimaient que le corporatisme était le seul moyen approprié, si l'on voulait éviter une intrusion tentaculaire de l'État. D'un commun accord entre les autorités publiques et les acteurs économiques, par exemple, on a recréé la communauté des boulangers dans de nombreuses villes.

Tout au long du XIXe siècle, tandis que la secousse de la révolution industrielle amplifiait la désorganisation culturelle et politique qu'avait provoquée la Révolution française, des dizaines de commentateurs, qui bien souvent n'avaient pas grand-chose en commun – conservateurs et contre-révolutionnaires chrétiens, socialistes chrétiens et athées, thomistes, utopistes, romanciers romantiques, poètes lyriques, positivistes, sociologues, réformateurs sociaux, entre autres – soit s'inspirèrent de divers aspects du corporatisme pour élaborer leurs communautés imaginaires et leurs systèmes politiques, ainsi que pour former leurs doctrines, soit brodèrent sur des thèmes qui entraient en résonance avec les positions corporatistes. On y trouve Saint-Simon, Proudhon, Philippe Buchez, socialiste chrétien et ancien saint-simonien, de nombreux disciples de Comte, qui haïssait l'individualisme et déplorait l'antagonisme de classes. Nourri par les idées de tous ces auteurs et de bien d'autres, le corporatisme du XIXe siècle atteignit l'apogée de son activité et de son influence sous l'impulsion de deux saint-cyriens, l'un marquis, l'autre comte, René de La Tour du Pin et Albert de Mun. Internés par les Prussiens en 1870, les deux hommes furent subjugués par *L'Encyclique du 8 décembre 1864 et les principes de 89* d'Émile Keller, fervent catholique social, dont l'idéologie corporative cadrait parfaitement avec leurs pensées conservatrices, moralisatrices et paternalistes. Ils croyaient entrevoir dans le corporatisme un moyen de sauver la France de la faiblesse matérielle et spirituelle, des divisions et désordres chroniques, de la corruption et de la confusion sociale et psychologique. Même si le catholicisme intransigeant constituait la « matrice » du catholicisme social, les catholiques sociaux n'étaient pas tous aussi strictement traditionalistes que La Tour du Pin, monarchiste et fier de l'être, qui résistait à l'appel du pape demandant aux Français d'accepter la République. Si Charles Maurras attira quelques corporatistes dans les rangs d'Action française, bien d'autres reculaient devant les solutions politiques royalistes et autoritaires. Les démocrates chrétiens, hostiles à la hiérarchie et tout dévoués à la politique démocratique, envisageaient des modes de représentation professionnelle qui révélaient quand même une tendance corporatiste. Partant d'autres bases, le grand sociologue Émile Durkheim faisait valoir avec force que les corporations comblaient des besoins profonds – le genre d'institutions qu'il prévoyait remplissait des fonctions très voisines de celles des communautés de La Tour du Pin – et que l'on pouvait fort bien parvenir à une solidarité interclassiste sans sacrifier les libertés fondamentales ni promouvoir l'étatisme.

Le corporatisme du XXe siècle ne peut-il être lu comme une réaction au nouvel environnement européen, voire mondial ?

La pensée corporatiste française (et dans une moindre mesure l'action corporatiste) s'épanouit à la fin des années 1920 et au début des années 1930, en réponse au double défi lancé à la démocratie libérale (parlementaire) et au capitalisme par la Révolution russe et la crise économique mondiale de 1929, ainsi qu'à l'émergence de régimes de type corporatiste au Portugal, en Espagne, en Italie et en Autriche. De l'extrême gauche et de l'extrême droite, en la personne de Jacques Doriot d'une part et du colonel de la Rocque de l'autre, un corporatisme « social » fascisant et agressif fit irruption sur la scène politique. L'Action française engendra un essaim de corporatistes, mais il en alla de même pour la CGT non communiste. En 1935, le corporatisme dominait le programme de la Semaine sociale des catholiques sociaux. Dorgères, chef du Front Paysan, annonça l'avènement de « l'économie corporative » en se fondant sur la banqueroute des économies aussi bien libérales qu'étatistes. Comme le nota un observateur de l'époque, « ainsi, même avant la Révolution Nationale, le corporatisme était déjà en marche vers sa réhabilitation ».

Quelle a été la place du corporatisme dans cette « révolution nationale » de Vichy ?

Le corporatisme n'était pas seulement la solution à long terme permettant d'éliminer des défauts et des blocages bien connus dans les formes dominantes d'organisation sociale. C'était, de façon beaucoup plus immédiate, l'une des clefs de la reconstruction de la France mutilée, désorganisée, démoralisée. C'était un moyen de s'extirper du piège infernal de la décadence, dans lequel le pays était tombé et qui expliquait sa cuisante défaite. Dans la conjoncture pétainiste, le corporatisme était devenu un véritable remède « révolutionnaire », un élément décisif de la Révolution nationale qui remettrait la France sur pied, en établissant cette fois des fondations indestructibles sur des valeurs, des principes et des systèmes de relations communautaires, qui étaient à la fois naturels, vrais, justes, durables, divins et, pour couronner le tout, populaires. La guerre contre le libéralisme, le communisme, le syndicalisme de classe et l'étatisme nécessitait la « régénération » de la nation, pour reprendre l'une des métaphores jacobines qu'affectionnaient les propagandistes du maréchal. Le corporatisme sauverait la France, parce qu'il s'attaquait aux questions fondamentales implicites de l'organisation sociale et de la force morale. Aussi millénariste et excessif que le règne de la vertu prôné par Robespierre, le corporatisme national-révolutionnaire veut remplacer le désordre par l'ordre, le renoncement par l'effort, la haine par la paix, la crise par la prospérité, l'égotisme impie par la fraternité chrétienne, le « facteur argent » par le « facteur humain », la lutte des classes par leur collaboration, le laxisme moral par la rigueur morale, la concurrence darwinienne par une solidarité collective, la précarité de l'emploi et du statut social par la sécurité, le travail-en-tant-que-marchandise par le métier-en-tant-que-propriété, etc. La Révolution nationale était bien entendu brandie face à la révolution satanique de 1789-1794, qui, en déchaînant l'individualisme destructeur et la liberté débridée, avait détruit les liens sociaux et amené le triomphe du matérialisme, caché sous les oripeaux à la mode d'une démocratie libérale s'appuyant sur un marché libre.

Ne fût-ce qu'en qualité de loi anti-d'Allarde, que l'on attendait depuis si longtemps, la Charte du Travail, promulguée en octobre 1941, avait une grande importance pour les corporatistes traditionalistes. Elle les réintroduisait dans le jeu : ils voyaient se profiler la perspective incroyablement stimulante d'appliquer une doctrine qu'ils croyaient vraie, de réaffirmer la pérennité de certaines valeurs morales et de certains impératifs organiques. La Charte du Travail n'est pas simplement la doxa dictée d'en haut du Sinaï par le maréchal. Au contraire, c'était un texte très politique, âprement discuté, fruit d'un compromis. Malgré ses limites et ses ambiguïtés, la Charte marquait, pour les corporatistes, l'aube d'une ère nouvelle. Je ne peux raconter ici l'histoire à la fois passionnante et rocambolesque de la lutte entre différentes tendances corporatistes, rassemblées autour de Laval et de Pétain, en partie un combat entre Anciens et Modernes, mais aussi un affrontement entre pro- et antisyndicalistes, entre sympathisants et adversaires durs du capitalisme, entre réformistes pragma-technocrates et national-révolutionnaires doctrinaires et, bien entendu, entre hommes et réseaux et rivaux.

Qu'est-ce qui disparut au juste avec la liquidation des corporations de Vichy ?

N'oubliez pas que l'épisode vichyste ne représenta pas un simple nouveau sursaut de la nostalgie corporative. À la différence des autres résurgences de l'idée corporative, il eut lieu dans une Europe où les expériences corporatives se multipliaient et dans une France où le corporatisme suscitait une réflexion et un débat intenses et importants. Il déboucha sur une loi cruciale qui, en dépit de ses tergiversations, rendit possible la création de véritables institutions corporatives, détenant des prérogatives sociales et économiques, selon un scénario idéal qui, en dernier ressort, leur promettait aussi une certaine part du pouvoir politique. Le régime de Vichy différait des autres moments corporatifs en ce que le corporatisme était sa doctrine d'État. Pour les pétainistes (ainsi que pour beaucoup de maréchalistes), le corporatisme était à la révolution nationale ce que le libéralisme avait été à la Révolution française – un moyen et une fin, une vision et une nécessité.

En tant que cadre permettant d'inscrire la devise « Travail, famille, patrie » dans la pratique sociale quotidienne, le corporatisme vichyste était, dans un certain sens, analogue à la Grande Chaîne de la Condition Corporative, du point de vue de son importance théorique de « structure structurante ». De fait, le corporatisme vichyste puisait abondamment dans la tradition corporatiste vécue de la France, réfractée par certains impératifs idéologiques, qui s'étaient fixés sur un passé à la fois exaltant et utilisable. Sur le plan émotionnel, moral et culturel, les communautés de l'Ancien Régime constituaient un modèle authentique. Elles étaient la référence qui légitimait, la preuve de la thèse organiciste, le lien avec une civilisation dont les valeurs étaient encore entièrement pertinentes, même si les institutions qui les véhiculaient nécessitaient des ajustements importants, avant de pouvoir opérer dans l'arène économique totalement métamorphosée. À un certain niveau, le XVIIIe siècle avait engendré le corporatisme de Vichy. Et à coup sûr, l'une des raisons importantes pour lesquelles le corporatisme vichyste ne parvint pas à s'imposer et à prospérer fut que l'Ancien Régime n'avait guère d'attrait et encore moins de pertinence pour la grande masse des citoyens français, qu'ils fussent dirigeants ou dirigés.

Le corporatisme se maintint en vie de Turgot à Pétain, parce qu'il proposait une batterie variable de solutions plus ou moins totalisantes et/ou utopiques à des problèmes économiques, sociaux et politiques plus ou moins complexes. Les corporatistes de Vichy considéraient sa sagesse fondamentale comme une espèce de dépôt sacré, tenant du credo et de la révélation, et cette sagesse, rendue multiforme par ses innombrables applications possibles, trouvait à s'incarner dans des institutions et des pratiques séculaires. Son précepte fondateur était qu'une paix sociable durable, ayant pour conditions un certain niveau de bien-être minimal et l'adhésion à certaines croyances transcendantes, ne pouvait être atteinte qu'à travers une forme d'organisation corporative. La quête de paix sociale – ou plus précisément, dans la mémoire corporatiste, d'un retour à cette paix – prit un caractère d'urgence croissant dans le sillage de la Révolution française. Désormais, le corporatisme avait à son actif des tendances aussi bien de gauche que de droite, surtout au cours du XIXe siècle. Il paraissait, toutefois, suprêmement cohérent dans une logique traditionaliste et il exerçait son charme le plus puissant dans les milieux attachés à la tradition. Les traditionalistes établissaient le rapport avec l'histoire beaucoup plus aisément que les autres. Pour eux, le corporatisme était consubstantiel à leur francité (essentialiste). Étant donné la honte et l'opprobre qui s'attachent au régime de Vichy (les itinéraires à peine plus recommandables des corporatismes espagnol et italien ne paraissent pas avoir autant marqué les consciences françaises), on n'est pas étonné de constater que le réflexe corporatif a perdu toute vitalité. L'idée reparaît de temps à autre, mais masquée et sous des formes extrêmement détournées ou modérées.

14.

Haro sur la meunerie ?

Essayons à présent de cerner la question de la meunerie, maintes fois évoquée dans ces entretiens. Vaste champ, dites-vous, mais peu exploré.

Magnifique sujet, à la fois important et fascinant, mais presque totalement négligé. Cela me laisse pantois. Le meunier est un acteur critique, je dirais même stratégique, parce qu'il joue un rôle vital et incontournable dans le processus de ravitaillement, et donc dans la construction de l'ordre quotidien, partout en France. Que le commerce de l'approvisionnement assure un apport régulier et abondant en grains, c'est une condition nécessaire. Mais elle n'est pas suffisante. Le pain est confectionné à partir de farine et non pas de blé. D'où l'importance du moulin qui n'est censé s'arrêter que quelques heures à Pâques, à la Pentecôte et peut-être à Noël.

Dans leur analyse des effets dévastateurs des crises de subsistance, les historiens tendent à concentrer toute leur attention sur les pénuries de grains. En réalité, les consommateurs peuvent manquer de pain *en dépit* d'une abondance de grains, « mourir de famine sur un tas de bled », comme le remarque Mme de Sévigné. Les premiers savants des subsistances, le Dr Malouin et A.-A. Parmentier, ne cessent de mettre en garde contre la « famine » qui peut arriver même après une moisson généreuse du fait de sécheresses, d'inondations et de gelées extraordinaires. En 1725, en pleine crise de subsistance, un officier de police parisien recommande à sa hiérarchie de concentrer au plus vite son attention sur la farine et non plus sur le grain. Quinze ans plus tard, en pareilles circonstances, Barbier, avocat morose, observe que ce n'est pas assez d'avoir beaucoup de blé dans Paris. Il faut de la farine.

En période de crise, le prix de la farine, et par conséquent du pain, augmente dans des proportions sans commune mesure avec la hausse du prix du blé. Les boulangers se mettent désespérément en quête de farine, ou de meuniers capables de faire tourner leur moulin malgré tout. Tout le système de production et de distribution se dérègle. Les mois dits de soudure – fin du printemps-début de l'automne – déjà difficiles, compte tenu de l'épuisement de la récolte de l'année précédente, correspondent à la période de risques maximaux pour un grand nombre de moulins qui pâtissent de la faiblesse du courant ou des vents. Mais c'est en général en hiver et au commencement du printemps que se produisent les crises les plus graves, lorsque gelées et inondations entravent le transport autant que la mouture. Les crises de farine scandent l'Ancien Régime et sont assez communes jusqu'au dernier tiers du XIXe siècle.

Fréquemment oubliée, la meunerie a appris, de son propre chef, à être discrète. Elle n'a jamais eu tellement envie qu'on parle d'elle, car elle s'est toujours sentie mal aimée, prise entre le cultivateur qui lui reproche de ne pas payer son blé assez cher et le boulanger qui l'accuse de vendre sa farine trop cher. Représentée comme excessivement riche, elle était en même temps dépeinte comme peu civique, voire simplement égoïste et cruelle. « Haro sur le meunier » est le titre d'un texte étonnant, mélange d'indignation et d'apitoiement sur soi-même, rédigé par l'Association nationale de la Meunerie française (ANMF) peu après la Libération, dénonçant l'acharnement à faire du meunier un « affameur » depuis le Moyen Âge, quand les manants incendiaient les moulins au cours des jacqueries, jusqu'au temps de l'ONIC. C'est justement cette volonté de garder profil bas qui aurait dû attirer la curiosité des chercheurs en sciences sociales. On retrouve cette discrétion des meuniers là où on ne s'y attendait pas, quand il s'agissait de revendiquer la responsabilité pour la qualité du pain. Henri Nuret, grand spécialiste de l'optimisation des diagrammes de moutures sur cylindres pendant l'entre-deux-guerres, enseignant à l'École française de meunerie, expliquait que le bon pain, c'est 10 % le blé, 15 % la farine et le reste la virtuosité du boulanger. Certains boulangers, peu portés à l'autodénigrement, diraient que le meunier sous-estimait sa contribution.

Comment voyez-vous la meunerie ?

À part sa place décisive dans la chaîne du ravitaillement, le moulin est un lieu exceptionnellement intéressant, parce que le meunier est souvent une espèce de médiateur social et culturel, surtout dans l'*hinterland* des villes, un passeur, un surveillant des carrefours, un petit banquier. Il est parfois même réputé séducteur plus ou moins maléfique, guérisseur par savoir ésotérique ou chaman pactisant avec le diable, tricheur ou franchement larron. Historiquement, le moulin est une des principales institutions de la vie quotidienne, au même titre que le marché, l'église, le tribunal et la taverne. Il est moins visible que les autres, parce qu'il se trouve habituellement en dehors de la ville, mais son rôle est capital. Le moulin est d'abord une institution économique et sociale, mais il a une incidence politique majeure et constante et, à travers son appropriation par le folklore, la littérature et la peinture, il pèse même sur la culture. Le moulin à grains de jadis est partout, quasiment jusqu'à l'aube du XXe siècle : on en compte 80 000 à la fin du XVIIe siècle, selon Vauban, peut-être 120 000 à l'époque du premier Empire, 37 000 en 1900, d'après des sources syndicales.

Le moulin à vent trône sur les collines, géant tranquille aux mâchoires de granit chanté par Henry Wadsworth Longfellow, fonctionnant avec une grande simplicité, respirant l'élégance ; ses ailes sont mues par l'énergie éolienne qui se renouvelle toute seule, mais qui s'avère souvent aléatoire et/ou inégale et très dépendante de l'habileté du meunier. Plus régulier dans la fabrication, mais aussi plus compliqué à installer, le moulin à eau, actionné par ses grandes roues, orne, et parfois obstrue, les cours d'eau, suscitant d'amères querelles opposant les meuniers entre eux ou les meuniers et d'autres acteurs, pour des questions d'empiètement ou de dérivations illicites. Si les relations commerciales changent énormément, le paysage meunier évolue fort lentement, sauf dans les zones d'approvisionnement de quelques grandes agglomérations urbaines, où la vapeur arrive au XIXe siècle, souvent dans un contexte de concentration d'entreprises ; mais la technologie bouge peu jusqu'à l'arrivée des cylindres métalliques vers la fin du siècle.

Si je vous ai bien compris, la réputation du meunier évolue aussi lentement que la technologie et le commerce.

Elle est bien plus immobile. Entre 1750 et 1850, peu ou prou, la meunerie se libère des contraintes seigneuriales et coutumières et du rôle commercial passif et étroitement artisanal auquel elle était historiquement affectée. Elle a cependant beaucoup plus de mal à se débarrasser de sa mauvaise réputation, en partie anachronique et volontairement exagérée, qui continue de stigmatiser tous ses membres pour les méfaits de quelques-uns, et reste, malgré les efforts d'exorcisme public, consubstantielle à la représentation que l'on se fait de la profession. Une incroyable pléiade de contes, de souvenirs collectifs, de rumeurs propagées aux quatre coins du royaume et d'aphorismes sentencieux dépeignent le meunier et son moulin sous les couleurs les plus noires. De même que le « pain blanc » évoque systématiquement quelque chose de bon, le mot de « meunier » suscite immanquablement l'idée de mal, de corruption, d'infamie. Nul besoin pour lui de se fabriquer un mauvais renom ; il semble aller de pair avec le métier lui-même. De fait, l'inutilité absolue de se défendre contre ces diffamations pousse peut-être le meunier à recourir à des pratiques frauduleuses, dont il sera de toutes les façons accusé.

Comment expliquer cette « légende noire » ?

Le moulin est un monument dressé à la prétendue perfidie du meunier. Ne construit-on pas un bâtiment carré autour des meules circulaires afin de pouvoir dissimuler des grains dans les angles ? Le meunier ne détourne-t-il pas une partie de la marchandise qui tombe des meules grâce à une trappe « aveugle » ? Ce qu'il ne peut obtenir de la machine, il le fait lui-même. À de la farine ou du grain de qualité supérieure, il substitue de la marchandise de valeur inférieure, des succédanés divers ; avec des blanchisseurs ou autres *ersatz*, il falsifie la farine ; il manipule les mesures. « Auprès de chaque moulin, il y a une colline de sable », murmure-t-on. On dit « voleur comme un meunier » ou bien qu'un brigand est « aussi honnête qu'un meunier ». « Vous pouvez changer de meuniers, mais vous ne changerez jamais d'escrocs », ajoute le proverbe. « Les cochons de meuniers engraissent vite », affirme un autre adage. On raconte qu'un mourant presse sa famille de faire venir les deux meuniers de la région à son chevet et de les placer de part et d'autre de son lit de mort. « À présent, je peux partir en toute sérénité », explique-t-il. « Si vous enfermez dans un grand sac un sergent, un meunier, un tailleur et un homme de loi, dit l'énigme, lequel des quatre sortira le premier quand vous déferez la ficelle ? – Le premier à sortir sera certainement un voleur, c'est la seule chose dont on peut être sûr. »

La fiction accable la meunerie dans toutes les langues.

Le meunier de Chaucer est « un voleur, outrageusement ». Simkin « l'espiègle », dans *The Reeve's Tale*, dérobe du grain avant le broyage et de la farine après. Le meunier des pèlerins de Canterbury est des plus pécheurs et corrompus, de surcroît malhonnête dans ses affaires. Aux yeux de Rabelais, les meuniers ne sont autres que des « brigands ordinaires ». Grindoff, le héros du mélodrame de Pocock, rédigé au commencement du XIXe siècle et intitulé *The Miller and his Men*, nous apparaît comme un escroc vicieux et libidineux. Le père de Lazarillo, dans le roman de Hurtado de Mendoza, *La Vie de Lazarillo de Tormes*, est arrêté pour certains méfaits affectant les sacs de ceux qui venaient faire moudre leurs grains. Quant au meunier d'Abingdon, selon la légende anglaise, c'est un « chapardeur » insatiable et plein de ressources. Le curé de Cucugnan d'Alphonse Daudet confesse tout le village du lundi au vendredi et réserve toute la journée du samedi au meunier. Même le gentil meunier si humble dépeint par Paul de Musset dans son *Monsieur le Vent et Madame la Pluie* se transforme en avare égoïste, à force de travailler dans son moulin.

Mais la stigmatisation n'est pas que littéraire.

Les soupçons populaires sont confirmés par les témoignages de l'élite : d'abord écrivains, ensuite juges et officiers publics. Jusqu'à la deuxième moitié du XIXe siècle, l'organisation du travail en France repose sur le postulat que, dans ses relations avec ses employés, le maître a toujours raison. Pourtant, au milieu du XVIIIe siècle, à Laval, un tribunal refuse d'ajouter foi à la déclaration sous serment d'un maître meunier concernant les gages de son compagnon sous le prétexte que son statut était trop modeste, voire trop suspect pour l'autoriser à prêter serment comme d'autres maîtres. Turgot s'élève contre le stéréotype des marchands cupides entretenu par la police, tout en décrivant les meuniers comme des gens bêtes et malhonnêtes. Un mémoire de l'intendant de Provence reprend cette image du meunier, menteur et pilleur public. Même Parmentier, qui prétend être au-dessus de pareils préjugés, se fait l'écho de la friponnerie du meunier comme d'une réalité en quelque sorte inéluctable.

Pourquoi le meunier est-il l'objet de cet anathème ?

Parce que sa subsistance, et par conséquent sa survie, dépend du meunier, la communauté de consommateurs est extrêmement sensible à tout ce qui le concerne. Peu d'autres agents sont aussi intimement liés à la reproduction de la société et occupent une position aussi délicate dans l'imaginaire social. Dans l'esprit des consommateurs, son statut impose au meunier de lourdes responsabilités, auxquelles il semble au mieux indifférent. Il partage l'opprobre du marchand de grains qui spécule volontiers sur la matière première du pain, comme si c'était une denrée ordinaire. Mais l'engagement du meunier est plus profond, beaucoup plus dangereux en puissance ; sa tâche ne consiste pas seulement à répartir la matière première servant à fabriquer le pain, mais aussi à la transformer – en décomposer les éléments avant de les recombiner. Il y a quelque chose de fondamentalement mystérieux, de redoutable même, dans le processus de transformation d'une telle substance, d'autant qu'elle devait être assimilée par le corps humain. Cette transformation sous-entend un pouvoir impressionnant, celui d'altérer la nature (et ainsi l'homme), mais aussi de *dénaturer* la nature en lui incorporant des substances étrangères, en y adjoignant des impuretés au lieu de les en extraire. Le meunier possède donc un pouvoir terrifiant d'autant plus qu'on ne peut jamais être sûr qu'il l'exerce loyalement, convenablement, charitablement – dans l'intérêt public.

En outre persiste l'image classique du meunier-magicien impie, domptant l'esprit des rivières et des ruisseaux et le soumettant au supplice de la roue de son moulin. Si les moulins explosent parfois, n'est-ce pas la juste revanche des esprits des eaux, ligués au royaume du feu ? La nature ne se rebelle-t-elle pas contre le diktat du meunier en provoquant la sécheresse ou des inondations qui paralysent son moulin ? L'usurpation du vent, force cosmique primordiale, est une preuve supplémentaire du pouvoir du meunier, de son audace, de sa fourberie. Lorsque Dante, au trente-quatrième chant de son *Enfer*, pénètre dans le cercle inférieur, il découvre les bras d'un moulin à vent tourbillonnant dans la pénombre comme un oiseau menaçant. C'est le Diable qui s'est transformé en moulin pour triturer les âmes des pécheurs. D'autres diables hantent à leur tour les moulins de Don Quichotte. Le Diable surgit toujours la nuit à l'heure où le meunier préfère travailler, à l'abri des regards, hormis ceux des créatures nocturnes. L'obscurité, n'est-ce pas le refuge des rites occultes et des sabbats ? Le meunier de l'étang de l'Olivette offre son âme au Diable contre la promesse de remettre en mouvement la roue de son moulin rendue inactive par la sécheresse. Le Diable tient parole, mais la farine produite par le moulin se réduit en une poussière de charbon noir.

Le moulin, comme espace, fait peur. Plus ou moins à l'écart, quel que soit son emplacement, c'est un endroit où il ne fait pas bon se rendre la nuit, une machine qui semble perpétuellement sur le point de s'emballer, un esprit qui émet des sons plaintifs et des menaces. L'intérieur de l'édifice présente d'autres périls. Le gémissement des meules, les vibrations qui ébranlent les murs et les planchers, le flot de farine, la chaleur ambiante, la fine poussière projetée partout, tout contribue à créer une atmosphère de sensualité puissante, fluide, irrésistible. Aussi le meunier profane-t-il la communauté d'une autre manière encore. De Chaucer à Goethe, la littérature regorge de références à la sexualité du meunier et de ses meules. Le moulin est la métaphore, le théâtre et d'une certaine façon la cause de la vertu perdue. La meunerie a suscité un corpus extraordinairement riche de contes paillards, d'histoires grivoises et de scabreux scandales. Les citoyens de Bussières-en-Brie en plein siècle des Lumières sont-ils vraiment surpris d'apprendre que le meunier Louis Leroy entreprend un beau jour « un commerce criminel » avec la fille de sa défunte épouse ?

La modernisation de la France sur tous les plans a désenchanté le monde fabuleux du meunier. Certaines traces des vieilles représentations persistent cependant jusqu'au milieu du XXe siècle, notamment celles qui concernent la moralité du meunier et son rapport à l'argent. D'après un cliché assez répandu, si le meunier n'est pas excessivement, voire abusivement riche et hautain, il est âpre au gain et sans scrupules. D'où également la facilité avec laquelle la police et la presse jettent l'opprobre sur le petit meunier de la Vienne, qui est le premier incriminé dans l'affaire de Pont-Saint-Esprit en 1951. D'ailleurs, en prenant la défense de la meunerie dans les procès civils provoqués par l'Association des victimes de l'intoxication collective de Pont-Saint-Esprit, les avocats de l'ANMF s'efforceront de convaincre le public non seulement que les meuniers sont le plus souvent loin d'être très fortunés, mais que l'honneur et non l'argent est leur valeur principale.

Comment les moulins fonctionnent-ils aux XVIIe et XVIIIe siècles ?

La grande majorité des meuniers de l'Ancien Régime – et sans doute au XIXe siècle également – travaillent à la demande de leur clientèle. Cette dernière se compose de particuliers, notamment des paysans, et de professionnels, les boulangers, qui fournissent eux-mêmes la matière première. Le meunier de ce type, dit de pratique, est ainsi un artisan plutôt qu'un marchand. Il offre ses services moyennant une rémunération. Son rôle dans la chaîne d'approvisionnement para-local est passif ; il est en quelque sorte l'employé du boulanger. Or, dès le XVIe siècle, paraît-il, aux environs de Paris notamment, certains meuniers se risquent à redéfinir leur rôle, ne se satisfaisant plus de la seule fonction de moudre des grains sur commande. Ils commencent alors à commercialiser de la farine : ils se procurent du grain, en font la mouture, puis proposent cette marchandise aux boulangers sensibles à l'avantage que représentent la restructuration et la rationalisation du système de ravitaillement habituel. Il faut attendre le XVIIIe siècle pour que les meuniers les plus entreprenants abandonnent totalement leur activité de service pour se livrer exclusivement à ce qu'ils appellent « la chasse », c'est-à-dire aux approvisionnements spéculatifs.

Depuis le XVIe siècle au moins, des ordonnances de police interdisent expressément aux meuniers de faire le commerce des blés. Ce « trafic » menacerait le bon ordre des choses, selon un officier de police parisien dans les années 1730. Deux siècles plus tard, un fonctionnaire de l'ONIC aurait tenu les mêmes propos. Cette position trouve de nombreux échos dans les cercles administratifs au moins jusqu'à la Révolution, en dépit des changements profonds qui sont en cours. Les meuniers n'inspirent pas suffisamment confiance pour qu'on les laisse se mêler du commerce des grains. Leur présence sur le marché ferait automatiquement monter les cours officiels. Leur « malhonnêteté » étant notoire, ils ne manqueraient pas de commettre des fraudes, de concocter des mélanges nocifs, de fausser les transactions.

Les meuniers deviennent « marchands » malgré la résistance des autorités ?

D'abord un petit groupe ; puis cette avant-garde va aller en croissant, mais assez doucement. Dans les années 1760, les physiocrates (dits « économistes ») et leurs amis des ministères libéraux sont les premiers à forger un plaidoyer raisonné en faveur d'une libéralisation entière du commerce de la meunerie. Le ministre chargé de l'économie préconise une saine et heureuse concurrence entre les meuniers tendant à faire baisser le prix du blé plutôt qu'à l'augmenter. Organe des économistes, les *Éphémérides du Citoyen* soulignent que la volonté des meuniers de maximiser leurs profits à la faveur d'une situation nouvelle entraînerait une modernisation technologique permettant d'« augmenter la subsistance ». La question embarrassante de la fraude est également abordée. Puisqu'elle résulte des mauvaises lois, selon la logique libérale, une fois que leur serait accordée la liberté de se battre pour faire des bénéfices sur le marché de leur choix, les meuniers n'éprouveraient vraisemblablement plus le besoin de tricher.

Il y a trois manières de faire du commerce des grains chez les meuniers. La première consiste à acheter du blé directement au producteur à titre de commande d'un boulanger, qui recevra sa marchandise sous forme de farine livrée directement au fournil. Dans le deuxième cas de figure, le meunier achète et revend du grain pour son propre compte et à titre purement spéculatif, sans qu'il y ait transformation en farine. Dans le troisième type de commerce, le meunier achète du blé sans commission et le transforme lui-même en farine en vue de ventes spéculatives sur le marché ou directement chez le boulanger. C'est le commerce le plus significatif dans la chaîne d'approvisionnement à laquelle le meunier participe. Le milieu des fariniers se compose de plus en plus de meuniers capables de prendre en charge toute l'opération de l'achat et du conditionnement des grains, de leur transformation et de la revente des farines. Ils vont bientôt ruiner la plupart des marchands de grains de la vieille école et éliminer de la sorte toute une catégorie d'intermédiaires.

La commercialisation de la meunerie n'a guère touché la France profonde avant la seconde moitié du XIXe siècle. Mais son impact a été sismique dans la région parisienne, et elle s'est mise à chambarder les vieilles pratiques dans une poignée d'autres grandes agglomérations, dans le dernier tiers du XVIIIe siècle. À Paris, l'approvisionnement avait été longtemps dominé par une petite armada de gros marchands opérant par eau, vivant pour la plupart dans la rue de la Mortellerie, proche du grand port de la Grève, et par un gros bataillon de marchands de toutes tailles, mais généralement plus modestes, apportant des stocks de grain à la Halle par terre deux fois par semaine. Déjà à l'époque de la première libéralisation, le ravitaillement en farine avait nettement dépassé l'approvisionnement en grains, et la farine allait totalement éclipser le grain comme objet des transactions avant la fin du siècle. Meuniers et fariniers, secondés par des intermédiaires appelés facteurs, primaient dans ce commerce, mais un certain nombre de marchands abandonnaient le grain en faveur de la farine, et on commençait à voir une importante circulation de farines par eau, malgré les craintes d'humidité. Le fait que la grande vague des émeutes de la faim (et des protestations contre la réforme libérale de Turgot) ait eu pour nom la « Guerre des farines » et non pas la « Guerre des grains » m'a toujours semblé un signe du triomphe de la commercialisation de la meunerie.

Les meuniers-marchands du XVIIIe siècle se lancent ainsi sur des chemins qui devaient métamorphoser leur profession. Dès le milieu du XIXe siècle, peut-être même avant, la spéculation commerciale, bien plus que la conversion du grain en farine, constitue la principale activité des meuniers fournissant les grandes villes. Les « fortunes éblouissantes » de certains meuniers tels que les Darblay, de l'avis d'un journaliste agricole, proviennent non pas de la mouture, mais de l'achat et de la vente de marchandises au moment opportun. Le meunier a si bien remplacé le marchand de grains dans la conscience collective, tout au moins en région parisienne, que sa renommée, déjà guère reluisante, en vient à se noircir encore de la réputation ancestralement trouble qui est celle du marchand. À entendre un grand minotier vers 1850, pendant les années de disette, le meunier se trouve paralysé dans ses opérations par le soupçon de l'opinion publique qu'il est un promoteur de cherté plutôt qu'un agent d'approvisionnement. Dans l'impossibilité de réaliser des achats de grains sans provoquer de violentes réactions au sein de la population, il est donc obligé de se cacher par crainte des « préjugés ». Des observateurs se soucient de ce que le meunier-marchand se détache en quelque sorte de son moulin et se désintéresse de la science de la mouture. Il n'y a que la concurrence, extrêmement vive entre meuniers, qui les incite à se préoccuper de la qualité de leur marchandise. Honnie après la Première Guerre mondiale comme une menace à la profession et à l'intérêt général, cette intense « jalousie commerciale » donne une petite chance aux boulangers d'échapper à la domination totale de la meunerie qui, selon un observateur en 1859, « dirige la boulangerie, l'absorbe, l'épuise ».

On continuait à broyer les grains de la même manière pendant cette lente mais profonde transformation qui démarre justement avant la Guerre des farines ?

La métamorphose du commerce de l'approvisionnement parisien est en partie – difficile de mesurer l'impact exact – le fruit de ce que j'appelle les Lumières économiques. Elle était en effet favorisée par une nouvelle technologie élaborée par des praticiens et célébrée avec enthousiasme par des intellectuels, proches des physiocrates et des savants des subsistances. Il me paraît extrêmement significatif que cette technologie novatrice, mise au point pendant la période que j'ai baptisée les années économiques (*circa* 1755-1775), se fait nommer « la mouture par économie », ou « la mouture économique ». Cette nouvelle technique rompt avec une manière sempiternelle de moudre.

Traditionnellement, la mouture se définissait par le simple passage du grain sous une meule. La version la plus commune, appelée à la grosse, consistait en un broyage assez rapide, entre deux meules rapprochées afin de soumettre le grain à une pulvérisation maximale. La mouture en une seule fois donnait un mélange confus de son déchiqueté, de sacs d'endosperme éclatés et de tissu végétal. Dans la mouture à la grosse commerciale (ou « marchande »), pratiquée aux lisières des villes, le meunier se donnait rarement la peine de bluter la farine. Chatouilleux de leur souveraineté commerciale et artisanale, les boulangers préféraient généralement se charger de cette tâche à la main, dans leurs locaux. Les plus habiles et les mieux équipés utilisaient quatre types de bluteaux différents, dotés de toiles d'épaisseurs diverses, mais la majorité d'entre eux se contentait probablement d'une opération plus sommaire. Ils obtenaient ainsi une farine blanche dite première ou fleur de farine et de la bise blanche ou seconde farine. Les produits dérivés, gruaux et plusieurs espèces de son, servaient habituellement à l'alimentation des animaux. Hors du circuit commercial, les meuniers appliquaient une version « rustique » de la mouture à la grosse – un simple mécanisme de blutage actionné par le moulin travaillant en parallèle avec les meules. Équipé d'une toile fine, ce bluteau produisait une farine d'une extrême blancheur, mais en quantité très restreinte, destinée aux consommateurs aisés. Aux antipodes de cette mouture riche, il existait bien évidemment une mouture pauvre réservée particulièrement à la paysannerie : un tamis muni d'un réseau très peu serré laissait passer quasiment tout le blé donnant une farine complète, copieuse mais lourde, bise et granuleuse. Entre ces deux pôles, les meuniers rustiques proposaient une solution dite « bourgeoise », une farine partiellement purifiée du son et des issues.

J'ajoute que les procédés de mouture conventionnels présentaient de sérieuses défaillances. La plupart des meuniers n'accordaient pas suffisamment d'attention à la qualité des meules, à la nécessité de les rhabiller méthodiquement, de les monter, de les équilibrer soigneusement et de les articuler avec l'arbre moteur pour assurer une efficacité optimale de la transmission de l'énergie. Pour augmenter leur productivité, les meuniers avaient fréquemment la mauvaise habitude de broyer trop vite de trop grandes quantités. Trop rapprochées, tournant rapidement, les meules « brûlaient » la farine qui sortait tachetée et roussie ; il s'y mêlait des issues en fine poudre ; sa capacité d'absorption d'eau était également réduite, d'où une moindre production de pain ; elle vieillissait très vite, de sorte qu'elle avait de fortes chances de moins bien se conserver. On reprochait surtout à la mouture traditionnelle les gaspillages considérables qu'elle occasionnait. Il y avait tellement de farine « potentielle » de bon calibre perdue par la technique à la grosse que certains commentateurs la regardaient comme un impôt onéreux sur le plus indigent et comme un véritable fléau en temps de disette. Elle délaissait une partie significative de la plus belle farine collée au son, ce qui voulait dire que les animaux mangeaient mieux que bien des gens ordinaires.

Pourquoi cette inertie dans la meunerie ?

Toute la filière blé-farine-pain vivait dans la torpeur, pas nécessairement pour les mêmes raisons. Si le temps n'est jamais réellement immobile, pour l'agriculture, par exemple, les quatre siècles précédant la Révolution française constituent un écosystème assez figé : instruments aratoires qui évoluent peu, traction animale inefficace, manque criant d'engrais, jachère à la fois nécessaire et appauvrissante, lourdes contraintes collectives dans l'absence de la clôture, baux ruraux (notamment le métayage) excluant toute rationalisation, atomisation de la propriété paysanne, prolifération de journaliers sans terre, etc. Au-delà des explications économiques et sociales (fragmentation extrême de la production, manque de capitaux, dépendance étroite à l'égard des sources d'énergie disponibles, contraintes féodales ou seigneuriales), l'inertie frappante de la meunerie est sans doute liée à son imbrication dans le réseau de l'approvisionnement. Face aux incertitudes structurelles et lancinantes du domaine des subsistances, le moindre risque, la moindre nouveauté étaient jugés ruineux. D'autant plus pour le meunier dont la réputation sulfureuse ne l'incitait guère à changer. Suspect *a priori*, comment pouvait-il s'aventurer à quelque innovation sans craindre qu'elle fût mal interprétée ? S'il se hasardait à mélanger différentes variétés de farine pour tâcher d'en améliorer la valeur boulangère ou la conservation, il s'exposait aux pires accusations et calomnies de falsification et de fraude. Le penchant du meunier pour la routine lui était donc dicté par sa clientèle : la stagnation était la marque de son honnêteté.

Par ailleurs, dans la meunerie comme dans la boulangerie, pour le gros des acteurs, la perfection technique consistait à imiter leurs pères et leurs grands-pères. Il n'y avait pas lieu de discuter de cette question : pas d'instances corporatives, pas de contacts soutenus entre meuniers fortement dispersés, œuvrant dans un horizon borné, plus ou moins clos, sauf peut-être dans le cas du ravitaillement des grandes agglomérations, notamment Paris. Replié sur lui-même, le meunier travaillait de longues heures, souvent pénibles, généralement seul ou quelquefois aidé d'un compagnon, d'un domestique ou de sa femme.

Les boulangers n'encourageaient guère non plus l'évolution technologique, tout au moins à l'aube du XVIIIe siècle. Refusant d'être tributaires de la meunerie (comme ce serait le cas pour la plupart d'entre eux au siècle suivant), les boulangers préféraient ne pas leur confier toute la responsabilité de la confection de la farine. Pour conserver le contrôle de la qualité, trouver le blé le meilleur et le moins cher et protéger leurs secrets professionnels, ils refusaient d'abandonner aux meuniers les tâches essentielles de l'acquisition du grain, de son nettoyage, de sa préparation, de son blutage, du conditionnement et du mélange de la farine, de son stockage. L'idée d'autoriser les meuniers à prendre des décisions en matière de prix et de production susceptibles de limiter leur propre liberté d'action n'était pas pour plaire aux boulangers. Ici encore, tout changement était périlleux et mal venu.

Enfin, les autorités, par leur comportement, confortaient cette tendance. Elles cherchaient avant tout à maintenir la discipline dans l'approvisionnement afin de garantir la paix sociale. Ce qui signifiait, entre autres, empêcher fraudes et manœuvres, protéger la santé publique, refréner l'avidité des acteurs dans le secteur et encourager des échanges transparents et plus ou moins équitables. En interdisant l'usage de certaines pratiques, telles que l'achat de grains à des fins spéculatives, l'acquisition au nom des boulangers et la récupération et la commercialisation des gruaux, la police faisait obstacle à la modernisation de l'industrie meunière et instaurait ou renforçait des préjugés dans l'esprit de la clientèle, boulangère et publique. L'anathème jeté sur le gruau est directement lié à l'histoire de la mouture économique. Dès le XVIe siècle, sinon avant, on interdisait de moudre le grain plus d'une fois, sous le prétexte que le repassage facilitait la fraude et produisait une farine nuisible à la santé. Cela voulait dire que l'on ne pouvait exploiter les riches gruaux pour en extraire une bonne farine grâce à un blutage intelligent après le premier broyage et leur repassage sous les meules. La promulgation répétée de ces défenses suggère toutefois que boulangers et meuniers avaient commencé à s'intéresser au potentiel des gruaux, bien avant que cela ne fût proscrit, et qu'ils continuèrent à le faire malgré cette dernière décision.

Pouvez-vous expliquer ce que sont les gruaux et quel est leur rapport avec la mouture économique et la grande rupture technologique qui transformera la filière au XIXe siècle ?

Le grain de blé se compose essentiellement de trois parties : le son, fait de plusieurs couches, y compris l'enveloppe du fruit et de la graine ; le scutellum et le germe, embryon de la future plante ; et l'endosperme, qui est principalement constitué d'amidon, de protéine et de membranes de cellulose, ainsi que de faibles quantités de sucre, de lipides, de gomme et autres substances. Le grain de blé étant composé de 85 % d'endosperme, on devrait théoriquement pouvoir en extraire 85 % de cette substance pure. En réalité, on ne le peut jamais (même aujourd'hui), car l'endosperme se détache imparfaitement du son. Étant donné la complexité inhérente du grain de blé et la mouture irrégulière et relativement sommaire qu'autorisait la technologie de l'époque, la farine fabriquée contenait, outre de l'endosperme pur, des gruaux, diverses sortes de son et des issues. Les gruaux sont des particules riches en amande et en gluten qui adhèrent moins à l'endosperme qu'à la paroi cellulosique. Situés juste en dessous de celle-ci, les gruaux se séparent très mal du son. Le bluteau à lui tout seul ne permet guère au boulanger de récupérer ces gruaux de manière à les réutiliser. Les meuniers ne sachant pas en général qu'en faire, les gruaux étaient le plus souvent abandonnés aux fabricants d'amidon ou à l'alimentation des animaux. La perte de ces gruaux n'était pas seulement quantitative, mais aussi qualitative : elle appauvrissait la farine. Les gens du métier ainsi que les théoriciens disaient de la farine de gruau qu'elle était la plus belle, plus belle que la fleur de la farine, la plus nourrissante et savoureuse partie du grain de blé. Un processus permettant de récupérer les gruaux et de les employer produirait davantage de farine de meilleure qualité et davantage de farine tout court, et partant, plus de pain et plus de pain d'excellente facture.

La technologie de mouture perfectionnée permettant d'exploiter les gruaux a été qualifiée de mouture économique par Pierre-Simon Malisset, praticien génial, boulanger et meunier, surtout entrepreneur. Ce nouveau système se fondait sur une idée qui devait demeurer le principe premier de la mouture moderne – à savoir la réduction progressive du grain de blé par le biais de broyages successifs, en le décomposant au lieu de le pulvériser, en tamisant les particules d'endosperme libérées avant d'exposer la graine ouverte à l'étape suivante, de sorte que l'on récupère au passage les gruaux. La mouture à l'ancienne ou à la grosse cherchait à éliminer les gruaux au maximum. L'objet de la mouture moderne ou à l'économie était à l'inverse précisément d'en sauver et d'en recycler un maximum. En d'autres termes, l'objectif de la méthode traditionnelle consistait à extraire de la farine immédiatement et dans des proportions aussi importantes que possible, tandis que le nouveau système, dans sa forme la plus accomplie et patiente, avait pour but de laisser passer aussi peu de farine que possible pendant la phase initiale (dite alors de concassage). Même si le partisan du nouveau procédé n'osait pas s'abstenir de fabriquer la farine dès la première phase, il savait qu'elle ne serait pas aussi bonne que la farine de gruau qu'il obtiendrait ensuite. Quoi qu'il en soit, les broyages répétés et le blutage associé au processus économique ouvrirent la voie à une multitude d'améliorations importantes.

La mouture économique impliquait avant tout la récupération des gruaux, mais elle opérait aussi toute une gamme de changements et d'adaptations dans la construction et le mode de fonctionnement du moulin, qui dépassait de loin l'idée relativement simple qui consistait à passer et repasser le grain sous la meule. Pour obtenir une cadence égale et lente de la mouture, il fallait stabiliser la structure du moulin ; pour accroître sa puissance et son efficacité, on devait modifier la roue à eau, puis le dispositif de la transmission de la roue aux meules. On intégrait dans le processus une étape préalable de nettoyage (à une époque où le meunier ne se souciait guère de la propreté du grain, en dépit du fait que la présence d'impuretés gênait le broyage et le blutage et pouvait gâter le produit final) ; on installait et préparait les meules avec précision pour moudre « gai » ou « rond », évitant la surchauffe ; phase désormais centrale dans la fabrication, le blutage était pratiqué d'une manière beaucoup plus élaborée, marquée par un système de séparation, triage et calibrage ; pour accroître l'efficacité de l'opération, les ventilateurs cylindriques (rares à l'époque), les vans, les tamis et les bluteaux étaient actionnés par la commande générale du moulin ; l'énergie du moulin était également mise au service d'un monte-charge, d'un appareil transporteur et d'une trémie ; une véritable stratégie qualitative et industrielle gouvernait les repassages sous les meules, le retraitement des gruaux récupérés. À partir de la deuxième moitié du XIXe siècle, on donnait le nom d'usine à un moulin relativement bien équipé. La mouture économique, dans son incarnation la plus complète, était en vérité une usine intégrée, verticale, comportant cinq ou six étages gérés plus ou moins automatiquement.

En termes pratiques, quels sont les avantages de la mouture économique ?

Les partisans de la nouvelle manière affirmaient qu'elle permettait de gagner du temps et de l'argent, d'économiser de la main-d'œuvre en mécanisant. Elle produisait une marchandise non seulement plus copieuse et meilleur marché, mais aussi plus constante. Une constance grâce à laquelle la police pourrait établir une tarification (ou taxe) plus équitable, plus « réelle » comme on dirait à partir de la deuxième moitié du XXe siècle, et planifier plus efficacement l'approvisionnement en accord avec les besoins. Le nouveau système requérait une rationalisation globale du réseau de subsistances en posant la base scientifique d'un nouveau commerce de la farine plus dynamique, qui finirait par éliminer totalement du circuit les marchands de grains, transformerait le meunier, artisan passif, en marchand entreprenant et épargnerait au boulanger la nécessité de s'occuper de ses achats de matières premières sur place, tout en lui donnant les moyens d'offrir à sa clientèle un pain meilleur marché et bien plus savoureux. Parce qu'elle n'était pas « épuisée », une farine économique saurait se conserver deux ou trois ans, avantage immense pour la sécurité alimentaire (stockage facile) et l'exportation (d'un produit fini, donc plus rentable).

L'intérêt principal de la mouture économique était qualitatif (une farine plus blanche, un pain plus appétissant, nourrissant, facile à digérer, fruité et à la saveur de noisette), mais surtout quantitatif. Difficile de trouver un consensus sur le gain de productivité précis : les prétentions allaient d'un accroissement de rendement de blé en pain d'un dixième à un quart. À une époque où la disette était récurrente, chronique, dévastatrice, on osait imaginer un bénéfice mirifique – une « économie » dans le langage du temps – représentant l'équivalent d'une récolte supplémentaire sur quatre, cinq, six ou sept ans. À l'époque de Henri IV, on estimait qu'il fallait quatre setiers de blé (mesure parisienne de 240 livres) pour pourvoir aux besoins d'une personne pendant un an ; un siècle plus tard, on fixait le chiffre à trois setiers ; grâce à la mouture économique, à la fin du règne de Louis XV, il ne faudrait plus que deux setiers. L'enjeu pour la politique publique était théoriquement énorme. Car, voilà la quadrature du cercle des subsistances, la promesse de concilier l'existence d'une population qui grandit rapidement avec une agriculture dont la production céréalière croit fort lentement. On allait nourrir davantage de gens en fabriquant davantage de pain, de meilleure qualité par ailleurs, sans disposer de davantage de blé.

On comprend pourquoi l'État s'est intéressé vivement à la nouvelle technologie et s'est efforcé de la promouvoir, et pourquoi les physiocrates – les « économistes » – ont tout fait pour se l'approprier comme partie intégrante de leur stratégie globale, de leur vaste programme de réformes. Il n'y a aucun doute que le mouvement libéral-économique des années 1760 créait un climat favorable à la diffusion de la mouture économique : après tout, le système policier prohibitif qui asphyxiait l'économie, ne respectait pas les droits de propriété et restreignait lourdement la liberté, était le même qui avait mis les gruaux à l'index. La mouture économique offrait aux physiocrates une assurance immense, inattendue, une source certaine de « surabondance », capable de garantir, en principe, la transition vers la libéralisation. D'après eux, la nouvelle technologie économique tendrait à limiter l'augmentation du prix du pain, compensant ainsi – sans même parler de la question de sa qualité – l'avantage que la nouvelle économie politique fournissait aux producteurs des grains. Un des grands chantres de la mouture économique parmi la « secte » physiocratique était Nicolas Baudeau, figure épatante, théologien, économiste, réformateur, philanthrope, commis voyageur international. Il consulte les hommes du métier, prend part aux essais conduits à l'Hôpital général et aux grands moulins de Corbeil, écrit des brochures, donne des conférences, fonde une boulangerie à Paris en pleine disette où il vend du pain fait à partir des farines économiques de Malisset. Tocqueville aurait mieux compris les Lumières, et leur relation à la Révolution, s'il s'était penché sur le cas d'activistes comme Baudeau, penseur doctrinaire, mais acteur dynamisant.

La nouvelle mouture économique a-t-elle été réellement appliquée, a-t-elle un bilan que l'on peut apprécier ?

Le nouveau procédé était plus complexe que ne l'admettaient volontiers ses champions, et également plus cher à mettre en place, notamment dans sa version ambitieuse. Des enquêtes napoléoniennes, passionnantes mais imprécises, confirment l'estimation de Cadet de Vaux, physicien et collaborateur de Parmentier, que 90 % de la France meunière l'ignorait. Mais elle avait pénétré une quarantaine de départements et avait une présence relativement dense dans la région parisienne et autour de quelques autres grandes villes (Toulouse se targuait de posséder une des plus belles installations de ce type en Europe). Certains centres meuniers dans la zone d'approvisionnement de Paris, comme Pontoise, broyaient économique à 100 % (en Seine-et-Oise, 87 % des moulins recensés en 1809 prétendaient être montés économiquement ; un peu plus de 70 % des moulins de la Seine-et-Marne fonctionnaient sur le mode économique, chiffre révisé à la baisse par une enquête plus rigoureuse de 1811). Mais la trajectoire de la Touraine est sans doute plus représentative des tendances nationales : la nouvelle technologie ne commença sérieusement à s'imposer qu'à partir de la Restauration.

Si la mouture économique n'a pas été plus largement adoptée avant le XIXe siècle, ce ne fut pas par manque d'adeptes enthousiastes et de gouvernements pleinement engagés. Il y eut un consensus chez les experts et les observateurs pour constater que Paris mangeait du pain majoritairement fabriqué avec des farines économiques à la veille de la Révolution. Quasiment toute la meunerie marchande s'est convertie au nouveau système, sinon dans son expression plénière, au moins en partie. Face à l'exemple et à la menace concurrentielle du modèle économique, de nombreux meuniers « à la grosse » ont modifié leur procédé pour prendre en compte certaines pratiques économiques : donc, pour apprécier son influence dans le commerce d'approvisionnement, il faut prendre en compte son impact indirect aussi bien que les transformations complètes. Le ministère et particulièrement la lieutenance de police parisienne ont entrepris toute une série d'actions pour d'abord évaluer les résultats du système, puis pour encourager son implantation : subventions pour la publication d'ouvrages de propagande, de nombreux « essais » dans les hôpitaux, systématiquement sabotés par les meuniers et les boulangers attitrés pour protéger leur situation de rente ; des tournées d'experts (notamment Malisset, Bucquet et leurs acolytes) partout dans le royaume pour démontrer la méthode économique et aider au montage d'usines ; campagnes sponsorisées par des intendants, des parlements et des états provinciaux (en Bretagne, Languedoc, Normandie, Picardie, Hainaut, Flandres, dans le Limousin où Turgot orchestre le mouvement) et des appels d'offres des ministères de la Guerre et de la Marine stipulant un ravitaillement en farines économiques ; des exemples personnels d'hommes publics bien connus qui font établir des moulins économiques dans leurs domaines privés (Bertin, Contrôleur-général, puis ministre de l'Agriculture ; Trudaine de Montigny, directeur des Ponts et Chaussées, chimiste, académicien ; le marquis de Puiségur, agronome ; Bertier de Sauvigny, intendant de Paris ; Mirabeau père, physiocrate). L'effort intense de promotion est abandonné tôt dans la Révolution. Si les autorités informées comprennent parfaitement que le système économique ne pouvait que satisfaire leur objectif premier qui consistait à accroître les approvisionnements disponibles, d'autres y voyaient une technologie de nature aristocratique, associée aux privilèges de l'Ancien Régime, ou une méthode (le blutage poussé et différencié) qui semblait reproduire ou refléter la structure hiérarchique tant haïe de ce monde-là. En fait, le *process* économique eût été sans doute la bonne solution pour la confection d'un pain de l'égalité de qualité plus que convenable sans compromettre le rendement du blé en pain.

Si j'entends bien, cette innovation a suscité une résistance significative. Sur quelles bases ?

J'ai déjà évoqué les facteurs évidents : l'hypersensibilité à tout ce qui touche aux subsistances, le poids de la routine, le coût, la complexité. Auxquels on peut rajouter des éléments plus classiquement commerciaux : la peur d'être déstabilisé par cette concurrence, la jalousie dans le « privé » ; la crainte d'être démasqué dans le « public ». Premier cas de figure : convaincus qu'ils gagneraient moins d'argent face aux nouveaux termes d'échange qu'instaure la mouture économique, les boulangers et meuniers de Valenciennes font cause commune pour boycotter le « novateur » et le calomnier (rumeurs sournoises sur la qualité de sa marchandise). Deuxième cas de figure : à l'Hôpital général de charité de Lyon, un meunier-boulanger frondeur a saboté le système économique que Bucquet avait installé en 1764. À la suite des nouveaux essais conduits en l'absence de ce dernier, l'hôpital est revenu aux anciennes méthodes. À Dijon et à Caen, le vaillant Bucquet dut affronter d'autres coalitions de meuniers et de boulangers qui, comme les employés de l'hôpital, se mobilisèrent pour empêcher qu'on scrute de trop près les droits de mouture et le barème des prix (la taxe), notamment le rendement supposé de blé en pain, qui assurait un profit sans doute très excessif tant aux fabricants de la farine que du pain.

Il y avait également une résistance que nous pouvons qualifier de populaire et psychologique, de caractère à la fois conjoncturel et structurel. Car les conditions n'étaient guère propices à la propagation de cette innovation technologique, perçue comme intiment liée à des innovations politiques. Dans l'esprit de bon nombre de Français – c'est un chapitre curieux dans la saga de la rumeur du complot de famine – ce nouveau système, de même que les lois libérales (1763-1764) instituant le laisser-faire dans le commerce des grains et des farines, étaient destinés à dissimuler d'odieuses opérations spéculatives aux dépens de la société. Ceux-là même qui vantaient les mérites de la mouture économique encensaient la réforme radicale de la libéralisation : dès lors, comment pouvait-on s'attendre à ce que la première fût plus favorable aux intérêts du peuple que la seconde ? La re-mouture des gruaux, de même que les transactions hors le marché ou l'accaparement, avait été totalement proscrite par la loi tant que la loi servait le peuple. Selon cette ligne de pensée, la nouvelle économie politique et la mouture par économie transgressaient, l'une et l'autre, l'économie morale. De surcroît, ne l'oublions pas, il n'est guère difficile de mobiliser les soupçons et les rancœurs contre les meuniers, réputés larrons et manipulateurs. Comment ne pas éprouver de l'empathie pour César Bucquet, quand il raconte comment, pendant son tour de France pour la mouture économique, aux ordres du gouvernement, on l'a traité comme l'instrument d'un « horrible monopole », menaçant même de le lyncher à plusieurs reprises.

Pierre-Simon Malisset, bien plus que Bucquet, incarnait effectivement le monopole. Cosignataire de l'infâme « pacte de famine » – en réalité un contrat destiné à doter Paris d'une réserve de grains et de farines afin de faciliter le passage au libéralisme –, il était la preuve vivante du lien étroit et sordide entre la libéralisation et la nouvelle technologie. Ce boulanger-meunier était à la tête d'une compagnie qui réalisait d'importants achats et enlèvements de grains, souvent au vu et su de tout le monde, dans bon nombre de provinces du royaume, sans considération de la situation locale et au nom du roi. Il opérait à partir d'un moulin-citadelle bien gardé, implanté à Corbeil, et qui fit à plusieurs reprises l'objet d'assauts par des gens qui soupçonnaient son propriétaire d'accaparement – toujours un crime pour le peuple – et de falsification de marchandise. On l'accusait de confectionner, pour les consommateurs parisiens, une farine « trafiquée », de qualité inférieure, et de réserver ses meilleures farines à l'exportation, désormais libre. Des rumeurs circulèrent selon lesquelles la farine de Malisset infligeait à des villages entiers d'horribles maladies, mortelles dans certains cas. La farine économique, porridge de la liberté, était empoisonnée, le pain bénit des Lumières maudit. Sans fondement, ces bruits, symptômes fascinants de la double panique de la pénurie grave et de la rupture du contrat social, minent évidemment, et l'innovation politique et l'innovation technologique.

Par ailleurs, comme dans chaque épisode de la croyance au complot de famine, on trouve des éléments qui recouvrent les suspicions publiques d'une certaine vraisemblance. Sous la pression d'une terrible disette et d'un contrat défavorable qui menaçait de le ruiner, Malisset cessa vite de se préoccuper de la qualité de sa farine ou de la réputation de sa technologie. Son principal souci était de tirer autant de farine que possible par setier de blé – du blé qu'il était contraint d'employer, importé par le gouvernement, de qualité fort médiocre, surchauffé, voire parfois franchement gâté. Il n'est pas étonnant que l'image de la mouture économique ait été quelque peu ternie. Le plus surprenant est que, à la différence de la liberté, elle ait survécu. Petit à petit, le processus économique se dépolitisa.

A-t-il fallu attendre encore longtemps pour qu'une nouvelle grande innovation technologique voie le jour au sein de la meunerie ?

Il y aura deux pôles d'innovation majeurs : côté énergétique ou force motrice ; puis côté *process*, qui implique une installation mécanique et un diagramme propres à obtenir un certain type de mouture. En ce qui concerne le premier, c'est un souci, voire une obsession permanente : comment trouver un moyen de fonctionner moins dépendant des aléas du temps, plus constant dans son mouvement et donc dans sa productivité et sa production, et dans la régularité de sa qualité. Un arrêt du comité des subsistances en 1789 met en relief le dilemme et les options technologiques disponibles, options qui ne changeront (sauf dans le raffinement de l'installation) qu'à partir de l'introduction de systèmes électriques au XXe siècle. Face à une disette menaçante, le comité constate que les moulins approvisionnant la capitale ont été longtemps mis hors de service par les gelées pendant l'hiver précédent, qu'actuellement les eaux sont fort basses, restreignant excessivement la production journalière, et qu'enfin le cycle d'interruptions ne peut que se reproduire mettant en péril la production du pain, même à l'occasion de la plus abondante récolte. Décision : un des frères Périer, déjà expérimentés dans l'application de la « machine à feu » – l'énergie à vapeur – est chargé de faire construire dans l'île des Cygnes, sur la Seine, un moulin mû par deux « machines à feu » capable de broyer au moins 700 setiers de blé par 24 heures, cadence fort rapide. Puisque le versant moderne, quoique fort prometteur, n'est pas encore totalement fiable, on charge le même entrepreneur de la construction et de la mise en œuvre de 300 moulins à bras, régression technique sans doute, opération lente et peu productive, mais procédé absolument sûr, garantie d'un minimum et moyen d'occuper utilement un grand nombre de citoyens que la cessation des travaux pendant l'hiver réduit à la plus grande misère.

La vapeur, le système novateur, fonctionnant déjà dans un moulin de Nîmes et un autre de Marseille à la fin de l'Ancien Régime, va devenir bien plus commune au cours du XIXe siècle, notamment dans des usines importantes, sans jamais se généraliser en raison des coûts. Même dans les grands moulins, où des turbines hydrauliques font marcher les meules, la vapeur va servir comme énergie d'appoint. Achille Baumann, beau-frère d'Henry Lévy, un des meuniers les plus dynamiques de la première moitié du XXe siècle, raconte son désespoir devant le refus obstiné de son père d'équiper leur moulin alsacien d'une machine à vapeur, décision qui plombait le développement de leur usine. Jusqu'au XXe siècle, la meunerie marche surtout à l'eau ; la grande enquête de l'ONIC de 1936 met en relief l'importance persistante de l'énergie hydraulique.

Quant au deuxième volet technologique, la grande rupture sera l'introduction de la mouture dite à la hongroise. Selon Marcel Arpin, chimiste, grand expert proche de la boulangerie et de la meunerie pendant la première moitié du XXe siècle, l'histoire technologique de la meunerie française se divise en quatre grandes phases : la mouture à la grosse, qui remonte à la nuit des temps (2000 ans de pratique, dit-il) ; puis la mouture économique, qui prend un demi-siècle à s'imposer ; ensuite la mouture dite américaine, largement inspirée par Oliver Evans, qui pousse la rationalisation et la mécanisation autour d'un paradigme fondamentalement économique, qui démarre en pleine Restauration et donne le *la* jusqu'au centenaire de la Révolution française (j'aurais dû sans doute dire jusqu'à la construction de la tour Eiffel, mais je reste fidèle à mes référents) ; enfin, la période hongroise, pour Arpin l'authentique modernisation, à partir de la fin des années 1880.

Qu'appelle-t-on la mouture hongroise ?

La mouture hongroise est d'abord un processus de réduction graduelle, un prolongement du système économique de l'époque des Lumières, dont l'origine franco-française était déjà vivement contestée par des Suisses et des Allemands, notamment de la Saxe. D'où l'intérêt d'une perspective comparative et internationale – un bon procédé en toute entreprise historique. Mais l'innovation spectaculaire des Hongrois, déjà esquissée, elle aussi, par des Allemands et des Suisses, est le remplacement des meules par des cylindres métalliques. Ces derniers sont de loin plus performants, selon des diagrammes favorisant une production plutôt blanche : le spectre du blanc, vous le savez, ne cesse de hanter la filière ; déjà la France importait des quantités immenses de farines blanches de gruau de Hongrie en réponse à la demande française et particulièrement parisienne pour la viennoiserie, tant en pains de fantaisie qu'en produits que nous associons aujourd'hui avec cette catégorie (notamment les croissants). Les cylindres hongrois s'avéraient plus productifs (gain quantitatif très conséquent), plus réguliers (avantage qualitatif indiscutable), plus durables et exigeant moins d'entretien (atout économique majeur). Une longueur double de cylindres fera deux fois plus de travail sans requérir le double de force. Ils occasionnent, en principe, moins d'accidents du travail que les meules (blessures de pose et « maladies » de rhabillage : perte de la vue, tatouage des mains, pathologie pulmonaire). Les cylindres signalent la véritable industrialisation du métier : sur le plan technologique, la première étape vers une automatisation ;

sur le plan socio-économique, le déplacement graduel de l'installation artisanale et familiale vers une entreprise franchement capitalistique.

La mouture hongroise conquiert la France plus rapidement que la mouture économique ?

En fin de compte, oui, mais dans un premier temps les Français résistent farouchement, dominateurs et sûrs d'eux-mêmes en ce qui concerne la qualité des farines. Les grandes expositions internationales ouvrent une fenêtre intéressante sur l'évolution des pratiques et des attitudes. En 1867, les meuniers français rejettent les modèles étrangers, anglo-américains ou d'Europe centrale : ils sont suffisants et fermés. Mais les chiffres de l'exportation et de l'importation quinze ans plus tard vont les secouer : entre 1875 et 1885, l'exportation de farines françaises tombe de 2 500 000 quintaux à 750 000, tandis que la quantité importée, dont une part considérable vient de Hongrie, monte proportionnellement encore plus. À l'exposition de 1878, le succès du moulin à cylindres hongrois est éclatant ; la blancheur et la pureté de ses farines sont impressionnantes. Cette même année, d'après Aimé Girard, maître d'Arpin, chargé d'analyser le développement de l'« industrie agricole », seul un moulin en France, à Rouen, opère sur cylindres. Mes dépouillements dans les archives des Grands Moulins de Paris me laissent le souvenir de la famille fondatrice, les Vilgrain, expérimentant un moulin à cylindres cette même année et envoyant un de leurs fils se former aux techniques hongroises aux environs de Budapest. Toujours est-il qu'il a fallu une « expérience industrielle » comparative mettant en concurrence des moulins à meule et plusieurs systèmes de cylindres différents, menée par la Chambre syndicale des grains et des farines de Paris, pour surmonter l'apathie et le scepticisme. Conclusion sans appel : face à la demande de produits qualitatifs, notamment très blancs et fins, le vieux moulin français, dont les meules de pierre laissent passer des parties importantes des enveloppes et du germe (convoitées par les bis-istes !), était frappé d'impuissance. Dès 1890, 1 500 moulins se sont convertis au nouveau système qui n'implique pas seulement une nouvelle manière de broyer, mais grâce à un dispositif de *plansichters*, également des procédés bien plus efficaces pour bluter, c'est-à-dire séparer la farine du son, selon la taille et le type de particules. Les avantages des *plansichters* sont légion : économie de force motrice, de transmissions, d'emplacement, car un seul fait le travail de plusieurs bluteries ; et facilité de pose, de remplacement et de nettoiement des garnitures.

La transition est bien plus difficile pour la majorité des meuniers que pour les Lévy ou les Vilgrain. La plupart ne sont pas de gros meuniers et ne savent pas ce qu'est une société anonyme. Ils travaillent de leur personne et avec le peu d'argent qu'ils génèrent ou qu'ils ont mis de côté. Un rapport de l'exposition de 1900 stipule que 30 000 meuniers n'ont ni commis, ni comptable, ni courtier. Ils vont dans les marchés deux fois par semaine pour acheter leurs grains, ils se chargent de leur propre fabrication et ils vendent eux-mêmes leur farine aux boulangers, ou ils travaillent à façon pour des paysans ou autres clients. Vingt mille meuniers vont disparaître dans les trois premières décennies du XXe siècle. Ils sont trop nombreux, la concurrence les submerge, et les frais de modernisation sont trop lourds. Marcel Arpin avait raison de prévoir l'ère de la mouture automatique (il ne concevait pas du tout ce que ferait l'informatique dans les usines !) où le rôle de l'homme ne consiste plus qu'à régler et à surveiller la marche des appareils. Les dizaines de milliers de meuniers de la fin du XIXe siècle n'auraient jamais pu imaginer, eux, le moulin moderne où, toujours selon Arpin, on peut circuler en habit noir : c'est dire qu'on n'y voit plus voltiger cette poussière blanche, sensuelle et traîtresse, qu'avaient évoquée Chaucer et bien d'autres observateurs envoûtés par la magie du moulin.

15.

La meunerie : de l'« organisation » aux enseignes

La modernisation est-elle toujours malthusienne ? Vous dites qu'à la veille de la Seconde Guerre mondiale, les meuniers ne sont plus que 10 000, à peine le dixième du parc meunier du siècle des Lumières.

Dès la fin du XIXe siècle, aiguillonnée par l'Association nationale de la Meunerie française, un des premiers syndicats meuniers et la future grande centrale du métier, la profession est consciente que la surcapacité de la meunerie commence à sérieusement pénaliser le secteur. Même si jusqu'à 24 000 moulins disparaissent pendant la première moitié du XXe siècle, entre les deux guerres, la puissance d'écrasement continue d'augmenter du fait de la création de nombreuses usines et de l'extension et de la modernisation d'autres. L'accroissement de capacité a lieu dans un contexte doublement fâcheux : la consommation de pain ne cesse de baisser, tandis que la production de blé atteint de nouveaux records. Les chiffres en amont de la boulangerie sont approximatifs et discutés, mais leur sens est clair : à la veille de la Seconde Guerre mondiale, la meunerie métropolitaine est capable de broyer entre 160 et 200 millions de quintaux de blé par an, ce qui produirait (au taux d'extraction de 70 %) entre 112 et 140 millions de quintaux de farine, alors que la quantité nécessaire pour nourrir les Français s'élève à 45 millions, correspondant à la trituration de 65 millions de quintaux de blé, deux tiers de la récolte d'une bonne année. D'où ce double déséquilibre périlleux : disproportion entre production et consommation, et entre capacité d'écrasement et écrasement réel.

Capable de produire environ trois fois les quantités nécessaires à la consommation, le monde meunier se trouve en sérieuse difficulté, avec 9 000 entreprises, peu ou prou, réparties assez uniformément sur l'ensemble du territoire, luttant farouchement pour des parts de marché. Elles se distinguent par de grandes disparités de taille (plus de 80 % des usines qui broient moins de 20 000 quintaux annuels représentant le tiers de la production totale, par rapport à peut-être 1 % qui écrasent plus de 150 000 quintaux, montant à 20 % de la production). Les mêmes différences se constatent si l'on prend en compte les moyens techniques et financiers et les frais grevant le prix de la farine (dépenses de transport, de courtage, de diverses concessions commerciales, etc.). L'ANMF diagnostique une crise d'une gravité sans précédent : tous les procédés de la concurrence la plus « déloyale » et la plus « ruineuse » avaient été mis en œuvre – crédits excessifs, achats frauduleux de matière première, *dumping*, fraudes sur la qualité. Cette crise ne s'avère d'aucun profit pour les consommateurs, car le prix du pain taxé ne bouge pas. Cependant, les boulangers, qui respectent le prix du pain, exploitent la concurrence dite anarchique des meuniers pour exiger un prix de la farine de plus en plus bas. Pour tenir, le meunier essaie de couler ses compétiteurs, quitte à travailler à perte.

Or, les frais de transformation du blé en farine sont relativement peu importants par rapport au prix du blé : ils représentent entre 10 % et 15 % de ce dernier. Les possibilités de concurrence par compression des marges d'exploitation étant ainsi extrêmement limitées, la lutte commerciale conduit les meuniers à faire pression à leur tour sur les producteurs de blé, une kyrielle de plus de deux millions, peut-être trois – les chiffres sont très imprécis – dont les besoins de liquidité favorisent « la sous-enchère » des acheteurs. Puisque le meunier tire ses moyens d'existence moins du bénéfice d'une exploitation industrielle que de spéculations commerciales sur le prix du blé, le prix minimum de ce dernier, instauré en 1933 – et même complété par la fixation d'un prix minimum de la farine l'année suivante – n'est pratiquement jamais respecté. Les meuniers utilisaient toutes les manœuvres, même illégales, pour reporter sur le prix d'achat du blé les concessions qu'ils devaient faire sur le prix des farines. Le marché des farines devient « une véritable braderie », selon un observateur, les meuniers vendant largement en dessous du prix de revient, minant toute tentative d'organiser le marché du blé.

Le lobby céréalier est-il très influent à l'époque ?

Depuis le temps de Sully, il est un des plus puissants groupes d'intérêt en France, même s'il ne parvient à infléchir la volonté royale ou étatique que très sporadiquement. Ce n'était pas le moment de nuire aux intérêts des producteurs de blé. Les chambardements du début des années 1930 débouchent sur une certaine revanche des physiocrates, la conviction forte, mais inégalement partagée, que la solution de la crise passe par la résurrection de l'agriculture (« Pauvres paysans, pauvre royaume », dixit Mirabeau). Le lobby céréalier martèle l'idée que l'économie de la France repose sur son agriculture et qu'il n'existe peut-être pas une ferme qui ne cultive pas le blé. Même si on ne croit pas forcément que « l'âme paysanne est l'âme même de notre pays », après l'effondrement des prix et la panique rurale de la fin des années 1920, il n'est pas question d'abandonner les cultivateurs. Un éphémère interlude libéral ne fait que renforcer l'idée que la prospérité et la stabilité exigent une organisation robuste du marché. Avant l'institutionnalisation de la volonté dirigiste du Front populaire, le lobby frumentaire a bien compris que pour soutenir efficacement le marché du blé, il faudrait une réglementation étroite de la meunerie. Pour rechercher une solution acceptable, le ministère de l'Agriculture établit en 1935 une Commission permanente interprofessionnelle chargée d'élaborer un projet pour organiser solidement le marché du blé. Sous la pression des membres agriculteurs, elle estime que la première tâche à remplir est de corseter la meunerie par une « organisation ». Confinant à l'embrigadement, cette structure implique un contingentement administratif qui impose une répartition du travail draconienne, proposition à laquelle l'industrie meunière résistera farouchement. À travers l'ONIB/ONIC, créé en 1936, les agriculteurs ne relâcheront pas la pression pour que la meunerie sorte définitivement de l'anarchie, désordre contagieux.

Comme bien des récits fondateurs, à la fois incantatoires et apologétiques, celui qui relate la genèse de « l'organisation » de la meunerie met en scène un contraste saisissant : un « avant » ténébreux, troublé, voire chaotique, et un « après » rassurant sinon lumineux, rationnel, ordonné. Le « naguère » chez les meuniers rappelle un peu l'état de nature chez Hobbes, une condition antérieure à l'éclosion du règne des codes, normes et règles, autrement dit l'anarchie. Dans ce monde hyperindividualiste et égocentrique, chaque personne a le droit de tout faire pour promouvoir son intérêt et conserver sa liberté. C'est le *bellum omnium contra omnes*. L'organisation va calmer les esprits et les discipliner, créer une sorte d'esprit de corps, ériger une barrière de protection solidaire et quasi universelle, que les uns vont trouver extrêmement rassurante et les autres parfaitement étouffante.

Il faut donc que la meunerie joue le jeu imposé par la sauvegarde du marché du blé et qu'elle fasse en même temps une cure d'amaigrissement. Arrive-t-elle à imposer ses propres règles ?

La meunerie construit son organisation en plusieurs temps, toujours sous la pression, principalement de l'extérieur (les céréaliers, les organismes stockeurs, l'État via l'ONIC, etc.), mais aussi de l'intérieur (une dissidence meunière qui ira croissant). Appartenant à des syndicats rivaux ou restant en dehors, divisés sur l'analyse (crise structurelle ou mauvaise conjoncture) et sur les remèdes (chirurgicaux ou homéopathiques), les meuniers semblent tout de même résignés à la nécessité, politique autant qu'économique, de réduire leur capacité productive, mais de manière équitable et paisible. Tout le monde se rend compte qu'il faut une solution globale, tant pour assurer la protection du prix garanti du blé que pour assainir l'industrie meunière. L'État l'impose, après maintes consultations, dans un décret-loi du mois d'octobre 1935, qui, modifié par celui de juin 1938, constitue la base de ce qu'on appelle l'organisation professionnelle de la meunerie. Cette première mesure vise d'abord à stopper la tendance ascendante des moyens de production, et ensuite à réduire la puissance d'écrasement au double des besoins de consommation. Étant donné le niveau de suréquipement, l'ambition est modeste en valeur relative. Se proposer de ramener les moyens de production à 200 % des besoins, c'est accepter que les usines ne travaillent en moyenne qu'à 50 % de leur capacité dans les meilleurs cas. Pour les uns, c'est travailler fort mal ; pour les autres, ça relève de l'abnégation économiquement, moralement et politiquement nécessaire. Pour stabiliser la situation, on interdit la construction de nouveaux moulins, la rénovation et la réouverture des moulins fermés avant janvier 1930, et l'agrandissement de la capacité des moulins en activité, soit par l'augmentation de la puissance de l'outillage, soit par la réunion de plusieurs usines. Si les deux premières interdictions ne soulèvent guère de difficultés, la troisième inquiète les meuniers qui souhaitent moderniser leur installation. On finit par admettre une augmentation de 10 % de la puissance des machines modernisées, après l'autorisation d'une instance corporative, et sous le contrôle des Contributions indirectes (C.I.), qui s'occupent de déterminer la capacité de production de chaque moulin. Dans le même sens, un meunier utilisant des meules peut les remplacer par des cylindres, à condition que la puissance d'écrasement ne s'en trouve pas accrue, question toujours sujette au regard intrusif des C.I.

Pour mettre en route la cure d'amaigrissement, la loi de 1935 propose un « contingentement » qui suscite de vives critiques et sera bientôt revu et corrigé. En première mouture, chaque moulin se voit assigner un plafond d'écrasement égal à la quantité de blé trituré au cours de la meilleure des trois années 1932, 1934 et 1935, années pour lesquelles les C.I. ont des données assez complètes. Prise non pas à la requête de l'industrie meunière, mais à la demande des producteurs de blé impatients de mettre la meunerie hors d'état d'exercer des pressions sur le prix, cette disposition aurait eu pour effet de restreindre l'activité des moulins à un niveau très voisin des besoins réels de consommation. Pour bien des meuniers, cette véritable répartition du travail est une atteinte inadmissible à leur liberté individuelle. D'autres se sentent lésés car « les antériorités » retenues correspondent à une époque de crise, de travail au ralenti. Devant les protestations des minotiers, ce contingentement n'est jamais mis en vigueur.

Les pouvoirs publics entrent alors en pourparlers, qui vont durer plusieurs années, avec la meunerie représentée par un Comité professionnel de la Meunerie (CPM), mis sur pied en 1935, présidé par un conseiller d'État nommé par le ministre de l'Agriculture et composé de cinq membres, chacun président d'un groupement syndical de meuniers, représentant toutes sortes d'acteurs : les très grands, les moyens, les petits, les familiaux, les artisanaux, les coopératives, ceux des zones fortement excédentaires, les ouvriers, etc. (l'ANMF prétendant toujours être le seul organisme représentatif de toute l'industrie meunière et défendant « les intérêts généraux de la corporation »). Si les présidents-délégués diffèrent sur bien des questions fondamentales concernant la bonne politique à mener, ils partagent tous un profond malaise, comme plusieurs l'avouent, une sorte de nostalgie prématurée pour un monde qu'ils se sentent en train de perdre. Insensiblement, nous passons du régime de la liberté à celui de l'étatisme, observe Henry Lévy, président du Comité de la grande Meunerie.

Le fruit de ces échanges orchestrés par le CPM est le décret-loi de juin 1938, cette fois-ci rapidement mis en application, qui institue un contingentement conçu de façon très différente. Désormais, l'activité des moulins n'est plus limitée par référence à une année de production, mais par un contingent égal à la moyenne de la capacité d'écrasement du moulin (calculée sur 300 jours) et de la meilleure année de performance sur un éventail plus large, entre 1927 et 1935. (Une enquête mandatée par le préfet est censée vérifier les prétentions productives et les accomplissements réels de chaque usine.) Ce contingent est égal à la capacité de production pour la minorité de moulins qui, au cours de ces années de référence, ont travaillé à plein, tandis que, pour tous les autres, il se situe à un chiffre généralement bien supérieur à l'activité réelle de l'usine. Ce plafond est une limite acceptable pour tous, puisqu'en pratique aucun moulin ne l'atteindra. Les meuniers bénéficient d'une assez grande marge, trop aux yeux de ceux – chez les producteurs de blé et dans l'administration – qui n'aiment pas le dirigisme mou : le total des contingents dépasse 125 millions de quintaux, soit plus du double des besoins de la consommation. Concession à la grande meunerie et aux géostratèges de la politique internationale : les exportations demeurent exclues du contingent.

L'organisation satisfait-elle tout le monde ?

Quatre-vingts pour cent des meuniers l'approuvent dans un référendum. Mais il s'agit moins d'un sursaut de solidarité que de lucidité : c'est le moins mauvais *deal* que la meunerie pouvait espérer. Ce qui n'empêche pas les très gros de se sentir bridés, tandis que les petits leur reprochent de les écraser. Le contingent est déclaré immuable, ce qui va susciter des décennies de rancœur et de conflit : remontrances de ceux qui ont fourni des chiffres trop bas sur leur production (craignant sans doute la main cachée du fisc, vieux tropisme français), des illettrés qui n'ont rien compris aux enjeux, des broyeurs de seigle voulant passer au blé, des moulins s'efforçant de sortir d'une longue hibernation et aspirant à revivre dans le nouveau climat plutôt qu'à trépasser sagement. L'impératif d'assainissement provoque une certaine hésitation, même si tout le monde sait que l'épuration passera par la résorption des moulins excédentaires sans spolier leurs propriétaires, grâce à une caisse corporative à laquelle chaque meunier doit cotiser obligatoirement. Entre 1939 et 1955, elle élimine presque 2 000 usines, 19 % du parc, 16 % de la capacité d'écrasement. Somme toute une purge douce et modeste.

Quel impact la guerre a-t-elle sur cette organisation embryonnaire ?

La guerre impose une approche radicale de la gestion de l'approvisionnement pour répondre aux destructions, à la désorganisation, à la disette (celle provoquée par les Allemands, aggravée par celle suscitée par la nature). Mais en ce qui concerne l'organisation de la meunerie, elle accélère des tendances désormais lourdes plutôt que de les mettre en question. Cherchant à organiser « l'économie nationale », la loi Belin du mois d'août 1940 est bien plus dirigiste que corporative, mais elle n'est pas incompatible, loin s'en faut, avec la morphologie et l'ambition de la nouvelle meunerie. Si le gros de la réglementation antérieure est maintenu (organisation des marchés du blé et de la farine, contingentement, quasi-gel sur la puissance d'écrasement, résorption) et les grandes administrations reconduites dans leurs fonctions de contrôle (ONIC, Contributions indirectes, fixation préfectorale des prix), une réorganisation de la coordination donne une influence décisive au Comité d'organisation de la Meunerie (C.O.Meu), un des plus énergiques dans le système Belin, instance très restreinte, composée de sept membres nommés par le gouvernement, qui exerce un double rôle d'inspection et de coordination des organismes communs de la meunerie, depuis l'École unique qui forme les meuniers jusqu'à la Caisse qui épure la profession. Il encourage la rationalisation et la mutualisation d'activités telles le recouvrement (type Unions meunières) et les ventes collectives (futures Sociétés auxiliaires). La loi Belin dote le C.O.Meu d'un droit de regard sur tous les syndicats, groupements et associations de la profession. Anticipant une des voies corporatives en lice sous Vichy, le Comité d'organisation les met en tutelle, se fait représenter à leurs réunions quand bon lui semble et subordonne l'exécution de leurs décisions à son approbation, au nom d'un esprit familial marqué d'une forte empreinte paternaliste et autoritaire.

Suivant la loi Belin, le Comité d'organisation professionnelle édifié dans chaque secteur est censé être chargé de la répartition des matières premières nécessaires à l'activité de la branche. En ce qui concerne la meunerie cependant, sans doute par obéissance aux prescriptions de l'Occupation et à la vieille idée que le pain appartient à la police et non au commerce, comme disait Galiani au XVIIIe siècle, l'État s'occupe lui-même de la répartition du blé à travers l'ONIC, qui devient le partenaire incontournable du C.O.Meu et son censeur implicite. Si l'ONIC consulte le Comité sur l'élaboration des programmes de répartition des céréales et la distribution des farines, c'est le premier qui tranche, exécute, et vérifie. Le C.O.Meu collabore avec l'administration pour effectuer le recensement des moulins, de leur capacité d'écrasement, des stocks, des moyens de transport, etc.

Chef charismatique, orateur puissant, attachant et intimidant, fin stratège sachant conjuguer emportements homériques et diplomatie patiente, Lucien Brisson, chef de l'ANMF, préside le C.O.Meu. Misant sur « la bonne confraternité meunière » pour assurer une bonne entente, L. Brisson envisage une solidarité qui est à la fois pluraliste dans son application et unitaire dans sa gouvernance. Pas question de promouvoir la concentration aux dépens des petits. Pour des raisons tant politiques et stratégiques qu'économiques, l'État veut nourrir un grand réseau décentralisé répandant les ressources et les risques et restant proche de la population. Tiraillée entre l'influence Belin et l'appel de la Charte du Maréchal, la meunerie ne prendra pas un franc virage corporatif. L. Brisson paraît s'intéresser aux idées corporatives. Mais, écrivant après la Libération, il souligne, à juste titre, que les idées qui animent le C.O.Meu en 1941-1942 sont en gestation de longue date, que le système de l'organisation meunière était patiemment élaboré depuis 1935 à une époque où les idées, actuellement en faveur, paraissaient tout à fait subversives. C'est sa façon de dire, non pas que la meunerie était vichyste avant Vichy, mais plutôt que Vichy s'appuie sur et s'approprie des pratiques conçues bien avant et sans référence à une quelconque révolution nationale.

La guerre, en fin de compte, ne semble pas changer grand-chose pour la meunerie.

La grande innovation pratique pour les meuniers de base pendant l'Occupation est l'imposition d'une répartition autoritaire du travail mensuel par l'arrêté du 7 février 1943, qui deviendra une des dates fatidiques de l'histoire de la meunerie moderne. Comment doit-on l'interpréter ? Épiphénomène de guerre, impératif de ravitaillement ordonné sur un fond de pénurie orchestrée et de rationnement prolongé ? Articulation logique d'une vision corporative prônée par le Maréchal et certains de ses partisans ? La première hypothèse est sans aucun doute fondée : la guerre est la cause immédiate. La deuxième hypothèse est à la fois plausible, si l'on reste enfermé dans les étroites limites du moment vichyssois, mais gratuite, si l'on voit plus large : depuis les années 1930 déjà, une partie influente de la meunerie envisage cette solution, légitimement perçue dans le contexte de sa propre trajectoire idéologique comme l'application d'un principe corporatif. Pour ces meuniers, en quête d'une concorde solidaire, d'une discipline globalement fructueuse, d'une rationalité tant sociale qu'économique, la répartition décidée en 1943 n'est que le point d'orgue du système d'organisation patiemment construit depuis une décennie.

L'arrêté de 1943 répond à un constat pessimiste : laissant subsister une disproportion excessive entre la consommation et les possibilités de production, le contingentement n'a pas suffisamment atténué la concurrence, loin s'en faut, et la fraude s'est amplifiée, les acteurs cherchant à éviter les taxes et diverses cotisations en allant directement « en culture », « au devant » comme on disait au XVIIIe siècle, délaissant les organismes stockeurs. Ces pratiques déloyales, illicites, ou simplement égoïstes ébranlaient l'organisation du marché, minaient le système de prix taxés et, encore plus grave dans la perspective des pouvoirs publics, compromettaient l'approvisionnement régulier. La persistance du chaos, enfin, rend impossible la fixation d'une seule marge de mouture universellement applicable, moyen de contrôle administratif et facteur de maîtrise économique estimés importants.

Désormais, sur la ligne de départ, on ne compte plus sur l'entente professionnelle : on fait monter d'un cran la pression dirigiste, laissant peu d'initiative au meunier. Il ne s'agit pourtant pas de déposséder la profession de sa souveraineté. Le C.O.Meu a étroitement collaboré avec les secrétaires d'État de l'agriculture et du ravitaillement en façonnant le nouveau système, qui serait impraticable sans son implication quasi totale. Pour bien gérer le mouvement des blés, l'ONIC comprend parfaitement que la surveillance des moulins est beaucoup plus facile que celle des producteurs et des organismes stockeurs. Pour l'ONIC, la répartition dite autoritaire est autant une demande de la profession que de l'État, même si elle ne cesse de pourfendre l'étatisme envahissant. Suite à la mesure de février 1943, l'État, par l'intermédiaire de l'ONIC, fera actionner « le robinet du blé ». Il affectera à chaque moulin, en fonction de ses antériorités et de sa puissance, une quantité de grains qui constitue les « droits de travail » du meunier. La répartition par voie réglementaire organise un vaste partage du travail, obligeant bien des meuniers à tourner moins, garantissant de l'ouvrage à ceux qui en avaient fort peu, et empêchant théoriquement les plus entreprenants d'en faire trop. Elle calme le jeu – la grande priorité du C.O.Meu, comme de l'ANMF – et, tout en frustrant une minorité, elle sécurise énormément de meuniers, déjà secoués et handicapés par les diverses restrictions et malheurs de la guerre et de l'Occupation. En fonction de la moisson, du déroulement de la campagne et de la cadence d'écoulement des blés préconisée par l'ONIC, certains meuniers seront « en avance » et d'autres « en retard » au cours d'un mois donné : l'administration ne peut pas espérer une répartition parfaitement juste à l'échelle de tout le pays. Ainsi les chefs de la meunerie décident qu'en fin d'année, les meuniers en dépassement de leurs droits compenseront ceux qui n'atteignent pas les leurs.

La répartition autoritaire survit-elle à la Libération ?

Dès la fin de la guerre, le système de répartition est ouvertement et vigoureusement contesté. D'abord par un nombre croissant de meuniers, notamment des jeunes, organisés dans des syndicats mutins, dégoûtés par le corset de fer de l'organisation, par la « cristallisation » de la situation qui empêche toute expansion, toute modernisation, toute concurrence, toute rationalisation naturelle, c'est-à-dire darwinienne. Identifiant l'organisation avec le régime « illégal » de Vichy, dénonçant l'ONIC, partenaire incontournable de la meunerie officielle et corporative, comme un monstre tentaculaire créé par l'État pétainiste, et estimant l'ANMF ternie par son association avec le gouvernement de Vichy, les meuniers « libres », comme ils aiment se qualifier, exigent, justement, un retour franc à une liberté du commerce, seul rempart contre la paralysie, le parasitisme, le gaspillage et l'autoritarisme sous toutes ses formes, tant corporatives qu'étatiques.

Malgré leur véhémence, les libéraux sont minoritaires, et les clivages dans la profession sont multiples, compliqués et ne se recoupent pas nécessairement. Les meuniers paraissent se diviser « naturellement » et profondément entre les grands et les petits, les preneurs de risques et les assistés, les compensateurs et les compensés, les mobiles et les inertes, les propriétaires de camions et les professionnels sans moyens propres de transport, les manieurs de roues à eau et les utilisateurs d'électricité ou d'autres forces motrices dites « nouvelles », les praticiens sur meules et les usagers des cylindres, les créanciers et les endettés, les instruits et les quasi-illettrés, les firmes et les familles, les échangistes et les commerciaux, les broyeurs de blés et les transformateurs de céréales secondaires, ceux des zones excédentaires et ceux des territoires déficitaires, les ultra-ruraux et les périurbains, les jeunes et les vieux, les uns séduits par la gauche, les autres bercés à droite, les Anciens et les Modernes... Mais à regarder de plus près le comportement quotidien des acteurs, ces clivages s'avèrent à la fois justes et trompeurs. Ils ne constituent pas des indicateurs, encore moins des prédicteurs fiables. Ils demanderaient presque à être redéfinis à chaque combat.

En dehors de la meunerie, les reproches les plus impitoyables contre la répartition et l'organisation qui la portent proviennent des réformateurs libéraux, avides de prendre leur revanche politique, au nom de la théorie économique néoclassique qu'on appelait au XVIIIe siècle *l'évidence*, et des associations de consommateurs, indignées de la rente de situation mettant la meunerie à l'abri de toute responsabilité sociale. Parmi d'autres aberrations, les deux groupes sont persuadés que l'organisation meunière, mise en place entre 1935 et 1943, maintient le prix du pain à un niveau artificiellement élevé. La puissante Association générale des producteurs de blé met en garde la meunerie contre la mauvaise image de son organisation, un privilège anormal, qui consolide un excédent de moyens de production qui devait disparaître, qui valorise un droit au travail mettant les entreprises médiocres à l'abri et empêchant les dynamiques d'innover et qui compense le non-travail et génère des frais inutilement élevés. Les politiques écoutent à la fois les meuniers dissidents, la colère de l'opinion et la critique intellectuelle et technocratique. Les socialistes réclament la fin de la répartition et le retour, non à une liberté absolue, mais à la législation d'avant-guerre. Fils de boulanger, créateur d'une coopérative meunière, Vincent Auriol, président de la République, se constitue lui-même en redoutable lobby contre la répartition administrative et d'autres pratiques dirigistes, rejoignant la position libérale de ses amis du groupe socialiste du parlement sur ce dossier. Divers rapports administratifs pointent l'incongruité de l'organisation meunière, la seule industrie où chaque entreprise dispose d'un « droit » à l'activité et où la concurrence est complètement exclue, engendrant un système non seulement sclérosé mais extrêmement coûteux (des mouvements « irrationnels » : des blés et des farines pour satisfaire les objectifs de la répartition, diverses péréquations et compensations, en somme une usine à gaz).

Comment les boulangers apprécient-ils « l'organisation » de leurs fournisseurs ?

Inexorablement attelés à la tâche de l'approvisionnement, boulangers et meuniers vivent, depuis des siècles, une relation tendue, comme j'ai essayé de l'esquisser. Après une longue phase de domination structurelle jusqu'à la veille de la Révolution française – les meuniers sont en quelque sorte leurs employés –, les boulangers doivent s'incliner devant une meunerie en pleine mutation commerciale et technologique. Dès le début du XIXe siècle, les meuniers sont devenus les maîtres incontestés du commerce des grains, d'abord dans la région parisienne, plus tard autour des autres agglomérations urbaines. Cette hégémonie leur donne la possibilité de prendre leur revanche sur les boulangers ; leurs suzerains de jadis sont désormais leurs vassaux. Sûrs d'eux, les meuniers fixent de leur propre autorité les termes de l'échange, excluant à leur gré les boulangers du commerce des grains, les conseillant sur la manière de faire le pain, prenant le contrôle de certaines boutiques. Désormais, selon un observateur contemporain, le boulanger n'est plus que « l'homme du meunier », « l'ouvrier à façon du meunier ».

Outre la menace de la saisie pour dettes, l'un des principaux moyens d'assurer la domination des meuniers sur les boulangers est le *marché à cuisson* – contrat d'approvisionnement d'un an par lequel, en échange de livraisons tous les 15 jours, le boulanger verse toute la recette de sa vente au meunier, moins une prime fixe par sac. Mais ce genre de « servage », pour reprendre l'épithète amère du syndicat lyonnais, profitait aux uns et aux autres : le boulanger, acculé à la dépendance, bénéficie en même temps d'un crédit de quinzaine en quinzaine et d'une protection contre les caprices du prix des farines, tandis que les meuniers s'assurent de débouchés et de revenus réguliers. Le dernier tiers du siècle est marqué par une concentration croissante de la meunerie, une modernisation technologique et des projets d'industrialisation de la boulangerie intégrée sous l'égide des grands minotiers.

Malgré l'avènement de la vapeur et du cylindre métallique, et l'émergence de quelques mastodontes, la meunerie n'échappait pas entièrement à son paysage traditionnel. Au début du XXe siècle, 30 000 meuniers, des lilliputiens pour leur vaste majorité, faisant tourner meules ou cylindres à la force de l'eau, proposent de la farine à plus de 40 000 boulangers (et à de nombreux paysans, à des collectivités, etc.). Mieux encadrés, grâce à la construction syndicale des deux dernières décennies du XIXe siècle, et prêts à aborder la première phase de leur modernisation technologique en adoptant le pétrin mécanique, de plus en plus accessible, les boulangers se défendent mieux, notamment ceux des grandes villes. Ils n'acceptent plus un rôle de subordination, ils rejettent les marchés à cuisson, ils parviennent à mettre leurs fournisseurs en concurrence, ils s'associent parfois pour mieux affronter le marché, ils cherchent du crédit ailleurs que chez les meuniers.

Si, dès l'aube du XXe siècle, les boulangers affirment leur indépendance à chaque occasion, à partir des années 1930 ils doivent faire face à une meunerie (désormais Meunerie) « organisée », dans le sillage de l'encadrement du marché du blé. Le discours plus ou moins victimaire de la meunerie n'est guère crédible : les meuniers, pour beaucoup, sont allés chercher eux-mêmes cette lourde contrainte. Une partie fort importante de la profession veut à tout prix échapper à une concurrence qu'elle estime « anarchique » et vouée à la ruine d'un très grand nombre d'entre eux. À la veille de la Seconde Guerre mondiale, la situation de la boulangerie s'avère paradoxale : davantage de boulangers, utilisant chaque mois nettement moins de quintaux de farine par tête ; des boulangers plus sûrs d'eux-mêmes, plus combatifs, et jamais aussi indépendants que depuis la fin de l'Ancien Régime, mais inquiets de la rude compétition entre collègues et du comportement du public, dont la consommation ne cesse de baisser.

La guerre permet à la meunerie de réaliser le rêve corporatif, déjà implicitement inscrit dans son projet, d'une répartition du travail garantissant un revenu à peu près décent à quasiment tout le monde, quels que soient l'emplacement, l'outillage et la gestion. Catastrophique pour bien des professions, le deuxième conflit mondial a particulièrement malmené les boulangers : rationnement, surveillance, embrigadement ; de dramatiques disettes de matières premières ; pour couvrir les besoins, une recette répugnante : des taux d'extraction hallucinants accompagnés par l'incorporation obligatoire de divers succédanés, d'où la quasi-impossibilité de faire du bon pain ; les tentations du marché noir, avec des conséquences parfois fructueuses, souvent fort pénalisantes ; une perturbation du processus normal de la transmission du savoir, engendrant une classe creuse de jeunes boulangers peu ou mal formés. Vers la fin de la guerre, comme tous les Français, les boulangers rêvent principalement de deux choses : la liberté et du pain blanc. Ils comptent sur la Libération pour les libérer de leur rattachement autoritaire à des meuniers hors de toute relation commerciale. Si, dans le court terme, il s'agit d'obtenir, enfin, de la farine de bonne qualité (entendons couleur) à des prix raisonnables, la liberté est surtout une question de survie, car leur espoir de ne pas retomber dans une sujétion, type XIXe siècle, se fonde sur leur capacité à mettre les meuniers en concurrence. Cependant, dans le contexte de la pénurie prolongée, l'ONIC, qui s'est musclé pendant la guerre, renforce le système dirigiste de ravitaillement de haut en bas, se chargeant de toute la récolte, la distribuant aux organismes stockeurs, leur affectant des moulins qui sont, eux, assignés d'office à fournir tel ou tel boulanger qui, lui, perd le libre choix de son fournisseur.

Au sommet, les chefs des deux professions cherchent à construire une « interprofession », un corporatisme efficace et unifié. Si la boulangerie reste nécessairement méfiante par rapport à l'appétit dominateur de la meunerie – un responsable départemental évoque le petit chaperon rouge et le grand méchant loup –, elle partage son anxiété devant le péril grave d'une liberté excessive débouchant sur une concurrence effrénée et dévastatrice. De part et d'autre, les frères ennemis s'appliquent à forger une éthique et une pratique de discipline. Beaucoup plus que sa base, la boulangerie confédérale est disposée à un compromis : une solution intermédiaire entre une (ravageuse) liberté totale et une (asphyxiante) répartition autoritaire. L'interprofession obtient de l'État un certain assouplissement du système, octroyant à de nombreux boulangers – mais pas à tous –, notamment dans les territoires excédentaires, le droit d'exprimer une préférence pour trois fournisseurs ; dorénavant, des commissions mixtes meuniers-boulangers se chargent d'arbitrer les demandes. Pour tempérer l'ardeur des boulangers pour la liberté, Lucien Brisson promet non seulement une uniformisation de la qualité – un étalon national – mais s'engage, avant même le drame de Pont-Saint-Esprit, à assurer que l'autre France, celle de seconde zone, reçoive une farine « identique » à celle des départements dotés de surplus.

Même si le chef de la meunerie est sincère, il ne compte pas sur ses seules promesses pour désamorcer les pulsions libérales, tant du côté de ses propres troupes que de celui des boulangers. Il préfère les encadrer plus solidement par un double prolongement de l'organisation corporotivo-dirigiste. Première tâche : l'implantation dans chaque département d'une Union meunière (UM) – le mot « union » dit tout sur son ambition –, organe principalement financier (facturation, encaissement, et plus si affinités), mais avant tout rempart contre l'indiscipline au sein des deux professions (l'exigence du paiement quasi immédiat empêche les boulangers de sombrer dans la dette ruineuse et l'interposition d'une institution impersonnelle entre le meunier et son client les prive tous deux de la possibilité de saboter le double canon de la répartition et du rattachement). Avec l'éclipse des anciens appareils étatiques de ravitaillement, l'UM devient rapidement un auxiliaire indispensable de l'ONIC pour l'accouchement de ses programmes d'approvisionnement, dont le but n'est pas seulement de nourrir tous les Français, mais également de permettre à tous les meuniers de réaliser pleinement leurs droits de mouture, y compris ceux qui fabriquent une farine très peu prisée par les boulangers.

Deuxième mission de la meunerie : créer le dernier maillon de l'édifice de l'organisation, institution jumelle de l'UM, la Société auxiliaire de la Meunerie, dite SAM. Si l'UM est, aux yeux d'une foule de boulangers, un intolérable « écran » les éloignant de leurs fournisseurs en bureaucratisant leurs rapports, la SAM est le rideau de jute qui achève la quarantaine. La fonction primordiale de la SAM est de prendre et centraliser toutes les commandes des boulangers, et de les affecter aux meuniers en prenant en compte les préférences des uns et les droits de mouture des autres. À travers la SAM, l'ONIC, ou le préfet, peut actionner « le robinet du blé » pour limiter les « dépassements » et les « retards » des meuniers, préservant ainsi le sacro-saint principe de la répartition. Pour effectuer une police interprofessionnelle, la SAM se présente comme si tous les meuniers d'un département constituaient un seul moulin : pas question de laisser les acheteurs et les vendeurs discuter prix, conditions de vente ou autres considérations dites commerciales.

Pour bien des boulangers à la base, et un nombre substantiel de meuniers (désignés diversement comme libéraux, dissidents, ou même traîtres), ce renforcement institutionnel de l'organisation est à la fois inadmissible et détestable. Il contrevient aux droits naturels et fondamentaux de la propriété et de la liberté. « Sommes-nous en république ou en dictature », demande un artisan de la banlieue parisienne qui n'a pas le droit d'acheter ses farines où il souhaite. En substituant un dirigisme corporatiste à un dirigisme étatique, il ne laisse pas renaître le (doux) commerce, théâtre normal et optimal pour la pratique des relations entre meuniers et boulangers. Emblème et engin du « despotisme » meunier, l'UM est mise en cause par des boulangers un peu partout, mais elle fonctionne dans une majorité de départements ; là où on limite ses opérations au recouvrement du prix des farines (et souvent des cotisations syndicales pour la boulangerie), elle jouit d'une large tolérance. Agissant en amont, cherchant à isoler les acheteurs des vendeurs, les SAM, vivement contestées, ont beaucoup plus de mal à s'établir. Dénoncées par une multitude de boulangers comme un mécanisme « d'esclavage » et « un diktat économique », les SAM sont défendues par la meunerie comme un instrument de protection tant des boulangers que des meuniers.

Dans la pratique, des ententes se négocient souvent au niveau départemental, grâce aux commissions mixtes ou aux syndicats directement, mais toujours en dehors du cadre de la SAM. Le robinet du blé, censé être « neutre », prive le boulanger de son choix de façon mécanique, mais il n'arrête pas nécessairement les meuniers entreprenants, qui passent outre en se procurant des céréales et en s'efforçant de répondre à la demande de certains clients pour une farine plus blanche. Les uns et les autres se retrouvent, malgré le rideau/écran : la discussion de « petits avantages », fustigée avec mépris par les chefs, articule depuis la nuit des temps les échanges entre boulangers et meuniers ; le paiement à crédit et les prix avec ristourne ne disparaissent pas, loin de là. Autrement dit, l'esprit corporatif rêvé et recherché de part et d'autre ne se concrétise pas de manière structurante.

À la suite de l'intoxication collective de Pont-Saint-Esprit en 1951, le débat sur la liberté semble tout sauf théorique. Les boulangers spiripontains ne sont pas les seuls à soutenir que le libre choix accordé à tous les boulangers, y compris dans les zones défavorisées, aurait pu sans doute éviter la tragédie. La presse fustige le pacte dirigiste liant l'ONIC et la meunerie. L'ANMF profite de l'occasion pour affirmer, pieusement mais sans convaincre, sa propre prédilection pour la liberté, bridée en l'occurrence par les contraintes-pièges imposées par l'encadrement du marché du blé. Ni vichyste ni rétrograde, l'organisation meunière prétend défendre un certain humanisme contre les excès d'un capitalisme sauvage et une fraternité pragmatique d'entreprise. Mais les boulangers à la base sont plus déterminés que jamais à reconquérir la liberté de traiter avec les meuniers de leur choix ; et, de plus en plus de meuniers éprouvent un malaise à l'égard de leur organisation.

Par ailleurs, la dissidence s'organise chez les meuniers et rejoint la campagne des boulangers contre l'asservissement et la ligne ANMF, arc-boutée sur des valeurs et des modalités désuètes, et pour la liberté (une compétition « rationnelle », c'est-à-dire régulée, mais assez ouverte) et la modernité. Jamais sérieusement déstabilisée, l'ANMF doit tout de même faire face à une concurrence (sans doute anarchique à ses yeux) aux élections paritaires et encore plus sur le terrain, au jour le jour.

L'ANMF était-elle enfin réellement mise sur la défensive ?

En « intoxiquant » l'opinion publique, l'affaire de Pont-Saint-Esprit fait du mal à la meunerie au moment où elle a de plus en plus de difficulté à défendre son « organisation ». Elle doit faire face à des analyses critiques sévères, déjà esquissées dans le premier sursaut libéral après la fin de la guerre, mais dorénavant mises en avant avec davantage de confiance et de pugnacité. On reproche à l'organisation meunière son allergie profonde à la concurrence, seul moteur d'une modernisation visant à réduire les coûts (transports, marges de mouture, éventuellement prix du pain) et à renouveler l'outil de travail. La « cristallisation » de la meunerie bloque toute innovation, étouffe l'esprit entrepreneurial, empêche les jeunes d'investir et de conquérir de nouveaux terrains. « Fonctionnarisés » par la répartition autoritaire, héritée de Vichy mais préparée bien avant, les meuniers se contentent de travailler relativement peu et mal, profitant d'une rente de situation qui institutionnalise le déficit d'efficience. Certains projets de réforme sont très ambitieux, postulant une sorte de refondation quasi globale : repenser la carte de la culture frumentaire ; réorganiser les organismes stockeurs, éliminer la multitude de maillons faibles dans la meunerie, encourageant ainsi à la fois compétition, concentration et réduction de la surcapacité.

Personne n'ose pourtant mettre en question la pièce maîtresse du système entier, la garantie du prix du blé. Le marché du blé demeure sanctuarisé, protégé par des pesanteurs sociologiques et politiques qui l'emportent sur un calcul strictement économique. Il s'agit donc d'un libéralisme sélectif et pragmatique, fondé sur une finalité paradoxale sinon contradictoire : le maintien du couple blé cher et pain bon marché, l'utopie rêvée de l'économie politique (et de la science sociale) depuis l'âge des physiocrates. C'est précisément l'incohérence innée de cette stratégie qui offre un argument recevable, quoique de sincérité douteuse, aux défenseurs de l'organisation : la liberté étant indivisible, on ne peut pas désenclaver et émanciper la meunerie sans menacer le marché du blé. Cette politique est aussi inéquitable qu'inefficace, car on ne peut pas honnêtement demander aux meuniers – suivant ce raisonnement – de subir une concurrence farouche entre eux et à l'égard des boulangers, sans leur accorder la même liberté de choix de leurs fournisseurs et la même possibilité de marchander sur le prix et autres avantages commerciaux. Cette « fausse » liberté ne peut déboucher que sur le chaos : cette position permet à L. Brisson, convaincu de la nécessité d'une régulation réfléchie et équilibrée, tant pour la filière que pour l'intérêt public, d'affirmer que la meunerie est prête à embrasser une vraie liberté qui met tout le monde au même diapason.

C'est le début de la fin de l'organisation ?

Sous la pression intense du président du Conseil, Antoine Pinay, thuriféraire d'un renouveau libéral, qui voit la meunerie organisée comme le type même du système archaïque et parasitaire, l'ANMF envisage certains assouplissements, mais sans enthousiasme : elle fait tout pour garder la répartition, le fameux robinet de blé réglé par l'ONIC pour assurer le bon ordre dans les relations meuniers/boulangers et la circulation stratégique des marchandises entre départements. Par ailleurs, elle conteste, chiffres à l'appui, l'argument selon lequel la meunerie organisée coûte bien plus cher, dans ses opérations courantes, qu'une meunerie totalement libérée. Le gouvernement recule en fin de compte, imposant des aménagements assez modestes.

Forte de certains appuis politiques et soutenue par un ONIC lui-même sur la défensive, l'ANMF parvient effectivement à ralentir la marche du temps. Mais l'organisation est peu à peu érodée et le retour de la concurrence s'effectue progressivement. Même si la présence lourde de l'État dans la vie économique suscite toujours l'adhésion, malgré la montée en puissance de la voie/voix libérale, le modèle corporativo-dirigiste paraît de plus en plus périmé (la FNSEA servant d'exception qui confirme la tendance générale). Évoquant la menace d'un écoulement de blés perturbé et d'un approvisionnement compromis qui mettrait en péril notamment les zones déficitaires et qui pourrait provoquer « des mouvements sociaux », l'ONIC limite les dégâts d'un arrêté du mois de février 1954 « suspendant » (mais n'abrogeant pas irrévocablement) la répartition. Si la centrale syndicale persiste à refuser de faire le deuil de l'organisation, les meuniers, sur le terrain, s'y préparent. Le marché des droits de mouture, dans le sillage de la résorption de la surcapacité, augmente le travail moyen du moulin. Il faut attendre 1960 pour l'enterrement définitif de la répartition et de la péréquation et le retour aux conditions commerciales d'avant-guerre, sous l'égide toutefois de l'ONIC, affaibli, mais toujours chargé d'assurer le placement de la récolte. L'ANMF perd sa capacité d'infléchir le cours des événements, même si elle réussit à préserver le contingentement, ultime barrière à la concurrence effrénée, qui fonctionne encore aujourd'hui. Mais en 2010, il y a moins de 400 meuniers pour se partager le travail et une forte tendance vers une concentration encore plus poussée – ils étaient presque 9 000 à la fin de la guerre.

Historiquement pléthorique, la meunerie est-elle devenue aujourd'hui un milieu économique restreint ?

Les fortes variations du cours du blé entre 2006 et 2008 ont accéléré un processus de concentration qui ne peut que continuer. L'ANMF se plaint, à juste titre, mais dans un esprit très européen qui risque de laisser les grandes nations productrices d'outre-mer indifférentes, de l'absence d'un mécanisme capable de réguler les variations des cours du blé sur le marché international, mécanisme qui aurait pu mettre des meuniers à l'abri d'une déstabilisation fatale. En 2008, bien des moulins ont dû supporter une hausse du prix de leur matière première, le blé, supérieure à leurs fonds propres. C'est sans doute la raison principale de la fermeture depuis dix-huit mois d'une trentaine de moulins et du fait que 25 des 100 premières entreprises meunières ont changé de mains. Si les meuniers ont pris un grand tournant libéral à partir de 1960 après trente ans de dirigisme, ils n'ont jamais stigmatisé en bloc la notion d'une main régulatrice, de préférence de touche légère. Comme la boulangerie, la meunerie avait toujours envie d'être à la fois libre et protégée. Reprenant un thème très familier à la longue histoire du blé, l'ANMF estime que le cours du blé ne doit plus être l'objet de spéculations financières « sans limites ». Je suppose qu'elle a en tête, entre autres, l'information que mon fils, banquier à New York, m'a communiquée début 2007, à savoir que des fonds de pensions américains commençaient à s'intéresser sérieusement au marché du blé à terme. De tempérament plutôt individualiste et libéral, Joseph Nicot, président actuel de l'ANMF, plaide aujourd'hui, dans le même esprit que Nicolas Sarkozy, dans son chemin depuis Toulon jusqu'à Davos pour une régulation plus efficace pour préserver « l'exception agriculturelle » française (promouvant les échanges internationaux tout en prévoyant la constitution des stocks et un meilleur encadrement de la grande bourse Euronext).

À l'heure actuelle, quatre entreprises – Nutrixo (les Grands Moulins de Paris élargis), Soufflet (géant agroalimentaire), Ariane Meunière (arme de la grande coopérative diversifiée Épis-Centre) et les Grands Moulins de Strasbourg – représentent 55 % du blé écrasé en France. Une dizaine d'autres entreprises assurent 17 % de l'écrasement. Ce qui veut dire qu'un peu moins de 300 moulins ne se chargent que de 6 % de la transformation. C'est ce contre quoi

L. Brisson a lutté pendant des décennies. Il y a de quoi imaginer un roman populiste-nostalgique. Des moulins familiaux jettent l'éponge depuis des années, parfois pour des raisons personnelles (manque d'héritiers voulant reprendre l'affaire), plus communément pour des raisons économiques : un environnement brutalement concurrentiel, les besoins importants de capitalisation, le poids des économies d'échelle, etc. En même temps, pas mal d'entreprises modestes, habituellement familiales et très enracinées localement, se défendent intelligemment, savent se moderniser sans se plomber de dettes écrasantes, suivent des stratégies de niche (le retour de la mouture à meules de pierre ou l'intérêt pour le bio, par exemple) ou de regroupement dans des consortiums, fidélisent leurs clients, se battent commercialement contre les gros sur le terrain. À propos de niche, on parle actuellement de « micro-moulins », les seuls qui n'ont pas besoin de détenir un contingent (par succession, acquisition ou location) en raison de leur très faible capacité. Peut-être le facteur le plus frappant dans le processus de refondation de l'industrie meunière est-il l'entrée massive des coopératives agricoles, disposant de trésoreries impressionnantes ; certains meuniers me disent qu'elles représenteraient jusqu'à deux tiers de l'écrasement des farines panifiables : le chiffre me semble exagéré, mais vrai ou faux, il trahit une anxiété. Historiquement, les relations entre meuniers et coopératives étaient généralement assez tendues.

Longtemps dépendante des importations, la meunerie française utilise aujourd'hui presque exclusivement du blé français. La panification reste le débouché principal de la farine sur le marché intérieur, avec à peu près deux tiers des tonnages. La bonne nouvelle pour la boulangerie artisanale en 2008 a été que sa part de marché a (très légèrement) augmenté, tandis que celle des grandes surfaces (fournils intégrés) était en (léger) recul pour la troisième année consécutive. La mauvaise nouvelle c'est que, si sa part totale du marché représente aujourd'hui 59 % de la panification (la boulangerie industrielle se prévalant de 32 % et les grandes surfaces de 9 %), il y a à peine un demi-siècle la part artisanale s'élevait à pratiquement 100 %.

Justement, comment qualifier les relations entre artisans boulangers et meuniers depuis la fin de la répartition et l'enterrement de l'organisation ?

La restauration des relations commerciales a tout changé sur le plan pratique et immédiat, sans évidemment exorciser les tensions et la méfiance consubstantielles à ce rapport (notons toutefois que quasiment personne, sauf quelques vénérables meuniers, ne se souvient des clashs virulents qui ont eu lieu entre 1945 et 1956). Quand, en pleine lutte, les boulangers dans plusieurs départements ont organisé une sorte de référendum/sondage sur la question du libre choix de leurs fournisseurs, leurs commentaires me semblent fort révélateurs de la particularité de cette relation – éventuellement volatile, voire volcanique, mais presque toujours affective. Sur plusieurs bulletins, je relève des slogans, prévisibles et pertinents mais génériques comme « À bas le dirigisme » ou « Liberté totale ». Plus intéressantes sont une myriade de remarques très personnalisées : « Je demande qu'en aucun cas il ne me soit envoyé des farines du moulin X .» Un boulanger de la petite rue Lecuirot – je m'en souviens, car c'est dans mon cher 14e arrondissement que j'arpente comme mon domaine – rejette ce qui paraît au premier regard comme une belle palette de choix : les GMP, les Grands Moulins de Corbeil, un moulin près d'Étampes ou une solution ONIC. Balayant tout cela, il explique qu'il ne jure que par un seul meunier, exploitant une humble usine pas loin de Mantes-la-Jolie, un homme exceptionnel qui lui avait rendu des services inoubliables et l'avait aidé à relancer son affaire après une longue absence pendant la guerre. Il me rappelle mes propres expériences : le boulanger « Festival » dont le meunier rendait visite à son épouse hospitalisée pour un cancer, trois fois par semaine pendant des mois ; le meunier « Banette » qui a fait 600 km aller-retour à l'occasion de la première communion de la fille d'un client, ou cet autre qui a trouvé dans les 12 heures un lieu pour installer provisoirement un four après un grave sinistre dans le fournil d'un de « ses » boulangers.

Cette relation est intense et ainsi toujours compliquée. Car si le meunier est la personne sur laquelle on peut compter, c'est aussi celui sur qui on fait retomber la faute en cas de problème. Il n'a pas organisé l'animation promise ou la visite du démonstrateur en temps voulu. Pour le boulanger, souvent peu introspectif – c'est plus fort que lui – s'il rate la pétrissée, c'est toujours parce que « la farine a merdé ». La chute du rideau de jute – l'éclipse de la SAM, puis de l'UM, la suppression de l'« écran » entre le boulanger et le meunier – s'est traduite, comme L. Brisson en avait averti, par le retour d'une vive concurrence qui a permis au boulanger – c'est de bonne guerre, la marge qui lui garantit une certaine indépendance – de faire des demandes, d'obtenir des concessions, des ristournes, des réductions, des avances, le chèque pour acquérir le nouveau fonds en échange d'un serment d'allégeance commerciale, l'avance pour équiper le fournil d'une nouvelle diviseuse hautement performante. Au cours de la grande enquête sur les relations entre meuniers et boulangers lancée par l'ANMF en 1951, le syndicat départemental de l'Aube, si je ne me trompe pas – je crois me souvenir, parce que c'était à Troyes que le meunier novateur du XVIIIe siècle, César Bucquet, a failli se faire écharper sur soupçon de complot de famine –, évoquait de façon à la fois tendancieuse et vraisemblable l'époque où la liberté du commerce gouvernait les échanges entre boulanger et meunier : des concessions sur le prix, la qualité, la couleur, les délais de paiement, étaient courantes, souvent nécessaires pour garder le client ; des marchés de farine à livrer étaient passés, respectés à la hausse, mais considérés comme « chiffons de papier » à la baisse. Qui ne se souvient de cette époque où l'auto du boulanger était réglée avec les fonds du meunier, de même que le premier pétrin mécanique ? demandait le syndicat des meuniers. Puis la partie désenchantée, plus partisane, de son témoignage : le meunier de cette époque « héroïque » avait l'impression de « tenir son client », impression seulement et non certitude, car combien de boulangers – « sans scrupules » – abandonnaient leur moulin fournisseur, mais créancier, pour porter leurs commandes au moulin voisin et concurrent, sans pour cela songer à régler leurs dettes ? C'est le scénario catastrophe brandi par L. Brisson et les autres effrayés par la concurrence dite anarchique. Aujourd'hui, les meuniers sont plus prudents et moins généreux et les boulangers plus responsables – *grosso modo*.

Les retrouvailles commerciales et/ou affectives ont-elles réussi à endiguer la chute de la consommation du pain, cette courbe séculaire que vous avez mise en évidence ?

Non, hélas. Si les meuniers vont venir à la rescousse, n'oublions pas qu'ils sont complices dans la grande dérive, le leurre de la méthode pain blanc/pétrissage intensifié. De bonne foi, ils ont encouragé les boulangers, ils les ont aidés à entrer dans ce cul-de-sac. Ils misaient sur le blanc pour requinquer la consommation de façon décisive, c'est-à-dire pour augmenter mécaniquement le nombre de quintaux vendus. Quand la baisse s'est réaffirmée, après une période de flottement, les meuniers ont été troublés. Et certains s'en sont émus.

Que voulez-vous dire au juste ?

Eh bien, leur avenir était en jeu, autant que celui des boulangers, produisant un pain plutôt médiocre, très investis dans la méthode, tant psychologiquement que financièrement. En face, à partir des années 1970, pour la première fois dans leur histoire, la vraie concurrence, robuste, novatrice : la boulangerie industrielle, avec ses terminaux de cuisson prenant des emplacements à côté des boutiques artisanales, et les grandes surfaces, revendant du pain industriel frais ou installant des fournils artisanaux dans leurs hypermarchés. Manifestement, les artisans n'étaient pas capables de se remettre en question. Collectivement, ils n'avoueront avoir un problème de qualité dans la panification qu'à leurs états généraux au milieu des années 1980. En attendant, les industriels et les grandes surfaces donnaient une qualité plus ou moins comparable à celle de la majorité des artisans à un prix défiant toute concurrence, ce qu'on nomme un prix d'appel.

Or, que peuvent les meuniers ? Se complaire dans la lamentation ? Et après ? Prospecter du côté industriel ? Pourquoi pas. Créneau prometteur, mais pour l'instant toujours assez modeste. Quand le bruit a couru que les GMP envisageaient de monter eux-mêmes une chaîne de terminaux de cuisson pour vendre du pain chaud toute la journée, le président du syndicat des artisans boulangers de la région parisienne les a mis en garde, les avertissant que, si ce projet était mis à exécution, ce serait « la guerre ouverte », en réponse à une double transgression : empiétement sur un métier, la boulangerie, qui n'était pas le leur, et avilissement de ce métier noble en cautionnant les misérables cuiseurs de pâtes. Par ailleurs, l'idée de voir tout le paysage historique brutalement transformé par l'élimination de milliers d'artisans – encore 50 000 au début cette crise – ne pouvait qu'inquiéter les meuniers, même les plus souples (ou opportunistes), ou les plus modernes. Mais les meuniers les plus enclins à l'activisme, à l'interventionnisme, devaient soigneusement réfléchir avant de s'aventurer dans un « Que faire ? » lénino-farinier. Car, s'il y avait un enseignement à tirer de l'histoire houleuse des relations entre boulangers et meuniers, à travers deux siècles d'affrontements, mais surtout depuis les plus récentes tentatives meunières de domination, institutionnelle (la fameuse organisation) ou politique (l'« interprofession » mort-née), c'était de ne pas s'immiscer dans les affaires de l'autre. Vous vous occupez de votre profession, et nous de la nôtre, ne cessaient d'asséner les boulangers, dans leur remarquable organe hebdomadaire, *L'Ami de la Boulangerie*, et dans les échanges officiels et informels entre la Confédération de la Boulangerie et l'ANMF. Respecter le boulanger, cela voulait dire ne pas lui faire la morale, ne pas lui donner de leçons. *Noli me tangere*, comme dirait l'autre.

Et alors ? Les meuniers sont pris au piège de leur propre volonté d'apaisement ?

Il fallait transgresser, c'est-à-dire s'immiscer dans les affaires de l'autre, ce qu'ils faisaient, d'ailleurs, depuis déjà fort longtemps, sur le plan humain, mais aussi sur le plan technique (maître du blutage, des mélanges et assemblages, des régulateurs et correcteurs tels gluten, blés maltés, et amylases, et des améliorants permettant aux boulangers d'obtenir davantage de volume, ou des grignes plus marquées, de favoriser l'alvéolage ou l'engendrement des saveurs – foi de meunier ! –, de supprimer les cloques sur la croûte, etc., le moulin actuel se charge de fonctions qui, autrefois, relevaient strictement de la sphère du boulanger). Question de lucidité d'analyse, mais aussi d'une certaine audace. Un certain nombre de meuniers croyaient très sincèrement que, dans les circonstances des années 1970, les boulangers n'étaient pas du tout capables de s'en sortir tout seuls. Une partie très importante des boulangers vivaient dans la dénégation des réalités, ou dans la désorientation. Incapables de réagir, d'en prendre conscience, ils s'abritaient derrière une routine ruineuse. Les meuniers ne pouvaient rester indifférents à l'immobilisme des boulangers, ou plus précisément ceux des meuniers qui ne vivaient pas dans la même léthargie de résignation ou d'ignorance. Il n'est pas surprenant que les mêmes meuniers qui se souciaient de la boulangerie s'inquiétaient également de leur propre sphère. Après tout, la meunerie française, toujours assez dispersée, demeurait nettement excédentaire en capacité, excessivement dépendante de l'exportation aux pays pauvres mais en voie de développement (30 % de ses écrasements), vulnérable à des reprises hostiles par des mastodontes étrangers ou indigènes, dont l'appétit rapace la faisait trembler.

C'est à ce moment-là, dans ce contexte difficile, que Banette – dans un premier temps Unimie – est née. Dans une perspective longue, rien d'étonnant : encore une tentative de mainmise et de redressement de la part des meuniers les plus dynamiques, comme ils l'ont osé à maintes reprises, depuis la privatisation des moulins royaux de Corbeil (pas tout à fait la privatisation d'EDF, mais sismique à sa manière) et les exploits (ou manœuvres) de meuniers comme la famille Darblay dans la première moitié du XIXe siècle. Mais dans le court terme, le phénomène Banette semblait bien être une petite révolution en soi avant d'en déclencher une plus grande. La logique était limpide, quoique tous les postulats ne soient pas affichés :

1. Il faut absolument faire quelque chose. Sinon, nous coulons tous.

2. Puisque les boulangers ne le feront pas, et ne sont pas capables de le faire, nous le ferons.

3. De toute façon, nous le ferons mieux (autrement dit : le pain est chose trop sérieuse pour le laisser aux boulangers).

Tout le monde le reconnaît : Banette a tout changé, ou presque. Elle a réorganisé la filière, restructuré les relations avec les boulangers, créé de nouveaux outils ou adopté pour la filière des méthodes déjà opératoires ailleurs. Banette a eu l'audace de promettre et de produire du meilleur pain, de ressusciter et renouveler (rétro-innover, dirait Lionel Poilâne) le savoir-faire, d'élaborer la pratique de faire-savoir (le marketing moderne, notamment à la télévision ; la création d'une véritable marque). Les autres meuniers ont emboîté le pas, mais pas tout de suite (la grande majorité sans doute s'attendant à ce que Banette échoue). À partir du début des années 1990, une grosse partie de la meunerie grande et moyenne s'est, d'une façon ou d'une autre, banettisée.

D'abord pionnière, Banette serait devenue très vite une sorte de paradigme. Racontez-nous cette aventure.

Banette a été la première à tenter de restructurer la filière blé-farine-pain et de redynamiser la boulangerie artisanale. Même ses critiques et ses rivaux s'accordent pour louer l'audace et l'esprit pionnier de ce regroupement de moulins indépendants, une douzaine au début, une quarantaine à l'apogée de sa trajectoire. Produit d'une conjoncture économique et culturelle particulière aux années 1975-1980 et d'une série de préoccupations parallèles, Banette – le mot joue à la fois sur le nom d'un pain provençal, le Baneto, sur la forme du hamac du marin et sur le banneton, petit panier sans hanse dans lequel on fait lever la pâte – nous rappelle que toutes les bonnes idées ne proviennent pas que de Paris. Derrière la constitution de l'Union des Minotiers (Unimie) se trouve Alain Storione, meunier de Marseille, entreprenant et, selon ses admirateurs, « visionnaire », qui a compris dix ans avant les autres qu'il fallait changer les habitudes. Il voulait s'attaquer à plusieurs problèmes étroitement liés entre eux. D'abord, un impératif technique : mieux maîtriser les variétés (1 000 dans le monde, 250 en France) et les qualités des blés pour fabriquer une meilleure farine. Plutôt que de pratiquer des essais de panification de façon irrégulière à l'extérieur, Alain Storione a imaginé une espèce de consortium de concurrents en bons termes – pas évident ! – choisis pour leur forte implantation dans la clientèle artisanale et leur ancrage dans des régions complémentaires, pour collaborer systématiquement dans l'analyse des céréales et des farines (pas de notion de marque commune au début).

Pour rester indépendant, il fallait se battre sur le terrain de la qualité. Pour être concluante cependant, la recherche de la qualité devait se poursuivre jusqu'à la cuisson de la pâte. Car la réflexion d'Alain Storione et de ses complices – des boulangers créatifs, exigeants et commerciaux comme Edmond Maurin et Christian Sausse – se déroulait sur une toile de fond plus généralement alarmiste, voire défaitiste : comment prospérer, voire survivre dans un monde où l'on mangeait de moins en moins de pain année après année. Meuniers (surtout ceux qui n'avaient pas de gros débouchés industriels et d'export) et boulangers avaient l'impression qu'ils vivaient la fin de l'histoire. Si la consommation ne cessait de chuter, c'était que les gens n'aimaient pas le pain qu'on leur donnait à manger. D'où la volonté de nouer le dialogue avec des boulangers du Sud-Est regroupés dès 1980 dans une Association Qualité-Pain pour examiner les évolutions nécessaires en matière de qualité de pain.

Dans un premier temps, Unimie-Banette s'est ancrée autour d'un laboratoire physiochimique – procédant à des électrophorèses sophistiquées aussi bien qu'à des tests plus classiques des propriétés des farines – et d'un fournil d'essai, très vite installé à Briare dans le Loiret, plus ou moins au centre d'un réseau de moulins couvrant quasiment tous les coins de l'Hexagone. À partir de 1980, le centre Unimie a entrepris tous les ans pendant l'été une « enquête qualité », panifiant 500 échantillons, servant de liaison d'information rapide (l'âge d'or du minitel) entre les coopératives de cultivateurs et les moulins, car les achats restaient totalement décentralisés. Briare devenait « surmoi » et douanier, contrôlant tous les lots de blé à l'entrée, ne laissant passer que ceux qui répondaient aux normes exigées. Les sacs de farine sortant des moulins-membres portaient le logo Unimie, promesse d'un meilleur jour, gustativement, hygiéniquement et moralement. Le labo évaluait la qualité des farines de chaque membre et de celles de leurs principaux concurrents. Plus tard, Unimie conquérait, le premier, le label rouge pour ses farines, gage de qualité supérieure certifiée.

Comment cette démarche pèse-t-elle sur la panification elle-même ?

Construire son projet sur une nouvelle farine fournie par une nouvelle structure lancée par une campagne médiatique sans précédent dans la filière, c'était déjà une gageure. Plus périlleuse encore la volonté d'obliger les boulangers à faire leur pain autrement. Sans accompagner les boulangers jusqu'au bout de la course, les concepteurs de Banette ne croyaient pas pouvoir mener à bien leur ambition. La confirmation de cette conviction intime, ils l'avaient déjà trouvée dans les chiffres apocalyptiques de la consommation du pain. S'appuyant sur les conseils et le prestige de R. Calvel, dont le rôle de professeur de boulangerie au sein d'une école de meunerie semblait faire écho au nouveau rapport entre les boulangers et leurs meuniers, Banette préconisait une rupture radicale avec les méthodes stigmatisées de « pain blanc » qui avaient dominé la profession depuis 1960, engendrant un pain beau mais pas bon, blanc et volumineux mais sans goût ni caractère. Haut de gamme par son choix et son traitement des blés, la farine Banette l'était également par le rejet de tout ajout de fève, additif utilisé partout depuis le XIXe siècle pour favoriser la fermentation et la tenue de la pâte, mais qui altérait la flaveur du pain. Banette demandait au boulanger de pétrir moins longtemps et plus doucement, pour garantir la saveur et la bonne consistance de la mie, de rajouter de la pâte (pré)fermentée pour fortifier les propriétés physiques de la pâte et enrichir le goût du pain, et de façonner manuellement pour retenir le gaz carbonique nécessaire à la pousse, rassurer le public en donnant le signe irréfragable d'un travail traditionnel et donc meilleur, et rappeler à l'artisan lui-même qu'il ne devait pas trop céder à la mécanisation (ce message servant de preuve que, tout en cherchant une certaine standardisation, Banette voulait mettre en valeur le propre tour de main de chaque boulanger). Vantant une mie moelleuse et bien alvéolée, de couleur crème tirant un peu sur le jaune, et une croûte dorée et croustillante, facile à reconnaître, cette baguette de tous les jours, un peu plus chère que les baguettes courantes ailleurs, mais nettement plus savoureuse, a connu un réel succès, même si sa qualité variait de boutique à boutique. Tout en focalisant sur la baguette de la marque, Banette a rapidement renforcé son offre avec un éventail de pains spéciaux qu'elle n'a cessé d'enrichir, et qui ont marché plus ou moins bien en fonction des critères socioculturels et démographiques de la clientèle visée.

Comment devient-on boulanger Banette, banetier comme vous dites ?

Banette a forgé un réseau de boulangers qui a dépassé un moment 3 200 boulangers, dont le quart avec l'agencement Banette de leur boutique. On devient boulanger Banette ordinairement par l'intermédiaire d'un meunier adhérent avec lequel on a noué des liens. La transition – l'installation initiale ou le changement de fonds – demeure le moment privilégié de bascule. En principe, un futur partenaire se met en ménage d'essai avec Banette pendant deux ou trois mois, des sortes de fiançailles. On lui donne certains outils, il est invité à tester les produits, à questionner ses clients, à se poser la question ultime : « Est-ce que cela me rapporte quelque chose ou pas ? » En fonction de sa réponse, il adhère ou non. La décision de consolider le partenariat est marquée par la signature d'une convention précisant les obligations de chaque partie.

Même si le recrutement des boulangers est fondamentalement une affaire locale, Briare se soucie de tous ses boulangers-partenaires, dans la mesure où la crédibilité de l'enseigne se joue tous les jours dans chaque boutique. La bonne réputation de Banette n'est pas que le fruit d'une communication habile. Né d'un pari sur la qualité, le groupe ne peut prospérer à terme sans imposer une certaine rigueur dans la pratique de ses artisans-clients et un certain consensus idéologique sans aller jusqu'à la pensée unique. Banette souhaite motiver les boulangers à respecter les diagrammes et les autres obligations et se dit prêt à sanctionner des déviations flagrantes, préfèrant penser en termes de responsabilisation que de coercition. D'abord Banette fournit aux artisans une grille assez détaillée de facteurs de panification relevant du sens commun du métier et puis des paramètres organoleptiques méticuleusement mis au point. Puis un système d'évaluation et de certification par Banette-Briare permet de mesurer avec davantage de recul les compétences du boulanger, sonder l'intensité de sa motivation, proposer des solutions à des problèmes persistants et le mener à se surpasser, si cela se peut.

Le but de l'opération est de sauvegarder, voire d'agrandir le capital collectif de Banette, capital symbolique et matériel. Le risque est d'effrayer les artisans et d'apporter de l'eau au moulin de ceux qui ont fait rimer Banettitude avec servitude. Théoriquement, un banetier qui reste en mal de qualité est invité à abandonner la marque discrètement, mais cela passe souvent par une négociation complexe dans laquelle le meunier local fait tout pour sauver la face et la fidélité de son client. Dès le début, ce problème de rigueur a posé de vrais problèmes – commerciaux et affectifs – aux meuniers qui ne voulaient pas se trouver dans une position délicate vis-à-vis de clients, parfois de longue date, épris du rêve Banette, mais de niveau insuffisant. Alain Storione raconte que le modèle Banette suscitait chez ses collègues en conseil d'administration à la fois de l'enthousiasme et « une trouille bleue ». Et les concurrents de Banette ont transformé son désir de placer la barre haut en argument de recrutement à l'égard de boulangers qui craignaient un climat d'exigence et de contrôle.

Croisé de l'excellence, Edmond Maurin aurait souhaité qu'entrer dans l'enseigne Banette, ce soit entrer en religion. Mais Banette est réaliste : elle s'évertue à reconnaître l'originalité et la spécificité de chaque artisan et à prendre ces différences en compte au niveau de l'évaluation, malgré l'apparente rigidité des grilles. Il s'agit d'un pacte de qualité pour l'avenir, fondé sur des valeurs anciennes. Le caractère et l'intensité du partenariat varieraient de moulin à moulin. Certains cherchaient une intégration assez poussée, soumettant le boulanger à d'importantes contraintes en échange de multiples services dans un contexte de rigueur contractuelle. D'autres préféraient davantage de souplesse, n'exigeant ni fourniture exclusive de farines ni gamme complète de pains et n'accordant pas d'exclusivité commerciale dans une zone de chalandise donnée. Si tout marchait bien, disait le meunier, le public, mobilisé par la publicité et conforté par son propre goût, apprendrait à associer la bonne qualité avec la marque ; selon le scénario le plus glorieux, le consommateur finirait par demander une « banette » au lieu d'une baguette. Avec cette nouvelle notoriété s'installerait une nouvelle confiance triangulaire liant meunier, boulanger et public, et les chiffres d'affaires des deux premiers monteraient en conséquence.

Le défi de Banette, étant donné la structure forcément bigarrée du groupement, était autant la discipline des adhérents-meuniers que des boulangers. Leurs intérêts, comme ils les entendent, ne correspondent pas toujours à ceux qui sont articulés en leur nom par Briare. Donc la concurrence entre moulins membres pourrait saboter certains objectifs du centre. De vives tensions entre meuniers rivaux ont conduit à la défection de plusieurs moulins en cours de route. Chaque moulin constitue une communauté et a une tendance inexorable à résister à la règle républicaine incarnée par l'enseigne et la marque. En ce sens, Banette est un chantier permanent, un effort de conciliation et de transaction quotidien, une expérience organisationnelle et capitalistique intéressante.

Banette a été beaucoup critiquée et beaucoup imitée.

L'émergence soudaine d'Unimie-Banette a posé un problème sérieux à la voix officielle de la profession des boulangers, la Confédération, incapable de se remettre en question, de proposer les analyses et les solutions projetées par ce groupement de meuniers. Pour la centrale, c'était une insupportable usurpation morale, un empiètement professionnel et technique, une menace politique. Elle exhortait ses troupes à ne jamais se mettre à la botte de ses fournisseurs, à ne pas se laisser abuser par les donneurs de leçons qui font état d'une prétendue absence de capacité de la profession pour mieux l'asservir.

L'actuel président de la Confédération, Jean-Pierre Crouzet, le moins économiquement corporatiste de tous les chefs de la boulangerie, a repris la vieille antienne de « chacun à sa place » dans le domaine de ses compétences. Tout comme Ulysse à ses compagnons, il dit en substance à ses confrères : « Si vous cédez à l'appel envoûtant des Sirènes, vous êtes morts. » Il appelle à la résistance contre une double chimère : la franchisation et la perte de l'identité professionnelle. La Confédération prenait particulièrement mal l'entrée en lice de Banette dans le domaine de la formation, son pré-carré historique, emblème de son magistère de compétence, par la création d'une école de boulangerie. D'un côté, le syndicat semble suggérer que la boulangerie avait autant à craindre de la Banettisation de la filière que des terminaux de cuisson et des grandes surfaces. De l'autre, J.-P. Crouzet était suffisamment lucide pour reconnaître que la boulangerie artisanale, incapable de réussir seule le virage moderne vers 1980, avait bien besoin du fort coup de pouce de la meunerie.

Dans un premier temps, la meunerie, quant à elle, n'a pas pris Banette au sérieux. Alain Storione était un illuminé, voire un fou ; Banette un objet extraterrestre ne pouvant perdurer tant ses postulats étaient en contradiction avec le mode d'emploi de la filière. Puis, quand l'impact sismique de Banette comme vision-structure de partenariat, comme concept boutique, comme véhicule de marketing, comme marque de produits, et (surtout) comme pain de qualité exceptionnelle pour l'époque, se fait sentir, une partie significative de la meunerie comprend son erreur d'appréciation et emboîte le pas. Tous les acteurs imitent, mais chacun à sa manière, Philippe Viron (Rétrodor) avec le plus d'imagination et de fougue, Festival (groupement mis en œuvre par un ancien de Briare) avec un mélange de fidélité et de recul critique, les Grands Moulins de Paris avec le plus de prudence, Soufflet/Pantin avec le moins d'élan. D'autres moulins ou rassemblements de meuniers ont proposé des enseignes régionales ou nationales. On estime à l'heure actuelle que plus de la moitié des artisans boulangers en France sont associés, d'une manière ou d'une autre, à un réseau ou à une collectivité. Quoique bien des boulangers restent en dehors, la Banettisation de la filière, tant par ses effets collatéraux et dérivés que par ses conséquences directes, a profondément modifié le cadre même des relations entre meuniers et boulangers, le changement le plus important depuis quatre-vingts ans. L'enseigne n'est pas une solution idoine pour tous ses adhérents, loin s'en faut. Tout en permettant aux meilleurs de prendre confiance et de s'affirmer comme professionnels sans avoir à ramer chacun dans son coin, il a protégé des paresseux et des passifs, un peu comme l'organisation meunière l'a fait avec les moins entreprenants. Mais n'oublions pas la situation historique spécifique des années 1970 et 1980. Angoissés par la chute ininterrompue de la consommation du pain, ébranlés par la concurrence de plus en plus brutale de la boulangerie industrielle et des grandes surfaces, incapables de trouver un sésame « qualité » pour démarquer la vocation et la dextérité artisanales, souvent insuffisamment conscients des effets pervers du « progrès » technologique, et parfois mal préparés à affronter la nouvelle liberté des prix, les boulangers pataugeaient dans un immobilisme tour à tour anesthésiant et traumatisant auquel seule une minorité de fortes têtes a su échapper. Dans ce contexte-là, si l'on excepte le noyau de boulangers virtuoses, tant de province que de Paris, qui ont toujours défendu le pain à travers leur pain, je crois qu'il n'est pas excessif de dire que l'intervention meunière a empêché la boulangerie artisanale de sombrer. Si depuis les premiers balbutiements hardis, voire téméraires de Banette, toutes les enseignes ont évolué, mûri, se sont relookées ou renouvelées, il est frappant de constater que l'esprit de Storione reste partout présent.

Que faut-il penser quand on achète son pain dans une boutique identifiée à de grandes marques meunières ?

Si vous achetez votre pain chez un artisan de votre quartier, il y a une forte chance pour que vous vous mêliez, sans le savoir, à cette longue histoire tendue entre boulangers et meuniers. Car il est fort possible que votre boulanger soit affilié à une de ces enseignes que l'on voit un peu partout : Banette, sans doute la plus célèbre, mais aussi La Ronde des Pains (Campaillette), Rétrodor, Baguépi, Festival des Pains, Copaline, Club Le Boulanger, etc. Vous ne savez sans doute pas que chacun de ces partenaires d'enseigne est un grand moulin ou un regroupement de moulins. Il ne s'agit pas du tout de chaînes, supposition immédiate mais absolument erronée que font beaucoup de consommateurs. Chacun des boulangers est un artisan indépendant – exorcisons tout de suite le spectre infamant d'un jacobinisme panaire, d'une McDonaldisation de ce patrimoine du quotidien. Non, chers amis, je vous l'assure, le pain n'arrive pas en précuit-surgelé subrepticement au milieu de la nuit chez des enseignes. L'artisan boulanger en enseigne crée la vie en ensemençant sa pâte, comme tous les artisans du fournil. (Entendons-nous bien, je parle ici du pain. En ce qui concerne la viennoiserie, *no comment*, mais pas plus pour les enseignes, que pour les artisans en dehors d'elles.)

16.

Profession : taste-pain

*Vos investigations vous ont mené résolument vers l'époque actuelle avec l'idée, comme vous l'avez toujours fait, de vous ménager des retours vers le passé, votre XVIII*e *siècle. Vous faites une sociologie de la boulangerie nationale après la guerre et cherchez à bien faire comprendre comment celle-ci s'est relevée avec l'aide de la meunerie. Mais vous allez plus loin. Vous poursuivez vos visites des boulangeries parisiennes et vous avez maintenant l'idée de guider vos lecteurs panophiles dans leur quête du bon pain. Ce sera* Chercher le pain. Guide des meilleures boulangeries de Paris, *en 2004, qui établit une grille de lecture.*

Je vous ai raconté que lors de mes premiers séjours à Paris, j'avais commencé à visiter les boulangeries, pour le plaisir de la variété et pour celui de rapporter du pain à la maison. J'avais vite compris que le niveau était très inégal. Lors du séjour que je fis de 1957 à 1959, poursuivant mes recherches dans les archives et entamant ma formation avec le vague projet d'obtenir mon CAP de boulanger, j'ai repris ma visite des boulangeries, mais avec cette différence que désormais je notais. Je faisais simplement le constat qu'il y avait beaucoup de pains insipides et m'en étonnais, timidement, presque honteusement – car je ne me sentais pas du tout habilité à ce moment-là à porter un jugement.

Dans les années 1950-1960, la Confédération de la Boulangerie avait tout misé sur les conclusions de la Commission « Pain » (instituée par l'État au sein du CNERNA juste après la Libération) pour ramener le public vers un consensus sur l'excellence du pain français. Elle a mis toute son autorité scientifique et technique derrière les pratiques modernes de la filière, jugées efficaces et fructueuses, mais elle s'est abstenue de commenter l'organoleptique, domaine échappant directement à la science. Requinquée, la boulangerie s'octroyait de bonnes notes pour tout ce qui concernait la qualité. Il faudra attendre les états généraux de 1983 pour que la Confédération, déstabilisée tant par la chute incessante de la consommation du pain que par la menace de la concurrence incarnée par la boulangerie industrielle et par les grandes surfaces, avoue avoir sous-estimé ce qu'elle appelle pudiquement « le facteur qualité ».

Le mauvais pain est resté un secret pendant si longtemps ?

Dès les années 1960, quelques experts au sein de la filière ont commencé à s'inquiéter de la stratégie « pain blanc ». La presse grand public ne s'en faisait pas encore l'écho. La première alerte « généraliste » est venue d'une source américaine : Meg Bortin, aujourd'hui au *Herald Tribune*, écrit vers la fin des années 1970 dans *Paris Métro* que le pain « n'a plus de goût ». Serait-ce que le goût n'avait plus la moindre importance pour le public des consommateurs, voraces comme jamais, de l'après-Mai 68 ? Non sans un certain regret, Bortin remarque que l'écrasante majorité des Français accepte placidement cette situation lamentable. Si je ne me trompe, la première dénonciation du pain dans un grand journal franco-français n'arrive que quelque dix ans plus tard dans *Le Nouvel Obs* sous la plume agile et acérée d'Alain Schifres, « démagogue le*pain*iste » autoproclamé. Il dénonce la baguette (sur-pétrie, sous-fermentée, additivée, voire congelée) « effroyablement dégueulasse ». Entre ces deux sorties, américaine et française, Banette surgit. Ce groupement de meuniers s'est organisé précisément pour faire face au constat terrible de la médiocrité du pain, cause majeure (mais pas unique) de la baisse de la consommation, souci évident pour les fabricants de farine.

À ce même moment charnière, certains artisans boulangers se mettent à parler ouvertement du « scandale » de la qualité du pain (les additifs) et du comportement « suicidaire » de leurs collègues qui fabriquent un pain au mépris des règles élémentaires ; ils s'émeuvent de l'érosion des compétences et du déficit moral (pour Jean-Luc Poujauran, qui fait partie de cette minorité d'artisans qui n'ont jamais cessé de se préoccuper de la qualité, le problème ne relève pas d'un manque de savoir mais de « volonté de faire ce métier »). Il est vrai que les choses commencent à changer dans le climat professionnel, très lentement mais indiscutablement entre la prise de conscience au cours des états généraux de 1983 et la promulgation du décret pain de 1993 (instaurant le pain de tradition).

Quand décidez-vous d'intervenir dans ce débat naissant ?

Le désarroi de la boulangerie me chagrine et me fascine. À peine libérée d'une tutelle honnie, elle fait appel à l'État pour l'aider. Et quoique j'étudie l'État depuis déjà vingt-cinq ans et que son caractère tentaculaire et jacobin n'ait plus de mystère pour moi, je ne m'attendais pas à le trouver au chevet de la boulangerie. Le décret pain : un pain d'appellation contrôlée créé par l'État ; j'étais ébloui, et très curieux de voir l'impact de cette ingérence ardemment voulue. Jean-Pierre Raffarin (dit en fournil Raf-farine), homme de la « com », fin politique, qui aime manger et boire, et s'intéresse particulièrement aux métiers de la bouche, devient ministre de l'Artisanat. Il me convie, avec Lionel Poilâne, Jean-Luc Poujauran, Joël Robuchon et d'autres, à participer à la réflexion qui va mener à la création de la fête du pain. J'ai l'impression que ça bouge. Je continue mes promenades « restiviennes ». À côté des valeurs sûres de l'artisanat parisien, je suis frappé de constater l'émergence d'une nouvelle génération : après les Julien et les Gosselin, les Saibron, Kayser et autres Rabineau, suivis de peu par Lalos.

Pour la préface du *Meilleur Pain du monde*, une histoire de la boulangerie parisienne au XVIIIe siècle, sorti en 1996, j'entreprends une étude de terrain pour faire le point sur la qualité vers la fin du XXe siècle. Je visite des fournils, je déguste, j'interroge une panoplie de boulangers – des vieux renards (type Ganachaud) et des étoiles montantes, des rejetons des dynasties boulangères et le jeune cadre dynamique recyclé, les indépendants qui se méfient profondément de leurs meuniers et des artisans travaillant fructueusement en « enseigne » (Banette, Rétrodor, Ronde des pains). Ce n'est sûrement pas le meilleur pain du monde – l'appréciation unanime de tant de voyageurs et de commentateurs au siècle des Lumières – mais je détectais des signes très prometteurs d'une amélioration significative.

C'est le retour du bon pain ?

Ça semble aller dans ce sens. En tout cas, s'il y a augure d'un début de résurrection, je me sens obligé de mieux comprendre la chute. Donc, j'entreprends une étude de la boulangerie en France depuis les années 1950. C'est une anatomie de la crise sur la longue durée, alliée à un regard approfondi sur les choix, les raisonnements et les embarras de la boulangerie pendant les Trente Glorieuses. Après *Le Retour du bon pain*, paru en 2002, qui m'a mis en contact pour la première fois véritablement avec le grand public, je me dis que je dois aller désormais au bout de ma logique. Je viens d'expliquer comment un certain nombre de boulangers (parfois en complicité avec leurs meuniers) réinventent un Autrefois féerique, à la fois enraciné dans le temps et intemporel, site d'une tradition oubliée et non corrompue, mais également labile et adaptable, garant d'une qualité longtemps hypothéquée. Comment cartographier ce voyage vers un avenir radieux qui suppose un détour par le passé mythopoïétique ? Comment naviguer à travers cette nostalgie fiévreuse pour « l'ancien » qui n'exclut pas un recours permanent et intelligent à une modernité désormais domptée ? Comment distinguer « l'authentique » de ce que Schifres appelle « l'authentoc » ? Au-delà de l'auto-intoxication sympathique et du marketing emphatique, comment mesurer le progrès concret ? Suis-je vraiment capable de guider les amateurs de bon pain vers les lieux où, à Paris, puisque c'est mon territoire privilégié, on le fabrique ?

De l'anthropologie historique au guide des boulangeries parisiennes, il y a tout de même un fossé que vous n'étiez pas tenu de franchir.

Vous voulez dire que cela relevait de la gageure ? Sans doute. C'était imprudent. Il n'existait pas de précédents, sur lesquels je pouvais me modeler ou desquels je pouvais me différencier. Je m'étais vivement intéressé à la cuisine et à la gastronomie. Je connaissais tous les guides et les styles de commentaire, depuis Grimod de la Reynière à « La Reynière » du *Monde*. Mais, sur le plan pratique, cela ne servait pas à grand-chose. La méthodologie en sciences sociales et humaines n'était que heuristiquement pertinente, si vous me permettez cette cuistrerie. J'ai conçu toutefois ce guide comme un travail de recherche avec des problématiques, même si le déplacement des champs s'avérait radical. J'allais faire des dépouillements, mais dans le comestible, pas dans l'écrit ; je devais faire des analyses et des mises en intrigue, mais d'un autre type que celui que je pratiquais jusqu'alors. L'éditeur n'accepterait jamais, me suis-je dit, un titre comme « L'Herméneutique de la panification » avec en exergue une citation de Bachelard sur la pâte. Je me suis rappelé que l'esprit critique est bon conseiller en toute occasion. Et, après tout, cette entreprise était dans la logique de mon enquête qui avait enjambé les frontières que l'historien s'était données, pour regarder vers l'époque moderne. C'était dans la continuité de mes apprentissages à l'École des Grandes Moulins et dans les fournils. C'était la suite attendue de mes visites répétées chez les boulangers de la capitale avec l'idée d'évaluer de façon cohérente et de pouvoir dire un jour ce qu'était le bon pain et là où on le trouvait. Je me suis donc embarqué dans cette aventure avec mon épouse, Marie-Christine. Cet apprentissage en dégustation a quelque peu changé son comportement, voire son ethos. Ma femme était, comme d'autres intellectuels de gauche (notamment du SNES), extrêmement réactive sur le plan politique, mais assez indifférente sur le plan gastronomo-gustatif du pain. Maintenant, elle est capable de s'emporter quand un pain est mauvais.

Il y a là comme un mouvement d'entraînement que vos recherches insistantes, obstinées, finissent par induire.

Sans avoir suffisamment réfléchi à ce que cela impliquait, j'ai signé ce contrat tout à fait naïvement, séduit par l'idée, mais sans me douter du chantier qui s'ouvrait devant nous. Il aurait fallu que je demande de l'aide logistique et une subvention pour l'achat du pain, dont le prix en fin de compte allait dépasser de loin ce que je touchais en avances. Financièrement ruineux pour moi, le guide a exigé beaucoup plus de temps que je ne l'avais prévu. J'avais déjà une autre étude en cours. Une fois le contrat signé, j'ai commencé à comprendre que je ne pourrais pas m'engager dans cette voie en dilettante, mais que je devais encore une fois recourir à ma bonne vieille méthode, qui est d'investir à fond le sujet qui doit être traité. Je me suis rendu compte également de la lourde charge morale que je devais assumer. Au-delà du défi intellectuel pour moi, il y avait des enjeux sociaux et commerciaux auxquels je devais penser sans relâche. Mes mots, mes métaphores, mes choix risquaient d'avoir des conséquences pour divers acteurs en dehors de mon microcosme, notamment pour les consommateurs, mais surtout pour les artisans.

Comment vous y êtes-vous pris alors ?

Ma première exigence était scientifique. Je désirais disposer d'un échantillonnage sérieux à partir duquel je pourrais procéder à mes approches comparatistes. Stratifier à l'aveugle par tranches de population, en fonction de la distribution des boutiques, m'aurait donné un certain recul ou neutralité formelle. Mais, sans renoncer complètement à une randomisation qui m'aurait assuré une représentativité statistique, je voulais profiter de ce que les anthropologues appellent un savoir ésotérique, c'est-à-dire ma familiarité historique avec l'univers des fournils, mes contacts réguliers avec tous les acteurs de la filière, ma fidélité à Radio Pétrin qui dissémine des informations précieuses, quoique souvent codées et parcellaires. Ainsi, je décide de retenir les boulangers que je connais depuis plus ou moins longtemps ; puis ceux qui figurent parmi les dix premiers au concours annuel de la meilleure baguette de Paris depuis dix ans (dans le jury duquel je siège souvent) ; des artisans recommandés par les meuniers fournissant individuellement ou par enseigne (Banette, Festival ou autre Rétrodor) ; des boulangeries louées par la presse et (quand ils en prennent la peine) par des guides gastronomiques, également depuis une dizaine d'années ; enfin, des boulangeries signalées par nos amis, tous sensibles à notre quête perpétuelle du Graal panaire. On a dressé des cartes pour visualiser la distribution démo-géographique de ces boulangers « présélectionnés » pour l'enquête. Puis on a complété massivement et sans aucun principe de choix. Selon la Chambre syndicale de la boulangerie, à l'époque un peu plus de 1 200 artisans avaient pignon sur rue dans Paris *intra muros*. On en a visité plus de 600 en tout. Peu d'échantillons touchent plus de la moitié de la population concernée. Mais essayez de vous imaginer ce que représentent six cents boulangeries !

Vous êtes passés une seule fois dans plus de 600 établissements ?

Vous plaisantez. Après avoir visité ces six cents boulangeries, nous en avons retenu trois cents. Nous sommes repassés une seconde fois chez ces trois cents, pour n'en retenir que cent cinquante. Puis une troisième fois chez ces dernières pour n'en conserver que cent, dont nous avons revérifié le quart pour être sûrs de notre choix. Il fallait cette couverture épaisse, d'une part, pour distinguer soigneusement les meilleures et, d'autre part, prendre en compte le problème de la régularité de qualité : ne pas retenir un fournil incapable de reproduire une bonne qualité peut-être aléatoire ; et ne pas négliger un boulanger solide qui aurait raté une fournée, comme cela arrive quand on travaille sur la chose vivante dans des conditions environnementales (au sens large) très variables.

Qu'est-ce que vous dégustiez au juste ?

Étant donné l'échelle de notre projet et ses coûts tant en argent qu'en temps, nous ne pouvions pas nous permettre d'explorer l'éventail de produits dans chaque boutique. Et, sur le plan méthodique, une telle approche n'aurait pas eu de sens. Toute évaluation est, implicitement sinon explicitement, comparative. Je ne voulais comparer que des objets strictement comparables – oranges et oranges, non pas oranges et pêches. C'est vrai qu'un boulanger qui rate sa baguette est capable parfois de fabriquer une miche au levain ou un pain aux céréales tout à fait remarquable. Mais la seule manière de sélectionner les meilleurs avec un minimum de rigueur est de les juger sur le même produit, un pain dont le diagramme – terme boulanger pour recette – et les gestes pour le réaliser peuvent varier, permettant à chaque artisan d'imprimer sa marque personnelle, mais dont les principes de base sont précisément, forcément les mêmes.

Pour soumettre les boulangers au test, j'ai choisi la baguette dite de tradition française comme *unique étalon*. Seul pain d'« appellation contrôlée », il incarne le nouvel ordre de qualité : son étonnante sapidité et tous les autres traits sensoriels, sans compter sa capacité de conservation. Malgré la crise aiguë et prolongée dans laquelle la boulangerie s'était engouffrée, une poignée d'artisans exceptionnels n'ont jamais cessé de faire de la qualité, même aux pires moments du « tout blanc » lessivé et gonflé à bloc. Mais sur la grande échelle de toute la ville, pour ne pas parler du pays entier, si le bon pain est de retour, il passe presque toujours par le pain de tradition. Ce dernier n'a pas été adopté tout de suite, dans le sillage du décret pain de 1993 qui l'a créé, parce qu'il n'est pas simple à faire. Il exige de la dextérité et du temps. En France, aujourd'hui, on estime que jusqu'à 25 % des boulangers le fabriquent. Ce n'est pas beaucoup.

À l'époque de la préparation de notre guide, en 2003-2004, 80 % des boulangers parisiens fabriquaient une baguette de tradition, souvent pas très bien : c'était le quasi-début. Ma stratégie « tradition » voulait dire qu'une grande figure du métier – tel Poilâne – était d'office exclue parce qu'il n'en faisait pas – la baguette n'était plus dans son répertoire. Pour d'autres mastodontes, notamment Ganachaud et Poujauran, qui ne remplissaient pas exactement les critères techniques, j'ai triché en les incluant, car ils pesaient trop sur la trajectoire qualitative de l'artisanat pour ne pas faire une exception.

Vous vous limitez donc à un seul pain par fournil, la baguette de tradition ?

Pas exactement. Je me sentais obligé de mettre systématiquement mes préjugés à l'épreuve. Donc, dans chaque boutique, on a pris une baguette ordinaire : puisque aucun boulanger normalement constitué n'accepte l'idée qu'il fabrique un produit « ordinaire », on l'appelle la baguette de consommation courante. Sauf exception – et il y en avait de notables – j'ai trouvé ce pain extrêmement mauvais, sans aucun intérêt sensoriel, parfois même franchement scandaleux (soit dans sa forme ramollie, soit dans la version matraque de CRS). Pour des raisons désormais bien connues : quasiment pas de pointage, trop de levure, trop de sel, trop d'additifs, cuisson sur des fours rotatifs, etc. Combien de fois avais-je – avec un sentiment de gêne, voire de honte – inscrit sur ma fiche « DOA », acronyme américain glauque pour signifier les gens arrivés morts à l'hôpital – *Dead On Arrival*. Enfin, on a acheté un des « spéciaux » de chaque boulanger, après avoir demandé à la vendeuse de bien vouloir nous indiquer la grande spécialité maison dans ce domaine. Je voulais voir comment le boulanger s'exprimait hors concours. Sans doute un pain spécial exceptionnel m'a-t-il incité à repêcher un boulanger qui aurait dû être éliminé en raison de sa « tradi ».

Si le pain avait des vertus enivrantes, sans doute auriez-vous terminé votre enquête complètement soûl, voire alcoolique.

Ou dégoûté à jamais de manger du pain. Il nous fallait partir à la pêche tous les matins, pas trop tôt, car la baguette de tradition sortait souvent plus tard que les autres. Affronter les difficultés de la circulation parisienne, puis les embouteillages dans les boutiques, entre midi et deux heures, quand des hordes descendent chercher leur déjeuner. Et déjà repérer les éléments d'organisation, de décor et d'accueil que nous prendrions en compte plus tard. Nous disposions, mon épouse et moi-même, d'une petite voiture avec laquelle nous entreprenions cette tournée des grands ducs supposés qui représentait, pour quinze à vingt boulangeries, quatre ou cinq heures par jour.

Vous expliquiez votre projet en arrivant dans la boulangerie ?

Pas du tout. Marie-Christine et moi étions de simples clients. Pour ce qui me concerne, je tenais à garder mon incognito. Et là où les boulangers me connaissaient, c'est Marie-Christine qui officiait. Le travail prométhéen de collecte a donc commencé, et a duré six mois.

Pendant six mois ! Une vraie relation passionnelle !

Six mois sans un jour de relâche. N'oubliez pas que, dans passion, il y a aussi souffrance, et l'enquête n'a pas été de tout repos. On a fait des centaines de tournées. Inutile de vous dire que cinq ans plus tard, nous retrouvons toujours des miettes dans la voiture dans laquelle nous avons parcouru le Paris des boulangeries.

Une fois notre butin quotidien rapporté à la maison, nous devions nous mettre au travail sérieux, c'est-à-dire déguster et évaluer. Les conditions n'étaient sans doute pas idéales : on était crevés et affamés. Pas question de déjeuner pour garder un minimum d'appétit pour affronter une soixantaine de pains. En même temps, l'estomac vide n'est pas la meilleure condition pour une dégustation sereine. Comme je vous l'ai dit, si notre objectif était de noter la baguette de tradition, nous prenions la peine d'apprécier tout ce que nous avions acheté dans chaque boulangerie. Nous commencions donc notre marathon vers 15 heures pour terminer vers 20 heures. On a travaillé comme les boulangers que nous nous apprêtions à mettre en valeur : artisanalement ! Puis je sortais faire mon footing, pour m'aérer l'esprit.

Et déguster veut dire en l'occurrence avaler ?

Non, pas du tout. Je crachais. Je disposais d'un énorme sac, et une fois apprécié la flaveur de chaque bouchée, je m'en délestais. Mon épouse, qui a été élevée dans le 16e arrondissement, et qui ne sait ni ne veut cracher, a dû prendre dix kilos. (Si je ne dis pas expressément que c'est une blague, je risque de provoquer un immense courroux syndical, sans parler du conjugal : car le pain – 250 calories pour 100 g – ne fait pas grossir dans des circonstances de consommation normale.) Je dois dire que Marie-Christine s'est formée avec moi pour finir par devenir une excellente évaluatrice. L'intérêt était de comparer nos notations. Le travail était fastidieux, comme vous l'imaginez, mais, en même temps, on ne pouvait pas ne pas être excité chaque fois qu'il s'agissait de rompre le pain et de le porter à notre nez.

Vous goûtez, vous crachez pendant six mois pour parvenir à ce « top cent » des meilleures boulangeries parisiennes. Mais le classement reste fragile, non ? Vous n'étiez que deux à faire ce travail d'émondage. Comment être sûr que vous n'avez pas laissé une partie du meilleur passer à travers les mailles de votre filet ?

Le doute est le moteur de ce genre de projet. Je pars humblement, aussi bien informé que possible, ouvert d'esprit mais avec certains partis pris, avoués ici même (et d'autres non sus). Je ne prétends ni détenir la vérité ni avoir la science infuse. Je suis extrêmement sensible à la fragilité épistémologique de l'entreprise. Les chances de se tromper dans l'appréciation du pain sont sans doute plus élevées que dans d'autres sphères d'activité (la cuisine gastronomique, par exemple : vous reproduisez une délicieuse sauce béarnaise plus aisément qu'un somptueux pain de tradition). Chose vivante, sujet à tellement de variables intrinsèques et ambiantes, qui changent pratiquement tous les jours, la pâte d'un même fournil ne débouche pas toujours sur le même pain. La régularité demeure le grand souci du boulanger, comme du critique du pain. J'ai pu constater à plusieurs reprises des disparités significatives dans nos évaluations successives dans le même fournil. Il se peut, par ailleurs, que je sois tombé deux ou trois fois de suite sur des fournées n'exprimant pas le vrai talent du boulanger évalué, tout comme j'ai pu m'extasier sur un pain dont la qualité se révélerait accidentelle si l'on pouvait le tester tous les jours. Forcément, malgré toutes nos précautions, notre refus de juger péremptoirement, notre volonté de revoir en cas d'hésitation ou d'équivoque, il y avait des boulangers déçus et des consommateurs pris au dépourvu. Certains m'ont contacté, moins dans l'indignation que dans l'envie de causer. Ces échanges sont toujours un grand plaisir pour moi.

Vous êtes à votre aise dans le rôle de critique ?

Comme tout un chacun, je n'aime pas spécialement les critiques, notamment ceux qui ne chantent pas les louanges de mes livres (ne sont-ils pas nécessairement mauvais ou mal informés ?), ceux qui n'adorent pas les romans auxquels j'aurais donné le Goncourt, ceux qui ne décernent pas des macarons à mes restaurants favoris et ceux qui aiment Jerry Lewis au cinéma. Si ce n'est pas le lieu de philosopher sur ce qu'est la critique, je veux dire simplement que je connais pertinemment les écueils de ce métier, épineux et délicat. Quand elle est bien faite, la critique nous rend plus intelligent, nous permet de mieux percevoir et discriminer, nous ouvre de nouvelles perspectives, nous donne les moyens d'exercer davantage de liberté. La plupart du temps, le critique nous oriente sur des expériences qui tombent dans l'arène de l'exception : sortir pour voir un film, dépenser des sommes importantes pour un repas dans un restaurant, consacrer du temps précieux à un livre, etc. Justement parce qu'il ne s'agit pas d'une pratique quotidienne, nous avons envie de ne pas nous tromper, nous cherchons des recommandations dignes de foi. Sans doute parce que le pain est tellement basique, parce qu'il fait partie de notre vie de tous les jours, où nous nous considérons plutôt rodés et autonomes, nous ne ressentons pas le besoin de conseils. J'essaie de montrer le contraire et d'inviter le panivore à sortir de la routine et à se poser des questions.

En même temps, votre expertise et vos recommandations consignées dans ce guide pèchent par le fait que vous supposez que les consommateurs d'aujourd'hui sont en mesure de procéder, à partir de votre grille d'évaluation, à leur propre expertise. Les pratiques, le goût du mangeur contemporain évoluent à grande vitesse. Le pain n'est plus le centre de ses habitudes et nécessités alimentaires. Si vous vous habituez au kebab ou au hamburger de chez McDonald's, est-ce que vous serez toujours en situation de faire le difficile chez votre boulanger ?

Les tendances lourdes vont dans votre sens, notamment la chute de la consommation du pain par tête et par jour depuis plus d'un siècle, pas encore nettement endiguée ; la désaffection des jeunes ; et la mondialisation qui standardise, qui nivelle par le bas. Mais votre analyse est tout de même excessivement sombre. Je suis un militant du bon pain, notamment du pain de tradition. Il faut lutter pour que les gens prennent conscience de son intérêt. D'abord, son intérêt hédonique : en le dégustant, je suis persuadé que l'omnivore vagabond va (re ?)devenir mangeur de pain. Puis, son intérêt culturel, comme métaphore de toute une culture, comme vecteur de la sociabilité, comme lien privilégié entre les gens et entre les temps.

Militant, je suis aussi et surtout pédagogue. Il faut montrer, expliquer, démystifier ; il ne faut jamais cesser d'apprendre aux gens ce qu'est le pain. Tous les moyens sont bons : ludiques, esthétiques, théâtraux, émotionnels, historiques, intellectuels, etc. Lucide, je ne crois pas que les habitudes, dans le fond, changent ces jours-ci avec « la grande vitesse » que vous évoquez, même si je reconnais bien entendu que les choses bougent. Réaliste, je n'oppose pas la pratique saine et bien « française de souche-identitaire-Jeanne d'Arc-Marianne » à la trahison de la malbouffe, toxique, subversive, venue de l'étranger. Il n'est ni malin ni utile de dénigrer ou tenter de disqualifier de McDo, emblème d'une contre-culture mondiale et jeune. En passant, on peut même rendre hommage aux chefs de McDo pour leur intelligence marchande : remplacer l'écœurante sauce américaine par une concoction au goût français, acheter viande et pommes de terre en France, demander les pains (« buns ») hamburger à un bon industriel, etc. Il faut être pain-progressiste : repositionner le pain, bien entendu ; mais non comme le produit antimoderne, pro-famille, incarnant des valeurs solides de je ne sais quel ordre implicitement moral. Oui au pain de tradition, mais de tradition vivante, innovante ; non au pain-rempart du bon vieux temps, au pain de la nostalgie, de la prétendue époque où tout était meilleur. Il faut un pain d'aujourd'hui, qui, bien entendu, respecte les grands principes de la fabrication d'autrefois, à la manière du XXIe siècle. Il ne faut pas renier son ancrage dans ce passé constitutif de la culture française, culture métissée, bigarrée. Mais le pain d'aujourd'hui est un pain de la diversité, la pâte de tradition déclinée de mille manières, un pain protéiforme, chatoyant, exaltant et enrichissant toutes les occasions, complétant et embellissant tous les mets. Il faut chercher l'éventuel mangeur et client, attirer son attention, essayer de l'éduquer ; il faut ensuite le captiver, puis le conquérir. Si le produit est réellement délectable pourquoi pas ? Le proverbe dit que celui qui perd le goût du pain perd le goût de la vie. C'est certainement excessif. Mais, si vous avez perdu le goût du pain, le critique-expert est là pour vous aider à le retrouver.

Vous y croyez vraiment ?

C'est un travail herculéen, j'en conviens. Et je ne me sens pas toujours bien secondé. Les moulins, à travers leurs marques et leurs enseignes, font leur travail. C'est bien entendu du marketing visant à fidéliser et étendre une clientèle. Mais souvent il touche à des thèmes, disons, transversaux, qui mettent en valeur le pain de façon générique. Ajoutons que ces enseignes (Banette, Ronde des pains/Campaillette, Rétrodor, Baguépi, Festival, etc.) sont des partenariats entre meuniers et artisans boulangers indépendants qui pétrissent, pointent, divisent, façonnent et cuisent chez eux sur le lieu de la vente finale. Il ne s'agit pas de chaînes industrielles ; sauf aberration ou contravention, il n'y a jamais de surgélation. Donc de l'authentique pain artisanal – qui, bien sûr, ne garantit rien sur sa qualité sensorielle.

Là où je crois que la filière pouvait mieux faire, c'est dans la propagande émise au nom des deux grandes centrales syndicales, l'Association nationale de la Meunerie française et la Confédération de la Boulangerie (leur Observatoire du Pain) ou de la filière entière (EPI, Espace Pain Information). Consacré à « l'information scientifique sur le pain », notamment nutritionnelle, l'Observatoire est une bonne idée. Instrument didactique plus diversifié dans sa vocation, l'EPI parle un peu de l'histoire du pain et propose des recettes, mais le nutritionnel pèse beaucoup ici également. Or, après le traumatisme de tout le XXe siècle, pendant lequel une partie importante du corps médical avait jeté l'anathème sur le pain (blanc et « moderne »), on comprend le souci de la filière de mettre en relief les remarquables propriétés nutritionnelles du pain. D'autant plus que le public, poussé par l'État, s'intéresse de plus en plus au calcul risque-bénéfice de son alimentation. Est-il pourtant raisonnable de tout miser sur le message nutritionnel ? Oui, il faut rappeler constamment que le pain ne fait pas grossir : les idées reçues ont la peau dure. Et après ? Dans une population qui, *grosso modo*, jouit d'un régime alimentaire diversifié, est-ce que le consommateur va acheter du pain pour ses oligo-éléments ou ses vitamines, ou même sa basse teneur en lipides (*a priori* plus intéressante) ? Parce que son index glycémique est très favorable ? La femme du boulanger n'est ni une infirmière ni une diététicienne. Je crois que le fondamentalisme nutritionnel est finalement peu porteur. L'obsession sanitaire ne laisse aucune place à la séduction et occulte le plaisir. C'est dommage ; à mon avis, c'est même grave. On ne va pas donner le goût du pain en jouant sur la médicalisation du produit et, implicitement, sur les anxiétés des pauvres omnivores que nous sommes.

Vous revenez toujours au goût.

Oui, je m'efforce de positiver, mais je ne peux m'empêcher en même temps d'être taraudé par une véritable inquiétude. Sur le plan gustatif, c'est celle qu'évoque Molière dans *La Critique de l'École des femmes* qui remarque que « le goût des gens est étrangement gâté ». J'ai le sentiment, en tant qu'observateur passionné par tout ce qui se passe en France, et notamment dans un domaine qui m'est cher, à savoir la table, que dans un monde qui se mondialise, où tout est uniformisé, calibré, où la quantité l'emporte bien souvent sur la qualité, le goût fout le camp. Je veux parler d'un univers très quotidien. Les pommes de terre n'ont plus de goût sauf si on les achète très cher au marché de la porte de Saint-Cloud ou sur le net (même pas au marché bio du boulevard Raspail, pourtant hyper-boboïsé), Les tomates, même en saison, sont à pleurer, sans aucune saveur, sans nuance, à moins de les acheter au marché de l'Alma à un prix prohibitif. J'adore les carottes, surtout crues ; j'en trouve rarement des mangeables, tant elles sont fades, mornes. Les concombres sont atones, les poivrons ternes. George W. Bush avait tort sur à peu près tout, sauf sur les brocolis, qu'il détestait : jadis succulents, aujourd'hui maussades. Les pommes se ressemblent toutes, ni sucrées, ni acides, à leur manière « merlotisées ». Et même si je fais mon marché à la campagne, par exemple dans le Pays basque que je connais assez bien, je trouve très rarement de bonnes choses – et ceci malgré l'énorme prime qu'a été le passage à l'euro.

Je n'ignore pas que je tiens un discours d'ancien combattant, mais je sais que ce n'était pas le cas voilà vingt, vingt-cinq ans. J'avais, à l'époque, un petit appartement dans le 14ᵉ arrondissement. Je venais souvent en France, seul, pour un colloque ou un court séjour aux archives. Le car m'amenait de Roissy à la Porte Maillot. Je n'avais qu'un petit sac à dos. Pour humer la ville que j'adore, observer les gens, m'émerveiller des monuments et des ponts, je me rendais chez moi à pied. En haut des Champs-Élysées, j'achetais un cigare cubain au Drugstore. Je ne fume pas, mais la double idée de la transgression (ils sont interdits aux États-Unis) et de l'imposture (le cigare à la bouche, prospérité et contentement) me plaisait. Je descendais les Champs, traversais à la Concorde, empruntais Saint-Germain jusqu'à Raspail, qui me conduisait jusqu'à la rue du Cherche-Midi, où je m'offrais un quart de miche de Poilâne, geste commémoratif mais aussi pratique, car il n'y avait pas encore de bonne boulangerie dans mon coin. Je reprenais Raspail jusqu'à Denfert, puis Mouton-Duvernet, où je m'arrêtais au marché en plein air de la mairie du 14ᵉ pour m'approvisionner en légumes. Les patates et les tomates faisaient danser mes papilles. Il y a belle lurette que je ne peux plus faire de pareilles orgies.

Ce qui est encore plus terrible, c'est l'apparente indifférence de la masse des Français à cet état des choses. Si les Français ont une qualité primordiale, qui les distingue de mes compatriotes, entre autres, c'est bien celle de pratiquer ce raffinement des arts de la table, cette exigence et cet orgueil d'une cuisine de qualité (même si depuis quelque temps la cuisine française est malmenée). Mais où sont passés ces Français ? Au moment où l'on voudrait que la cuisine française soit retenue par l'UNESCO au titre de « patrimoine immatériel » de l'humanité, on assiste à une sorte de désertion générale. Maintenant, si je reviens au pain, je dois me demander pourquoi 80 % de ces Français acceptent de manger une baguette insipide.

L'argent ne fait pas le bonheur, dit-on, mais le prix joue un rôle considérable dans ces affaires, non ?

Dans toute cette histoire, allant de la mondialisation jusqu'au goût, les prix pèsent, évidemment. Pas de manière mécanique, pas de la même façon pour tous les produits dans toutes les circonstances. Grâce à la mondialisation, par exemple, on peut s'habiller, parfois même « tendance », bon marché : ça compte pour énormément de gens. C'est l'industrialisation de l'élevage des poulets qui met une volaille dans chaque pot. Un poulet vidé de tout vestige de goût. On compense en le cuisant dans un épais bain d'huile et/ou en l'accommodant d'un grand répertoire d'assaisonnements, d'aromates, de condiments (c'est souvent ça la « gastronomie populaire », aux antipodes de la gastronomie des riches qui, de nos jours, met l'accent sur la qualité intrinsèque des matières premières). C'est l'élevage industriel (et, au moins dans le cas des États-Unis, l'importation massive des poulets chinois) qui permet aux gens « économiquement faibles » (l'euphémisme de la IVe République) de manger régulièrement de la viande, car on la vend bon marché. Les producteurs et les distributeurs inventent et imposent un goût ; pour eux, la qualité organoleptique du produit lui-même ne peut qu'être secondaire. Ne soyons ni naïfs ni faux-jeton : le système intégré d'élevage biologique – qui donne des poulets à chair somptueuse, des œufs d'une couleur étonnamment vive à l'intérieur, qui tiennent autrement dans le bol ou la poêle ; qui est décrit lyriquement par Michael Pollan, celui qui a poussé les Obama à créer un potager sur la magnifique pelouse de la Maison Blanche (projet aujourd'hui menacé par des restes toxiques dans le sol laissés par les Clinton) –, ce système risque de rester une utopie ou l'apanage d'une élite aisée. Car il coûte beaucoup trop cher et exige des transformations profondes dans les structures sociales, économiques et mentales. Je n'exclus pas une évolution fort graduelle vers un modèle « Slow » mettant l'accent sur la production et la circulation strictement locales (donc saisonnières) des aliments non transformés, à condition que les grands distributeurs jouent le jeu, à l'instar de l'horrible et tentaculaire Walmart qui verse depuis peu dans le bio local aux États-Unis, avec un certain succès. C'est un petit versant de l'économie verte, où le potentiel commercial influe sur le choix des décideurs autant que la pression morale et écologique. Tout cela pour dire que le prix est une variable extrêmement significative quand on parle du goût.

Revenons au pain...

Je ne minimise pas la question de son coût. Mais insistons toutefois sur le couplage coût-qualité. Le prix d'appel de Carrefour est calamiteux pour la boulangerie artisanale. Mais ce qui est encore plus funeste pour elle, c'est la très bonne qualité organoleptique de la baguette de tradition ou de la boule bio, voire de la baguette de consommation courante chez certains Carrefour où le fournil fonctionne bien. Si l'artisan donne une baguette insipide à 80 centimes, je préfère prendre la mienne chez Auchan ou Leclerc à bien moindre prix.

Le Français de la classe moyenne, aujourd'hui de plus en plus déclassé, faisant face à une récession qui le déstabilise encore un peu plus, se sent obligé de faire des économies partout où il le peut (je ne parle même pas du RMIste, RSAiste, smicard, *a fortiori* dans ce cas de figure). Il peut logiquement trouver la baguette de tradition trop chère. Je lui proposerais de la prendre une fois par semaine, le dimanche par exemple, où on peut se permettre une petite folie. Je lui dirais que, justement quand les temps sont durs, il faut bien mesurer ses plaisirs. Or, pour 20 ou 30 centimes de plus (en boycottant les boutiques où le prix dépasse 1,20 euro), on peut s'offrir un produit réellement voluptueux, jouissif, gastronomique (dans le sens courant du mot). Puisque c'est un vrai régal, d'un point de vue économique, où préférence et contrainte sont en tension permanente, c'est un choix éminemment rationnel.

Ici le boulanger joue un rôle capital. Quand il met la baguette de tradition à 1,50, 1,40, 1,30, voire 1,20 euro, il tue la poule aux œufs d'or. Je connais tous les arguments des boulangers. Bien sûr, il faut beaucoup plus de temps et de dextérité pour faire la tradi ; bien sûr, le prix de la tasse de café sur le zinc s'est envolé ; bien sûr, les charges fiscales et sociales pèsent lourd. Mais ne soyons pas myopes ; ne confondons pas la soif de gratification instantanée avec l'intérêt de l'entreprise à moyen terme et au-delà. Toujours marqués dans leur inconscient collectif par la plaie non cicatrisée du prix longtemps imposé par le maire, le préfet ou le ministre, aujourd'hui les boulangers ont encore du mal à faire preuve de retenue et de patience en ce qui concerne les prix. Il y a pourtant une véritable opportunité d'amener les gens à acheter le pain de tradition – une fois, deux fois ou plus par semaine, à les fidéliser – à condition d'être raisonnable. Prenez le cas de Dominique Saibron, qui vient d'ouvrir un véritable temple du pain dans le 14e arrondissement. Il ne vend que des baguettes de tradition : « la traditionnelle » à 85 centimes, puis une qualité supérieure (rajout de farine de meule sur un levain dur joliment parfumé), « l'Alésiane », à 1,10 euro. Voilà une politique de prix réfléchie et un rapport qualité-prix imbattable. Je crois qu'à terme, la survie de la boulangerie artisanale passe par la baguette de tradition, qui doit éclipser, voire carrément remplacer (comme chez bien des boulangers Rétrodor, par exemple) la baguette blanche de consommation courante. Un dernier avertissement au consommateur : faites attention au rapport poids/prix. Si l'étalon reste de 250 g depuis les années 1960 au moins, on trouve aujourd'hui pas mal de baguettes à 220 et à 300 g.

La flamme avec laquelle vous parlez d'un vrai pain de qualité populaire me fait songer à cette superbe formule de la fin du XIXe siècle que vous citez dans Le Pain maudit *: « Érigeons la boulangerie en institution : pain obligatoire et gratuit. »*

Vous me faites penser à l'ode au hareng que le neurologue et écrivain anglo-américain Oliver Sacks vient de commettre au *New Yorker*. Il classe parmi les passions innocentes, franches et surtout « démocratisantes » la consommation du hareng (à côté du base-ball et de la musique). J'y ajouterais la consommation du pain, aliment « démocratique » (mais aussi républicain) s'il en fut jamais.

À ce propos, il me paraît nécessaire de résister à une segmentation sociale du marché du pain : haut de gamme pour les bobos, bas de gamme pour les gens modestes, dits du peuple. Sans doute classe et culture jouent-elles un rôle significatif dans la consommation du pain, comme dans toutes les pratiques alimentaires. La demande d'un bon pain provient en premier lieu de ceux dont les moyens sont en accord avec la curiosité. Mais, historiquement, le commun des Français a toujours vu dans la qualité du pain un trait quasi consubstantiel à son statut de citoyen-consommateur. Il serait triste et appauvrissant de regarder la question du bon pain comme une question de snobisme. Il ne faudrait pas que la majorité des Français s'accroche au pain blanc faute de pouvoir constater, par comparaison, que l'absence de goût du pain n'est pas chose normale.

Vous avez envie de mobiliser des brigades de citoyens-consommateurs pour vous rejoindre dans ce combat ?

Pourquoi pas l'instauration de sections de sans-culottes panophiles dans chaque quartier, la création de comités de surveillance pour suivre ce qui se passe dans chaque boutique, sinon dans chaque fournil, l'attribution de certificats de civisme aux acheteurs réguliers du pain de tradition, et un tribunal populaire pour juger les artisans pris en flagrant délit d'application d'acide ascorbique ? Allez, je ne suis ni mégalomane ni monomaniaque. Les rassemblements de nos jours sont réservés à des questions plus urgentes.

En revanche, je crois fermement qu'il faut continuer d'éveiller les sensibilités des mangeurs de pain et de les encourager à s'impliquer dans la réflexion sur ce qu'ils incorporent. Qu'ils se parlent entre eux, qu'ils fassent sortir un peu le boulanger de son fournil pour causer et qu'ils incitent la boulangère à mettre en place (avec l'appui de son fournisseur) des dégustations (même lors de la fête du pain, la majorité n'en font pas), à présenter un panier de morceaux de pain à essayer tous les jours devant la caisse et à distribuer gratuitement, à l'occasion des animations ponctuelles, des échantillons. Pourquoi le boulanger passionné, engagé ne met-il pas en place un club de dégustateurs – des supporters critiques – réunis tous les deux mois : démonstration, débat, dégustation ? Sans remonter aux modèles de mobilisation révolutionnaire (ou contre-révolutionnaire) de l'an II, pourquoi ne pas monter, sous l'égide d'un mouvement « Slow » ou totalement à part, des associations de panophiles à l'échelle régionale : échange de pains et d'idées.

Là où je pourrais peut-être envisager une campagne de guérilla pacifique, ou au moins un lobby citoyen et politique au niveau de la mairie, c'est en ce qui concerne l'approvisionnement des cantines scolaires. La vaste majorité est fournie en pain blanc dénaturé et sans saveur par le fabricant proposant le prix le plus bas. D'après mes propres investigations et les informations qui remontent du terrain, les gamins rejettent massivement ce produit médiocre. Quelle socialisation au goût ! Quel gâchis pour l'avenir de la civilisation des mangeurs de pain. Si l'enfant fait une « aversion » au pain – son ADN gastronomique est désormais programmé à la plus grande méfiance à l'égard du pain –, il sera difficile de le ramener plus tard à la boulangerie artisanale quand il ou elle construira une famille. L'adulte qu'il ou elle deviendra ira chercher son pain sans enthousiasme, et vraisemblablement dans une grande surface ou un terminal de cuisson.

Il faut proposer du bon pain aux gamins, si possible un pain de tradition, voire une tradi de type 80, une farine moins raffinée avec un argument supplémentaire un peu sanitaire, si l'on veut. Le prix sera, bien entendu, plus cher, mais l'enjeu est important, tant pour la transmission culturelle au sens le plus large que pour l'économie alimentaire. Si la filière blé-farine-pain pense sérieusement à son avenir, elle pourrait s'associer financièrement à cette entreprise pérenne d'éducation du goût. Je vois que, dans certaines mairies de Paris, on se tourne vers la restauration bio en cantine. Signe du temps. Je parie que ces mêmes cantines prennent toujours du pain semi-mécanique. Allez ! Le bio est très cher, si on y va plein pot. Une baguette de tradition bio, ou une miche bio, est relativement bon marché. Il ne s'agit point ici de promouvoir le pain bio, mais de souligner qu'on arrive à mieux traiter les enfants sur le plan gustatif quand on a la volonté de le faire, quand on comprend que manger fait autant partie de l'éducation que l'anglais, la musique ou les activités sportives.

Enfin, une dernière suggestion militante. C'est un geste socialement encore plus radical, mais je maintiens qu'il est justifié et nécessaire. On va tous au restaurant, à un moment ou un autre. La plupart des restaurants, comme le gros des cantines, servent du pain sans intérêt, voire franchement désagréable. Les restaurateurs constituent une cave de vins excellents et se targuent de ne préparer que des plats délicieux, cependant ils se contentent de mettre sur la table un pain insipide et parfois rassis. Ce n'est pas sérieux, ce n'est pas cohérent, ce n'est respectueux ni des clients ni même du personnel, tant de la salle que de la cuisine.

Nous, les consommateurs, pouvons-nous changer cet état des choses ? Nous pouvons toujours sanctionner le restaurateur qui propose du pain médiocre en cessant de le fréquenter. Ou, sans renoncer aux bons mets, pourquoi ne pas apporter son propre pain ? Il ne s'agit pas de faire scandale : on demande discrètement, gentiment au serveur ou au maître d'hôtel l'autorisation, sans commentaire, de substituer son pain à celui de la maison. Sans théâtraliser, il est question néanmoins de faire honte au restaurateur, dans l'espoir qu'il comprenne le message et réagisse. La première fois que vous apportez votre pain dans votre serviette ou sac à main, vous serez un peu mal à l'aise, comme chaque fois que vous bafouez les codes sociaux. Après, je vous le promets, ça ira tout seul : vous y prendrez même plaisir.

La France peut se vanter d'avoir bien des experts-gastronomes, mais dans le domaine du pain, ces experts n'existent pas. Pas de taste-pain, ou peut-être un seul, vous, l'homme qui a embarqué son épouse dans cette folle aventure : goûter plusieurs fois de suite le pain produit par six cents boulangeries parisiennes.

N'exagérez pas : il y a des critiques gastronomiques qui, plus ou moins sommairement, tentent des appréciations du pain. Mais je suis, en effet, le seul qui s'attache exclusivement à l'objet pain.

17.

Les lieux de mémoire de la fermentation

Vous avez travaillé, il y a quelques années, à définir un vocabulaire permettant aux professionnels comme aux consommateurs de disposer d'un langage commun, sans lequel l'évaluation de ce qu'est le bon pain demeure une affaire personnelle et incommunicable. C'est le moment peut-être de révéler ces mots à partir desquels nous pourrions nous essayer à définir le pain que nous goûtons. Faites-nous respirer ce bouquet.

Je me suis attelé à préciser cette évaluation sensorielle – les spécialistes disent organoleptique – dans mon *Guide des meilleures boulangeries de Paris.* Mon propos était en effet que nous puissions avoir, déjà Marie-Christine et moi, nos lecteurs après nous, une vraie conversation sur le pain. Nous devions définir certains critères à partir desquels une évaluation serait permise et, à partir de là, une discussion. Mais avant de traiter ces critères sensoriels, je veux faire cette mise au point préalable et fondamentale. Côté client, avant de déguster le pain, il faut l'acheter, ou mieux, avoir envie de l'acheter. Côté boulanger, il faut savoir susciter ce désir, non pas une fois, mais aussi le lendemain et les jours suivants. Apprendre à fidéliser une clientèle exige tout un art. D'où notre choix de prendre en compte, dans notre notation, l'accueil réservé en magasin, l'efficacité du service, la pertinence et la précision de l'information fournie, l'allure du décor, la présentation et la lisibilité des pains, et la théâtralité (notamment la mise en scène de la fabrication, observatoire ludique mais avant tout informatif pour l'omnivore de plus en plus angoissé par la qualité et l'origine des aliments qu'il incorpore). J'insiste ici néanmoins pour dire qu'il s'agit là d'un aspect essentiel de la mission du boulanger, qui est de vendre du bon pain en le mettant en valeur (voire en spectacle) et d'expliquer ce qu'est le bon pain.

J'ajoute qu'à l'image traditionnelle du couple mari et femme embarqué dans l'aventure d'un petit fonds de commerce ont succédé aujourd'hui d'autres associations. Le boulanger est célibataire, ou gay, ou bien encore sa femme est informaticienne, et il doit s'arranger autrement, même si, dans la majorité des cas, c'est encore le mari au fournil et la femme au magasin. Mais cette charmante épouse, ce compagnon, cette employée doivent faire plus qu'encaisser l'argent de la fournée. Ils doivent éduquer le client, lui expliquer l'intérêt de préférer un pain cuit comme il faut, afin que la croustillance, marqueur par excellence du pain français, ne disparaisse pas. La partie centrale de la notation concerne donc la dégustation. Et pourquoi ne pas prendre en exemple la dégustation du vin ? J'ai travaillé dans ma jeunesse dans ce milieu et même si cela ne m'a pas permis de boire beaucoup de Pétrus ou de Château d'Yquem, j'ai appris ce qu'était la dégustation. Si le modèle du vin est *a priori* intéressant, il faut cependant s'en servir avec une grande circonspection. Espèce supérieure dans l'eucharistie gastronomique, le vin a toujours été plus aristocratique, plus snob. Sa dégustation solennelle est un rituel parfois théâtral, une science esthétisée, un art doctement construit. La dégustation peut paraître, en parade, comme cérémonie excessive et prétentieuse, mais elle a l'énorme mérite de faire parler du vin dans les mêmes termes, partout dans le monde.

Ah, je vois, vous voulez vous imposer comme le Robert Parker du pain...

Entre Robert Parker et la République française, il y a de vives tensions ; il a fait une OPA sur votre chasse gardée. Je préfère ne pas entrer dans ce débat miné à la fois commercial et culturel. Il est de bon ton, chez vous, de mépriser l'approche essentiellement marchande du célèbre dégustateur américain, mais je trouve formidable sa réussite dans le domaine de la vulgarisation (je n'aborde pas la problématique de ses jugements ni de l'homogénéisation du goût à laquelle ils semblent mener). Son succès est d'avoir donné au grand public les moyens de pouvoir parler du vin. Vous vous pointez dans n'importe quel troquet et vous entendez les gens essayer de disserter sur le vin qu'ils sont en train de boire.

Je voudrais de la même façon que les gens considèrent que lorsque l'on rompt le pain, quel qu'il soit, commence alors une dégustation. Il nous faut pour cela disposer d'un vocabulaire formalisé et fiable, afin de faire partager nos sensations, ou plutôt nos impressions. Il ne suffit pas une fois porté un morceau de pain à notre bouche de dire que « c'est bon » ou bien que ce « n'est pas bon ». Je veux sortir le dégustateur de pain de cette impasse – intellectuelle, discursive, cognitive – en proposant une manière souple, pas contraignante, de juger de ce que l'on goûte en parlant de la même chose.

Le système Kaplan !

Plutôt une grille de lecture, simple et souple, basée donc sur vingt points :

L'aspect : vous me direz que l'habit ne fait pas le moine, et je suis d'accord. J'ai goûté tellement de pains infâmes qui pourtant « présentaient bien ». Mais soyons raisonnables ! Il faut tout de même provoquer chez le client éventuel une certaine appétence, cocktail d'admiration esthétique et d'une espèce de concupiscence alimentaire. Donc il paraît légitime et nécessaire de proposer un produit relativement attractif. Je donne 3 points pour l'aspect.

La croustillance : attribut-clé, le propre du pain français, indicateur de la dextérité de la cuisson et de la conduite plus ou moins réussie de certaines réactions chimiques, phénomène qui influe sur l'appréciation de l'aspect et des arômes et des saveurs. J'affecte 3 points à la croustillance.

La mie : c'est-à-dire l'intérieur du pain, que l'on juge principalement par sa structure, ses propriétés plastiques et sa couleur. On peut soutenir que, entre un bon et un mauvais pain, c'est surtout la mie qui fait la différence sur le plan de l'odeur et du goût. Accordons-lui 3 points.

La mâche : comment le pain vient dans la bouche. C'est le premier contact intime, la pénétration dans le corps. Dans la mâche jouent tant le toucher que l'odeur et la saveur, le tout sur un certain fond sonore. Elle nous fournit des informations précieuses, et elle nous marque. Disons 1 point.

L'arôme : les choses ne se passent pas dans l'ordre théorique, car nous sommes obligés d'évaluer l'odeur dès que nous sectionnons la baguette (de façon verticale, pour ne pas lacérer la mie). Il faut capter les parfums sur-le-champ : c'est pour moi le moment le plus angoissant et, potentiellement, le plus exaltant, de la dégustation. C'est l'indice par excellence, généralement celui qui prédit le mieux la qualité globale du pain. Pour détourner une formule de Baudelaire, si le pain avait une âme, elle se trouverait dans sa constitution aromatique. Logiquement, 5 points.

Le goût : les sensations du goût et de l'arôme sont profondément imbriquées : on croyait que le goût dépendait largement de l'odeur, mais des recherches récentes suggèrent que la saveur influence la perception des parfums. Notion infiniment complexe, le goût demeure, pour la plupart des mangeurs, l'ultime mesure de satisfaction. D'où les 5 points que je lui donne.

Nous sommes parvenus à nos vingt points. Je garde deux catégories supplémentaires. Lorsque le dégustateur s'est pris au jeu, lorsque son regard s'illumine, je propose encore l'**harmonie** (1 point) qui est une manière de juger d'une sorte d'orchestration de toutes ces qualités distinctives qui paraissent aller dans le même sens. Je termine par le **panimaginaire** (1 point), qui peut être l'occasion pour le dégustateur de corriger ou d'infléchir autrement le résultat en fonction de ses idées et de ses sensibilités personnelles et/ou de rendre hommage à un boulanger virtuose.

Peut-être pouvons-nous regarder de plus près ce que vaut votre mode d'évaluation. Reprenons point par point. D'abord l'aspect...

Alors considérons que nous approchons de nos yeux, de notre nez, bientôt de nos lèvres une baguette de tradition. Comme le bon vin, le bon pain a une charpente, phénomène gustatif mais aussi architectural : la baguette est bien dressée, droite et régulière dans sa forme, elle a une belle ligne, une certaine élégance. J'apprécie la robe du pain qui me fait savoir s'il est suffisamment cuit ou pas. Je prends note de ce que le pain est « baisé » ou non, c'est-à-dire s'il comporte sur le côté des parties blanches. Baisé parce que, tout simplement, deux pains ont été placés trop près l'un de l'autre et se sont touchés par le côté ou « baisés ». L'image est belle, mais le résultat ne l'est pas. J'ai envie que la croûte soit plutôt lisse, sans défaut apparent, non « cloquée », dirait l'artisan, c'est-à-dire sans boursouflures. La partie inférieure, plus terne, ne doit être ni salie (des petits points noirs, par exemple, qui trahissent une couche sale dans laquelle le pâton mûrissait) ni brûlée (« ferrée » en langage boulanger). Test canonique de l'habilité artisanale, le dessin gravé dans le pain – les fameux coups de lame – constitue également un marqueur de la qualité sensorielle. Ces « grignes » doivent être bien inscrites – « crachées » ou « jetées ». Le modèle classique consiste en des jets de longueur égale, chacune traçant une arête, dite « oreille », bien définie, sur la partie supérieure de la baguette. Une bonne ouverture et un bel écartement présagent une agréable dégustation. Elles sont censées en même temps laisser échapper le gaz carbonique qui pourrait déchirer le pain. D'où le risque que prend le boulanger en laissant s'inscrire une grigne « naturelle », ouverture verticale marquant le pain de haut en bas.

Les artisans eux-mêmes ne sont pas d'accord sur l'importance à accorder à l'aspect. Un Meilleur Ouvrier de France (MOF) entrepreneur m'a dit que « le beau pain n'est pas toujours le bon pain ». Mais il est difficile de ne pas être impressionné par l'affirmation du charismatique formateur de l'Institut national de la Boulangerie-Pâtisserie, Patrick Castagna : « Rien qu'à voir le pain, je ne me trompe jamais. » Dans les années 1960-1970, la profession a quasiment tout misé sur l'aspect tant extérieur (un volume gonflé suggérant tant le retour de l'abondance qu'une certaine volupté) qu'intérieur (une mie hyperblanche), et le résultat était catastrophique. Toujours est-il, comme disent les anthropologues à propos de n'importe quel aliment, « Il faut qu'il soit bon à penser avant d'être bon à manger. » L'aspect y contribue.

Il y a un proverbe que j'adore parmi d'autres : « Liberté & pain cuit », que l'on entend dire déjà à l'époque de la Fronde, puis en 1793, comme à la Libération. Il y a plusieurs exégèses possibles. S'agit-il d'une sorte d'apologie de l'égocentrisme qui conjoint le sentiment de liberté avec le fait de disposer de son bien-être à soi ? Ou bien, tout au contraire, s'agit-il d'un idéal communautaire qui ne conçoit la liberté qu'à partir du moment où le pain est disponible pour tous ? L'interprétation n'est pas aisée dans ce cas. Il est des formules moins retorses. « Pain coupé n'a pas de maître », ce qui est une invitation sans fard à la révolte locale sinon à la révolution. Mais je reviens à mon aphorisme « Liberté & pain cuit ». Personne n'aurait brandi sur les barricades le slogan « Liberté et pain pas trop cuit ». Revendication que j'entends pourtant dans les boulangeries quotidiennement. Liberté est donc un pain qui est cuit à point, ce qui ne veut pas dire trop cuit ou pas assez cuit. Cuit de manière à ce que se produisent, dans le four, la réaction de Maillard et la caramélisation, créatrices des arômes que la croûte échangera avec la mie ; cuit pour que le pain présente cette couleur brun orangé, légèrement foncée, promesse qu'il va atteindre dans notre bouche son sommet sensoriel.

En mettant l'accent sur la cuisson – et la croustillance à laquelle elle est inextricablement liée –, vous enfourchez votre dada...

D'une part, la bonne cuisson relève des impératifs de la pratique artisanale. D'autre part, au-delà de la mise à mort programmée du caractère spécifique du pain français, son abandon souligne un double écueil, tant du côté des boulangers que des consommateurs, coauteurs du crime. Le manque de cuisson de la baguette, même de tradition, est flagrant et universel, à Paris comme en province, chez les meilleurs artisans comme chez les moins investis, signe pour moi d'une certaine démission morale et professionnelle. Fréquemment, la croûte est à peine saisie, aussi blanche à l'extérieur qu'un pain médiocre l'est à l'intérieur. Le réflexe est commercialement compréhensible, mais néanmoins myope, voire catastrophique à terme. L'artisan boulanger dit : mes clients ne veulent pas de pain cuit. Soit. Mais ils ne font pas le bon choix, parce qu'ils sont mal informés, mal éduqués par l'artisan, qui opte pour la facilité commerciale, l'entente commode. C'est à l'artisan de leur dire que, pour atteindre son sommet sensoriel, le pain doit être correctement cuit

Vous êtes le premier commentateur à vous préoccuper de cette question de cuisson ?

Actuellement, je suis le seul à en parler, et mon discours est considéré comme irréaliste. Souvent hardie dans son dialogue avec les boulangers, la meunerie est muette, fixée sur les quintaux de court terme et inquiète de la concurrence de plus en plus aiguë, voire âpre pour gagner de nouveaux clients parmi les boulangers. La Confédération des boulangers n'ose absolument pas parler de la panification, sauf de manière indirecte (des bulletins techniques, incapables de porter une vraie politique organoleptique) ou en réponse à des pressions médico-nutritonnelles (réduction de la quantité du sel, certainement excessive). Mais la question n'a pas toujours été taboue. Au siècle des Lumières, Malouin et Parmentier insistaient sur la nécessité d'une bonne cuisson, tout comme la police, très sensible à la mauvaise qualité, et les boulangers institutionnels (principalement des hôpitaux) qui les conseillaient. Dans les années où la Confédération pesait vraiment dans la profession, et même dans l'État, Paul Gringoire, son président très actif, plaidait pour un pain plus cuit, une des grandes garanties de son excellence organoleptique, selon lui. Le *Recueil des usages*, version 1979, sans doute pris plus au sérieux par la Répression des fraudes que par les artisans, met en garde contre l'idée qu'un « excès » de la couleur de la croûte signifie nécessairement un excès de cuisson. J'adorais la politique vigoureuse, voire directive, de Philippe Viron, grande figure de la meunerie, créateur du Rétrodor, excellente baguette de tradition, qui prônait le pain bien cuit comme condition *sine qua non* de la qualité. J'admirais la pratique non moins intransigeante de René Saint-Ouen, du boulevard Haussmann, premier lauréat, si je me souviens bien, du prix de la meilleure baguette de Paris, de ne proposer que des pains tellement cuits que j'hésitais moi-même à les acheter. Mais il avait une clientèle considérable et convaincue. Quand on lui demandait une baguette « pas trop cuite », il invitait le chaland à aller chercher ailleurs. Il me rappelle l'attitude du grand et regretté chef de cuisine Alain Chapel, perfectionniste s'il en fut, qui est censé avoir dit aux clients qui demandaient du sel ou du poivre, absents de ses tables, d'aller manger ailleurs : ses plats étaient servis assaisonnés exactement comme il fallait. Style hautain, vision excessivement idéaliste, trop brutalement didactique, sans doute. Mais défense raisonnée et sans ambiguïté d'une notion de goût, d'une conception de la gastronomie, c'est-à-dire, étymologiquement, d'une pratique de manger gouvernée par des lois ou des règles.

Votre appréciation de la cuisson ne manque pas de sel non plus, même s'il y en a trop dans le pain. Passons à la croustillance, votre second critère. Si par hasard l'aspect nous avait laissés de marbre, voilà que ce mot nous met en appétit...

Je sectionne ce pain, verticalement, pour ne pas déchiqueter la structure de la mie, et le porte à mon nez. Je cherche alors à capter les arômes qui sont pour moi les indicateurs les plus importants d'un point de vue sensoriel. Mais je mets les arômes entre parenthèses, pour l'instant, pour respecter l'ordre que j'ai proposé. Venons-en à la croustillance, inséparable de l'aspect. J'épouse ici le point de vue de Raymond Calvel, qui insistait pour dire que le propre du pain français était en effet sa croustillance. Là-dessus, j'ai déjà tiré solennellement la sonnette d'alarme.

Notre norme pour la baguette est une croûte mince et craquante plutôt qu'épaisse ou dure et cassante. Elle est virile et fière, mais pas du tout martiale : elle ne cherche pas un combat contre les dents. La croustillance est engageante, pas menaçante. Ça crépite, mais dans la finesse. C'est tout l'intérêt d'une baguette, historiquement associée avec des pains d'élégance, dites de fantaisie. Faisant appel à tous les sens, la croûte est l'expression même du pain, sa métaphore la plus idoine. À la vue, nous cherchons une couleur jaune dorée, tirée vers la teinte orangée, discrètement associée au brun clair. La sonorité de la croûte constitue encore un test de sa réussite. Dès la sortie du four, le pain « chante », conséquence des craquelures de la croûte qui se produisent lors du refroidissement. Voilà une musique que je ne me lasse pas d'écouter. En retournant le pain et en tapant avec la pointe de l'index replié sur son ventre, on doit faire résonner la croûte comme un tambour. Entre les mains, sous une faible pression des doigts, elle doit produire ce craquement reconnaissable entre tous, impression confirmée un instant plus tard, lorsque vous portez un morceau de pain à votre bouche.

Rejoignant l'ouïe, la sensibilité tactile prend une place majeure dans la dégustation du pain. Le pain n'est-il pas l'un des seuls aliments que l'on mange sans médiation aucune d'instrument ? En touchant, rompant, sentant, les doigts participent sensuellement à l'évaluation de la qualité de la croûte (et, plus tard, de la mie). La tactilité opère également en bouche, où les lèvres et la langue jaugent la température et la consistance, tandis que la mâchoire cisaille et broie. Transmettant les vibrations de la mastication aux phonorécepteurs de l'oreille, les os de la mâchoire véhiculent l'impression très prisée de croustillant.

Les phénomènes chimiques qui produisent la croûte enfantent aussi des composés volatils se traduisant par des arômes qui lui donnent une saveur spécifique et complémentaire à celle de la mie. Le bouquet comporte un amalgame subtil du torréfié et du sucré légèrement mâtiné d'acidulé, parfois complété par une note de friture. La croustillance est encore la promesse d'un échange d'arômes entre la croûte et la mie par lequel elles se modifient et s'enrichissent mutuellement.

Troisième critère retenu : la mie. La croûte brisée, le pain révèle maintenant ses secrets.

Écrasée en quelque sorte par la croûte, la mie s'insurge, s'efforce de tenir tête, affirme son identité organoleptique spécifique. Elle est requinquée depuis peu par le retour en force de longs pointages revalorisant ses arômes, considérés comme plus parlants que ceux de la croûte. On juge la mie par sa couleur, sa structure et ses propriétés plastiques.

La mie que l'on cherche en France depuis toujours, et nous nous inscrivons ici dans une temporalité braudélienne de très longue durée, c'est la mie blanche. C'est peut-être un symbole très riche, mais c'est aussi, hélas, l'expression d'un pain insipide qui va s'imposer dans la France d'après-guerre. Pour optimiser arômes et saveurs, il faut une couleur crème, nacrée, ou ambrée, tirant un peu sur le jaune ou le gris.

Venons-en à la structure de la mie, exprimée essentiellement par ce qu'on appelle l'alvéolage. Il s'agit de l'inscription dans la mie de cavités, produits de la fermentation et de la cuisson, mais aussi de la dernière poussée explosive, au moment où le pain est posé sur la sole chaude du four réfractaire. Or quel spectacle offrent ces cavités ? Si la fermentation a été bien conduite, vous aurez des cavités de taille très irrégulière et sauvagement distribuées. J'appelle cela les « lieux de mémoire de la fermentation ». L'inscription de l'alvéolage en nid-d'abeilles – les « yeux » répartis également dans la masse ayant tous les mêmes dimensions –, caractéristique de la plupart des baguettes de consommation courante, est le signe d'un pain sans intérêt.

Là où la croûte et la mie font bon ménage, cette dernière adhère bien. Par rapport à la croûte mâle, hardie, vigoureuse, la mie est féminine, sans être pour autant délicate, mièvre ou timorée. De texture relativement aérée, elle n'est ni collante ni sèche. Je l'aime moelleuse, ronde plutôt qu'angulaire, idéalement charnue. On ne veut pas d'une mie anorexique. Il nous faut sentir l'aspect charnel du pain. La bonne mie a du ressort : elle doit faire preuve d'élasticité après compression. À la poolish ou au levain, elle est plus dense et un peu moins athlétique.

Maintenant cette belle mie, bien construite, produit d'une bonne fermentation, protégée par une croûte subtilement craquante, va permettre une mâche agréable, laquelle va solliciter d'une manière particulière les papilles et prolonger d'autant cette sensation, analogie faite ici avec la caudalie dans la dégustation du vin.

La mâche est vraiment importante ?

C'est un signe, un signal. Une mâche agressive ou laborieuse, par exemple, ne présage rien de bon. Une mâche satisfaisante ou prometteuse exige une bonne articulation de croûte et de mie. L'absence de croustillance est presque la garantie d'une mâche ardue, sisyphéenne, désagréable, tout comme une mie type chewing-gum ou pâte à papier. Si le pain est bien fait, à la mâche il donne une sensation plaisante qui devient presque mélodieuse. La salivation est prompte ; la mâche n'est pas gluante ; la déglutition est aisée. Tendre, le pain n'offre presque aucune résistance dans la bouche, sauf dans le cas de certains pains au levain. Mais il a de la tenue, ne fondant pas immédiatement et ne révélant que graduellement la puissance de la saveur.

Jusqu'ici, la meilleure baguette du monde, si elle existait, n'obtiendrait que 10 points. Venons-en aux fondamentaux.

Avec le pain, tout est fondamental. Mais nous parvenons au moment épique, au moment de vérité de cette dégustation. Les arômes sont les grands indicateurs de la qualité organoleptique du pain. Nous guettons des senteurs séduisantes, envoûtantes, nous voulons ressentir cette sensation grisante d'être *transportés*. Mais la démarche olfactive est extrêmement complexe, tant sur le plan physiologique et chimique que conceptuel. D'abord, les notions d'arôme et de goût sont intimement imbriquées. La perception olfactive elle-même n'est pas confinée au nez : elle a une phase buccale dite rétro-nasale. Il s'agit, dans les deux cas, de molécules volatiles qui doivent atteindre l'épithélium olfactif qui tapisse les parois du nez. C'est cette communication entre le nez et l'arrière-bouche qui rend les deux sens solidaires. Les informations transmises par le système olfactif semblent arriver plus rapidement dans le cortex que celles enregistrées par les bourgeons gustatifs logés sur la langue, sur le palais et dans les parois de la cavité buccale. Parce qu'il est difficile de séparer, chimiquement et subjectivement, l'odeur et la saveur, sous influence anglo-américaine, on parle depuis un certain temps de « flaveur », un condensé utile des deux. Associant maturations, oxydations, hydrolyses, phénomènes fermentaires, réactions thermales, etc., la formation de la flaveur dans le pain, selon les scientifiques, manifeste des « origines technologiques » bien plus complexes que celles du vin ou du fromage. Cette complexité explique en partie pourquoi il est plus difficile d'appréhender et d'aborder les propriétés olfactives et gustatives du pain que du vin. On sait que les impressions gustatives et les perceptions olfactives sont quasiment indissociables, mais on connaît mal le fonctionnement de cette complicité. Et tout le monde n'a pas la même capacité de dégustation.

Quand on veut passer des mécanismes généraux de la production et de la réception des goûts et des odeurs, dont tous les mystères sont loin d'être éclaircis, aux phénomènes spécifiques de la formation de la flaveur du pain, on s'aventure dans un domaine encore moins balisé. Des études sur les arômes du pain ont décelé quelque deux cents composés volatils qui les constituent, engendrés largement par le processus de la fermentation, mais on ne sait pas lesquels jouent un rôle prépondérant. Les travaux expérimentaux tardent à venir. À la recherche de la flaveur, il y a encore d'autres écueils. On ne devrait pas sous-estimer le rôle de filtrage et d'association joué par la mémoire, cette puissante force souterraine mobilisée à des fins fort différentes mais complémentaires par Proust et Pavlov. Certains experts prétendent que la perception de la qualité sensorielle du pain, aliment traditionnel et familial s'il en est, relève davantage des plaisirs ou des malheurs vécus et mémorisés dans le passé que de l'intensité des sensations immédiates. Voilà une autre archive qui me passionne, celle du cortex, régentée peut-être plus par l'olfactif que le gustatif.

Autre avertissement : la possible distorsion entre la chose en elle-même – en l'occurrence l'odeur ou la saveur – et l'idée que l'on s'en fait, entre la présence de telle ou telle molécule, en plus ou moins grande abondance, et l'impression que cette molécule peut produire sur le dégustateur. Les relations causales entre ces molécules et la perception de la flaveur ne sont pas encore rigoureusement établies. Enfin, laissons de côté les origines chimiques ou biochimiques, il ne faut jamais oublier que le « goût », dans le sens le plus général du terme, est lui-même le résultat de certaines influences, voire déterminations sociales, idéologiques, morales et matérielles.

Vous vous dégonflez ? Votre naturel sceptique vous submerge ?

Non, non, rassurez-vous : je reste volontaire sinon intrépide dans la poursuite de la dégustation. Je ne renonce pas à l'humilité philosophico-scientifique, c'est une bonne hygiène. Je crois toutefois qu'il est loisible de suivre les amateurs du vin qui n'hésitent pas à affirmer que le nez est souvent un détecteur plus sensible que les appareils de laboratoire. Penchons-nous donc sur l'âme du pain, ses parfums, ciblant dans un premier temps le facteur le plus évident : *l'intensité globale* des arômes, allant de néant à très fort (imaginez une échelle numérique, de 1 à 5, par exemple). Puis, de la force on passe à la morphologie ou à *la forme* de l'arôme, en termes binaires : est-elle simple (mettons une seule odeur, ou une odeur massivement prépondérante) ou complexe (on peut discerner plusieurs composants distincts) ? Enfin, on s'efforce d'*identifier* les arômes. Cette troisième catégorie d'analyse, dans le pain comme dans le vin, ne s'applique qu'aux produits d'exceptionnelle qualité, sinon à de grands crus, fruits d'une recherche approfondie de la part d'une étroite minorité de boulangers qui sont de vrais créateurs, se renouvelant sans cesse. Pour donner expression à l'identité, le stade le plus exigeant de l'appréciation olfactive, on peut commencer avec une échelle d'intensité, cette fois-ci traduite verbalement. Ainsi, arôme pâle/terne ou vif/éclatant, ou dans un autre registre, monotone/intéressant. On peut ensuite tenter de donner davantage de précision à son impression. Les odeurs les plus nettes sont sans doute le grillé (ou torréfié, lié à la caramélisation), la noisette, et le beurré ; le froment ou la farine (mais ces senteurs relèvent plus aisément du nez du boulanger, intimement familier avec leurs référents) ; la fermentation (odeur assez diffuse qui peut être plaisante et accessible au consommateur, notamment dans le cas d'une fabrication au levain qui peut doter le pain d'un arôme et d'une saveur d'épices et de miel, avec une note poivrée). Certains parlent d'un parfum de moisson mais, pour être opératoire, cette métaphore doit avoir une assise dans la mémoire (beaucoup de vos concitoyens ont une idée de la campagne très télévisuelle). Le bouquet campagnard est lié sans doute à la forte sensation de fraîcheur que projette un bon pain. Bien des dégustateurs se retrouveraient dans l'arôme des céréales chaudes.

La recherche de l'identité, à l'époque Sarkozy, exigerait, me direz-vous, la création d'un ministère ! Disons qu'elle peut nous amener sur un terrain risqué, mais en l'occurrence non dénué d'intérêt. Il s'agit de se rapporter à des analogies avec des fleurs, des fruits (frais, secs ou confits), des aromates et peut-être des substances végétales (plutôt cuites). On enregistre ces odeurs sans pouvoir toujours leur donner un nom spécifique (potage d'hiver est évocateur mais vague). Sans la précision, on hésite à s'avancer. Mais soyons lucides par rapport à notre grille de lecture : ici nous sommes en haute altitude.

L'eau est venue maintenant tout à fait à la bouche. Les arômes avec elle. Vous nous avez fait atrocement patienter jusqu'au moment de porter ce premier morceau de pain à nos lèvres. À ce stade on a l'impression, en effet, que tout est joué...

Oui et non. Si j'ai un nez, je vais avoir en principe une bouche. Mais pas toujours. Parfois une trop grande richesse et abondance aromatiques laissent le goût assez loin en deçà. Je rappelle, cependant, qu'il est fort difficile de démêler les odeurs et les saveurs dans leur production comme dans leur réception. Pour bien des artisans, le goût est, pour ainsi dire, le résumé de toutes les qualités du pain, le dernier mot. Pas question d'abandonner le goût, même si la tâche de l'isoler, de le mesurer en quelque sorte et de l'apprécier est très compliquée.

Je propose de démarrer l'analyse gustative avec les mêmes rubriques que pour le sens-sœur, l'arôme. D'abord le jaugeage de la force ou de *l'intensité globale* du ou des goûts, conditionné principalement par le premier contact dans la bouche. Puis le déchiffrage de *la forme*, simple (une seule saveur) ou complexe (plusieurs, en concurrence ou en synergie). Avant de passer à l'identification, je mets en avant deux nouveaux titres. Premièrement, la structure de la saveur – l'impression de sa morphologie en bouche plutôt que ses caractéristiques gustatives spécifiques. Ainsi, dans le bon pain *la structure gustative* est ronde plutôt qu'anguleuse, remplissant la bouche sans lourdeur, dégageant l'impression d'une certaine onctuosité. Bien structuré, le pain est grassouillet plutôt que maigre. Une structuration sans personnalité et sans générosité est au mieux neutre, creuse si le moelleux cède à la mollesse. Deuxièmement, la persistance du goût en bouche : l'impression de présence ou de rémanence que laisse le pain après consommation. Liée à l'intensité globale des saveurs, *la persistance gustative* est d'autant plus longue que la qualité du pain est plus élevée.

L'identification du ou des goûts pose tous les problèmes que j'ai déjà évoqués. Tant qu'on reste dans les quatre sensations élémentaires – salé, sucré, acide, amer – quasiment tout le monde peut naviguer plus ou moins confortablement, avec des pains de niveau fort variable. Le défi de l'identification entre en jeu quand on quitte ces bases pour une ambiance gustative plus éthérée. Sur un registre encore modeste, nous sommes tous familiers avec les goûts de grillé ou de caramel, engendrés par la croûte, infusant parfois la mie, voisins des arômes déjà discutés. Dans certains pains délicieux, je détecte un goût affirmé de noisette, un peu comme dans un Chardonnay bien charpenté, parfois associée à une nuance aromatique de beurre. Jean-Luc Poujauran faisait autrefois une tourte qui avait des senteurs presque chocolatées, mais pas à coup sûr. Je veux dire par là que la pâte est chose vivante, le boulanger crée la vie chaque jour dans des conditions différentes : le même miracle gustatif ne se produira pas nécessairement deux jours de suite.

Mais peut-on aller plus loin dans l'appréciation gustative, et par quelles méthodes ? Le système analogique adopté pour les arômes convient assez souvent pour les saveurs. En pratique, on finit par parler, non pas du goût, mais de la flaveur.

Vous ne parlez pas du plaisir du pain chaud dont les Français raffolent ?

Écoutez, cet engouement pose un vrai problème – et depuis fort longtemps. Déjà dans les années 1920, les citadins demandaient du pain chaud à toutes les heures. Les gardiens du temple de la panification s'en émouvaient : pour satisfaire le public, bien des boulangers allaient déjà trop vite, et dans la fermentation (des pointages radicalement abrégés) et dans la cuisson (la croûte à peine saisie). Le corps médical, marquant toujours la boulangerie à la culotte, mettait en garde contre les risques d'une ingurgitation à chaud (graves indigestions, fièvres intermittentes). Ce n'est pas sous cet angle que la question m'intéresse. Contre le plaisir que procure la chaleur – plus émotionnel et social que gustatif ? – il faut prendre en compte la menace pour la flaveur. Le pain chaud est extrêmement instable. Pendant un ressuage normal, suivi par un refroidissement doux, la croûte se réhumidifie aux dépens de la mie. Pendant que le pain perd 1 à 2 % de son poids par évaporation, un échange de composés volatils entre la mie et la croûte a lieu. Autrement dit, les goûts et les arômes sont toujours en train de se fixer. En mangeant son pain chaud, il est donc vraisemblable que le consommateur empêche la flaveur d'atteindre son apogée de développement. Encore plus grave, la chaleur elle-même masque les parfums et les saveurs, quelles que soient leur maturité et leur spécificité. Servi bien chaud dans une ambiance de sociabilité chaleureuse, un pain fort médiocre pourrait passer pour un pain correct. À terme, la mode du pain chaud met autant en péril la qualité sensorielle que la vogue du pain « pas trop cuit ». Aujourd'hui, l'utilisation du froid et de la fermentation différée facilite la cuisson toute la journée dans les boulangeries artisanales. Tout comme les « points chauds », les terminaux de cuisson de la boulangerie industrielle, qui, eux, ne savent pas engendrer des arômes et des saveurs, mais peuvent produire du chaud à toute heure et à bien meilleur marché.

Vous insistez pour défendre votre système d'interprétation, tout simplement parce qu'il n'en existe pas d'autre. Peut-être êtes-vous le premier artolologue ?

Je ne crois proposer rien de bien exotique ou recherché. Ma grille – souvent adoptée aujourd'hui dans les concours boulangers – est commode et facile à manier, tout en couvrant toutes les dimensions de la virtuosité de la panification. Si quelqu'un a une meilleure grille, je suis prêt à m'incliner. Mais il ne faut pas lâcher. La profession, dans ses instances syndicales, est extrêmement prudente, voire conservatrice, parfois insulaire. Soit j'empiète sur leur territoire, et elle claque la porte ; soit elle considère que je porte un regard neuf et une ardeur contagieuse, et nous faisons un bout de route ensemble. À mon avis, la Confédération nationale, dont, je dois le dire, les responsables m'ont toujours aidé dans mes recherches, a raté le coche sur certains dossiers (l'introduction du pain de tradition au lendemain de la promulgation du décret pain de 1993, la refondation de l'apprentissage, la promotion du recrutement féminin en fournil qui passe nécessairement par une campagne contre le machisme institutionnel). Cela dit, elle s'évertue à le rattraper depuis quelques années. Il reste cependant un terrain auquel elle ne consacre pas, encore aujourd'hui, suffisamment d'efforts : l'éducation du public. (Je suis tenté d'ajouter l'éducation des boulangers, qui pratiquent rarement eux-mêmes la dégustation et, parce qu'ils ne « pensent » pas leur pain – ici le ressenti ne suffit pas – ne parviennent pas à cette réflexivité qui les inciterait à se remettre en question.) Et sans cette éducation, quel avenir pour la boulangerie ? Les consommateurs iront de plus en plus vers les précuits surgelés, car la qualité de ces pains-là s'améliore tous les jours. Lorsque mes petits-enfants viendront chercher les boulangeries dont leur grand-père avait parlé dans son guide, ils trouveront des marchands de fripes.

Mais que pensez-vous, alors, de la mode du « tout bio » ?

Aujourd'hui, le bio représente 2 % du marché du pain, peu ou prou : on n'a pas de chiffres précis. Il va aller croissant, mais je ne crois pas qu'il va exploser. Pour le consommateur, omnivore angoissé – parfois ouvertement ou inconsciemment déstabilisé par les menaces ou les souvenirs de la vache folle et de ses « farines » animales, par les hormones et les antibiotiques dont on gave les animaux, par les OGM, etc. –, le bio est rassurant. Pas toujours pour les meuniers. Actuellement, seul le tiers du blé bio est indigène et se prête à une traçabilité assez rigoureuse. Dans une partie du blé importé cette année, d'après un de mes amis meuniers, on a trouvé des pesticides. Puisque le prix des blés bios est trois fois plus cher que celui des blés standards, le risque de divers trafics est important. L'année dernière, une partie des blés bios, toutes origines confondues, a été jugée impropre à la consommation à cause d'une contamination de mycotoxines (quasiment toujours présentes, mais en l'occurrence au-dessus du seuil acceptable). Certains meuniers prétendent que, au laboratoire, la différence entre une farine bio et une farine sortie d'une agriculture raisonnée sérieusement menée est peu significative. Côté boulanger, on rencontre moins de problèmes aujourd'hui qu'il y a quelques années quand les blés très faibles exigeaient un savoir-faire particulier. Si je me trompe et que la demande s'envole demain, les boulangers pourront réagir rapidement et quasiment tous les meuniers s'y préparent. Notons que Carrefour propose une boule bio depuis un bail, que Francis Holder/Château Blanc fabrique une boule bio farine de meule en précuit surgelé de bon niveau, et que le récent Salon sandwich-snack à la porte de Versailles avait un nombre impressionnant de stands tout bio...

Pour le consommateur, le bio est sécurisant sur le plan sanitaire, et quelque part valorisant sur le plan moral et citoyen. Pardonnez-moi une question vulgaire : qu'est-ce qu'il donne sur le plan sensoriel ? En farine classique, fabriquée au cylindre, pour le vieux dégustateur que je suis, rien. Aucune valeur ajoutée, organoleptiquement parlant. En farine de meule, irriguée par le germe, accompagnée par une dose d'enveloppe cellulosique, le bio peut donner un pain marqué d'arômes et de saveurs intéressants. Je maintiens que le boulanger travaillant sur une bonne farine de meule non bio obtient les mêmes résultats sensoriels. Le débat reste ouvert. Plus de la moitié de la production de Dominique Saibron est en bio, et il est parmi les meilleurs boulangers de la capitale. Ses pains bios ont des arômes exceptionnels. Pour ma part, je les attribue à la qualité de son levain, à sa conduite de la fermentation, à la température de ses pâtes et à la bonne qualité de sa farine de meule. Lui, il en impute une partie significative, mais impossible à préciser, aux origines bios de sa matière première. Il avoue qu'il est moins sûr de son analyse aujourd'hui qu'il y a quelques années, peut-être en raison de l'évolution des variétés de blé mises en œuvre, et il partage ma conviction qu'il faut des essais comparatifs. Peut-être Gérard Brochoire, le directeur très énergique de l'Institut national de la Boulangerie-Pâtisserie, connu pour sa rigueur, pourrait-il lancer une série de tests dans des conditions strictement contrôlées, pour nous donner quelques réponses concrètes.

Donc, vous n'êtes pas un croyant de l'église de l'Écologie ?

Je réserve le même traitement à toutes les religions. Mais je prends l'écologie très au sérieux, en tant que citoyen et habitant de la planète, et je crois que les exigences de l'environnement devraient influer sur la conduite de la boulangerie artisanale. L'élan écologique, c'est une obligation civique, une opportunité commerciale, éventuellement une aubaine pour l'image du boulanger. Commerce de proximité avant tout, la boulangerie est en quelque sorte prédestinée à incarner la filière courte qui correspond admirablement aux critères du bon sens écologique, contribue à la réduction de l'empreinte carbone, facilite les objectifs de la traçabilité et de la transparence. Le boulanger peut faire des choix qui favorisent l'esprit et le fait du développement durable. Des petits meuniers mettent le paquet sur la traçabilité dans une optique verte, tout comme Banette a forgé sa profession de foi FQB (Filière Qualité Banette) et Copaline sa métaphore de naturalité.

La proximité cadre parfaitement avec la tendance « locavore », véritable soulèvement citoyen parti de la Californie voilà quelques années, avec l'idée de ne consommer que la nourriture produite dans un rayon allant de 80 à 240 kilomètres maximum autour de son domicile, favorisant produits frais et de saison, aussi locaux que possible dans leur origine et leur vente.

À mon avis, dans le même sens, la boulangerie aurait intérêt à s'associer au mouvement du Slow Food – Nourriture lente –, qui a du mal à se développer en France, en partie, me semble-t-il, à cause d'une attitude protectionniste et insulaire, voire suffisante, qu'ont bien des Français à propos de tout ce qui touche à la cuisine ou est censé empiéter sur le terroir, devenue plus levier de marketing que vision culturelle. Fondé en Italie dans les années 1980 pour résister aux dégâts directs et aux multiples dommages collatéraux d'un monde de « fast-food » et « fast life », le mouvement esquissait un projet écogastronomique, éthique et local.

Plaidoyer pour la biodiversité, contre l'industrialisation et la standardisation de l'alimentation, le document fondateur m'intéressait peut-être encore plus comme « manifeste pour le goût ». Son fondateur, Carlo Petrini, un Piémontais qui croyait, lui aussi, que le goût foutait le camp un peu partout sous l'impact de la mondialisation et de l'américanisation, voulait endiguer l'effacement des traditions gastronomiques locales et la baisse d'intérêt des gens pour leur nourriture, pour ses origines, pour ses goûts et pour les retombées sur le reste du monde de nos choix alimentaires. C'est peut-être depuis la boulangerie, commerce de proximité par excellence, que l'on peut le mieux saisir la problématique de Carlo Petrini : le lien entre le local et le global, le sens à donner au rapport Nord-Sud, la symétrie entre la promotion du locavore et la défense des cultures vivrières.

Carlo Petrini prêchait une philosophie hédoniste, mais responsable, fondée sur la solidarité, le respect de l'environnement, la sauvegarde des pratiques et des savoirs alimentaires et culinaires locaux, l'éducation des jeunes au sens et à l'histoire de la nourriture et du manger et au goût. Enfin, le mouvement Slow Food s'engageait, dans un esprit totalement locavore, à aider les producteurs-artisans de l'agroalimentaire qui font des produits de qualité. J'espère que tous les gens, mais spécialement les boulangers, se reconnaissent dans les postulats et les objectifs de ce mouvement. Connaissez-vous un aliment, un produit plus « slow » dans sa conception et dans sa réalisation que le pain, notamment le pain de tradition, exigeant un *lent* pétrissage et une longue et donc *lente* première fermentation ? (Même si le jeune boulanger me dit souvent : « J'ai l'impression que je ne serai jamais assez rapide. ») La boulangerie se targue d'être un lieu de convivialité ; pour moi, rien n'est plus convivial qu'une dégustation, un partage du pain. Or les adhérents du Slow Food se retrouvent dans les *Convivia*, lieu symboliquement accueillants pour les panivores. Que les boulangers et leurs clients rejoignent le Slow Food, encore une manière de pérenniser l'artisanat et de tisser le lien social qui sent l'haleine noble, tiède et maternelle de la boulangerie, comme disait Georges Duhamel.

Conclusion

Une vie de pain

Nous voilà au terme de ces entretiens. Avez-vous l'impression d'avoir rempli le programme que vous vous étiez fixé dans votre jeunesse ?

J'ai beaucoup travaillé, mais je n'ai pas fait tout ce que j'aurais aimé faire. « Je ne regrette rien » n'est pas mon hymne, même si l'idée est philosophiquement et émotionnellement séduisante. J'aurais aimé mieux maîtriser les archives notariales, fonds gigantesque, espèce d'« irruption volcanique » en permanence, qui permet d'entrer dans la vie privée et publique, économique et sociale des gens (et des personnes morales, des institutions, etc.). J'aurais aimé mieux exploiter les archives dites du Châtelet : c'est la police dans le sens platonicien, la gouvernance de la cité ; j'ai à peine commencé à dépouiller ce fonds tentaculaire, qui touche à tous les aspects de la vie commerciale, administrative, familiale, du voisinage, etc. Étant donné mes intérêts, il faut presque toujours s'attaquer aux archives de manière indirecte, oblique, j'allais dire furtive. Il faut beaucoup de temps, notre ressource la plus précieuse et la plus rare ; ou il faut travailler en équipe ou en embauchant des vacataires, deux stratégies assez différentes que je n'ai jamais eu l'opportunité ni les moyens de pratiquer. Puis, le chasseur d'archives, c'est aussi un voyeur en puissance ou plutôt un voyant qui fantasme. J'aurais aimé être une mouche collée sur le mur du bureau des subsistances ou de la salle des réunions de l'assemblée de police hebdomadaire ou à l'auberge où s'ourdit un projet/complot énorme de monopole sur les grains ; je me vois draguant la servante d'un ministre ou d'un grand minotier pour obtenir des confidences sur l'oreiller ; je m'imagine geindre gémissant devant le pétrin, émeutier revendiquant mes droits, garde français appelé à réprimer le désordre, philosophe tentant de concilier données recueillies et théories, banquier-négociant (sans doute protestant, peut-être Genevois) cherchant des grains partout dans le monde, porteuse de pain s'efforçant d'éviter les caresses du bourgeois auquel elle livrait, membre du cabinet d'un ministre tels Turgot ou Edgar Faure, tentés de passer au libéralisme par la voie autoritaire...

Votre imagination s'emballe, revenons aux regrets.

Dans la catégorie « regrets », je regrette de ne pas avoir regardé de plus près les XVIIe et XIXe siècles, car la périodisation classique n'a pas de pertinence intellectuelle ; de ne pas avoir suivi la question des subsistances à travers la Révolution, sur laquelle des historiens pressés ou simplement déconnectés de l'Ancien Régime ont dit beaucoup de sottises ; de ne pas avoir regardé de plus près les relations entre Paris et le plat pays de la « couronne », mais aussi des zones d'approvisionnement plus loin ; de ne pas avoir examiné attentivement les rapports entre producteurs et acheteurs de tous genres ; de ne pas avoir comparé l'expérience parisienne avec d'autres villes, grandes, moyennes et petites. R. R. Palmer d'abord, puis F. Braudel m'ont donné le goût de la comparaison, mais je n'ai pu réaliser cette ambition, étant donné mon intransigeance sur le travail d'archives. Envisageant de comparer les pratiques des corporations d'arts et métiers dans plusieurs pays, j'ai passé trois mois à Berlin (fascinant : avant la chute du mur) où j'ai compris qu'il me faudrait des années dans chaque pays pour cartographier, puis dépouiller les documents. Enfin, je regrette parfois de ne pas avoir délaissé le travail de première main, de longue durée (type *Le Pain maudit*, publié en 2008, fruit de neuf ans de recherches) en faveur de livres de synthèse : une histoire sociale de l'Ancien Régime ; une histoire du travail ou des subsistances en Europe...

Ai-je respecté, comme vous me le demandez, mon fameux programme de jeunesse ? Selon les critères généreux des pères jésuites, disons que, en l'espace de quarante ans, et même si j'ai commencé par la fin, d'une certaine manière, je crois avoir rempli mon contrat. Évidemment, comme je viens de le suggérer, il reste énormément à faire. J'exhorte mes étudiants à prendre le relais. Un certain nombre se sont aventurés dans le monde du travail, où ils ont trouvé des objets et des problématiques sans doute inspirés par mes ouvrages, mais leur permettant de tracer leur propre chemin. Sur le Monde-pain quand le pain exerce un véritable empire, puis le pain-Monde (plus tard, quand le pain compte, mais autrement), il y a beaucoup à faire. Mes propres étudiants hésitent à y aller, par crainte d'être taxés de simples clones ou de disciples hétéronomes. Quant aux autres, disons qu'aujourd'hui l'histoire sociale et économique n'a plus la cote (mais on pourrait mettre l'accent sur le pain comme objet culturel et politique primordial !), et l'histoire dite totale est une vague mention dans l'inventaire de l'ancienne historiographie, symptôme de la mégalomanie de l'époque, enfin, pièce de musée.

Vous êtes un anachronisme, une espèce de dinosaure ?

Disons que, par définition, l'histoire est l'obsolescence planifiée. Et heureusement. C'est tout l'intérêt, c'est la garantie de l'effervescence permanente – si l'intendance suit, je veux dire, si l'on assure l'existence de postes, si l'on parvient à réformer les universités françaises, où la qualité scientifique exceptionnelle est doublée d'une tout aussi exceptionnelle frilosité institutionnelle. Moi, je n'ai pas raccroché : cela serait contre ma nature. Je m'intéresse à un tas de choses, tant au XXe siècle que pendant l'Ancien Régime, tant dans le domaine des idées que des pratiques et des actions, du culturel que du social et du politique. J'ai l'intention d'ouvrir un chantier au XIXe. Je me vois comme un flâneur entre deux rives, comme aimait à dire Chateaubriand. Deux rives de l'Atlantique, deux langues, deux cultures et enfin ces deux rives que sont le XVIIIe siècle et l'époque contemporaine. Puisque je crois que l'histoire est un mouvement de balancier permanent entre le passé et le présent, tout ce que j'ai étudié au XVIIIe siècle était informé et nourri par mon enracinement dans la vie française. De la même façon que mon approche du XVIIIe a été une occasion de mieux saisir ce qu'était la société où j'avais décidé de vivre de plus en plus.

Vous nous avez raconté au cours de ces entretiens la grande aventure du pain. Je suis tenté de vous poser une dernière question : et vous, en fin de compte, qu'est-ce que le pain vous a apporté ?

J'écoute parfois *Les Grosses Têtes* pendant mes marches parisiennes. Philippe Bouvard se moque constamment des chercheurs qui ne trouvent jamais rien. Sans avoir changé le monde, j'espère avoir changé le regard qu'on porte sur le pain. Au fil des années, le projet un peu fou d'un jeune homme a pris forme et sens.

Le pain m'a beaucoup marqué. D'abord, sur le plan scientifique, il m'a confirmé dans mes propensions à la fois braudéliennes et antibraudéliennes. Pour une histoire aussi totale, aussi boulimique que possible, explorant tous les aspects de l'existence humaine, mais pensée et écrite avec autant d'humilité que d'énergie. Pour une histoire qui s'occupait de la « totalité du social », mais à partir d'un « phénomène social total » assez précis. Pour une histoire ambitieuse, transdisciplinaire, réflexive, mais sujette à une remise en cause permanente. Grâce au pain, qui pardonne le péché, j'ai pu vivre en concubinage avec toutes les sciences de l'homme, comme disait Fernand Braudel. Le pain m'a obligé à m'accrocher à « l'histoire-problème », une sorte de levier qui m'incitait à irriguer mes recherches avec la réflexion théorique comme un boulanger hydrate ses pâtes.

Le pain m'a poussé à entreprendre une histoire de la vie matérielle dans la tension chronique entre la longue durée, où les choses bougent peu et subtilement, et la courte durée du mouvement et de la mort, tant individuels que collectifs ; entre le prétendument héroïque et le manifestement pathétique. Cette histoire met en avant les structures structurantes, souvent contraignantes, sans évacuer l'homme, dans sa force et sa fragilité, sans souscrire à l'idée que l'homme est enfermé dans « un destin qu'il fabrique à peine », sans taire la manière dont l'homme négocie constamment entre la vie subie et la vie agie. Cette histoire postule que l'économique est un phénomène autant culturel que matériel, sans consigner le/la politique à un arrière-plan honteux. Le pain correspondait bien à mon appétit pour le quotidien, le populaire, le banal, l'affrontement entre ordre et désordre, la lutte, voire la dialectique entre autonomie et hétéronomie. Il me rappelait toutefois que la culture populaire et la culture dominante sont aussi intimement liées que l'économie morale et l'économie de marché.

À travers le pain j'ai fait mon apprentissage : c'est par le pain que j'ai appris à être chercheur et à être homme. Par l'étude du pain, je me suis construit, comme le boulanger se construit par sa conduite de la fermentation et de la cuisson. En même temps, en quelque sorte j'ai construit le pain, comme grand acteur historique dans sa traversée de l'espace et du temps. Le pain m'a aidé à forger mes méthodes, à aiguiser mon esprit critique, tant pour le travail aux archives que pour le labeur dans le fournil.

Le pain m'a fait comprendre le poids énorme du détail, de la nuance, du plus petit courant d'air, changement de température, ou déplacement du baromètre. Le détail avait une complexité déroutante, sa propre architecture, ses conséquences différenciées. Il demandait à être déballé, démonté en quelque sorte. Il fallait que j'apprenne à intégrer le petit et le grand, le normal et l'exceptionnel, l'éphémère et l'invariable. Le battement d'ailes d'un papillon en Amazonie est, dit-on, capable de provoquer un tsunami de l'autre côté du monde. Sur une échelle bien plus modeste, je n'ai pas pu m'empêcher de sourire quand j'ai lu voilà quelques jours que les morceaux d'une baguette (de tradition, je l'espère) lâchés par un oiseau sur une installation extérieure du Centre européen de recherche nucléaire (CERN) avait brutalement mis à l'arrêt une des machines les plus puissantes de la planète. L'analyse de la fermentation et l'évaluation sensorielle de la fabrication m'ont conforté dans ma conviction de la primauté de la preuve dans l'enquête et son récit.

Le pain est pétri de contradictions dans toutes ses expressions, il me pousse à chercher l'ambigu, l'équivoque, le contraire, la contestation, la subversion, l'aporie : une précieuse hygiène intellectuelle. Le langage anthropomorphique et théâtral de Braudel m'a sans doute désinhibé, et c'est sans complexes que je m'abandonne à un certain lyrisme en parlant du pain.

L'histoire pour moi est un constant va-et-vient entre le passé et le présent. Le pain m'a servi de passerelle à travers les âges. Inscrit à la fois dans la structure (phare du voyage braudélien) et dans l'événement (petit port futile), le pain incarnait à la fois, dans ma pratique, la longue durée et le très court terme, le destin d'une civilisation et la vie d'un pauvre hère, un rythme extrêmement lent quoique puissant et un tempo nerveux, le lointain et le proche, le déterminé et le contingent. Le pain ouvrait une perspective, un point d'observation simultanément sur le séisme brutalement fugitif et le petit âge glaciaire. Au ralenti (relatif), le pain m'autorisait l'aller-retour permanent entre l'Ancien Régime et les XXe-XXIe siècles. À la poursuite du pain, il fallait que je balise les rues de Paris et les quatre coins de l'Hexagone tant à l'époque du carrosse qu'à celle du TGV. Ce double ancrage m'a toujours séduit, mais au-delà, il a été véritablement fondateur.

Le pain m'a permis de sortir de l'université, un peu comme le chef de ses fourneaux ou le boulanger de son fournil. L'université est un espace intellectuel et culturel extrêmement stimulant, surtout quand on a le privilège, comme c'est mon cas, de le pratiquer dans une institution et un lieu quasi utopiques aux États-Unis et dans des cadres d'excellence dans plusieurs autres pays pendant des périodes variables. Mais l'université, c'est aussi un petit monde, ouvert mais d'une manière très filtrée, engagé dans la vie mais isolé, un brin incestueux, un peu replié sur lui-même, parfois étouffant. On a des amis, bien sûr, dans d'autres milieux, on brasse des gens divers, mais on a du mal à s'échapper de cet univers à la fois nourrissant et confinant, surtout quand on ne pratique pas des disciplines appliquées où l'on peut être sollicité professionnellement par l'industrie, le laboratoire pharmaceutique, la banque, le cabinet d'avocats ou de marketing.

Grâce à mon immersion quasi totale dans la filière blé-farine-pain, j'ai pu me glisser dans ce (vaste) microcosme si loin du mien. J'étais moi-même une double curiosité, intellectuel et américain, mais mon étrangeté ne semblait pas décourager le contact. La boulangerie et la meunerie m'ont accueilli chaleureusement. Elles m'ont appris d'autres manières de voir, de ressentir, de penser, de décoder, de dire, de faire. Ces compagnons aimaient échanger, boire, rire. En un premier temps, je me trouvais inexorablement en position d'« observation participante » dans des tribus qui constituaient, directement ou à distance, certains de mes objets d'étude. Cependant, très facilement, très naturellement j'ai assez vite dépassé ce stade un peu clinique et ambigu. J'ai peu à peu trouvé ma place dans ce monde. J'y ai pris goût et plaisir. Hors du milieu académique, de ses rites et récompenses, le pain m'a donné à son tour une reconnaissance professionnelle à part entière. Siégeant dans des jurys de dégustation, invité à parler à des praticiens dans leurs congrès, appelé à donner avis et conseils sur la qualité dans la filière, j'ai pu ainsi me forger une tout autre identité qui ne laisse pas de me surprendre.

Le pain est intimement lié pour moi au plaisir, même si je reste en permanence sensible à son versant dramatique, voire tragique. Mon premier contact avec le pain a été intensément hédoniste. Mais au-delà de cette volupté olfactive et gustative et de son inscription proustienne, le pain suscite en moi une forte et durable émotion. Il m'émeut, parce qu'il est à la fois bon à penser et bon à manger. Cette émotion, presque quotidienne, m'attache profondément à la vie et au terroir panaire qu'est la France.

Table

Impression : Imprimerie Floch à Mayenne en avril 2010

Éditions Albin Michel
22, rue Huyghens, 75014 Paris
www.albin-michel.fr

ISBN : 978-2-226-18722-2
N° d'édition : 18762/01
N° d'impression : 76515
Dépôt légal : mai 2010
Imprimé en France.